Orte Einwohner

- über 1 000 000
- 500 000 – 1 000 000
- 100 000 – 500 000
- 20 000 – 100 000
- unter 20 000

Verkehr

- Eisenbahn Fernverkehr
- sonstige wichtige Verbindung
- Autobahn
- Fernstraße
- bedeutende Wasserstraße
- wichtiger internationaler Flugplatz

Gewässer

- Fluss
- Kanal
- See
- Moor, Sumpf

Einzelzeichen

- Schloss, Burg
- Kirche, Kloster
- Tunnel
- Pass
- Stausee, Staumauer
- Höhle

Grenzen

- Staatsgrenze
- **Rom** Hauptstadt

Landhöhen (in Meter)

- Gletscher
- über 3000
- 1500 – 3000
- 1000 – 1500
- 500 – 1000
- 200 – 500
- 100 – 200
- 0 – 100
- Depression
- 4807 Berghöhe
- 238 sonstige Höhenangaben

Meerestiefen (in Meter)

- 0 – 200
- 200 – 2000
- über 2000
- 3639 Tiefenangabe

Quelle: Westermann Schulbuchverlag, Braunschweig

Topographische Karte von Italien

Klaus Rother/Franz Tichy

Italien

Wissenschaftliche Länderkunden

Herausgegeben von
Dr. Werner Storkebaum †

Wissenschaftliche Buchgesellschaft
Darmstadt

Italien

von Klaus Rother
und Franz Tichy
unter Mitarbeit von
Wolfgang Altgeld,
Manfred Hinz,
Mirella Loda und
Richard Brütting

Mit 83 Abbildungen,
24 Tabellen und 76 Bildern

Wissenschaftliche Buchgesellschaft
Darmstadt

Die Deutsche Bibliothek – CIP-Einheitsaufnahme
Ein Titeldatensatz für diese Publikation ist bei
Der Deutschen Bibliothek erhältlich.

Die Deutsche Bibliothek –
CIP Cataloguing-in-Publication-Data
A catalogue record for this publication is available from
Die Deutsche Bibliothek.

Online-Recherche unter:
For further information see:
http://www.ddb.de/online/index.htm

Bestellnummer 13701-9

Gedruckt auf säurefreiem und alterungsbeständigem Bilderdruckpapier
Layout, Satz und Prepress: Schreiber VIS, Seeheim
Gesamtfertigung: Wissenschaftliche Buchgesellschaft
Printed in Germany
Schrift: Trade

ISSN 0174-0725
ISBN 3-534-13701-9

Inhaltsverzeichnis

Verzeichnis der Abbildungen

Die Städte

Die ländlichen Siedlungen

Die Landwirtschaft

Die Industrie

Die Dienstleistungen

Verzeichnis der Bilder

Die Städte

Die ländlichen Siedlungen

Die Landwirtschaft

Die Industrie

Die Dienstleistungen

Die Großräume

Einblicke

Alle Bilder ohne Quellenangaben stammen von K. Rother.

Verzeichnis der Tabellen

Vorworte

Aus dem Vorwort der Erstauflage von Franz Tichy (1985)

„So unterschiedlich die Aufgaben einer geographischen Länderkunde auch sein mögen, die der jeweilige Verfasser ihr zuweist oder die der Leser und Benutzer von ihr erwartet, so hat sie doch vor allem drei Fragen zu beantworten und die Antworten möglichst weitgehend zu begründen: erstens die Frage nach der Gestalt des [...] Erd[ausschnitts] und seiner räumlichen Ordnung, zweitens die Frage nach den Ursachen für die historisch bedeutsamen und für die heute ablaufenden, diese Gestalt wandelnden Vorgängen. Die dritte und weitere Fragen gelten Gegenwartsproblemen, soweit sie geographisch faßbar sind. Solche Fragen sollen innerhalb Italiens allmählich dadurch [beantwortet] werden, daß die Strukturen analytisch erkannt und Zusammenhänge zwischen Naturraum, Bevölkerung und Wirtschaft [aufgedeckt] werden. Dabei gilt es auch, das eine oder andere Italienklischee zu berichtigen oder zu erklären, welches zum Italienbild des Deutschen geführt hat (Lehmann 1964). Ist Italien des Deutschen 'Traumland' oder ist es zum 'Problemland' geworden?

Innerhalb der Europäischen Wirtschaftsgemeinschaft trägt Italien ein Doppelgesicht: Einerseits zeigt es sich als stark am Europamarkt orientierter Produzent und Exporteur hochwertiger und vom Mittel- und Nordeuropäer begehrter landwirtschaftlicher Erzeugnisse, andererseits erscheint es als aufstrebender Produzent und Exporteur industrieller Güter, die sowohl in den hochindustrialisierten westeuropäischen Staaten als auch auf dem Weltmarkt eine Rolle spielen. Italien ist nach dem Zweiten Weltkrieg vom landwirtschaftlich bestimmten Staat zum Industriestaat geworden. Nachdem es lange Jahre hindurch ein Arbeitskräftereservoir für Westeuropa gewesen ist, wurde Italien inzwischen selbst zum Einwandererland für legale und illegale Arbeitskräfte. Weist allein schon diese Situation auf brennende und ungelöste soziale, wirtschaftliche und innenpolitische Probleme hin, so gilt das noch deutlicher im Hinblick auf die sich immer wiederholenden, ja zunehmend verstärkenden Krisen in Landwirtschaft und Industrie, in Verwaltung und Staatshaushalt ..."

Vorwort zur Neubearbeitung

Nachdem ich das Entstehen der großen Italien-Länderkunde von Franz Tichy in zahlreichen Gesprächen, in denen es vor allem um das gemeinsame Arbeitsgebiet im Mezzogiorno ging, über viele Jahre miterlebt hatte, war ich gerne bereit, für eine 2. Auflage die Neubearbeitung des Werkes zu übernehmen. In der Epoche europäischer Integration, so meine Überzeugung, darf im geographischen Schrifttum gerade ein Werk über unser vielgesichtiges südeuropäisches Nachbarland, das sich dem Besucher aus dem Norden bis heute nur zögernd erschließt und ihm in manchen Facetten trotz jahrhundertelangen Austauschs fremd bleibt, nicht fehlen. Ein weiterer Grund ist gewiß auch die Tatsache, daß Italien seit dem Ersterscheinen des Buches im Jahre 1985 durch Überwindung vieler wirtschaftlicher Schwierigkeiten und die politische Erneuerung an Selbstbewußtsein gewonnen und sich als potenter Partner im Kreis der europäischen Industrienationen etabliert hat.

Nach dem ausführlichen Werk von Franz Tichy erscheint nun eine komprimierte und erheblich umfangreicher mit Abbildungen und Bildern ausgestattete Neuauflage. Der Gedankengang des Erstverfassers wurde dabei soweit als möglich bewahrt. Die Straffung des Textes fiel zuungunsten des breiten physiogeographischen Teils aus. Von ihm blieb nur der für das Gesamtverständnis Italiens unbedingt erforderliche Rahmen erhalten. Wer sich in die naturräumlichen Belange vertiefen möchte, muß die erste Auflage zu Rate ziehen oder zur

Spezialliteratur greifen. Der weniger gekürzte anthropogeographische Teil wurde, wo es die Sache gebot, statistisch aktualisiert und um neue Entwicklungen am Ende des 20. Jahrhunderts ergänzt. Auch das umfangreiche Literaturverzeichnis einschließlich der kommentierenden Kapitel konnte nicht übernommen werden. Dennoch war die Wiedergabe des Schrifttums als Beleg für viele Textpassagen selbstverständlich. Der interessierte Leser wird sich aus den angegebenen Titeln weitere Quellen bequem erschließen können.

Für die neuen Abschnitte zur Geschichte und Politik Italiens zeichnen die Historiker Wolfgang Altgeld (Mainz) und Stefano Cavazza (Bologna), der Italianist Manfred Hinz (Passau) und seine Frau, die Geographin Mirella Loda (Florenz), für den Abschnitt zur Europapolitik und die „Einblicke" Richard Brütting (Herborn) verantwortlich. Ihnen sei für die loyale Mitarbeit gedankt.

Franz Tichy, der den veränderten geographischen Haupttext im ersten Entwurf kritisch gelesen hat, danke ich für Hilfsbereitschaft, Hinweise und freundschaftliche Ermunterung herzlich. Im technischen Bereich halfen mir in bewährter Weise meine Mitarbeiter, voran der Kartograph, Herr Dipl.-Ing. (FH) Erwin Vogl, dann Frau Theresia Wiener als Schreibkraft und Herr Dipl.-Kfm. Michael Bucher bei der Materialbeschaffung und beim Korrekturlesen. Herr Privatdozent Dr. Armin Ratusny wirkte als anregender Diskussionspartner mit. Ihnen gebührt ebenso Dank wie dem zuständigen Verlagslektor, Herrn Harald Vogel, für Ratschläge und manches Entgegenkommen.

Möge die Neubearbeitung den Blick für die geographischen Wesenszüge Italiens schärfen und Verständnis für die besonderen Anliegen des Halbinselstaates in der Gemeinschaft europäischer Völker wecken.

Passau, im Frühling 2000

Klaus Rother

DAS STAATSGEBIET

Bild 1: *Rom: Kapitolsplatz mit dem Senatorenpalast (jetzt Rathaus) und dem Reiterstandbild Kaiser Mark Aurels*

Überblick

- Außer seiner Inselwelt umfaßt Italien vor allem die langgestreckte Apenninenhalbinsel, die das westliche vom östlichen Mittelmeer trennt. Obwohl es ein maritimes Land ist, haben viele Landschaften einen betont binnenländischen Charakter.

- In Italien leben 57,5 Mio. Menschen auf einer Fläche von 301 308 km^2. Administrativ wird das Staatsgebiet in 20 Regionen aufgeteilt: Piemont, Aostatal, Lombardei, Ligurien, Trentino-Südtirol, Venetien, Friaul-Julisch Venetien und Emília-Romagna im Norden, Toskana, Marken, Umbrien und Latium in der Mitte sowie Abruzzen, Molise, Kampanien, Apulien, Basilicata, Kalabrien, Sizilien und Sardinien im Süden.

- Der Nord-Süd-Wandel, der sich in allen physio- und kulturgeographischen Belangen zeigt, stellt das auffälligste Merkmal der Raumgliederung Italiens dar. Man unterscheidet gewöhnlich vier große Naturräume: die italienischen Alpen, die Po-Ebene (Padania), die Apenninen und die Inseln Sizilien und Sardinien.

Geographische Lage und Landesteile

Die Apenninenhalbinsel ragt wie eine Mole 950 km weit ins Mittelmeer hinaus und trennt das östliche vom westlichen Mittelmeergebiet, wobei die Halbinsel selbst aber zu seinem westlichen Teil gehört. Dennoch ist diese Mole – sonst wäre die bildhafte Bezeichnung schlecht gewählt – keine Sperrmauer zwischen Ost- und Westmediterraneis. Die Halbinsel ist eher eine *Landbrücke*, die nach Nordafrika, nach Tunesien, hinüberführt.

Heute hat die Apenninenhalbinsel die Brückenaufgabe nicht mehr zu erfüllen wie in der Zeit des Römischen Reiches, als der Seeweg von Bríndisi aus, dem Endpunkt der Via Appia, zu den Gestaden des von Rom beherrschten Meeres führte. Längst fahren die Handelsschiffe von Genua und Venedig aus sowohl nach Osten, nach dem Vorderen Orient und nach Ägypten, als auch nach Westen und zum Atlantik. Öltanker legen in der inneren Adria vor Triest, Venedig-Mestre und Ravenna oder an der ligurischen Küste vor Genua an, von wo die Erdölleitungen nach Mitteleuropa ihren Ausgang nehmen. Erst mit der Entwicklung des Autoverkehrs ist der Charakter von Bríndisi – nunmehr Endstation der Adria-Autobahn – als Molen-Endpunkt wieder hervorgetreten, nämlich als Fährhafen zum griechischen Gegengestade.

Die Größe Italiens in der gestreckten Form der Halbinsel und der großen meridionalen Ausdehnung drückt sich entscheidend und folgenschwer für die *Verkehrsbedingungen* aus. Die Luftlinie zwischen nördlichstem und südlichstem Punkt mißt 1177 km (in Deutschland 832 km), auf dem Landweg vom Brennerpaß bis zur Südspitze der Halbinsel bei Réggio di Calábria muß man rund 1450 km zurücklegen. Der italienische Staat hat viel unternommen, um die in der langen Erstreckung des „Stiefels", in der überwiegenden Gebirgsnatur und in der Fernlage der Inseln begründeten ungünstigen Verkehrsverhältnisse zu verbessern. Das Autobahnnetz gehört heute zu den größten Europas und ist auch nach Sizilien verlängert worden, wo im Bereich der Steilküste wie auch an vielen anderen Strecken der Halbinsel aufwendige Kunstbauten errichtet worden sind.

Infolge der geringen Breite der Halbinsel (125 bis 244 km) ist Italien ein *maritimes Land*. Die Meeresgrenzen sind mit rund 8600 km über fünfmal länger als die Festlandsgrenzen von 1610 km. 80 % seiner Fläche sind weniger als 100 km von der Küste entfernt. Durch die reiche Küstengliederung und die großen Inseln wird die Meerverbundenheit noch erhöht. Aber darum sind die Italiener doch nicht vorwiegend zu Seefahrern oder Fischern geworden. Schon die Römer waren ein Bauernvolk.

Heute ist der an den Küsten des Festlandes und der Inseln immer reger gewordene sommerliche Badebetrieb eine Bestätigung der Maritimität. Wichtig ist die nahe Meereslage insbesondere für die industriereichen Großstädte des Binnenlandes. Obwohl sie mitten in der Padania (Po-Ebene) des kontinentalen *Norditaliens* liegen, sind sie nicht viel weiter vom Meer entfernt als Hamburg und mit den Häfen an Adria und Tyrrhenis durch Autobahnen bequem verbunden. Auch die Verkehrslage zu den transalpinen Ländern hat die Zentren der Padania seit der römischen Zeit begünstigt. Dort sammeln besonders Turin, Mailand und Venedig die von den Alpenpässen herabführenden Straßen und leiten sie durch die Ebene hindurch und über den Apennin auf die Halbinsel oder auf der alten Via Aemilia an den adriatischen Saum. Die breite, vom Alpen- und Apenninenbogen umschlossene Basis der Landbrücke, das von Fischer (1893) „Festlandsitalien" genannte Norditalien, ist der vorherrschend ebene, klimatisch Mitteleuropa ähnliche, für Verkehr und Wirtschaft günstige und deshalb heute reichste und produktivste Teil Italiens.

Süditalien mit Sizilien und Sardinien ist dagegen nicht Verkehrszentrum im Mittelmeer geworden, wie seine Lage – gleich weit entfernt von der Levanteküste wie von Gibraltar – zu fordern scheint (Maull 1929). Es wurde mit der Wanderung der Macht- und Wirtschaftsschwerpunkte Europas nach Nordwesten zum „Fernsten Italien" (Philippson 1925) und gegenüber Norditalien zu dem über lange Zeiten hin ausgebeuteten, deshalb verarmten und rückständigen Landesteil, zum europäischen

Entwicklungsland. Trotz gewaltiger Anstrengungen ist die „Italienische Südfrage“ (z. B. Vöchting 1951) nicht gelöst; zwischen Norden und Süden bestehen weiterhin Unterschiede und Gegensätze, vor allem in den Bevölkerungs- und Wirtschaftsstrukturen.

In Italien heißen diese beiden Landesteile *Itália settentrionale* und *Itália meridionale*. Sie lassen Mittelitalien, *Itália centrale*, zwischen sich. Den Süden bezeichnet man auch als *Mezzogiorno* (= Mittag), Norditaliener sprechen manchmal geringschätzig vom „anderen Italien“. *L'Itália di Mezzo* ist ein neuer Begriff, der für die nach Bevölkerung und Wirtschaft recht ähnlichen Räume Nordost- und Mittelitaliens geprägt worden ist und als „Drittes Italien“ dem Nordwesten und dem Süden des Landes gegenübergestellt wird. Eine klare Grenze läßt sich zwischen den drei Landesteilen nicht ziehen, ebensowenig zwischen dem „kontinentalen Italien“ im Norden und dem „mediterranen Italien“ im Süden. Auch gibt es in Wirklichkeit nicht zwei oder drei verschiedene Italien, die man – jedes für sich – besonders beschreiben oder aus sich heraus verstehen lernen könnte. Das Staatsgebilde besteht aus einer Vielzahl von Einzelräumen, die sich nur nach grober Vereinfachung zu mehr oder weniger deutlichen, größeren Einheiten zusammenfassen lassen. Die wahrscheinlich im 18. Jh. aufgekommenen Bezeichnungen „Oberitalien“ und „Unteritalien“, die vor allem in altertumskundlichen bzw. historischen Fächern, in Reiseführern und Lexika bis heute gängig sind, sollten nicht mehr verwendet werden; denn sie sagen nichts weiter aus, als daß Norditalien auf der Landkarte oben, Süditalien unten liegt.

Größe, Einwohnerzahl und administrative Gliederung

Das Staatsgebiet der Republik Italien ist mit 301 308 km² kleiner als die Fläche Deutschlands (357 022 km²) oder Polens (323 250 km²). Das Land hat innerhalb Europas mit 57,5 Mio. (1997) nahezu die gleiche Einwohnerzahl wie das wesentlich dichter bevölkerte Großbritannien (58,6 Mio.) oder das dünner besiedelte Frankreich (58,2 Mio.). Weil das Schwergewicht der italienischen Wirtschaft und Bevölkerung aber auf den Norden entfällt, ist eine solche Gesamtangabe von *Größe* und *Einwohnerzahl* für den ganzen Staat wenig aufschlußreich, und es ist zweckmäßig, die großen Teilbereiche des Nordens, der Mitte und des Südens sowie der Inseln miteinander zu vergleichen.

Norditalien entspricht dem kontinentalen Italien als Basis der Halbinsel mit seiner Lage nördlich des 44. Breitengrades oder ungefähr nördlich der Linie La Spézia – Rímini. Mittelitalien folgt nach Süden bis zur Verbindungslinie zwischen den Mündungen von Garigliano (Nordwestkampanien) und Fortore (Nordwestapulien). Der Rest der Halbinsel ist Süditalien; Sizilien und Sardinien bilden Inselitalien.

Die Statistik kann sich allerdings nicht an die genannten „natürlichen Grenzen“ zwischen Nord-, Mittel- und Süditalien halten, sondern ist auf *Verwaltungsgrenzen* angewiesen. Danach läßt sich die Zugehörigkeit der festländischen *Regionen*, die jeweils in mehrere *Provinzen* unterteilt sind, zu den drei Bereichen folgendermaßen angeben (Abb. 1 u. Tab. 1):

- Norditalien umfaßt die acht Regionen Piemont, Aostatal, Lombardei, Ligurien, Trentino-Südtirol (Alto Ádige), Venetien, Friaul-Julisch Venetien und Emília-Romagna; die ersten vier bilden zusammen die statistische Einheit des Nordwestens, die letzten vier jene des Nordostens;
- zu Mittelitalien werden die vier Regionen Toskana, Marken, Umbrien und Latium gerechnet;
- Süditalien besteht aus den sechs Regionen Abruzzen, Molise, Kampanien, Apulien, Basilicata (Lukanien) und Kalabrien;
- die restlichen zwei der zwanzig Regionen, Sizilien und Sardinien, verkörpern Inselitalien.

Eine Reihe von Namen der heutigen Regionen treten schon unter den elf Augusteischen *regiones* auf, bei denen es sich um Verwaltungseinheiten handelt, wenn auch

***Abb 1:** Die Verwaltungsgliederung: Regionen, Provinzen und ihre Hauptstädte*

(nach *Istat* 1, 1997, S. XIII)

mit ethnischer Begründung (Abb. 20): Latium et Campania, Apulia et Calabria (auf der Salentinischen Halbinsel), Lucania et Bruttium (das heutige Kalabrien), Samnium, Picenum, Umbria, Etruria, Aemilia (früher Gallia Cispadana), Liguria, Venetia et Histria und Gallia Transpadana. Trotz alter Benennungen stimmen sie nirgends, weder in ihrer Fläche oder auch nur auf kurzen Strecken ihres Grenzverlaufs, mit den heutigen Regionen überein. Im Mittelalter und in der frühen Neuzeit haben sich einige Namen zur Bezeichnung von historischen Räumen so sehr gefestigt, daß sie in

Name	Statistische Numerierung	Abkürzung
Agrigento	084	AG
Alessándria	006	AL
Ancona	042	AN
Aosta (Valle d')	007	AO
Arezzo	051	AR
Áscoli Piceno	044	AP
Asti	005	AT
Avellino	064	AV
Bari	072	BA
Belluno	025	BL
Benevento	062	BN
Bérgamo	016	BG
Biella	096	BI
Bologna	037	BO
Bolzano-Bozen	021	BZ
Bréscia	017	BS
Bríndisi	074	BR
Cágliari	092	CA
Caltanissetta	085	CL
Campobasso	070	CB
Caserta	061	CE
Catánia	087	CT
Catanzaro	079	CZ
Chieti	069	CH
Como	013	CO
Cosenza	078	CS
Cremona	019	CR
Crotone	101	KR
Cúneo	004	CN
Enna	086	EN
Ferrara	038	FE
Firenze	048	FI
Fóggia	071	FG
Forlì	040	FO
Frosinone	060	FR
Génova	010	GE
Gorízia	031	GO
Grosseto	053	GR
Impéria	008	IM
Isérnia	094	IS
L'Áquila	066	AQ
La Spézia	011	SP
Latina	059	LT
Lecce	075	LE
Lecco	097	LC
Livorno	049	LI
Lodi	098	LO
Lucca	046	LU
Macerata	043	MC
Mántova	020	MN
Massa-Carrara	045	MS
Matera	077	MT
Messina	083	ME
Milano	015	MI
Módena	036	MO
Nápoli	063	NA
Novara	003	NO
Núoro	091	NU
Oristano	095	OR
Pádova	028	PD
Palermo	082	PA
Parma	034	PR
Pavia	018	PV
Perúgia	054	PG
Pésaro e Urbino	041	PS
Pescara	068	PE
Piacenza	033	PC
Pisa	050	PI
Pistóia	047	PT
Pordenone	093	PN
Potenza	076	PZ
Prato	100	PO
Ragusa	088	RG
Ravenna	039	RA
Réggio di Calábria	080	RC
Réggio nell'Emília	035	RE
Rieti	057	RI
Rímini	099	RN
Roma	058	ROMA
Rovigo	029	RO
Salerno	065	SA
Sássari	090	SS
Savona	009	SV
Siena	052	SI
Siracusa	089	SR
Sóndrio	014	SO
Táranto	073	TA
Téramo	067	TE
Terni	055	TR
Torino	001	TO
Trápani	081	TP
Trento	022	TN
Treviso	026	TV
Trieste	032	TS
Údine	030	UD
Varese	012	VA
Venézia	027	VE
Verbano-Cúsio-Óssola	103	VB
Vercelli	002	VC
Verona	023	VR
Vibo Valéntia	102	VV
Vicenza	024	VI
Viterbo	056	VT

Tab. 1: *Die Provinzen Italiens*

die moderne Regionalgliederung Italiens übernommen worden sind. Das gilt für Piemont, Lombardei, Romagna, Marken, Abruzzen und Basilicata. Diese räumlichen Einheiten sind zwar im Volk noch lebendig und haben auch meistens eine klare Begrenzung, werden jedoch wie die französischen *pays* von der modernen regionalen Gliederung überlagert. Alte Landschaftsnamen gibt es in Italien überall; die Karten verzeichnen sie bis heute. Andererseits ist die Benennung nach dem *contado*, d.h. nach der ländlichen Umgebung einer Stadt, oder nach den Hauptorten der alten Kreise (*circondarii*) üblich, wie z.B. Vercellese (Vercelli), Astigiano (Asti) oder Potentino (Potenza). In gewissem Sinn ergibt sich daraus eine zentralörtliche Gliederung nach wirtschaftlichen, verkehrsbedingten und kulturellen Zusammenhängen. Auf Maestri (1864) geht der Vorschlag zurück, Gruppen von Provinzen unter der Bezeichnung von sechzehn *compartimenti* zu bilden, die daraufhin bald für statistische Erhebungen Anwendung fanden (Almagià 1959, S. 223). Um Verwechslungen zu vermeiden, wurden die Einheiten ab 1912 als *regioni* bezeichnet (s. Kap. zum Status der Regionen).

Nach der statistischen Gliederung (Tab. 2) gehören zu Norditalien 40 % des Landes mit 119 897 km², zu Mittelitalien 19 % mit 58 350 km², zu Süditalien 24 % mit 73 263 km² und zu Inselitalien 17 % mit 49 798 km². Die Bevölkerungsanteile waren 1951 fast die gleichen wie die Flächenanteile mit 44,6 % im Norden, 18,2 % für die Mitte, 25,1 % für den Süden und 12,1 % für die Inseln. In den folgenden drei Jahrzehnten hatten sich die Gewichte zum Nachteil Süd- und Inselitaliens beträchtlich verschoben, was schon 1961 deutlich wurde und sich bis 1981 noch verstärkte. Seitdem hat ein gegenläufiger Prozeß diese Verlagerung rückgängig gemacht. Trotz der größer gewordenen Einwohnerzahl Italiens gleicht sich die entsprechende Verteilung wieder dem alten Stand an. 1991 betrug sie 44,6 %, 19,2 %, 24,5 % und 11,7 %.

Die *Bevölkerungsdaten* aus einigen Zensusjahren ab 1871 für die Regionen und Großräume lassen erkennen (Tab. 2), daß schon in den Regionaldaten die noch viel schwerer wiegenden Veränderungen innerhalb der Provinzen, der Gemeinden und Gemeindeteile sichtbar werden. Allein acht Regionen, und keineswegs nur süditalienische, erlitten von 1951 bis 1971 mehr oder weniger große absolute Bevölkerungsverluste. Bei Sizilien macht sich die Abnahme erst im Vergleich zwischen 1961 und 1971 bemerkbar; bis 1981 kam es aber wieder zum Ausgleich. Im Jahr 1981 hatten nur noch drei Regionen, Abruzzen, Molise und Basilicata, geringere Einwohnerzahlen als 1951. Außer Ligurien wiesen alle Regionen seit 1971 wieder eine Bevölkerungszunahme auf. 1991 ist das demographische Bild anders. Bis auf die autonomen Regionen Aostatal und Trentino-Südtirol sowie Venetien wächst der Norden nicht mehr und hat teilweise – wie in Piemont und Ligurien – deutliche Abnahmen zu verzeichnen (1981–1991: –1,4 %). Dagegen schließt die Gesamtbilanz der letzten Zensusperiode in der Mitte (+1,0 %), im Süden und auf den Inseln (+ 2,4 %) fast überall positiv ab.

Geographische Gliederung

In den meisten länderkundlichen Darstellungen der Italiener sind die zwar größtenteils historisch bedingten, dennoch künstlichen Verwaltungseinheiten der Regionen als Grundlage der Raumgliederung gewählt worden (z.B. Almagià 1959). Das ist verständlich, weil für solche auch statistische Daten zur Verfügung stehen. Die Regionen bilden freilich nur ausnahmsweise geographisch definierbare Einheiten – wie die beiden großen Inselregionen,die von den Festlandsregionen durch besondere räumliche Eigenschaften zu unterscheiden sind. Unserer Zielsetzung entsprechend bevorzugen wir Großräume, die nach geographisch-länderkundlichen Prinzipien abgegrenzt sind, wie sie z.B. die Kategorien des „Geographischen Formenwandels" an die Hand geben (Lautensach 1953).

Der in den klimatischen Verhältnissen begründete planetarische Formenwandel von Norden nach Süden und der hypsome-

Region Großraum	1991 Größe km²	Einwohner in 1 000 *(Popolazione residente)*							Änderung in %	Einw./km²	
		1871	1921	1951	1961	1971	1981	1991	1981/91	1951	1991
Piemont	25 399	2 928	3 439	3 518	3 914	4 432	4 479	4 303	– 3,9	139	169
Aostatal	3 263	84	83	94	101	109	112	116	+ 3,6	29	36
Lombardei	23 859	3 529	5 186	6 566	7 406	8 543	8 892	8 856	– 0,4	275	371
Ligurien	5 420	884	1 338	1 567	1 735	1 854	1 808	1 676	– 7,3	289	309
Nordwesten	**57 941**	**7 425**	**10 047**	**11 745**	**13 157**	**14 938**	**15 291**	**14 951**	**– 2,2**	**203**	**258**
Trentino-Südtirol	13 607	–	661	729	786	842	873	890	+ 1,9	54	65
Venetien	18 364	2 196	3 319	3 918	3 847	4 123	4 345	4 381	+ 0,8	213	239
Friaul-Julisch Venetien	7 844	508	1 178	1 226	1 204	1 213	1 234	1 194	– 3,3	156	152
Emília-Romagna	22 124	2 228	3 077	3 544	3 667	3 847	3 958	3 910	– 1,2	160	177
Nordosten	**61 939**	**4 932**	**8 235**	**9 417**	**9 504**	**10 026**	**10 410**	**10 378**	**– 0,3**	**152**	**168**
Norditalien	**119 880**	**12 357**	**18 282**	**21 163**	**22 661**	**24 964**	**25 701**	**25 330**	**– 1,4**	**177**	**211**
Toskana	22 993	2 124	2 810	3 159	3 286	3 473	3 581	3 530	– 1,4	137	154
Umbrien	8 456	479	658	804	795	776	808	812	+ 0,5	95	96
Marken	9 694	958	1 201	1 364	1 347	1 360	1 412	1 429	+ 1,2	141	147
Latium	17 227	1 173	1 997	3 341	3 959	4 689	5 002	5 140	+ 2,8	194	298
Mittelitalien	**58 370**	**4 733**	**6 665**	**8 668**	**9 387**	**10 298**	**10 803**	**10 911**	**+ 1,0**	**149**	**187**
Nordosten u. Mittelitalien	**120 309**	**9 665**	**14 900**	**18 085**	**19 154**	**20 324**	**21 213**	**21 290**	**+ 0,4**	**150**	**177**
Abruzzen	10 795	1 280	1 514	1 277	1 206	1 167	1 218	1 249	+ 2,5	118	116
Molise	4 438			407	358	320	328	331	+ 0,9	92	75
Kampanien	13 596	2 520	3 343	4 346	4 761	5 059	5 463	5 630	+ 3,1	320	414
Apulien	19 361	1 440	2 365	3 220	3 421	3 583	3 872	4 032	+ 4,1	166	208
Basilicata	9 992	524	492	628	644	603	610	611	+ 0,2	63	61
Kalabrien	15 080	1 219	1 627	2 044	2 045	1 988	2 061	2 070	+ 0,4	136	137
Süditalien	**73 261**	**6 983**	**9 341**	**11 923**	**12 436**	**12 720**	**13 552**	**13 923**	**+ 2,7**	**163**	**190**
Sizilien	25 707	2 590	4 223	4 487	4 721	4 681	4 907	4 966	+ 1,2	175	193
Sardinien	24 090	636	885	1 276	1 419	1 474	1 594	1 648	+ 3,4	53	68
Inselitalien	**49 797**	**3 227**	**5 109**	**5 763**	**6 140**	**6 155**	**6 501**	**6 614**	**+ 1,7**	**116**	**133**
Süd- und Inselitalien	**123 059**	**10 210**	**14 450**	**17 685**	**18 576**	**18 875**	**20 053**	**20 537**	**+ 2,4**	**144**	**167**
Italien	**301 308**	**27 300**	**39 397**	**47 516**	**50 624**	**54 137**	**56 557**	**56 778**	**+ 0,4**	**158**	**188**

Quelle: *Istat* 9; *Istat* 14–16

Tab. 2: *Die regionale Gliederung: Größe und Bevölkerung 1871–1991*

trische Wandel, dem bei der starken Gebirgsgliederung große Bedeutung zukommt, bestimmen die landwirtschaftlichen Produktionsbedingungen, aber auch die Lebens- und Wirtschaftsgewohnheiten so weitgehend, daß die Differenzierung des Landes in größere und kleinere Einzelräume, die sowohl physisch- wie kulturgeographisch charakterisiert werden können, sehr stark ausgeprägt ist.

Der *Nord-Süd-Wandel* bildet die auffälligste länderkundliche Kategorie in der Raumgliederung Italiens, der wir immer wieder begegnen werden. Er zeigt sich vor allem in den vom Klima abhängigen Erscheinungen der natürlichen Vegetation, im Boden und in der Art der Kulturpflanzen und ihrer Vergesellschaftung. Die in Süditalien schon vier bis sechs, sogar bis acht Monate dauernde sommerliche Trockenzeit zwingt überall dort zur Bewässerung, wo von Natur aus zu wenig grundwassernahe Böden zur Verfügung stehen, und das bedeutet, daß aufwendige Maßnahmen notwendig werden, wie Rückhaltebecken und Stauseen, um die im Gebirgsland reichlich fallenden, aber rasch abfließenden winterlichen Niederschlagsmengen zu speichern. Eine ganze Reihe anderer Erscheinungen im ländlichen Raum sind ebenfalls geeignet, zur Kennzeichnung der Großräume beizutragen, wie die Dorf-, Haus- und Flurformen, die wieder durch die Besitz- und Betriebsverhältnisse bedingt sind und historische Elemente darstellen. Zugleich ist der von der Natur vorgezeichnete planetarische Wandel eine der wichtigsten Ursachen des unauslöschlichen Nord-Süd-Gegensatzes und der italienischen Südfrage.

Der *Höhenwandel* ändert den planetarischen Wandel, auch auf kleinem Raum, mannigfach ab und begründet die hohen Bevölkerungs- und Siedlungsdichten in den Ebenen im Gegensatz zu den sich entleerenden Höhen. Die große Bedeutung der Lage im Relief hatte zur Folge, daß für statistische Zwecke jede Gemeinde einer der drei großen Gruppen von sogenannten Höhenzonen (*zone altimétriche*) zugeordnet worden ist und sich für den gesamten Staat oder für die einzelnen Regionen die Flächenverteilung auf diese „Zonen", d. h. Höhenstufen, angeben läßt. Man unterscheidet Bergland, Hügelland und Ebene, wobei wegen der Bedeutung der Lage zur Küste die Gebirgs- und die Hügellandstufe noch in *zona interna* und *zona litoránea* unterteilt werden. Danach gehören 35,2 % Italiens zum Bergland (15,6 % Küstenbergland), 41,6 % zum Hügelland (11,3 % Küstenhügelland) und 23,2 % zur Ebene. Im Vergleich zu Ländern anderer südeuropäischer Halbinseln liegt Italien damit zwischen den iberischen Ländern und Griechenland; die iberische Halbinsel ist reich an Hochebenen, aber arm an mediterranen Küstenebenen, die griechische Halbinsel besonders reich an Gebirgen, so daß für Becken und Küstenebenen wenig Raum bleibt.

Das Überwiegen des Berg- und Hügellandes mit mehr als drei Vierteln der Fläche gegenüber den Niederungen hatte für die Entwicklung des Landes im Lauf der Geschichte tiefgreifende Folgen und bildet einen Wesenszug Italiens, der sich gegenwärtig in den sozialen, wirtschaftlichen und Verkehrsverhältnissen immer stärker nachteilig bemerkbar macht. Es genügt, an die große Zahl der Siedlungen zu denken, die fern von den lebhaften Wirtschaftsräumen und Verkehrsströmen dicht gedrängt an Hängen, auf Höhen und Gipfeln liegen, an die Armut der Gebirgsländer, die weitgehende Entwaldung, die extensive Weidewirtschaft und die geringen landwirtschaftlichen Erträge, an die starke Auswanderung und allgemeine Gebirgsentvölkerung, an die Schwierigkeiten und die hohen Kosten, die beim Bau von Bahnlinien und Straßen entstanden sind, und an den hohen Aufwand zu deren Erhaltung im Kampf gegen Überschwemmungen und Rutschungen. Dem großen Anteil an Berg- und Hügelland verdankt Italien andererseits den Reichtum an landschaftlicher Schönheit, der beim ausländischen Besucher noch keineswegs genug bekannt ist, weil er gewöhnlich die mediterranen Küsten bevorzugt und die Gebirge meidet, obwohl sie heute durch Straßen gut erschlossen sind.

Wenngleich die beiden genannten länderkundlichen Gliederungsprinzipien dominieren, ist trotz der geringen Breite der Halbinsel auch ein *West-Ost-Wandel* erkennbar. Dem nach Westen offenen tyrrhenischen

Apenninvorland mit seinen teilweise vulkanischen Hügelländern steht der hohe Mittlere Apennin mit seinen Kalkmassiven und dem sich nach Osten anschließenden Tertiärhügelland gegenüber, das klimatisch trockener ist und im Temperaturgang kontinentale Züge aufweist. Dem Südlichen Apennin sind im Osten das Kalkmassiv des Monte Gargano und die Apulische Kalktafel vorgelagert, die im Tavoliere, der apulischen Ebene, den trockensten Teil Halbinsel-Italiens einschließen.

Wegen der außerordentlich großen Differenzierung Italiens, von der nur wenige Teile ausgeschlossen sind, wird schon an dieser Stelle eine *räumliche Gliederung* vorgestellt, die über diejenige, die sich aus den genannten Lagekategorien ableiten läßt, hinausgeht. Sie soll für den folgenden Stoff einerseits die topographische Basis als Ergänzung zur Atlaskarte (s. vordere Innenseite Einband) bieten und andererseits wegen ihrer geomorphologischen Typisierung erste Grundlagen zur Erklärung bereitstellen.

Früher als in Deutschland selbst haben deutsche Geographen versucht, in Italien zu einer „landschaftskundlichen Gliederung" oder, wie wir inzwischen sagen, zu einer naturräumlichen Gliederung zu kommen (Maull 1929; Kanter 1931). Der kleinkammerige Gebirgscharakter ließ sie bis zu 50 Einheiten ausscheiden. Heute ist in Italien eine Einteilung in vier *große Naturräume* üblich, der ursprünglich geomorphologische Kriterien zugrunde lagen (Sestini 1944; Almagià 1959, Abb. S. 23). Man unterscheidet

(1) die *alpinen Regionen*, das sind kristalline Alpen und Kalkalpen, Voralpen, Karsthochflächen und subalpine Zone,
(2) die *Po-Ebene* und die *Venetische Ebene*,
(3) die *apenninischen Regionen*, bestehend aus dem eigentlichen Apennin mit seinen Gliedern Nord-, Mittel-, Süd- und Kalabrischer Apennin und dem sogenannten Antiapennin, gegliedert in den Toskanischen und den Latium-Kampanischen Antiapennin auf der tyrrhenischen Seite, den Gargano und den Apulischen Antiapennin auf der adriatischen Seite, und
(4) die *Inseln* Sizilien und Sardinien.

Eine weitergehende *Einzelgliederung* von Sestini (1963) besteht aus 95 Einheiten. Es handelt sich auch hier mit wenigen Ausnahmen um geomorphologisch bestimmte Einzelräume (vgl. Tichy 1985, Karte 1 u. Tab. 1). Sie können aus physischen Atlaskarten nicht allzu kleinen Maßstabs, freilich ohne das detaillierte Namensgut, leicht entnommen werden. Eine entsprechend differenzierte Gliederung des Landes in Kultur- oder Wirtschaftsräume ist noch nicht vorgelegt worden (vgl. aber Lehmann 1961 für die Po-Ebene).

Für *die Betonung, die Form und die Abkürzungen geographischer Namen* gelten in diesem Buch folgende Hinweise: Im allgemeinen wird ein Wort im Italienischen auf der vorletzten Silbe betont. Bei andersartiger Betonung wird in Nachschlagewerken zunehmend ein Akzent gesetzt (z. B. Impéria, Séveso, Tánaro). Ein Gravis-Akzent *muß* im Italienischen bei Betonung auf dem Vokal der Endsilbe (z. B. città) gesetzt werden. Bei der Form geographischer Namen wird auf das im Italienischen übliche Geschlecht der Wörter Rücksicht genommen (z. B. il Piave = *der* Piave, il Molise = *der* Molise); im Deutschen übliche Namen (z. B. Florenz für „Firenze", Kampanien für „Campania") sind beibehalten worden. Bei Berg- und Gebirgsnamen werden M. für Monte und Mti. für Monti, bei Ortsnamen S. für San/Santa/Santo als Abkürzungen benutzt. Die Namen von Städten und Provinzen werden auf Abbildung 1 in abgekürzter Form nach den Autokennzeichen verwendet. Ihre Numerierung (vgl. Tab. 1) richtet sich nach den Vorgaben des *Istituto Nazionale di Statistica* (*Istat*), Rom, die der räumlichen Anordnung, beginnend im Nordwesten, folgt.

DER NATURRAUM

Bild 2: *Eiszeitliche und nacheiszeitliche Reliefgestaltung am M. la Nuda (1895 m) im Toskanisch-Emilianischen Apennin: Blick vom Cerretopaß (1261m) auf Kar, Moränenwälle und Schutthalden an der Obergrenze des Buchenwaldes*

Überblick

- Das natürliche Potential des Festlandes bietet den Italienern, ebenso wie das ressourcenarme Mittelmeer, größtenteils nur eine mäßige wirtschaftliche Grundlage. Es ist begrenzt, leicht erschöpfbar und schwer zu regenerieren. Trotzdem hat sich in seinem Rahmen ein hochentwickeltes Staatswesen entfalten können.
- Abseits der weitflächigen Po-Ebene herrscht das Steilrelief von Alpen und Apenninen, das die kleinräumige Kammerung des Landes herbeiführt. Zusammen mit Vulkanismus und Erdbeben verweist es auf die junge Erdgeschichte der Halbinsel. Ihr ist die Armut an Bodenschätzen (Ausnahme: Erdgas-Lagerstätten) zuzuschreiben.
- Klima und Gewässer werden vom Nord-Süd-Kontrast geprägt. Dem subozeanischen Klima des Nordens mit humiden Zuständen in fast allen Monaten des Jahres und ständig fließenden Gewässern steht die Sommertrockenheit des strahlungsreichen Mittelmeerklimas im übrigen Italien gegenüber, in dem die nur periodisch abkommenden Gewässer den mehr oder weniger großen Wassermangel hervorrufen.
- Auch die Bodenbildung hängt vom wechselnden Angebot von Wärme und Feuchte, andererseits von Relief und Gestein ab, so daß ein vielgliedriges Mosaik von Braunerden zustande gekommen ist. Mit Ausnahme der Po-Ebene sind die Areale hoher Bodengüte jedoch klein. Überdies hat der Mensch das Bodenkapital durch unsachgemäße Landnutzung gefährdet und oft unwiederbringlich zerstört.
- Das natürliche Pflanzenkleid Italiens bestand einst, abhängig von Breiten- und Höhenlage, aus sommer- bzw. immergrünen Laub- und Nadelwäldern. Seit der Antike ist es zur Gewinnung von Brenn- und Bauholz, Weideflächen und Kulturland gelichtet oder gänzlich beseitigt worden und auf Restarealen Gebüsch- und Zwergstrauchformationen gewichen. Aufforstungen haben einen geringen Umfang.

Die Oberflächenformen

Weniger als in anderen Ländern Europas ist in Italien das feste Land innerhalb der geographischen Umwelt des Menschen ein sicherer Untergrund, ein für alle Zeiten konstanter Bereich. In der Po-Ebene und im Apennin sind die Gebirgsbewegungen noch nicht zum Abschluß gekommen. Immer wieder ereignen sich im Zusammenhang mit Krustenbewegungen vor allem im Bereich des Alpenrandes, des mittleren und südlichen Apennins und auf Sizilien Erdbeben. Die Gesteine auf zwei Dritteln der Fläche Italiens wurden erst seit dem Tertiär abgelagert, vorwiegend im Meer, und seit Ende des Pliozäns durch Hebung dem Land angegliedert. Der zum Teil aktive Vulkanismus ist ein weiteres Zeichen für die geologische Jugend und die Gefährdung des Landes und seiner Bewohner. Die junge Erdgeschichte Italiens äußert sich darüber hinaus fast alljährlich bei der beschleunigten Abtragung und Massenverlagerung der wenig verfestigten Gesteine im Gebirge und im Hügelland. Das Material wird durch die Flüsse in Täler und Küstenebenen verfrachtet und fördert die Deltabildung an den Mündungen ins Meer. Das geringe Alter des Landes ist aber auch die Ursache für die allgemeine Armut des italienischen Staatsgebietes an Bodenschätzen, mit Ausnahme Sardiniens. Wie die Gesteine, so sind die Oberflächenformen erst mit der Heraushebung und Abtragung und mit der Auffüllung der Gräben, Senken und Seebecken entstanden. Ihre Geschichte beginnt mit dem Ausgang der Tertiärzeit und erreicht Höhepunkte während des Quartärs in den Kaltzeiten des Pleistozäns. Sogar in der geologisch sonst kaum spürbaren Gegenwart lassen sich Formungsprozesse beobachten, die durch extreme Witterungsfälle ausgelöst werden und meistens durch die Tätigkeit des Menschen begünstigt sind (Abb. 2).

Die Großgliederung des Reliefs

Die *italienischen Alpen* umfassen die Abdachung des Hochgebirges südlich der Wasserscheide am Alpenhauptkamm. Das Kettengebirge steigt aus der Po-Ebene und der Venetischen Ebene im Westen und Norden jäh zu großen Höhen mit charakteristischen, häufig vergletscherten Gipfelbauten auf (Bild 3). Italien hat an den tektonischen Einheiten der West- und Ostalpen Anteil. Zentralmassive (Meeralpen, Mont-Blanc-Gruppe) und penninische Deckenzone (Ligurische, Cottische, Grajische und Walliser Alpen) im Westen stehen – mit der Grenze an der Splügen-Comer See-Linie – den ostalpinen Deckeneinheiten, den Austriden (Rätische, Ortler, Ötztaler, Stubaier, Zillertaler und Karnische Alpen), gegenüber. Zwischen diesen aus Graniten, Gneisen, Glimmerschiefern und verwandten Gesteinen aufgebauten höchsten Gebirgsgruppen und der Po-Ebene gewinnen die Südlichen Kalkalpen mit hochgelegenen Plateaus nach Osten zunehmend an Breite und erreichen in der Brentagruppe und den Dolomiten ihre größten Höhen, um über Venetianische und Julische Alpen in die Dinariden überzugehen. Infolge der tiefen Erosionsbasis an ihrem Südfuß werden

Bild 3: *Südostflanke des M. Bianco/Mt. Blanc di/de Courmayeur (4765 m) mit den Hanggletschern Broulliard und Frêney, Teil des gleichnamigen Zentralmassivs der Westalpen; Blick vom Col Checrouit in 2340 m Höhe (Aostatal)*

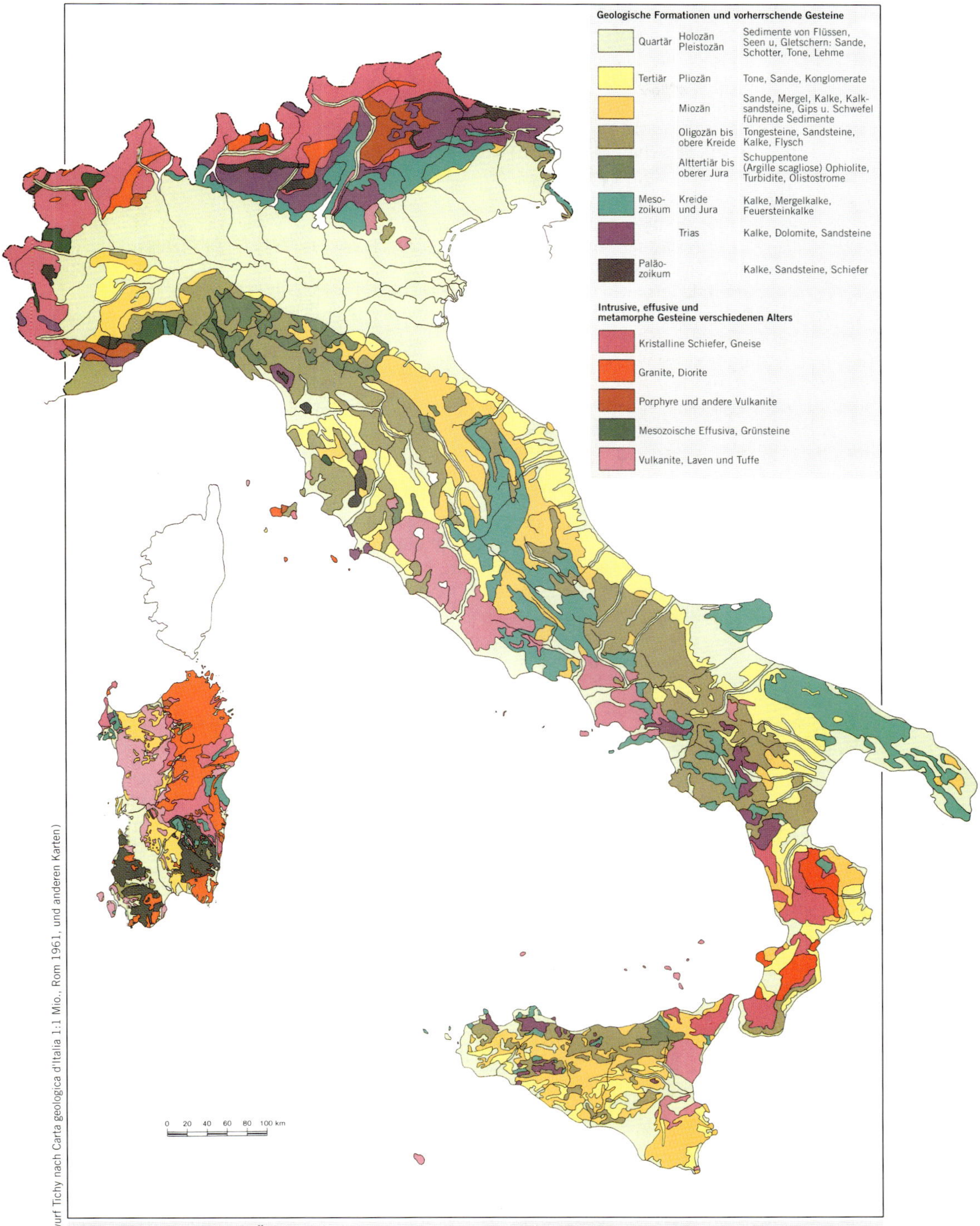

(Entwurf Tichy nach Carta geologica d'Italia 1:1 Mio., Rom 1961, und anderen Karten)

Abb. 2: *Geologische Übersicht*

alle Gebirgsgruppen durch steile Abdachungstäler gegliedert, von deren eiszeitlicher Vergletscherung die Insubrischen Seen zeugen. Die dem West-Ost-Streichen der Ketten angepaßten Längstäler (Veltlin, Vinschgau, Pustertal) sind nur im breiteren ostalpinen Abschnitt ausgebildet, wo sich auch Mittelgebirgsformen einstellen (Bozner Quarzporphyr-Platte). Sie folgen teilweise der bedeutendsten tektonischen Störungszone der Alpen, der Tonale-Judikarien-Pustertal-Drau-Linie („Periadriatische Naht“), mit mehreren granitischen Intrusiva (Biella, Baveno, Bergell, Adamello-Presanella, Iffinger-Brixen). Diese Linie trennt zugleich die Nord- von den Südalpen, die einen unterschiedlichen Bauplan haben: in den Nordalpen herrschen Kratone, Überfaltungs- und Überschiebungsdecken, in den Südalpen weitgespannte Verbiegungen und Bruchtektonik vor. Die tieferen Gebirgsgruppen am Alpenrand zwischen Piemont und Friaul (z. B. Bergamasker und Lessinische Alpen) nennen die Italiener Voralpen. Die Berg-, Hügel- und Terrassenländer am Alpenfuß bilden die sogenannte subalpine Zone. Man kann sie größtenteils auch als Glieder der Po-Ebene ansehen.

Die *Padania* oder *Po-Ebene*, das vom Po (lat. *padus*) durchflossene Tiefland zwischen Alpen und Apennin, das auf seiner rund 500 km langen West-Ost-Achse bei zunehmender Breite von maximal 600 m Höhe bei Cúneo bis zum Spiegel der Adria allmählich abfällt, ist am Alpenrand meist scharf begrenzt, während am Nordabfall des Apennins eine Vorhügelzone vermittelt. Der Fluß selbst wird durch die größere Wasser- und Sedimentführung der Alpengewässer, hervorgerufen durch das humide Klima und die stärkere Vergletscherung in den Kaltzeiten, zum Apenninenrand hin gedrängt. Bis auf die Gewässer der tief gelegenen Ebenen Venetiens und der Romagna, die unmittelbar zur Adria fließen, ist das Flußnetz auf die Sammelader Po ausgerichtet.

Das Tiefland verkörpert mindestens seit dem Miozän einen riesigen Senkungs- und Aufschüttungsraum zwischen den aufsteigenden Kettengebirgssträngen von Alpen und Apennin. Der ältere, bis in 6n000 m Tiefe reichende Untergrund ist im Wechselspiel von terrestrischen und marinen Bedingungen von jungtertiären und quartären Ablagerungen verhüllt worden. Durch kräftige Krustenbewegungen mit Zunahme der Reliefenergie am Ende des Pliozäns und die beginnende Vergletscherung in den Kaltzeiten steigerte sich die Aufschotterung der Padania beträchtlich, während in den Warmzeiten Flachmeersedimentation stattfand. Bei nachweisbar gestörtem Schweregleichgewicht gehen die Senkungs- und Faltenbewegungen bis heute vor sich (Castiglioni in Embleton 1984). Der tiefere Untergrund tritt nur an zwei Stellen zutage, einmal im piemontesischen Miozän-Hügelland von Monferrato (549 m), das eigentlich ein Teil des Nordapennins ist, zum anderen in den unvermittelt aufragenden Bergen und Hügeln der von den Lessinischen Alpen abgetrennten Mti. Bérici (444 m) und der benachbarten Euganeen (602 m), eines stark abgetragenen Vulkanhärtlings der Venetischen Ebene (Schlarb 1961).

Im einzelnen weist die Po-Ebene – abhängig vom Gefälle und der Korngröße bzw. der Wasserdurchlässigkeit des aufgeschütteten Materials – eine recht klare Gliederung ihrer großen Schwemmkegel und Talauen auf. Allerdings haben die Teilräume zwischen Piemont und Friaul eine jeweils andere Ausdehnung. Wir geben das für die nördliche Lombardei typische Querprofil wieder. Hier lassen sich von Nord nach Süd fünf Einheiten der glazigenen bzw. glazifluvialen Aufschüttungen unterscheiden, von denen die beiden ersten als Teile der subalpinen Zone gelten (Abb. 3; Lehmann 1961 a):

1. In den Kaltzeiten des Pleistozäns stießen die Talgletscher zwischen Dora Ripária und Tagliamento über den Alpenrand hinaus ins Tiefland vor und verbauten die Talausgänge durch großartige *Moränenamphitheater*. Die mächtigen Moränenwälle des Dora-Báltea-Gletschers erreichen in der Serra 500 – 940 m oder 200 – 400 m über dem Zungenbecken von Ivrea und bilden damit das höchste glazigene Aufschüttungsgelände der Alpen und Europas. Der 70 km lange und 13 km breite Gardasee-Moränenkranz liegt bis 300 m Höhe über dem Seespiegel. Die Altersstellung der pleistozänen Aufschüttungen ist im einzelnen nicht endgültig geklärt (z. B. Habbe 1969; Zie-

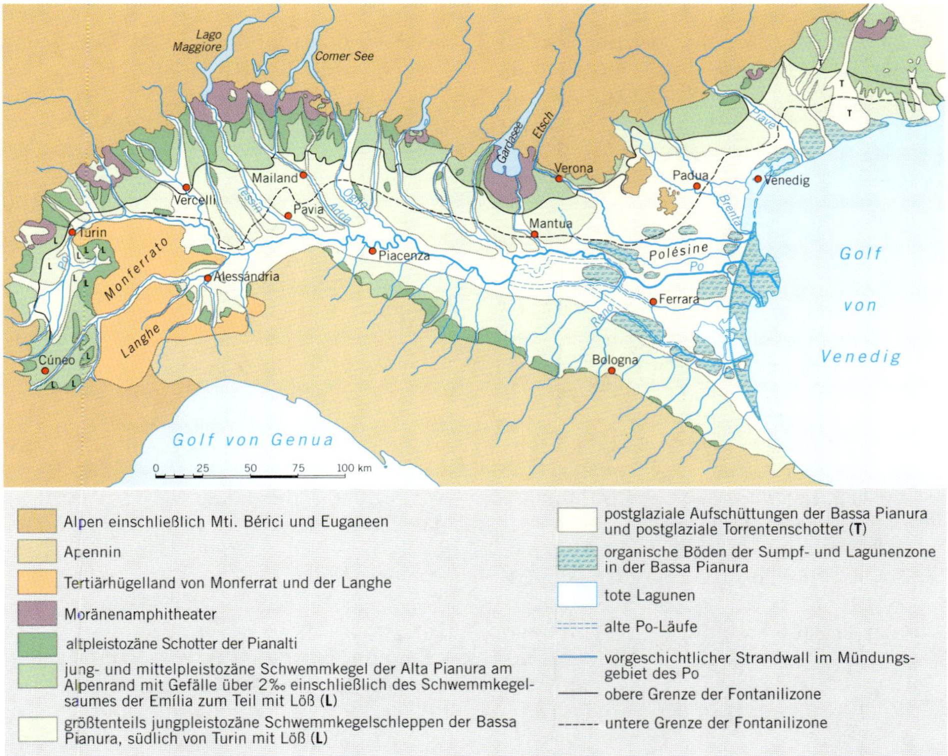

Abb. 3: *Die naturräumliche Ausstattung der Padania*

nert 1973). An die Moränengürtel schließen sich im Sinne der „glazialen Serie" die verschieden alten, teilweise lößbedeckten Terrassenflächen an.

2. Die gebirgsnahen, stärker geneigten Schwemmkegel der altpleistozänen Schotterfluren (*Pianalti*), die oftmals mit hohen Steilhängen gegen die rezenten Talauen der Alpenflüsse grenzen, bestehen aus tiefgründig verwittertem (ferrettisiertem), leuchtend rotem Material und sind auf trockenen, stark sauren Böden von Heiden überzogen.
3. Die gebirgsferner und tiefer gelegene mittel- bis jungpleistozäne *Alta Pianura* mit geringerem Gefälle baut sich aus schwächer verwitterten, grobkörnigen Sedimenten auf, die gleichfalls wasserdurchlässig sind. Sie reicht bis zu den *fontanili*, einer Zone von Schichtquellen wechselnder Breite.
4. Unterhalb des Grundwasser-Austritts folgen die feinkörnigen Schwemmfächer der feuchten *Bassa Pianura*, die als von Flüssen zerschnittene würmzeitliche Niederterrassen weithin vollkommene Ebenheiten bilden.
5. Der 2–10 km breite alluviale Schwemmlandstreifen des Po liegt 8–10 m tiefer als die Terrassenflächen. Dammuferseen und Altwasserarme sind Zeugen junger Laufverlegungen vor der Eindeichung (*piano di divagazione*; Sestini 1963). Die Gefährdung durch Hochwasser ist aber bis heute nicht vollständig gebannt.

Südlich des Po, im Oltrepò Pavese (Lombardei) und in der Region Emília-Romagna, bestehen alte wie junge Schwemmkegel aus feinkörnigem, d. h. wasserspeicherndem Material, das der an Tongesteinen reiche Apennin liefert; grober Schutt liegt nur auf den Talböden der Torrenten offen da. Die wenig zerschnittenen Terrassen-Felder, deren Gefälle im Gefolge junger Hebungen relativ groß ist, werden im allgemeinen zur Bassa Pianura gerechnet.

Einen eigenen Naturraum bildet das *Po-Delta* i.w.S., das „nasse Dreieck" Lehmanns. Es ist die sich rasch verbreiternde, gefällsarme und niedrig gelegene Alluvialebene, der Flußmündungs- und Lagunenbereich der Padania. Besonders im Polésine zwischen Etsch und Po di Primero bzw. dem Reno-Kanal mit Depressionen bis 3,40 m fehlen Abflußmöglichkeiten, so daß die natürlichen Dammflüsse durch Deiche gefaßt werden müssen, um die Ebene vor Überflutungen zu schützen. Hier verschob der Po, ehe sein Hauptlauf zu Beginn des 17. Jh.s festgelegt wurde, immer wieder sein Mündungsgebiet, das sich noch in etruskischer Zeit im Bereich der Ausgleichsküste befand. Erst seit der römischen Antike baute er das über die Nehrungen (*lidi*) hinausreichende Delta auf (Abb. 14; Dongus 1963, 1966).

Der *Apennin* bildet als Teil des „mediterranen Faltengürtels der Erde" orographisch die Fortsetzung der Alpen und ist „das Rückgrat der Halbinsel" (Abb. 4). Die Grenze wird konventionell am Giovi-Paß

***Bild 4:** Südflanke des Toskanisch-Emilianischen Apennins bei Sassalbo mit dem Gipfel der Alpe di Succiso (2017 m) und dem Torrente Rosaro: Kettengebirgstyp des Nordapennins und Terrassenfeldbau im vorgelagerten Bergland*

(472 m) nördlich Genua gezogen, wo sich die Bewegungsrichtung (in den Alpen von Norden nach Süden, im Apennin von Süden nach Norden), der Gesteinsaufbau und das Relief des alpidischen Orogens ändern. Weil der Apennin weder im Formenschatz noch im petrographischen und tektonischen Aufbau, noch in Alter und Entstehung ein einheitliches Gebirge ist, unterscheidet man gewöhnlich den Nord-, Mittel- (Zentral-), Süd- und Kalabrischen Apennin, was auch der Wechsel der Streichrichtung und die Höhengliederung nahelegen (Sestini 1944). Als ein gemeinsames Kennzeichen kann die asymmetrische Gestalt gelten, mit dem steilen Abbruch und den zahlreichen Senkungsfeldern auf der tyrrhenischen Seite (Antiapennin) und der gleichmäßigen, weithin ungestörten Abdachung auf der adriatischen Seite. Sie ist zugleich Ausdruck der petrographischen und tektonischen Asymmetrie des Gebirges (zur Genese vgl. u.a. Wunderlich 1966; Desio 1973).

Der *Nordapennin* reicht bis zur Ancona-Ánzio-Linie, einer Störung, an der die Gebirgsketten meridional abbiegen („Umbrischer Bogen") und weiter südlich von Osten her die Streichrichtung der Abruzzen senkrecht treffen (Richter 1963). Die steile West- und die sanfte Ostflanke treten in diesem Gebirgsteil besonders deutlich hervor. So weist z.B. das Talnetz tektonisch bedingte Längstäler und langgestreckte Beckenräume einerseits und lange, parallele Abdachungstäler andererseits auf. Der aus Sand- und Tongesteinen aufgebaute Nordapennin („Flysch-Apennin") zerfällt in zwei Abschnitte: Der kürzere Ligurische Apennin (bis 1840 m), mauergleich über der Riviera di Levante aufsteigend, hat gleichlaufende Kammlinien und ein Mittelgebirgsrelief. Am Cisa-Paß (1040 m) beginnt der längere und höhere Etruskische oder Toskanisch-Emilianische Apennin (M. Cimone 2165 m), der auf der Nordost-Seite eine eiszeitliche Karvergletscherung trug (Bild 2 und 4). Er gliedert sich in Kamm- und tief eingesenkte Beckenbereiche. Die „Toskanische Beckenreihe" folgt den von pliozänen marinen Sedimenten erfüllten Tiefenlinien des Bruchschollenlandes. Im westlichsten Teil der Toskana kam es bei der Gebirgsbildung zu granitischen Intru-

(nach Loddo/Mongelli 1979, Fig. 1, ergänzt)

***Abb. 4:** Tektonische Übersicht*

sionen mit Erz-Anreicherungen (Buntmetalle des Toskanischen Erzgebirges, Eisenerz und Pyrit von Elba); auf den Kontaktbereich zum Granit gehen auch die Marmore von Carrara (Apuanische Alpen, 1946 m) zurück (Bild 6). Am adriatischen Rand zieht sich unter dem hohen Hauptkamm eine tief zerschnittene Hügelzone (250 – 500 m) mit schwach geneigten, bei der Heraushebung hochgeschleppten neogenen Sedimenten (Tone und Mergel) hin.

Bis zur Senkenzone zwischen Maiella und Matese erstreckt sich der *Mittlere Apennin* mit seinem Vorland (Demangeot 1965). Hier erreicht das Gebirge seine größte Breite (110 km) und seine größten Höhen. Es kulminiert in den Abruzzen am Gran Sasso d'Itália (2914 m), wo der einzige kleine Apenninengletscher liegt. Im Apennin der Marken und Umbriens dominieren schon die Kalksteinketten (Mti. Sibillini 2478 m), in den Abruzzen aber mächtige,

Bild 5: *Blick über Capri auf die Halbinsel von Sorrent und den Golf von Salerno (Kampanien)*

zum Teil vom Flysch ummantelte Kalkstöcke (Gran Sasso, La Maiella 2795 m, M. Velino 2487 m), jeweils getrennt durch tief eingesenkte, der Streichrichtung folgende große Becken (z. B. von L'Áquila und Sulmona). Während die adriatische Gebirgsflanke jener des Nordapennins entspricht, ist die tyrrhenische Seite des Zentralapennins abwechslungsreicher gestaltet. Westlich der „umbrischen Längstalflucht" reihen sich im Anschluß an den M. Amiata in der Südtoskana die von Seen erfüllten Calderenvulkane Latiums auf (Mti. Volsini, Címini, Sabatini und Colli Albani), die von breiten Tuffebenen umgeben sind; im Süden stoßen die Kalkgebirgsstöcke (Mti. Simbruini, Érnici), von der breiten Senke der Ciociaria mit neogenen Sedimenten unterbrochen, bis zur Küste vor (Mti. Lepini, Ausoni, Aurunci). Ein äußerster Vorposten ist der Circeo-Felsen in der Südwestecke des Agro Pontino.

Der *Südapennin*, den man längs der Verbindungslinie vom Ófanto zum Sele in den Kampanischen und Lukanischen Apennin gliedern kann, ist der am wenigsten einheitliche Teil des gesamten Gebirges. Nach den Höhenverhältnissen, die den inneren Bau widerspiegeln, ergeben sich von West nach Ost drei Längszonen:

1. die durch Becken, wie z. B. das Vallo di Diano, getrennten Ketten und Massive aus Kalkstein und Dolomit, u. a. Matese 2050 m, Mti. Picentini 1809 m, M. Sirino 2005 m, M. Pollino-Sierra Dolcedorme-Gruppe 2271 m (mit eiszeitlichen Gletscherspuren; Beck 1972; Fuchs/ Semmel 1974; Boenzi/Palmentola 1997),
2. das Flyschbergland, am ausgedehntesten im Molise und in der Basilicata, und
3. das tief zerschnittene und ausgeräumte Pliozänhügel- und Tafelland der Basilicata, an das sich südostwärts, zum Golf von Tarent, die eindrucksvollste Meeresterrassentreppe im zirkummediterranen Raum anschließt (Brückner 1980). Östlich des Brádano-Grabens beginnt das Apulische Tafelland (s. u.).

Im Westen befindet sich das Vorland des Südapennins unter dem Meeresspiegel. Ein Gitternetz von aktiven Bruchlinien, an denen die Halbinsel von Sorrent (Mti. Lattari) mit ihrer Fortsetzung in der Insel Capri als Horst aufsteigt, bestimmt den Küstenverlauf am Golf von Neapel (Bild 5). An diese Schwächezone hält sich auch der rezente Vulkanismus (Íschia, Phlegräische Felder, Vesuv).

Der *Kalabrische Apennin*, südlich des eindrucksvollen, über 2000 m hohen Steilabfalls der Pollino-Dolcedorme-Gruppe mit der Quersenke des Crati (Piana di Síbari) gelegen, weicht in Gestalt, Gestein und Bau vom übrigen Apennin vollständig ab. Er besteht aus Massiven des paläozoischen Grundgebirges, die von flach gewölbten Hochflächen (Rumpfflächen) überzogen sind und die „Stiefelspitze" Italiens formen. Von Nord nach Süd folgen seine durch Küstenebenen (Piana di S. Eufémia) und Tertiärhügelländer („Isthmus von Catanzaro") eingeschnürten Abschnitte aufeinander: die breite Sila (1929 m) mit den südlichsten Vereisungsspuren der Halbinsel (Federici 1980), die schmalen Serre (1423 m) und der gedrungene Aspromonte (1955 m); jenseits des neogenerfüllten Grabens der Crati-Längssenke liegt die gleichfalls von Flachformen geprägte Küstenkette (Catena Costiera bis 1541 m), westlich der Serre steigt über einer Pliozän-Senke der M. Poro (710 m) auf. Die typische Asymmetrie des apenninischen Gebirgsbaus macht sich dennoch bemerkbar. Die Ränder der starren Massive brechen nach Westen in Staffeln steil ab, im Osten schließen sich mäßig geneigte jungtertiäre Tafelländer bis zum Ionischen Meer an (z.B. das Marchesato bei Crotone). Die Stufengliederung auf der Westseite weist auf die junge Heraushebung des Kalabrischen Apennins hin; Reste pliozäner Meeressedimente liegen am Aspromonte noch in 1400 m Höhe (Lembke 1931; Dumas et al. 1981/82).

Das vorherrschende Flachrelief in unterschiedlicher Höhenlage verschafft *Apulien* die naturräumliche Eigenständigkeit. Über der Schwemmlandebene des Tavoliere di Púglia, einem alten Meeresgolf, erhebt sich im Norden der Horst des M. Gargano (1056 m), „der Sporn des italienischen Stiefels", im Süden die ebenso von Bruchstufen begrenzten Hochflächen der Apulischen Tafel, die 400 – 680 m hohen Murge (Sing. Murgia), die auf der Salentinischen Halbinsel, dem „Stiefelabsatz", in niedrige Rücken (Serre) und Flächen (Murgette) übergehen. Beide Höhengebiete sind aus mesozoischem Kalk und Dolomit mit jüngeren Überdeckungen (im Südosten) aufgebaut (Pfeffer 1975). Sie wirken auf der gebirgigen Halbinsel als „Fremdkörper", können aber auch als vierte Zone des Südapennins, als dessen östliches Vorland (Antiapennin), aufgefaßt werden, zumal leichte Faltenwellungen auf die genetische Verknüpfung mit dem Gebirge verweisen.

Die *großen Inseln* unterscheiden sich voneinander wesentlich. In *Sizilien* wiederholen sich Bau und zonale Anordnung der Großformen des Südapennins. Im Norden erstreckt sich jenseits des Grabenbruchs der Straße von Messina der küstenparallele „Sizilische Apennin" mit seinen höchsten Erhebungen in Gesteinen des Grundgebirges (Mti. Peloritani 1286 m) und in widerständigen Kalken und Sandsteinen unterschiedlichen Alters (Nébrodi 1847 m, Madonie 1979 m, M. Pellegrino bei Palermo sowie Westsizilien). Das Innere der Insel wird von einem Tertiärhügelland erfüllt, das mit dem südapenninen Flyschbergland und seiner Fortsetzung im pliozänen Hügel- und Tafelland vergleichbar ist. Die dritte morphologische Einheit bildet auch hier ein Vorland, die (Kalksandstein-)Tafel des Südostens, die das Gegenstück zur Apulischen Tafel darstellt. Im Norden ist sie von einer Decke aus Basaltlava überzogen (Mti. Iblei). Der gewaltige Vulkanbau des aktiven Ätna (3323 m) stellt eine Großform für sich dar; anders als die übrigen italienischen Vulkangebiete einschließlich der Äolischen Inseln nördlich Siziliens (Strómboli u a.), die auf der tyrrhenischen Seite im Apenninrückland liegen, nimmt er ähnlich wie der Schichtvulkan des M. Vúlture im Südapennin eine Position zwischen dem Gebirge und dessen Vortiefe ein. Ebenso wie im südlichen Festlanditalien finden sich rund um Sizilien in verschiedenen Höhen über dem Meer Terrassen, die von pleisto- und holozänen Spiegelschwankungen zeugen, aber jungtektonisch verstellt worden sind (Brückner/Radtke 1990).

In Formen, Strukturen und Gesteinen weicht *Sardinien* von den bisher besprochenen Verhältnissen vollkommen ab. Im Gegensatz zur Apenninenhalbinsel und Sizilien tritt uns hier altes Land, ein Kraton, entgegen. Es ist ein Teil der durch tiefe Meeresbecken vom Festland getrennten Korsardinischen Masse, deren Bruchstücke in unterschiedlicher Weise herausgehoben oder abgesenkt worden sind. Immerhin bleibt auch in Ostsardinien die Asymmetrie der Höhenverhältnisse erhalten; denn die steilen Seiten sind zur Tyrrhenis gewandt. Die Insel zerfällt in drei große Einheiten (Seuffert 1970; Hiller 1978, 1981): Die von Nordwest nach Südost verlaufende Senke des Campidano-Grabens mit ziemlich bewegtem Relief scheidet zwei Höhenregionen. Im Südwesten liegt die kleinere der beiden alten Massen, das Gebiet des Iglesiente (1236 m), dessen Gesteine bedeutende Buntmetall-Lagerstätten bergen. Das im Südwesten vorgelagerte Tertiärhügelland (Sulcis) enthält Braunkohle. Nördlich der Campidano-Senke erhebt sich ein vielgestaltiges Bergland (bis 1830 m im Gennargentu-Massiv), dessen Oberflächenformen im Osten auf kristallinem Untergrund liegen (800–1000 m); im Westen wird die tiefer gelegene Basis von marinem Miozän und plio-pleistozänen Lavadecken vor der Abtragung geschützt (400–700 m). Neben dem beherrschenden Mittelgebirgsrelief und den ausgedehnten Tafelländern (Tafelberge = *giare*) gibt es auch schroffes Relief, z. B. in der Gallura (Limbara-Kette 1362 m) mit den auffälligen Formen der Granitverwitterung (Helm- bzw. Glockenberge, Felsburgen, Hohlblöcke = *tafoni*) und der Riasküste im Nordosten oder in den Jurakalken am Golf von Orosei und in der Nurra.

Die Relieftypen: Karst-, Tonstein-, Vulkan- und Küstengebiete

Die in Kalabrien, Nordostsizilien und Sardinien für die Gestaltung der Großformen maßgebenden Gesteine des Grundgebirges haben innerhalb Italiens nur noch in den Alpen ihr Gegenstück. Abgesehen von den Schwemmlandebenen der Küstenregion, beherrschen alle anderen Großformen drei Gesteinsgruppen, die sich wegen ihres Verhaltens gegenüber dem Wasser und der Schwerkraft in sehr unterschiedlicher Weise als Lebens- und Wirtschaftsraum des Menschen eignen (vgl. Abb. 2):

(1) die Kalksteine, Dolomite, Gipse, d. h. vor allem Karbonatgesteine,
(2) die Mergel, Tone, Schiefertone, d. h. Tongesteine, und
(3) die Laven und Tuffe, die Vulkanite.

Kalkgesteine bestimmen das Gerüst des Formenschatzes Italiens am stärksten und bauen die höchsten und steilsten Gebirgsgruppen auf. Da sie, wie auch Dolomit und Gips, löslich sind, entstehen schwerwiegende Folgen für den natürlichen Wasserhaushalt und die Wasserversorgung von Mensch und Tier. Die italienischen *Karstgebiete*, Ergebnisse der seit Jahrtausenden wirkenden Lösungsvorgänge, erweisen sich als Problemräume ersten Ranges. Sie zeigen infolge der weidewirtschaftlichen Nutzung und Bodenzerstörung schon im Altertum so vollständig degradierte (kahle) Flächen und Hänge, daß sie auch durch die aufwendigsten Rekultivierungs- und Schutzmaßnahmen nur selten in einen besseren Zustand versetzt werden können. Allein im Wasserhaushalt macht sich ein positiver Einfluß bemerkbar: Die Niederschlagswässer fließen zum größten Teil nicht oberflächlich ab, sie versickern, werden im Karstgefäßsystem zurückgehalten und rufen die gleichmäßige Schüttung der Karstquellen hervor. Andererseits sind die Karstgebiete ausgesprochene Wassermangelgebiete. So muß das semiaride Südostitalien durch den Acquedotto Pugliese mit einem 3600 km langen Leitungsnetz aus den Karstquellen des Sele im Südapennin versorgt werden (vgl. Abb. 54).

Abgesehen von den istrischen und südalpinen Karstgebieten, wo alle Groß- und Kleinformen in hoher Dichte vorkommen (z. B. Fuchs 1970), hat der Karstformenschatz im Kalkapennin und, etwas weniger häufig, in Apulien seine größte Verbreitung. Neben Karren, Dolinen, Ponoren, Trockentälern und (Küsten-)Höhlen sowie unterirdischer Entwässerung fallen die großen *Karstbecken* im Zentral- und Südapennin auf (Abb. 5). Diese auch als Poljen bzw. Semipoljen bekannten kilometerlangen und einige hundert Meter breiten ovalen Hohlformen mit ebenem Boden in unterschiedlicher Höhenlage (*piani, campi*) folgen in der Ausrichtung gewöhnlich dem allgemeinen Streichen des Gebirges von Nordwest nach Südost. Sie sind demnach tektonisch-fluvial vorgebildet und korrosiv verändert worden (Lehmann 1959; Pfeffer 1967; Beck 1972). Ein weiteres Merkmal der Kalksteinmassive bilden die *Glatthänge*, d. h. unzerschnittene, recht gleichförmig abfallende Bergflanken, während die Massive im schwerer löslichen Dolomit von der Erosion schroffer gestaltet sind (Fey/Gerstenhauer 1977). Zu den erwähnenswerten Besonderheiten des apulischen Karstformenschatzes gehören die *puli*, große Hohlformen mit senkrecht abfallenden Wänden (z. B. bei Altamura), die *gravine*, tief eingeschnittene Trockentäler am Südrand der Murge (z. B. bei Matera), und submarine Karstquellen, z. B. im Mare Píccolo bei Tarent (Pfeffer 1975).

Fragt man nach der Inwertsetzung der Karstgebiete Italiens, so stehen einer großflächigen landwirtschaftlichen Nutzung und Besiedlung beträchtliche Hindernisse entgegen. Meist ist nur extensive Schafhaltung möglich. Gunsträume für den Ackerbau sind tiefliegende Karstbecken mit ausreichendem Bodenprofil. Die Karstquellen spielen für Wasserversorgung und Bewässerung eine wichtige Rolle; viele Höhlen sind Ziele des Tourismus. Die Kalksteingebiete bieten außerdem sicheren Baugrund und Baumaterial als Naturstein in verschiedenster Ausbildung, so daß sich innerhalb und am Rand der Kalksteingebiete eine eigene Bauprovinz entwickelt

***Bild 6:** Marmorbruch bei Carrara*

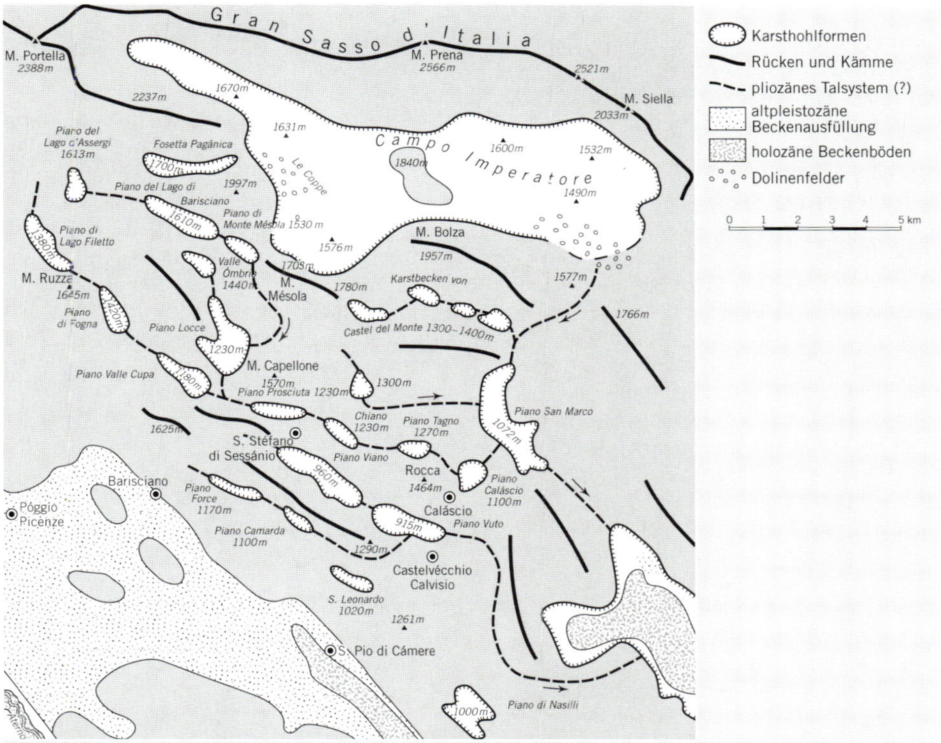

(nach Lehmann 1959, Karte 6)

***Abb. 5:** Die Karstwannen am Südhang des Gran Sasso-Massivs im Zentralapennin*

***Bild 7:** Calanchi in den neogenen Schuppentonen (*argille scagliose*) am Nordfuß des Toskanisch-Emilianischen Apennins bei Canossa (500–600 m)*

hat (Lehmann 1961 b); besonders gilt dies für den leicht schneidbaren plio-pleistozäner Kalksandstein Apuliens (*tufo*), der z. B. die barocke Architektur von Lecce prägt.

Der Ausspruch „Was nicht Karst ist, das rutscht oder wird zerrunst" (Pratolongo nach Vöchting 1951, S. 22) trifft die Realität sehr gut; denn ein Fünftel der Fläche Italiens – mit den Maxima in der Basilicata und den Marken – liegt in leicht abtragbaren Ton- und verwandten Sedimenten. Sie zeichnen die *Tonsteingebiete*, die Pliozän- und Flyschhügelländer sowie die Flyschbergländer der Apennin-Ostseite, von der Emília bis nach Kalabrien, und das Innere Siziliens, aber auch die Becken des tyrrhenischen Antiapennins in hohem Maß aus. Die Tongesteine des Tertiärs, „der Charakterformation Italiens" (Fischer 1913, S. 150), sind von den Abtragungsprozessen in besonderer Weise betroffen. Schuld daran ist nicht nur die leichte Beweglichkeit der Tone selbst. Vor allem die winterlichen Starkregen und das Steilrelief fördern die Denudation. Die Beteiligung von Erdbeben ist sicher zweitrangig, die Entwaldung allenfalls für die Ausbildung von Kleinformen verantwortlich (Kayser 1961; Tichy 1960, 1962).

Die plötzlich ablaufenden Massenbewegungen in den Tonsteingebieten, „eine Geißel des Landes" (Almagià 1924 in 1961, S. 343), nennen die Italiener *frane* (Sing. *frana*) (Abb. 6). Mit dem Begriff werden Rutschungen aller Art – Bergschlipfe, flache Hangrutschungen wie tiefe Erosionsrinnen – über kleine und große Entfernungen zusammengefaßt. Die dabei entstehenden Runsen heißen *calanchi* (Sing. *calanco*; Bild 7); mit ihnen sind gelegentlich, als Endstadium der Abtragung, Tonkegel (*biancane* oder *mammelli*) vergesellschaftet (z. B. die Crete senese südöstlich von Siena). Eine Sonderstellung haben die *balze*, d. s. Zirkustalschlüsse in den von tonigen Sanden und Sandsteinen bedeckten Pliozäntafeln. Solche steilwandigen Abbrüche bilden sich nach Quellung und Ausschwemmung der durchfeuchteten Tone (z. B. in Volterra).

Die Formen sind Ergebnisse von Vorgängen, die das Relief zerstören und ein anderes neu schaffen; man spricht von *soil erosion* und Bodenzerstörung, bei großräumigem Auftreten auch von *badlands*. Nach einer Schätzung ereignen sich in Italien jährlich 3000 Frane mit etwa 45 Toten, in der

(aus Muscarà 1978, S. 216)

***Abb. 6:** Franarutschungen mit Flächen über 200 ha*

Regel nach der Zeit der hohen Niederschläge, wenn die Böden, die in der sommerlichen Dürrezeit an metertiefen und zentimeterbreiten Trockenspalten aufreißen, über dem undurchlässigen Untergrund mit Wasser angereichert sind und durch die eigene Schwere als schmierige und reibungsarme Masse breiartig ins Fließen geraten. Bei Frana-Katastrophen werden ganze Dörfer unbewohnbar; Umsiedlungen sind dann unvermeidlich, und der Verkehr wird erheblich behindert (z. B. Ullmann 1964; Ergenzinger 1988). Weil der ungenehmigte Hausbau durch zügellose Grundstücksspekulation immer mehr in billiges, rutschungsgefährdetes Gelände vordringt, häufen sich solche Ereignisse in der Gegenwart, wie zuletzt 1998 nach heftigen Frühjahrsregen an den Hängen des 1131 m hohen Pizzo d'Alvano bei Sarno (Kampanien), wo 43 „Fels- und Schlammlawinen" Menschen und Gebäude unter sich begraben haben.

Um der Abtragung entgegenzuwirken, werden Hänge mit Tamarisken, Zypressen und anderen salzresistenten Holzarten aufgeforstet und, wie es das Beispiel Pisticci (Basilicata) zeigt, weitgehend befestigt (Tichy 1962). Aber mit der Aufforstung degradierter Flächen ist es nicht getan. Zusätzlich sind aufwendige Kulturbau- und Wasserbaumaßnahmen erforderlich. Es geht darum, das Gefälle der Hänge zu brechen, was durch Terrassentreppen möglich ist. So hat der italienische Staat seit 1951 in den Calanco-Gebieten den Bau von Querriegeln in den Tiefenlinien und die Erniedrigung der Firstlinien unterstützt (*colmata di monte*), ferner hat er die Anlage von kleinen bis mittleren Becken im Hügelland (Hügelteiche) propagiert, um das Wasser zurückzuhalten. Durch Grabenbauten soll oberhalb von Siedlungen überschüssiges Wasser rasch abgeleitet werden, wie überhaupt bei systematischer Drainage, auch von landwirtschaftlichen Nutzflächen, eine geringere Gefährdung besteht (z. B. Herweg 1988).

Wie in den Karstgebieten ist die Siedlungsdichte der Tonsteingebiete gering, weil es sich – abgesehen vom schlechten Baugrund – vor allem im Mezzogiorno meist um extensiv bewirtschaftete Weizenanbaugebiete handelt. Trotzdem müssen jährlich hohe Summen für den Gewässerschutz, für Hangbefestigung, Bodenregulierung und Aufforstung aufgewendet werden. Die mißlichen Naturbedingungen sind hier ebenso wie in den Kalksteingebieten eine vom Menschen wenig beeinflußbare Ursache der italienischen Südfrage. Die Tonsteingebiete liefern reichlich Bau- und Werkstoffe; sie gehören zu den „Ziegelprovinzen", was sich z. B. am Gebäudebestand Sienas oder an den antiken Bauresten Roms zeigt. Seit ältesten Zeiten ist auch die Keramik-Herstellung von außerordentlicher Bedeutung gewesen (in Faenza an der Via Emília seit dem 15. Jh., davon abgeleitet *fayence*).

Obwohl die *Vulkangebiete* im Vergleich zu Kalk- und Tonsteingebieten nur geringe Flächen einnehmen, geben sie der italienischen Landschaft einen typischen Akzent (Abb. 7). In der Verbreitung an die jeweilige regionale bis lokale tektonische Prädisposition gebunden und, mit der Häufung auf der tyrrhenischen Seite, plattentektonisch als Subduktionsvulkanismus erklärbar, unterscheidet man die Bereiche des Tertiärvulkanismus (Euganeen, Toskana, Sardinien), des Quartärvulkanismus (südliche Toskana, Latium) und des rezenten – aktiven oder ruhenden – Vulkanismus (Kampanien, Ätna, Äolische Inseln). Die Aufreihung junger Vulkanbauten im Bereich des toskanisch-kampanischen Lineaments, das in der apenninischen Nordwest-Südost-Richtung verläuft, ist dabei auffällig. Wie am Alpenrand handelt es sich um einen typischen „Rücklandvulkanismus", der auf Grund der „distruktiven Bruchtektonik" hinter der ostwärts wandernden Faltungsfront des Apennins als spätorogen gilt und bis heute anhält (Pichler 1970).

Die Formenfrische nimmt mit zunehmendem Alter ab, so daß die einzelnen Vulkangebiete variantenreich gestaltet sind (Bild 8). Je nach Art und Häufigkeit der Eruption (Explosion oder Effusion) gibt es sehr verschiedene Aufbauformen oder deren Reste, vom Vulkangebirge (Ätna, M. Amiata) über den einfachen bis komplexen Stratovulkan (Vesuv, Strómboli, Roccamonfina, M. Vúlture), den Calderen-Vulkan (s. o.) und Explosionskrater (Phlegräische Felder) sowie den vulkano-tektonischen Horst (Íschia) bis hin zur Vulkanruine (Euganeen) und zu den Tafeln aus Lava (Sardinien) oder Tuff (Latium) (vgl. z. B. Desio 1973; Pichler 1970 ff.; Rittmann 1981; *Diercke* 1996, S. 106/2).

Vor- und Nachteile, „Fluch und Segen" liegen in Vulkangebieten gewöhnlich nahe beieinander, in Italien, strenggenommen, eigentlich nur an den Hängen der rezenten Vulkane Vesuv und Ätna, auf deren verwitterten (basischen) Aschen und Laven, vor allem bei Wechsellagerung und ausreichendem Grundwasserkörper, eine intensive und äußerst produktive Landwirtschaft mit Reb- und Baumkulturen betrieben werden kann, wo man aber mit der Zerstörung von Siedlungen und Nutzflächen rechnen muß (Lautensach 1955; Mikus 1969, 1970; H.-G. Wagner 1967). Die Gebiete mit älterem Vulkanismus sind wegen ihrer wenig tiefgründigen Böden und der Wasserdurchlässigkeit des Substrats hingegen keineswegs Gunsträume, sondern häufig der Wald- und Weidewirtschaft überlassene Areale.

Aus fast allen Vulkangebieten sind geschätzte Bausteine bekannt. Erwähnt seien die diversen kampanischen Leichtbaustei-

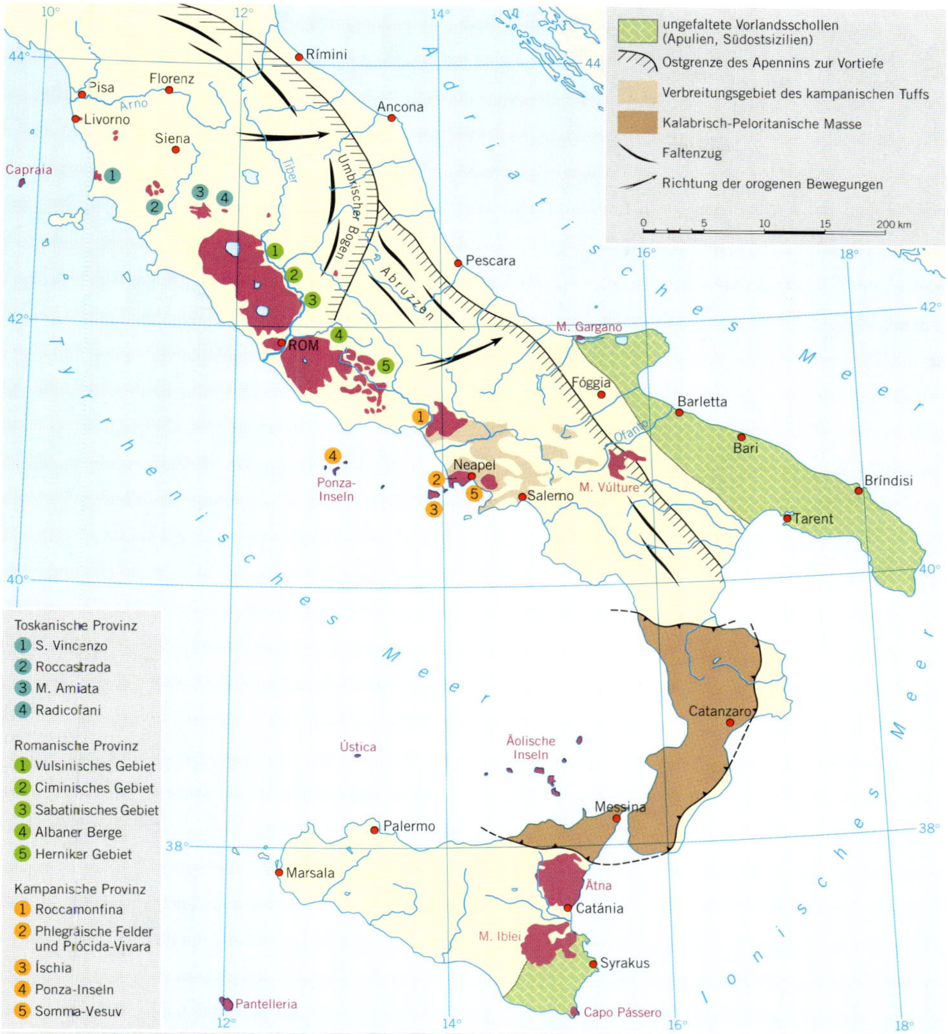

(aus Pichler I, 1970, S. 2)

Abb. 7: *Tektonik und junge Vulkanprovinzen in Mittel- und Süditalien*

ne aus Lava und (gelbem) Tuff, aus denen viele Gebäude Neapels bestehen, die in riesigen Tagebauen mit beträchtlicher Landschaftszerstörung gewonnenen Bimssteine von Lípari und das Reservoir rezenter Lavaströme für Baumaterial, wenn sie verkehrs- und verbrauchergünstig liegen. In Tuffwänden wurden Speicher- und Wohnhöhlen angelegt (Íschia), in die lapillireichen Tuffe Roms einst die Katakomben gegraben. Die verstreuten Vorkommen des Postvulkanismus veranlassen die Gewinnung von chemischen Verbindungen und Energie (Larderello/Toskana, Íschia) und ziehen den Touristen an (z. B. Solfatara von Pozzuoli, viele Thermalquellen). Aber auch die jungen oder gar aktiven Vulkane selbst weichen als eigenartig gestaltete Natur- und Kulturräume von der Umgebung vollständig ab. Nicht zuletzt sind sie als Niederschlagssammler und Quellwasserspender von Bedeutung.

Damit hat Italien innerhalb Europas zweifellos einen Vorzug; denn die Vorteile, die die vulkanische Tätigkeit dem Menschen im Lauf geologischer Zeiträume ge-

Bild 8: *Der tätige Stratovulkan Strómboli (924 m), Äolische Inseln*

Foto: R. Stellrecht

bracht hat, dürften die kurzfristigen Nachteile bei weitem überwiegen.

Exkurs:

Heftige *Erdbeben* mit folgenschweren Schäden für Menschen und Siedlungen hat es in Italien nicht nur in der Vergangenheit (u.a. L'Áquila-Sulmona 1456, 1688 und 1703, Straße von Messina 1693, 1783 und 1908, Avezzano 1915), sondern auch in der unmittelbaren Gegenwart (Westsizilien 1968, Friaul 1976/77, Irpínia 1980, Umbrien 1997) gegeben (im einzelnen Almagià 1959). Beim Beben von 1980 rechnet man z. B. mit einer Magnitude von über 6,8 R (das bisherige Maximum im westlichen Mittelmeerraum beträgt 8,3 R auf der logarithmischen Richter-Skala von −3 bis +8,8 R).

Abgesehen von den bradyseismischen Bewegungen, die auf Oszillationen hochliegender Magmenherde beruhen, wie in Pozzuoli (Phlegräische Felder), zeigt die Verbreitung des jungen Vulkanismus und der Erdbeben, daß kein direkter Zusammenhang zwischen den beiden Äußerungen endogener Kräfte besteht. Ihre Schwerpunkte liegen räumlich getrennt. Eine primäre Rolle für die Erdbeben spielen bruchtektonische Vorgänge. Sie bestimmen die seismische Labilität der Apenninenhalbinsel (Schneider 1975). Besonders gefährdet sind Teile des Mittleren Apennins, der in Horste und Gräben zerlegt ist. Ein zweites Zentrum großer Bebenhäufigkeit befindet sich in Kalabrien und Nordostsizilien, vor allem an der großen Nordost–Südwest verlaufenden Bruchlinie zwischen Réggio und Messina. Die dritte seismisch sehr aktive Zone folgt dem ganzen Alpensüdrand von Piemont bis zu den Karnischen Alpen und weiter bis ins Wiener Becken (vgl. Tichy 1985, Karte 3).

Beobachtungsstationen und Sonderinstitute beraten heute in dichtem Netz die Standortplanung großer Baumaßnahmen, die einen stabilen Untergrund brauchen (Staudämme, zeitweise Kernkraftwerke), und versuchen, die Erdbeben-Vorhersage zu entwickeln. Wichtiger sind Maßnahmen zur Schadensverhütung. Schon früh, wie nach der Zerstörung von Réggio di Calábria 1783, hat es staatliche Bauordnungen für erdbebengefährdete Zonen gegeben, die Baumaterial, Bauhöhe und Dachkonstruktionen, Straßenführung u.ä. betreffen. Heute können dank moderner Stahlbeton-Bauweise überall Gebäude bis zu 12 m Höhe errichtet werden. So nimmt es nicht wunder, daß ganze Landesteile einen Siedlungstyp aufweisen, der sich von der ungefährdeten Umgebung unterscheidet. Die neuen Orte erhielten breite, gerade Straßen, zahlreiche Plätze und große Gärten, vielfach einen Schachbrettgrundriß (z. B. Avezzano, Messina, Réggio, Palmi; Abb. 44), obgleich Barackensiedlungen als notdürftige Unterkünfte für die obdachlos gewordene Bevölkerung jeweils lange Zeit Bestand hatten (Migliorini 1963). Die jüngere Erforschung der Wahrnehmung und Bewertung von Naturrisiken (*hazards*) hat für Erdbebengebiete indessen auch auffallende Regelhaftigkeiten sozialgeographischer Art an den Tag gebracht. Beim Wiederaufbau nach der Katastrophe erweisen sich die vorher angelegten Raumstrukturen, ebenso die sozialen und politischen Verhältnisse als persistent, und die Chance eines Wandels wird kaum genutzt (Geipel 1977, 1983; Geipel et al. 1988). Die geomorphologischen Veränderungen durch Erdbeben (Spalten, Erdrutsche, Bergstürze) sind bald nicht mehr zu erkennen oder doch nicht ohne weiteres mit der seismischen Aktivität in Verbindung zu bringen.

Anders als die bisher beschriebenen Relieftypen gehören die *Küstenräume* heute zu den bevorzugten Siedlungs-, Verkehrs- und Wirtschaftsgebieten Italiens. Angesichts der langen Küstenlinie ist die Situation im einzelnen jedoch sehr unterschiedlich und von zahlreichen naturgegebenen Faktoren abhängig, insbesondere davon, ob es sich um eine Flach- oder Steilküste handelt. *Hauptformen* sind einmal die Felssteilküste mit teilweise aktiver Kliffbildung auf großen Strecken der tyrrhenischen Seite der Halbinsel (z. B. die Riviera) bzw. an den vielen Vorsprüngen des höheren Festlandes gegen das Meer, zum anderen die Schwemmland- oder Ausgleichsküste, wie sie die nördliche Adria und in größeren und kleineren Buchten das Ionische und Tyrrhenische Meer begleiten, und drittens die gerade, buchtenarme Längsküste an der Adria von den Marken bis zum M. Gargano; selten findet sich dagegen die Riasküste (Nordostsardinien und Istrien).

Ausgedehnte Küstenräume, die nicht allein auf die Küstenlinie beschränkt bleiben, entstehen durch die ins höhere Land zurückgreifenden Schwemmlandgebiete hinter den flachen Sandstränden. Dieser Typ der *Küstenebene*, bei dem Flüsse ehemalige Mündungsbuchten verschüttet haben und/oder durch junge Deltabildung weiterwachsen, hat – abgesehen vom Sonderfall der Padania – am Tyrrhenischen Meer, von der Apuanischen bis zur Sele-Ebene und in Kalabrien, die größte Verbreitung. Er kommt aber auch auf der Ostseite (Tavoliere di Púglia) und den Inseln (Ebene von Catánia, Campidano) vor. Die Anlandung und Aufschüttung im Anschluß an jungpliozäne Beckenräume (Toskana, Latium) ist besonders rasch vor sich gegangen, vornehmlich dann, wenn mehrere Flüsse in eine Bucht münden und bei Hochwasser große Schutt- und Schlammengen transportieren (Golf von Tarent).

Der im Grundriß häufig dreieckige, mitunter langgestreckte und von mehr oder weniger hoher Hügel- oder Berglandkulisse eingerahmte „Küstenhof" hat im Regelfall zwei in der Größe wechselnde Bestandteile: einmal das höhere trockene Land der Schwemmkegel unterschiedlich großen Gefälles und zum anderen das feuchte tiefere, oft tischebene Land. Letzteres setzt sich aus einer Niederung mit dem verlandeten oder offenen Haff (*laguna*, *stagno*) und den Talsohlen der Gewässer sowie aus der Nehrung (*lido, tómbolo*) mit älteren und jüngeren Strandwällen (d. h. den Formen der durch die Meeresströmungen bedingten bogenförmigen oder geradlinigen Ausgleichsküste) zusammen (Abb. 8). Wirklich lebende Lagunen, in denen die Gezeitenströme wirksam sind, gibt es in Italien nur noch zwischen Po-Delta und Isonzo-Mündung. Durch *tómboli* sind dem Festland Inseln angegliedert worden (z. B. der M. Argentário).

Noch am Ausgang des Tertiärs, im Pliozän, war die Apenninenhalbinsel ein Inselarchipel, die Po-Ebene ein tief zwischen Alpen und Apennin eingreifender Meeresgolf; auch im Pleistozän hat das Wechselspiel von Kalt- und Warmzeiten durch Meeresregressionen und -transgressionen den Umriß Italiens mehrfach verändert (z. B. Desio 1973; Kelletat 1974; Brückner 1980). Gleichwohl gehen die *Küstenveränderungen* in der Nacheiszeit weiter. Der Meeresspiegelanstieg in historischer Zeit, seit 1890 durchschnittlich 1,5 mm/a, läßt sich an Hand antiker Bauwerke und Hafenanlagen im Küstenbereich tektonisch relativ stabiler Gebiete, wie in der Toskana und Nordlatium, erschließen (z. B. Schmiedt 1965; Dongus 1970; Pongratz 1972, 1974). Die Messungen haben ergeben, daß der Meeresspiegel seit der Anlage etruskischer, griechischer und römischer Bauwerke um 1–2 m gestiegen sein muß. Damit kann der Bedeutungswandel von Häfen und Küstensiedlungen seit dem Altertum erklärt werden; denn nicht alle Überreste liegen heute unter Wasser, vielmehr teilweise kilometerweit landeinwärts. Viele von ihnen verloren schon am Ausgang der Antike oder im Mittelalter ihre Funktion, weil die Mündungsbuchten der Flüsse mit großer Sedimentlast schnell verlandeten (z. B. Pisa, Óstia, Paestum, Classis, Spina), so daß sie später durch neue Hafenstädte ersetzt werden mußten, wenn die wirtschaftliche oder strategische Rolle erhalten bleiben sollte (z. B. Livorno für Pisa, Civitavécchia für Rom-Óstia). Die Verschüttung der Flußmündungen und das Fehlen von Ästuaren (Trichtermündungen), hervorgerufen durch das gezeitenschwache Mittelmeer, haben also wie in anderen mediterranen Ländern die Entfaltung großer Hafenstädte über lange Zeitspannen behindert. Günstige Häfen, die seit der Antike bis heute benutzt werden, liegen an Ingressionsbuchten (Tarent, Bríndisi, Palermo, Neapel) oder werden durch kostspielige Molenbauten gesichert (Bari, Genua).

Abb. 8: *Die apuanische Küstenebene*

(nach Dongus 1962, Karte 2)

Der postglaziale Meeresspiegelanstieg hat naturgemäß den Grundwasserspiegel in Küstennähe angehoben und der *Versumpfung* im tieferen Land der Küstenebenen Vorschub geleistet. Mit dem Fortschreiten der Vernässung am Ende der Antike begann eine verhängnisvolle Entwicklung, nämlich die völlige Verödung vieler, allenfalls noch weidewirtschaftlich genutzter Küstenräume. Die weichende Bevölkerung mußte im Bergland neue Kulturflächen durch Rodung gewinnen. Dadurch wurden bei Starkregen von den entblößten Flächen in kurzer Zeit große Schuttmengen als Hochwassersedimente in die Täler verfrachtet, die am Golf von Tarent 15 m Mächtigkeit erreichen (Brückner 1982, 1986), die Deltabildung wurde verstärkt („negative Strandverschiebung") und die Entwässerung tiefliegender Zonen erschwert bzw. wegen äußerer Gefahr vom Meer her vernachlässigt, so daß sich die Malaria ausbreitete. Dieser regelhafte Prozeß kennzeichnet die toskanischen Maremmen, die Pontinischen Sümpfe oder den Polésine, hier besonders folgenreich für die Lagunenstadt Venedig (z. B. Dongus 1963, 1974; Döpp 1988; *Diercke* 1996, S. 105/3), ebenso die Ackerbaukolonien Großgriechenlands in Süditalien (Paestum-Poseidonia, Metapont, Sybaris u. a.). Trotz vieler Bemühungen über Jahrhunderte, die für den Ackerbau gut geeigneten Küstenebenen mit wertvollen Schwemmlandböden wieder nutzbar zu machen, konnte eine Wiederbesiedlung erst mit hohem technischem Aufwand, u. a. durch Kanalschleusen und Pumpanlagen, von den modernen Meliorations- und Landgewinnungsarbeiten in die Wege geleitet werden, nachdem staatlich geplante Kulturbaumaßnahmen (*bonífica*) schon seit dem 15. Jh. in der Po-Ebene und in der Toskana in Angriff genommen worden waren (Almagià 1959, S. 680 ff.; Bevilacqua/Rossi-Doria 1984).

Ein Beispiel ist der heute 800 km² große *Agro Pontino* südlich Roms. Er gliedert sich in die schmale rezente Nehrung mit jüngeren Dünenkränzen und vier Strandseen, in die höher gelegene, breite Zone alter Strandwälle und sumpfiger Niederungen mit ursprünglich dichter Macchie und Hochwald (Piscinara) und in die ebenso breite, aber tiefer gelegene innere Zone am Fuß der Mti. Lepini, die einst von seichten Binnenseen oder Sümpfen eingenommen war (Pontínia). Der Abfluß der reichen Karstquellen aus dem Kalkstein-Gebirge, der nur sehr kleine und flache Schwemmkegel zustande gebracht hatte, war wegen des geringen Gefälles und des küstenparallelen Dünengürtels behindert. In vorrömischer Zeit noch von den Volskern genutzt, waren die *paludi pontini* schon beim Bau der Via Appia versumpft und entvölkert, von Malaria verseucht und schwer passierbar. Zwar ließ Cäsar Versuche zu ihrer Entwässerung machen, und in der Kaiserzeit wiederholte man sie ebenso wie unter achtzehn Päpsten, besonders in der Renaissance-Zeit; aber es gab noch nicht die geeigneten Verfahren für ein derartig großes Unternehmen, so daß die Bemühungen erfolglos blieben. Erst 1899 begannen die Arbeiten wieder, die 1928 mit der Entwässerung abgeschlossen wurden. Mit der *bonífica integrale* (1933) wurde der größte Teil der Pontínia urbar gemacht und, zusammen mit weiteren Landgewinnungsmaßnahmen bei Aprília und Pomézia, im gesamten Agro Pontino-Romano 1500 km² Neuland geschaffen.

Der Landhunger, der zur Neulandgewinnung zwang, ist heute vorüber, die Trockenlegung von Sumpfflächen, nach der Ausrottung der Malaria bei Kriegsende, weder aus hygienischen noch aus wirtschaftlichen Gründen notwendig, obwohl die alten Pläne noch bis in die letzten Jahrzehnte vor allem im Mezzogiorno (Ebenen am Golf von Tarent und in Kalabrien, Tavoliere di Púglia) fortgeführt worden sind. Wichtiger ist es, die Feuchtgebiete als schutzwürdig anzuerkennen und Nationalparks einzurichten, wie den 1934 in der Piscinara des Agro Pontino gegründeten *Parco Nazionale del Circeo*.

Die Böden

Bodentypen und Ertragsfähigkeit

Die große meridionale Erstreckung der Apenninenhalbinsel und die Gebirgsnatur bringen eine bedeutende Differenzierung der klimatischen Bedingungen hervor (s. u.). Das wechselnde Angebot von Wärme und Feuchtigkeit beeinflußt die Art und Intensität der Bodenbildung (Abb. 9 . Wenn auch die meisten Böden Italiens bis zu Höhen um 1500 m zu den *Braunerden* oder braunen Waldböden als „zonalem Bodentyp" gerechnet werden können, so unterscheiden sich doch die im Norden gelegenen, wo die Wärme geringer und die sommerliche Trokkenzeit kurz ist, von denjenigen im Süden und auf den Inseln. Südwärts werden die Böden wegen des geringeren Humusanteils heller, es sind die „mediterranen Braunerden". Als Höhenstufe treten unter erhalten gebliebenen Waldbeständen Braunerden mitteleuropäischer Prägung, in Gebirgslagen auf saurem Untergrund auch saure Braunerden und Podsole auf. Aus diesem vom Klima bestimmten Rahmen fallen die „roten mediterranen Böden" der Kalksteingebiete heraus, zu denen die als Reliktboden eines wärmeren subtropischen Klimas angesehene *Terra rossa* z. B. der Pianalti am Alpenrand und der Murge Apuliens gehört (Fränzle 1959, 1965; Skowronek 1978).

Darüber hinaus prägt das Ausgangsgestein die Bodeneigenschaften, vor allem im Hinblick auf die Nutzungsmöglichkeiten, wesentlich, so daß die oben angeführte Gliederung in Kalkgestein-, Tongestein- und

Bild 9: Olivenhain auf rotem mediterranen Boden im Karstrelief Südapuliens

Vulkangebiete einen Anhaltspunkt für die Einteilung ergibt.

Die flachgründigen *Böden der Kalkstein- und Dolomitgebiete* sind schwarz bis braunschwarz gefärbt. Unter den häufig nackten Felsen höherer Lagen haben sich Rendzinen, oft nur skelettartige Kalkschuttböden entwickelt. Wegen ihrer geringen Produktivität bleiben sie in erster Linie der Wald- und Weidewirtschaft überlassen. In den tieferen Lagen, von den Alpen bis zu den Inseln, sowie in Senken, Dolinen und allen Hohlformen dominieren die tonreichen Kalkbraunerden mit größerer Mächtigkeit. Im Süden sind sie mit den roten mediterranen Böden vergesellschaftet. Ihre Ertragsfähigkeit ist beträchtlich. Seit alters kultiviert, tragen sie in Apulien Baum- und Strauchkulturen (Öl- und Mandelbäume, Weinreben; Bild 9), aber auch Weizenflächen. In geringer Tiefe können Kalkkrusten entstehen, die durch die normale Bearbeitung zerstört werden.

Die *Böden aus Ton- und Mergelgesteinen* weisen einen geringen Humusgehalt, hohen Karbonatanteil und Basenreichtum auf. Sie sind landwirtschaftlich gut nutzbar und ertragreich, bereiten jedoch Probleme bei der Bearbeitung. Sie verfestigen sich bei Trockenheit, verschlämmen nach Regenfällen und sind dann ständig in Bewegung. An den Steilhängen der Pliozän-Hügelländer finden sich meist nur Rohböden, in sanftem Gelände tiefgründige Vertisole, die sich selbst durchmischen, in Trockenzeiten aber starke Schrumpfrisse zeigen. Vertisole können auch salzhaltig sein; bei länger anhaltender Dürre überzieht sich sogar die Bodenoberfläche mit einem Salzfilm, der im feuchten Winterhalbjahr wieder ausgewaschen wird. In der Ebene von Gela (Südostsizilien) wurden neben Sulfaten die für viele Kulturpflanzen toxisch wirkenden Chloride nachgewiesen (Gerold 1979, 1982). Auf Dauer kann man solche für den Ackerbau nur eingeschränkt nutzbaren Salzböden durch Düngen und Spülen im Rahmen der Bewässerung bei zugleich guter Drainage, Durchlüftung und Strukturänderung, die durch Tiefpflügen zu erreichen ist, verbessern; unverändert eignet sich das schwere, porenarme Substrat allenfalls als wenig ergiebige Weide oder als Reisland. Die Nutzung der Hügelländer – je nach Böschungsverhältnissen – durch Ackerbau (Weizen) bzw. Weidewirtschaft ist

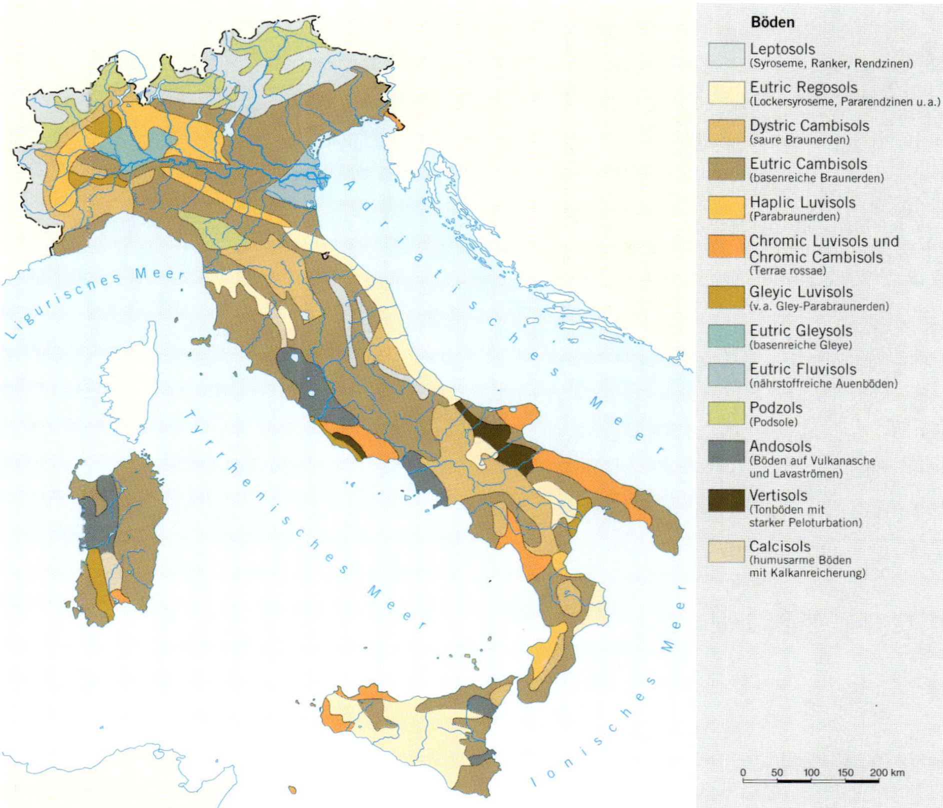

Abb. 9: *Die Böden*

(vereinfacht nach FAO-UNESCO 1981, sheet V-1)

weithin typisch. Im Flysch-Bergland haben sich durch den häufigen Wechsel von Sand- und Tonsedimenten Braunerden verschiedenen Typs mit durchschnittlicher Produktivität entwickelt, die Gebirgslagen sind potentielles Wald- und Weideland.

Basische *Vulkanite* liefern im allgemeinen für die Landwirtschaft gut geeignete Böden (Latium, Kampanien, Ostsizilien). Sie sind unter den herrschenden Klimabedingungen tiefgründig verwittert, lehmig und mineralreich. Ein besonders nährstoffreiches Substrat entsteht über lockeren vulkanischen Tuffen basaltischer Art. Böden über vulkanischen Auswurfmassen, die durch wiederholte Ausbrüche, Auswehung und Anschwemmung, wie am Ätna und anderen jungen Vulkangebieten, immer wieder begraben werden, sind wasserdurchlässige und deshalb nur schwer nutzbare Sandböden („Polyböden“; Werner 1968).

Die Abbildung 9 gibt die Verbreitung der Böden bzw. Bodengesellschaften Italiens einschließlich ihrer Bindung an das petrographische Substrat nach der FAO-Weltbodenkarte (1981) mit aktueller Nomenklatur generalisiert wieder. Eine detaillierte Karte enthält der *Atlante Tematico* 1992 (Tav. 25). Nach der italienischen Klassifikation der Bodentypen, welche die potentielle *Ertragsfähigkeit* und die Verbreitung verbindet (Mancini 1966; Mancini/Ronchetti 1968), finden sich die Bereiche, in denen Böden der höchsten Bodengüte (Bodenklasse 1) vorkommen, unter den Alluvialböden in den Auen des Po außerhalb der Schotterplatten, in der venetischen und emilianischen Ebene und längs der großen Flüsse. Vertisole innerhalb solcher Alluvialböden kennzeichnen den Agro Pontino, den apulischen Tavoliere, die Ebene von Catánia und andere kleine Ebenen. Es sind die für den Anbau von Weizen und Industriepflanzen geeigneten Böden, wenn es die Klimabedingungen erlauben. Die Böden der zweiten Klasse haben ähnliche Eigenschaften mit guter Ertragsfähigkeit. Es handelt sich meist um Braunerden, die zum Teil lessiviert sind, und um Alluvialböden, die die großen fluvioglazialen Terrassen und die Moränenhügelländer der Padania sowie den Fuß des Nordapennins einnehmen. In den Vulkangebieten der südlichen Toskana, Latiums, Kampaniens und der Inseln sind es auf Tuffen und Laven im wenig bewegten Gelände die Braunerden und Andosole. Auch die trockengelegten Küstenräume mit früher hydromorphen Böden gehören hierher. In den anderen Bodenklassen (3 = genügend bis 6 = sehr niedrig) ist die Ertragsfähigkeit mehr oder weniger stark eingeschränkt, bei der Klasse 7 (Lithosole der Gebirge) fehlt sie so gut wie vollständig (vgl. Tichy 1985, Tab. 3).

Der Einfluß des Menschen

Daß die Tätigkeit des Menschen seit der Antike in den Alpen und im Apennin die Degradierung oder gar die Zerstörung der Bodendecke überall dort herbeigeführt hat, wo sie an Steilhängen besonders exponiert war, ist schon erwähnt worden. Die Ausdehnung des Weidelandes und die Rodung im Bergland, nach der Abwanderung der Bevölkerung aus den Niederungen in der ausgehenden Antike bzw. nach den wiederholten Einfällen der Sarazenen im 9./10. Jh., haben heute in den Kalkgebieten ein nahezu kahles Gebirge hinterlassen, in dem vor 2000 Jahren noch ein dichter Laubwald auf den bis zu einem Meter mächtigen Lockerböden wuchs. Die Erhaltung der noch vorhandenen Bodendecke ist deshalb ein dringliches Gebot (Seuffert 1983).

Hierzu dienen nicht nur die oben erwähnten Wasserbaumaßnahmen, sondern vor allem künstliche Terrassen mit Stützmauern, die im gesamten Mittelmeerraum an steileren Hängen ein wesentlicher Bestandteil der Kulturlandschaft geworden sind. Der überall verbreitete *Terrassenbau*, dessen Geschichte sich nicht sehr weit zurückverfolgen läßt, jedenfalls nicht bis in die römische Antike, hat von Region zu Region, auch nach der Anbauart – von einjährigen Feldfrüchten bis zu Dauerkulturen – ein anderes Gesicht, und selbst seine Bezeichnungen wechseln je nach Material, Form und Verfahren mehrfach (Sereni 1972, S. 205 – 222). Infolge des sozialen Wandels ist die Blütezeit des Terrassenbaus freilich längst vorüber. Im Bergland tragen die Terrassen nur noch Grasland oder werden in steilen Lagen gänzlich aufgegeben. Viele Mauern wüst liegender Fluren verfallen, so daß die Erosion freies Spiel hat, wenn die wiederaufkommende Vegetation nicht Schritt halten kann (Richter 1989); an flachen Hängen hat man die Terrassen verbreitert oder beseitigt, um das Gelände mit Maschinen bearbeiten zu können.

Das Klima

Kennzeichen und Klimagang

Zum bleibenden Erlebnis für den Fremden aus dem Norden gehören in Italien das helle Licht, das intensive Blau des Himmels und des Meeres, die Milde der Wintertemperaturen, aber auch die Hitze und Trockenheit des Sommers. Die ruhige, nur selten bewegte Atmosphäre des Sommers ist es, die der Tourist schätzt. Auch die Wintermilde veranlaßt immer noch viele Nord- und Mitteleuropäer, seit langem beliebte Fremdenverkehrsgebiete wie die Ligurische Riviera oder eine der Inseln als Winteraufenthalt zu wählen.

Die heitere Witterung wird aber nicht selten gestört durch plötzlich auftretende Stürme, durch unverhofft fallende Temperaturen oder rasch aufkommende Hitzewellen und Regenfälle, die viel heftiger niedergehen als in den nördlicheren Breiten. Nicht Gleichförmigkeit, sondern ein charakteristischer Wechsel beherrscht also das Klima des Landes (Mori 1957). Die zeitlichen Schwankungen, wie sie sich in den Temperatur- und Niederschlagsdaten einzelner Jahre und Jahreszeiten ausprägen, sind sehr beträchtlich, so daß Durchschnittswerte eine geringe Aussagekraft haben. Auf Jahre mit kalten Wintern folgen bisweilen solche mit mäßigen Temperaturen, ebenso können sich feuchte Jahre mit trockenen ablösen, wobei extreme Ereignisse wie großer Niederschlagsmangel und großer Niederschlagsüberschuß keineswegs ausgeschlossen sind.

Das italienische Klima, das dennoch einen regelmäßigen Witterungsverlauf in den vier Jahreszeiten besitzt (Mennella 1967), kennzeichnen drei generelle, raumdifferenzierende *Eigenschaften*: Erstens führt der direkte und breite Anschluß an den mitteleuropäischen Rumpf zum kontinental beeinflußten Bereich Norditaliens, zweitens ruft die Gebirgsnatur der Halbinsel mehrere klimatische Höhenstufen und die unterschiedliche Wetterwirksamkeit der sie überstreichenden Luftmassen hervor und drittens ist das weite, molenartige Vorspringen ins Mittelmeer für die Ausbildung von Küsten-, Insel- und Binnenklimaten verantwortlich. Für das Witterungsgeschehen sind überdies zwei Effekte bedeutsam: Einmal die Barrierewirkung der Alpen und des Apennins; sie äußert sich unter anderem darin, daß schon am Alpensüdrand, der gegen Kaltlufteinbrüche abgeschirmt ist, klimatische Gunstlagen auftreten, die durch die Alpenrandseen, das Moränenhügelland und den mildernden Föhneinfluß noch gefördert werden. Ebenso geschützt ist die Ligurische Riviera durch den Apennin (Hayd 1962). Zum anderen übt das im Vergleich zum Atlantik ständig warme Wasser des Mittelmeeres eine labilisierende Wirkung auf die Atmosphäre aus und ermöglicht die Zyklogenese in der Nachbarschaft der Halbinsel (Cantù 1977).

Die eingangs erwähnten charakteristischen Witterungserscheinungen, winterliche Kaltlufteinbrüche einerseits und sommerliche Ruhe andererseits, lassen sich *genetisch* mit dem wechselnden Sonnenstand bzw. dem Wandern der innertropischen Konvergenzzone erklären. Italien hat durch seine Lage im Gradnetz wie andere südeuropäische Länder am atmosphärischen Geschehen der feuchtkühlgemäßigten und der subtropischen Breiten jahreszeitlich einen unterschiedlichen Anteil („alternierendes Klima"; Flohn 1948). Im Winterhalbjahr überwiegen die Einflüsse der ektropischen Westwindzone, im Sommerhalbjahr jene des subtropischen Hochdruck- und Passatgürtels, so daß die Periodizität der Niederschläge ein Grundzug des Klimas ist (Formel Cs nach Köppen).

In der feuchten *winterlichen* Jahreszeit wird das Eindringen von Kaltluft durch die Lage von zwei Höhentrögen begünstigt. Der eine liegt über Ostfrankreich und löst das Einströmen maritimer Polarluft von Nordwesten durch das Rhônetal als Mistral (ital. *Maestrale*) aus, der andere führt über dem Balkan zum Einbruch kontinentaler Polarluft durch die Pforte nördlich Triest, die als Bora bekannt ist. Innerhalb des Mittelmeergebietes ist der Golf von Genua ein Raum besonders häufiger Zyklogenese („Genuazyklone"). Die Tiefs wandern von dort aus ostwärts, im Winter mehr an der tyrrhenischen Küste entlang weit nach Südosten, im Sommer dagegen durch die Padania, wo sie am Alpenrand (Julische Alpen) hohe Niederschläge verursachen, bis sie nach Süden über die Adria hin abbiegen. Andere werden um die Ostalpen herum gesteuert und bringen als Vb-Zyklonen im östlichen Mitteleuropa langandauernde Sommerniederschläge und Hochwasser. Im Zusammenhang mit dem Durchzug von Zyklonen im Winterhalbjahr herrschen günstige Bedingungen für die Entstehung von Regionalwinden, die von Norden als kalte Fallwinde wehen und von Süden als schwülwarme Luftströmung (*Scirocco*) vorstoßen (Müller/Richter 1984; Bischoff 1992).

Die allgemeine *sommerliche* Ruhe und die Trockenheit der Atmosphäre kommen durch die Abseitslage Italiens von den Hauptzugbahnen der atlantischen Zyklonen und deren wetterwirksamen Fronten zustande, die meistens das Mittelmeergebiet nur randlich berühren oder im Nordwesten vorüberziehen (Eriksen 1971). Als Ursache der sommerlichen Dürre ist die Divergenz bodennaher Luftströmungen auf der polwärtigen Seite der Passate anzusehen, wenn sich das Azorenhoch zum Mittelmeergebiet hin ausgedehnt hat. Wegen der Instabilität der warmen und feuchtigkeitsgesättigten Luft über dem Meer kann es jedoch auch im Sommer Regenschauer und Gewitter geben.

Das thermische Klima

Für das thermische Klima Italiens ist der Gang der Monatsmitteltemperaturen besonders aussagekräftig, weil er die verschiedenen Grade der *Maritimität* bzw. *Kontinentalität* verdeutlicht. So stehen die aus der Differenz zwischen wärmstem und kältestem Monat errechneten Werte (über 20° C kontinental, unter 15° C maritim) von 12–14° C an den Küsten- und Inselstationen solchen von über 24° C in der Po-Ebene gegenüber. In Alpen und Apennin sinkt die Amplitude in den Höhenlagen unter 16° C, im intramontanen Becken steigt sie über 20° C. Ebenso wie Padania und Binnenräume erweisen sich die Ostseiten der Halbinsel und der Inseln im Vergleich zu den Westseiten als kontinentaler (Abb. 10).

Hitze und Frost, d. h. die *Extremtemperaturen*, sind für die vom Klima abhängige Vegetation, für die natürliche Pflanzenwelt wie für Kulturpflanzen und Forstkulturen, von größerer Bedeutung. Die höchsten Temperaturen streifen im Süden die 50°-C-Grenze (am 29. August 1885 in Sizilien 49,6° C). Die tiefsten sind in den höchsten Gebirgslagen gemessen worden, aber nicht unter –30 °C. Doch gibt es auch in der Po-Ebene strenge Winter zwischen –15 und –22° C, insbesondere bei anhaltenden Hochdrucklagen mit nächtlicher Ausstrahlung. An der Riviera ist die Temperatur dagegen noch nie unter –3,3° C gesunken; ähnlich geringe Ausschläge unter den Gefrierpunkt zeigen die Küstenstationen Mittel- und Süditaliens und der Inseln, wo die Fröste von kurzer Dauer sind, so daß frostempfindliche Kulturen, bis auf Ausnahmefälle, kaum einmal geschädigt werden. Eistage sind hier ausgeschlossen. Doch kann es im Januar häufig zu Temperaturen unter 10° C kommen. Sie begrenzen z. B. den Anbau von Agrumen. Schon in Napoletanien (Sorrent) müssen mattenbedeckte Holzgerüste den Zitrusbäumen an kritischen Tagen einen

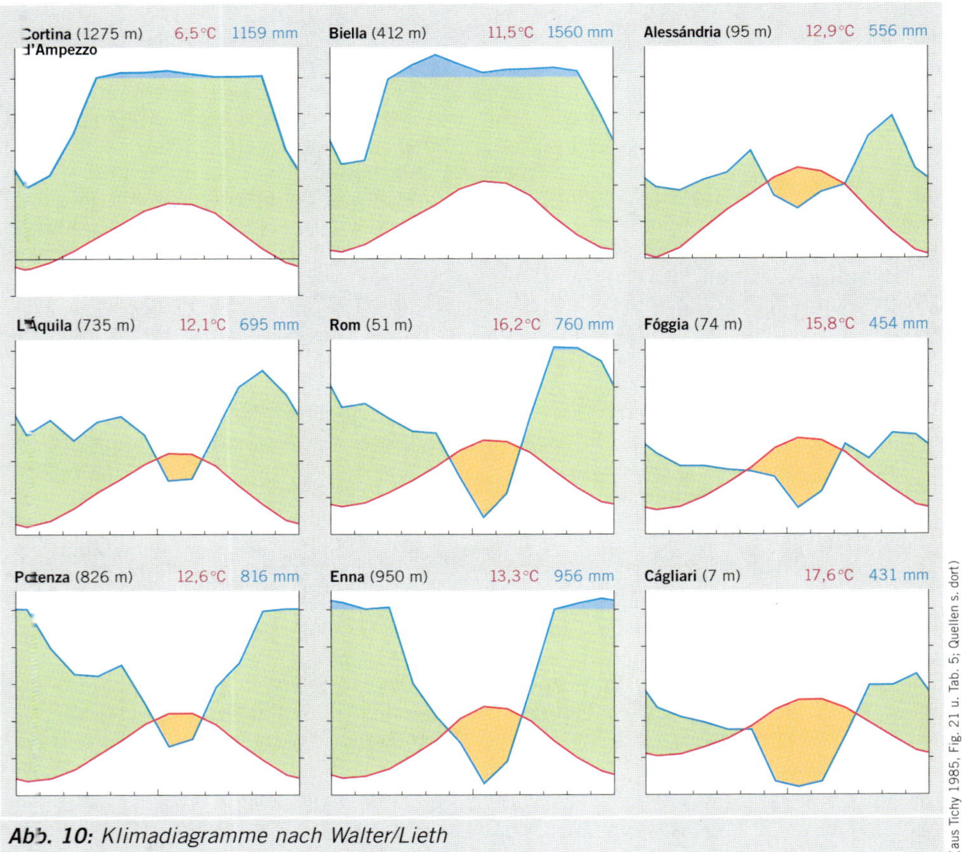

Abb. 10: *Klimadiagramme nach Walter/Lieth*

Frostschutz bieten (Bild 10). Die planetarische Lage ist somit auch für die thermischen Verhältnisse maßgebend: Tarent zählt nur einen, Bari sieben, Rom zehn, aber Florenz ebenso wie die Padania 35–40 mögliche Frosttag(e) im Jahr. Die milde Spalierlage am Alpenfuß, begünstigt durch die Seeflächen, hat indessen einen Vorposten mediterraner Kulturen (Ölbäume, Agrumen) entstehen lassen (Tiggesbäumker 1985).

Insgesamt gesehen beschränkt sich die vom mitteleuropäischen Italienbesucher so andersartig und lebhaft empfundene warme mediterrane Klimastufe, die sich in allen Erscheinungen der Natur und des Lebens ihrer Bewohner bemerkbar macht, auf schmale Ränder und Küstensäume der Halbinsel und der Inseln. Um so heimischer kann sich der Mitteleuropäer in der Gebirgsstufe des Apennins fühlen, wo noch Buchen- und Tannenwälder erhalten sind.

Das hygrische Klima

Das hygrische Klima gibt Auskunft über Wassermangel- und Wasserüberschußgebiete. Der Niederschlag fällt nicht immer in gleicher Weise. Es stehen sich der instabile Typ mit Schauern, Starkregen und Gewittern (Kaltfront- oder Rückseitentyp) und der stabile, weniger ergiebige Dauerregentyp (Warmfront- oder Frontseitenniederschlag) gegenüber; in Herbst und Winter überwiegt der erstere, im Frühjahr der letztere. Schneefall ist möglich. Wenn sich auch erst von 500 m Höhe an eine Schneedecke für kürzere Zeit hält, so schneit es doch gelegentlich bis zur Küste herab. Eine schneesichere winterliche Jahreszeit erleben nur die höher aufragenden Gebirgsteile. Auch im Süden tragen diese bei zeitweise empfindlicher Kälte ziemlich regelmäßig eine mehrmonatige Schneedecke.

In der *räumlichen Verteilung* der jährlichen Niederschläge spiegeln sich der planetarische, der hypsometrische und der West-Ost-Wandel wider, wobei die Gebirgsbarrieren auf die regenbringenden Luftmassen entscheidend einwirken. Prinzipiell nimmt die Niederschlagsmenge von Nord nach Süd, von oben nach unten und von West nach Ost ab, ebenso die Zahl der Regentage im Jahr. Die Maxima wurden im Isonzo-Gebiet, in ausgesprochener Luvlage, mit über 3000 mm gemessen. Die nieder-

Bild 10: *Mattenabdeckung als Frostschutz für die Zitronengärten der Halbinsel von Sorrent bei Massa Lubrense (Kampanien)*

schlagsärmsten Stationen liegen im Lee des Apennins (Apulien: Manfredónia 426 mm, Tarent 445 mm); ähnlich niedrige Werte verzeichnen die selten von feuchten Luftmassen beeinflußten Südküsten der großen Inseln (Capo Pássero/Sizilien 365 mm, Cagliari/Sardinien 431 mm).

Die möglichen Niederschlagsschwankungen von Jahr zu Jahr (*Variabilität*) sind aber sehr bedeutend (Bissanti 1970). Charakteristisch ist die relativ geringe Veränderlichkeit in den maritimen Luvlagen an den Westküsten mit weniger als 14 % Abweichung vom mittleren Jahresniederschlag (Mitteleuropa ca. 10 %). In den Leelagen der Ostküsten beträgt die Variabilität an der Adria 16 – 20 %, an der ionischen Küste 22 – 26 %; das Maximum hat Orosei an der sardischen Ostküste mit 33,5 %. Im Ausnahmefall gibt es Jahre, in denen im Sommer mehr Niederschlag fällt als im Winter: 1938/39 wurden in Metapont am Golf von Tarent in den Sommermonaten 251, in den Wintermonaten aber 154 mm gemessen.

Die *Extremwerte* des Niederschlags, die nach Starkregen registriert werden und auf die alle Wasserbaumaßnahmen (Uferschutzmauern, Stadtkanalisation, Höhe der Brückenbauwerke) eingestellt sein müssen, können gewaltig sein. Die jemals in Italien gemessene höchste Tagesmenge betrug in Genua am 25. Oktober 1822 außerordentliche 812 mm. Bei der Flutkatastrophe von Florenz 1966 fielen am 3. November 128 mm und am 4. November weitere 54 mm (nach anderen Angaben 190 mm) Niederschlag in 24 Stunden.

Anders als in Mitteleuropa mit Niederschlägen in allen Jahreszeiten haben Angaben über Jahresniederschlagsmengen für Italien wegen der erwähnten wesentlich größeren Schwankungen wenig Sinn. Für die räumlichen Unterschiede ist die Lage der Maxima und Minima im Jahresgang, d.h. die *jahreszeitliche Verteilung*, viel wichtiger, was schon aus dem Begriff „Winterregenklima“ für Süditalien und die Inseln hervorgeht. Wie verhält es sich im übrigen Italien? Mori (1969) unterscheidet mehrere Typen des jährlichen Niederschlagsgangs, wobei der Po ungefähr die Grenze zwischen dem Winterminimum im Norden und dem Sommerminimum im Süden bildet (Abb. 10). Nur in den Ostalpen herrscht der eingipflige Jahresgang mit Sommerregen-Maximum wie in Mitteleuropa. Im übrigen Norditalien nördlich und westlich des Po, auch in den Westalpen und am Alpenrand, und in Mittelitalien weist der Jahresgang zwei Gipfel auf (Sommer-/Herbst- bzw. Frühjahrs-/Herbstregen). Erst von der Linie Áscoli Piceno–Latina an setzt sich das mehr oder weniger reine Maximum im Winter, d.h. wiederum ein eingipfliger Niederschlagsgang durch.

Dementsprechend verhält sich die Länge der trockenen Jahreszeit, die in der mittleren *Ariditätshäufigkeit* gefaßt wird (Abb. 11). Nur Alpen und Alpenrand haben keinen Trockenmonat. Die Dauer der sommerlichen ariden Zeit mit Wasserdefizit nimmt indes nach Süden nicht laufend zu, sondern bleibt bis an die Grenzen Apuliens und Kalabriens nahezu gleich. Schon in der Padania haben einige Stationen bis zu vier Trockenmonate, das sind ebenso viele wie am Golf von Neapel. Erst südlich Kampaniens dehnt sich die aride Zeit auf fünf bis sechs, in extremer Leelage auf acht Monate aus, während die Gebirgsstationen wegen höherer Niederschläge bei geringeren Temperaturen nur drei trockene Monate zählen. Neben dem planetarischen Wandel kommt der oben geschilderte West-Ost-Gegensatz auch in dieser Beziehung zum Ausdruck: Auf gleicher Breite haben die Bewohner Kampaniens mit drei, jene Apuliens aber mit sechs Monaten Dürre zu rechnen.

Die klimageographische Situation Süditaliens ist ohne diese hygrischen Verhältnisse, denen niemand auszuweichen vermag, nicht zu verstehen: Wegen der kühlen Temperaturen sind die Niederschläge im Winter nicht direkt für die Landnutzung wirksam, ihr Überschuß hat oft erhebliche Schäden zur Folge; dagegen herrscht im Sommer, wenn die natürliche Vegetation und die Kulturpflanzen produktiv sind, Wassermangel, so daß die Wärmegunst nur ausgeschöpft werden kann, wenn genügend Bewässerungswasser zur Verfügung steht. Alle übrigen Regionen aber, vor allem jene mit Frühlings- und Frühsommerregen, erweisen sich demgegenüber als klimatisch begünstigt. Infolge der schwächeren Verdunstung braucht man in Norditalien für den Wasserbedarf außerdem wesentlich geringere Wassermengen, und

(nach Gazzolo/Pinna 1970 aus Rother 1984, S. 38, verändert)

Abb. 11: *Die Aridität*

das Wasser ist aus Quellen und Flüssen leichter zu beschaffen als im Süden.

Die Klimagebiete

Aus den beiden besprochenen Klimaelementen läßt sich eine vereinfachte Klimagliederung Italiens ableiten (Abb. 12; vgl. Mori 1969, Pinna 1970 sowie Tichy 1985, Tab. 4, 5). Als mehr oder weniger scharf abgrenzbare Bereiche werden die Alpen, die Padania, Mittelitalien mit dem nördlichen und mittleren Apennin und ihren Vorländern sowie Süditalien einschließlich der Inseln Sizilien und Sardinien unterschieden:

1. Das *alpine Klimagebiet* hat als gemeinsames Kennzeichen – abgesehen von den großen Tälern und den Gunstbereichen am Südrand – den ozeanischen Charakter, wobei die jahreszeitliche Stellung der Niederschlagsmaxima eine Differenzierung im einzelnen ermöglicht.

Abb. 12: Die Klimagebiete

(nach Tichy 1985, Karte 4 u. Tab. 4; Quellen s. dort)

2. Der Alpensüdrand tritt als bedeutender Grenzsaum hervor, an dem sich der Übergang zwischen dem Strahlungsklima der Mittelbreiten und dem der Subtropen vollzieht und von den Alpen verstärkt wird. Der Po scheidet bei 45° n. Br. das stärker subkontinentale Klima im Norden vom stärker submediterranen im Süden. Die *Padania* bildet infolgedessen einen vielfältigen Übergangsraum (Cx-Klima nach Köppen), gehört aber – wie die Alpen – insgesamt noch zur subozeanischen Klimaprovinz Mitteleuropas. Sie zeigt sich im Winter mit Kälte und hoher Nebelhäufigkeit kontinentaleuropäisch und im Sommer subtropisch beeinflußt, mit Frühsommerniederschlag und darauffolgender Trockenheit bei hohen Temperaturen. So ist die Po-Ebene im Sommer mehr ein Teil des Mittelmeerraums, im Winter eher ein Teil Mitteleuropas.

3. Während sich im nördlichen und mittleren Apennin die Humidität weit nach Süden fortsetzt, von der die Sonderklimate der innerapenninischen Becken mit größerer Trockenheit ausgenommen sind, wird an den Küsten und in den Hügel- und niedrigen Beckenräumen *Mittelitaliens* der mediterrane Einfluß spürbar. Mit vorwiegenden Herbst- und Frühjahrsniederschlägen und zwei bis drei Monate langen heißen und trockenen Sommern beginnt er an der tyrrhenischen Küste etwa einen halben Breitengrad weiter im Norden (Ligurien) als am adriatischen Gestade (bei Rímini). Mittelitalien enthält bereits klimatische Vorzugslagen, in denen kälteempfindliche Vegetation gedeihen kann.
4. Die nächste Klimagrenze ist diejenige, an der die Herbst- und Frühjahrsniederschläge von den Winterniederschlägen abgelöst werden. Es ist die Grenze zwischen Mittel- und *Süditalien* in klimatologischer Sicht, die bei Berücksichtigung der Temperaturen vom südlichen Agro Pontino zum M. Gargano verläuft. Der Einfluß der Sommertrockenheit mit ihrem Wasserdefizit wird größer und nimmt nach Süden und in den Leegebieten mit allgemeinem Niederschlagsmangel noch zu. Die große Sonnenscheindauer ist hier kein Ersatz für die damit verbundenen Nachteile im Vergleich zu dem zwar winterkalten, aber sommerwarmen und feuchten Norditalien. Naturgemäß muß die Gebirgsregion als kühler und feuchter Bereich von den heißen und trockenen Hügelland- und Küstengebieten abgetrennt werden. Dieser vertikale Gegensatz kennzeichnet auch die großen Inseln.

Die festländischen Gewässer

In der Hydrosphäre Italiens spiegelt sich die Klimagliederung unmittelbar wider. In den Alpen mit ihren hohen Niederschlägen und den Wasserreserven im Gletschereis hat das Land ein bedeutendes Wasserüberschußgebiet (durchschnittlich 1000–2000 mm/Jahr). Auch der nördliche Apennin und die Abruzzen haben bis 1400 mm Überschuß; weiter im Süden des Gebirges beträgt er gewöhnlich nur 400–1000 mm, in allen anderen Räumen, in den Hügelländern und Ebenen einschließlich der Padania, noch 200 mm, in Apulien, Südsizilien und den tieferen Teilen Sardiniens aber nur 100 mm (Baumgartner/Reichel 1975). Im Jahresmittel ist das zu wenig, um Vorräte im Untergrund anzulegen. Wie viele andere Länder der Erde hat Italien deshalb Wasserprobleme zu bewältigen: Hochwassergefahren in den Gebirgen und in der Po-Ebene, Wassermangel in den südlichen Landesteilen und auf den Inseln; dazu kommen die steigenden Kosten für die Versorgung mit Trink- und Brauchwasser, für Aufbereitung und Abwasserbeseitigung. Wasserwirtschaftliche Maßnahmen sind seit der Antike ein unumgängliches Gebot und allzu lange auf den Agrarsektor (Ent- und Bewässerung, Speicheranlagen) beschränkt gewesen. Den gewachsenen Ansprüchen von Industrie und Haushalten muß heute mehr denn je eine Integralplanung Rechnung tragen und unter anderem das Defizit an Kläranlagen und Kanalisation überwinden.

Grundwasser und Quellen

Grundwasser, Quellen, Seen und fließende Gewässer als Bestandteile des hydrogeographischen Potentials werden auf unterschiedliche Weise nutzbar gemacht. Für die Wasserversorgung der ländlichen und städtischen Siedlungen dienen in erster Linie Grundwasservorkommen und Quellen, deren Schüttung in Trinkwasserspeichern bevorratet wird. Die Becken- und Schwemmlandräume, insbesondere die Po-Ebene, sind auch in dieser Hinsicht Gunstgebiete, wobei durch die unterschiedliche Speicherfähigkeit des Gesteins vielfach wasserreiche und wasserarme Landschaften unmittelbar nebeneinander liegen können (z. B. die Pianura bassa und alta). Die Fontanili und zusätzliche Brunnen stellen die Versorgung der großen padanischen Städte sicher, obwohl der gestiegene Bedarf den Grundwasserspiegel besorgniserregend abgesenkt hat, so daß z. B. für die Großindustrie von Marghera (Venedig) Fernwasserleitungen erforderlich sind. Einige reich schüttende Karstquellen der Kalksteingebiete werden teilweise seit dem Altertum für die Wasserversorgung auch entfernter Orte genutzt; jene am oberen Aniene in den Mti. Simbruini wurden schon 144 v. Chr. gefaßt, um das Wasser über Aquädukte nach Rom zu leiten. An anderer Stelle, wo Quellen und Grundwasser nicht ausreichten (Sizilien), grub man Grundwasserstollen (*cunícoli*) oder sammelte das Regenwasser in Zisternen (Apulien). Von der 1926 – 1929 erbauten Apulischen Wasserleitung war schon die Rede. Wegen hoher Versickerungsverluste wird sie inzwischen durch Grundwasserquellen ergänzt (Amoruso 1977). Einige quellenarme Inseln (z. B. Capri) haben lange Zeit mit Tankschiffen versorgt werden müssen. Heute treten teils die Meerwasser-Entsalzung, teils Wasserleitungen vom Festland an ihre Stelle.

Die Seen

Die Seen prägen und beleben das Landschaftsbild in eindrucksvoller Weise und geben einigen Gegenden Italiens einen nicht nur praktisch-wirtschaftlichen Wert. Sie sind auch bedeutende Anziehungspunkte für den Tourismus und bevorzugte Wohnplätze. Nach ihrer naturräumlichen Lage kann man mehrere Seentypen unterscheiden (Dainelli 1939; Morandini 1957; Almagià 1959; vgl. Tichy 1985, Tab. 6, 7).

Neben den häufig in Stauseen verwandelten *hochalpinen Seen*, in Karen und anderen Mulden sowie in Talungen, besitzen die *randalpinen Seen*, mit dem Schwerpunkt in der Lombardei, gewiß den größten Reiz, insbesondere der Gardasee, der mit Wasserwärme (bis 21 °C), exotischer Vegetation und berühmten Kurorten sicher der „mediterranste“ ist. Die Insubrischen Seen füllen steilwandige, von der Vereisung fjordartig übertiefte Täler aus, werden bis 55 km lang und bis 400 m tief. So sind, von den Moränenwällen gestützt, natürliche Stauräume entstanden, aus denen u. a. die Landwirtschaft der benachbarten Po-Ebene Nutzen zieht und die nach Regulierungsmaßnahmen teilweise die Basis für die Gewinnung hydroelektrischer Energie bilden (seit 1923 der Idrosee). Durch fortschreitende Uferbebauung und Industrialisierung, z. B. am Lago Maggiore, Luganer und Comer See, hat die Wasserqualität gelitten, was nicht ohne Einfluß auf die Artenzusammensetzung im Fischbestand geblieben ist.

Einen anderen Charakter haben *Seen großer Binnenbecken*. Der bekannteste und zugleich größte der Halbinsel ist der in Umbrien gelegene Trasimenische See mit 129 km^2 Fläche, 54 km Umfang und 7 m Tiefe. Zu dieser Gruppe gehören auch die Seen in Karstgebieten, entweder intermittierende Seen oder Dauerseen mit stark schwankendem Wasserstand nach Regenfällen. Der größte von ihnen, der ehemalige Fuciner See (155 km^2, 22 m tief), ist in der zweiten Hälfte des 19. Jh.s durch einen Tunnel endgültig zum Liri entwässert worden. Andere stehen im Dienst der Energiegewinnung.

Die von hohen Ringwällen umgebenen, runden bis elliptischen *Kraterseen* (Lago di Bolsena, Lago di Vico, Lago di Bracciano, Lago Albano u. a.) liegen in Latium und sind wegen des besonderen landschaftlichen Reizes traditionelle Ausflugs- und Ferienziele der Hauptstädter. Zum nächsten Typ leiten die kleinen Seen der Phlegräischen Felder über (z. B. der Averner See); durch Absenkung des südlichen Teils sind einige zu (untypischen) halbrunden *Küstenseen* geworden (Bucht von Báia). An Ausgleichsküsten, in der Kampfzone zwischen Fluß und Meer, besitzen diese gewöhnlich einen langgestreckten oder unregelmäßig-flächigen Grundriß. Hierzu zählen die vielen großen und kleinen Strand- und Lagunenseen, wie z. B. der Lago di Varano am Nordfuß des M. Gargano (60 km^2), die venetisch-romagnolischen *valli* und die sardischen *stagni*. Durch geringe Tiefe (zwei Meter) und Sackungserscheinungen neigen sie zur Verlandung und sind natürliche, aber durch Bonifikationsmaßnahmen und Industrieprojekte in jüngerer Vergangenheit und Gegenwart bedrohte Lebensräume für Fisch- und Vogelwelt.

Energie- und Wassermangel haben Italien zu einem an *Stauseen* reichen Land gemacht (Fels 1974). Sie finden sich in großer Zahl in den Alpen, wo ein beträchtlicher Teil durch Staumauern und die Spiegelerhöhung von Naturseen entstanden ist. Die meisten von ihnen decken den Energiebedarf der Industrie in den Regionen Trentino-Südtirol und Aostatal, insbesondere aber jenen der Lombardei, während Trinkwasserversorgung, Hochwasserschutz, Bewässerung und touristische Nutzung eine untergeordnete Rolle spielen. Bei den wenigen Stauseen Halbinsel- und Inselitaliens, die im Zuge der Entwicklung des Mezzogiorno durch Dammbau geschaffen worden sind, treten diese Zweckbestimmungen viel stärker in Erscheinung (etwa bei den Stauseen Apuliens, des Molise, der Basilicata, der kalabrischen Sila und Siziliens). Die Anlage der alpinen Stauseen hat naturgemäß hydrologische Folgen. So werden die Abflußmengen und die Abflußgänge der fließenden Gewässer nachhaltig verändert; in Trockenjahren wird die Schiffahrt auf dem unteren Po-Lauf spürbar beeinträchtigt und die Möglichkeit, die Abwässer der Industrie und der überdüngten landwirtschaftlichen Nutzflächen zu verdünnen, verringert.

Die Flüsse

Die fließenden Gewässer Italiens spielen als Verkehrswege keine Rolle (Ausnahme: Po), und an ihren Mündungen liegen keine bedeutenden Hafenstädte. In das Bewußtsein der Öffentlichkeit gelangen sie nur bei Hochwasserkatastrophen, obschon sie wasserwirtschaftlich, für die Entnahme von Trink-, Brauch- oder Kühlwasser und auch für die Abwasserbelastung, eine zentrale Stellung haben. In ihrem Abflußverhalten kommt das Zusammenwirken der natürlichen Bedingungen ebenso wie das Ausmaß und die Art der Eingriffe des Menschen direkt zum Ausdruck. An Hand geeigneter Beobachtungen und Analysen kann man erkennen, in welchem Zustand sich die Einzugsgebiete befinden und welche Gefahren in einem Industriestaat wie Italien z. B. durch Verschmutzung und Vergiftung drohen.

Nur in den Alpen gibt es noch ständig fließende Gewässer. Sonst überwiegen Täler, deren Bach- und Flußbetten lange trocken liegen, aber nach Regen plötzlich anschwellen können. Im italienischen Sprachgebrauch wird unterschieden zwischen dem *fiume*, einem Gewässer mit regelmäßigem Abfluß aus einem großen Einzugsgebiet, das nicht unmittelbar von den Niederschlägen abhängt (z. B. Fiume Po), und dem *torrente*, einem Wasserlauf mit kleinem Einzugsgebiet, beträchtlichem Gefälle und vorherrschend erosiver Tätigkeit, der auf Regenfälle unmittelbar reagiert („mediterraner Wildbach"; Bild 11). *Fiumare* sind jene *torrenti*, die einen breiten Talboden mit Schottern und Sanden füllen und bei kräftiger Seitenerosion ständig ihren Lauf verlegen; das breite Schotterbett mündet gewöhnlich über ein Delta ins Meer. Torrenten und Fiumare prägen das Gewässernetz Halbinsel- und Inselitaliens.

Um den geographischen Formenwandel der Flüsse Italiens überschauen zu können, bedient man sich der *Abflußtypen*, die nach dem Abflußgang im Jahresverlauf bestimmt werden (Toniolo 1950; Morandini 1957; Grimm 1968; vgl. Tichy 1985, Tab. 10). Mit Hilfe des durchschnittlichen Abflußkoeffizienten, der die monatliche Abflußmenge im Verhältnis zur Jahresabflußmenge in m^3/s angibt, ist auch der Vergleich großer und kleiner Flüsse möglich.

Dem Wandel im Niederschlagsgang, vom Sommerregen in den Alpen über Frühjahrs- und Herbstregen bis zum Winterregen in Süditalien, entspricht die Umkehr im Abflußregime. Generalisierend sind die folgenden Typen faßbar (Abb. 13):

1. Der glaziale Alpentyp mit Schnee- und Gletscherregime hat ein Sommermaximum und ein Winterminimum (Dora Báltea, Adda);
2. der pluvio-glaziale randalpine Typ mit geringerem Gletschereinfluß ist durch ein Frühjahrsmaximum und ein weiteres Herbstmaximum ausgezeichnet (Piave);
3. der pluvio-nivale subalpine (nordostpadanische) Typ besitzt ein Herbstmaximum und neigt zu geringer Austrocknung im Sommer (Isonzo);
4. der pluviale ligurische bzw. nordapennine Typ – wie 1 – 3 zu den ganzjährig abflußreichen Gebieten zählend – hat ebenfalls ein Herbstmaximum, aber ein größeres Sommerminimum (Argentina, Reno);
5. der winterpluviale Toskana-Marken-Typ verfügt bereits über ein ausgeprägtes Abflußmaximum im Winter (Februar/März) und ein ebensolches Minimum im Sommer (Arno);
6. im winterpluvialen Typ des Zentralapennins rücken Winter- und Herbstmaximum zusammen (Pescara);

Bild 11: Ein Torrente im Sommer: Der Trionto am Ostfuß der Sila Greca (Kalabrien)

7. der winter-xero-pluviale Ófanto-Typ mit mäßigem Wintermaximum und langanhaltendem Sommerminimum (April bis November) mit starker Austrocknung, der auf der tyrrhenischen Seite schon in der südlichen Toskana beginnt, beherrscht die Südostseite der Halbinsel (Apulien, Basilicata) sowie Kalabrien, Sizilien und Sardinien (Crati, S. Leonardo).

Weitere Gewässer Italiens lassen sich diesen Abflußtypen nicht zuordnen, weil sie nicht vom Niederschlagsgang oder von der Rückhaltung durch Schnee und Gletscher abhängen. Sie werden aus ständig fließenden Quellen, z. B. der Fontanilizone, oder aus Karstquellen gespeist (Volturno, Ombrone u. a.) und besitzen einen mehr oder weniger ausgeglichenen Jahresgang des Abflusses. Von diesem „Retentionsregime" wird auch der Tiber, der größte Fluß der Halbinsel, stark beeinflußt.

Unter den *Hochwasserkatastrophen* der jüngeren Zeit ragen jene am unteren Po 1950/51 und am Arno 1966 heraus. Der *Po*, der einzige Strom Italiens, mit einem Einzugsgebiet von 70 091 km², einem 652 km langen Lauf und Nebenflüssen aus ganz verschiedenen Klimagebieten, hat ein komplexes Abflußregime und besitzt 91 km vor der Mündung die größte mittlere Abflußspende unter allen europäischen Flüssen (20,6 l/s · km²; zum Vergleich der Rhein nach gleichlangem Lauf bei Maxau: 16 l/s · km²). Seine Transportlast, besonders bei Hochwässern, ist infolgedessen gewaltig; aus den 278 t/km² · a Fracht errechnet sich ein durchschnittlicher Abtrag im gesamten Einzugsgebiet um 16,3 cm im Lauf von tausend Jahren. Von Pavia an muß der Fluß eingedämmt werden und fließt bis zu sechs Metern über dem Niveau der Ebene. Deltawärts strömt das Wasser in fünf großen Armen, deren Wasserführung sich langfristig mehrfach geändert hat. Die eigenen Aufschüttungen haben das Ableiten der Unterläufe der (kanalisierten) Nebenflüsse Etsch und Reno nach Osten bewirkt, so daß diese heute selbständig in die Adria münden. Po-Hochwässer mit Deichbrüchen und Überflutungen sind in der Vergangenheit etwa sechs- bis achtmal im Jahrhundert vorgekommen.

Die bis dahin größte bekannte Überschwemmung des Polésine (November

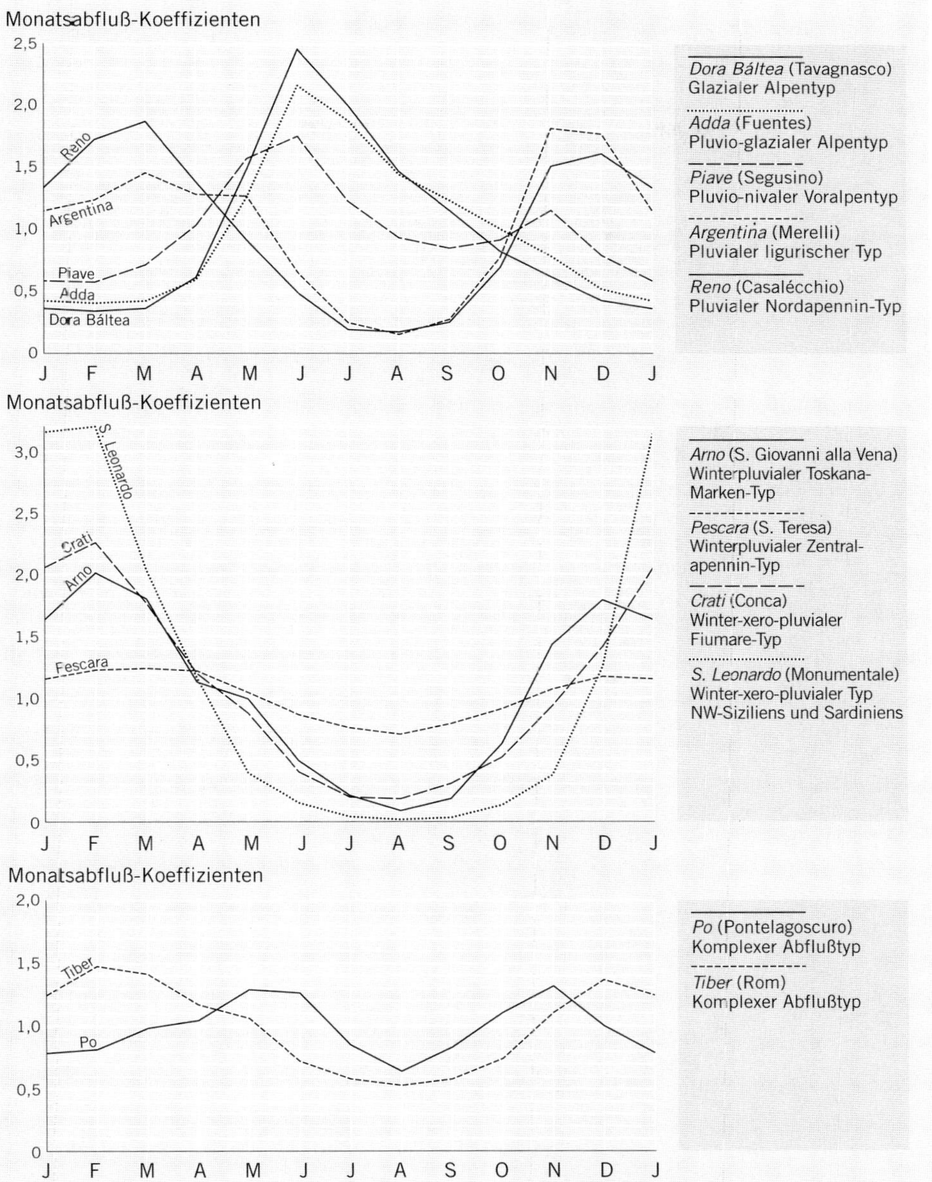

(nach Tichy 1985, Fig. 22 u. Tab. 10; Quellen s. dort)

Abb. 13: *Abflußtypen italienischer Gewässer (Monatsabfluß-Koeffizienten = Monatliche Abflußmenge im Verhältnis zur jährlichen Abflußmenge in m^3/s)*

1951 bis Mai 1952) mit einer Hochwassermenge von maximal 11580 m^3/s und dem Pegelstand von 4,28 m in Pontelagoscuro am 14. November (1893: niedrigster Stand −5,71 m!) war durch das Zusammenfallen mehrerer ungünstiger Umstände ausgelöst worden: außerordentlich große Niederschlagsmengen durch den Kontakt einer feuchtwarmen, labilen Südströmung mit Kaltluft – verstärkt an den Gebirgsrändern, schwächere Verdunstung im Herbst, vorausgehende Monate mit hohem Niederschlag, geringe Wasseraufnahmefähigkeit des Bodens, Windstau von Osten her und gleichzeitig Springflut der Adria. Die Deichkronen wurden bald überspült, an drei Stellen durchbrochen. 195 Tage lang waren etwa 1000 km^2 überflutet, die unter 2,50 m liegen; erst am 25. Mai 1952 waren die letzten Felder wieder trocken (Abb. 14). Siedlungen und Einzelhöfe wurden in großem Umfang geschädigt, etwa 50 Brücken zerstört, Straßen aufgerissen, vor allem aber die Landwirtschaft geschädigt; 160 000 Menschen verließen das Gebiet. Dank der großen Hilfeleistung von allen Seiten kam es aber nicht zur Auswanderungswelle; es wurden sogar neue Dörfer gegründet (Gambi 1953). Inzwischen hat die Ausbaggerung der Flußbetten die Eintiefung des Po und seine Erosionskraft verstärkt und die Hochwassergefahr verringert (Dongus 1966; Upmeier 1981).

Der schon typisch mediterrane *Arno* mit der großen Differenz der Wassermengen zwischen Winter (Februar 200 m^3/s) und Sommer (August 12 m^3/s) entwässert etwa ein Drittel der Toskana, und zwar vornehmlich Gebiete in Tongesteinen, so daß seine Abtragungsleistung noch größer ist als die des Po.

Nach Starkregen von ungewöhnlich langer Dauer, der auf feuchten, gesättigten Boden fiel, trat der Arno in Florenz und Umgebung am 3./4. November 1966 über seine Ufer und richtete nicht nur beträchtliche Gebäudeschäden an, sondern vernichtete auch unersetzliche Kunst- und Bibliotheksschätze, weil die Stadt keine Vorkehrungen getroffen hatte. Nach noch mäßigem Anstieg des Flusses am 3. November schwoll die Wasserführung in der Nacht zum 4. November rasch auf etwa 2000 m^3/s, die Strömungsgeschwindigkeit auf 50 km/h an. Es bildete sich in der Altstadt, die im Hochwasserbereich steht, ein kurzfristiger See mit sechs Metern Tiefe. Ebenso schnell fiel der Pegelstand des Arno wieder. Schon am Morgen des 5. November waren die Straßen wasserfrei, aber „mit einem stinkenden schillernden Schlamm von Lehm, Öl, Sand und Kadavern bedeckt", so daß etwa 600 000 t aufgeschüttetes Material aus ihnen entfernt werden mußten (Dörrenhaus 1967). Auch nach diesem verheerenden, etwa zweimal im Jahrtausend möglichen Hochwasser, das wegen seiner Stärke durch die Erhöhung der Flußbett-Mauern und größere Aufforstungen im Apennin nicht zu verhindern gewesen wäre, breiten sich am teilweise kanalisierten Arno und an anderen Gewässern Mittelitaliens Städte und Dörfer in den Überschwemmungsbereichen aus, ohne daß Schutzmaßnahmen getroffen werden. Sie engen den Fluß mehr und mehr ein. Um die Hochwasserspitzen kappen zu können, wären aber Reserveflächen für Überflutungsräume in Becken und Senken nötig.

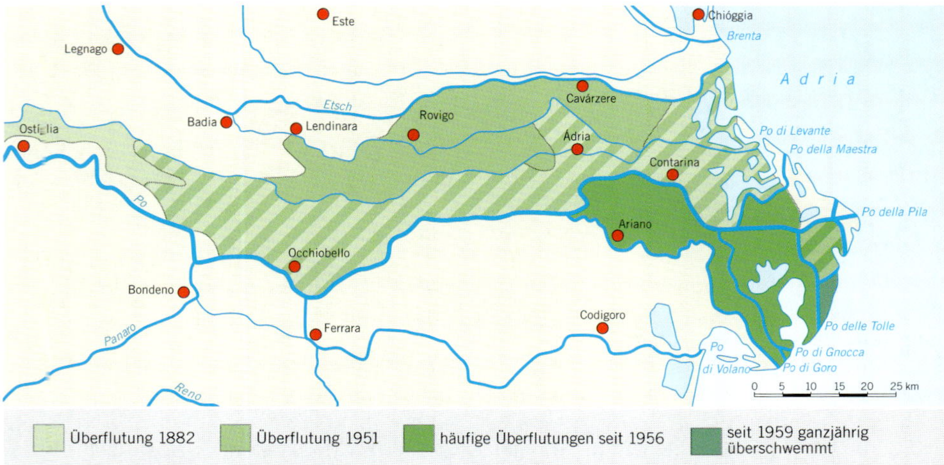

***Abb. 14:** Die Überflutungen im Polésine*

(nach Dongus 1966, S. 45)

Das Meer

Weil Italien mit dem Ligurischen, Sardinischen und Tyrrhenischen, dem Sizilischen, Ionischen und Adriatischen Meer aufs engste verbunden ist, gilt unser Augenmerk auch der das Festland und die Inseln umsäumenden Wasserfläche. Die zentrale Lage inmitten des Mittelmeeres mußte den Ablauf seiner Geschichte bestimmen, den Handel begünstigen und mit dem Seeverkehr die politische Einheit des Römischen Reiches ebenso ermöglichen wie die Lebensmittelversorgung seiner Hauptstadt. Immer wieder ging von ihr aber auch eine Gefahr aus; denn sie erleichterte in Zeiten politischer Schwäche die Invasionen fremder Völker. Dank der großen Küstenerstreckung bezieht das Land heute hohe Einnahmen aus dem Badetourismus, es gilt als größte Fischereination unter den Mittelmeerländern, und drei Viertel seiner Versorgung bezieht es auf dem Seeweg.

Eigenschaften

Seinem Charakter als Binnenmeer entsprechend hat das Mittelmeer andere Eigenschaften als der offene Ozean. Der Badegast schätzt die hohe Temperatur, die im Vergleich zu Meeren in gleicher Breitenlage 5°C wärmer ist; bis in große Tiefen mißt das Wasser 12–14°C. Das ist auch die tiefste Oberflächentemperatur des Ligurischen Meeres im Winter, weil das schwere, kalte Tiefenwasser des Atlantiks nicht über die flache Schwelle von Gibraltar (–324 m) einfließen kann. Im Sommer liegen die Maxima zwischen 23 und 26°C. Wegen des erheblichen Süßwasserzuflusses ist der Salzgehalt der nördlichen Adria mit 33 ‰ so niedrig wie sonst nirgends im Mittelmeer; als Folge der starken Verdunstung erreicht er im allgemeinen 38 ‰ (Atlantik 35 ‰). Weil das Wasser arm an Schwebstoffen ist, kann das (kurzwellige) Licht tief eindringen und verursacht sowohl die Transparenz als auch die blaue Färbung (am wenigsten allerdings im Bereich der Po-Mündung). Die nach Osten zunehmende Verdunstung erzeugt ein West-Ost-Gefälle des Meeresspiegels und damit die Oströmung des eindringenden Atlantikwassers, während in den Teilbecken zyklonale Strömungen entgegen dem Uhrzeigersinn erkennbar sind. Vor der tyrrhenischen Küste bedeutet diese Kreisbewegung eine Küstenversetzung nach Nordwesten, an der Adriaküste Venetiens dagegen nach Süden. Die Gezeitenströme sind wesentlich schwächer als im Ozean. Knotenpunkte, wo sich die Gezeitenwelle dreht, haben fast keinen Hub wie in der Meerenge von Messina, wo andererseits ein besonders starker Tidenstrom bis zu 2 m/s hindurchläuft (Charybdis-Strom). Die Springfluthöhen liegen an den Halbinsel- und Inselküsten zwischen 20 und 30 cm und werden kaum wahrgenommmen; nur in Buchten erreichen sie 50 cm, am Golf von Venedig 80 cm und mehr. Der schwache Tidenhub begünstigt die Schiffahrt, weil die Häfen jederzeit angelaufen werden können. Jedoch fördert er die Deltabildung, so daß Hafenanlagen ohne Schutzeinrichtungen allmählich versanden.

Ressourcen (Fischerei)

Von den Meeresressourcen genießen die in jüngster Zeit erschlossenen *off-shore*-Vorkommen von *Erdöl und Erdgas* in der Adria und vor Sizilien besondere Aufmerksamkeit. Sie werden im industriegeographischen Teil besprochen. Unter den althergebrachten Meeresnutzungen sind zunächst die *Salzgärten* zu nennen. Salinen gibt es an der apulischen Küste in Margherita di Savóia, an den Küsten Westsiziliens und Sardiniens, vor allem in Cágliari. Der Transport des Salzes aus den meeresnahen größeren in die kleineren, wenig höher gelegenen Verdunstungsbecken, wo die Salzkonzentration steigt, geschieht mit mechanischen Hilfen. Nach laufender Reinigung und Konzentration kann das ganze Jahr über eine mehrere Zentimeter dicke Salzschicht geerntet werden.

Bedeutsamer als die Meersalzgewinnung ist von jeher die *Fischerei* (Bartz 1964; Wallner 1981). Das Mittelmeer birgt in seinen oberen Wasserschichten eine reiche Lebewelt, besonders in den Schelfgebieten der Adria und der Sizilischen Straße, an denen Italien großen Anteil hat. Dies gilt sowohl für die dem Atlantik ähnliche Wirbeltierfauna als auch für die Flora. Dagegen ist die niedere Tierwelt reicher und eigenartiger entwickelt als im offenen Ozean. Insgesamt gesehen spielt die Fischerei allerdings eine nebensächliche wirtschaftliche Rolle. Dafür gibt es zwei Gründe. Erstens bringt das warme Binnenmeer zwar einen sehr großen Artenreichtum hervor, aber es fehlt die große Individuenzahl. Der relativ geringe Sauerstoffgehalt des warmen Wassers bedingt die Nährstoffarmut und schränkt den Lebensraum der Tierwelt im Vergleich zum Ozean ein. Die biologische Primärproduktion, meßbar im Planktongehalt, beträgt in der Adria (13 mg/m³) etwa ein Viertel von jener der Nordsee (57 mg/m³). Immerhin bietet das Festland zusätzliche Fischgründe, z. B. im Po-Mündungsgebiet die Valli di Comácchio (*vallicoltura*), die sardischen *stagni* und die Vielzahl von Lagunen und Küstenseen der Schwemmlandgebiete, wo die Stellnetzfischerei seit alters verbreitet ist. Zweitens hat die Organisationsform der Fischerei Schwächen. In Küstennähe überwiegen das Ruderboot und das kleine Motorboot, die nur ein mageres Fangergebnis erzielen können. Allein in den günstigen Fanggründen wird mit technisch gut ausgerüsteten, großen Motorschiffen weit von der Küste entfernt erfolgreich operiert. Man stößt dabei immer mehr in den Atlantik vor, um sich ein großes Fangergebnis zu sichern und der wachsenden Verschmutzung der Küstengewässer zu entgehen (Stein 1970). Die Kleinfischerei im Familienbetrieb erlebt seit den sechziger Jahren, als die Beschäftigtenzahl am stärksten abgenommen hatte, einen Niedergang und wird mit staatlicher Hilfe von industriellen Betriebsformen der Großfischerei abgelöst. 1991 waren in der Fischerei aller Sparten rund 25 000 Erwerbspersonen tätig.

Die Grundlage der Fischerei in Tyrrhenis und Adria bilden „Blaufische" (z. B. die Sardine), die meist zu Fischmehl für Düngemittel und Hühnerfutter verarbeitet werden. Geschätzte Speisefische sind neben anderen Thun- und Schwertfisch, die bis in die jüngste Vergangenheit mit eigenen Anlagen und Methoden gefangen wurden (z. B. der Rote Thun mit dem *tonnare*, der Riesenreuse, vor Nordsizilien und Westsardinien). Dazu kommt der Fang anderer Meerestiere, wie von Hummern, Langusten, Seeigeln, Schnecken, Muscheln und Tintenfischen, letztere besonders in der Adria und vor Sizilien, die als *frutti di mare* begehrte Delikatessen der Fischrestaurants sind.

Wenn man von den teilweise atlantischen Ländern Spanien und Marokko absieht, hat Italien unter den Mittelmeerländern zwar die höchsten Fangmengen mit beträchtlicher Zunahme seit den sechziger Jahren (1964: 222 000 t) bis in die achtziger Jahre (1985: 542 300, 1993: 551 400 t). Doch sind die Gesamterträge im Vergleich zu den großen Fischereinationen (z. B. Norwegen 1993: 2,6 Mio. t) niedrig. Das Land kann sich nicht selbst mit Fisch versorgen, obwohl der Verbrauch nicht hoch ist, so daß Importe aus den nordatlantischen Ländern (1995: 478 000 t) seit langem üblich sind (Stockfisch). In jüngster Zeit deckt man den gestiegenen Bedarf auch durch *marine Aquakulturen* gefragter Speisefische (1992: 162 028 t) in *off-shore*-Technik (Seebarsch, Seehecht u. a.) und *on-land*-Technik (Garnele) an der Küste Westsiziliens, wo günstige natürliche Bedingungen und die große Erfahrung des Berufsstandes zusammenfallen (B.-M. Wirth 1994). Wegen der besseren Lage zum Verbraucher sind die meisten Anlagen aber im Norden entstanden (Cardinale/Basilico 1995). Dagegen hat die Zucht von Austern und Miesmuscheln eine lange, bis ins Mittelalter zurückreichende Tradition (z. B. im Mare píccolo und Mare grande von Tarent sowie im Golf von La Spézia).

Obwohl zum Eindruck eines jeden Besuchers vieler Hafenstädte und selbst kleiner Landeplätze immer noch Fischerboote, Fischmarkt (Bild 12) und einfache Fischerbehausungen gehören, haben viele der kleinen *Fischerorte*, die sich oft in dichter Folge an den Küsten aufreihen (z. B. in Westsizilien), kaum mehr eine wirtschaftliche Bedeutung.

Meistens fehlt das Hinterland, und die Vermarktung geschieht in benachbarten größeren Häfen. Sie dienen nur noch als Schutzhäfen für die Fangflotte. Bedeutende Landeplätze der Hochseefischerei sind heute Livorno, Civitavécchia und Mazara del Vallo (Südwestsizilien); an der Adria hat Chióggia eine führende Stellung. Mit der Aufgabe der Fischerei, die von der touristischen Überfremdung und den Aus-

***Bild 12:** Auf dem Fischmarkt in Bari (Apulien)*

wüchsen der Sportfischerei beschleunigt wird, verliert die Bevölkerung ihre in Jahrtausenden gewachsenen engen Beziehungen zum Meer als Lebens-, Nahrungs- und Wirtschaftsraum.

Verschmutzung

Dieser Rückgang wird in empfindlichem Maß auch durch die zunehmende Meeresverschmutzung ausgelöst, welche die herkömmliche Küstenfischerei, namentlich in Buchten und Lagunen (z. B. bei Venedig), am meisten bedroht. Die Verunreinigung übertrifft jene vergleichbarer Ozeanflächen um ein Mehrfaches. Auf offener See des „schmutzigsten Gewässers der Welt" beträgt sie nur ein Sechstel der Gesamtbelastung. Hier geht sie auf den regelmäßigen Anfall von Ölresten, die an bestimmten Plätzen aus Schiffsbunkern abgelassen werden dürfen, und auf gelegentliche Tankerunfälle zurück (zuletzt 1991 vor der Küste des Ligurischen Meeres). Dennoch verändert die Ölpest die marinen Biotope nicht nur auf hoher See, sondern gefährdet die Organismen der Küsten gleichermaßen. Fünf Sechstel der Gesamtbelastung stammen vom Festland. Daran ist das Industrie- und Touristenland Italien wesentlich beteiligt, wie der enge Zusammenhang zwischen Ballungsräumen, Industrie in Küstennähe und dem Verschmutzungsgrad deutlich macht; denn die dünn besiedelten Küsten des Festlands (Kalabrien) und die der Inseln haben noch relativ sauberes Wasser (Abb. 15). Große Nitrat- und Phosphatmengen überdüngen das Wasser und fördern die übermäßige Produktion an Biomasse vor allem bei ruhigen Wetterlagen im Sommer, wie z. B. die Algenteppiche in der nördlichen Adria 1989. Deren Sauerstoffbedarf liegt weit über dem Sauerstoffgehalt des Wassers, so daß die Lebewelt ersticken muß. Noch schlimmer wirken vom Land eingeschwemmte Schadstoffe, vor allem in den Industrieabwässern, aber auch von überdüngten landwirtschaftlichen Nutzflächen, die in besonders großem Umfang aus der Po-Ebene in die Adria gelangen. Nicht selten befallen Krankheitskeime Strände und Küstenfauna, z. B. die Bänke der Miesmuschel. Ihr Genuß in rohem Zustand soll die Cholera-Epidemie von 1973 in Neapel herbeigeführt haben.

Badeverbote und Strandsperren an einzelnen Küstenstrichen helfen hier nicht

Abb. 15: *Die Wasserverschmutzung*

(nach Muscarà 1978, S. 213, aus Geogr. Rundschau 40, 1988, Beilage, korrigiert)

weiter. Wegen der erforderlichen internationalen Zusammenarbeit und Hilfe kam es erst spät zu koordinierten Maßnahmen. So wurde Ende der siebziger Jahre für die Aufgabe „Sauberer Golf“ in Kampanien das größte Netz von Kläranlagen auf europäischem Boden zwischen Volturno-Mündung und Paestum in Angriff genommen (Maury 1984). Gleichzeitig, 1979, beschlossen die 14 Anrainerstaaten des Mittelmeers auf der Basis des Umweltprogramms der UNO (UNEP) einen Vertragstext, der den Bau von Kläranlagen größerer Städte, die reduzierte industrielle Schadstoffabgabe, die Ausrüstung der Häfen mit Anlagen zur Aufnahme ölverschmutzten Wassers usw. vorsieht und auch an das Umweltbewußtsein der Menschen appelliert (Kellersohn 1990). Die Erhaltung bzw. Wiederherstellung der Qualität des Meerwassers ist zur Lebensfrage großer Bevölkerungsteile Italiens geworden.

Die Wälder

Die natürliche Waldvegetation
Italien ist von Natur aus ein Waldland; es gibt unterhalb der klimatischen Höhengrenze des Waldes keine Gegend, die nicht Holzvegetation tragen würde, wenn nicht der Mensch tätig gewesen wäre. Aber trotz aller tiefgreifenden Umgestaltung, die sich im Laufe der Geschichte mit Landwirtschaft, Siedlung, Verkehr und Industrie vor allem seit dem Ende des Mittelalters ereignet hat, erscheinen manche Gebiete Italiens unversehrter als in Mitteleuropa, weil in der Bevölkerungsverteilung und der unterschiedlichen Intensität der Landnutzung zwischen Norden und Süden und zwischen Ebenen und Gebirge große Gegensätze bestehen.

Die Lage Italiens im westlichen Mittelmeerraum und seine starke Höhengliederung sind die entscheidenden Ursachen für die von der Klimagliederung her bekannte zonale Abfolge seiner Vegetationsformationen mit abnehmender geographischer Breite und mit seinen Vegetationshöhenstufen vom Meeresspiegel bis über die Waldgrenze. Der planetarische und der hypsometrische Formenwandel des Klimas bestimmen die räumliche Differenzierung der natürlichen Waldvegetation (Rikli 1943 – 1948). Nach jahrtausendelanger Rodung und Nutzung des Waldes hat die im folgenden beschriebene Verbreitung der „potentiellen natürlichen Vegetation“, wie sie sich ohne jeden Einfluß des Menschen einstellen würde, nicht nur einen theoretischen Wert, sondern auch praktische Bedeutung, weil sie dazu verhilft, eine standortgemäße Land- und Forstwirtschaft zu betreiben und Umweltschäden zu vermeiden (Abb. 16 u. 17; Tomaselli 1970).

Unter den heutigen Klimaverhältnissen würde sich ganz Nord- und Mittelitalien – bliebe es sich selbst überlassen – mit laubwerfenden Wäldern überziehen, in denen Flaum-, Trauben- und Zerreichen (*Quercus pubescens, petraea* und *cerris*) herrschten. In den höheren Lagen der Südalpen und des Apennins breiteten sich Wälder mit Buchen (*Fagus silvatica*) und Tannen (*Abies alba*) aus. Die klimatisch kontinentale Po-Ebene eroberten dagegen Stieleichen-Bestände (*Quercus robur*) zurück, an den zahlreichen Gewässern schlössen sich Erlen, Pappeln und Weiden in Auwäldern zusammen. Aber auch Süditalien und die Inseln trügen ein dichtes Waldkleid. Es bestünde in der Fußstufe aus immergrünen Hartlaubwäldern mit Stein- und Korkeichen (*Quercus ilex* und *suber*), in den Gebirgslagen, über den laubwerfenden Flaumeichenwäldern, aus Buchen und Nadelhölzern.

Bei diesem Bild, das sich durch vegetationskundliche Studien aus den Klimaverhältnissen, den Resten der natürlichen Bestände und der Flora des Kulturlandes rekonstruieren läßt, ist zu beachten, daß die Pflanzenarten Nord- und Mittelitaliens Teile der „Mitteleuropäischen Florenregion“, jene Süditaliens Teile der „Mediterranen Florenregion“ sind. Gleichbedeutend damit ändert sich von *Nord nach Süd* die Zusammensetzung ebenso wie die Wuchsform der Vegetation. Im Tiefland nehmen die sommergrünen Gehölze ab, nur in den kühleren und feuchteren Gebirgsstufen gedeihen sie noch. Buche, Tanne und Bergahorn, die unsere Mittelgebirge besiedeln und bis in die mittleren Lagen der Alpen vorkommen, finden sich im Südapennin erst in Höhen über 1000 – 1200 m. Dafür wird der Anteil thermophiler und dürreresistenter Hartlaubgewächse, sogenannter sklerophyller Xerophyten, zu denen die Steineiche gehört, größer, vermischt mit anderen immergrünen Weichlaubgewächsen, malakophyllen Xerophyten, wie Lorbeerbaum (*Laurus nobilis*) und Zistrose (*Cistus spec.*) (Bild 13).

Im Vergleich zu diesem planetarischen Formenwandel ist die Veränderung von *West nach Ost* weniger auffällig. Während die gesamte Westküste mediterrane Hartlaubvegetation trägt, beginnt sie an der adriatischen Küste in schmalem Saum erst südlich von Ancona am M. Cónero. Wie an der Verbreitung der wichtigsten Kulturpflanze, des Ölbaums (*Olea europaea*), abzulesen, reicht sie an ihrer Nordgrenze durchschnittlich bis 100 m, in Ligurien örtlich bis 400 m Höhe.

Um so mehr sticht der *hypsometrische Formenwandel* hervor, der in der Toskana noch heute am meisten der Klimaxvegeta-

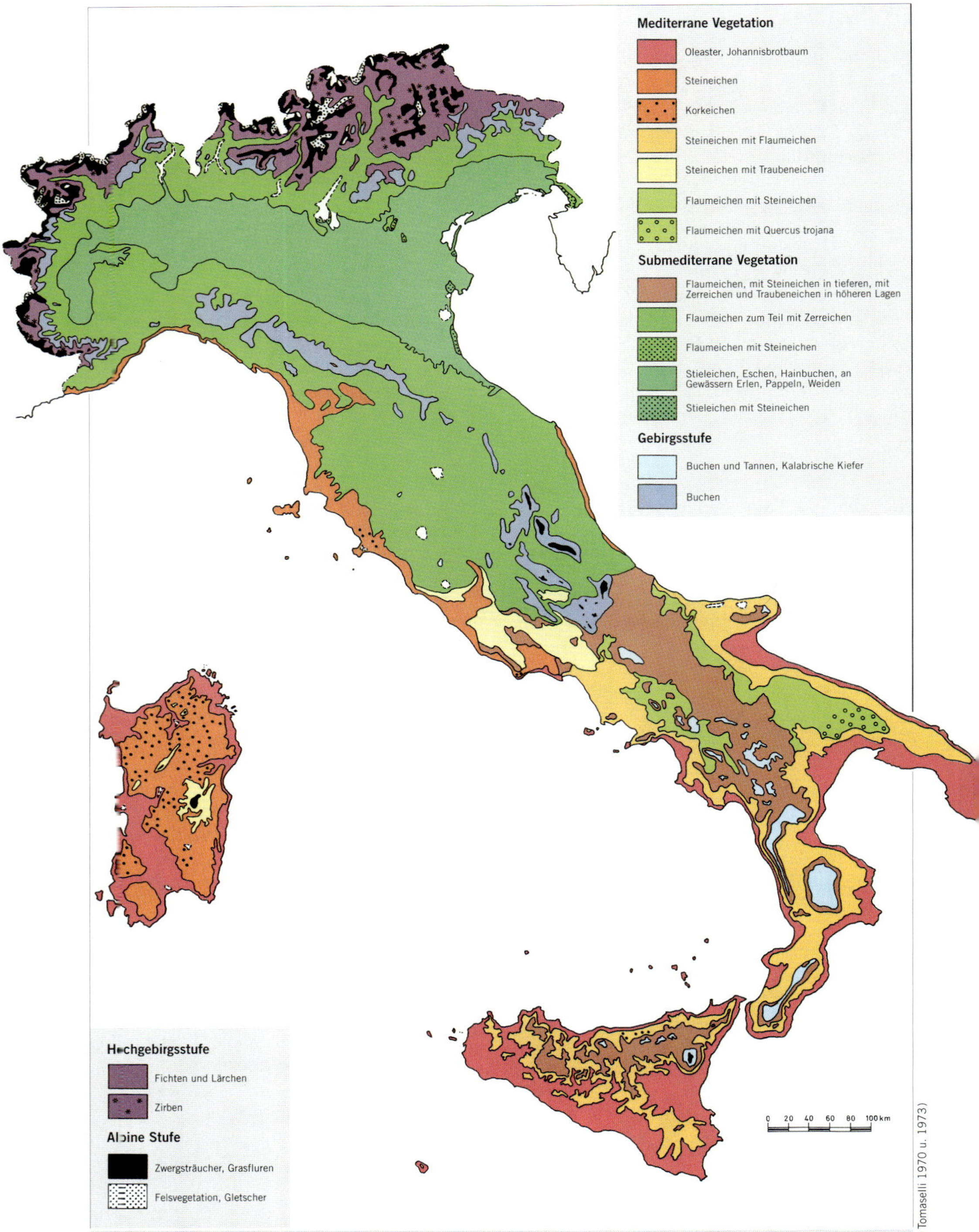

Abb. 16: Die potentielle natürliche Waldvegetation

(nach Tomaselli 1970 u. 1973)

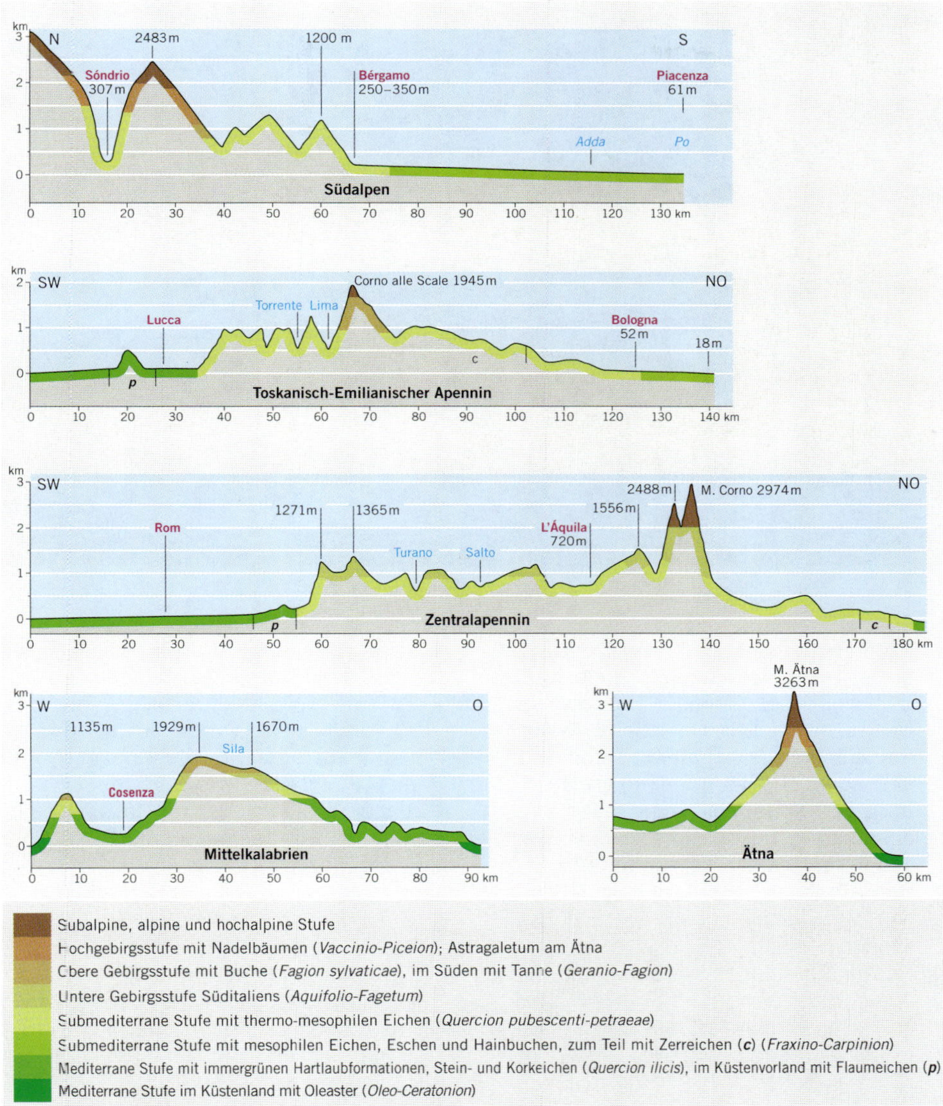

(nach Tomaselli 1970)

Abb. 17: *Profile der potentiellen natürlichen Vegetation*

tion entspricht (Müller-Hohenstein 1969). Er ist bei jeder Querung der Alpen und des Apennins und bei jeder Bergbesteigung, die in größere Höhen führt, festzustellen. Über die variantenreiche Höhenstufung des Landes im einzelnen unterrichten die Profile in der Abbildung 17 (vgl. Tichy 1985, Tab. 11). Wir verzichten deshalb auf eine systematische Beschreibung der Stufenfolge und ihrer großklimatischen Bedingtheit in den einzelnen Landesteilen und geben zum Verständnis nur wenige Hinweise:

- Die *mediterrane Stufe* ist im Süden zweigeteilt: Unter die Steineichenstufe (bis etwa 1 000 m) schiebt sich bis etwa 500 m Höhe das „Oleo-Ceratonion" aus Wildem Ölbaum (*Olea europaea var. oleaster*) und Johannisbrotbaum (*Ceratonia siliqua*). In Sizilien am ausgedehn-

Bild 13: *Erdbeerbaum (*Arbutus unedo*) als Beispiel eines Hartlaubgehölzes*

testen verbreitet, sind seine Elemente in dieser heute ausschließlich vom Kulturland beherrschten Fußstufe selten einmal anzutreffen. In ähnlicher Weise kann im Süden bei der unteren Gebirgsstufe eine obere oder „mitteleuropäische" *Buchenstufe* von einer „mittelmeerischen" oder unteren Buchenstufe (mit der Stechpalme, *Ilex aquifolium*, im Unterholz) getrennt werden; auf Sardinien fehlt von der Buche, vielleicht auf Grund der starken Beweidung, jede Spur.

- Im Nordapennin gibt es keine natürliche *Nadelwaldstufe*. An einem Reliktstandort wachsen aber Fichten, die wohl noch in der Antike ein größeres Areal eingenommen haben.
- Die obere *Waldgrenze* im Apennin, eine Wärmemangelgrenze im Unterschied zu der durch Frosttrocknis bedingten Waldgrenze in den Alpen, verkörpert selten einmal die naturgegebene klimatische Grenze; wie dort ist sie durch Weidenutzung herabgedrückt. Sie steigt von 1700 m im Nordapennin über 1900 m in den Abruzzen auf 2270 m im Südapennin (M. Pollino) und am Ätna (2200 m) an und wird grundsätzlich von der Buche, teilweise von Nadelhölzern gebildet. Am M. Pollino hat beispielsweise die Panzerkiefer (*Pinus leucodermis*) ihren westlichsten Standort im Mittelmeergebiet. Über der Waldgrenze schließen sich Zwergstrauch-Formationen (subalpine Stufe) und Grasfluren (alpine Stufe) an.
- Junger Vulkanismus und Insellage fördern die eigenständige Entwicklung der Pflanzenwelt. In der höchsten Stufe des Ätna und auf Sardinien gedeihen deshalb zahlreiche *Endemiten*.
- Die in der *submediterranen Stufe* von Südalpen und Nordapennin weit verbreitete Edelkastanie (*Castanea sativa*) stammt aus dem pontischen Raum. Sie wurde der eßbaren Früchte und des Nutzholzes wegen angepflanzt. Wie der Lorbeer ist sie kein Element der natürlichen Vegetation Italiens. Auf die älteren Bezeichnungen „Lauretum" für die mediterrane und „Castanetum" für die submediterrane Stufe kann deshalb verzichtet werden, während die Begriffe „Fagetum" und „Pinetum" für die untere und obere Gebirgsstufe ihren Sinn behalten.
- Einige vom Fremden als italientypisch empfundene Gewächse in der mediterranen Stufe (Palmen, Akazien, Eukalypten, Robinien, Opuntien, Agaven u. v. a.)

sind *Exoten*. Sie wurden vom Menschen aus den niederen Breiten der Alten und Neuen Welt in die Mittelmeerländer verschleppt.

Die Waldgeschichte

Die verstärkten Abtragungs- und Aufschüttungsvorgänge als Folgen der Entwaldung, die sich erstmals gehäuft am Ende der Antike abgespielt haben müssen, sind schon zur Sprache gekommen. Über die Jahrhunderte hat das geschilderte Waldkleid durch die Tätigkeit des Menschen entweder sein Gesicht verändert oder ist vollständig beseitigt worden. Der Wandlungsprozeß war jedoch nicht einseitig, sondern Rodung und Bewahrung des Waldes wechselten sich periodenweise ab. Deswegen ist die Entwicklung der italienischen Kulturlandschaft ohne die Waldgeschichte nicht zu verstehen (Tichy 1962; Schreck 1969).

Über die Größe und Lage der bedeutendsten Wälder zu *römischer Zeit* wissen wir so gut wie nichts. Aber schon damals galt das Kulturland, aus dem Nutzen zu ziehen war, mehr als der Wald. Er hatte Gärten, Reb-, Weide- und Ackerflächen zu weichen. In der Zeit der Republik und der Kaiserzeit wird er durch das Bevölkerungswachstum in Ebenen und Hügelländern weitgehend verdrängt worden sein; nur aus entlegenen Gebieten sind große Staatswälder bekannt (Sila = *silva*, M. Gargano). Während der Völkerwanderung und mit dem allgemeinen Bevölkerungsrückgang im (Früh-)*Mittelalter* gewann der Wald Flächen zurück. Die von Norden einströmenden Völker brachten überdies eine neue Einstellung zum Wald mit, für den sie verschiedene Nutzungsrechte vergaben. Durch die Waldweide verwandelten sich die Laubmischwälder bald in reine Eichen- und Buchenwälder. Viele Gemeindewälder waren aber schon damals herabgewirtschaftet und degradiert. Dennoch gab es um 1400 noch große zusammenhängende Waldflächen. Besonders die Klöster setzten sich für die Erhaltung der ursprünglichen Vegetation und auch für eine geregelte Forstwirtschaft mit einheimischen Holzarten ein (z. B. die Buchen- und Tannenbestände des Klosters Vallombrosa bei Florenz, gegr. 1055, die sich bis ins 14. Jh. zurückverfolgen lassen). Dank ihrer bewahrenden Tätigkeit und der Verordnungen der Medici beträgt die Waldquote in der Toskana noch heute 38,8 % (Italien 22,5 %). Die Mönche sollen auch die Edelkastanie als reine Wirtschaftswälder (*Selven*) verbreitet haben, die eine ähnliche Aufgabe hatten wie die Korkeichenwälder Sardiniens zur Gewinnung der Korkrinde. Im Spätmittelalter wurde der Wald durch den Landhunger der wachsenden Bevölkerung wieder zurückgedrängt, die wichtigste Rodungsphase Italiens, auch im Gebirge, fand statt. Außerdem wurde für Heizung und Gewerbe Brennholz, für die Schiffahrt der Seerepubliken Genua, Pisa und Venedig Bauholz verbraucht, das schon von weit her beschafft werden mußte. Trotz vieler Erlasse und Statuten, die Rodungen verboten und die Waldweide einschränken wollten, ging die allgemeine Entwaldung bis in die *frühe Neuzeit* weiter, weil die Bevölkerung auf die Nutzung der Wälder angewiesen war. Der flächenmäßige und zeitliche Umfang läßt sich heute nicht mehr erfassen.

Ersatzgesellschaften

Die ständige Ausbeutung hat Ersatzgesellschaften des natürlichen Waldes geschaffen, die als Übergangsstadien zwischen Wald und Weide einzuordnen sind. Je nach klimatischer Höhenstufe und planetarischer Lage, abhängig vom Boden und unter dem Einfluß von Mensch, Weidetieren und Feuer haben sich ganz verschiedene Vegetationsformationen und Pflanzengesellschaften entwickelt. Während auf den höheren pleistozänen Terrassen der Padania von der Brughiera, einer nach der Besenheide (*Calluna vulgaris*; ital. *bruga*) benannten Heide, an Stelle des ursprünglichen Stieleichen-Birken-Waldes, infolge agrarischer Nutzung und Überbauung allenfalls Reste zu finden sind, hat die Sekundärvegetation der Hartlaubstufe, das sind Macchien und Gariden, auf der Halbinsel weite Verbreitung (Abb. 18).

Unter den *Macchien* (Sing. *macchia*, aus kors. *mucchio* für die Zistrose) verstehen Italiener ein dichtes, oft undurchdringliches Gehölz; im enger gefaßten wissenschaftlichen Sprachgebrauch ist es eine küstennahe, immergrüne, in sich recht einförmige 2 – 3 m hohe Strauchvegetation unterschiedlicher Zusammensetzung (Bild 14). Sie kann bei ständiger Nutzung aus

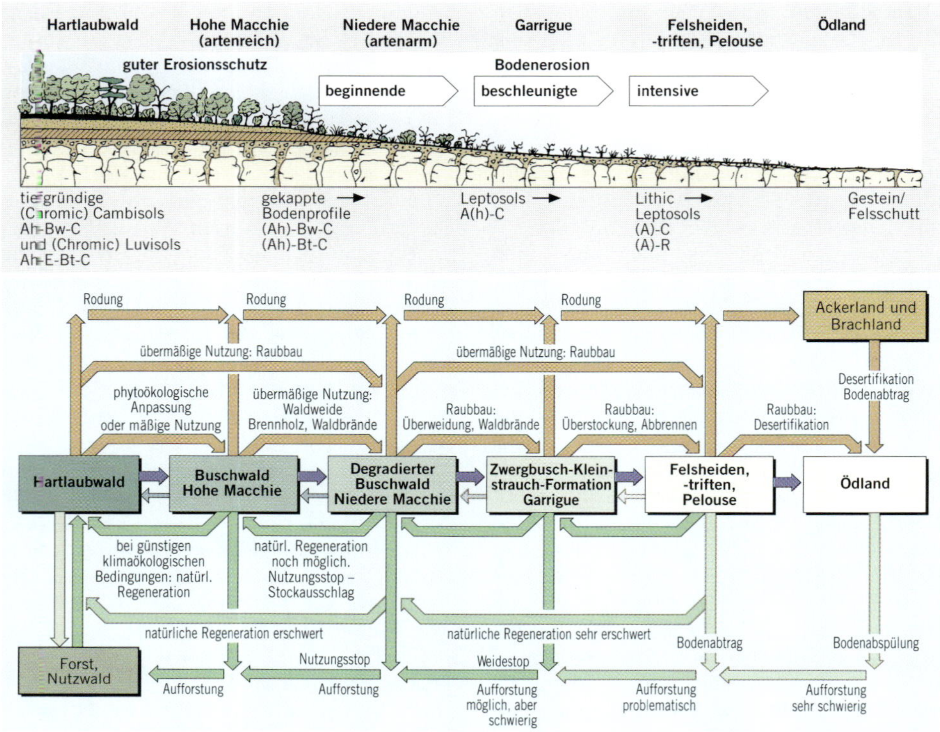

Abb. 18: *Degradations- und Regenerationsstadien des mediterranen Waldes*

(nach Gießner 1990, Fig. 10, aus Rother 1993a, S. 60, korrigiert)

Bild 14: *Brandbekämpfung in der Macchie südlich Livorno (Toskana)*

Foto: H.-G. Wagner

Steineichenwäldern entstanden sein, so daß nur deren Unterholz übriggeblieben ist (sekundäre Macchie), oder sie wächst auf Standorten, wo es für den Steineichenwald zu trocken, zu kühl oder zu windig ist (primäre Macchie). Je nach klimatischen und edaphischen Standortbedingungen bauen sich die Macchien aus sehr verschiedenen Pflanzengesellschaften mit bestimmten Leitarten auf, nach denen sie benannt werden (Steineichen-Macchie, Erdbeerbaum-Erica-Macchie, Zistrosen-Macchie usw.; vgl. *TCI*: La Flora 1958; Rikli 1943–48).

Der Name *Gariden* (aus kors. *garoulia* für die Kermeseiche, *Quercus coccifera*; Bild 15), von der französischen Bezeichnung *garrigue* für Ödland abgeleitet, wird für niederwüchsige, immergrüne Strauchfluren verwendet, deren Lebensbedingungen sehr begrenzt sind. Die Zwergsträucher bedecken den steinigen bis felsigen Boden nicht vollständig und sind reich an einjährigen Samenpflanzen (Therophyten) und Zwiebel- und Knollenpflanzen (Geophyten), die in der feuchten Jahreszeit zum Leben erwachen, während die Vegetation im Sommer wie tot erscheint. Sie enthalten viele Gewürz- und Heilkräuter (Rosmarin, Lavendel, Salbei, Thymian), die von hier aus ihren Weg in die Gärten und Spezialkulturen gefunden haben und wegen des Gehalts an duftenden, flüchtigen Pflanzenölen Ausgangsstoffe für Medikamente, Essenzen und Parfüme liefern können. Nach den Bodenverhältnissen unterscheidet man Kalk- und Kieselgariden.

Wald- und Forstwirtschaft

Was hat die Staatsgewalt gegen die Degradierung des Waldes in der *jüngeren Vergangenheit* getan? Die nach Vorläufern im 16. Jh. erlassenen Forstgesetze der einzelnen italienischen Territorien des *19. Jahrhunderts*, veranlaßt durch Hochwasserschäden und Rohstoffmangel, kamen zustande, als es im Grunde schon zu spät war. In ganz Italien liefen Wellen von Rodungen ab (Tichy 1962). Im Molise gab es 1827 etwa 97 400 ha Wald, 1870 stellte man 72 500 ha und 1911 nur noch 54 700 ha fest; der M. Gargano soll 1885 noch 40 700 ha Hochwald getragen haben, für 1927 werden nur noch 24 000 ha erwähnt. Zwischen 1809 und 1870 gab es in Apulien 43 800 ha, in der Basilicata 9800 ha genehmigte Rodungen von Wald und Macchien. Hohe Holz- und Getreidepreise in der ersten Hälfte des 19. Jh.s versprachen größere Gewinne als die Erhaltung unproduktiver Wald- und Macchieflächen. Das gesamtitalienische Forstgesetz von 1877 brachte nur für die höheren Gebirgsstufen, ab der oberen Kastaniengrenze, Verbesserungen. Die tiefer gelegenen Flächen wurden aus der Forstaufsicht entlassen. Man sprach von einem „chaotischen Stadium" der Forstgesetzgebung (Piccioli 1923, S. 54). Zwar ermöglichten die Gesetze die Rodung und lösten sie zugleich aus. Die Ursachen lagen jedoch im Wachstum einer fast rein landwirtschaftlich ausgerichteten Bevölkerung, im allgemeinen Nahrungsmangel und in der Landnot; denn die Menschen hatten noch nicht die Möglichkeit auszuwandern.

Eine geregelte Forstpolitik, die alle Teile des Landes berücksichtigt und die Schäden der Vergangenheit zu beheben sucht, gibt es erst seit der Mitte des *20. Jahrhunderts*. Wegen der Hauptaufgabe, die entblößten, der Bodenzerstörung ausgesetzten Berg- und Hügelländer ausreichend zu bedecken und das Siedlungs- und Wirtschaftsland der Ebenen und Beckenräume zu schützen, überwiegen die *Protektionsaufforstungen*. Daneben bestehen selbstverständlich *Produktionsaufforstungen* mit einer geregelten Holznutzung, die auch auf der vorhandenen Waldfläche durch Verbesserungen erstrebt wird. Alle Aufforstungen unterscheiden sich von den Resten des artenreichen natürlichen Waldes durch ihre Reinbestände. Dabei werden einheimische und fremde *Baumarten* verwendet. Vom Zeitpunkt her nicht mehr feststellbar ist die hauptsächlich in den Küstengebieten rund um Italien verbreitete Anpflanzung von Nadelhölzern, darunter Echte Pinie (*Pinus pinea*), Meerstrandkiefer (*Pinus marittima*) und Aleppokiefer (*Pinus halepensis*), die zumindest als geschlossener Wald keine ursprüngliche Vegetation darstellen. Seit Anfang des 19. Jh.s dienen Eukalyptus und Schwarzpappel zur Entwässerung der Sümpfe und als Windschutz sowie für die Brennholzversorgung. In der Padania spielte sich vor dem letzten Krieg ein re-

*Bild 15: Garide am M. Pellegrino bei Palermo (Sizilien) mit Baumförmiger Wolfsmilch (*Euphorbia dendroides*)*

gelrechter Pappelboom ab, bei dem die ehemaligen Weidepflanzungen, von der Korbflechterei genutzt, verdrängt wurden. Die raschwachsende und schädlingsresistente Weißpappel (*Populus alba*) wirft früh einen Ertrag ab und hat in der Nutzholzproduktion Italiens große Bedeutung. Im Gebirge wählt man bei jüngeren Aufforstungen einheimische Nadelhölzer (Tanne, Schwarzkiefer) und solche ausländischer Herkunft, wie die amerikanische Douglasie (*Pseudotsuga menziesii*) und vor allem die schnellwüchsige Montereykiefer (*Pinus radiata*). Uniforme Forste sind die Folge. Indes braucht man nach neueren Erkenntnissen mit Bodenverschlechterungen nicht zu rechnen (Müller-Hohenstein 1969).

Im Unterschied zu den einheimischen Wald- und Gebüschformationen mit vielen Pyrophyten, d.h. Arten, die das Feuer überstehen oder sich nach Feuern erst regenerieren, sind die aufgeforsteten Nadelholzbestände feuerempfindlich und äußerst gefährdet. Die *Waldbrände*, die an den Küsten auch Feriendörfer und Campingplätze bedrohen, gehen selten auf Blitzschlag, sondern fast immer auf Nachlässigkeit und Brandstiftung zurück. Von 1981 bis 1994 wurden im Jahresdurchschnitt 7600 Brände mit einer vernichteten Waldfläche von je 58000 ha (= 0,9 %) gezählt. Die von Hirten gezielt gelegten Brände sollen z. B. in Sardinien nach der Umstellung von der Ziegen- auf die Rinderhaltung der Weideverbesserung dienen. Fremdenhaß einerseits und Baulandspekulation andererseits scheinen weitere Gründe für die Brandstiftung zu sein. Die *Waldschäden* durch Emissionen halten sich in Grenzen (1994: 25,9 % leichte, 10,4 % mittlere, 6,4 % schwere und 0,3 % totale Schädigungen des Bestands) und betreffen in der Hauptsache die hochgelegenen Gebirgswälder von Alpen und Abruzzen.

Italiens 67792 km² große *Waldfläche* nimmt gegenwärtig 22,5 % des Landes, im Gebirge aber über 40 % ein. Etwa die Hälfte (56,4 %) davon sind Nieder- bzw. Buschwälder und Macchien. Für einen Vergleich mit Deutschland (29,2 %) ist nur die Hochwaldfläche (Italien 9,8 %) geeignet. Die Waldquote der einzelnen Regionen schwankt zwischen extremen Werten (Ligurien 53,1 %, Apulien 6,0 %), ohne daß eine klare Bindung an die Naturgroßräume hervorträte. Der Staat hat sich vornehmlich der Höhengebiete angenommen, in der richtigen Erkenntnis, daß ihre Vernachlässigung die Unwetterfolgen weiter verstärken würde. Im allgemeinen verteilen sich die Aufforstungsflächen aber ziemlich gleichmäßig auf Gebirge, Hügelland und Ebenen. 1964 – 1993 betrug die Erweiterung der Waldfläche immerhin 6967 km². Ein Problem ist der hohe Anteil des Privatwaldes (60 %), der nur schwer in eine Forstpolitik einbezogen werden kann; der Anteil der Staatswälder liegt bei nur 7,3 % (Gemeindewald 27,4 %, Besitz anderer Vereinigungen 5,3 %). Der italienische Staat ist deshalb bemüht, seinen Besitz zu erweitern. Nicht zuletzt kommt die Abwanderung der Bergbauern seit den sechziger Jahren und der wachsende Wohlstand der im Gebirge verbliebenen Bevölkerung in der Gegenwart, welche das agrarische Nutzland zunehmend aufgibt, dieser Absicht entgegen, so daß die geplante Wiederbewaldung nun auf günstige Umstände trifft (Tichy 1966). Im übrigen vollzieht sich auf nicht mehr landwirtschaftlich genutzten Flächen die Regeneration bis zur natürlichen Schlußgesellschaft auch spontan. Richter (1989, S. 53ff.) hat dies für die Rebland-Brachen der Cinque terre in Ligurien nachgewiesen, wo sich der Steineichenwald bei ungestörter Entwicklung nach etwa 50 Jahren einstellt. Aufforstungen hält er hier nicht für rentabel.

Bei den *Waldbetriebsarten* fällt auf, daß die Umstellung von der alten Brennholz- und Holzkohleerzeugung im Niederwaldbetrieb zur Nutzholzproduktion im Hochwald sehr langsam erfolgt. Der jährliche Holzeinschlag betrug 1994 8,3 Mio. m^3, davon entfielen auf Brennholz noch 5,0, auf Nutzholz 3,3 Mio. m^3. Es überwiegt wie seit jeher die private, höchst individuelle Nutzung der Nieder- und Mittelwälder aus Eichen und Buchen (*boschi cédui*), besonders in den nord- und mittelitalienischen Höhenregionen. Mit ihrem Rückgang nimmt die Umwandlung der Flächen in Hochwald (*bosco alto fusto*) allerdings zu, in dem sich heute Nadel- und Laubforste fast gleichgroß gegenüberstehen. Durch die Entwicklung von Siedlung, Tourismus und Industrie haben in den letzten Jahrzehnten die einst angepflanzten Kiefernwälder der Tieflandstufe aber große Flächen verloren. Die Nutzholzproduktion kann jedenfalls den Eigenbedarf Italiens nicht befriedigen, es muß importiert werden. Die Standorte z. B. der Möbelindustrie (nördlich von Mailand), die tropische Hölzer verarbeitet, haben daher keine Beziehung zu den produktiven Forsten des Landes. Auch für die Papierherstellung werden Nadelhölzer eingeführt, so daß sich die Papierindustrie u. a. in Hafenstädten (Sizilien, Sardinien) entwickelt hat. Die größten Papierfabriken liegen allerdings am Ausgang der Alpentäler, wo es Wasser und hydroelektrische Energie gibt.

Insgesamt zählt Italien zu den Regionen mit überwiegend binnenmarktorientierter Nutzung der Restwaldflächen, umfangreichen Wiederaufforstungen und Ansätzen zu einer geregelten Forstwirtschaft (Windhorst 1978, S. 167). Der klimatische Nord-Süd-Gegensatz und die Gebirgsnatur sowie die dichte Besiedlung und intensive Landnutzung alles ebenen Landes sind neben anderem Gründe für die verzögerte Entwicklung der italienischen Forstwirtschaft. Dennoch hat sich das Land bei der gespannten Rohstofflage der Forderung zu stellen, so bald als möglich die Holzproduktion seiner Wälder zu steigern.

Weil die *Waldarbeit* meist nebenberuflich verrichtet wird, ist die Zahl der vollständig in die Wald- und Forstwirtschaft eingebundenen Erwerbspersonen klein (1991 etwa 7500), aber breit gefächert. Neben den Waldarbeitern (Holzfällern, Maschinisten) und Waldaufsehern stellten u. a. die Köhler der süditalienischen Wälder, insbesondere Kalabriens, und die *mulattieri* der Abruzzen früher eigene Sozialgruppen dar. Letztere sorgten noch in den sechziger Jahren als freie Unternehmer, teilweise in saisonaler Wanderarbeit, in schwierigem Gelände mit Hilfe von Maultieren für den Abtransport des Eichen- und Buchen-Brennholzes und wohnten mit anderen Waldarbeitern und Bauern konzentriert in einer Kette von Dörfern um Tagliacozzo (Prov. L'Áquila/Abruzzen), aber auch in anderen Teilen des Apennins (Kühne 1970).

Nationalparks

Schon früh sind nach Hochwässern die *Wohlfahrtswirkungen der Wälder* ins Bewußtsein der Italiener gerückt. Der Naturschutzgedanke hat sich trotzdem kaum durchsetzen können. Dies belegen die bis heute geltenden freizügigen Jagdgesetze. Nur eine Minderheit kümmerte sich um die Erhaltung der Restbestände (Alpenklub, Touringklub), ehe es in den zwanziger und dreißiger Jahren, als auch die Erholungsfunktion des Waldes stärker in den Vordergrund trat, zur Gründung mehrerer Nationalparks kam (1922 Gran Paradiso, 1923 Abruzzen, 1934 Circeo, 1935 Stilfser Joch). Nach dem Zweiten Weltkrieg gab es zunächst nur Vorschläge für weitere Nationalparks. Die kleine Zahl weitsichtiger Naturschützer, zu denen die Forstleute gehören, konnte sich gegen Bauspekulanten, lokale Behörden und andere Interessenten, die den gewinnträchtigen Touristen- und Freizeitboom rücksichtslos fördern wollten,

Abb. 19: Naturparks und Naturschutzgebiete 1991 mit Flächen über 1500 ha

nicht behaupten. Trotzdem ist es gelungen, einige Naturparks, hauptsächlich in den Alpen, weitere Naturreservate und biologische Schutzgebiete einzurichten. Seit den achtziger Jahren wird die Empfindlichkeit der Bevölkerung für die natürliche Umwelt durch häufige Katastrophen-Meldungen und wissenschaftliche Untersuchungen (z.B. Pinna 1981, 1983) endlich wachgerüttelt. Eine neue Gesetzgebung (1979) belebt den Nationalpark-Gedanken wieder, obschon der Interessenkonflikt zwischen Walderhaltung und Massentourismus nicht ohne weiteres aus der Welt zu schaffen ist. Das Ergebnis der Bemühungen zeigt Abbildung 19.

GESCHICHTLICHE ENTWICKLUNG BIS 1945

Foto: H.-G. Wagner

***Bild 16:** Rom: Forum Romanum und Kolosseum*

Überblick

- Italien ist zweimal politisch vereinigt worden: zuerst in der Zeit der späten Römischen Republik, später, seit 1860/1870, im Zeichen des modernen Nationalgedankens und Nationalstaats. Beinahe ein Jahrtausend lang und bis ins 19. Jh. wird die Geschichte des Landes durch einen alle Einigungstendenzen durchkreuzenden Polyzentrismus und Regionalismus geprägt, deren Wurzeln in den Munizipalismus des römischen Italiens zurückreichen. Zutiefst bekräftigt wurden sie in der Blütezeit der italienischen Stadtrepubliken und kleinräumiger Territorialstaaten des Spätmittelalters. Auf ihnen gründete der staunenswerte Reichtum hochkultureller Schöpfungen von der Gotik bis zum Barock.
- Vom Ende des 15. Jh.s bis zur Gründung des Nationalstaats wurde Italien zum Objekt großer europäischer Machtpolitik und zum Feld der fortwährenden Auseinandersetzung zwischen Frankreich und dem Hause Habsburg.
- Der zentralistisch aufgebaute Einheitsstaat „Königreich Italien" übernahm das savoyische Rechts- und Verfassungssystem.
- Trotz der Ausgleichspolitik zwischen den Parteien gewannen nach 1900 nationalistische Kräfte die Oberhand, so daß das Land an der Seite des Deutschen Reiches und Österreich-Ungarns 1915 in den Ersten Weltkrieg eintrat, aber an seinem Ende zu den „Siegermächten" zählte.
- Die verbreitete Enttäuschung über nicht erfüllte Gebietsansprüche verhalf 1922 Mussolini an die Macht. Nach legalem Beginn baute er die faschistische Diktatur auf, die sich zwangsläufig dem nationalsozialistischen Deutschland nähern und damit zur Niederlage im Zweiten Weltkrieg führen mußte (1943).

Von der Antike bis zur Aufrichtung des Kaisertums der Deutschen
(von Wolfgang Altgeld)

Rom und Italien

Die gewaltigen Völkerbewegungen im ganzen östlichen Mittelmeerraum während des letzten Drittels des zweiten vorchristlichen Jahrtausends haben die ethnische, sprachliche und kulturelle Physiognomie Italiens bis tief in die römische Zeit hinein geprägt. Anders als die Etrusker Mittelitaliens, die nach der Jahrtausendwende allmählich eine erste urbane Hochkultur entwickelt hatten, und wohl auch anders als die Ligurer, entstammten die Völkerschaften, die sich über die ältere vorgeschichtliche Bevölkerung der Halbinsel ausbreiteten, ganz überwiegend der indogermanischen Gemeinschaft. Neben dem Lateinischen fanden sich noch in römischer Zeit wenigstens drei große indogermanische Sprachgruppen mit manchen, teils sehr verschiedenen Untergruppen. Ähnlich groß war die kulturelle Vielfalt, die durch die Ausbreitung griechischer Stadtgründungen seit dem 8. Jh. v. Chr. auf Sizilien und an der tyrrhenischen Küste von Kalabrien bis über Neapel hinaus, im Osten bis Tarent bereichert wurde (Abb. 20a) (Bild 17).

Die Griechen nannten die Apenninenhalbinsel „Hesperia", das heißt „Westland" (Abendland). Bei Schriftstellern des späten 6. und des 5. Jh.s vor unserer Zeit, so bei Herodot, begegnete zuerst der Begriff *Italien* zur Bezeichnung allein des südlichen Kalabriens; schon im beginnenden 4. Jh. umfaßte er die ganze „Stiefelspitze", im Westen bis zum Fluß Laos (Lao) bei Kap Scalea, im Osten bis Metapont. Der antiken Sage nach rührte er vom Namen eines lokalen Stammeskönigs her. Vielleicht ist er auf ein Wort für junger Stier (*vitulus*) aus der Sprache eines im Süden bereits vor jenen großen Völkerbewegungen ansässigen Volks zurückzuführen (vgl. Nissen 1883, S. 62 ff.). Es mag sein, daß die Übertragung des Worts die Kenntnis einer besonderen kultischen Verehrung des Stiers, womöglich auch einer besonderen wirtschaftlichen und landschaftsprägenden Bedeutung der Rinderzucht gerade in diesem Rückraum Großgriechenlands (*Magna Graecia*) widerspiegelte. Jedoch galt das wirtschaftliche Hauptinteresse der Griechen auf dem Festland den Erzvorkommen jenseits dieses ursprünglichen *Italiens*, namentlich in den Gebieten der Etrusker (Toskanisches Erzgebirge). Die Etrusker verhinderten um die Mitte des 6. Jh.s das weitere Vordringen griechischer Koloniegründer über den Golf von Neapel hinaus; den nur wenig später beginnenden Verfall der eigenen Zivilisation und Macht hat dieses Volk dadurch aber nicht mehr lange aufhalten können.

In das Machtvakuum stieß im 4. Jh. das einst etruskisch beherrschte und in mancher Hinsicht etruskisch geprägte Rom, indem es zunächst das umgebende Latium, dann in mehreren harten Kriegen bis zum Jahre 264 v. Chr. beinahe die gesamte Apenninenhalbinsel, im Norden schon über den Arno hinaus, unterwarf. Rom annektierte einige der botmäßig gemachten Gebiete und gründete Kolonien in anderen. Aber im wesentlichen sicherte es seine Herrschaft durch ein Netzwerk stets bilateraler Bündnisse mit den besiegten oder auf andere Art bezwungenen oder interessierten Stämmen und Städten. Mit diesem Vorgang dehnte sich der räumliche Begriff *Italien* nach Norden aus. Nunmehr meinte er die Gesamtheit der bundesgenössischen Territorien gegenüber Rom, wie dies von den Aufständischen im sogenannten Bundesgenossenkrieg zwischen 91 und 89 v. Chr. in mancherlei identitätsstiftenden Berufungen und Symbolen sehr entschieden zum Ausdruck gebracht worden ist. Wohl hat die kränkelnde späte Republik diese gefährliche Rebellion teils zerschlagen können, zu ihrer gründlichen Überwindung klugerweise jedoch zugleich auch eine akzeptable Neuordnung auf der Halbinsel geschaffen. Entscheidend war die Übertragung des römischen Bürgerrechts auf alle Freien in sämtlichen bundesgenössischen Gebieten, so daß der Begriff *Italien* an der Zeitenwende bereits ungefähr der modernen Raumvorstellung entsprochen hat, nachdem in den vierziger Jahren v. Chr. auch noch die bisherigen Provinzen in Ligurien und der Po-Ebene einbezogen worden waren.

Der dafür in Italien zu zahlende Preis bestand in der Annahme der römischen

***Bild 17:** Die Tempelzone von Poseidonia-Paestum: Basilika und Hera-Tempel*

Munizipalverfassung und des Lateinischen als Amtssprache. Damit konnte die freilich schon vorher begonnene Romanisierung nun rasch durchgreifen. Sie wurde natürlich durch die politische und soziale, berufliche und kulturelle Attraktivität der Hauptstadt des Weltreichs für die Oberschichten und das breite Volk auf der gesamten Halbinsel gefördert, weshalb dann auch umgekehrt eine Italianisierung Roms, vor allem in den ersten beiden Jahrhunderten unserer Zeitrechnung, angenommen werden kann. Es liegt auf der Hand, daß in dieser sprachlichen und kulturellen Romanisierung eine wichtige Voraussetzung der so überaus schnellen Christianisierung des Landes im 4. Jh. zu sehen ist. Vorstellungen moderner Staatlichkeit, gar Nationalstaatlichkeit dürfen an dieses römische Italien keineswegs herangetragen werden. Es gab nur sehr wenige, d. h. nötigste zentrale Verwaltungseinrichtungen, insbesondere zur Erhaltung der Fernstraßen; im übrigen entschieden und handelten die Munizipien äußerst selbständig. In der Zeit des Augustus wurde Italien in elf Regionen eingeteilt, wobei der Zweck dieser Maßnahme nicht geklärt ist; regionale Verwaltungsstrukturen wurden jedenfalls nicht eingerichtet (Abb. 20 b).

Bei vielen Schriftstellern seit der späten republikanischen Zeit entwickelte sich gleichwohl ein stolzes Italienbewußtsein. Es speiste sich aus der bis zum Beginn des 3. Jh.s noch fortwährenden politischen Sonderstellung gegenüber den Provinzen des Weltreichs; vielleicht erwuchs es noch mehr aus den geographischen Vorzügen des Landes, dessen reicher wirtschaftlicher Nutzung und zivilisatorischer Durchdringung, was auch mythologisch überhöht wurde. Schon in der zweiten Hälfte des 2. Jh.s n. Chr. kündigten sich allerdings jene neuen Völkerstürme an, in denen schließlich diese dünne politische Einheit vergehen und sich sogar der Name *Italien* zurückziehen sollte, so daß er am Ende des ersten Jahrtausends nur noch die nördlichen Teile der Halbinsel bezeichnete.

Zerstörungen und neue Ordnungen: Das barbarische Zeitalter

Von einem *evo barbárico* haben schon die italienischen Humanisten im Rückblick auf die halbtausendjährige Geschichte des Landes nach der Absetzung des letzten weströmischen Kaisers durch den germanischen Truppenführer Odoaker im Jahre 476 gesprochen. Die moderne Geschichts-

Abb. 20:
a) *Die Völker Italiens um 500 v.Chr.*
b) *Die Regionen (regiones) im Italien des Römischen Reiches unter Augustus (gest. 14 n.Chr.)*

a) Nach Brockhaus Enzyklopädie, Wiesbaden [17]1973, Bd.16, nach S. 400/IX
b) Nach Großer Historischer Weltatlas, I. Teil: Vorgeschichte und Altertum, München [6]1978, S. 40/41

Etrusker (Kerngebiet)
Etrusker (Ausweitungsgebiet)
Italiker
Gebiet griechischer Kolonialstädte
Phöniker/Karthager

wissenschaft sieht vom moralisierenden Tenor dieses Verdikts (meist) ab, bestätigt aber die ihm zugrundeliegende Ansicht, daß die zivilisatorischen und hochkulturellen Entwicklungslinien der römisch-italienischen Antike großenteils abgerissen sind. Dieser weitläufige Kontinuitätsbruch ereignete sich allerdings nicht in einer einigermaßen eng umschreibbaren Grundkatastrophe, wie dies das genannte Datum nahelegen könnte. Er war vielmehr das Ergebnis eines lange anhaltenden, gleichsam schleichenden Verfalls und etlicher Einzelereignisse mit verhängnisvollem Ausgang. Er war, insgesamt betrachtet, auch nicht total. Es überdauerten Reste der antiken Schöpfungen, an die dann zum Beispiel materiell in der Heraufkunft des hochmittelalterlichen Städtewesens oder im Sinne ideeller Traditionsbildung angeknüpft werden konnte. Die Rolle der Kirche, der Klöster und des Papsttums ist dabei, trotz aller schweren Schläge, die diese ebenfalls betrafen, gewiß nicht zu unterschätzen. Im übrigen läßt sich der Charakter der Epoche keineswegs allein in den Perspektiven von Zerstörung, Auflösung und Rückschritt begreifen; denn in diesen Zeiten italischer Geschichte sind ja auch neue Wege beschritten worden, die zum Erbgut der jüngeren, eigentlich italienischen Geschichte gehören.

Die Durchzüge und Einfälle der Westgoten, Wandalen und Hunnen zwischen 410 und 452, die langwierigen Auseinandersetzungen der Byzantiner und Ostgoten um und in Italien sowie die oströmische Ausbeutung der 553 zurückgewonnenen Halbinsel hatten schon manchen einst blühenden Landstrich verwüstet, Teile der landbesitzenden Oberschicht verarmt und viele Städte um nicht mehr ersetzbares Gut gebracht. Von einer grundsätzlichen Veränderung aller Verhältnisse konnte aber noch keine Rede sein. Die politischen Machtzentren lagen nunmehr dauerhaft im Norden, in Aquileia, Ravenna und Mailand; doch war diese Verschiebung bereits in der späteren Kaiserzeit deutlich geworden. Als wichtiger erwies sich, daß die jeweiligen Gegner Italien weiterhin als Einheit sahen und folglich um die Macht über die ganze Halbinsel stritten. Mit Cassiodor und anderen Denkern aus den alten italischen Eliten, mit der Klostergründung der Benediktiner auf dem Monte Cassino (529) und anderem mehr blühte die Kultur in einer Synthese christlichen Glaubens und klassisch-antiker Kultur nochmals auf. Hingegen bedeutete die rasche Eroberung weiter Teile der Halbinsel durch die Langobarden seit 568 – fast des gesamten Nordens, der meisten Gebiete in der Mitte und im Süden über Benevent hinaus – tatsächlich in allen Belangen eine scharfe Zäsur, die „möglicherweise dramatischste Umwälzung" (Vivanti 1980, S. 146), welche das Land je erlebt hat.

Vor dem grausamen, verwüstenden Eroberungszug der Langobarden flüchtete die Bevölkerung geradezu massenhaft in die von den Byzantinern behaupteten Regionen; zusammen mit den Bevölkerungsverlusten infolge von Besetzungen ergab sich daraus eine auffällige Veränderung des Städtenetzes. In den Zufluchtsgebieten entstanden neue Siedlungen, während im langobardischen Herrschaftsraum vor kurzem noch große, wichtige Städte beinahe verschwanden (u. a. Aquileia, Padua, Mailand) und lediglich Pavia als Hauptstadt einen Aufstieg erlebte. Die angetroffene Oberschicht, zumal die landbesitzende, wurde beseitigt oder dauerhaft vertrieben, das Land weitgehend nach germanischem Recht den Kriegern zur Bewirtschaftung (nicht zum Eigentum) übergeben sowie die Vorbevölkerung offensichtlich in ihrer wirtschaftlichen Freiheit überhaupt rigoros beschränkt und auf dem Land eng an die jeweilige Nutzfläche gefesselt. Daraus entwickelte sich in den folgenden Jahrhunderten das feudale Lehnssystem in ganz Italien. Eroberer und Unterworfene lebten bis ins 8. Jh. streng voneinander getrennt, zuerst nach überkommenem germanischem Herrenbrauch, verstärkt durch die anfängliche religiöse Differenz der Arianer und Heiden gegenüber dem Christentum der älteren Bevölkerung, später auf Grund kodifizierten Rechts; die langobardische Herrschaftsschicht blieb exklusiv. Weil sie nicht vollständig gelungen war, bedeutete die langobardische Eroberung nicht zuletzt eine fortwährende Teilung der Halbinsel. Byzanz bewahrte, gestützt auf seine Flottenmacht, die Inseln und die südlichen Regionen des „Stiefels" sowie Territorien längs des Küstenbogens von Istrien über Venetien bis nach Ancona; das Papsttum sicherte sich den Streifen von Sutri über Rom bis Gaeta. Zudem gelang es dem langobardischen Königtum nur gelegentlich, die langobardischen Herzogtümer Spoleto und Benevent zu kontrollieren. In dieser Machtverteilung zeichnete sich das Grundmuster der Landesgeschichte im folgenden Jahrtausend ab.

Gegen erneuerte langobardische Eroberungsversuche des unabhängigen Territoriums um Rom kamen schließlich die Franken dem Papsttum zu Hilfe, zunächst Pippin und dann Karl, der 774 sich selbst zum *rex francorum et langobardorum* erhob und somit beide Königreiche in Personalunion miteinander verband. Das Eingreifen der Franken sicherte nicht nur die bestehenden territorialen Besitzungen des Papsttums, sondern auch großzügige Gebietsschenkungen beider Herrscher, die vorwiegend auf Land außerhalb ihres tatsächlichen Machtgebietes auf der Halbinsel ausgestellt waren. Einschließlich der in diesen Zusammenhängen fabrizierten *Konstantinischen Schenkung* eröffneten sie den Weg in eine über Jahrhunderte höchst konfliktträchtige kirchenstaatliche Machtpolitik der Päpste. Ihr Eingreifen und dessen Überhöhung in der Kaiserkrönung des Jahres 800 änderten indessen nichts an den sozialen und wirtschaftlichen Zuständen im Herrschaftsgebiet des *Patrimonium Petri*.

Unter dem Druck der nicht nur in den langobardischen Gebieten allzu schweren

Belastungen hatte schon ein Rückzug der ländlichen Bevölkerungen in weniger zugängliche, aber auch weniger ertragreiche Regionen begonnen. Die Tendenz verstärkte sich vielerorts zum Exodus, namentlich aus küstennahen Gebieten, als mit Beginn des 9. Jh.s eine schier unablässige Kette von Raubzügen sarazenischer Flotten um die gesamte Halbinsel herum abzurollen begann (ähnlich wie die Ungarneinfälle im Nordosten vom späten 9. bis weit ins 10. Jh.), die durch den Machtverfall sowohl der byzantinischen als auch der karolingischen Herrschaft in Italien und der auf letztere folgenden sogenannten Nationalkönige in Norditalien begünstigt wurde. Der Exodus ließ einst reiche landwirtschaftliche Gebiete, vor allem in Latium und Kampanien, veröden oder versumpfen. Versteppung und Malariaverseuchung machten die Preisgabe zum dauerhaften Verlust, der erst ein Jahrtausend später, selbst mit modernsten technischen Möglichkeiten, nur zum Teil und unter unwirtschaftlichem Kostenaufwand überwunden werden sollte (s. Kap. Relieftypen bzw. Kap. Melioration und Bewässerung). Daß schon begonnene massive Umweltschädigungen auch in diesen Zeiten wenigstens begrenzt werden konnten, bewiesen die Sarazenen auf Sizilien, das sie in langwierigen Kämpfen gegen die Byzantiner von 827 bis 902 eroberten. Das von ihnen eingeführte Bewässerungssystem und zahlreiche neue, klimatisch angepaßte Feld- und Gartenfrüchte, dazu der tolerante Umgang mit der unterworfenen Bevölkerung nach der Vertreibung und Auslöschung der Oberschichten schufen vergleichsweise Wohlstand. Neben den Plünderern und Eroberern des 9. und 10. Jh.s zogen in vielen Regionen der Halbinsel und besonders in Norditalien die Adeligen aus dem erwähnten Verfall der politischen Obergewalten Nutzen, indem sich das Lehnssystem als Funktionsersatz für die unwirksamen zentralen Institutionen ausbreitete, die höheren Lehen aber schon erblich wurden. Die Unzuverlässigkeit der hohen Lehnsträger wiederum brachte schwächliche Könige dazu, Erzbischöfe und Bischöfe in den Städten mit Herrschaftsfunktionen auszustatten und sie dadurch – im Gegensatz zum landsässigen Adel – zu tatsächlichen Stadtherren zu erheben.

Der urbane Polyzentrismus und die Blütezeit

(von Wolfgang Altgeld)

Kaisertum, Papsttum und Kommunen

Die Verbindungen und Ambitionen großer deutscher Dynasten und Lehnsträger in Norditalien brachten Otto I. dazu, zur weiteren Sicherung seines deutschen Königtums selbst dort einzugreifen und wie einst Karl der Große 951 zu Pavia die Krone des *rex langobardorum* zu übernehmen. Zehn Jahre später mußte er wieder über die Alpen ziehen und Widersacher ausschalten. Diesmal war der Papst, der sich in einer der vielen innerrömischen Auseinandersetzungen bedrängt sah, zur Kaiserkrönung bereit: Von 962 bis zum Tod des letzten Staufers 1268 entwickelte sich die Geschichte der Halbinsel im Zeichen immer neuer Anläufe deutscher Herrscher, die ganz Italien unter die eigene Oberhoheit zu bringen und insbesondere den wirtschaftlich rasch aufblühenden Norden als Kraftquelle ihrer Reichspolitik zu sichern und zu nutzen suchten. Dabei stießen sie auf dreierlei Gegner – einmal auf die byzantinischen und langobardischen Herrschaften im Süden und dann auf das dort im 11. Jh. errichtete sogenannte Normannenreich, das unter Beseitigung restlicher byzantinischer Herrschaft und in vernichtenden Kämpfen gegen die Araber auf Sizilien erobert und vom Papsttum provokativ zum Lehen genommen worden war, zum anderen auf das Papsttum selbst und nicht zuletzt auf die Kommunen, vor allem Norditaliens.

Auf die wechselvolle Geschichte dieser Auseinandersetzungen kann hier nicht näher eingegangen werden. Zu sagen bleibt erstens nur, daß bei allen Einzelerfolgen der Ottonen, Salier und der drei großen staufischen Herrscher zwischen 1152 und 1250 ein Gesamterfolg solcher Italienpolitik wohl von vornherein ausgeschlossen war, und zweitens, daß gerade der vermeintlich größte Erfolg, nämlich die Herrschaftsübernahme im Normannenreich durch Heinrich VI. in den 1190er Jahren, den entschiedensten Widerstand der beiden verbliebenen Gegner mobilisieren mußte. Daß Friedrich II. auf Sizilien und im festländischen Süditalien über dem reichen Erbe der Araber und Normannen einen merkwürdig modernen, bürokratisch effizienten, militärisch sehr leistungsfähigen, kulturell beeindruckenden, aber auch totalitär anmutenden Staat aufbauen konnte, ließ ihn in der Sicht seiner Anhänger wohl als *stupor mundi* („Staunen der Welt") erscheinen; die Gegner in Italien aber fürchteten ihn deshalb erst recht als allzu mächtigen Gewaltmenschen (Bild 18).

Ungleich mehr als das Papsttum zogen die nord- und mittelitalienischen Kommunen aus dem politischen Machtvakuum nach dem Ende der staufischen Reichspolitik auf der Halbinsel Gewinn (Abb. 21). Die Zeiten eines Papsttums, das theologische und innerkirchliche Reformbestrebungen mit dem Anspruch auf weltliche Unabhängigkeit, ja, Oberhoheit dynamisch verbunden hatte (repräsentiert vor allem von Gregor VII. und IX., Alexander III., Innozenz III. und IV.), waren vorüber. Das Papsttum geriet unter den Druck der Anjou, die es im Kampf gegen die letzten Staufer mit dem süditalisch-sizilianischen Königtum belehnt hatte, und es wurde darüber hinaus von der französischen Krone abhängig. Die Verlagerung der Kurie nach Avignon (1309–1377 bzw. im Schisma bis 1417) war deshalb angesichts gefährlicher Gruppenkämpfe im römischen Adel nur konsequent, mußte aber die kirchenstaatliche Ordnung und die gesamtitalienische Position des Papsttums schwer schädigen.

Rom verfiel. Mit seinen kaum 25000 Einwohnern im späten Mittelalter zählte es nicht nur in dieser Beziehung zu den drittrangigen Städten auf der Halbinsel. Vor der großen Pest und einige Zeit danach wiesen Mailand, Genua, Florenz, Neapel und Palermo wieder mehr als 50000 Einwohner, Venedig möglicherweise an die 100000 Einwohner auf; jedenfalls übertrafen sie die Hauptstadt der römischen Kirche deutlich (vgl. Tab. 13). Dem Aufschwung des italienischen Städtewesens, weit über das gleichzeitig nördlich der Alpen Mögliche

Bild 18: *Castel del Monte südlich Ándria auf den apulischen Murge*

hinaus, lagen von Region zu Region und von Stadt zu Stadt verschiedenartig ineinandergreifende Faktoren zugrunde. Die Anfänge reichten in das 10. Jh. zurück, als mit fortschreitender Konsolidierung der inneren Ordnung und äußeren Sicherheit besonders im Norden die landwirtschaftliche Produktion anstieg, die Bevölkerung wuchs, die Steigerung des alltäglichen Bedarfs die Spezialisierung und Konzentration der handwerklichen Arbeit in Gang brachte und der (Fern-)Handel über Land wie über See zunahm.

Letzterer erhielt mit den Kreuzzügen weitere Impulse, übrigens auch deshalb, weil die Christenheit im Vorderen Orient manche bisher unbekannte, im Handel sehr gewinnträchtige Luxusartikel schätzenlernte, so daß sich die Blüte der Stadt zuerst im Reichtum wichtiger Hafenstädte äußerte. Darunter war Venedig von Anfang an führend, darunter gab es aber auch einige,

Abb. 21: *Die Stadtrepubliken Nord- und Mittelitaliens im 14. Jahrhundert*

(nach Großer Atlas zur Weltgeschichte, Braunschweig 1997, S. 94/1)

die früher oder später mächtigeren Konkurrenten erlagen, so Amalfi. Die beiden auf Dauer mächtigsten Seestädte, Venedig und Genua, deren Antagonismus insbesondere um den Handel und die Stützpunkte in der Ägäis wiederholt in militärische Konflikte mündete, waren seit dem späten 12. Jh. imstande, eine große Rolle in der mittelmeerischen, aber auch in der italienischen Machtpolitik zu spielen. Auf dem Festland befanden sich nur wenige Städte in einer so günstigen Situation wie Mailand, das an der Schnittstelle wichtiger norditalienischer Verkehrswege und vor allem an einem der beiden Haupthandelswege vom Mittelmeer über Genua nach Deutschland lag. Für die meisten aufstrebenden Städte in Nord- und im westlichen Mittelitalien war die Konzentration auf die Erzeugung bestimmter Konsumartikel, zum Teil schon im frühen Verlagssystem und unter Verarbeitung heimischer wie importierter Rohstoffe, noch wichtiger als für Mailand, nämlich vor allem Tuche (Wolle, Baumwolle, Seide), ferner Glaswaren, Waffen u.ä. (s. Kap. zu den historischen Stadttypen).

Der wachsende wirtschaftliche Erfolg ermöglichte und erforderte zugleich die weitestgehende Emanzipation der Kommunen von den Lehnsherren, wenn möglich gar deren Integration in die kommunale Ordnung. Diese „kommunale Revolution" vollzog sich über mehrere Jahrhunderte in Nord- und Mittelitalien, während im Süden das von den Normannen durchgesetzte Lehnswesen und mit ihm die feudale Monarchie intakt blieben. Sie begann mit Aneignungen wirtschaftlich wichtiger königlicher Regalien und wurde mit direkten Entmachtungen der großen Lehnsträger, in den Städten vornehmlich der Bischöfe und Erzbischöfe, fortgesetzt. Friedrich I. Barbarossa und sein Enkel Friedrich II. scheiterten in dem Versuch, gerade diese Verluste, welche die königliche Macht beeinträchtigten, rückgängig zu machen. Vielmehr gelang es den Kommunen, die kleinen und mittleren Lehnsträger der Umgebung, teils auf Grund übereinstimmender Interessen gegenüber den großen Lehnsherren, teils durch wirtschaftlichen und auch bewaffneten Druck, in die Städte zu ziehen. Je länger dieser Prozeß dauerte, desto mehr wirkte auf ihn die materielle, politische und kulturelle Attraktivität der Stadt selbst ein. Hier verschmolzen allmählich die adeligen mit den großen stadtbürgerlichen Familien zu einer Führungsschicht der *signori* – zu einem Kaufmannsadel im wörtlichen Sinne (Bild 19).

Insgesamt gesehen behielt diese Schicht über alle Verfassungsentwicklungen der Stadtrepubliken hinweg die Zügel der politischen Macht in der Hand, auch wenn sie hier und da zeitweise den Stolz auf die eigene Abkunft, ihren wirklichen Reichtum und die aus beidem erwachsende soziale wie politische Hegemonie in der Kommune maskieren mußte. Gelegentlich erfolgreiche, auf politische Teilhabe ausgehende Bewegungen von unten führten regelmäßig lediglich dazu, die Reihen der Oberschicht für einige Neuaufsteiger zu öffnen; an der faktischen Machtlosigkeit des Stadtvolkes änderte sich damit nichts. Bedeutsamer war, daß die „kommunale Revolution" sich zwar gegen die jeweiligen Lehnsherren der Kommunen, nicht aber gegen das feudale System an sich gerichtet hatte. Tatsächlich wurden die Kommunen selbst zu feudalen

Bild 19: *Florenz: Palazzo Vécchio, Sitz der* signoria

Gewalthabern über das Umland und die ländliche Bevölkerung, sei es in direkter Übernahme der von den zugezogenen Adeligen vorher gehaltenen Lehen, sei es vermittels des Besitzes und der erblich gewordenen Lehen der *signori* oder sei es durch kommunale und private Neuerwerbung. Das gewährleistete die Versorgung wachsender Stadtbevölkerungen und das erleichterte die Befriedigung des wachsenden Arbeitskräftebedarfs in den Städten. Die Ausbeutung der Landbevölkerung erwies sich als unverzichtbare Quelle des Reichtums der *signori* und somit der Stadt und ihrer Kultur. Aber dieser Ablauf prägte der ferneren Geschichte Italiens auch einen schier unüberbrückbaren Gegensatz zwischen Stadt und Land und die agrarpolitische Reformunfähigkeit der (letztlich stets urbanen) Regierungseliten ein. Der angehäufte Reichtum wurde keineswegs zum Ausgangspunkt einer kapitalistischen Wirtschaftsweise, wohl aber zur Grundlage enormer europaweiter Kreditgeschäfte großer Bankiersfamilien. In zahlreichen Begriffen auch unserer Finanzsprache ist die historische Massivität dieses Phänomens aufgehoben.

Kultureller Glanz und Machtpolitik

Auf der Grundlage des Reichtums der Städte, der urbanen Erweiterung menschlicher Erfahrungshorizonte, der Konkurrenz mächtiger Familien in den Städten und der Städte untereinander ist im *Trecento* (14. Jh.) jene Hochkultur aufgeblüht, um deretwegen Jacob Burckhardt die Italiener die *Erstgeborenen Europas* genannt hat. Unübersehbar ist allerdings, daß die enorme Allseitigkeit und Fülle der hochkulturellen Schöpfungen, von der Architektur bis zu den bildenden Künsten, von den Wissenschaften bis zur Literatur, im besonderen Zusammenhang mit der überall rasch voranschreitenden Konzentration städtischer politischer Macht in den Händen eines einzelnen *signore*, einer einzelnen Familie oder doch wenigstens einer sich eng abschließenden Oligarchie, d.h. letztlich als Ausdruck einer neuartigen urbanen höfischen Kultur verstanden werden muß. Die vor dem *Trecento* häufige, manchmal nüchtern-vorsichtige, verschiedentlich geradezu gesetzlich erzwungene Maskierung von Reichtum und sozialem Status in der Stadtgemeinde wurde fallengelassen. Im Gegenteil, nun diente die öffentliche Bekundung von Reichtum in großzügigen Bau- und Kunstwerken, in der Förderung von Künstlern, Wissenschaftlern und Schriftstellern der Demonstration und Überhöhung schon errungener oder angestrebter persönlicher und familiärer politischer Macht in einer und bald über eine Kommune.

Die Monopolisierung kommunaler politischer Macht, d. h. die Aufrichtung einer *signoria* (Herrschaft), entwickelte sich sehr häufig aus einem besonders ermächtigten städtischen Amt, das unter den einander bekämpfenden Faktionen der Patrizier („Cliquen", „Klüngeln") oder bei andauernden bzw. unsicher geendeten Auseinandersetzungen zwischen jenen Herren und aufstrebenden Gruppen innere Befriedung und (neue) Ordnung herstellen und bewahren sollte. Sie entstand auch in Augenblicken äußerer Krisen oder aggressiver äußerer Ambitionen einer Kommune; vor allem im 15. Jh. gelang vielen erfolgreichen Söldnerführern der Aufstieg zum *signore* gar nicht unbedeutender Städte, manchem sogar die Wahrung der Herrschaft für die Nachkommen. Verselbständigte sich solche Macht, dann bemühte sich der *signore* um die Legitimierung durch den Kaiser oder Reichsvikar. Von solcher Position aus konnten daraufhin untergeordnete Funktionsämter mit Angehörigen, Anhängern und Vasallen besetzt und vor allem die *signoria* selbst auf Dauer gestellt werden: Aus dem *signore* wurde ein *príncipe*. Zur Bewältigung des innerkommunalen Legitimationsproblems der Herren, die auf ihrem Weg zum Fürsten gegen Opponenten nicht selten terroristisch auftraten, bedurfte es natürlich fortwährenden Erfolgs, zumal in der Aufrechterhaltung der wirtschaftlichen und sozialen Ordnung. Dazu diente in gleichem Maße die glanzvolle Ausstattung der Stadt mit prächtigen Bauten und hervorragenden Kunstwerken, die den urbanen Patriotismus der Bürger mit Stolz erfüllte – und auf anderer Ebene, jedoch aus demselben Geist und zu ähnlichem Zweck, die äußere Machtentfaltung mit all ihren direkten wirtschaftlichen und fiskalischen Vorteilen (Bild 20).

Der Kampf Stadt gegen Stadt, die Unterwerfung und Vernichtung von Konkurrenten waren keine Neuheit dieser Zeit, wohl aber die systematische territoriale Ausdehnung der mächtigsten Städte unter den entschlossensten Signorien oder patrizischen Oligarchien. Die Visconti im 14. und 15. Jh. und nach ihnen die Sforza in Mailand waren gewiß die erfolgreichsten Vertreter ihrer Gattung, indem sie die Städte der gesamten Lombardei unterwarfen oder anschlossen und in ihrem Expansionsdrang zeitweise Genua und Bologna beherrschten. Die exklusiven Oligarchien von Florenz, wo freilich schon die Medici eine mächtige Stellung behaupteten, waren im 15. Jh. in der Annexion der Toskana und von Venedig (im gerade auch gegen Mailand gerichteten Ausgreifen von der Küste auf das Festland) kaum weniger erfolgreich.

In dem Durcheinander unablässiger Konflikte und kriegerischer Auseinandersetzungen entstanden im Spätmittelalter die äußeren Umrisse italienischer Territorialstaaten neben dem großen Königreich Neapel, das

***Bild 20:** Perúgia: Palazzo dei Priori*

durch den seit dem späten 13. Jh. andauernden Besitzstreit zwischen den spanischen Herrscherhäusern Aragon und Anjou geschwächt war, und neben dem nach langem Verfall sich nur allmählich wieder konsolidierenden Kirchenstaat. Nach dem Frieden von Lodi 1454 zwischen Mailand und Venedig, dem dann u.a. Neapel und Florenz beitraten, sprachen Zeitgenossen von fünf großen Mächten in Italien: Neapel und der Kirchenstaat, die Republiken Venedig und Florenz sowie das Herzogtum Mailand. Einige erhofften die Befriedung der Halbinsel im Gleichgewicht dieser fünf, wie es im Italienischen Bund von 1455 gesichert erschien, um endlich der Türkengefahr entgegentreten zu können, die schon die Küsten Italiens erreicht hatte.

In den großen Signorien und Fürstentümern, in den hervorragenden, noch oligarchisch regierten Stadtrepubliken, in Neapel und seit der Mitte des 15. Jh.s auch in Rom konnte Kulturpolitik größten Stils getrieben werden (Bild 21). Es muß genügen, das freilich hervorragende Beispiel der Visconti im besonders reichen Mailand und in dessen Territorium anzudeuten; sie boten Petrarca Zuflucht, sie ließen den Bau des großen Mailänder Doms beginnen (1386) und betrieben den Bau der Certosa zu Pavia (1396) wie den Umbau der dortigen Universität. Unterdessen spielte in den kleineren Signorien und in den aus ihnen teilweise hervorgegangenen fürstlichen Herrschaften das kulturelle Engagement bei geringeren machtpolitischen Möglichkeiten meist eine verhältnismäßig noch größere Rolle, so etwa in Mantua, Ferrara oder Urbino. All das führte zu einem außerordentlichen Bedarf an Künstlern, Intellektuellen und versierten Handwerkern über die politischen Grenzen hinweg, was eine neue, sehr mobile, erstmals weltliche Kulturelite im urbanen Italien hervorbrachte. Sie bediente sich einer gemeinsamen Schriftsprache jenseits des universalen Lateins der kirchlichen und universitären älteren Geisteselite, als sich im Laufe des 15. Jh.s das zuerst von Dante fixierte *volgare illustre* (besonders Schriftsprache, Sprache der

Bild 21: Neapel: Palazzo Reale

Intellektuellen) aus der toskanischen Mundart durchsetzte. Im Studium der zur allseitigen kulturellen Erneuerung gesuchten Quellen der römischen Antike entdeckte man die großartige Vergangenheit der Halbinsel und übernahm sie als Grundlage des eigenen Selbstbewußtseins: Die neue humanistische Bildungselite „erfand die italienische Nation" (Mayer/Münkler 1998) als Sproß des römisch-italischen Volkstums und seiner Zivilisation. Politische Schlußfolgerungen aus diesen kulturnationalen Ansätzen, wie sie sich etwa im Denken Machiavellis zu Beginn des 16. Jh.s schon zeigten, verfehlten allerdings die Realität des ungebrochenen lokalen und regionalen Patriotismus, des Machtbewußtseins der Fürsten und auch der Situation Italiens in der europäischen Machtpolitik eines neuen Zeitalters.

Nebenland der großen europäischen Politik

(von Wolfgang Altgeld)

Die frühe Neuzeit

Die drei Jahrhunderte zwischen dem Einmarsch der Truppen Karls VIII. von Frankreich 1494 und den Feldzügen Napoleon Bonapartes 1797/98 sind zumeist als Epoche eines wirtschaftlichen und sozialen und infolgedessen politischen Verfalls sowie kultureller und moralischer Dekadenz gesehen und dargestellt worden. Tatsächlich verlor Italien seine zuvor führende Stellung im Handel und Bankwesen, in Wissenschaft und Künsten an andere europäische Regionen, jedoch allmählich, über die Zeitspanne von zwei Jahrhunderten. Und es ist auch weniger von Verfall zu reden, sondern besser von einem Zurückfallen hinter den Fortschritt der westeuropäischen Staaten.

Im 16. Jh. behauptete sich Genua als erstrangiger internationaler Finanzmarkt; Venedig hatte großen Anteil an dem wichtigen Seesieg von Lepanto 1571 über die Türken und behielt noch lange eine Reihe wichtiger Plätze im östlichen Mittelmeer in seiner Hand; der noch immer große Reichtum fand weiterhin in beinahe zahllosen hochkulturellen Schöpfungen und wissenschaftlichen Leistungen Ausdruck. Die Begehrlichkeit großer Mächte bezeugte, daß die Halbinsel nach wie vor ein lohnendes Ziel war, ebenso die unbedingt nach Italien führenden Kavalierstouren des europäischen Adels oder die Studienreisen der Künstler und Gelehrten. Der mittelmeerische Handel der italienischen Seestädte wurde allerdings durch das unaufhaltsame Vordringen der Türken beeinträchtigt. Noch schwerer wirkte sich die allmähliche Verlagerung der west- und nordeuropäischen Handelswege in den Atlantik aus; denn die Verbindung der wachsenden Märkte nördlich der Alpen mit denen Süd- und Südosteuropas, des Vorderen Orients und Nordafrikas hatte stets die gewinnträchtige Bedeutung des Handels und der Handelsmetropolen Italiens ausgemacht. Die von der Mitte des 16. bis ans Ende des 17. Jh.s dominierenden Spanier nutzten die finanziellen und natürlichen Ressourcen ihrer Territorien auf der Apenninenhalbinsel zur Verfolgung ihrer europäischen und globalen Zwecke massiv aus. Entscheidend für das relative Zurückbleiben war jedoch eher das überkommene, lange so erfolgreiche urban-feudale Gesellschaftssystem. Es verkörperte eben kein bürgerliches Gesellschaftsmodell – jedenfalls keines nach den Begriffen des westeuropäischen Bürgertums, das durch Werte und Verhaltensweisen wie Nüchternheit und Disziplin, Arbeit und Sparsamkeit, Reinvestition produktiver Gewinne in das nächste Unternehmen bestimmt wurde. Die *signori* investierten in Lebensgenuß, Luxus und große, Stadt und Familie verherrlichende kulturelle Schöpfungen und Bauwerke. Bezeichnend ist die vorherrschende Reaktion der stadtpatriotischen Elite auf die wirtschaftlichen Probleme. Der vorhandene Reichtum wurde kaum in neuen gewinnträchtigen Produktionsverfahren und Produkten, sondern weiterhin in Kunst und Architektur und rasch zunehmend im Erwerb von Grundstücken angelegt. Auf dem Land wurden zwar zahlreiche herrliche Villen errichtet. Trotzdem sicherten die *signori* den aus der Landwirtschaft zu ziehenden Wohlstand nicht regelmäßig, wenn man von den Landbesitzern in der Padania mit den Investitionen für Bewässerung, Gerät und Anbaumethoden absieht. Vielmehr preßten sie die leibeigene oder in zeitlich begrenzte Pachtverhältnisse gedrückte Landbevölkerung gesteigert aus. In den Berichten des 16., erst recht des 17. Jh.s häuften sich die Schilderungen entsetzlicher Lebensumstände auf dem Land. Solches Elend löste eine Abfolge von lokalen und regionalen Aufständen und ein Sozialbanditentum aus, das weite Landstriche, zumal des Kirchenstaats und des Königreichs Neapel, kontrollierte. Es zog vor allem andauernde und umfangreiche Landflucht nach; Verseuchung und Verödung folgten, so daß vom 16. zum 17. Jh. zum Beispiel große, bis dahin recht fruchtbare Gebiete um Rom nur noch zur Viehweide taugten. Agrarpolitische Reformversuche gab es hier und da schon früher; im 18. Jh. wurden sie fast überall zu einem Hauptthema aufgeklärt-absolutistischer Regierungen. Gelungen sind sie nur in der habsburgisch gewordenen Lombardei. Der Süden hat spätestens in dieser Zeit seine kaum mehr aufholbaren Schäden erlitten (s. Kap. zu Südfrage u. Landwirtschaft).

Der Feldzug des französischen Königs Karl VIII., den dieser 1494 zur Durchsetzung von Ansprüchen des Hauses Orléans auf das Herzogtum Mailand und des Hauses Anjou auf das Königreich Neapel unternommen hatte, zerstörte trotz momentan erfolgreicher Abwehr durch ein Bündnis italienischer Staaten das zerbrechliche Gleichgewicht des Friedens von Lodi. Von jetzt an verschränkten sich große europäische Machtpolitik und kleines inneritalienisches Machtgerangel, worüber die Halbinsel erst zum Schauplatz und schließlich zum Spielball im fundamentalen Konflikt zwischen Frankreich und dem Hause Habsburg wurde. Kaiser Karl V. führte vier Italienzüge gegen Frankreich und dessen dortige Verbündete (darunter 1527 auch der Papst) durch, was die Verwüstung der Heiligen Stadt durch deutsche Söldner im *sacco di Roma* zur Folge hatte. Die Früchte seiner Kämpfe konnte erst Philipp II. von Spanien, der eine seiner beiden Nachfolger, sichern. Im 1559 geschlossenen Frieden von Cateau-Cambrésis behauptete oder erhielt Spanien Mailand und Neapel,

Sizilien, Sardinien und ein Gebiet an den Küsten der Toskana, das Karl V. zum Herzogtum der Medici erhoben hatte. Die spanische Hegemonie reichte bis zum Tod des letzten Habsburgers in Madrid und bis zum Erbfolgekrieg von 1701–1714, in dem die österreichischen Habsburger Mailand und Mantua gewinnen, andere Gebiete dann freilich nicht auf Dauer behalten konnten. Dazu gehörte auch das Königreich Neapel-Sizilien; nach einer weiteren Auseinandersetzung mit Frankreich ging es 1735 an einen spanischen Bourbonen, während die Toskana nach dem Tod des letzten Medici über Franz Stephan, Gemahl Maria Theresias, an die Habsburger kam (1737).

Diese und andere Ländervertauschungen änderten nichts an der halbhegemonialen Position Österreichs in Italien bis zum Auftreten Napoleons. Daran änderten auch die gelegentlichen Ambitionen des Königreichs Sardinien-Piemont auf die Lombardei nichts. Savoyen war das Stammland der regierenden Carignans (im 14. Jh. eine Grafschaft, seit dem frühen 15. Jh. ein Herzogtum des Reiches). Seither wuchs der eher ärmliche, aber stets sehr kriegerische Territorialstaat leise in das nordwestliche Italien hinein; 1560 wurde Turin anstelle von Chambéry Hauptstadt. Wiederholt stand Savoyen-Piemont in Gefahr, durch Frankreich völlig beseitigt zu werden, so zunächst auch im Erbfolgekrieg, an dessen siegreichem Ende die Dynastie aber mit dem Königtum Siziliens, im Tausch 1720 mit dem Sardiniens belohnt wurde. Turin wurde jetzt in rationalistischer Weise modern umgebaut, während die Sozialverfassung im Gegensatz dazu traditionalistisch-feudal strukturiert blieb.

Die Zeit Napoleons

Im Norden Italiens führte Napoleon Bonaparte den ersten seiner großen Feldzüge. Auch die politische Neuordnung, zur Zeit des mit den Österreichern 1797 in Campo Fórmio geschlossenen Friedens, war sein Werk, ohne daß nennenswerte Rücksichten auf die Pariser nachrevolutionäre republikanische Regierung genommen wurde. Hervorzuheben ist die Vertreibung der Carignans ins sardische Exil und die Einverleibung ihres festländischen Besitzes durch Frankreich sowie die Einrichtung der *Cisalpinischen Republik* (Lombardei, Mantua, Módena, Emília-Romagna). Aus Ägypten zurückgekehrt und nun schon erster Konsul, stellte Napoleon durch seinen Sieg bei Marengo die inzwischen verlorengegangene französische Ordnung wieder her: 1802 wurde aus der Cisalpinischen die *Italienische Republik*; aus ihr ging 1805 das bald um Venetien vergrößerte *Königreich Italien* hervor, und Napoleon ließ sich im Mailänder Dom mit der langobardischen Krone zu dessen König krönen. Teile Mittelitaliens wurden direkt unter französische Verwaltung gestellt, der Kirchenstaat aufgehoben und der Papst 1809 nach Frankreich verbracht; Napoleons Bruder Joseph, dann Marschall Murat regierten als Könige in Neapel, während die vertriebenen Bourbonen unter britischem Schutz auf Sizilien ausharrten. In Anbetracht dieser machtpolitischen Ordnung erscheint der General, Konsul und Kaiser Napoleon als Vollstrecker alter italienischer Zielsetzungen Frankreichs in noch älteren Traditionen Karls des Großen.

Jedoch brachte diese Zeit auch einen unerhörten Modernisierungssprung in der Geschichte der Halbinsel, dessen Konsequenzen in der nachnapoleonischen Restauration zum Teil wohl unterdrückt, aber nicht ausgetilgt werden konnten. Die Einführung des *Code Napoléon* beseitigte die feudalen Bindungen an Grund und Boden und schuf die Grundlagen einer bürgerlichen Gesellschaft; kirchlicher Landbesitz wurde in großem Maß veräußert, was besonders Käufern des Bürgertums zugute kam. Der französische Zentralismus stellte den eingefleischten Munizipalismus in Frage. Es gab erste Ansätze zur Entwicklung eines modernen Unternehmertums und Fabrikwesens namentlich in Branchen, die auf die enormen Bedürfnisse der napoleonischen Kriegführung ausgerichtet werden konnten. Dem Bürgertum standen ungeahnte Karrieren in Militär und Verwaltung offen. Vor allem aber politisierten die Umwälzungen eine freilich noch kleine gebildete Schicht, in der sich liberale Forderungen nach politischer Teilhabe (*Partizipation*) entwickelten und Ideen einer italienischen politischen Nation und Nationalstaatsgründung aufkamen. Die nationalen Hoffnungen einiger ihrer Verfechter in den Korsen Napoleon erwiesen sich bald als Illusion. Die daraufhin wachsende Opposition gegen die französische Herrschaft brachte zahlreiche Geheimgesellschaften hervor.

Das Risorgimento

1814 wurde die vorrevolutionäre staatliche Ordnung Italiens in ihren wesentlichen Elementen wiederhergestellt, allerdings mit einigen Verbesserungen in Details der politischen Landkarte (Abb. 22) und im Zusammenhang einer Neuorientierung der europäischen Großmächteverhältnisse, so daß von einer einfachen Restauration auch hier nicht die Rede sein konnte. Die Bourbonen kehrten nach Neapel zurück, die Carignans nach Turin, Pius VII. nach Rom, und die Fürsten aus dem Hause Habsburg kamen nach Florenz und Módena. Österreich vereinigte seine vorherigen norditalienischen Besitzungen mit dem Territorium der schon von Napoleon 1797 zerstörten, dann im Ausgleich für die Lombardei bis 1805 Wien überlassenen Republik Venedig zum Königreich Lombardo-Venetien, das in Mailand von einem habsburgischen Vizekönig für den Kaiser verwaltet wurde. Wie Venedig wurden auch die alten Republiken Lucca und Genua nicht wiederhergestellt; Genua mit Ligurien wurde dem Königreich Sardinien-Piemont übergeben, um wenigstens ein kleines Gegengewicht zur Position Österreichs bilden zu können. Österreichs Übergewicht auf der Halbinsel nach 1814/15 war tatsächlich größer als vor 1796. Das lag im Interesse der großen europäischen Gleichgewichtspolitik als einer Friedenspolitik, wie sie im Pariser Frieden 1814 und auf dem Wiener Kongreß 1815 definiert wurde. Aber die italienische Position war nun auch für Österreichs europäische Großmachtgestaltung ungleich wichti-

(nach Lill ³1986, Karte 2)

Abb. 22: *Italien vor der Gründung des Nationalstaats (1815–1861)*

ger als im 18. Jh., weil die Habsburger mit der Kaiserkrone des 1806 aufgelösten alten Reichs sowie mit den 1814 bestätigten Gebietsverlusten der österreichischen Niederlande (Belgien) und im Südwesten Deutschlands nördlich der Alpen deutlich schwächer geworden waren.

Das Königreich wurde gut verwaltet: Die Landwirtschaft erfuhr gewinnsteigernde Modernisierungen; die Ansätze industriekapitalistischer Entwicklung wurden möglichst bestärkt, wenn auch Firmen mit mehr als 100 Arbeitern noch lange Ausnahmeerscheinungen und auf die traditionelle Textilindustrie beschränkt blieben; der Eisenbahnbau kam erst nach 1848 in Gang. Zusammen mit Piemont stellte das Lombardo-Véneto das wirtschaftlich fortschrittlichste Territorium Italiens dar. Dem entsprach das überproportionale Wachstum der großen Zentren im Verhältnis zur allgemeinen Bevölkerungsentwicklung Italiens, was sich im Unterschied zum Süden in einer gesunden agrarischen Wirtschaftsstruktur und einer zunächst nur mäßigen Landflucht spiegelte (s. Kap. zur Bevölkerung).

Metternich hat gesagt, *Italien* sei doch nichts als ein *geographischer Begriff*. Er verriet damit jedoch, daß ihm die Gefahr nationalpolitischer Ideen sehr bewußt war, selbst wenn er sie wegen des Lokalpatriotismus und einer angeblichen moralischen Dekadenz der Italiener als Trugbilder zu verleumden versuchte. Tatsächlich spielten nationalpolitische Ziele in den ersten Oppositionen gegen die nachnapoleonische Ordnung eine geringe Rolle. Vielmehr richteten sie sich in den einzelnen Staaten gegen die teilweise oder gar umfassende Wiedereinführung vornapoleonischer Rechts- und Sozialverhältnisse, d. h. schlicht absolutistischer Regierungs- und Verwaltungsmethoden, aber auch gegen die Verdrängung der aufgestiegenen und selbstbewußten Funktionseliten der vornapoleonisch-französischen Umbruchzeit aus Verwaltung und Militär. In den Geheimbünden sammelten sich unzufriedene Offiziere, Beamte und Angehörige der freien Berufe. 1820/21 versuchten sie zuerst im Königreich Neapel-Sizilien, dann in Piemont den Umsturz mit dem Ziel verfassungspolitischer Liberalisierung. Zuerst erfolgreich, wurden beide Erhebungen durch das Eingreifen Österreichs zur Aufrechterhaltung der gesamtitalienischen Ordnung niedergeworfen; die innenpolitischen Verhältnisse entwickelten sich danach schlimmer als zuvor. Das Muster wiederholte sich 1831/1832 im Kirchenstaat. Spätestens jetzt war es unabweisbar geworden, daß die Freiheits- und Partizipationsbewegungen in den einzelnen Staaten jedenfalls auf die übermächtige Gegnerschaft der fremden Macht Österreich in Italien treffen mußten. Die Frage politischer Modernisierungen wurde auf solche Weise unvermeidlich zu einer nationalen Frage. Erstere konnte nur mit und – nach der Erringung nationaler Unabhängigkeit – gegen Österreich beantwortet werden.

Die erste Phase der Nationalbewegung von den frühen 1830er Jahren bis zur Revolution von 1848 wird wesentlich durch Giuseppe Mazzini und seine Vereinigung des *Jungen Italiens* bestimmt: radikaldemokratisch und republikanisch, gerichtet gegen Österreich wie gegen alle reaktionären Fürsten Italiens, zentralistisch-unitarisch zur Überwindung der munizipalistischen und regionalistischen Traditionen im ersehnten Nationalstaat, fanatisch überzeugt davon, daß Italien sich aus seinen Volkskräften selbst erschaffen könnte, rastlos in der Planung und Auslösung von Aufständen seiner Anhänger, in denen der Funke zur Zündung der großen Nationalrevolution geschlagen werden sollte. Mazzinis Vision scheiterte, aber sie scheiterte grandios, vor allem in den Kämpfen um die *Römische Republik* im Frühjahr 1849, in denen auch das Charisma seines früheren Anhängers, des Freischarenführers Giuseppe Garibaldi, begründet wurde.

Überspielt wurde Mazzinis demokratischer Nationalismus von der nationalen Machtpolitik Piemonts. Es stützte sich auf bürgerlich-liberale Kräfte in Nord- und Mittelitalien, welche die sozialen Konsequenzen einer Nationalrevolution von unten fürchteten, aber auch von der Sinnlosigkeit des mazzinianischen Aktionismus gegenüber dem übermächtigen Österreich überzeugt waren. 1848/49 suchte Karl Albert von Piemont, bis dahin berüchtigt für eine sehr repressive Innenpolitik, dieses Potential und die Chance, welche die erfolgreichen Erhebungen des März 1848 in Mailand und Venedig boten, durch Ausrufung eines Nationalkriegs gegen die *tedeschi* zur Eroberung des österreichischen Lombardo-Véneto zu nutzen. Zweimal wurde er von den Truppen Radetzkys demütigend geschlagen. Es war das Verdienst Camillo Benso di Cavours, daß nach der Abdankung des Königs der in der Revolution eingeschlagene Kurs auch unter schwerem österreichischem Druck nicht aufgegeben, die 1848 gewährte Verfassung durch den neuen König Viktor Emanuel II. nicht aufgehoben wurde, sondern dieses *Statuto Albertino* sogar über den Wortlaut hinaus zum Rahmen eines faktisch parlamentarischen Regierungssystems entwickelt werden konnte (s. u.). Dadurch und durch zahlreiche von Cavour vorangetriebene liberale Reformen unterschied sich Piemont in den 1850er Jahren von allen anderen italienischen Staaten und machte nun *moralische Eroberungen* selbst im nationaldemokratischen Lager. Piemonts Niederlagen im Revolutionsjahr lehrten Cavour, daß es gleichwohl eines mächtigeren Verbündeten bedurfte. Er fand ihn in Napoleon III., dem für die militärische Hilfe zur Vertreibung der Österreicher und beim Anschluß ihrer Territorien an Piemont die Abtretung Savoyens und Nizzas zugesagt wurde; der französische Kaiser hoffte über die Einlösung dieser alten Ziele Frankreichs hinaus aber auch, danach eine dominierende Rolle auf der Halbinsel spielen zu können.

Cavour hat das Abtretungsversprechen gehalten, obwohl der französische Kaiser im 1859 provozierten Krieg gegen Österreich seine Zusagen nur zum Teil einlöste, indem er den Feldzug nach den gewonnenen Schlachten bei Magenta und Solferino abbrach, so daß Piemont zunächst nur die Lombardei gewann und das Véneto noch bis 1866 österreichisch blieb. Zugleich aber ermutigte Premierminister Cavour die Opposition in den mittelitalienischen Staaten zu Erhebungen, gefolgt von jeweiligen Anschlußbegehren, die nach Plebisziten tatsächlich erfüllt wurden.

Die Abtretung Nizzas, der Vaterstadt des protestierenden Volkshelden Garibaldi, stand allerdings am Anfang einer Entwicklung, die Cavour zu diesem Zeitpunkt wohl nicht gewollt hat, nämlich die Eroberung des bourbonischen Königreichs Neapel-Sizilien durch die von Garibaldi geführten, anfänglich nur etwa *tausend* Freischärler im Frühling und Sommer 1860 (*Impresa dei mille*). Cavour ahnte die Probleme voraus, welche die Integration des so rückständigen Südens heraufbeschwören würde, aber die Entstehung und Konsolidierung einer nationalpolitischen, gar nationaldemokratischen Alternative zur piemontesischen Lösung konnte er nicht akzeptieren. Eine piemontesische Armee zog durch den nördlichen Kirchenstaat auf Neapel zu, besiegte eine päpstliche Truppe, setzte in Umbrien und den Marken provisorische Regierungen ein, die den üblichen Anschlußweg beschritten. Der auf Latium reduzierte Kirchenstaat existierte unter französischem Schutz noch bis 1870. Zu der befürchteten Auseinandersetzung mit den mittlerweile großen Verbänden Garibaldis kam es nicht, indem jener Anfang November 1860 die Macht im Süden König Viktor Emanuel übergab.

Als der piemontesische König 1861 zum König von Italien proklamiert wurde, waren die Schwierigkeiten des neuen Staates enorm, die Staatskassen jedoch leer. Neue Steuern riefen Aufstände der ländlichen Bevölkerung im Süden hervor, welche von *Italien* nichts wußten, sich aber um ihre Hoffnungen auf eine durchgreifende Änderung der agrarischen Besitzverhältnisse im Sinne einer Bodenreform beim Zusammenbruch der bourbonischen Herrschaft betrogen sahen (s. u.). Die Niederschlagung durch Armee und Polizei nach Art damaliger Kolonialkriege kostete mehr Leben als alle Risorgimento-Kriege zusammen. Nur eine kleine Elite war der italienischen Hochsprache mächtig; nur in Norditalien galt die Hälfte der Bevölkerung als alphabetisiert, so daß an den Aufbau eines modernen Schulwesens vorerst nicht zu denken war; und nach dem Wahlrecht wurden nur knapp 2 % der Gesamtbevölkerung für die nationale Politik interessiert. Papsttum und Kirche verharrten im unversöhnlichen Gegensatz zum liberalen Nationalstaat, die kirchentreuen Katholiken in einer Art kollektiver innerer Emigration. Der *Nationswerdung* waren somit enge Grenzen gesetzt. Ein führender Politiker äußerte damals: Nachdem man Italien gemacht habe, müsse man nun Italiener schaffen. Das Ziel lag ferner, als er geglaubt haben mag.

Der Nationalstaat seit 1861
(von Stefano Cavazza)

Das liberale Italien

Am 17. März 1861 wurde das Königreich Italien (*Regno d'Italia*) gegründet. Die Gründung des Nationalstaates war aus dem Bündnis und der Überlagerung zweier entgegengesetzter politischer Strömungen hervorgegangen, einmal der republikanischen Richtung, vertreten durch Giuseppe Mazzini und (in ihrer militärischen Komponente) vor allem durch Giuseppe Garibaldi. Dieser hatte durch seine Landung auf Sizilien (die bis heute in Italien legendäre *Impresa dei mille*) und seine Niederschlagung des bourbonischen Königreiches (*Regno delle due Sicílie*) die italienische Vereinigung überhaupt erst ermöglicht. Zum anderen gab es die gemäßigt monarchistische Richtung, vertreten durch Camillo Benso Graf von Cavour, Premierminister des savoyischen Königreiches (*Regno di Sardegna*). Mazzini und Garibaldi erhofften die Geburt eines neuen Staates mit republikanischer Verfassung; das savoyische Königshaus und Cavour verstanden demgegenüber die Einigung Italiens einfach als Erweiterung ihres dynastischen Besitzstandes. In der konkreten Politik setzte sich Cavours Realitätssinn durch, und schon die Entscheidung des Königs Vittorio Emanuele II., seinen Namen auch als König Italiens beizubehalten, zeigt deutlich, daß das Haus Savoyen das soeben gegründete italienische Reich als Erweiterung des alten *Regno di Sardegna* begriff.

Dementsprechend wurde auch die Verfassung des *Regno di Sardegna*, der nach der Revolution von 1848 erlassene *Statuto Albertino*, für ganz Italien übernommen. Sie sah ein Zwei-Kammern-System vor, eine gewählte Kammer (*Cámera dei Deputati*) und eine vom König ernannte, den Senat. Das Kabinett wurde ebenfalls vom König ernannt und war theoretisch ihm gegenüber – nicht dem Parlament – verantwortlich; aber schon seit den fünfziger Jahren hatte es sich in der Praxis eingespielt, daß die Regierung ihre Politik vor dem Parlament zu verteidigen hatte. Die *Cámera dei Deputati* wurde nach einem Zensuswahlrecht gewählt, das den Kreis der Wahlberechtigten auf 418 696 männliche Personen über 25 Jahre (ca. 1,9 % der Bevölkerung) einschränkte. Diese Orientierung an den Steuerklassen galt in ganz Europa, besonders im in dieser Hinsicht vorbildlichen England, als das einfachste und aussagekräftigste Kriterium zur Bestimmung desjenigen Teils der Bevölkerung, der als befugt angesehen wurde, die allgemeinen Interessen des Staates zu vertreten (Piretti 1995).

Im inneren Aufbau des neuen Staates dagegen folgte man nicht dem englischen Modell, sondern ahmte den französischen Zentralismus nach. Eine Regionalisierung hätte die gerade erst gewonnene Einheit gefährden können. Insbesondere im Süden wurden regionale politische Kräfte häufig als „trojanische Pferde" der alten Regierungen angesehen, die daher politisch und ökonomisch zu entmachten waren. Schließlich erhoffte man sich von der Einrichtung eines Zentralstaates auch ein besseres Instrumentarium zur Bekämpfung des rasch deutlich werdenden sozialen und ökonomischen Gefälles zwischen Nord und Süd. Nach französischem Vorbild wurde daher ein Präfektursystem eingeführt und der Präfekt für jede Provinz – sozusagen als ausgelagerte Verwaltungsinstanz des Innenministeriums – mit weitreichenden Vollmachten über die lokalen Behörden ausgestattet (Pavone 1964). Die Regierung wurde bis 1876 von der „historischen Rechten" (*destra stórica*) gestellt, d.h. vom gemäßigten Flügel des italienischen Liberalismus, der jedoch in Camillo Cavour, der im Juni 1861 starb, sofort seinen namhaftesten Vertreter einbüßte. Die „historische Rechte" war nicht als nationale politische Partei strukturiert, sondern organisierte sich ad hoc in Kreisen lokaler und regionaler Notabeln.

Die politischen Aufgaben lagen zunächst im Ausgleich des Staatshaushalts, dessen Bilanz infolge der notwendigen militärischen Ausgaben und infolge der Übernahme der Verschuldung der früheren italienischen Teilstaaten in ein tiefes Defizit geraten war, während der Fortfall der Binnenzölle zugleich die Staatseinnahmen verringert hatte. Die Regierung nahm diese

Foto: Eugenio Pistoia

Bild 22: *Vatikanstadt: Petersdom und Petersplatz*

Aufgabe durch Erhöhung der Steuern (vor allem durch die Einführung einer Mehlsteuer) und eine drastische Sparpolitik in Angriff. Eine weitere Schwierigkeit der italienischen Innenpolitik der ersten Jahrzehnte lag in der Bekämpfung des Banditenwesens. Es war aus der Mißstimmung in der süditalienischen Bevölkerung heraus entstanden, die neben einer hohen Steuerbelastung auch noch einen obligatorischen Militärdienst hinzunehmen hatte. Die Armee erwies sich in diesem Zusammenhang zwar als erfolgreich einsetzbarer innerer Ordnungsfaktor, hatte aber einen hohen Verlust an Menschenleben zu beklagen. Schließlich versuchte die „historische Rechte", die Ausstattung des Landes mit moderner Infrastruktur voranzutreiben, und unternahm beträchtliche Anstrengungen zum Ausbau des Eisenbahnwesens, einer Schlüsselbranche zur weiteren Industrialisierung.

Außenpolitisch gelang ihr 1866 durch ein Bündnis mit Preußen gegen Österreich der Anschluß Venetiens (ohne Triest und Julisch Venetien). 1870 konnte sich Italien unter Ausnützung der französischen Niederlage von Sedan Rom einverleiben und dem Papst nur noch das Territorium der Vatikanstadt überlassen (Bild 22). Zugleich wurde ein Gesetz zur Garantie der päpstlichen Vorrechte verabschiedet (*legge delle Guarentígie*). Dennoch verweigerte Papst Pius IX. durch sein *non expedit* („es ist nicht vorteilhaft") ein Übereinkommen mit dem italienischen Staat und untersagte den katholischen Gläubigen, sich am politischen Leben zu beteiligen. Mit diesem Gegensatz von Staat und Kirche war die „Römische Frage" eröffnet, die erst 1929 eine Lösung finden sollte.

Nach dem erfolgreichen Ausgleich des Haushaltsdefizits spaltete sich die „historische Rechte" 1876 über der Frage einer Verstaatlichung der Eisenbahnen. Der progressive Flügel der Liberalen, die „historische Linke", angeführt von Agostino De Pretis, übernahm die Regierung. Das wichtigste Kennzeichen von De Pretis' Politik und der gesamten „historischen Linken" bestand in der Suche nach einem breiten parlamentarischen Konsens, der auch eine

Reihe von Abgeordneten der „historischen Rechten“ einbezog. Diese später „Transformismus“ (*trasformismo*) genannte Praxis bedeutete, daß die Regierung ihre Politik von der Zustimmung einzelner Abgeordneter abhängig machte, sei es, indem sie einige ihrer Gesetzesvorschläge und sonstige Initiativen übernahm, sei es, daß sie sie durch die Präfekten vor Ort bei den anstehenden Wahlen unterstützte.

Dennoch gelangen der „historischen Linken“ einige wichtige Reformen, wie z. B. 1877 die Einführung einer ersten, zweijährigen Schulpflicht (*legge Coppino*). 1882 wurde das passive Wahlalter von 25 auf 21 Jahre gesenkt, der Steuerzensus (Einteilung der Steuerklassen für Wahlzwecke) herabgesetzt und dem alphabetisierten Teil der Bevölkerung das Wahlrecht eingeräumt, womit der Prozentsatz der Wahlberechtigten auf 6,9 % anstieg. Auf dem Gebiet des Steuersystems schaffte die „historische Linke“ die verhaßte Mehlsteuer wieder ab und verfolgte generell eine großzügigere Ausgabenpolitik. In der Außenpolitik führte das Bündnis mit dem Deutschen Reich 1882 zur Unterzeichnung des Dreibundes gemeinsam mit Österreich-Ungarn.

De Pretis starb 1887, und Francesco Crispi, ein ehemaliger radikaler Anhänger Mazzinis, der später zum Liberalismus übergetreten war, trat seine Nachfolge an. Um die Position Italiens im Kreis der europäischen Mächte zu stärken, verfolgte Crispi eine strikt antifranzösische Politik und richtete seine kolonialen Ambitionen, da die Italien gegenüberliegende nordafrikanische Küste bereits von Frankreich besetzt worden war, auf die Region des Horns von Afrika (Somalia, Eritrea, später ohne Erfolg auch gegen Abessinien). Zugleich setzte er (wie in allen spätgekommenen Nationen) den Staat als „supplementären Akteur“ zum Aufbau der Stahl- und Schwerindustrie ein, denen auch in bezug auf die nationale Bewaffnung eine Schlüsselrolle zukam. Crispi versuchte sich also am Aufbau eines starken Staates mit starker Regierung, denen jedoch zugleich eine populistische Note eigen war. Crispis Machtmittel erwiesen sich daher als äußerst unduldsam gegenüber sozialen Protestbewegungen. Links der Liberalen existierte ein Gemisch von als „extremistisch“ zusammengefaßten Kräften, zu denen die radikalen Republikaner und seit den achtziger Jahren auch die ersten sozialistischen Zellen zählten. In den siebziger Jahren noch hatten Anarchisten den aktivsten Teil der radikalen Linken gestellt, in den achtziger Jahren aber nahm die sozialistische Lehre überhand. 1881 wurde von Andrea Costa in der Romagna der *Partito Rivoluzionário Socialista* gegründet, der im folgenden Jahr auch in die Abgeordnetenkammer gewählt wurde. Gleichzeitig entstanden in Mailand und anderen Industriestädten des Nordens sozialistische Arbeitervereinigungen; erst 1892 vereinigten sich die verschiedenen sozialistischen Organisationen in Genua im *Partito dei lavoratori italiani,* der sich ab 1895 *Partito Socialista Italiano* (PSI) nannte. Die Regierung Crispi reagierte mit harter Repression auf die wachsenden sozialen Proteste, ohne auf die damit ins Zentrum der politischen Debatte gerückte soziale Frage eine angemessene Antwort zu finden. Das liberale System schien unfähig, sich einen sozialen Konsens zu verschaffen.

Die Krise spitzte sich in den neunziger Jahren zu, als Protestbewegungen und Repressionsmaßnahmen sich gegenseitig hochschaukelten. 1896 geriet die Regierung Crispi in die Krise, als die kolonialen Expansionspläne ausgeträumt waren (Schlacht von Adua) und die soziale Lage im Land sehr gespannt blieb. Aber auch nach Crispis Rücktritt änderte sich die italienische Innenpolitik zunächst nicht. 1898 richtete die Regierung Di Rudinì unter den gegen die Preiserhöhungen protestierenden Arbeitern in Mailand ein Blutbad an, und ein Teil der regierenden liberalen Klasse liebäugelte mit der Idee, die Grundrechte einzuschränken. In Mailand, Florenz, Neapel und Livorno wurde der Ausnahmezustand verordnet, und Gewerkschaften und Arbeiterbünde wurden aufgelöst.

Erst ab 1901 setzte sich (trotz der Ermordung von König Umberto I. durch den Anarchisten Gaetano Bresci) eine neue Linie der Integration der linken politischen Kräfte ins parlamentarische System durch. Sie wurde durch die Ernennung Zanardellis zum Premier und Giolittis zum Innenminister symbolisiert, wobei der letztere schon 1903 den ersteren ablöste und dann für die kommenden Jahrzehnte die bestimmende Figur der italienischen Politik bleiben sollte. Durch eine Politik der hohen Löhne und niedrigen Einfuhrzölle bei gleichzeitigem Verzicht auf Repressionsmaßnahmen im Fall von sozialen Konflikten zielte Giovanni Giolittis Strategie auf einen Ausgleich mit den Sozialisten und ihrer Wählerschaft ab. Den für die innere Ordnung zuständigen Präfekten wurden Anweisungen erteilt, wonach Arbeiter- und Gewerkschaftsversammlungen nicht mehr von vornherein zu verbieten seien. Die unmittelbare Folge dieser Rundschreiben war in den Jahren 1902/03 ein rapider Anstieg der Streiks, so daß ein Teil des Bürgertums in die Opposition zu Giolitti getrieben wurde. Zur Sicherung seiner parlamentarischen Mehrheit setzte Giolitti die Praxis fort, die Provinz-Präfekten zur Unterstützung ihm genehmer Abgeordneter zu benutzen, und verließ sich im Süden systematisch auf die *mazzieri*, Anführer einer Prä-Mafia, die ganze Stimmenpakete verwalteten und meistbietend verkauften (Aquarone 1981). Giolittis Beziehung zu den Sozialisten hing auch von der Kräfteverteilung innerhalb der Sozialistischen Partei ab, zwischen den Reformisten um Filippo Turati, die zur allmählichen Durchsetzung ihres politischen Programms zu Kompromissen mit den Liberalen bereit waren, und den revolutionären Maximalisten, die letztlich die Kontrolle über das Parteiorgan „L'Avanti" und auf dem Kongreß von Bologna 1904 über die gesamte Partei gewannen, was Giolittis Kompromißstrategie erheblich erschwerte. Auf Widerstand stieß Giolitti auch unter den Wortführern des kulturellen Lebens.

Das zunehmende Gewicht nationalistischer Strömungen in der italienischen Öffentlichkeit drängte Giolitti 1910/11 zur militärischen Eroberung Libyens, wobei sich die italienische Kontrolle und das italienische Interesse zunächst auf den Küstenstreifen beschränkten (Gaeta 1965). Auch in den Reihen der liberalen politischen Klasse begann man, nach einer Alternative zu Giolittis Ausgleichspolitik zu suchen. Es war Antonio Salandra, der 1912 im Überschwang des allgemeinen Patriotismus die liberalen und konservativen Kräfte zusammenfaßte und damit einem Bündnis dauerhafte Form verlieh, das sich während des Libyenkrieges zunächst nur ad hoc konstituiert hatte. Genau dieses Bündnis sollte drei Jahre später Italien in den Ersten Weltkrieg führen.

Giolitti versuchte auch, Beziehungen zu den katholischen Kräften zu knüpfen, die ebenfalls in einen kompromißbereiten und einen intransigenten Flügel gespalten waren. Seit der Einheit hatten sich die Katholiken zwar weitgehend von der staatlichen Politik fernhalten müssen, dafür aber eine intensive gesellschaftliche Aktivität, vor allem auf dem Gebiet der Sozialfürsorge, entwickelt. 1912 wurde eine weitere Wahlrechtsreform verabschiedet, die das Wahlrecht allen zuerkannte, die lesen und schreiben konnten, sowie denen, die, obwohl Analphabeten, den Militärdienst absolviert und das dreißigste Lebensjahr erreicht hatten. Damit erhielt zumindest der männliche Teil der Bevölkerung praktisch das allgemeine Wahlrecht. Bei den folgenden Wahlen 1913 schlossen die Liberalen mit Graf Ottorino Gentiloni, dem Gründer der Vereinigung katholischer Wähler, ein Übereinkommen, wonach die Katholiken zusagten, diejenigen Liberalen zu unterstützen, die katholische Positionen vertraten (Piretti 1994). Die Parteien waren auf diese Ausweitung des Wahlrechts unterschiedlich gut vorbereitet. Obwohl die Wahlen von 1913 keine grundsätzliche Verschiebung der parlamentarischen Mehrheit brachten, fühlte sich das liberale Italien dennoch zunehmend durch den Aufstieg der (aus seiner Sicht) extremistischen Massenparteien bedroht, denen es keine eigene konsensfähige Organisation entgegenzustellen vermochte. Giolitti schließlich sah seinen Handlungsspielraum immer mehr eingeengt zwischen der Notwendigkeit, es den Katholiken recht zu machen, der Kompromißunwilligkeit der Sozialisten und zuletzt dem Entstehen eines liberalkonservativen Blocks, der sich unter Salandra um die „nationale Idee" scharte.

Erster Weltkrieg und Faschismus

Beim Ausbruch des Ersten Weltkriegs blieb Italien, unter Berufung auf den defensiven Charakter des Dreibundes, zunächst neutral. Giolitti und mit ihm ein großer Teil der Liberalen wünschten die Neutralität, weil sie Italien nicht für einen langen und verlustreichen Krieg gerüstet hielten. Die Sozialisten wollten die Neutralität, weil sie auf der Grundlage ihrer internationalistischen Ideologie der Auffassung waren, das Proletariat habe in einem Konflikt der nationalen Bourgeoisien nichts zu gewinnen. Dagegen setzte sich die Front der Interventionsbefürworter (*interventisti*) aus zwei gegensätzlichen Flügeln zusammen: Auf der einen Seite stand ein Teil der Liberalen um Salandra, die im Krieg die Möglichkeit zur Schaffung einer nationalen Opposition gegen Giolitti und dessen sozialistenfreundliche Politik erblickten, im Bündnis mit den Nationalisten, die von Italiens Aufstieg zu einer europäischen Großmacht träumten; auf der anderen Seite stand der „demokratische Interventismus", der in garibaldinischer Tradition im Weltkrieg die Fortsetzung des Befreiungskampfes der unterdrückten Völker sah und von jeher gegen die Mittelmächte opponiert hatte. Im Wunsch nach der „Befreiung der unerlösten Gebiete" (*territori irredenti*), d.h. der Annexion der noch zu Österreich-Ungarn gehörenden, teilweise italienischsprachigen Provinzen, trafen sich diese divergierenden Tendenzen.

Während in der öffentlichen Meinung des Landes der Streit um einen eventuellen Kriegseintritt ausgefochten wurde, war die Diplomatie am Werk, um die größtmöglichen Vorteile aus der italienischen Entscheidung für den Krieg herauszuschlagen. Ohne Wissen der anderen Regierungsmitglieder leiteten Ministerpräsident Salandra und Außenminister Sidney Sonnino Verhandlungen mit der Entente ein, die am 16. April 1915 in die Londoner Verträge mündeten, nach denen sich Italien zum Kriegseintritt im Mai verpflichtete und im Gegenzug die Zusage zur Annexion von Südtirol (Brennergrenze), Trient, Triest, Istrien ohne Fiume (Rijeka) sowie von Teilen Dalmatiens nach dem Krieg erhielt. Während sich nach dem bisherigen Kriegsverlauf der Eindruck eines weitgehenden Gleichgewichts der Kräfte hergestellt hatte, vertrat Italien die Meinung, die Eröffnung einer dritten Front werde die Waage rasch zugunsten der Westmächte neigen und somit einen schnellen Sieg herbeiführen.

Vorbereitet von Massendemonstrationen der nationalistischen Rechten erklärte Italien den Achsenmächten am 24. Mai 1915 den Krieg. Eine führende Rolle in dieser „Interventionskampagne" spielten einige Intellektuelle und Schriftsteller, wie z.B. Gabriele d'Annunzio und Filippo Tommaso Marinetti, beide aus dem nationalistischen politischen Milieu hervorgegangen, die dann auch die kulturellen Aushängeschilder des Faschismus werden sollten. Dennoch wurde von dieser Interventionskampagne nur eine kleine Minderheit erfaßt; die große Mehrheit der Bevölkerung (vor allem im Süden des Landes) blieb der ideologischen Mobilisierung fern und zeigte keinerlei Kriegsbegeisterung, formierte aber auch keine Protestbewegung. Die Sozialisten, die dazu theoretisch imstande gewesen wären, hatten sich durch ihre Politik des „weder zustimmen noch sabotieren" (*né aderire né sabotare*) selbst isoliert.

Die italienische Armee war für einen modernen, technischen Krieg nur unzureichend gerüstet. Der Oberbefehlshaber der Armee, General Cadorna, vertrat die im Zeitalter des Maschinengewehrs veraltete Strategie frontaler Angriffe in gestaffelten Angriffswellen, an der er trotz aller Fehlschläge und Verluste festhielt. In Ermangelung von Kriegsbegeisterung und nationalistischer Motivation der Soldaten verhängte der Generalstab drakonische Disziplinarstrafen (Procacci 1997). Im Inneren bedeutete der Krieg eine Einschränkung der in der Verfassung verbrieften Grundrechte und eine Ausweitung der Regierungsbefugnisse zu Lasten des Parlaments. Zudem ergab sich ein Gegensatz zwischen Regierung und Generalstab, von denen der letztere, von Parlament und Regierung unabhängig, nur dem König verantwortlich war.

1916 mußte die Regierung Salandra wegen des ungünstigen Kriegsverlaufs zurücktreten, neuer Ministerpräsident wurde Paolo Boselli. Die zunehmenden sozialen Spannungen führten 1917 in den Industriestädten des Nordens zu Streiks und Unruhen, die die Kriegsproduktion des Landes in Frage stellten. Vor allem in Turin schälte sich um Antonio Gramsci die Gruppe heraus, die unmittelbar nach dem Krieg den Kern der Kommunistischen Partei bildete (*Órdine nuovo*). Im Herbst 1917 schien der Kriegsverlauf eine für Italien katastrophale Wendung zu nehmen. Zwischen dem 24. Oktober und Anfang November durchbrachen die österreichischen Truppen bei Caporetto die italienischen Linien und drangen tief nach Venetien vor. Die italienischen Verluste beliefen sich auf 11000 Tote und 29000 Verletzte, darüber hinaus waren ca. 300000 Soldaten in österreichische Gefangenschaft geraten, weitere 400000 hatten sich abgesetzt. Von den 65 italienischen Divisionen waren nur noch 38 funktionsfähig.

Damit wurde die militärische wie politische Krise Italiens akut. Oberbefehlshaber Cadorna wurde durch Armando Diaz abgelöst, der eine defensive Strategie verfolgte und Cadornas verlustreiche Frontalangriffe unterließ. Diaz verbesserte auch die bislang spartanischen Lebensbedingungen der Soldaten und schuf zur Verbesserung der Kampfmoral erstmals ein eigenes Amt für Propaganda (*ufficio P*), das nun erfolgreich mit dem Motiv des bedrohten Vaterlandes arbeiten konnte. Die neue Regierung der nationalen Einheit unter Vittorio Emanuele Orlando konnte auf eine breite Unterstützung im Land zählen und wurde zunächst von den Sozialisten mitgetragen. Die allgemeine Mobilisierung war erfolgreich. Den italienischen Truppen gelang es, den österreichischen Vormarsch an der Piave aufzuhalten. Eine neue Kriegsanleihe und die Hilfe der Alliierten füllten die erlittenen Verluste an Kriegsmaterial wieder auf und legten so die Grundlage für die Schlacht von Vittorio Véneto (24. Oktober bis 3. November 1918), die mit einem italienischen Sieg und dem Waffenstillstand mit Österreich endete.

Bei Kriegsende gehörte das italienische Königreich zu den Siegermächten; der Kriegsverlauf und die erreichten Ziele boten den nationalistischen Kräften aber wenig Anlaß zur Begeisterung. Bei den Friedensverhandlungen in Versailles stellten Premier Orlando und Außenminister Sonnino mit wenig Geschick ihre Maximalforderungen, ohne zu bedenken, daß der Kriegseintritt der USA und Wilsons Vorstellungen vom Selbstbestimmungsrecht der Völker die Situation grundsätzlich verändert hatten und der Vertrag von London, auf Grund dessen Italien sich am Krieg beteiligt hatte, somit zum Teil hinfällig war. Der am 10. September 1919 ratifizierte Friedensvertrag sprach Italien Trient und Südtirol, Triest, Istrien sowie ein kleines Stück der dalmatinischen Küste zu, schloß jedoch die Hafenstadt Fiume (Rijeka) aus, die auch in den Londoner Verträgen nicht enthalten gewesen war, von der öffentlichen Meinung des Landes aber einhellig als italienisches Gebiet betrachtet wurde. Die nationalistischen Kräfte klagten auf dieser Grundlage die liberale politische Klasse an, mit ihrer Schwäche und Unfähigkeit am Verhandlungstisch den auf den Schlachtfeldern blutig errungenen Sieg verspielt zu haben (Stichwort der *vittória mutilata*).

In dieser Stimmungslage brach eine Gruppe von ehemaligen Stoßtruppsoldaten (*Arditi*) und Studenten (*Legionari*) unter der Führung des Kriegsdichters und Dichter-Kriegers Gabriele D'Annunzio am 12. September 1919 auf und besetzte Fiume. Dort richtete D'Annunzio sechzehn Monate lang eine Art Philosophenrepublik unter seinem absoluten Oberbefehl ein, die eine beträchtliche Anziehungskraft auf radikale Intellektuelle jeglicher (meist aber rechter) Couleur ausübte. Mussolini hielt sich bei der Unterstützung des Fiume-Abenteuers (sehr zur Erbitterung der *Legionari*) auffallend zurück und betrachtete D'Annunzio eher als unliebsamen Konkurrenten denn als Bündnisgenossen (De Felice 1965). Trotzdem war der politische Entwurf von D'Annunzio für die späteren Inszenierungen des Faschismus von ausschlaggebender Bedeutung. Das Fiume-Problem wurde erst von einer neuen Regierung Giolitti gelöst, die am 12. November 1920 in Rapallo mit dem jugoslawischen Königreich einen Vertrag schloß. Dieser legte den genauen Grenzverlauf zwischen beiden Staaten fest und erklärte Fiume (nach dem Vorbild von Danzig) zur Freien Stadt. Weihnachten 1920 zogen D'Annunzios *Legionari* nach einer Intervention der italienischen Marine aus der Stadt ab.

Die Fiume-Episode ist ein guter Gradmesser für die Enttäuschung, welche die italienische Gesellschaft nach Ende des Ersten Weltkriegs erfaßt hatte. Die von der Front heimgekehrten Soldaten erwarteten den Lohn für ihre Opfer, die Bauern rechneten mit der Auflösung des Großgrundbesitzes im Zuge einer (längst versprochenen) Bodenreform. Die spontan entstandene Bewegung der Besetzung unbebauten Landes nahm derartige Dimensionen an, daß sie durch das Dekret Visocchi am 2. September 1919 nachträglich legalisiert werden mußte, was wiederum massive Spannungen mit den Grundbesitzern zur Folge hatte. Die Umstellung der Kriegsproduktion in der norditalienischen Industrie erhöhte die Arbeitslosigkeit und verschärfte die Wirtschaftskrise. Die sozialen Unruhen erreichten ihren Höhepunkt in den Massenstreiks der Jahre 1919/20 (*biénnio rosso*), in deren Verlauf es im September 1920 sogar zu Fabrikbesetzungen kam. Allerdings war die Sozialistische Partei nach wie vor in einen maximalistischen und einen minimalistischen Flügel gespalten und somit außerstande, die Gunst der Stunde wirksam zu nutzen. Aus der schon im Ersten Weltkrieg entstandenden Gruppe um die Turiner Zeitschrift „Órdine Nuovo" mit Antonio Gramsci und Palmiro Togliatti ging in dieser Situation im Januar 1921 die Kommunistische Partei (*Partito Comunista Italiano* – PCI) hervor.

Auch auf der rechten Seite war Bewegung ins politische Spektrum gekommen. Mit dem Mythos der *vittória mutilata*, des verschenkten Sieges, wurde die herrschende liberale Klasse unter Druck gesetzt, gegen deren angebliche Unfähigkeit das Symbol des heroischen Frontsoldaten ausgespielt werden konnte. Im März 1919 startete Benito Mussolini, ein ehemaliger Sozialist des maximalistischen Flügels, der 1914 in Polemik gegen den Neutralismus seiner Partei die Leitung der Zeitung „L'Avanti" verlassen hatte, auf der Piazza San Sepolcro in Mailand seinen Versuch, die enttäuschten Frontsoldaten mit der Gründung der *Fasci di Combattimento* („Kampfbünde") politisch zu organisieren. Die Bewegung verstand sich zunächst als republikanisch, anti-monarchisch, und verschmolz in ihrem Programm einige ursprünglich sozialistische Forderungen (etwa die nach einer Bodenreform) mit der Tradition des politischen Nationalismus und dem Mythos des Frontsoldaten. Als Ziele erschienen ein nationaler, d.h. klassenübergreifender Sozialismus und eine imperiale Machtpolitik. Bei den Wahlen 1919 traten die Faschisten im Wahlkreis Mailand an, erreichten aber nur 4725 Stimmen gegenüber 170000 für die Sozialistische Partei und 74 000 für den *Partito Popolare* (s.u.). Auf dem Kongreß in Florenz im Oktober 1921 wandelte sich die Bewegung in den *Partito Nazionale Fascista* (PNF), gab ihre „linken" Programmpunkte auf und suchte nach einer Übereinkunft mit Monarchie und Kirche (Gentile 1989).

Der Aufstieg des Faschismus in den Jahren 1920/21 in Norditalien, in der Po-Ebene und vor allem der Emília-Romagna hing mit zwei Faktoren zusammen. Die faschistischen Schlägertrupps, die *squadre* (daher die Bezeichnung *squadrismo* für den halbanarchischen Frühfaschismus) boten den norditalienischen Agrariern eine willkommene Hilfe bei der Bekämpfung der Landbesetzungen und zum geringeren Teil auch den Industriellen bei der Bekämpfung der Fabrikbesetzungen. Zugleich begrüßte ein Teil der liberalen öffentlichen Meinung das Entstehen einer proletarischen oder kleinbürgerlichen Massenbewegung, die sich der sozialistischen entgegenstellen ließ. Der zweite Faktor, der zum Aufstieg des Faschismus beitrug, war die Unfähigkeit der liberalen Regierung, eine Antwort auf die Legitimationskrise des parlamentarischen Systems zu finden, welche die Konsensbereitschaft immer weiterer Teile der Bevölkerung in Frage stellte.

1919 führte die Regierung Nitti das Verhältniswahlrecht ein. Sie kam damit den Forderungen der beiden großen Massenparteien, der sozialistischen und dem durch Luigi Sturzo neu gegründeten katholischen *Partito Popolare* (PP) entgegen, die bei den Wahlen im November 1919 auch bedeutende Erfolge auf Kosten der Liberalen verzeichnen konnten. Dementsprechend wurden ca. zwei Drittel der Abgeordneten des neuen Parlaments ausgewechselt (Piretti 1995). Angesichts dieser Ergebnisse trat Nitti zugunsten des alten Strategen Giovanni Giolitti zurück, der gestützt auf ein Bündnis von Liberalen und *Popolari* und mit einem Programm, das in Sachen Steuerpolitik sozialistische Ansprüche berücksichtigte, erneut die Regierung übernahm. Giolitti entging jedoch der grundlegend neue, mit einer demokratischen Verfassung nicht im Einklang stehende Charakter der faschistischen Bewegung, deren gewaltsame Aktionen gegen sozialistische Arbeitergruppen auf Straffreiheit, wenn nicht gar auf stillschweigende Unterstützung der staatlichen Ordnungskräfte rechnen durften. Die Regierung Giolitti wurde schon nach wenigen Monaten durch Ivanoe Bonomi und dieser 1922 wiederum durch Luigi Facta abgelöst. In dieser Situation, in der die Abgeordnetenkammer sich schwertat, eine stabile Regierung zu bilden, organisierte Mussolini am 22. Oktober 1922 den „Marsch auf Rom" (z. B. De Felice 1966/68; Lyttelton 1982, S. 123 – 149). Nach verfassungsrechtlichen Regeln wäre nun die Ausrufung des Ausnahmezustandes und das Eingreifen der Armee, dem die Faschisten nichts entgegenzusetzen gehabt hätten, erforderlich gewesen. Der von Facta zu diesem Schritt aufgeforderte König verweigerte jedoch seine Zustimmung. Statt dessen berief er Mussolini, der sich am „Marsch auf Rom" nicht beteiligt hatte, aus Mailand auf den Posten des Premierministers nach Rom, obwohl dessen Partei im Parlament nur ganz geringfügig vertreten war (Tranfaglia 1995). Der neuen Regierung schlossen sich auch einige liberale Abgeordnete an, die hofften, die Bewegung auf diesem Weg normalisieren zu können.

Die Regierung Mussolini stand zunächst vor dem Problem, die Ausbreitung der Gewalt, für die sie selbst verantwortlich gewesen war, einzudämmen und die faschistischen *squadre* unter staatliche Kontrolle zu bringen (Aquarone 1978). Der *Partito Nazionale Fascista* war in dieser Phase zutiefst gespalten in einen radikalen „squadristischen" Flügel, der eine durchgreifende „faschistische Revolution" des Staates (nicht aber der Wirtschaft) verlangte, und einen gemäßigten „revisionistischen" Flügel, der den Ausgleich mit den traditionellen liberalen Eliten suchte und die Einhaltung rechtsstaatlicher Prozeduren forderte (Lyttelton 1982). Mussolini hielt geschickt beide Flügel am Leben, beschnitt aber die Bedeutung derjenigen *squadre*, die eher ihren lokalen Anführern (den *Ras*) als ihm hörig waren. Legalisiert und damit staatlicher Kontrolle unterworfen wurden die *squadre* 1923 durch die Einrichtung einer Miliz, der *Milízia Volontária per la Sicurezza Nazionale* (MVSN), die unmittelbar der Regierung (d. h. nicht dem König) unterstellt war und lokale „Häuptlinge" zum Teil entmachtete.

Ebenfalls 1923 wurde ein neues Wahlgesetz (*legge Acerbo*) verabschiedet, das der Partei, die mindestens 25 % der Stimmen erzielte, eine Zweidrittelmehrheit garantierte. Die Wahlen von 1924, die sich in einem allgemeinen Klima der Illegalität und der Einschüchterung vollzogen, wurden von der faschistisch-liberalen Einheitsliste knapp gewonnen. Sie erhielt 4,3 Mio. Stimmen und erreichte gemeinsam mit verbündeten Listen 64,9 %, was ihr auf Grund des neuen Verteilungsmechanismus 375 Parlamentssitze sicherte. Die Oppositionsparteien erzielten trotz massiver Wahlmanipulationen rund 30 % der Stimmen. Zugleich spiegelt sich in den Wahlergebnissen die inzwischen erreichte faschistische Kontrolle der italienischen Regionen; im Norden kam die faschistische Einheitsliste „nur" auf 54,4 %, in Mittelitalien aber auf 76 %, im Süden sogar auf 81,5 % und auf den Inseln auf 69,9 % (Tranfaglia 1995). Die faschistische Regierung konnte sich nunmehr auf eine breite parlamentarische Mehrheit stützen.

Im Juni 1924 wurde der sozialistische Abgeordnete Giacomo Matteotti entführt und ermordet, der in einer vielbeachteten Parlamentsrede die Regierung des Wahlbetrugs bezichtigt hatte. Dieses Verbrechen, für das Personen aus Mussolinis unmittelbarer Umgebung die Verantwortung trugen, stürzte das Regime in eine Krise; denn es verschreckte die liberalen Partner, die nach wie vor an einer parlamentarischen Kontrolle der Regierung festhielten. In dieser Situation verließen die Oppositionsparteien mit Ausnahme der Kommunisten das Parlament, das somit seine Funktionsfähigkeit verlor. Unter dem Druck der Radikalen in seiner Partei hielt Mussolini am 3. Januar 1925 vor dem Rumpfparlament eine Rede, in der er persönlich die volle Verantwortung für die Ereignisse übernahm und damit die Phase der faschistischen Diktatur im engeren Sinn einleitete.

Die Periode der Konstruktion des totalitären Staates dauerte von 1925 bis 1929 und begann mit Regelungen zur Einschränkung der Presse- und Meinungsfreiheit sowie mit dem Verbot der Oppositionsparteien und der entsprechenden Konstituierung des Einparteienstaates (*leggi fascistíssime*). 1925 wurden auf dem Gesetzesweg die staatliche Bürokratie von Oppositionellen gesäubert und die kommunalen Selbstverwaltungen gleichgeschaltet, die gewählten Bürgermeister und Gemeinderäte wurden durch einen vom Innenminister ernannten *Podestà* ersetzt (Aquarone 1978). Der zentralistische Grundzug des italienischen Staates wurde dadurch noch weiter verstärkt. 1928 führte das Regime die Einheitswahlliste mit 400 von ihm ausgewählten Namen ein, die man bei Wahlen nur noch annehmen oder ablehnen konnte. Die nicht mehr geheimen Wahlen von 1929 und 1934 brachten dieser Liste eine überwältigende Mehrheit. 1939 schließlich wurde das nur noch aus rituellen Gründen fortbestehende Parlament ganz durch die „Kammer der *Fasci* und der Zünfte" (*Cámera dei Fasci e delle Corporazioni*) ersetzt. Statt dessen wurde ein neues politisches Organ geschaffen, der „Faschistische Großrat" (*Gran Consíglio del Fascismo*), der, als Parteiorgan 1923 zur Zusammenfassung lokaler Parteiführer gegründet, 1928 in ein Staatsorgan verwandelt wurde, dem automatisch die faschistischen Minister und andere Parteivertreter angehörten. Die Präsidentschaft hatte Mussolini inne, der auch die Tagesordnung und den Versammlungsrhythmus bestimmte. In diesem „Großrat" konnten die Diadochenkämpfe um die evtl. Nachfolge Mussolinis ausgetragen werden; denn zu seinen Kompetenzen gehörte nicht nur die Zusammenstellung der 400 Namen der Einheitswahlliste, sondern auch die Benennung von Premierministerkandidaten, sollte Mussolini ausfallen. Seit 1925 hatte Mussolini begonnen, systematisch seinen Mythos als *Duce*, jenseits seiner Funktionen als Partei- und Regierungschef, aufzubauen. In diesem Personenkult lag zweifellos ein Faktor, der dem Regime Massenkonsens sicherte. Mussolini machte sich damit von den unvermeidlichen Mißgriffen seiner örtlichen Amtsträger frei; zugleich lag darin aber auch die entscheidende Schwäche seines Regimes, weil sich einsichtige Nachfolgeregelungen zwar für die Inhaber spezifischer Funktionen angeben lassen, nicht aber für einen charismatischen *Duce*.

Gleichzeitig baute das Regime jenseits des Parteiapparates seine eigentlichen Massenorganisationen auf. 1925 wurde zur Organisation der Freizeit die *Ópera Nazionale Dopolavoro* (OND) ins Leben gerufen, die (in Konkurrenz zu den schon lange etablierten Arbeitersportvereinen) Ausflüge, Gesangswettbewerbe, Sportfeste und kulturelle Veranstaltungen im weitesten Sinn anbot. Zur Erfassung der Jugend bis zu vierzehn Jahren dienten seit 1926 die *Opera Nazionale Balilla* (ONB) und bis zu achtzehn Jahren seit 1931 die *Avanguardisti*, die gemeinsam mit den *Gióvani Universitari Fascisti* (GUF) 1937 in der *Gioventù Italiana del Littório* zusammengefaßt wurden. Auf dem Gebiet des Arbeits- und Sozialrechts wurden Streiks verboten und die freien Gewerkschaften aufgelöst. An ihre Stelle traten 1926 die „Zünfte" (*Corporazioni*), in denen Arbeitgebervertreter und, statt der Arbeitnehmervertreter, Parteifunktionäre ihren Sitz hatten.

Das so gestärkte Regime konnte in den dreißiger Jahren seine totalitäre Kontrolle über die Gesellschaft weiter ausbauen und griff damit erstmals auch auf einen systematischen Einsatz der Massenmedien, die nunmehr dem neugeschaffenen „Ministerium für Volkskultur" (*Ministero della Cultura Popolare* – MINCULPOP) unterstellt waren, zurück. Die Folgen der Weltwirtschaftskrise von 1929 konnte Mussolini zunächst dadurch abfangen, daß Unternehmen und Banken, die in Schwierigkeiten geraten waren, in Staatsbetriebe (oder Betriebe mit Staatsbeteiligung) überführt wurden. Damit wurde die schon seit Crispi zu beobachtende staatliche Beteiligung vor allem an der kriegswichtigen Schwerindustrie weiter verstärkt. Zur Zusammenfassung dieser Staatsbeteiligungen wurde 1933 der *Istituto di Ricostruzione Industriale* (IRI) ins Leben gerufen, der sich im Laufe der Zeit zu einer gigantischen staatlichen Holding auswuchs und vielleicht eine der schwersten ökonomischen Erblasten darstellte, die der Faschismus dem demokratischen Italien hinterließ. Im Rahmen seiner Autarkiepolitik betrieb der faschistische Staat den Aufbau eines „gesunden Bauernstandes" (*ruralizzazione*) und die Urbarmachung oder Melioration extensiv genutzter Ländereien (*bonificazione*).

Der größte „außenpolitische" Erfolg Mussolinis war zweifellos der Abschluß der Konkordatsverträge mit dem Vatikan im Jahr 1929. Die seit Staatsgründung schwelende „Römische Frage" wurde damit gelöst. Einerseits erkannte der Vatikan den italienischen Staat an, andererseits akzeptierte Italien den Katholizismus als Staatsreligion und verabschiedete sich infolgedessen vom Laizismus früherer Regierungen, garantierte der Kirche eine großzügige finanzielle Unterstützung (etwa die Rentenzahlungen für Priester) und erhielt im Gegenzug die Garantie, daß die Kirche sich aus den politischen Angelegenheiten heraushalten würde.

Die imperialen Ambitionen des Regimes mußten zu neuen Kolonialkriegen führen. 1935/36 griff Mussolini von Eritrea aus Äthiopien an und setzte dabei völkerrechtswidrig Giftgase ein. Die daraufhin vom Völkerbund in Genf erlassene Handelsblockade brachte das Land in ernsthafte wirtschaftliche Schwierigkeiten, die nur durch eine Annäherung an das nationalsozialistische Deutschland, mit dem man im Spanischen Bürgerkrieg ohnehin zusammenarbeitete, ausgeglichen werden konnten. Dadurch gelang es Hitler, im Januar 1938 die Übernahme der deutschen Rassegesetze (*Carta della Razza*) in Italien durchzusetzen.

1940 trat Italien an der Seite Deutschlands in den Zweiten Weltkrieg ein, erzielte aber auf Grund der schlechten Vorbereitung der Armee nur geringe Erfolge. Nachdem der Kriegsverlauf vor allem in Nordafrika und Rußland eine entschieden ungünstige Wendung genommen hatte, begann 1943 für Mussolinis Regime der Niedergang. Im März drohten die sozialen Spannungen außer Kontrolle zu geraten. Die spontanen Streiks in Norditalien, die etwa einen Monat dauerten, erschütterten den bislang festen Glauben an die Stabilität des Regimes. Die alliierte Landung auf Sizilien löste am 25. Juli 1943 einen internen Putsch aus, in dem auf Betreiben von Dino Grandi der faschistische „Großrat" Mussolini absetzte. Infolgedessen wurde Mussolini vom König entlassen und verhaftet. Italien blieb noch eine kurze Zeit lang auf deutscher Seite und schloß erst Anfang September mit den Alliierten einen Waffenstillstand, ohne die italienischen Truppen vorher zu informieren. Der König floh mit dem neuen Regierungschef, Feldmarschall Badoglio, aus dem von den Deutschen kontrollierten Rom und richtete sich zunächst in Bríndisi ein. Die daraufhin erfolgte Befreiung Mussolinis durch die Deutschen führte zur Gründung der *Repúbblica Sociale Italiana* im norditalienischen Salò.

Im September 1943 begann daher auch der bewaffnete Widerstand gegen den Faschismus (*Resistenza armata*). Innerhalb des italienischen Antifaschismus lassen sich drei Richtungen unterscheiden, die liberale (*Giustízia e Libertà*), die sozialistische und die kommunistische, von denen die letztere wegen ihrer bolschewistischen Organisation für die Untergrundarbeit am besten gerüstet war. Die Struktur der Sozialistischen Partei, die sich an jener der SPD orientierte, konnte demgegenüber leichter zerschlagen werden. Die liberale (aber nach 1936 prosozialistische) Richtung *Giustízia e Libertà* war 1929 auf der Grundlage von Piero Gobettis *Rivoluzione liberale* ins Leben gerufen worden, blieb organisatorisch jedoch immer relativ schwach (Tranfaglia 1995). 1943 vereinigten sich die verschiedenen in Nord- und Mittelitalien aktiven Partisanengruppen im *Comitato di Liberazione Nazionale* (CLN) und vertagten allen politischen Richtungsstreit auf die Zeit nach der nationalen Befreiung. Durch die „Wende von Salerno" (*Svolta*) im März 1944 erkannte auch die Kommunistische Partei unter Führung des aus dem Moskauer Exil zurückgekehrten Palmiro Togliatti die Regierung Badoglio an. Im April 1945 brach die norditalienische Marionettenrepublik zusammen, Mussolini versuchte noch, in die Schweiz zu fliehen, wurde aber am 25. April von Partisanen aufgegriffen und erschossen.

POLITISCHE STRUKTUREN SEIT 1945

Bild 23: *Rom: Palazzo del Quirinale, Sitz des Staatspräsidenten*

Überblick

- Nach inneren Konflikten (1943–1945) entschieden sich die Italiener auf der Basis einer neuen Verfassung (1948) für die Republik. Deren tragende Kraft war die Christdemokratie, während die Kommunisten als stärkste Oppositionspartei für Jahrzehnte von der Regierungsverantwortung ausgeschlossen blieben.
- Dem Wirtschaftswunder der fünfziger Jahre mit hoher Zuwanderung im Norden folgte die Krise der siebziger Jahre, nachdem Streiks den Lohnkostenvorteil der billigen Arbeitskraft zunichte gemacht hatten.
- Das durch Sondervergünstigungen der Mitte-Links-Regierungen entstandene Staatsdefizit erforderte im Zuge der europäischen Einigung in den neunziger Jahren umfangreiche finanzielle Restriktionen, so daß der italienische Staat in eine Legitimationskrise geriet, die seinen Zusammenhalt gefährdete. Die in Korruptionsskandale verwickelten Regierungsparteien wurden durch ein neues Parteiensystem abgelöst, das sich noch nicht konsolidiert hat.
- Die Hauptprobleme des Landes sind nach wie vor der ineffiziente und zentralstaatliche Verwaltungsapparat, der den 1970–1972 eingerichteten Regionen nur geringe Kompetenzen gewährt, und die schwelende Süditalienfrage, nachdem das alte Konzept zur Förderung des Mezzogiorno gescheitert ist.
- Schon in der Nachkriegszeit näherte sich Italien Europa. 1957 gehörte es zu den sechs Gründungsmitgliedern der EG und erfüllte 1998 die Aufnahmekriterien der EWU.

Die Republik
(von Manfred Hinz)

Die zweite Nachkriegszeit
Auf der Grundlage der im „Nationalen Befreiungskomitee" (CLN) vertretenen politischen Kräfte hatte sich im Juni 1945 eine Regierung unter dem parteiunabhängigen Partisanenführer Ferruccio Parri gebildet. Die Probleme der neuen Exekutive bestanden zunächst in der Aufrechterhaltung der öffentlichen Ordnung, dem Einzug der Waffen und, auf ökonomischem Gebiet, in der Bremsung der schleichenden Geldentwertung. Um die Kontinuität und die Funktionsfähigkeit des Verwaltungsapparates nicht zu gefährden, wählten – im Hinblick auf die Säuberung der Staatsverwaltung von faschistischen Beamten – alle Parteien, auch die linken, eine sehr moderate Linie. Ende 1945 trat Alcide De Gasperi, Führer der *Democrazia Cristiana* (DC), die im Untergrund 1943/44 aus dem katholischen *Partito Popolare* hervorgegangen war, die Nachfolge Parris an und blieb in dieser schwierigen Phase bis 1953 Regierungschef. Die Italiener entschieden sich 1946 in einem Referendum – gemäß den im CLN getroffenen Vereinbarungen – für die republikanische Staatsform und wählten im gleichen Zug die Mitglieder einer verfassunggebenden Versammlung (*Costituente*).

Der Ausgang des Referendums zur Staatsform war keineswegs vorhersehbar. Zwar waren die Linksparteien entschieden republikanisch, innerhalb der DC existierten jedoch starke monarchistische Kräfte, bis es De Gasperi gelang, die Partei auf eine republikanische Linie zu verpflichten. Vor allem im Süden konnte die Monarchie mit einem beträchtlichen Wählerreservoir rechnen; landesweit setzten sich aber die Republikaner mit 12,7 Mio. gegenüber 10,3 Mio. Stimmen der Monarchisten durch. Mitglieder der gewählten verfassunggebenden Versammlung waren mit Ausnahme der Neofaschisten alle Parteien (*arco costituzionale*), einschließlich der kommunistischen. Die neue Verfassung trat am 1. Januar 1948 in Kraft und löste damit nach hundert Jahren den *Statuto Albertino*, oder was davon übriggeblieben war, ab (Pombeni 1995, S. 77ff.).

Die Staatsorgane bauen weiterhin auf einem Zwei-Kammern-System auf, der Abgeordnetenkammer und dem Senat (die erstere mit der doppelten Zahl der Sitze). Beide gehen aus Wahlen hervor (z. Z. mit dem aktiven Wahlalter von 18 bzw. 21 Jahren) und wirken gleichermaßen an der Gesetzgebung mit (Abb. 23). Im Unterschied zum deutschen Modell ist die zweite Kammer Italiens also keine Ländervertretung. Der Senat schleppt noch einige Spuren der alten Notabelnkammer weiter; denn eine geringe Anzahl seiner Mitglieder (fünf pro Amtszeit) wird auf Lebenszeit vom Staatspräsidenten ernannt (*Senatori a vita*). Weiterhin werden alle ehemaligen Staatspräsidenten automatisch Senatoren. Der Präsident als Staatsoberhaupt wird gemeinsam von beiden Kammern gewählt und hat im Normalfall Garantiefunktionen wahrzunehmen. Nur in Ausnahmefällen, die aber zur Regel geworden sind, kann er kraft Unterschrift einer Regierungsvorlage für sechs Monate Gesetzeskraft verleihen (*decreto legge*). Erster Staatspräsident der Republik wurde der Wirtschaftsminister der Regierung De Gasperi, Luigi Einaudi (1948–1955). Der Premierminister (*Presidente del Consíglio*) wird zwar vom Präsidenten ernannt, benötigt jedoch das Vertrauen des Parlaments (Bild 24). Die Verfassung von 1948 ist auch die Grundlage für die Einrichtung einer ganzen Reihe an Kontrollorganen (Verfassungsgerichtshof, zentraler Rechnungshof, *Consíglio Superiore della Magistratura* – CSM als oberstes Organ des Rechtswesens usw.). Mit dem § 7, dem auch die Kommunistische Partei zustimmte, übernimmt sie das Konkordat von 1929 und legt sich damit weiterhin auf die zentrale Rolle des Katholizismus fest (s. o.).

1947 war ein wichtiges Jahr der Nachkriegsgeschichte, weil die Linksparteien aus der Regierungsverantwortung ausschieden. Es bedeutete das Ende des aus der *Resistenza* hervorgegangenen Bündnisses. De Gasperi zielte auf eine zentristische parlamentarische Mehrheit, die die Kommunistische Partei ein für alle Male ausschloß (*Conventio ad excludendum*), aber sich gleichzeitig gegen den katholischen

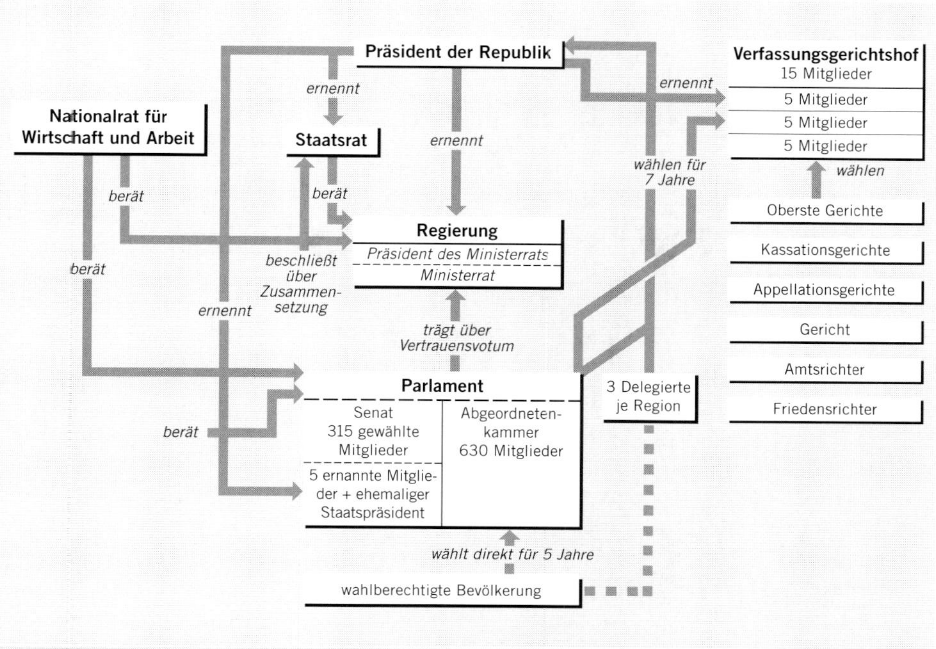

(aus Drüke 1986, S. 132)

Abb. 23: *Die Staatsorgane nach der Verfassung von 1948*

Integralismus mancher Strömungen innerhalb der DC abgrenzte, die relativ offen mit einer „spanischen" Lösung der politischen Krise, d. h. der militärisch gestützten Diktatur, liebäugelten. Die Wahlen vom 18. April 1948 verliefen deswegen in einem politisch überhitzten Klima: Die DC und ihre Koalitionspartner malten das Schreckgespenst einer kommunistischen Diktatur an die Wand und konnten auf die, im Falle eines für sie positiven Wahlausgangs, in Aussicht gestellten Gelder des Marshallplans verweisen. Dagegen beschwor die Volksfront von PSI und PCI unter dem Symbol Garibaldis weniger sozialistische als vielmehr patriotische Gefühle. Die Arbeit der Volksfront wurde zudem wegen angeblicher, bis heute nicht belegter kommunistischer Putschvorbereitungen von Innenminister Scelba behindert. Die DC trug den Sieg davon und erreichte mit 48,5 % in der Abgeordnetenkammer 305 Mandate, mit 48,1 % im Senat 131 Mandate. Die Volksfront erzielte in der Abgeordnetenkammer 31 %, im Senat 30,8 % der Stimmen. Bei den Wahlen 1953 konnte die DC ihre Mehrheit noch weiter ausbauen (Abb. 24). Der Wahlverlauf wurde von einem Wahlgesetz beeinflußt, das ein Verhältniswahlrecht mit einer deutlichen Prämie für die Partei, die mindestens die Hälfte plus eines der Mandate gewann, vorsah. Die DC verfehlte diese Quote und das Gesetz wurde wieder fallengelassen; es bezeichnet jedoch das Ende der Ära De Gasperi, der im August 1953 durch Giuseppe Pella abgelöst wurde.

Die italienische Demokratie beruhte seit 1947 auf der Voraussetzung, eine Massenpartei, nämlich den PCI, nicht vom politischen System insgesamt, aber auf jeden Fall von der Regierungsbeteiligung fernzuhalten. Im wesentlichen blieb diese *Conventio ad excludendum* bis 1996, bis zum Antritt der Regierung Prodi, in Kraft. Auf dieser Basis waren zwar unterschiedliche Bündnisse um die DC herum möglich, eine grundlegende Auswechslung des politischen Personals dagegen war ausgeschlossen; das italienische Parteiensystem blieb somit ein „unvollkommener Bi-Polarismus". Zweifellos bot der PCI jahrzehntelang ein wenig vertrauenerweckendes Erscheinungsbild. Seine Abhängigkeit von Moskau begrenzte die Handlungsfreiheit,

Bild 24: *Rom: Palazzo Montecitório, Sitz des Parlaments, davor ein Obelisk aus Heliopolis (Ägypten)*

und das Festhalten an einer revolutionären Rhetorik verschreckte die Mittelschichten. Gleichwohl ist zu bedenken, daß schon Togliatti in der unmittelbaren Nachkriegszeit der Partei eine „nationale" Note verliehen und sie ins politische System eingebunden hatte. Trotz der Schwierigkeiten einer genauen Einschätzung Togliattis stellte der PCI von Anfang an einen Sonderfall unter den kommunistischen Parteien Westeuropas dar. Auf außenpolitischem Gebiet machte sich die relative Autonomie zunächst weniger bemerkbar, obwohl Togliatti in einem Geheimdokument 1964 tiefe Zweifel an der Entwicklung der sozialistischen Staatenwelt bekundet hatte (*Memoriale di Yalta*). Aber erst unter dem Parteisekretär Enrico Berlinguer ab 1968 begann die Partei sich öffentlich und deutlich von Moskau zu distanzieren und den „Eurokommunismus" zu konzipieren (Craveri 1995, S. 699–713). In der politischen Praxis Italiens, vor allem in den lokalen Verwaltungen des „roten Gürtels" (Emília-Romagna, Toskana, Umbrien, Marken), orientierte sich der PCI eindeutig an den sozialdemokratischen Modellen Westeuropas. Der kategorische Ausschluß der Kommunisten führte also insgesamt zu einer bedenklichen Blockade der politischen Institutionen. Dies betraf sogar Verfassungsorgane, über deren Einberufung und Zusammensetzung lange Zeit kein Konsens erreichbar war. So konnte das Verfassungsgericht erst nach der Wahl von Giovanni Gronchi zum Staatspräsidenten (1955–1962) tatsächlich eingerichtet werden, und der *Consíglio Superiore della Magistratura* trat erstmals 1958 zusammen.

Die Periode bis 1958 begrenzt die Jahre des italienischen Wirtschaftswunders mit oft zweistelligen Zuwachsraten des Bruttosozialprodukts (BSP). Die Grundlage dazu hatten Wirtschaftsminister Luigi Einaudi bis 1948 und seine unmittelbaren Nachfolger gelegt, die eine rigorose Verteidigung der Geldstabilität verfolgten. Die verfügbaren Mittel aus dem Marshallplan wurden weniger zum Ausgleich innerer sozialer Spannungen, sondern vielmehr zur Stärkung der Exportindustrien eingesetzt. Daraus ergaben sich geringe Lohnkosten, eine niedrige Binnennachfrage und dementsprechend hohe Exportquoten. Voraussetzung einer solchen Politik war die Schwäche der Gewerkschaften. Von der kommunistischen *Confederazione Generale Italiana del Lavoro* (CGIL) hatte sich 1948–1950 die katholische *Confederazione Italiana Sindacati Lavoratori* (CISL), später auch die sozialistische *Unione Italiana del Lavoro* (UIL) abgespalten. Im Gegensatz zu Deutschland sind die italienischen Gewerkschaften bis heute nach ihrer politischen Orientierung und nicht nach Branchen gruppiert. Zur schwachen Position der Gewerkschaften trug bei,

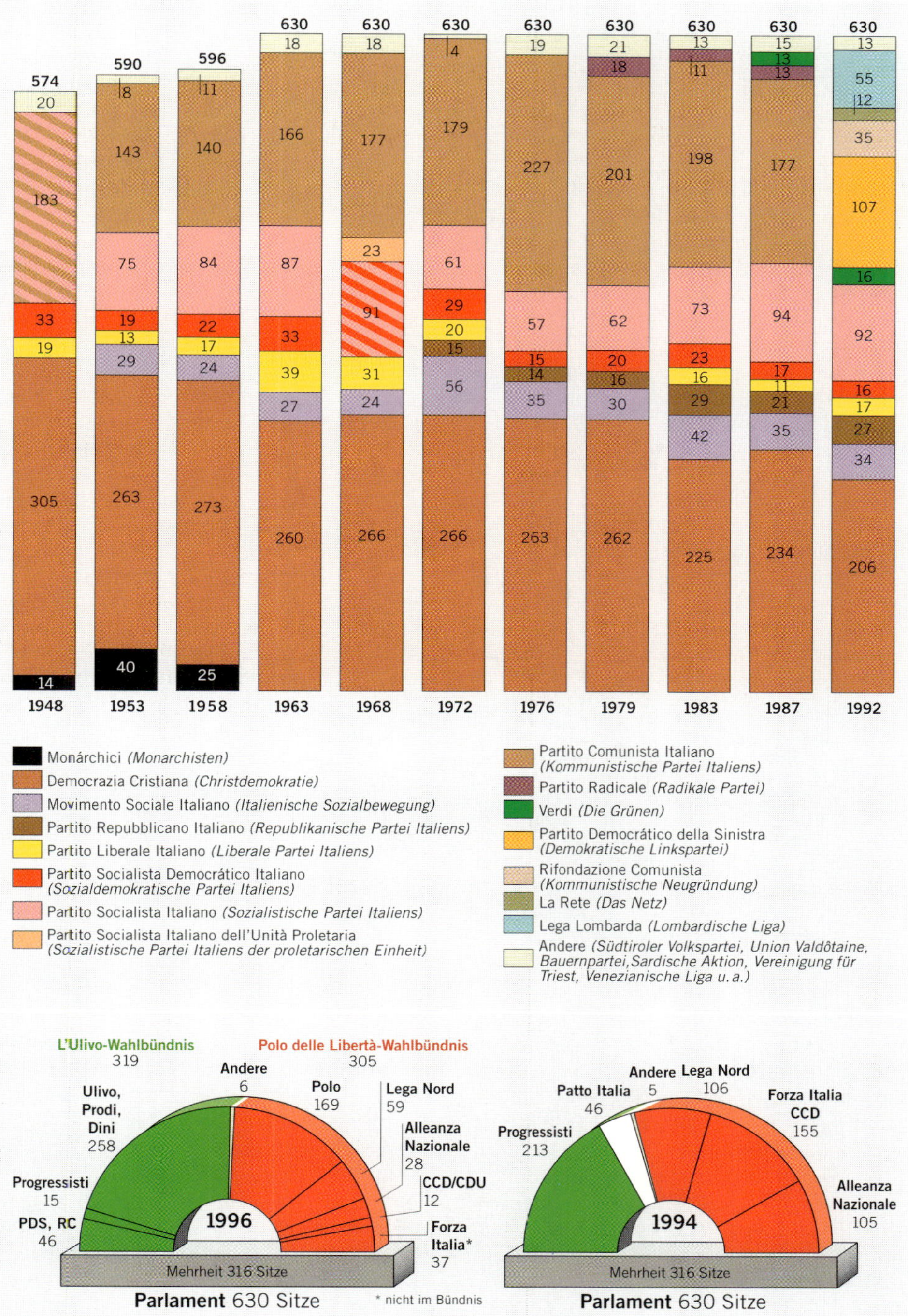

Abb. 24: *Die Sitzverteilung in der Abgeordnetenkammer nach den Wahlergebnissen 1948–1996*

(nach Piretti 1995 u. Große/Trautmann 1997, S. 54)

daß im Süden des Landes ein preisgünstiges Arbeitskräftereservoir bereitstand, das in das west- und mitteleuropäische Ausland (nicht mehr so stark nach Übersee) auswanderte, sofern es in den norditalienischen Industriegebieten keine Anstellung fand. Dennoch beruhte das italienische Wirtschaftswunder nicht nur auf der Verfügbarkeit billiger Handarbeit, sondern stützte sich hauptsächlich auf die hochkapitalisierten und hochmechanisierten „fordistischen" Großfabriken des Nordens, die vor allem in den Branchen der Stahlindustrie, des Maschinenbaus und der mechanischen Industrie preisgünstige Massenware exportierten und überwiegend ungelernte Arbeitskräfte benötigten. Der Lebensstandard innerhalb des Landes blieb durch die gesamten fünfziger Jahre im europäischen Vergleich niedrig. Erst vom Ende des Jahrzehnts an wurden die wirtschaftlichen und politischen Voraussetzungen des *miràcolo econòmico* (Wirtschaftswunders) hinfällig. Die Schwäche des Binnenmarktes machte sich nun auch in den Absatzschwierigkeiten der Industrie bemerkbar. Die neuen Mitte-Links-Regierungen der sechziger Jahre verfolgten darum eine Ausweitung der Staatsausgaben und eine Förderung der Binnenkaufkraft durch eine expansivere Lohnpolitik.

Angesichts des allmählichen Schwindens ihrer parlamentarischen Basis öffnete sich die DC seit der Wahl von Aldo Moro zum Parteisekretär 1958 immer stärker der Zusammenarbeit mit der relativ wählerschwachen Sozialistischen Partei. Eine Episode in dieser Tendenz bildete die „Tambroni-Krise" von 1960, als Premierminister Tambroni (DC) versuchte, seine Regierung auf den neofaschistischen *Movimento Sociale Italiano* (MSI) zu stützen und damit schwere soziale Unruhen auslöste, die das Experiment zu Fall brachten. Begünstigt wurde die sozialistische Regierungsbeteiligung durch die Schwächung des katholischen Integralismus seit der Wahl von Angelo Roncalli zum Papst (Johannes XXIII.). Der Eintritt der Sozialistischen Partei in die Regierungsverantwortung war mit drei großen Reformprojekten verbunden: der Verstaatlichung der Stromerzeugung im *Ente Nazionale per l'Energia Eléttrica* (ENEL), der Einrichtung der Einheitsmittelschule (*scuola média unificata*) und der bereits in der Verfassung vorgesehenen Länder (*Regioni*). Alle Reformvorhaben wurden auch, wenngleich unter zum Teil enormen Schwierigkeiten, in den sechziger Jahren realisiert. Nur die wirksame Einrichtung der Regionen, die formell 1970 ins Leben gerufen wurden, zieht sich noch bis heute hin (s. u.).

Die erste Mitte-Links-Regierung trat 1963 mit Aldo Moro als Premier und Pietro Nenni (PSI) als Vize ins Amt. 1964 bestieg mit dem Sozialdemokraten Giuseppe Saragat der erste Nicht-Christdemokrat den Sessel des Staatspräsidenten. Auf lange Sicht war vor allem der Wettbewerbsvorteil der niedrigen Lohnkosten in den sechziger Jahren nicht länger aufrechtzuerhalten. 1969/70 kam es zu massiven Arbeiterprotesten (*autunno caldo*), die mit den gleichzeitigen, aber unabhängig entstandenen Studentenbewegungen zusammenfielen und sich wechselseitig verstärkten. Die Mitte-Links-Regierungen lavierten in dieser schwierigen Situation mit zahlreichen Ad-hoc-Maßnahmen, die kurzfristig die soziale Lage entspannten und Wählerkonsens sicherten, langfristig aber perspektivlos waren und vor allem das Staatsdefizit in schwindelerregende Höhen trieben.

In den siebziger Jahren verlor die DC die politische Kontrolle über die Gesellschaft immer mehr. So unterlag sie 1974 beim Referendum zum Scheidungsrecht, das sie um jeden Preis gewollt hatte und in dessen Verlauf sie plötzlich gegen alle anderen Parteien isoliert dastand. Die zivile Gesellschaft Italiens erwies sich (im europäischen Vergleich) als fortschrittlicher als ihre politische Klasse. Einige christdemokratische Exponenten wurden bereits in Korruptionsskandale verwickelt, wie Staatspräsident Giovanni Leone, der zurücktreten mußte, um 1978 dem Sozialisten und ehemaligen Partisanen Sandro Pertini Platz zu machen. Auch dem PCI gelang es nur begrenzt, die neuen Protestbewegungen zu kanalisieren. Links der Kommunistischen Partei entstand eine Vielzahl von Bewegungen und kleinen Splittergruppen (zum Teil mit parlamentarischer Bedeutung), die unter dem Sammelbegriff der „Neuen Linken" (*Nuova Sinistra*) zusammengefaßt wurden.

Um die *Conventio ad excludendum* endlich zu überwinden, entwickelte die kommunistische Parteiführung unter Enrico Berlinguer ab 1973 die Strategie des „historischen Kompromisses" (*compromesso stórico*) zwischen den katholischen und kommunistischen politischen Kulturen und fand innerhalb der DC in Aldo Moro und Benigno Zaccagnini dafür auch interessierte Verhandlungspartner. Inzwischen nahmen die sozialen Spannungen zwischen einer terroristischen Linken und neofaschistischen Organisationen mit Mafia- und möglicherweise Geheimdienstverbindungen weiter zu (*strategia della tensione*). Für die Bombenattentate 1969 (Piazza Fontana in Mailand auf eine Studentendemonstration), 1974 (Piazza della Lóggia in Bréscia auf eine Kundgebung der Gewerkschaft), ebenfalls 1974 auf einen Schnellzug zwischen Bologna und Florenz usw. bis hin zum Anschlag 1980 auf den Bahnhof von Bologna mit 84 Todesopfern konnten die Verantwortlichen nie gefunden und rechtskräftig verurteilt werden. Der linke Terrorismus der „Roten Brigaden" (*Brigate Rosse*) überschritt dagegen 1977 mit der Entführung und Ermordung Aldo Moros seinen Höhepunkt und trat danach als politischer Faktor nicht mehr in Erscheinung. Der Tod von Moro beraubte in jedem Fall die Kommunistische Partei ihres wichtigsten Ansprechpartners innerhalb der DC und brachte damit das gesamte Projekt des „historischen Kompromisses" zu Fall.

Nach der Ermordung Moros hatte der PCI zunächst die Regierung von Giulio Andreotti (DC) durch Stimmenthaltung gestützt, d. h., die Kommunistische Partei reihte sich praktisch in die Parlamentsmehrheit ein, ohne jedoch Regierungsbeteiligung zu erhalten („Regierung der nationalen Solidarität"). In diesen Jahren konsolidierte sich auch der *consociativismo*, nach dem die Oppositionspartei (d. h. der PCI) die Regierungsdekrete guthieß und im Gegenzug dafür eigene Initiativen durchsetzen durfte. Gefördert wurde diese Praxis noch durch die Regelung, wonach Gesetzesvorlagen, die in den entsprechenden Parlamentskommissionen eine Zweidrittelmehrheit erreichen, nicht auf den langen und unwägbaren Weg der Parlamentsabstimmungen geschickt werden müssen. Eine solche Zweidrittelmehrheit war aber nur mit Hilfe der großen Oppositionspartei zu haben, die damit in der politischen Realität eine Art Veto-Recht gegen unliebsame Gesetze gewann.

Gegen diese Achse PCI – DC trat in den achtziger Jahren Bettino Craxi als Chef der Sozialistischen Partei auf den Plan und versuchte, sowohl die kulturelle Hegemonie der Kommunistischen Partei zurückzudrängen als auch das Klientelsystem der Christdemokraten zu übertreffen. Es ist Craxi zwar gelungen, den Niedergang der Sozialistischen Partei aufzuhalten; die Stimmengewinne bei den Wahlen blieben allerdings insgesamt ziemlich gering. Der Wettlauf von PSI und DC um die Wählergunst hatte jedenfalls für den Staatshaushalt katastrophale Folgen. In den Jahren der Regierung Craxi von 1983 – 1986 wuchs das BSP um 42 %, die Staatsverschuldung um 74 %, unter der Regierung De Mita (DC) 1988 – 1991 um 30,7 % bzw. 43,3 % (Scoppola 1997, S. 454). Die Schuldenlast wurde systematisch durch die Auflage von Staatsanleihen gedeckt, die zu hohen Zinssätzen ausgegeben werden mußten, um attraktiv zu bleiben.

Außerdem trugen politische Faktoren zur Zuspitzung der Krise bei. 1985 wurde mit Francesco Cossiga ein Mann zum Staatsoberhaupt gewählt, der zwar aus dem Parteiapparat der DC hervorgegangen war, seine neue überparteiliche Position freilich dazu benützte, dem weitverbreiteten Unbehagen am italienischen Parteiensystem Ausdruck zu verleihen und so die Parteien im Ansehen weiter herabsetzte (Craveri 1995, S. 977 ff.). Aus dieser Legitimationskrise zogen nicht zuletzt regionalistische Bewegungen Nutzen, die im Norden des Landes vom Ende der achtziger Jahre an zunächst auf kommunaler und Länderebene enorme Wahlerfolge erzielten (*Lega Lombarda* und *Liga Véneta*, die sich zur *Lega Nord* vereinigten). Damit fand das „Dritte Italien", ein regionales Produktionssystem der Industrie auf der Grundlage von Klein- und Mittelbetrieben, das sich von der Mitte der siebziger Jahre an in Nordost- und Mittelitalien herausgebildet hatte (s. Kap. zur Industrie), seinen politischen Ausdruck. Die dadurch ausgelöste Erschütterung des Parteiensystems stellte die Einheit des Staates und vor allem die Verteilung der Steuergelder zur Unterstützung des Südens grundsätzlich in Frage (s. u.). Allerdings verbarg sich hinter der Polemik gegen den „römischen Zentralismus" auch die weit verbreitete Praxis der Steuerhinterziehung der kleinen Selbständigen Norditaliens, die nicht mehr gewillt waren, die Staatsgelder im Süden (und damit u. a. auch in den Händen der Mafia und anderer krimineller Organisationen) versickern zu sehen. Angetrieben wurde dieser „Regionalismus der Privilegierten" noch durch die Schwierigkeiten Italiens bei der Erfüllung der Kriterien des Vertrages von Maastricht zur Teilnahme an der gemeinsamen europäischen Währung. Dabei war im Norden die Auffassung weit verbreitet, daß Süditalien für die italienische Schuldenlast verantwortlich sei und somit ein lästiges Hindernis bei der europäischen Integration darstelle (z. B. Diamanti 1993; Cavazza 1994). Die erfolgreiche Aufnahme Italiens in die erste Gruppe der Euro-Länder hat in der Tat derartige sezessionistische Tendenzen vorerst gedämpft. Die *Lega* ist somit die erste politische Bewegung, die (obwohl selbst als Partei straff hierarchisch strukturiert) erfolgreich als „Antipartei" auftritt und zugleich die Einheit des Staates nicht mehr akzeptiert. Erst vom Sommer 1998 an scheint sie ihren auf Abtrennung bedachten Kurs wieder ein wenig zu mäßigen, um Einfluß auf das politische Spiel zurückzugewinnen.

In dieser Situation allgemeiner Infragestellung des politischen Systems wurden erstmals in der Geschichte Italiens Spitzenpolitiker für die richterliche Gewalt greifbar. Während in den Jahrzehnten zuvor zahllose Korruptionsprozesse im Sande verlaufen waren, wurde nun die gesamte politische Klasse des Landes zur Verantwortung gezogen. Eine Schlüsselrolle spielte dabei die Mailänder Richtergruppe um Antonio Di Pietro unter der Leitung von Generalstaatsanwalt Saverio Borelli (*Pool di Milano*). In diesen unter dem Namen „Saubere Hände" (*mani pulite*) zusammengefaßten Verfahren wurde u. a. Bettino Craxi und Arnaldo Forlani, dem Generalsekretär der DC, wegen illegaler Parteienfinanzierung, gleichzeitig (in Palermo) Giulio Andreotti wegen Mafia-Verbindungen der Prozeß gemacht. Aus den Urteilen erwuchs die Einsicht in die Notwendigkeit, die Führungsklasse des Landes mit einem Schlag auszuwechseln.

Die jahrzehntelang staatstragenden Parteien sind damit von der Bildfläche verschwunden, die Sozialistische Partei hat sich ganz aufgelöst, und die DC (unter dem neuen Generalsekretär Mino Martinazzoli in *Partito Popolare Italiano* – PPI umbenannt) spielt im Parlament eine nur noch untergeordnete Rolle. Sie ist in mehrere Gruppen zerfallen, die sich im neuen Rechts-Links-Schema der italienischen Politik entgegengesetzten Blöcken angeschlossen haben.

Auch die Veränderungen der internationalen Kräfteverhältnisse haben sich in Italien niedergeschlagen. Der Zusammenbruch der kommunistischen Staaten Osteuropas und vor allem der Fall der Berliner Mauer räumten innerhalb Italiens die antikommunistische Klausel des Ausschlusses des PCI beiseite, zumal die Kommunistische Partei unter Achille Ochetto mittlerweile eine programmatische Wendung zur sozialdemokratischen Linie vollzogen und sich in *Partito Democrático della Sinistra* (PDS) umbenannt hatte. Der Preis für diese politische Neuorientierung bestand in der Abspaltung einer neokommunistischen Partei, *Rifondazione Communista.* 1998 erhielt der PDS unter Generalsekretär Massimo D'Alema abermals einen neuen Namen (*Democrátici di Sinistra* – DS).

Um in Anbetracht des Gesichtsverlustes und der Spaltungsprozesse der traditionellen Parteien die Regierbarkeit des Staates zu gewährleisten, wurde zu Beginn der neunziger Jahre eine Wahlrechtsreform in Angriff genommen. Das bislang geltende reine Verhältniswahlrecht erschien vielen als Ursache der Zersplitterung des Parteienspektrums, das die Bildung stabiler parlamentarischer Mehrheiten zunehmend erschwerte. Andere Faktoren (z. B. das Fehlen des konstruktiven Mißtrauensvotums) kamen in der Debatte nicht zur Sprache. Im März 1993 wurde für die Kommunalwahlen das Mehrheitswahlrecht eingeführt, das per Referendum am 18. April 1993 auch auf den Senat übertragen wurde. Unter diesem Druck verabschiedete das Parlament im August desselben Jahres die bis heute geltende Wahlrechtsreform, wonach in der Abgeordnetenkammer und im

Senat 75 % der Sitze nach dem Mehrheitswahlrecht und der Rest nach dem Verhältniswahlrecht zugeteilt werden. Zugleich einigte man sich auf die Einführung einer Sperrklausel von vier Prozent.

Bei den nach diesem neuen Modus durchgeführten Wahlen von 1994 gewann ein Wahlbündnis, das vom Medienunternehmer Silvio Berlusconi und einer eigens ins Leben gerufenen Bewegung, *Forza Italia* (FI), angeführt wurde. Weiterhin gehörten diesem Wahlbündnis die postfaschistische Partei *Alleanza Nazionale* (AN) an, die unter ihrem Führer Gianfranco Fini aus dem *Movimento Sociale Italiano* hervorgegangen war und seitdem einen vorsichtigen Prozeß der Annäherung an demokratische Normen durchlaufen hatte, sowie die *Lega Nord* unter Umberto Bossi. Wegen der unvermeidlichen Differenzen zwischen der auf nationale Einheit pochenden *Alleanza Nazionale* und der sezessionistischen *Lega Nord* war die Regierung Berlusconi nur von geringer Dauer. Die vorgezogenen Neuwahlen 1996 gewann ein Wahlbündnis aus Mitte-Links-Parteien, geführt vom PDS unter Generalsekretär Massimo D'Alema, an dem u.a. die „Grünen" (*Verdi*), der katholische *Partito Popolare*, die neokommunistische *Rifondazione Communista* sowie einige Splittergruppen und unabhängige Persönlichkeiten (u.a. der ehemalige Chef der italienischen Zentralbank, Carlo Azeglio Ciampi) beteiligt waren. Premierminister wurde Romano Prodi (ehemals DC), der frühere Verwalter der Staatsholding IRI.

Diese Regierung unternahm auch den Versuch einer allgemeinen Verfassungsreform und gründete dazu eine paritätisch aus beiden Kammern zusammengesetzte Kommission (*commissione bicamerale*) unter dem Vorsitz des Fraktionschefs der relativen Mehrheit, Massimo D'Alema. Der erste Teil der Verfassung, der die Grundrechte festschreibt, sollte unangetastet gelassen werden, für den zweiten Teil aber waren mehrere grundlegende Neuerungen vorgesehen:

(1) Zur (vor allem von der Rechten gewünschten) Stärkung der Position des Staatsoberhauptes sollte der Präsident unmittelbar vom Volk gewählt werden, aber ohne Regierungsfunktionen bleiben. Zugleich sollte geklärt werden, ob man auch für die allgemeinen Parlamentswahlen zu einem reinen Mehrheitswahlrecht (evtl. mit doppeltem Turnus, nach französischem Vorbild) übergehen solle.
(2) Diskutiert wurde eine Differenzierung der Kompetenzen der beiden Kammern des Parlaments (Senat und Abgeordnetenhaus). Zur Vermeidung der bisherigen Doppelkompetenzen war vorgesehen, den Senat in eine Vertretung der Regionen (nach dem Modell des deutschen Bundesrates) zu verwandeln.
(3) Die Machtfülle des Ministerpräsidenten sollte begrenzt und vor allem die Möglichkeit, über Regierungsdekrete zu regieren, eingeschränkt werden.
(4) Auf der Tagesordnung stand weiterhin eine Reform des Rechtswesens, vor allem durch eine schärfere Unterscheidung zwischen der Laufbahn von Richtern und Staatsanwälten.
(5) Besondere Bedeutung hatte eine Reform des traditionellen Zentralismus der Staatsverwaltung. Dazu sollten den Regionen klarere Kompetenzen und, als Wichtigstes, eine gewisse Steuerhoheit zugewiesen werden.

Diese Verfassungsreformkommission ist im Januar 1998 infolge des Auszugs der Oppositionsparteien gescheitert. Da der Chef der Opposition, Silvio Berlusconi, wegen Korruption und Bilanzfälschung immer stärker unter Druck geriet, war insbesondere eine Reform des Rechtswesens nicht durchführbar. Ebenso unklar blieb innerhalb der Mehrheitsfraktionen die genaue Gestalt der Wahlrechtsreform (das deswegen im April 1999 stattgefundene Referendum verfehlte das erforderliche Quorum, 50 % der Stimmberechtigten, knapp). Damit mußten auch die anderen Reformpunkte bis auf weiteres vertagt werden. Wegen Differenzen mit den Neokommunisten ist die Regierung Prodi im September 1998 zusammengebrochen. Statt dessen hat sich ein neues, zur Mitte hin erweitertes Mitte-Links-Bündnis unter Massimo D'Alema am 22. Oktober 1998 als Regierung konstituiert.

Obwohl in Italien viel vom Ende der „Ersten Republik" die Rede ist, hat bisher noch keine grundlegende Verfassungsreform stattgefunden, die es erlaubte, sinnvoll von einer „Zweiten Republik" zu sprechen. Die Probleme, die zur Krise des politischen Systems geführt haben, stehen nach wie vor auf der Tagesordnung. Dazu gehört nicht zuletzt eine neue Bestimmung zur Ausweitung der regionalen Kompetenzen.

Der Status der Regionen

Die soziokulturellen Unterschiede in Italien waren schon dem *Risorgimento* schmerzhaft bewußt. Gerade innerhalb der „Historischen Rechten" wurde die Hypothese einer Staatenkonföderation oder zumindest einer starken Regionalisierung des Staates nach dem Modell des englischen *County*-Systems ernsthaft in Erwägung gezogen; denn das zentralistische französische Modell erschien gerade den gemäßigten Liberalen durch den Jakobinismus und durch Napoleon diskreditiert. Ein solcher Föderalismus galt bei den „Neoguelfen" auch als Lösung für das Problem der Integration der Kirche und ihres Staates in einen nationalen Verbund. Erst recht bevorzugte die demokratische Opposition einen föderativen Staat, weil die Selbständigkeit der lokalen Einheiten als Gewähr für die Teilnahme des Volkes am politischen Leben galt. In dieser Hinsicht waren sich eher „romantische" Demokraten wie Mazzini und liberale Theoretiker der Politischen Ökonomie wie Carlo Cattaneo einig.

Vor diesem Hintergrund hätte man vom neu gegründeten Nationalstaat eine föderative Struktur erwartet, und die ersten Projekte der „Historischen Rechten", sowohl die von Innenminister Farini im August 1860 als auch von Innenminister Minghetti im März 1861, gingen in der Tat in diese Richtung. Gemeinde und Provinz sollten eine große Selbständigkeit bekommen, und sogar die Einrichtung von Regionen als mittlerer Verwaltungsebene mit legislativen Befugnissen stand zur Diskussion. Dennoch wurden die Vorschläge nach heftigen Debatten verworfen. Der neue Nationalstaat unter Führung der gemäßigten Liberalen orientierte sich paradoxerweise vielmehr am Vorbild des „radikalen" französischen Zentralismus (Dekrete von Ricasoli, Oktober 1861). Die Gründe für diese plötzliche Wende der „Historischen Rechten" sind wohl in den ersten Erfahrungen zu suchen, die norditalienische (piemontesische) Politiker in Süditalien machen mußten. Ein Satz von Farini an Cavour bringt das Maß der Enttäuschung drastisch zum Ausdruck: „Was heißt hier Italien? Das ist Afrika! Im Vergleich zu diesen Bauern sind die Beduinen der Gipfel der Bürgertugend." Die Debatte über Regionalismus oder Zentralismus, die zunächst rein theoretisch geführt worden war, bekam 1861, als es darum ging, die tatsächliche Verwaltungsstruktur festzulegen, einen viel dramatischeren Charakter. Es verbreitete sich die Überzeugung, daß das Modell selbständiger Lokalverwaltungen mit der chaotischen Realität des ehemaligen bourbonischen Königreiches nicht zurechtkommen könne. Der Zentralstaat erschien als einzig möglicher Garant für die Kontrolle und wirtschaftliche Entwicklung des Südens. Verstärkt wurde diese zentralistische Tendenz noch durch die Beobachtung, daß sich hinter den regionalistischen Kräften oft die alten Regierungscliquen verbargen, die die Einigung des Landes unter savoyardischer Herrschaft grundsätzlich ablehnten. Der Regionalismus geriet auf solche Weise in den Verdacht eines „trojanischen Pferdes" zur Wiederherstellung des alten Status quo.

Im Königreich von 1861 war die Gemeinde der Dreh- und Angelpunkt der Verwaltungsstruktur. Hinzu trat die Provinz mit beschränkten Befugnissen, welcher nach französischem Vorbild ein Präfekt als Gewährsmann der öffentlichen Sicherheit vorstand, der unmittelbar vom Innenministerium ernannt wurde. Insofern bildete die Provinz kein Zugeständnis an regionalistische Kräfte, sondern war ganz im Gegenteil nur ein Verfahren bürokratischer Dezentralisierung (Ragioneri 1973).

In Reaktion auf den faschistischen Zentralismus wurde in der italienischen Verfassung von 1948 festgelegt, das Staatsgebiet sei eines und unteilbar, artikuliere sich jedoch in Gemeinden, Provinzen (entsprechend der vorausgegangenen Verfassung) und Regionen. Diese Regionen waren im wesentlichen als übergroße Gemeinden konzipiert, d. h. als Gebietskörperschaften unter staatlicher Kontrolle, die mit einer gewissen finanziellen und legislativen Autonomie ausgestattet werden sollten (§ 117). Eine genauere Definition der regionalen Kompetenzen scheiterte jedoch und wurde auf den regulären Gesetzgebungsweg vertagt (Bonora 1984). Dagegen erhielten bereits 1945/46 einige Regionen ein Sonderstatut (*Regioni a statuto speciale*): Sizilien, Sardinien, Aostatal, Trient-Südtirol und (erst 1963) Friaul-Julisch Venetien. Bei diesen fünf Regionen handelte es sich um solche, in denen die Rechte sprachlich-kultureller Minderheiten zu berücksichtigen und starke Autonomiebestrebungen aktiv waren. Im Fall der Inseln kam noch hinzu, daß die dort herrschende ökonomische Rückständigkeit die besondere Förderung notwendig machte. Das Zugeständnis einer gewissen Autonomie an diese Regionen hatte demnach insgesamt für den Staat die Funktion einer Sicherung seiner Außengrenzen.

Die tatsächliche Einrichtung der fünfzehn „normalen" Regionen (*Regioni a statuto ordinário*) zog sich noch einige Jahrzehnte hin, in denen vor allem die Kommunistische Partei, der es gelungen war, im „roten Gürtel" Mittelitaliens stabile Lokalverwaltungen aufzubauen, die Auslagerung von Kompetenzen des Zentralstaats unterstützte. Die regulären Regionen wurden erst 1970 ins Leben gerufen und in den folgenden Jahren (ab 1972) effektiv eingerichtet (s. Kap. zum Staatsgebiet). Wesentliche Schritte zur Dezentralisierung bildete die Auflösung bzw. Übergabe von ca. 20000 staatlichen Anstalten an die Regionen.

Die Regionen verfügen über ein gewähltes Parlament (*Consíglio regionale*), aus dem eine Landesregierung (*Giunta regionale*) hervorgeht, die ihrerseits einen Ministerpräsidenten (*Presidente della Giunta regionale*) ernennt. Dieser besitzt allerdings auf Grund der geringen Kompetenzen der Regionen bei weitem nicht das politische Gewicht seines deutschen Pendants (Travaglia 1994, S. 221ff.). Zu den regionalen Kompetenzen zählen die Bereiche Museen und Bibliotheken, Berufsausbildung, Messen und Märkte, Raumplanung, Fremdenverkehr, Handwerk und Landwirtschaft sowie das Gesundheitswesen.

Obwohl diese Umstrukturierung als die grundlegendste Verwaltungsreform Italiens in diesem Jahrhundert gefeiert worden ist (Caciagli 1994), haben die Regionen bislang recht schlecht funktioniert. Die Abgrenzung der staatlichen und regionalen

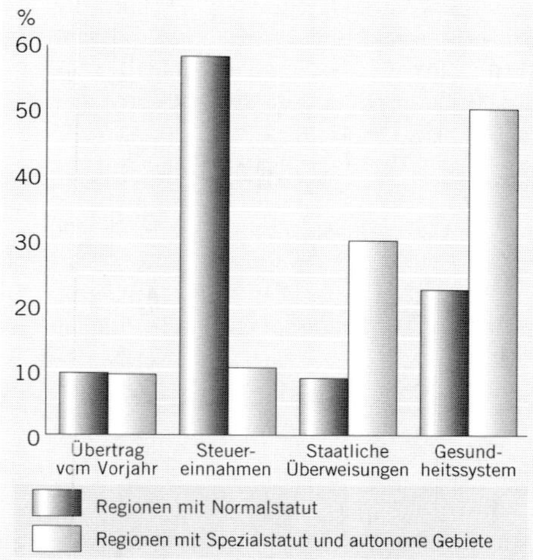

(nach NOMISMA 1993, S. 278)

Abb. 25: *Der Haushalt der Regionen 1992*

Zuständigkeiten ist bislang nicht systematisch erfolgt. Wie erwähnt, gehörte z. B. der Tourismus seit 1970 zu den regionalen Kompetenzen, doch existierte das entsprechende Ministerium in Rom noch bis in die achtziger Jahre weiter. Kompetenzstreitigkeiten zwischen dem Staat und den Regionen mußten immer wieder per Dekret, und dann meist zugunsten des Staates, entschieden werden.

Ein weiterer, wesentlicher Grund für die bislang mangelhafte Funktionsfähigkeit der italienischen Regionen ist die fehlende Steuerhoheit und finanzielle Autonomie. Etwa 80 % des Haushalts der „regulären" Regionen stammen aus verwendungsgebundenen Staatsanweisungen (Abb. 25). Sie fließen wiederum fast vollständig, d. h. zu 97,6 % in das Gesundheitswesen. Nur 0,35 % ihrer Ausgaben verwenden die Regionen für die Industriepolitik. Schon daran ist die Hierarchie zwischen dem Zentralstaat und den Regionen erkennbar; die letzteren sind nichts weiter als ausgelagerte Verwaltungsagenturen zur Verteilung staatlicher Gelder.

Unter den regionalen Kompetenzen fehlt eindeutig der Bereich der Wirtschaftspolitik (*NOMISMA* 1993). Die Regionen sind lediglich für die Bereitstellung von Industriestandorten mit der entsprechenden Infrastruktur zuständig. Vor allem die relativ gut organisierten norditalienischen Regionen haben fortwährend versucht, ihren Spielraum auf diesem Gebiet zu erweitern. So hat z. B. die Region Emília-Romagna mit einem gewissen Erfolg die Entwicklungsachse entlang der Verkehrsader Bologna – Mailand durch das Angebot alternativer Produktionsstandorte homogener gestaltet. Angesichts der Innovationsprobleme der kleinteiligen Industriestruktur des „Dritten Italiens" haben viele Regionen durch die Förderung von Dienstleistungsangeboten neue Impulse zu setzen vermocht. Dazu zählen z. B. die Qualitätsgarantien und -kontrollen für regionale Produkte, von denen die DOC-Weine nur das bekannteste Exempel darstellen (s. Kap. zur Landwirtschaft).

Seit ihrer Einrichtung in den Jahren 1970/72 bis heute ist die Funktionstüchtigkeit der Regionen sehr unterschiedlich gewesen. Generell arbeiten sie dort besser, wo eine ordnungsgemäße Verwaltung vorausgesetzt werden konnte (also vor allem in Nord- und Mittelitalien), und dort schlecht, wo dies nicht der Fall war. Der amerikanische Soziologe Putnam (1993) führt dies auf das Vorhandensein (oder das Fehlen) einer *civic society* zurück, die jenseits und unterhalb der politischen Institutionen deren Wirkungsweise überwacht. Damit wird die Erklärung freilich nur historisch weit zurückverlegt; denn in Nord- und Mittelitalien hat es diese bürgerliche Gesellschaft schon seit mindestens 700 Jahren gegeben; im Süden hat sie sich dagegen nie herausbilden können. In eben diesem Gefälle hat jahrhundertelang die Rechtfertigung für den italienischen Zentralismus gelegen, der allein imstande sei, auch für die südlichen Regionen einen adäquaten Verteilungsmodus der finanziellen Ressourcen zu gewährleisten.

Als weiterer Grund für das schlechte Funktionieren der Regionen wird in der italienischen Debatte oft angeführt, daß nur die wenigsten von ihnen auf historische Wurzeln zurückgreifen können, sondern oft vollkommen willkürlich begrenzte Verwaltungseinheiten darstellen. Ein Verweis auf die deutschen Erfahrungen kann vielleicht zeigen, daß eine historische Dimension für eine funktionsfähige Region nicht unabdingbar ist. Ganz sicher jedoch sind die italienischen Regionen im Verhältnis zum Gesamtstaat zu klein und zu zahlreich. Von den neunziger Jahren an, gleichzeitig mit dem Aufstieg regionalistischer Bewegungen und dem offenkundigen Scheitern der traditionellen Süditalienpolitik (s. u.) wurden daher auch verschiedene Projekte der regionalen Neuordnung diskutiert. Die Vorschläge reichten von dem der *Lega Nord*, Italien in drei Großregionen (Norden – Mitte – Süden, mit unklaren Abgrenzungen) aufzuteilen (Miglio 1992, S. 36 ff.), was den Regionen (besonders den nördlichen) ein solches Gewicht verliehe, daß der Zentralstaat letztlich aufgelöst würde, bis hin zu dem der *Fondazione Agnelli*, die bisher zwanzig Regionen zu zwölf zusammenzufassen (Bonora/Coppola 1997). Auch wegen des Scheiterns der Verfassungsreformkommission ist es bislang nicht gelungen, konkrete Schritte zu einer Stärkung und evtl. zu einer Neuordnung der italienischen Regionen in die Wege zu leiten. Das Problem bleibt auf der politischen Tagesordnung; dafür sorgen schon die regionalistischen bis sezessionistischen Bewegungen, die aus eben diesem Scheitern einer durchgreifenden Föderalisierung des Staates ihre Nahrung ziehen. Ein Durchbruch ist jedoch derzeit nicht zu erwarten.

Südfrage und Mezzogiorno-Politik
(von Mirella Loda)

Das Problem der Strukturschwäche Süditaliens schien zu Beginn der nationalen Einheit 1861 hauptsächlich in der Rückständigkeit der Landwirtschaft zu bestehen, die – im Vergleich zum hochkapitalisierten Agrarsektor der Poebene – noch von feudalen Strukturen des Großgrundbesitzes geprägt war. Mit der nationalen Einigung rückte daher eine Bodenreform auf die politische Tagesordnung, die sowohl als Voraussetzung für die Modernisierung der süditalienischen Landwirtschaft als auch für die Verbesserung der häufig elenden Lebensbedingungen der Landbevölkerung betrachtet wurde (Bild 25). Trotz erhitzter parlamentarischer Debatten ließen praktische Schritte

Bild 25: *Modernisierter Aussiedlerhof der Bodenreform* (podere) *mit Folienkultur in der Piana di Metaponto (Marina di Ginosa, Apulien)*

in diese Richtung jedoch fast ein Jahrhundert auf sich warten (ausführlich Vöchting 1951; Schinzinger 1970).

Die Erklärung für dieses Scheitern der Bodenreform liegt hauptsächlich darin, daß die Gründung des Nationalstaates – nach einer Allgemeingut gewordenen These von Antonio Gramsci (1973, 1975) – durch ein Bündnis der Industriellen des Nordens mit den Großagrariern des Südens (*blocco industriale-agrário*) zustande gekommen war, die beide an einer Bodenreform kein Interesse hatten. Die einen übernahmen dabei das Management der nationalen Wirtschaft, die anderen die politische Verwaltung. Ein typisches Produkt dieses Kompromisses war die protektionistische Schutzzoll-Politik, die Francesco Crispi 1887 einleitete. Die Zölle auf importierte Industrieprodukte schützten die norditalienische Industrie vor der übermächtigen mittel- und westeuropäischen Konkurrenz, während jene auf die Getreideeinfuhren den Agrariern ihren einheimischen Absatzmarkt sicherten. Die Strukturschwäche des Südens wurde damit eher gefestigt als abgebaut.

In die Ära Crispi fallen auch die kräftigsten Impulse zur industriellen Entwicklung des Nordens. Damit wandelte sich gleichzeitig die Betrachtungsweise der Südfrage: das Thema der Bodenreform wurde verdrängt und die Rückständigkeit des Südens immer mehr als Folge seiner mangelnden Industrialisierung angesehen. Diese rein wirtschaftliche Perspektive, die jahrzehntelang die Entwicklungspolitik des italienischen Staates im Mezzogiorno bestimmte, vertrat wohl Francesco Saverio Nitti, später Premierminister, am deutlichsten. 1904 verfaßte Nitti im Regierungsauftrag ein Gutachten zur sozioökonomischen Situation des Raumes Neapel. Neapel und analog Palermo hatten demzufolge ihre Funktion als Verwaltungs- und Repräsentationszentren des Bourbonenreiches mit der nationalen Einigung weitgehend verloren. Nitti schlug daher vor, der bereits vorhandenen Bevölkerungsballung die industrielle Grundlage „nachzuliefern“. Auf seine Initiative geht die Gründung des Stahlwerks in Bagnoli bei Neapel im Jahr 1905 zurück, in der Hoffnung, eine massive staatliche Investition in die Grundstoffindustrien werde der industriellen Entwicklung der gesamten Golfregion einen Impuls geben und der verarmten Bevölkerung eine bessere Lebensgrundlage verschaffen.

In den zwei Jahrzehnten faschistischer Herrschaft wurde das Südproblem in seiner ganzen Tragweite im Namen nationaler Einheit und Größe rhetorisch verdeckt. Lösungsversuche hatten allenfalls eine sektoral auf die Landwirtschaft und regional, vor allem auf den Agro Pontino und den Tavoliere di Púglia, beschränkte Wirkung. Der für das süditalienische Binnenland typische extensive Getreideanbau wurde im Rahmen der Autarkiepolitik nach Verhängung der Sanktionen des Völkerbundes (1936) noch weiter gefördert (*battáglia del grano* = „Weizenschlacht").

Mit dem Ende des Zweiten Weltkriegs trat die Südfrage wieder in den Vordergrund der politischen Debatte, nun aber mit konkreten Resultaten: 1946 wurde in Rom das wichtige Wirtschaftsforschungsinstitut für den Süden (*Assoziazione per lo sviluppo dell'indústria nel Mezzogiorno* – SVIMEZ) gegründet; 1950 verabschiedete die Regierung De Gasperi die längst versprochenen Bodenreformgesetze, *legge Sila* und *legge strálcio*, um soziale Konflikte und spontane Landbesetzungen abzufangen, und rief die Südkasse (*Cassa per il Mezzogiorno* – CASMEZ) mit dem Sitz in Rom ins Leben. Die ursprüngliche Aufgabe der CASMEZ bestand hauptsächlich in der Durchführung der Bodenreform (z. B. King 1973; s. Kap. zur Landwirtschaft). Darüber hinaus übernahm sie die Funktion einer allgemeinen Entwicklungsagentur, die über 30 Jahre lang für die Abwicklung aller „außerordentlichen Maßnahmen" (*intervento straordinário*) zugunsten der geförderten Gebiete im Süden, unabhängig von den lokalen Behörden, zuständig war. (Der *intervento ordinário* deckte alle Bereiche der regulären staatlichen Sozialpolitik ab.)

In der langen Geschichte des *intervento straordinário* lassen sich drei Phasen unterscheiden:

(1) 1950–1957 umfaßte er im wesentlichen Maßnahmen zur Be- und Entwässerung sowie zur Infrastruktur. Im Einklang mit international anerkannten wirtschaftswissenschaftlichen Theorien legte man sich auf die massive und weitgestreute Schaffung von Infrastrukturen fest, in der Überzeugung, daß wichtige private Investitionen in allen wirtschaftlichen Bereichen folgen würden. Es stellte sich jedoch heraus, daß die verwirklichten Infrastrukturen allein keinen ausreichenden Investitionsanreiz für die Privatwirtschaft boten.

(2) Von 1958 bis in die frühen siebziger Jahre wurde daher mit finanzaufwendigen Programmen versucht, die industrielle Entwicklung direkt voranzutreiben. Über die geschaffenen „Entwicklungsgebiete" (*Áree di sviluppo industriale*) und deren „Kernbereiche" (*Núclei di industrializzazione*) nach dem Konzept der Entwicklungspole von Perroux unterrichtet das Kapitel zur Industrie (s. u.). Die Gründe für den erneuten Fehlschlag sind darin zu sehen, daß die Ausweisung von Entwicklungspolen, deren Kerne in erster Linie die Grundstoffindustrie bilden sollte, zwar die unwirtschaftliche Ausschüttung von Geldern nach dem Gießkannenprinzip verhinderte, jedoch unter dem politischen Einfluß lokaler *pressure groups* so viele Entwicklungsgebiete benannt wurden, daß man sich dem Gießkannenprinzip wieder bedenklich näherte. Überdies hatten die errichteten Großindustrien (z. B. in ihrer Einstellungspolitik) in vielen Fällen eher einer politisch-klientelartigen als einer unternehmerischen Logik zu gehorchen. Schließlich stand die Zahl der geschaffenen Arbeitsplätze in einem sehr ungünstigen Verhältnis zum Subventionsaufwand.

(3) Von den frühen siebziger Jahren bis in die achtziger Jahre wurde ein differenzierteres Industrialisierungsprogramm verfolgt, das die staatlichen Investitionsmaßnahmen nicht mehr allein auf die Grundstoffindustrien begrenzte, sondern die Förderung des verarbeitenden Sektors einbezog. In den achtziger Jahren traten die beschäftigungspolitischen Erwägungen immer stärker in den Hintergrund. Vordringlich war nun die Modernisierung der bereits vorhandenen Industrien, selbst wenn damit Arbeitsplätze verlorengingen (Carace 1992).

Diese lange Periode des *intervento straordinário* ist erst 1993, als die CASMEZ aufgelöst wurde, zum Abschluß gekommen. Die damit eingeleitete Phase der „normalen“ Regionalpolitik beschränkt sich nicht mehr auf Süditalien, sondern bindet die Maßnahmen zugunsten des Südens in den allgemeinen Rahmen der Stützung „strukturschwacher Gebiete“ des ganzen Landes ein. Aus den heftigen Diskussionen um ein neues Förderungskonzept ist die Erkenntnis gewachsen, daß der *intervento straordinário* nicht eingestellt wurde, weil er seine Ziele erfolgreich verwirklicht hätte. Vielmehr wird nach dem grundsätzlichen Mißerfolg der jahrzehntelangen Subventionspolitik festgestellt, daß der gesamte Ansatz zur Lösung der Südfrage ungeeignet gewesen ist.

Um sich von rein politisch motivierten Negativbewertungen (der *Lega Nord*) abzuheben, ist zunächst zu präzisieren, in welchem Sinn sich von einem Scheitern des *intervento straordinário* sprechen läßt. Unzutreffend ist eine solche Diagnose im Hinblick auf die Entwicklung des Bruttosozialprodukts. Obwohl das süditalienische BSP 1996 nur 54,9 % (1980: 57,8 %) des norditalienischen BSP und damit ungefähr denselben Prozentsatz wie schon zu Beginn der fünfziger Jahre erreichte, ist zu beachten, daß Süditalien folglich mit der Entwicklung des Nordens, einer der dynamischsten Regionen Europas, in der sich das BSP 1950 – 1990 mehr als verdreifacht hatte, Schritt halten konnte (Trigilia 1992, S. 39). Betrachtet man jedoch parallel hierzu die Entwicklung des Konsums, ergibt sich ein anderes Bild. Das durchschnittliche Konsumniveau Süditaliens lag 1996 bei 69,6 % (1980 bei 69,7 %) desjenigen Norditaliens und wies damit einen deutlich höheren Wert als beim BSP aus. Diese Differenz bietet einen geeigneten Maßstab zur Beurteilung der staatlichen Mezzogiornopolitik: Ihr ist es einerseits gelungen, das süditalienische Durchschnittseinkommen an das Wachstum des norditalienischen zu koppeln, andererseits ist es ihr nicht gelungen, die Abhängigkeit der süditalienischen Wirtschaft von staatlichen Transferleistungen zurückzuschrauben (Tab. 23).

Die Analyse des süditalienischen Wirtschaftssystems zeigt, daß der Grund für diese fortdauernde Abhängigkeit in der quantitativ wie qualitativ unzureichenden Entwicklung des sekundären Sektors, vor allem der verarbeitenden Industrie, liegt. Letztere hat 1995 – gegenüber 25 % in Nord- und Mittelitalien – nur 11 % zum regionalen BSP beigetragen. Auskunft in qualitativer Hinsicht gibt die Produktivität: sie ist konstant um etwa ein Viertel niedriger als im Norden.

Die Schwäche der süditalienischen Industriestruktur beruht jedoch nicht so sehr auf einem prinzipiellen Konstruktionsfehler des *intervento straordinário*. Sie geht vielmehr auf dessen geringen Umfang im Vergleich zur Gesamtheit aller Transfergelder, die in den Süden geflossen sind, und auf den geringen Anteil der Industrieförderung im Rahmen der Subventionspolitik zurück. So beliefen sich die Ausgaben der Südkasse im Mittel der Jahre 1971 – 1975 und 1987 – 1989 auf 0,91 bzw. 0,46 % des jährlichen BSP Italiens; 60 – 70 % der Ausgaben verwendete die CASMEZ für Infrastrukturmaßnahmen (Trigilia 1992). Die Transferleistungen nach Süditalien haben also weniger dem Aufbau des Produktionsapparates gedient, sondern sind als Einkommensaufbesserungen vor allem den Familien zugeflossen. Unter diesem Aspekt ist z. B. die Verteilung der Invalidenrenten bezeichnend, die mit rund 62000 Mrd. Lire pro Jahr den überschuldeten Staatshaushalt belasten. Die Region Molise mit 0,6 % der nationalen Bevölkerung bezieht 1,3 % aller Invalidenrenten. Für die Basilicata wird geschätzt, daß etwa ein Drittel der Invalidenrenten in die Hände „falscher Invaliden“ gelangt.

Dieses vielleicht extreme Beispiel illustriert das Prinzip, nach dem jahrzehntelang öffentliche Gelder in Süditalien eingesetzt worden sind. Die Verwaltung der Finanzhilfen durch einen Apparat, der sich durch sehr geringe Effizienz, geringe Legitimation und durch klientelartige Strukturen auszeichnet, hat vornehmlich eine „politische Unternehmerkultur“ (statt einer wirtschaftlichen) hervorgebracht, deren Hauptaufgabe darin bestand, möglichst große Anteile der zur Verfügung gestellten öffentlichen Finanzmittel durch unmittelbare Kontakte mit den Exponenten der nationalen Politik „einzufangen“ und an die lokale Klientel weiterzuleiten.

Die heutige wirtschaftliche Situation Süditaliens stellt sich nach rund 40 Jahren Staatsintervention als sehr heterogen dar. Die starke Zunahme der Einkommen hat

***Bild 26:** Kunststoffwerk außer Betrieb in der Piana di S. Eufémia (Kalabrien)*

zunächst eine deutliche und allgemeine Verbesserung der Lebensbedingungen herbeigeführt. Aber auch die Industriestruktur ist in keiner Weise mehr homogen unterentwickelt. Das Süditalienbild als einer generell rückständigen Region muß deshalb durch ein Mosaik sehr verschiedenartiger lokaler Gegebenheiten ersetzt werden, in dem sich neben Gebieten mit andauernden Strukturschwächen auch solche mit erheblichen Wachstumschancen befinden. Einen Hinweis auf die internen Unterschiede geben wiederum die BSP-Daten je Einwohner 1996 (in Prozent des BSP von Nord- und Mittelitalien): Während die Regionen Abruzzen (74,9 %), Molise (61,9 %), Sardinien (61,4%) und Apulien (56 %) den Durchschnitt Süditaliens (54,9 %) übertreffen, wird dieser Wert von den Regionen Basilicata (52,8 %), Sizilien (52,6 %), Kampanien (52 %) und Kalabrien (48,7 %) unterschritten (*Istat* 1, 1997, S. 57ff.).

Weiterhin muß festgehalten werden, daß die wirtschaftliche Entwicklung Süditaliens sich in Formen vollzog, die vom *intervento straordinário* nicht vorgesehen waren. Gerade die am meisten geförderten Industrialisierungspole stehen heute als die eigentlichen Krisengebiete da (Trigilia 1992, S. 137). Demgegenüber haben sich die dynamischen Regionen weitgehend unabhängig von Staatssubventionen durch eine Produktionsstruktur entwickeln können, die der des „Dritten Italiens" ungefähr entspricht. Die „diffuse" Agglomeration von Klein- und Mittelbetrieben gruppiert sich hier zwar häufig um einen Großbetrieb, wie z. B. im Fall des Fiat-Werkes in Téramo/Abruzzen, im übrigen besitzen die jungen Gewerbegebiete aber viele Kennzeichen der „Industriedistrikte" Nordost- und Mittelitaliens (s. Kap. zur Industrie).

Im heutigen Süditalien läßt sich bereits eine Entwicklungsachse entlang der Adriaküste ausmachen, die von den Abruzzen über Molise bis nach Nordapulien reicht. Im Gegensatz dazu findet das Stagnationsgebiet in Kalabrien sein Zentrum (Bild 26). Weil sich auch neue, vernetzte Produktionsstandorte im Binnenland, am deutlichsten faßbar in Kampanien (um Nola) und in Apulien (z. B. in Santéramo und Altamura/Bari, Casarano/Lecce), teilweise verbunden mit modernen Großhandelsstrukturen, gebildet haben, ist die klassische Gegenüberstellung von dynamischem Küstenstreifen und stagnierendem Binnenland inzwischen überholt (Loda 1997).

Sowohl die Notwendigkeit, solche relativ spontan entstandenen Entwicklungskerne zu stützen, als auch der Druck der öffentlichen Meinung (vor allem der Norditaliener), die erfolglose Subventionspolitik aufzugeben, haben seit 1993 die Einstellung des *intervento straordinário* und den Versuch einer Neudefinition regionaler Ausgleichspolitik bewirkt. Diese Entscheidung ist in Süditalien mehrfach als Rückzug des Staates aus der Südfrage interpretiert worden (*SVIMEZ* 1996). Die Folgen dieser Wende erscheinen im Zusammenhang mit den hohen Arbeitslosenraten in Süditalien, die 1996 doppelt bis dreifach so hoch waren wie in Nord- und Mittelitalien, tatsächlich als äußerst problematisch.

Dennoch ist zur Zeit niemand ernstlich gewillt, zum alten *intervento straordinário* zurückzukehren. Im Einklang mit den neueren Entwicklungstheorien hat man auch für Süditalien nicht mehr die abstrakte Anwendung allgemeiner und übergreifender Rezepte im Sinn. Im Mittelpunkt steht jetzt die Berücksichtigung bzw. die Einbeziehung lokaler Gegebenheiten nach dem Subsidiaritätsprinzip. Eine besondere Rolle spielen dabei die zum Teil EU-geförderten *patti territoriali* („Regionalpakte"), bei denen die Mittelausschüttung – zumindest theoretisch – an die Vorlage eines präzisen Innovationsvorhabens geknüpft ist. Bei der Entwicklung und Ausarbeitung solcher Projekte kann allerdings auf die Hilfe externer Consulting-Agenturen nicht verzichtet werden (Loda 1997).

Vor allem im Staatsapparat und bei einigen Vertretern der klassischen Entwicklungstheorien für Süditalien herrscht eine eher pessimistische Einschätzung der Möglichkeiten, auf diesem Weg zu einem wirksamen Strukturausgleich zwischen den Regionen zu gelangen. Unter dem Druck dieser Kräfte ist im Herbst 1998 eine neue Entwicklungsagentur, die AGENSUD, eingerichtet worden, die als schlanke Koordinierungsinstanz der verschiedenen politischen Ebenen (Regionalverwaltung, Staat, EU) gedacht ist. Um eine Wiederholung der Fehler der früheren Südkasse zu vermeiden, wird versucht, eine Bürokratisierung der neuen Agentur zu verhindern. Sie darf z. B. Personal nicht selbständig rekrutieren.

Eine Bewertung der neuen Entwicklungspolitik für Süditalien seitens des Staates und seitens der EU-Programme ist im Augenblick noch nicht möglich. Erst die Qualität und der Innovationsgehalt der geförderten und realisierten Entwicklungsprojekte wird darüber Auskunft geben, ob und wieweit es gelungen ist, die alten Gepflogenheiten der Geldverteilung tatsächlich zu überwinden. Erst dann wird man auch entscheiden können, ob die „Fürsorgeempfänger, die auf die Erpressung möglichst hoher Subventionssummen vom Staat abzielen" (Coppola 1993, S. 53), wirklich von einer sich selbst tragenden Entwicklungsdynamik abgelöst worden sind.

Der italienische Weg nach Europa
(von Richard Brütting)

Das Europäische Parlament hat im Mai und im September 1999 der Ernennung von Romani Prodi zum Präsidenten der Europäischen Kommission zugestimmt. Die Übertragung dieses Spitzenamts an den ehemaligen italienischen Ministerpräsidenten bestätigt nach Auffassung vieler Beobachter ebenso das gewachsene Ansehen Italiens in der *Europäischen Union* wie die Vergabe des *EU*-Kommissariats für Wettbewerbsrecht an Mario Monti. Das Engagement unseres südlichen Nachbarn für Europa ist freilich nicht neu, sondern hat eine lange Vorgeschichte.

Seit dem Beginn nationalen Selbstgefühls im Spätmittelalter haben Italiener immer wieder zukunftsweisende Beiträge zur Entwicklung supranationaler Ideen geliefert, so der Autor der *Göttlichen Komödie*, Dante Alighieri, und der Humanist Enea Silvio Piccolomini, der spätere Papst Pius II. Im *Risorgimento* hat sich Giuseppe Mazzini in besonderer Weise als Europäer hervorgetan. Er gründete den Geheimbund *Giovine Europa* (Lausanne, 1834), der alle europäischen Patrioten zum Kampf gegen Fremdherrschaft und Monarchie vereinen sollte. Dieser Bund war zwar ebenso erfolglos wie der von ihm 1851 in London – wiederum im Exil – gegründete *Comitato Europeo Democratico*. Mazzini war jedoch der Auffassung, die staatliche Einigung Italiens sei der Beginn einer „heiligen Allianz der Völker", um in brüderlicher Eintracht eine republikanische Staatengemeinschaft zu schaffen. Kennzeichnend für Mazzinis politisches Denken war die Verbindung von Nationalismus (*Giovine Italia*) mit dem Europa-Gedanken (*Giovine Europa*) sowie die weitgehende Unabhängigkeit seines politischen Kampfes von den herrschenden Kräften, besonders von Cavour. Dieses Erbe war beispielgebend für die 1943 gegründete *Europäische Föderalistische Bewegung*, die ihre Erfolge gerade ihren von Parteien und Regierungen unabhängigen Aktivitäten verdankt (Pistone 1991, S. 248 ff.).

Im 1861 geeinten Königreich Italien waren supranationale Bestrebungen anfangs durchaus vorhanden. Beispielsweise wurde 1865 mit verschiedenen Staaten eine Währungsunion, die *Unione Latina*, vereinbart. Die letzten Jahrzehnte des 19. und das beginnende 20. Jh. standen jedoch – wie überall in Europa – auch in Italien im Zeichen von Nationalismus und Kolonialismus; der Faschismus radikalisierte diese imperialistischen und expansionistischen Ziele. Unter dem Stichwort „Europa" heißt es beispielsweise in der *Enciclopedia Italiana* (Bd. XIV, 1932), seit dem Ersten Weltkrieg habe das Prinzip der Nationalität eine universelle Anerkennung gefunden. Außerdem strebten „insbesondere die stärksten und vitalsten Staaten" nach einem immer weiteren und freieren Zugang zum Meer und nach einer territorialen Ausweitung bis an gut verteidigbare Grenzen. – So ist es nicht verwunderlich, daß das faschistische Italien die Europa-Initiativen von Aristide Briand (1929 – 1931) ablehnte.

Aber schon in den Tagen des Zweiten Weltkriegs traten in Italien neue Kräfte hervor: Die Sozialistische Partei Italiens veröffentlichte 1942 aus dem Untergrund heraus eine programmatische Erklärung, in der es u. a. heißt: „Die alten und reaktionären Systeme der nationalen Souveränitäten müssen abgeschafft werden [...]. Die europäische Föderation darf keine in ihren Vollmachten eingeengte Union sein, der ständig von den souveränen Staaten her Gefahr droht" (zit. nach Renner/Czada 1992, S. 8). Im gleichen Jahr forderten die katholischen Antifaschisten des *Movimento Guelfo milanese* eine Gemeinschaft der europäischen Nationen (Borsa [1997], S. 24). Auch das Parteiprogramm der DC von 1943 sprach von einer Föderation der freiheitlichen europäischen Völker, von europäischen Streitkräften, einer unmittelbaren Volksvertretung usw.

Papst Pius XII. und mit ihm die italienischen Katholiken zogen aus den Schrecken des Zweiten Weltkriegs die Lehre, daß eine künftige Weltordnung, ausgehend vom christlichen Universalismus, auf Versöhnung und Zusammenarbeit unter den Völkern beruhen müsse. Ein ‚christliches Europa' sollte das Überleben der christlichen Kultur unter den Bedingungen des Kalten Kriegs sichern. 1948 erkannte Pius XII. der europäischen Einigung jedoch auch unabhängig von der Eindämmung der Macht der Sowjetunion einen Eigenwert zu, da nur so der Wiederaufbau nach dem Zweiten Weltkrieg geleistet werden könne (Borsa [1997], S. 24).

Besondere Bedeutung für die Einigung Europas hat die 1943 in Mailand gegründete *Europäische Föderalistische Bewegung* (*Movimento Federalista Europeo* – MFE). Sie beruht auf dem von Ernesto Rossi und Altiero Spinelli, dem späteren Europakommissar (1970 – 1976), während ihrer Gefangenschaft auf der Insel Ventotene verfaßten *Manifesto di Ventotene* (1941), in dem sich der Grundzug des italienischen Europäismus manifestiert, föderalistischen Prinzipien den Vorzug vor konföderalen oder funktionalen Lösungen zu geben. Der MFE hat sich unbeirrt dafür eingesetzt, wirtschaftliche oder militärische Verträge um politische Aspekte zu ergänzen, und kämpfte für die Direktwahl des Europäischen Parlaments und eine Europäische Verfassung. Höhepunkt der Aktivität von Spinelli war der 14. Februar 1984, als der unter seiner Leitung ausgearbeitete Vertrag zur Gründung der *Europäischen Union* vom Europäischen Parlament angenommen wurde und das italienische Parlament sich am gleichen Tag zur Unterstützung des Vertragswerks verpflichtete (Pistone 1991, S. 223 – 238).

In Italien ging der stärkste Impuls für die europäische Integration zweifelsohne vom achtmaligen Ministerpräsidenten Alcide De Gasperi aus, der von Dezember 1945 bis Juni 1953 im Amt war. Durchaus mit Blick auf die nationalen Interessen Italiens (Wiederaufbau; Annahme des Marshall-Plans, 1947; Beteiligung an der OEEC, der späteren OECD, 1948) und auch zur Stärkung der von ihm geführten Christdemokraten befürwortete er ein enges antisowjetisches und antikommunistisches Bündnis mit den USA. Gerade durch den atlantischen Schutz wollte er dem geeinten Europa einen eigenen Spielraum als ‚dritte Kraft' im Ost-West-Konflikt verschaffen und diesen entschärfen. Weiterhin sollten die Rivalitäten zwischen den europäischen Nationen abgebaut, liberaldemokratische Entwicklungen gestärkt, die kommunistische Konkurrenz im eigenen Land neutralisiert und für Italien eine gesicherte internationale Position zurückgewonnen werden.

Wegen seiner Teilnahme am Zweiten Weltkrieg an der Seite Hitlers war Italien nämlich trotz des Sturzes von Mussolini, des Waffenstillstands und der Kriegserklärung an das Deutsche Reich nicht als ‚alliierte', sondern nur als ‚mitkriegführende Macht' (*nazione cobelligerante*) eingestuft worden und stand bis Anfang 1947 unter alliierter Militärverwaltung. Insofern war Italien auf internationaler Ebene zunächst nicht völlig gleichberechtigt. Es wurde nicht in das sowohl gegen die deutsche Wiederbewaffnung als auch gegen eine sowjetische Invasion gerichtete Verteidigungsbündnis von Dünkirchen zwischen England und Frankreich (1947) und auch nicht in die *West-Union* zwischen England, Frankreich und den Benelux-Staaten (1948) einbezogen. Als Mitglied der ‚europäischen Zivilisation' wurde ihm vom englischen Außenminister Bevin jedoch die Assoziierung in Aussicht gestellt (Borsa [1997], S. 28 – 30). Erst nach dem Scheitern *der Europäischen Verteidigungsgemeinschaft* (EVG) traten Italien und Deutschland 1954 der *West-Union* bei, die als *Westeuropäische Union*/WEU neue Bedeutung gewonnen hat.

Nach der kommunistischen Machtübernahme in Prag (1948) drängten die USA auf ein Verteidigungsbündnis, an dem zur Abwehr der ‚sowjetischen Gefahr' möglichst viele westliche Staaten teilnehmen sollten. Diese Chance nutzte De Gasperi, der sich des strategischen Werts Italiens für die USA sehr wohl bewußt war. Er prangerte das sowjetische Verhalten als ‚kriegerische Handlungen' an und befürwortete jene ‚Selbstbeschränkung der Souveränität', die Italiens Sicherheit gewährleisten und das Land zu einer ‚würdigen Mitarbeiterin eines in Freiheit und Demokratie vereinten Europas' machen sollte. Entsprechend dem christdemokratisch geprägten Denken der Gründergeneration der europäischen Einheit (Bruneteau 1996, S. 58 – 60) betonte er die Verbindung von Christentum und westlicher Kultur. Durch den Zusammenschluß von zwölf Gründerstaaten, unter denen trotz englischer Vorbehalte auch Italien war, entstand dann 1949 die NATO. Da die entschiedene Westorientierung auch eine besondere Abhängigkeit Italiens von den USA bedeutete, mußten Alcide De Gasperi und sein Außenminister Graf Carlo Sforza heftigem Widerstand sowohl in den eigenen Reihen wie auch bei der sozialistischen bzw. kommunistischen Opposition entgegentreten (Borsa [1997], 31 f.).

Die späten vierziger Jahre waren beherrscht von Plänen zur Schaffung eines geeinten Europas und zur Wahl eines europäischen Parlaments. Diese hochgesteckten Projekte sind zwar durchweg gescheitert, waren aber von großer Bedeutung als Diskussionsforen (Bruneteau 1996, S. 57). Insbesondere der 1949 entstandene *Europarat*, zu dessen Gründungsmitgliedern Italien gehört, ist trotz paneuropäischer Prinzipien und sozialer und wirtschaftlicher Zielsetzungen ohne supranationale Entscheidungsbefugnisse geblieben. Vielmehr hat er sich zu einer Organisation für kulturelle Zusammenarbeit und Menschenrechte (Europäische Konvention zum Schutze der Menschenrechte; Europäische Menschenrechtskommission; Europäischer Gerichtshof für Menschenrechte) entwickelt.

Angeregt von Jean Monnet, zeigte der französische Außenminister Robert Schuman in seiner historischen Erklärung vom 9. Mai 1950 schließlich einen gangbaren Weg auf: Er schlug einen *funktionalistischen* Einigungsprozeß vor, der durch die Integration bestimmter Bereiche einen

Druck zur Übertragung weiterer Funktionen erzeugen sollte und die Überwindung der Zwietracht zwischen Frankreich und Deutschland zum Ziel hatte. Als ersten Schritt plante Schuman eine *Europäische Gemeinschaft für Kohle und Stahl* – EGKS; ‚Montanunion'), die von einer Hohen Behörde mit supranationalen Befugnissen überwacht werden sollte. Der von sechs Nationen – Belgien, Deutschland, Frankreich, Italien, Luxemburg und den Niederlanden (später folgten weitere Staaten) – unterzeichnete Vertrag von Paris (1951) war der Grundstein zur späteren *Europäischen Union* – EU. De Gasperi selbst wurde am 11. Mai 1954 zum Präsidenten des Parlaments der EGKS gewählt und prägte in dieser Funktion den Begriff „unser Vaterland Europa".

Angesichts des 1950 ausgebrochenen Koreakriegs forderte Churchill die Gründung einer *Europäischen Verteidigungsgemeinschaft* – EVG, die von supranationalen Gremien kontrolliert und zu einer politischen Gemeinschaft ausgebaut werden sollte. Da die EVG auch eine deutsche militärische Beteiligung vorsah, traf diese Initiative jedoch auf den Widerstand Frankreichs. De Gasperi befürwortete im Dezember 1951 ausdrücklich die EVG. Er betrachtete sie als einen Ausgleich für das amerikanische Übergewicht im Nordatlantikpakt und als eine ‚sichtbare, solide und lebendige' Manifestation des europäischen Vaterlands. Er schlug zudem die Wahl eines europäischen Parlaments mit beschränkten Befugnissen, ein kollegiales Regierungsgremium und die Ausarbeitung einer europäischen Verfassung vor, um die EVG durch eine politische Gemeinschaft zu ergänzen (Borsa [1997], 37 – 39). Ein Adhoc-Parlament arbeitete in diesem Sinn das Projekt einer *Europäischen Politischen Gemeinschaft*/EPG aus, das 1953 von den Regierungschefs der Sechsergemeinschaft ratifiziert, 1954 jedoch von der französischen Nationalversammlung verworfen wurde; vom italienischen Parlament war es gar nicht beraten worden. De Gasperi hatte sich bis kurz vor seinem Tod am 19. August 1954 für die EVG und die EPG eingesetzt, deren Scheitern er als einen Rückschlag um Jahrzehnte für den europäischen Integrationsprozeß betrachtete.

Zur Überwindung dieser Krise wurde auf Einladung des italienischen Außenministers Gaetano Martino 1955 in Messina ein Memorandum beraten, das einen gemeinsamen Markt und die Harmonisierung der Sozialpolitik der Montanunion vorsah. An der Verwirklichung dieser Pläne arbeitete ein zwischenstaatliches Komitee unter Leitung von Paul-Henri Spaak, auf das die 1957 unterzeichneten ‚Römischen Verträge' zur Errichtung der *Europäischen Wirtschaftsgemeinschaft* – EWG und der europäischen Atombehörde EURATOM zurückgehen. Gegen das Vertragswerk gab es Widerstand nicht nur bei der italienischen Linken, sondern auch bei Unternehmern und Gewerkschaften. Mehrmals lehnte der MFE die Verträge ab, die ihm als nicht hinreichend erschienen, da sie weder eine föderalistische Verfassung noch die Wahl eines europäischen Parlaments oder eine europäische Währung enthielten. Die italienischen Christdemokraten standen den ‚Römischen Verträgen' dagegen positiv gegenüber; sie unterstützten die Aufnahme neuer Mitglieder in die EWG, so die zweimal durch ein französisches Veto (1963 und 1967) verzögerte Aufnahme Großbritanniens.

Ein wesentlicher Anstoß für die Schaffung einer tiefergehenden *Europäischen Union* erfolgte durch den deutsch-italienischen ‚Genscher-Colombo-Plan' von 1981, bei dem die italienische Regierung vor allem Vorschläge zur wirtschaftlichen Integration unterbreitete. Auch die Kommunisten (PCI) akzeptierten ab der Mitte der siebziger Jahre die europäische Einigung. Die vom zweimaligen Ministerpräsidenten Bettino Craxi vollzogene Abkehr der Sozialisten (PSI) von marxistischen und klassenkämpferischen Positionen machte die italienischen Sozialisten zu besonders eifrigen Befürwortern der europäischen Integration.

Insgesamt hat sich Italien vor allem durch die positive Einstellung seiner Bevölkerung zu Europa als ein europäischer Musterknabe erwiesen, wie schon die regelmäßig hohe Teilnahme von über 70 % an den Wahlen zum Europäischen Parlament beweist (1989: 81 %, 1994: 73,7 %, 1999: 70,8 % – zum Vergleich Deutschland 1994: 60,0 %, 1999: 45,2 %). Bei einem vom MFE unterstützten Referendum im Jahre

1989 sprachen sich 88,1 % aller abstimmungsberechtigten Italiener (Wahlbeteiligung: 81,0 %) für eine Umwandlung der EG in eine ,effektive' Union mit einer Regierung aus, die einem mit der Ausarbeitung einer Europäischen Verfassung beauftragten Parlament verantwortlich ist. Eine Befragung im Jahre 1992 ergab, daß 74% der Einwohner Italiens die Vollendung des EG-Binnenmarkts als *sehr wichtig* ansehen (Frankreich 75 %; Deutschland 53 %; Großbritannien 40 %). Im Januar 1998 äußerten 56,5 % aller Italiener (Diamanti 1998, S. 153), daß sie den Institutionen der EU mehr Vertrauen entgegenbringen als denen der Gemeinden (48,4 %), der Regionen (44,0 %), der Hauptstadt Rom (40,5 %) und des Zentralstaats (31,5%). Die Europäisten waren bei den fünf in der italienischen Bevölkerung vorhandenen politischen Einstellungstypen (Ceccarini / Gardani 1998, S.165) mit 33 % die stärkste Gruppe (Euroskeptiker: 21%; von der Politik Enttäuschte: 19 %; für ein geeintes Italien: 14 %; weder für Italien noch für Europa: 13 %). Auch die Parteien der sogenannten ,Zweiten' Italienischen Republik führen den traditionellen Europäismus Italiens fort (Telò 1995, S. 413 – 415).

Durch die Hinwendung zu Europa hat Italien unbestreitbar viel gewonnen, was freilich besondere Beziehungen zum Mittelmeerraum, zur PLO und zur arabischen Welt, vor allem zu Libyen, sowie zu osteuropäischen Ländern und zum Iran nie ausgeschlossen hat. Das Schwergewicht des italienischen Außenhandels liegt eindeutig bei den EU-Staaten. Dabei überstieg der Wert der Ausfuhren den der Einfuhren im Jahre 1995 um 6,9 % und 1996 um 10,0 %. Diese starke EU-Orientierung des italienischen Wirtschaftslebens war vor allem seit den achtziger Jahren ein Ansporn für politische und ökonomische Modernisierungsprozesse, die wegen der zahlreichen innenpolitischen Blockaden wohl kaum durchgeführt worden wären. Der ,Kaiser' in Brüssel fungierte so gewissermaßen als ein unabhängiger Schiedsrichter von außen (Petersen 1995, S. 188). Diese Schwäche des eigenen staatlichen Lebens hatte zur Folge, daß Italien das Modell der nördlichen Nachbarn idealisierte, immer wieder von deutsch-französischen Initiativen abhängig wurde und insgesamt mehr reagierte, als daß es selbst Einfluß auf die Ausgestaltung Europas nahm. Italien hat lange Zeit nur wenige Initiativen im europäischen Raum ergriffen, auch da, wo es um eigene nationale Interessen ging. Darum gelang es dem Land beispielsweise nicht, seine typisch mittelmeerischen Produkte (Obst, Früchte und vor allem Oliven) gegenüber Milch- und Getreideprodukten zu verteidigen und angemessen hohe Agrarsubventionen zu erhalten (Ginsborg 1998, S. 457 – 460). Da Italien zudem nicht immer selbst längerfristige Vorstellungen entwickelt hat, reagierte es bisweilen sehr verwirrt, z. B. anläßlich von Währungsdiskussionen oder vor dem Inkrafttreten der *Europäischen Union* (1993).

Nach einem Urteil von Gianfranco Pasquino beschränkt sich die positive Einstellung Italiens zu Europa häufig auf bloße Worte. Vieles scheint für mangelnden Einsatz, Nachlässigkeit und Opportunismus bei der Lösung konkreter europäischer Probleme zu sprechen (Pasquino 1994). Recht zögerlich war Italien u. a. im Umweltbereich und bei der Anpassung nationaler Vorschriften an europäisches Recht. Die Finanzhilfen aus Brüssel wurden nicht selten schlecht verwaltet, und häufig sah sich Italien außerstande, für die vorhandenen Mittel genehmigungsfähige Projekte auszuarbeiten (Ginsborg 1998, S. 455). Die Verwendung ausgezahlter Gelder wurde oft nur mangelhaft kontrolliert, und bei Sanktionen zeigten sich weite Kreise recht uneinsichtig. Schlagzeilen machten die Auseinandersetzungen um die aus der Sicht Brüssels unzulässigen Kapitalerhöhungen der halbstaatlichen ILVA in den Jahren 1991/1992 sowie die von der *Lega Nord* unterstützten gewalttätigen Proteste Tausender von Bauern im Januar und Februar 1997 gegen die von Brüssel verhängten Strafen wegen Überschreitung der Milchquoten.

Die italienische Europapolitik, bei der sich nach anfänglichem Schwung unter De Gasperi ein deutlicher Gegensatz zwischen den Wünschen der Bevölkerung bzw. der Parlamentarier und dem Handeln der Regierung gezeigt hat, wird kontrovers beurteilt. Während Sergio Pistone den italienischen Regierungen trotz gewisser Rückfälle gute Noten erteilt (Pistone 1991,

S. 239–242), führt Paul Ginsborg das relativ widersprüchliche europäische Engagement Italiens auf die Schwächen seines politischen Systems zurück: Eine langsame Verwaltung und ein kompliziertes Rechtswesen verhinderten oft ein energisches Eintreten für europäische Anliegen. Dazu kommt, daß Europa häufig als Störfaktor bei der traditionellen (klientelistischen) Verteilung der Ressourcen interpretiert wurde, weswegen man nicht selten lieber auf Beihilfen verzichtet hat, als deren Verteilung zu überwachen (Ginsborg 1998, S. 451–458).

Seit den achtziger Jahren hat Italien allerdings große Anstrengungen unternommen, um auch in der Praxis näher an Europa heranzurücken. 1979 trat Italien dem EWS bei, nachdem der Lira eine höhere Fluktuationsbreite zugestanden worden war. 1985 ging Italien unter Ministerpräsident Bettino Craxi erstmals in die Offensive, indem es die Süderweiterung der Gemeinschaft um die Länder Spanien und Portugal unterstützte, wobei sich Craxi sicher ein größeres Mitspracherecht für die mittelmeerischen Länder und eine stärkere Verbindung zu den entsprechenden sozialistischen Parteien erhoffte. Auf der Mailänder Konferenz des Europäischen Rats (1985) erstritt er gegen den Widerstand von Margaret Thatcher die Einberufung einer Regierungskonferenz zur Änderung der Römischen Verträge und zur Ausarbeitung einer *Einheitlichen Europäischen Akte*/EEA, die 1987 in Kraft getreten ist und eine Verstärkung der außenpolitischen Zusammenarbeit, institutionelle Reformen und eine Erweiterung der Gemeinschaftskompetenzen zum Ziel hat. Nationale Gesetze Italiens von 1987 und 1989 führten zur Errichtung eines dem Ministerpräsidenten zugeordneten Referats zur Koordinierung der Europapolitik und suchten die entsprechenden Entscheidungsmechanismen wirksamer zu machen. Trotz nur schwer zu überwachender Außengrenzen ist Italien dem Schengener Abkommen von 1985, das den Wegfall der Grenzkontrollen vorsieht, 1990 vorläufig und 1997 mit allen Rechten und Pflichten beigetreten. Ein Erfolg für Italien waren die u. a. von Ministerpräsident Giulio Andreotti – wiederum gegen den Widerstand von Margaret Thatcher – seit Herbst 1990 durchgesetzten Initiativen zur Vorbereitung des Maastricht-Vertrags von 1991 (Ginsborg 1998, S. 461– 469).

Bis 1987 hatten schwache, um die DC zentrierte Regierungen eine Politik hoher Staatsausgaben (zur Erhöhung der Binnennachfrage und zur Befriedigung klientelarer Wählerschichten mit Sozialleistungen und Arbeitsplätzen im öffentlichen Sektor) und hoher Inflation (zum Erhalt der Rentabilität und internationalen Wettbewerbsfähigkeit der Industrie) betrieben, was ein hohes Zinsniveau zur Folge hatte. Nach der Neuordnung der Währungspolitik (1988–1992) erfolgte 1992 der Rückzug aus dem *Europäischen Währungssystem*/EWS sowie eine starke Abwertung der Lira. Diese Vorgänge verbreiteten in Italien die Furcht, aus den Vorbereitungen zur gemeinsamen europäischen Währung ausgeschlossen und als zweitklassige Nation eingeschätzt zu werden. 1992/93 entschloß sich Italien endlich zu einer ‚Kultur der Stabilität', d. h. zu einer Reform des Steuerwesens und zu einer Eindämmung der unmäßig angewachsenen Ausgaben vor allem für Renten und Pensionen (Walsh 1998, S. 110 ff.). Die Regierung Prodi verschärfte auf deutsch-französischen Druck hin drastisch den Sparkurs besonders für das Haushaltsjahr 1997. Das Ergebnis dieser Beschlüsse, die einen Umfang von 62 500 Mrd. Lire hatten (darunter 25 000 Mrd. *Eurotassa*), war vor allem die Senkung der Neuverschuldung der öffentlichen Hand auf 2,7 % des Bruttoinlandsproduktes (1990: 11,1 %; 1996: 6,8 %), eine deutliche Verminderung der Inflationsrate auf 1,9 % und die Senkung des Zinssatzes für langfristige Kredite auf 6,9 % im Dezember 1997 (Prodi 1999, S. 63). Trotz der fast unvermindert hohen Verschuldung der öffentlichen Haushalte konnte Italien 1996 wieder in das EWS zurückkehren und wurde 1998 in die Reihe der ersten Staaten der gemeinsamen Euro-Währung aufgenommen. Der Preis für die Aufnahme in *Eurolandia* bestand jedoch in einer Verlangsamung der Konjunktur aufgrund einer geringen Binnennachfrage und in einer weiterhin hohen Arbeitslosigkeit.

DIE BEVÖLKERUNG

Bild 27: *Bauernfamilie an einem Feiertag in S. Lorenzo Bellizzi (Nordkalabrisches Bergland)*

Überblick

- Auf Grund der langen historischen Entwicklung setzt sich Italiens Bevölkerung aus Elementen unterschiedlicher ethnischer Herkunft zusammen. Das Land birgt außerdem mehrere autonome Gebiete fremden Volkstums und verstreute Sprachminderheiten.
- Die besonders seit Mitte des 19. Jh.s auf heute 57 Mio. Menschen angewachsene Bevölkerung verteilt sich ungleichmäßig. Tiefland und tyrrhenische Seite bilden den demographischen Schwerpunkt. Große Bevölkerungsballungen liegen in der westlichen Po-Ebene, in der Hauptstadtregion und am Golf von Neapel.
- Der wirtschaftliche und gesellschaftliche Wandel im 20. Jh. hat das generative Verhalten stark beeinflußt. Der hohe Geburtenüberschuß, namentlich im Süden, ist abgebaut worden. Im ganzen Land ist die Bevölkerungsentwicklung bei veränderter Alters- und Erwerbsstruktur stationär. Vorreiter sind die Städte des Nordens gewesen.
- Das traditionelle Auswandererland Italien, das im 19. und 20. Jh. mehrere Millionen Menschen hauptsächlich aus dem zurückgebliebenen Mezzogiorno an West- und Mitteleuropa und die Neue Welt abgegeben hat, ist in jüngster Zeit das Wanderziel von Flüchtlingen aus den Ostblockstaaten und der „Dritten Welt“ geworden.
- Die große Intensität der Binnenwanderungen, bis in die siebziger Jahre durch Bewegungen von Süd nach Nord, von oben nach unten und von innen nach außen im Zusammenhang mit Industrialisierung, Verstädterung und staatlichen Eingriffen gekennzeichnet, hat sich merklich abgeschwächt. Trotzdem ist die weitere Aufwertung von Küste und Tiefland unverkennbar.

Demographische Grundzüge, Dialekte und Sprachgruppen

Der Überblick über die Bestandteile der natürlichen Umwelt Italiens hat die vielfältige Differenzierung des Landes deutlich gemacht. Sie ist grundsätzlich auf die große Nord-Süd-Erstreckung der schmalen Halbinsel innerhalb jener Breiten Europas zurückzuführen, in denen das mitteleuropäische, ozeanisch bestimmte Klima mit ganzjähriger Humidität in das mediterrane Winterregenklima mit wachsender Aridität übergeht. Diesem planetarischen Formenwandel des Klimas folgen alle von den atmosphärischen Zuständen abhängigen Erscheinungen des Bodens, der Gewässer, der Vegetation und der Tierwelt, denen sich der Mensch als Nutznießer der Natur angepaßt hat. Es ergibt sich daraus das Schema einer ausgeprägten *Polarität*, bestimmt durch den fast immerfeuchten Norden und den sommertrockenen Süden, mit dem natürlichen Potential und allen jenen typischen Erscheinungen, die für den dort wohnenden und wirtschaftenden Menschen von Bedeutung sind.

Die Gebirgsnatur Italiens verändert dieses in einfacher Weise nur für das Tiefland gültige Schema des Nord-Süd-Gegensatzes, die „horizontale Polarität", durch die „vertikale Polarität". Im Süden wurden die Höhenlagen der Gebirge vor allem zum Ausgleichsraum, in denen die Sommer weniger heiß und trocken sind und Weidewirtschaft möglich ist. Dennoch fand die Bevölkerung hier keine besseren Lebensbedingungen, weil die Winter zu kalt und zu lang sind und weil hohe Niederschläge den Ackerbau erschweren. Die nutzbare Vegetationszeit ist noch weiter verkürzt; denn die Sommer sind auch im Gebirge des Südens für den Anbau zu trocken.

Diese beiden Polaritäten, die horizontale und die vertikale, haben die Verteilung der Bevölkerung bis in die moderne Zeit hinein bestimmt. Doch förderten die wachsenden Verkehrsmöglichkeiten die Bereitschaft der Bewohner des Südens und der Gebirge zur Auswanderung und zur Abwanderung. Nicht zuletzt hat hierzu die schon in der Antike gefürchtete und seit dem Ende des Zweiten Weltkriegs mittels DDT ausgerottete Malaria beigetragen, die besonders im Süden, aber auch in den feuchten Niederungen der Mitte, in den Pontinischen Sümpfen oder den Maremmen, verheerende Folgen für die Menschen hatte (z. B. Fig. 27 in Tichy 1985 nach Fischer 1895; Vöchting 1951, S. 13–31). So ist mit dem natürlichen Dualismus Italiens das Phänomen der Wanderung aufs engste verbunden, und die Mobilität ist zum Charakteristikum der Entwicklung der italienischen Bevölkerung in diesem Jahrhundert geworden.

Die räumliche Differenzierung von Bevölkerungsverteilung und -dynamik läßt sich jedoch nicht allein auf natürliche Faktoren zurückführen. Schon die Einwanderung nach Italien, die von der vor- und frühgeschichtlichen Zeit, unterbrochen durch die römische Republik und Kaiserzeit, bis in die beginnende Neuzeit anhält, wirft ein Licht auf die vielfältigen *anthropogenen Einflüsse*, als zu Fuß oder übers Meer aus allen Himmelsrichtungen Gruppen und Stammesverbände unterschiedlichen Volkstums ins Land gekommen sind. Ob man in den Folgen der historischen Schicksale den Schlüssel zu verschiedenen Zügen südlicher Wesensart finden kann, mag dahingestellt bleiben (Vöchting 1951, S. 39). Die sozialen Gegensätze zwischen Norden und Süden sowie innerhalb des Nordens und innerhalb des Südens scheinen jedenfalls zu einem gewissen Teil tatsächlich ethnisch bestimmt zu sein. Das gilt auch dann, wenn man bedenkt, daß die Bevölkerung Italiens aus der Verschmelzung vieler Elemente entstanden ist.

Im Vergleich zwischen Norden und Süden ist auch die soziale und psychische Differenzierung auffällig, die trotz der umfangreichen Binnenwanderungen den Ausgleich zwischen den beiden Gesichtern Italiens verhindert und verzögert hat. Selbst dort, wo solche Unterschiede bisher kaum in Erscheinung getreten sind, haben sie sich durch den Zuzug von Arbeitskräften nach Norden und von Facharbeitern nach Süden vertieft. Wie sehr sich Italiener, je nach Heimatregion oder Stadt, ebenso innerhalb einer Stadt wie Rom, voneinander unterscheiden, das zeigen wohl am besten viele eindrucksvolle Schilderungen aus der belletristischen Literatur und herausragende italienische Filme.

Auch der *Dialekt* spielt dabei eine wichtige Rolle. Er ist eng mit der geographischen und topographischen Lage der Siedlungen, nicht zuletzt wegen der früheren, einst geringen Kommunikationsmöglichkeiten der Bevölkerung, verbunden. Zusammen mit anderen kulturgeographischen Elementen, z.B. den Orts- und Hausformen und den anthropologischen Eigenschaften der Bevölkerung, vervollständigt er deren Gesamtcharakter. Fast jede Region hat ihren eigenen Dialekt, wenn er auch in seiner jeweiligen Verbreitung nicht so scharf wie die entsprechende Verwaltungseinheit abgegrenzt werden kann (Abb. 26; Pellegrini 1977). Die italienische *Hoch- und Schriftsprache* hat sich aus dem Toskanischen, das im 14./15. Jh. in der Dichtung fixiert worden ist, entwickelt. Auch im Nordteil Sardiniens wird ein italienischer Dialekt, das Korsische, gesprochen, im Hauptteil der Insel aber sardisch mit verschiedenen

Abb. 26: *Dialekte und Sprachen*

(vereinfacht nach Pellegrini 1977)

Bild 28: *Italo-Albanerin in Alltagstracht mit Pope in S. Costantino Albanese (Prov. Potenza)*

Dialekten. Das Sardische ist eine eigene romanische Sprache, die sich eng ans Lateinische anlehnt und bislang über keine Schriftsprache verfügt.

Besser und schärfer als an anthropologischen Merkmalen sind noch heute Volksgruppen, die nach Italien eingewandert sind, an ihrer Sprache zu erkennen. Diese Tatsache läßt sich nur durch die lange Isolierung im fernen Süden und besonders im Bergland erklären (z. B. Salvi 1975).

Griechisches Sprach- und Kulturgut hat sich in neun Gemeinden der Salentinischen Halbinsel und in sechs Dörfern des Aspromonte erhalten; ob es bis auf die Antike zurückgeht oder der byzantinischen Kolonisation entstammt, ist umstritten (Rohlfs 1967; Spano 1965). *Slawische* Einwanderer zog Otto I. zur Verteidigung gegen die Sarazenen ins Land, wovon Ortsnamen am M. Gargano zeugen (Lésina, Péschici u. a.). Die im 15. Jh. durch die Flucht vor den Türken aus Istrien entstandene kroatische Sprachinsel im Molise mit noch drei Gemeinden verfällt allmählich (Ucchino 1957). Gleichfalls vor der Osmanenherrschaft flohen um 1500 in drei Wellen *Albaner* nach Süditalien und Sizilien. Etwa 100000 Menschen in 50 Wohnplätzen, vornehmlich in Kalabrien, sind heute der Italo-Albanità zuzurechnen (Rother 1989; Bild 28). Dank der langen Abgeschlossenheit und des griechischen Ritus in der Kirche bewahrten sie ihre Sprache und Kultur, und als „exotische“ Attraktion festigte sich ihre Lage noch durch den modernen Tourismus (seit den 80er Jahren gibt es sogar zweisprachige Ortsschilder). Als einzige geschlossene protestantische Gruppe Italiens leben in drei Alpentälern Piemonts seit 1330 die Frankoprovenzalisch sprechenden *Waldenser*, heutiger Hauptsitz Torre Péllice. Sie gründeten im 15. Jh. Faeto in Apulien und Guárdia Piemontese in Kalabrien. Während im Piemont ein Auflösungsprozeß vor sich geht, sind in Süditalien Waldensergemeinschaften der einheimischen Bevölkerung entstanden, z. B. in San Giovanni Lipioni/Abruzzen, in Palermo und in Riesi/Sizilien. Durch Übernahme von Innovationen finden sie den Weg aus der Armut (Monheim 1972). Eine Besonderheit stellt die *Katalanen*-Siedlung in Alghero auf Sardinien dar.

Von diesen Sprachinseln des Südens, deren Bewohner in den übrigen Merkmalen der italienisch geprägten Umgebung weitgehend angepaßt sind, unterscheiden sich jene Volksgruppen, die über den Alpenhauptkamm hinüber kolonisiert und den Kontakt zu ihren Herkunftsgebieten nie verloren haben, so daß sich im nördlichen Randsaum auch einige für Italien fremde Elemente in der Kulturlandschaft finden. Ihre Zugehörigkeit zum italienischen Staatsverband geht fast ausnahmslos auf jüngere politisch-historische Ereignisse zurück, durch die die betreffenden Gebiete von ihren Mutterländern abgetrennt worden sind.

Im Anschluß an das französische Sprachgebiet liegt das seit 1948 autonome *Aostatal* mit (1991) 116000 Einwohnern, von denen nach starker Italianisierung noch etwa 65% Frankoprovenzalisch sprechen (Janin 1968); bei der Einigung des Landes 1860 war es als Teil des Herzogtums Savoyen (nach dessen Abtretung an Frankreich) bei Italien verblieben. Durch den Friedensvertrag von St.-Germain wurde das österreichische *Südtirol* 1919 zu Italien geschlagen und seine Autonomie erst 1972 gesichert. In der heutigen Provinz Bozen sind bei allmählich nachlassendem italienischem Einfluß seit den 80er Jahren zwei Drittel der (1991) 450000 Einwohner deutschsprachig (Leidlmair 1958, 1987, 1990). Sowohl im Aostatal als auch in Südtirol verteilen sich die Sprachgruppen auf Land und Stadt bzw. Berg und Tal sehr unterschiedlich: die Italiener beherrschen das städtische Leben der Talregionen. Die einst östlich der Etsch weiter ins Trentino reichende deutsche Siedlung ist nur noch in Resten vorhanden (Becker 1968; Mirtes 1996). Den nordöstlichen Gebirgswinkel Italiens prägen nach wechselnden Grenzziehungen die knapp 0,5 Mio. *Friauler* (Furlanen), das sind 60–65% der gesamten Wohnbevölkerung der Region Friaul-Julisch Venetien im Jahr 1975. Wie die Ladiner der *westlichen Dolomiten* gehören sie zur Gruppe der Alpenromanen; dazu kommen die kleinen slowenischen und deutschen Minderheiten im Osten und Norden Friaul-Julisch Venetiens (Becker 1974; Steinecke 1991; Minghi 1997). Die Siedlungen der alemannischen Walser am *M. Rosa*, die sich teilweise über 700 Jahre in der romanischen Umwelt halten konnten, sind erst in der unmittelbaren Gegenwart in ihrem Bestand bedroht (Rother 1966; Kreisel 1990).

Die anthropologische und sprachliche Differenzierung der Bevölkerung ist in vielen Fällen auch eine sozioökonomische und wird dann sozialgeographisch faßbar. Weil zu solchen Fragestellungen eingehende Untersuchungen in genügender Breite fehlen, ist es notwendig, das außerordentlich differenzierte Bild der Bevölkerung und ihrer Siedlungsräume bei den folgenden Kapiteln als Tatsache anzusehen. Es steht jeweils als Ausdruck der historisch gewordenen und lebendigen Bevölkerung hinter aller vordergründigen dürren Statistik und über allen Verwaltungseinheiten.

Die Bevölkerungsentwicklung

Die Bevölkerungsentwicklung entspricht grundsätzlich jener, die für Europa insgesamt charakteristisch ist. Zum Beginn unserer Zeitrechnung werden etwa 7 Mio. Einwohner im Gebiet des heutigen Italiens gelebt haben. Mit Hilfe verschiedener erster staatlicher Zählungen hat Beloch (1961, S. 349) deren Zahl für das Jahr 1500 auf etwa 10 Mio. feststellen können. Bis um 1600 wuchs die Bevölkerung auf 13,3 Mio. Menschen an. Rückschläge blieben nicht aus. In den Jahren 1630 und 1656/57 soll die Pest rund 2 Mio. Opfer gefordert haben, so daß für die Zeit um 1650 nur noch 11,5 Mio. Einwohner angenommen werden. Dennoch dürften nach rascher Erholung zu Beginn des 18. Jh.s 13,4 Mio. und im Jahr 1790 schon 18,1 Mio. Bewohner vorhanden gewesen sein. Der Anstieg der Bevölkerungskurve hatte im 18. Jh. begonnen, wurde aber im 19. Jh. immer steiler und erzwang bei unzureichender Ernährungs- und Wirtschaftsgrundlage die Auswanderung großer Teile der Bevölkerung, wobei der Höhepunkt in den Jahren vor dem Ersten Weltkrieg erreicht wurde.

Von 1861 ab läßt sich der Kurvenverlauf mit den regelmäßigen Zensusdaten im Abstand von zehn Jahren genauer bestimmen (*Istat* 9, 1994). Zwischen 1861 und 1961 hat sich die Bevölkerungszahl trotz des Verlustes von 7–8 Mio. Auswanderern fast verdoppelt. Innerhalb der heutigen Staatsgrenzen stieg sie von 26,3 auf 50,6 Mio., d. h. um 6,5 Einwohner je 1000 im Jahr (Tab. 3). Von 1975 an schwächte sich das stürmische

Jahr	Gesamtbevölkerung (Mio.)	Mittlere jährliche Zuwachsrate (‰)	Wanderung Gewinn und Verlust (1000)
1861	26,3	–	–
1871	28,1	6,7	+ 21
1881	29,8	5,7	– 297
1901	33,8	6,6	– 2172
1911	36,9	8,6	– 594
1921	37,9	2,4	– 1007
1931	41,0	8,6	– 999
1936	42,4	6,5	– 423
1951	47,5	7,4	– 583
1961	50,6	6,4	– 1022
1971	54,1	6,7	– 1138
1981	56,6	4,5	+ 78
1991	56,8	0,4	+ 440
1861/ 1990	–	–	**– 7696**

Tab. 3: Die Bevölkerungsentwicklung Italiens 1861–1991

Quelle: *Istat* 1 (1982, 1996), *Istat* 8 (1981, 1991), *Istat* 9

Großraum	1871	1921	1951	1961	1971	1981	1991	Änderung je Jahr (‰) 51/71	71/91
Nordwesten	7,43	10,05	11,75	13,16	14,94	15,29	14,90	13,6	0,03
Nordosten	4,93	8,24	9,42	9,50	10,03	10,41	10,38	3,2	1,7
Norditalien	12,36	18,28	21,16	22,66	24,97	25,70	25,33	9,0	0,7
Mittelitalien	4,73	6,67	8,67	9,39	10,30	10,80	10,91	9,4	3,0
Nordosten und Mitte	9,67	14,90	18,09	19,15	20,32	21,21	21,29	5,4	2,4
Süditalien	6,98	9,34	11,92	12,44	12,72	13,55	13,92	3,4	4,7
Inseln	3,23	5,11	5,76	6,14	6,16	6,50	6,61	3,5	3,7
Süden und Inseln	10,21	14,45	17,69	18,58	18,88	20,05	20,53	3,4	4,3
Italien	**27,30**	**39,40**	**47,52**	**50,62**	**54,14**	**56,56**	**56,78**	**7,0**	**2,4**

***Tab. 4:** Die Bevölkerungsentwicklung nach Großräumen 1871 – 1991 (Mio.)*

Quelle: *Istat 9*

Wachstum jedoch deutlich ab – durchschnittlich bis unter 1‰ pro Jahr, obwohl seit den achtziger Jahren erstmals eine nennenswerte Einwanderung registriert wird. So weisen die letzte Volkszählung am 20. Oktober 1991 mit 56,78 Mio. und die Fortschreibung am 1. Januar 1997 mit 57,5 Mio. Menschen nur noch eine geringfügige Zunahme der Bevölkerung Italiens nach.

Aufschlußreich für das folgende ist die Differenzierung nach statistischen Großregionen. Obwohl das natürliche Wachstum abgenommen hatte, war die Bevölkerungszunahme bis 1971 im Norden und insbesondere im Nordwesten, im *Triángolo industriale* (Piemont, Lombardei, Ligurien), am größten; der Nordosten blieb demgegenüber auffällig zurück. Im Süden gab es trotz hoher Geburtenüberschüsse in den fünfziger und sechziger Jahren große Bevölkerungsverluste durch Abwanderung, nicht nur in einzelnen Gebirgsgemeinden, sondern in ganzen Regionen. Zwischen 1951 und 1971 wuchsen die Einwohnerzahlen im Nordwesten jährlich um 13,6‰, in der Mitte um 9,4‰, im Süden und im Nordosten aber nur um 3,4 bzw. 3,2‰.

In den jüngsten Zählperioden von 1971 bis 1991 hat sich die demographische Dynamik tiefgreifend geändert. Im Norden flacht die Wachstumskurve merklich ab (+0,7‰ im Jahr); durch den Rückgang der Geburtenziffern und die schwächere Zuwanderung stagniert der Nordwesten deutlich und weist im Vergleich zum Zensus 1981 sogar Verluste auf, während ein wirtschaftlicher Aufschwung dem Nordosten und der Mitte kleine Gewinne gebracht hat (+2,4‰). Auch der Süden und die Inseln (+4,3‰) wachsen infolge geringerer Wanderungsdefizite und natürlicher Zunahme wieder stärker (Tab. 4).

Die Bevölkerungsverteilung

Der kartographische Vergleich der Jahre 1861 und 1981 von Achenbach (1983) ist sehr anschaulich (Abb. 27). Noch bis zum Zensus 1921 war die Bevölkerung recht gleichmäßig über das ganze Festland und die Inseln verteilt (Kanter 1931). Seitdem verlagerte sich der Bereich höchster regionaler Dichte immer mehr nach Westen, insbesondere nach Latium, d. h. zur Hauptstadt Rom, und in die Nordwestregionen mit ihrer aufstrebenden Wirtschaft. Das Verhältnis zwischen Bevölkerung und Fläche wurde immer unausgeglichener, und die charakteristische Gestalt Italiens erfährt im Kartenbild entsprechende Verzerrungen.

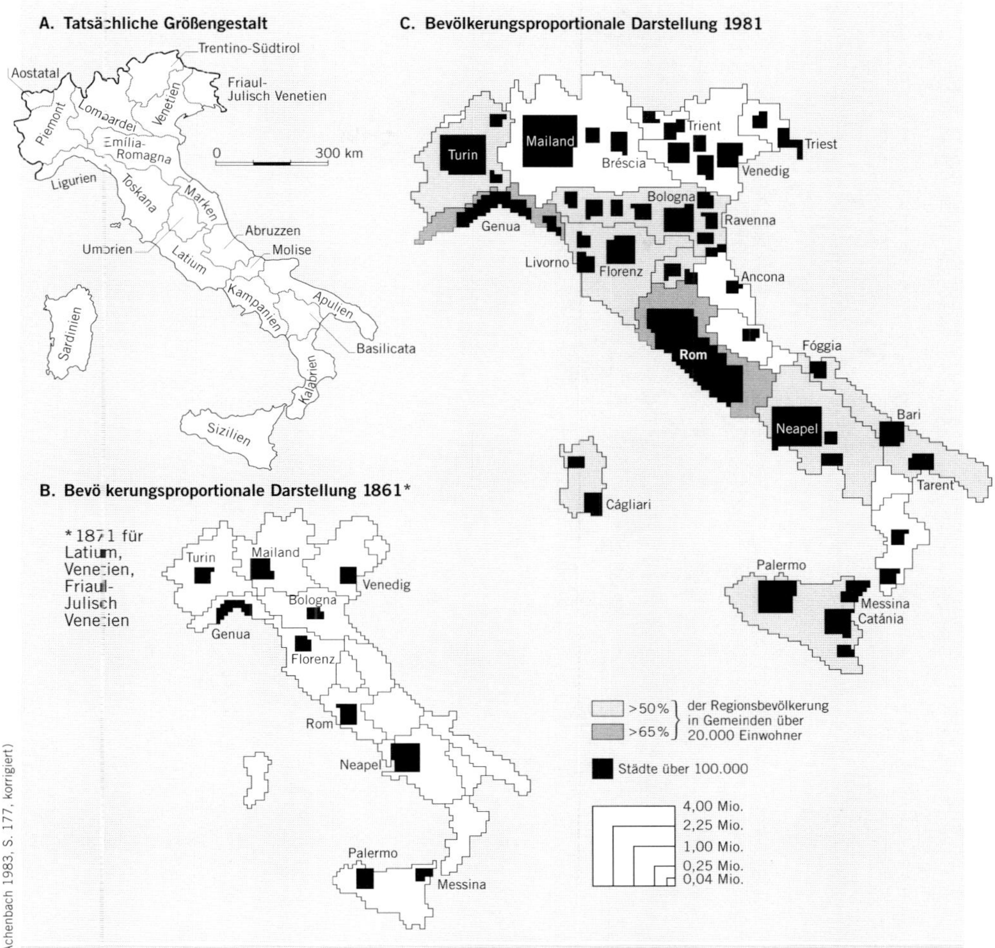

***Abb. 27:** Die Bevölkerungsverteilung 1861 und 1981 in mengenproportionaler Darstellung*

Diese Entwicklung geben auch die Karten der *Bevölkerungsdichte* wieder. Die Karte von *1871*, der die Agrarregionen (*regioni agrárie*), d. h. die Verwaltungseinheiten zwischen Gemeinden und Provinzen, zugrunde liegen, hält den Zustand zur Zeit der Entstehung des Einheitsstaates und der beginnenden Industrialisierung fest (Abb. 28).

Die ausgedehnteste Bevölkerungsagglomeration höchster Dichte liegt in jener Zeit am Golf von Neapel. Ihr kommen – auf kleiner Fläche – nur alte Haupt- und Residenzstädte, wie Turin, Mailand, Genua, Florenz, Palermo und Messina, gleich, aber auch Bérgamo und Bologna. Noch tritt Rom zurück; es hat ähnliche Dichtewerte wie die Umgebung von Mailand, wie Venedig, die Versília mit Livorno, wie Bari und Catánia. Dicht bewohnt ist schon die Po-Ebene ohne den Polésine, aber mit der Via Emília und deren Fortsetzung an der Adriaküste bis über Pescara hinaus, ebenso wie die ligurische Küste und das untere Arnogebiet ab Florenz. Abgesehen von der Unterbrechung durch Tavoliere und M. Gargano wird an der Adria bereits der Gegensatz in der Bevölkerungsdichte zwischen Küstenraum und Gebirge deutlich, der auf der tyrrhenischen Seite in dieser Prägnanz noch fehlt. Auffällig erscheint die Brücke größerer Dichte zwischen Pescara und Neapel über den Apennin hinweg, die heute nicht mehr

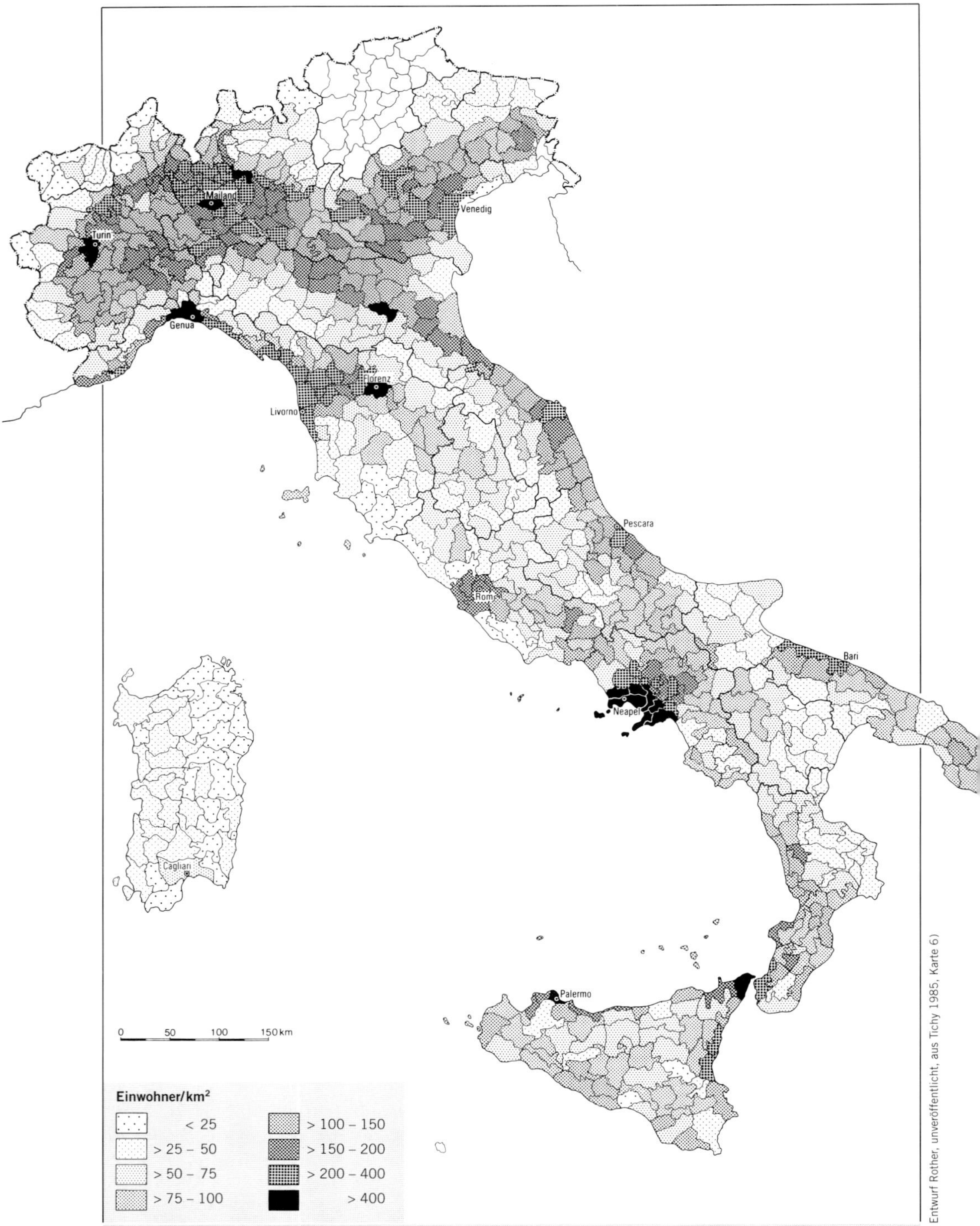

Abb. 28: *Die Bevölkerungsdichte 1871*

(nach Entwurf Rother, unveröffentlicht, aus Tichy 1985, Karte 6)

Abb. 29: *Die Bevölkerungsdichte 1991*

(vereinfacht nach *Istat* 14c, S. 33)

besteht. Dünn bevölkert sind noch Küstenräume an der nördlichen Adria, der Polésine, die Maremmen der südlichen Toskana und von Latium, die Pontinischen Sümpfe, die Sele-Niederung, die Ebenen am Golf von Tarent, der Marchesato Kalabriens und in sehr auffälliger Weise ganz Sardinien, insbesondere sein Ostteil.

Vergleicht man die Karten der Bevölkerungsdichte von *1871 und 1991* miteinander (letztere auf Gemeindebasis erstellt und generalisiert), dann läßt sich die Konstanz der genannten Schwerpunkte und die weitere Verdichtung und Ausweitung in den Gebieten hoher Bevölkerungsdichte von 1871 leicht ablesen (Abb. 28 u. 29).

Eine Ausweitung gab es besonders nördlich von Mailand, weniger um Turin, dann auf dem venetischen Festland. In und um Rom, am Saum der Adria und noch deutlicher in Apulien, mit Tarent und auf der Salentinischen Halbinsel, kam es zur kräftigen Verdichtung. In Sizilien gewannen die Küstenräume an Bevölkerung, nicht aber in Sardinien – trotz der Zunahme um Cágliari und Sássari mit der Nurra. Im Apennin treten Perúgia und Terni mit ihrer Umgebung hervor. Einst dünn bewohnte Küstenebenen verdichteten sich dank der Bodenreformmaßnahmen. Dazu gehören die Sele-Niederung, der Agro Pontino, Fórmia am Golf von Gaeta, die Ebene von Síbari und die Ebenen von Cágliari mit dem Campidano. Noch klafft eine Lücke im Küstenstreifen der Maremmen zwischen Grosseto und Civitavécchia.

Die stärksten *Veränderungen* hat die italienische Binnenwanderung zwischen *1951 und 1971* ausgelöst, als sich die wirtschaftlichen Aktivräume merklich verdichteten und die Passivräume entsprechend verdünnten (Abb. 30). Aus den Bevölkerungsverschiebungen zogen vor allem die westliche Po-Ebene und viele Küstenräume der Halbinsel Gewinn, während Gebirge und andere Binnenräume Menschen abgaben. Im nördlichen und mittleren Apennin kam es zu weiteren Verlusten. Abnahmen gab es aber auch in der östlichen Po-Ebene und im Friaul. In den Alpen war die Entwicklung unterschiedlich; denn einige Haupttäler gehörten zu den Gewinnern (Aostatal, Val d'Óssola, Veltlin, Trentiner Etschtal), auch Südtirol. Das stärkste Wachstum auf der Halbinsel hatte die Hauptstadtregion; im neapolitanischen Küstenraum war es nur wenig schwächer. Abgesehen von Apulien standen sich im übrigen Süditalien und auf den Inseln kleine Räume (Provinzhauptstädte) mit beträchtlichen Gewinnen und große Räume mit mäßigen bis starken Verlusten gegenüber (Rother 1980c).

Nach 1971 folgte eine *Konsolidierungsphase*. Die Entleerung der Gebirgsräume ging zwar weiter, doch wuchsen die Ballungsräume nur noch langsam; ihre großstädtischen Kerne wie Turin, Genua, Mailand, Venedig, Rom und Neapel schrumpften sogar. Der Kontrast zwischen gering bewohnten Abwanderungsräumen mit weniger als 50 Einw./km^2 und den Wachstums- und Dichtegebieten mit mehr als 200 – 400 Einw./km^2, der schon 100 Jahre vorher maßgebend gewesen war, blieb dennoch bestehen. Zwischen diese beiden regionalen Typen der demographischen Entwicklung schiebt sich mittlerweile ein „peripherer Bereich“, der nach der starken Abwanderung in der Periode 1957 – 1963 wiederbesiedelt wird. Seit etwa 1967 spielen sich hier Prozesse ab, die zuerst mit der Suburbanisierung, dann mit der *counterurbanization* anderer westlicher Industrieländer vergleichbar sind und mit der Dekonzentration von Industrie und Dienstleistungen in Verbindung stehen (Dematteis 1982). So sind vor allem die nördliche Po-Ebene, die mittelitalienischen Binnenbecken und die meisten Küstenräume des Landes demographisch permanent aufgewertet worden (*Istat* 9, 1994).

Als Einheiten höchster Dichte erscheinen auf allen Karten die großstädtischen Gemeindeareale mit ihrem Umland, den Stadtregionen (*Konurbationen*). Die Stadtgemeinden erreichen hier viel höhere Werte als ihre Konurbationen. Die größten sind Mailand, als Gemeinde im Jahr 1991 mit einer Dichte von 7670, in der Konurbation (536 Gemeinden) noch immer mit 1306 Einw./km^2, Neapel, das mit 9123 als Gemeinde und 1733 Einw./km^2 als Konurbation (153 Gemeinden) die höchsten Werte Italiens erreicht, Rom als Gemeinde auf sehr großer Gemarkung mit 1842 und noch 985 Einw./km^2 in der Konurbation (52 Gemeinden) sowie Turin als Gemeinde mit 7404 und 947 Einw./km^2 in der 95 Gemeinden umfassenden Konurbation (Stadtregionen nach Barletti 1996; s. u.).

Als ein Hauptfaktor der unausgeglichenen Bevölkerungsverteilung Italiens, die grundsätzlich jener der anderen Mittelmeerländer entspricht, ist das *Relief* heranzuziehen. Tatsächlich erinnert das demographische Muster im Kartenbild an das Hoch und Tief einer Höhenschichtenkarte; anders als beim Relief weist das Gefälle aber gerade in umgekehrte Richtung. Die Höhenverhältnisse allein vermögen freilich die Lage der Ballungsräume nicht zu erklären, um so mehr jedoch die dünn bewohnten Gebirgsräume. Klimaungunst und Steilhänge begrenzen die landwirtschaftliche Nutzung, und der Fremdenverkehr ist nur in wenigen Gemeinden von wirtschaftlichem Belang, ohne doch Dauerwohnplätze zu sichern.

Die Bevölkerungsverteilung nach *Höhenstufen* wird in der italienischen Statistik seit langem verfolgt und ermöglicht

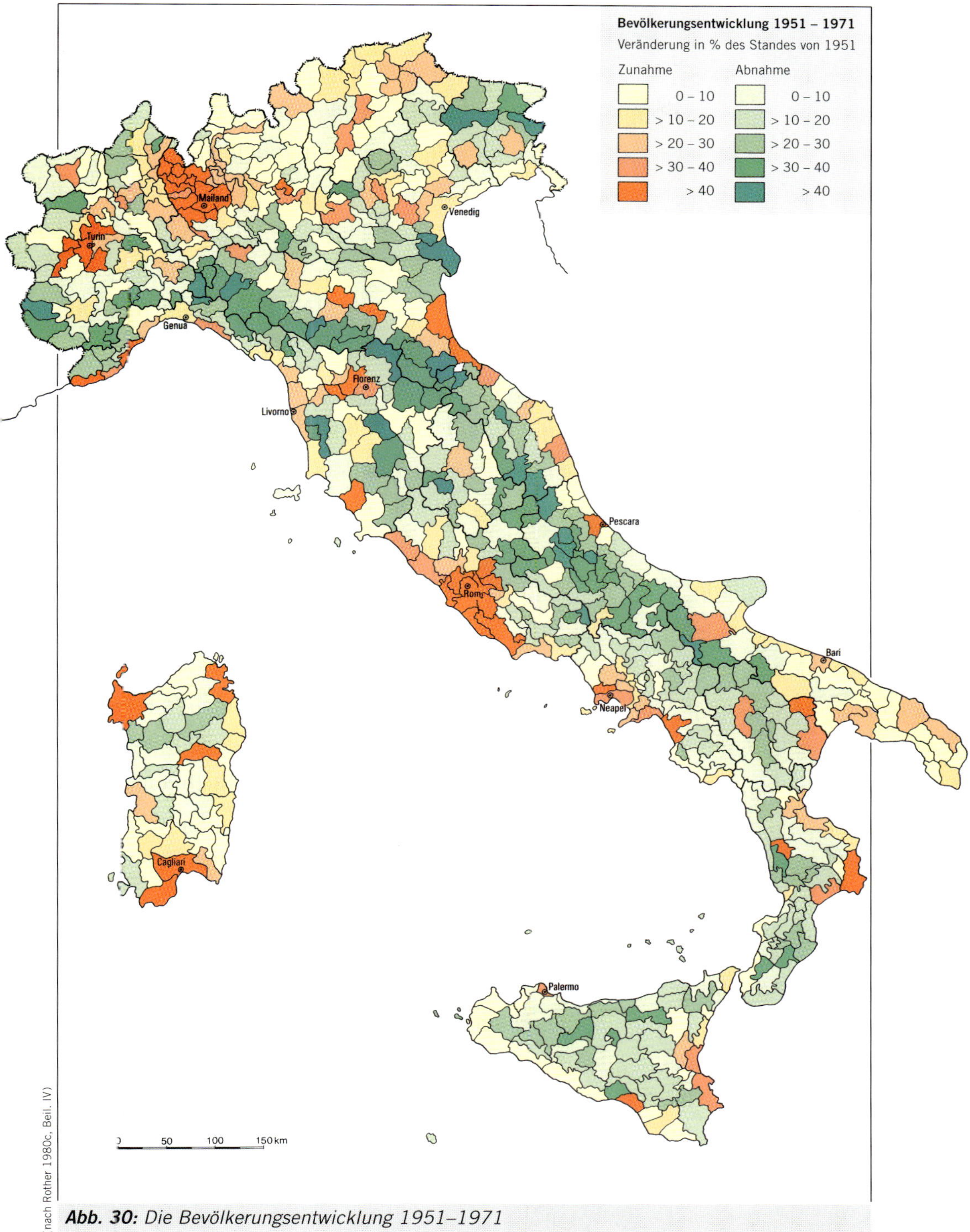

(nach Rother 1980c, Beil. IV)

Abb. 30: *Die Bevölkerungsentwicklung 1951–1971*

Großraum	Ebene 1921	Ebene 1991	Hügelland 1921	Hügelland 1991	Gebirge 1921	Gebirge 1991	Gesamtfläche 1921	Gesamtfläche 1991
	in %		in %		in %		in 1 000	
Nordwesten	49,7	57,6	27,6	25,8	22,7	16,5	10 047	14 903
Nordosten	57,5	64,0	22,9	21,6	19,6	14,4	8 235	10 341
Mitte	17,7	35,4	63,3	55,0	19,0	9,6	6 665	10 772
Süden	25,3	37,1	53,3	50,5	21,4	12,4	9 341	13 792
Inseln	30,0	41,5	54,4	46,9	15,6	11,6	5 109	6 600
Italien	**37,6**	**47,6**	**42,2**	**39,1**	**20,2**	**13,3**	**39 397**	**56 408**

Tab. 5: *Die Verteilung der Bevölkerung auf die Großräume und Höhenstufen 1921–1991*

Quelle: *Istat* 6 (1991), *Istat* 9

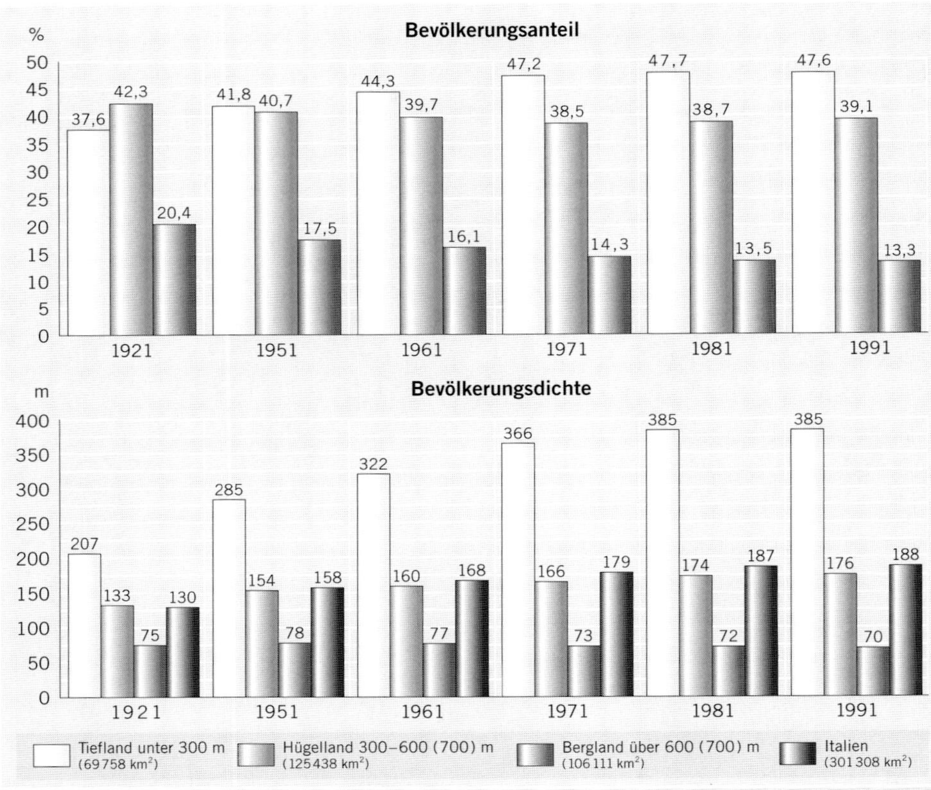

Abb. 31: *Die Bevölkerung nach Höhenstufen*

(nach *Documenti e informazioni*, Rom 10, 1969, S. 835, und *Istat* 6, 15, vol. 1, u. 16a)

die vergleichende Betrachtung (Tab. 5 u. Abb. 31). Lebten um 1951 nur etwa zwei Fünftel der Bevölkerung in der Ebene oder in Höhen bis 300 m, so ist es seit 1971 fast die Hälfte, und zwar auf Kosten von Gebirge und Hügelland, auch wenn im Hügelland die Bevölkerungsdichte zugenommen hat. Im Tiefland liegen die attraktiven Zentren von Handel, Industrie und Verkehr; sie beeinflussen das aktuelle demographische Muster Italiens am stärksten.

In den von der *Landwirtschaft* geprägten Gebieten, wo Boden- und Wasserverhältnisse die begrenzenden Faktoren sind, werden selten große Dichten erreicht. In der intensiv bewässerten Sarnoebene östlich des Vesuvs steigt sie allerdings auf 600–1000, in einzelnen Gemeinden sogar auf über 2000 Einw./km² (1991) an, wo noch in den sechziger Jahren zwei Fünftel der Erwerbspersonen in der Landwirtschaft tätig waren. Solche Werte sind in ländlichen Ballungsgebieten der Erde selten (H.-G. Wagner 1967, S. 168); das gegenwärtige Wachstum in der kampanischen Ebene wird freilich mehr und mehr durch die Verstädterung im Großraum Neapel ausgelöst (H.-G Wagner 1985, 1990). Auch die 200–400 Einw./km² auf der Salentinischen Halbinsel oder zwischen Trápani und Marsala (Sizilien) sind auf agrarischer Grundlage entstanden.

Die natürliche Bevölkerungsbewegung

Wenn in den siebziger Jahren das Bevölkerungsproblem als „italienische Krise" angesprochen wurde (Vitali 1976), dann ging es im Grunde um die differentielle, regionale demographische Entwicklung und ihr Verhältnis zur sozioökonomischen Entwicklung und um die Feststellung, daß sich Italien in einem demographischen Umbruch befand. Der Norden verhielt sich danach in seinen Bevölkerungsmerkmalen wie ein Industriestaat, in dem die Unterschiede zwischen Stadt und Land deutlich hervortraten. Im Süden dagegen herrschten noch die Strukturen der vorindustriellen Agrargesellschaft. Das sich daraus ergebende Gegensatzpaar war der Ausdruck für das Nebeneinander von entwickelten und unterentwickelten Regionen. Ist diese Zustandsbeschreibung Ende des 20. Jh.s noch gültig?

Die für die vorindustrielle Agrargesellschaft charakteristischen Merkmale sind tatsächlich, wenn auch in stark abgeschwächtem Maß, in den Regionen Süditaliens und der Inseln bis vor kurzem noch vorhanden gewesen: die starke Bindung an die Familie, hohe eheliche Fruchtbarkeit, hohe Säuglingssterblichkeit und niedrige Lebenserwartung. Die Bevölkerungszahl ist bis weit in die zweite Hälfte des 20. Jh.s vielerorts durch den zur Verfügung stehenden Nahrungsspielraum in der Landwirtschaft reguliert worden; denn bis heute gibt es nichtlandwirtschaftliche Arbeitsplätze nur in unzureichendem Umfang. Es fehlt auch an fachlicher Ausbildung dafür, und daraus folgt der Zwang zur Ab- und Auswanderung. Ein weiterer Ausdruck dieser Verhältnisse ist der strenge Sittenkodex gewesen, der sich im zurückhaltenden Auftreten der Frau in der Öffentlichkeit bemerkbar machte; auch heute wird z. B. das Straßenbild noch immer von Männern beherrscht. Und die strenge Familienehre kam in der Vergangenheit oft genug in der Blutrache zum Ausdruck. Dennoch hat sich seit Ende der fünfziger Jahre im sozialen Verhalten vieles entwickelt, was für den Norden seit langem üblich ist.

Wie wirkt sich der gesellschaftliche Wandel im *generativen Verhalten* aus? Der hohe natürliche Bevölkerungsüberschuß Italiens der fünfziger Jahre – er lag an sechster Stelle in Europa – ist schon bis Ende der siebziger Jahre besonders im Norden so stark gesunken oder in Defizite übergegangen, daß er nur noch durch den Geburtenüberschuß im Süden aufrechterhalten blieb. Bis zur Gegenwart hat sich hieran – wenn auch auf einem anderen, niedrigeren Zahlenniveau – nichts geändert.

Seit der ersten Zählung im Jahre 1861 wuchs die Bevölkerung nahezu gleichförmig, während gleichzeitig die Zahl der Lebendgeborenen und der Todesfälle auf 1000 Einwohner (Geburten- und Sterbeziffer) parallel zueinander abfielen (Abb. 32). Etwa seit Ende des Ersten Weltkriegs bis in die siebziger Jahre befand sich Italien demnach in der zweiten Hälfte des *demographischen Übergangs*, in der sich die Raten aus dem hohen Niveau der vormodernen Phase erniedrigten und aufeinander zu bewegten, d. h. die Geburtenziffern rascher sanken als die Sterbeziffern. Während 1965 etwas mehr als 1 Mio. Kinder geboren wurden, kamen 1983 nur noch 612 900 zur Welt.

Ganz Italien ist inzwischen von diesem anhaltenden *Geburtenrückgang* erfaßt, die Fruchtbarkeitsziffer 1993 (bezogen auf die Frauen im Alter von 15 bis 49 Jahren) mit 38,6 ‰ auf den niedrigsten Wert in Europa

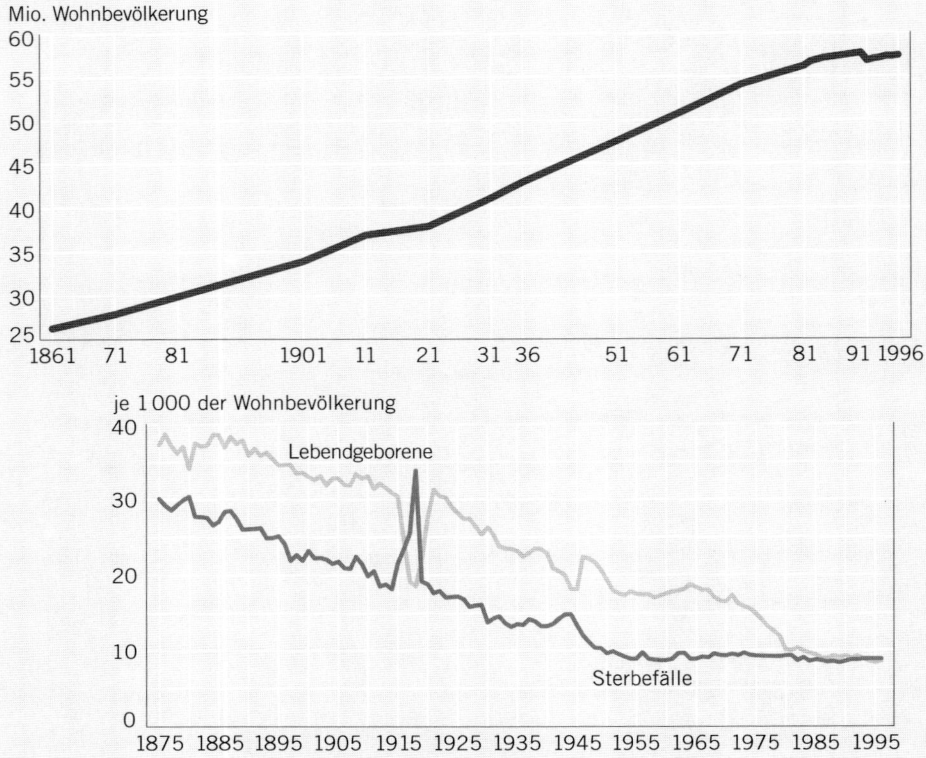

Abb. 32: *Die Bevölkerungsentwicklung 1861–1996 und die Geburten- und Sterbeziffern 1875–1996*

(nach Achenbach 1983, S. 176, ergänzt durch *Istat 8*)

abgesunken (1989–1993: D 44,0, NL 49,1, F 53,9, GB 54,9, S 59,7). Im gleichen Jahr unterschritt die Geburtenziffer erstmals geringfügig die Sterbeziffer (im Westen Deutschlands schon 1972). 1995 war die Differenz zwischen 526 064 Geborenen und 555 203 Gestorbenen schon deutlicher. Die Salden der natürlichen Bevölkerungsbewegung sind mit Ausnahme Süd- und Inselitaliens für die meisten Provinzen, aber auch für deren Hauptstädte, somit negativ geworden. Die Bevölkerungszunahme hat sich drastisch verlangsamt, die Phase der sogenannten *stationären, kontrollierten Bevölkerungsentwicklung* hat spätestens Mitte der achtziger Jahre begonnen.

Obwohl sich das generative Verhalten in Italien vergleichsweise spät änderte, verlief der Umbruch – vor allem nach dem Zweiten Weltkrieg – schneller als in den anderen westeuropäischen Ländern, die in ihrer Entwicklung vom Agrar- zum Industriestaat vorangegangen waren, allerdings mit zeitlicher Differenz in den einzelnen Landesteilen. Zwar hat der Geburtenrückgang auch heute noch regional eine unterschiedliche Intensität, jedoch ist er überall vorhanden (Abb. 33). Im Nordwesten liegt Ligurien (1995: 6,5 ‰) unter den Werten der Regionen Lombardei und Piemont (8,4 bzw. 7,6 ‰), die sich in ihrem Verlauf einheitlich verhalten. Im Nordosten fielen die Geburtenziffern von hohen Werten besonders stark ab, z. B. in Trentino-Südtirol Mitte der siebziger Jahre in fünf Jahren um 25 %. In allen Nordregionen geht die Entwicklung rasch zu einem gleichmäßig niedrigen Stand. In Mittelitalien war das Ausgangsniveau wegen der starken Gebirgsentvölkerung schon 1968 niedrig, die Geburtenziffern sanken dennoch weiter ab. Inzwischen sind mit Ausnahme von Latium

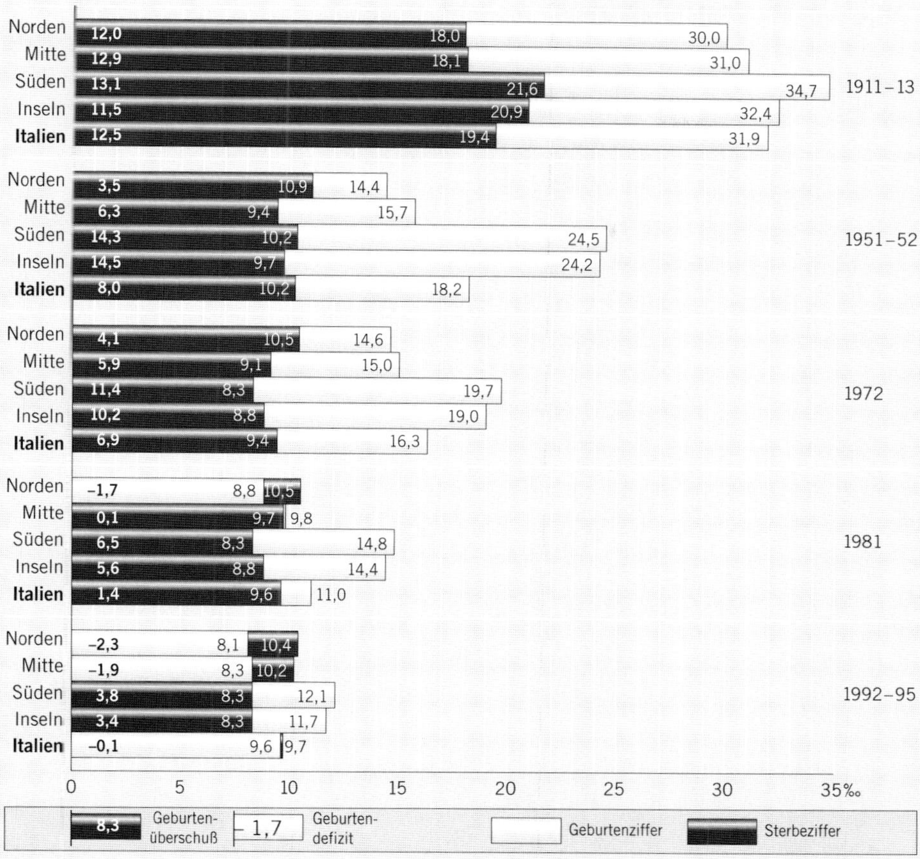

(nach Mortara 1960, Tab. 1, und *Istat* 1 u. 8)

***Abb. 33:** Die natürlichen Bevölkerungsbilanzen in ausgewählten Jahren des 20. Jahrhunderts*

auch die Salden negativ. Somit haben die Provinzen des Nordens und der Mitte durchweg Geburtenraten unter dem italienischen Durchschnitt, der Anfang der neunziger Jahre um 9–10‰ schwankte; noch 1978 hatte er 12,7‰ betragen.

Der Geburtenrückgang hat längst auf den Süden und die Inseln übergegriffen, was eine Abnahme der bisher noch hohen Geburtenüberschüsse zur Folge hatte; denn die Bevölkerung Süditaliens, welche die modernen Leitbilder durch Gastarbeit und Medien leicht aufgenommen hat, gleicht sich in ihrem generativen Verhalten dem allgemeinen Trend sehr schnell an (H.-G. Wagner 1991, S. 18). Dabei sind die Südregionen nicht mehr einheitlich zu sehen. Nur die kampanischen Provinzen Neapel und Caserta erreichen 1995 noch hohe Geburtenziffern bis über 13‰ und entsprechen damit dem 17 Jahre älteren Mittelwert für das ganze Land. Dagegen liegt die Geburtenhäufigkeit Sardiniens (1995: 8,6‰) heute schon unter dem aktuellen Durchschnittswert Italiens.

Die *Ursachen* für die in wenigen Jahren, d. h. mit hoher Geschwindigkeit erfolgte Änderung der natürlichen Bevölkerungsentwicklung sind nicht einheitlich und müssen je nach den örtlichen Bedingungen zu erklären versucht werden. Weil die Sterblichkeit weitgehend auf einem stabilen Niveau verbleibt, entscheidet heute jedenfalls die Geburtenentwicklung allein über die Bevölkerungsdynamik. Vor allem wirtschaftliche Verhältnisse sind dabei wirksam geworden, ebenso der bewußte Verzicht auf Kinder, ferner nicht zustandegekommene Eheschließungen und die allgemeine Tendenz zum Zweikindersystem. Lange Zeit hatten das Wirtschaftswachstum und das hohe Angebot an Arbeitsplätzen im Norden die Geburtenziffern im Süden hochgehalten. Nicht etwa Veränderungen in den Herkunftsgebieten, sondern die Verknappung der Arbeitsplätze in den Zielgebieten der Binnenwanderung brachte die entscheidende Wende.

Damit treffen früher oft genannte demographische Merkmale des Südens nicht mehr zu. Die hohe *Säuglings- und Kindersterblichkeit*, die als Folge großer Kinderzahlen in manchen Familien, unhygienischer Lebensbedingungen und entsprechender Krankheiten sowie unzureichender Ernährung und Versorgung noch 1963 in allen Südregionen gang und gäbe war und wo über 50‰ der Kinder im ersten Lebensjahr starben, mit dem Maximum in der Provinz Neapel, gehört der Vergangenheit an. Dank staatlicher Gesundheitsfürsorge, insbesondere durch den Krankenhaus-Neubau, und anderer Infrastrukturmaßnahmen ist die Säuglingssterblichkeit auf das Minimum von 5,0‰ zurückgeführt worden. Es entspricht dem Durchschnittswert für Italien (1995), das sich damit in die Gruppe der westeuropäischen Industriestaaten gleichrangig eingliedert (S: 4,2, F: 4,9, D: 5,3, NL: 5,5, E: 5,6, GB: 6,2‰). Auch das Merkmal des geringen Anteils *unehelicher Geburten* an allen Geburten (1995: 6,3%), im Unterschied zu den traditionell hohen Anteilen in den Alpenregionen vom Aostatal (13,3%) bis Südtirol (18,5%), fällt im Süden ebenso wie in Mittelitalien nicht mehr so sehr aus dem Landesrahmen (8,1%) wie früher.

Wenn man darüber hinaus das Merkmal *Familiengröße* vergleichend heranzieht, bestehen anders als noch in der jüngsten Vergangenheit zwischen den Regionen gleichfalls keine großen Unterschiede mehr; der zu vermutende Gegensatz zwischen großen Familien im Süden und weniger großen im Norden zeigt sich nicht. Die Schwankungsbreite der mittleren Familiengröße ist 1995 sehr klein geworden und liegt durchschnittlich bei 2,4 bis 2,9 Personen (Italien 2,7), „Extreme" reichen bis 2,3 (Aostatal, Ligurien) und 3,1 (Kampanien). Bedeutender sind wohl nach wie vor die Differenzen zwischen den drei Wirtschaftssektoren und zwischen Stadt und Land (Achenbach 1983). Der Bevölkerungssituation im Norden entspricht die größere Familie auf dem Land und in der Landwirtschaft und die kleinste im tertiären Sektor der Städte. Der Süden ist homogener. Die Familien des Agrarsektors sind wahrscheinlich wegen der Abwanderung kleiner als die des sekundären Sektors, d.h. auf dem Land sogar kleiner als in den Städten. Dabei muß freilich berücksichtigt werden, daß noch immer Teile der landwirtschaftlich tätigen Bevölkerung in „Städten" mit mehr als 20000 Einwohnern leben.

Die Gegensätzlichkeiten in der natürlichen Bevölkerungsentwicklung können nicht auf diejenigen zwischen Norden und Süden reduziert werden. Wie der Süden weist auch der Norden in sich stark divergente Entwicklungen auf (Achenbach 1981). Im Piemont könnten sie wegen der früher einsetzenden Reduktion der Geburten nach französischem Vorbild historisch begründet sein. Die zugezogene Bevölkerung übernahm alsbald diesen Trend. In Venetien dagegen folgte die Bevölkerung in Stadt und Land erst spät dem für das Industriezeitalter üblichen Verhalten.

Weil sich in ganz Italien niedrige Geburtenraten eingestellt haben, verwischen sich die regionalen Unterschiede zunehmend. Die Ursachen dafür sind aber in Nord und Süd andere, so daß das einheitlicher werdende generative Verhalten mit einem Ende der Gegensätze zwischen den „beiden Italien" nicht gleichbedeutend ist. Nachdem die interregionale Migration so gut wie keinen Ausweg mehr bietet, müssen die Familien jetzt auch im Süden klein gehalten werden. „Im Hinblick auf die zukünftige Entwicklung des Staates [erscheint] [...] die Situation des Südens in einem neuen Licht [...]. Dessen Abgeschlagenheit wird nunmehr nicht permanent reproduziert durch die wirtschaftliche Schwäche und die unaufhörliche Zunahme der Bevölkerung. Vielmehr bleibt zu hoffen, daß eine verstärkte rationale und einzelfamiliäre Lebensauffassung auch einen Prozeß vermehrter wirtschaftlicher Aktivitäten auslöst ..." (Achenbach 1981, S. 100).

Der Altersaufbau

In Konsequenz der veränderten natürlichen Bevölkerungsbewegung zeigen die „Alterspyramiden“ im Durchschnitt Italiens für die Stichjahre 1871, 1978 und 1996 geradezu die idealtypische Abfolge von der Pyramiden- über die Bienenkorb- zur Urnenform (Abb. 34). Während also der Übergang von der kräftig wachsenden zur nur noch mäßig wachsenden Bevölkerungsentwicklung ein Jahrhundert gedauert hatte, spielte sich der entscheidende Umbruch zur stationären bis schrumpfenden Bevölkerungsentwicklung im Zeitraum von nur wenigen Jahrzehnten ab.

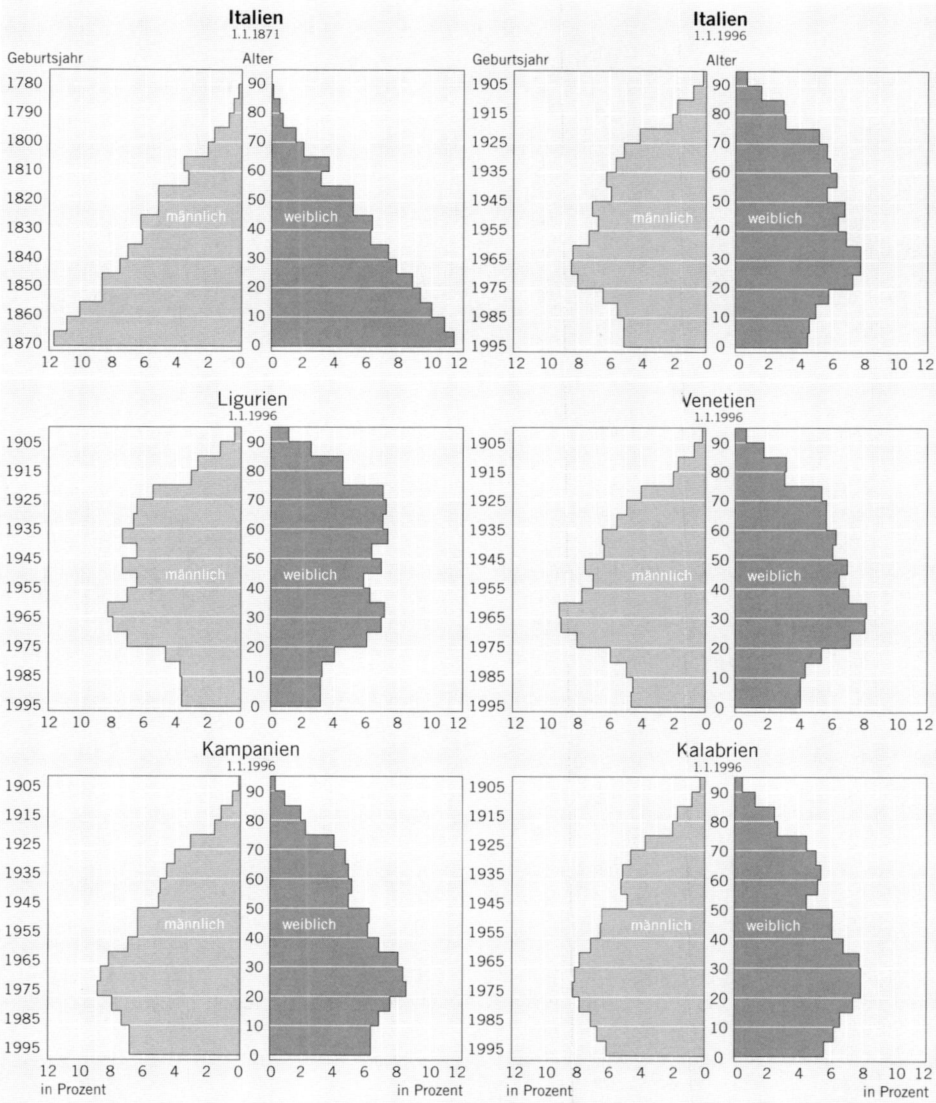

(nach Tichy 1985, Fig. 30, und Daten aus *Istat 8*)

***Abb. 34:** Der Altersaufbau der Bevölkerung Italiens 1871 und 1996 sowie ausgewählter Regionen 1996*

Bild 29: *In Gallípoli (Salentinische Halbinsel)*

Wegen der ungleichen Verhältnisse Italiens sind die Strukturen einzelner Regionen interessanter. Einerseits machen sie die Unterschiede im Altersaufbau der Bevölkerung zwischen Nord und Süd anschaulich sichtbar. Zugleich werfen sie aber ein Licht auf die im ganzen Land ähnlich gewordene Tendenz der Bevölkerungsdynamik. 1971 war die Pyramidenform in Kampanien, Apulien, Basilicata, Kalabrien, Sizilien und Sardinien noch nahezu vollkommen vorhanden. Zur Urnenform mit kräftig abnehmenden Geburtenziffern kam es dagegen schon ein Jahrzehnt vorher in den Regionen Julisch Venetien, Piemont, Lombardei, Ligurien, Emília-Romagna und Toskana. Seitdem nehmen die Geburtenziffern überall ab, d. h., es besteht ausnahmslos die Tendenz zur Urnenform der „Alterspyramide", wie sie die Regionen des Industriedreiecks im Nordwesten schon bisher gezeigt hatten, wenn auch im Süden und auf den Inseln nicht ganz so kraß wie in den anderen Regionen. Im Extremfall Liguriens, wo sich die Geburtenzahlen seit Mitte der siebziger Jahre nahezu halbiert haben, ist die schmale Basis im Altersaufbau 1996 besonders auffällig, nur wenig schwächer tritt sie in Venetien hervor. Hier wie in Latium und in den verzögert reagierenden Regionen Kampanien und Kalabrien folgt beim „Scharnier" der Zwanzigjährigen auf die Pyramidenform der älteren Jahrgangsgruppen allerdings sofort die Urnenform bei den jungen Altersgruppen ohne die Zwischenschaltung der Bienenkorbform wie im Nordwesten und im Durchschnitt ganz Italiens. Das generative Verhalten hat sich also im Norden zuerst und allmählich, im Süden später, jedoch schneller verändert.

Der Vergleich des Altersaufbaus von Italien und Deutschland macht auf grundsätzliche Übereinstimmungen aufmerksam, die teilweise durch das gemeinsame historische Schicksal zweier Weltkriege bedingt sind, wenn auch in Italien das Wachstum insgesamt gleichmäßiger gewesen ist als in Deutschland. Es fehlen hier größere Bevölkerungsanomalien negativer und positiver Art. Beispielsweise gibt es in der Zeit des Geburtenausfalls in Deutschland während der Weltwirtschaftskrise 1929–1932 in Italien eine Geburtenzunahme (Achenbach 1981, S. 8 f.). Zur Gegenwart hin gleicht sich der Altersaufbau beider Länder, auch hinsichtlich der Sexualproportion, immer mehr an. In Italien zeigen sich aber bei der Gegenüberstellung der Regionen größere

Differenzen, weil die Bevölkerungsdynamik durch das regional unterschiedliche Wirtschaftspotential erheblich beeinflußt worden ist. Zu diesem innerstaatlichen Entwicklungsgefälle treten außerdem noch individuelle, aus historischen Ausgangsbedingungen ableitbare Bevölkerungsentwicklungen der Teilräume hinzu. Dennoch ist die Bevölkerung Italiens ebenso wie in Deutschland durchschnittlich älter geworden. Trifft aber der Terminus *Überalterung* für alle Regionen Italiens zu?

Bis heute gibt es im Süden und auf den Inseln, aber auch in der Provinz Bozen, noch keine Überalterung der Bevölkerung (Bild 29); der Medianwert (das ist der errechnete Trennwert zwischen alter und junger Bevölkerung) liegt dort stets unter dem für Gesamtitalien (1961: 31,6; 1979: 32,7; 1995: 37,7 Jahre). 1979 begann die Überalterung in Molise, Abruzzen, Latium und Venetien und blieb bis 1995 mäßig; in Latium mit der Hauptstadt Rom gleicht der Medianwert heute sogar wieder jenem für ganz Italien. 1961 und 1979 hatten auch die Lombardei und das Aostatal schon eine leichte Überalterung, die ihren Umfang annähernd beibehielt. In Umbrien, den Marken und im Trentino wuchs der Wert dagegen rasch an. Dem Typ ausgeprägter Überalterung entsprachen schon 1961 Piemont, Toskana, Emília-Romagna, Friaul-Julisch Venetien und besonders Ligurien, das heute wie damals den höchsten Wert erreicht (1980: 40,7; 1995: 44,2 Jahre). Die relativ geringe Überalterung in der Lombardei (1980: 34,6; 1995: 39,0 Jahre) ist die Folge der Zuwanderung junger Menschen, verbunden mit hoher Fruchtbarkeit (Achenbach 1976). In Gebirgsregionen, wie Molise und Abruzzen, sind Abwanderungen die Ursache der starken Überalterung. In Venetien haben die verringerten Familiengrößen entsprechend gewirkt.

Die Erwerbsstruktur

Die sehr unausgeglichene Bevölkerungsverteilung, die in Ballungsräumen und schwach bewohnten Gebirgsregionen und Hügelländern zum Ausdruck kommt, und der Gegensatz von Räumen hohen und niedrigen Geburtenüberschusses oder gar Geburtendefizits belegen die demographische Inhomogenität Italiens. Die Wanderbewegungen der Menschen haben einerseits, im generativen Verhalten, ausgleichend gewirkt, andererseits die Gegensätze verstärkt, indem die Ballungsräume durch sie gewachsen und die an Einwohnern armen Bereiche, zumindest an jungen Jahrgängen, noch leerer geworden sind. Hierbei spielt nicht der Bevölkerungsdruck der großen Menschenzahl die maßgebende Rolle, sondern die Bewertung des einzelnen, d. h. wie ein Bewohner der dicht oder dünn besiedelten Gebiete seinen Lebensraum und seine Lebensmöglichkeiten selbst einschätzt, ob er sich zum Aufbruch entschließt oder an Ort und Stelle verbleibt. Außerdem entscheiden auch die sozialen Strukturen über die Stabilität der Bevölkerungsverteilung. Solche Merkmale, wie z. B. die Berufstätigkeit, der Bildungsstand und das Ausbildungsniveau der Erwerbspersonen, können aus der Statistik leicht ermittelt werden (Vallat 1998), während die Bewertungskriterien des einzelnen, z. B. durch Befragung, schwerer zugänglich sind. Vor der Behandlung der Migrationen sei deshalb ein Blick auf die Verteilung und die Veränderungen der Erwerbsstruktur geworfen; denn wieder lassen sich Indizien zur Beantwortung der Frage erwarten, ob sich das wirtschaftliche und soziale Ungleichgewicht des Landes abzuschwächen beginnt oder ob sich die räumlichen Disparitäten sogar noch verstärken (H.-G. Wagner 1975/76, 1991, S. 37).

Erst in den Jahren vor dem Zweiten Weltkrieg begann Italien, den *Weg vom Agrarstaat zum Industriestaat* zu gehen, in dem die Wirtschaftsleistung überwiegend vom gewerblichen, dem sekundären Sektor erbracht wird (Abb. 35).

Die Zahl der in der Landwirtschaft Tätigen von 8,65 Mio. beim Zensus 1881, die 56,8 % aller Erwerbspersonen stellten, war nach beträchtlicher Zunahme während des Ersten Weltkrieges und folgender Abnahme bis 1936 auf 8,84 Mio. (= 48 %) gewachsen (Vitali 1968, S. 16). Die Produktions-

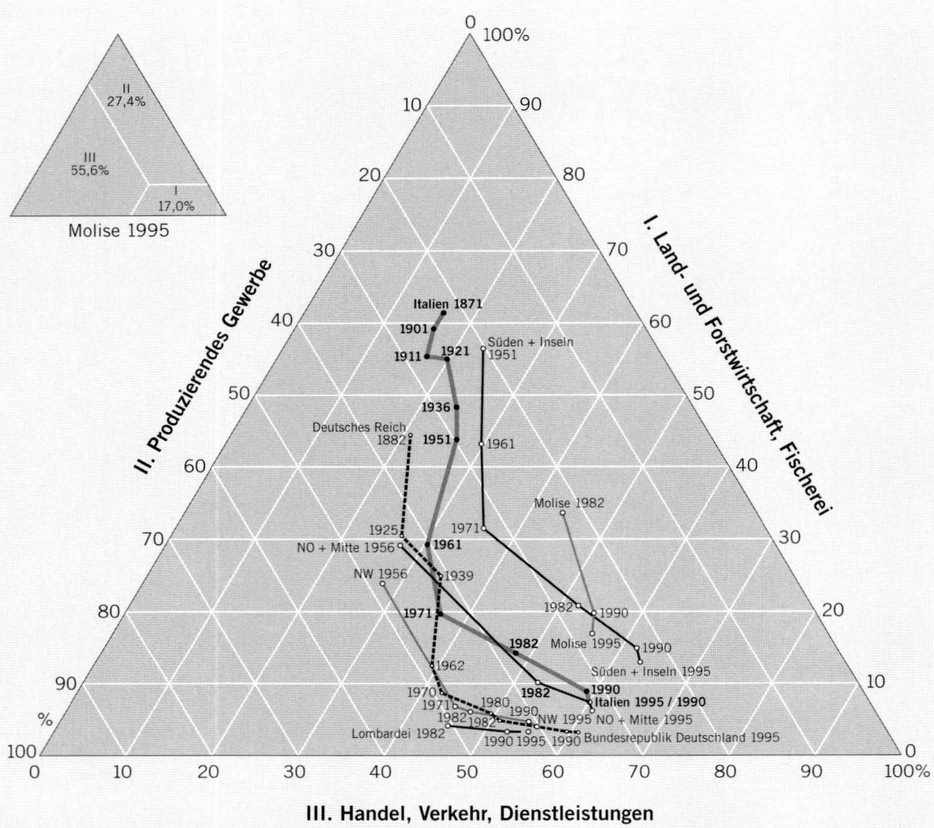

***Abb. 35:** Die Entwicklung der Erwerbsstruktur nach Großräumen und zwei ausgewählten Regionen vom 19. Jahrhundert bis zur Gegenwart*

(nach Monheim 1972, S. 394, ergänzt durch *Istat* 1 [1996], 6 [1991] und Stat. Jb. d. Bundesrep. Deutschland 1997)

fläche hatte nahezu den gleichen Umfang behalten, die arbeitskräftesparende Mechanisierung kaum begonnen.

Nach 1951 (8,65 Mio. = 43,9 %) machte sich die industrielle Entwicklung in der von nun an immer rascher vor sich gehenden Verminderung der agrarisch Beschäftigten bemerkbar. Im Jahr 1961 wurden 5,69 Mio. oder 29,1 %, 1984 fast die Hälfte davon, nämlich 2,43 Mio. oder 11,8 %, und 1995 nur noch 1,49 Mio. oder 7,4 % aller Erwerbspersonen gezählt. Der sekundäre wie der tertiäre Sektor verschafften neue Arbeitsplätze, und trotzdem blieb der Bevölkerungsdruck auf die begrenzten Landreserven lange Zeit erhalten; es war nur die „überschüssige“ Bevölkerung abgeflossen, bis schließlich doch Mangel an landwirtschaftlichen Arbeitskräften spürbar wurde.

Besonders zwischen 1951 und 1971 wandelte sich die Berufsstruktur schnell und ging gleichzeitig mit dem Wechsel des Arbeitsortes großer Bevölkerungsteile, d. h. mit der Landflucht, einher (Rother 1974). Seitdem hält diese Tendenz unvermindert an, ohne allerdings mit solchen starken Ortsveränderungen verbunden zu sein, weil nichtagrarische Arbeitsplätze auch außerhalb der großen Ballungsräume, namentlich in Nordost- und Mittelitalien, geschaffen worden sind. Obwohl in Italien noch etwa doppelt soviel Erwerbspersonen in der Landwirtschaft tätig sind wie in Deutschland, gleicht sich seine Erwerbsstruktur jener der westeuropäischen Länder immer mehr an, indem Gewerbe und Industrie und – noch mehr – die Dienstleistungen das Wirtschaftsleben bestimmen.

Im Süden, einschließlich Sardiniens, beherrschte der Agrarsektor das Wirtschaftsleben sehr lange. Bis 1936 hatte sich hier trotz der Bevölkerungszunahme von 9,8 auf 15,4 Mio. nichts geändert; die absolute Zahl der in der Landwirtschaft Arbeitenden hielt sich bei 3,2–3,5 Mio. mit einem Anteil von 56,7 % im Jahr 1951; in Gewerbe und Industrie kamen dagegen nur 1,3 Mio. unter (20,1 %) (Rodgers 1979, S. 15ff.; Vöchting 1951, S. 649; H.-G. Wagner 1975/76). 1936 lebten aber zugleich 4,1 Mio. Erwerbsfähige untätig oder waren nur zum Teil beschäftigt. Wie 1971 arbeitet auch 1995 die Hälfte der agrarischen Bevölkerung Italiens im Süden und auf den Inseln (49,6 %), jetzt aber nur noch 0,74 von 1,49 Mio. Die häufig von der arbeitsintensiven Landwirtschaft geprägten Regionen des Südens erreichen heute Agrarquoten von 8–13 % (Abruzzen, Kampanien, Sizilien) und 14–17 % (Apulien, Basilicata, Kalabrien, Molise) ähnlich wie die traditionellen agrarischen Exportgebiete Südtirols (12,1 %) und der Emília-Romagna (8,5 %). In den von der gewerblichen Wirtschaft geprägten Nordwestregionen wird die hochentwickelte Landwirtschaft rationell und arbeitskraftsparend betrieben, so daß sie mit etwa halb so großen oder noch geringeren Anteilen von 5,2 % (Piemont), 3,3 % (Lombardei) und 4,2 % (Ligurien) auskommt.

Italiens Erwerbsstruktur wird bei leichtem Rückgang der Industriebeschäftigten jetzt von der Beschäftigung im tertiären Sektor dominiert (1964: 33,8 %; 1995: 60,1 %). Freilich muß bewußt bleiben, daß die Dienstleistungen, insbesondere der Handel, im Süden schon immer hohes Ansehen genossen haben und hier zugleich ein Ausdruck von Unterbeschäftigung und großer Arbeitslosigkeit (vor allem Jugendlicher) gewesen sind. Erst in der Gegenwart mündet die Entwicklung mehr und mehr in den Zusammenhang von Industrialisierung und Tertiärisierung ein, wie ihn Fourastié (1954) für die alten Industriestaaten Westeuropas dargestellt hat und wie er im Norden schon lange zum Tragen gekommen ist.

Die Veränderungen in der Erwerbsstruktur sind allerdings vielseitiger, als es die nüchternen Zahlen ausweisen. Bis in die Gegenwart waren mit ihnen Verschiebungen in der *sozialen Schichtung* verbunden. In der Landwirtschaft nahm der Anteil der Selbständigen – sicherlich auch dank der Bodenreform – zeitweise zu, bisher mithelfende Familienangehörige fanden andere Beschäftigung und schieden aus der Landwirtschaft aus. Im sekundären Sektor verminderte sich der Anteil der Selbständigen nicht zuletzt durch den Niedergang des überbesetzten Handwerks und das Vordringen von Großbetrieben; die unselbständigen Arbeitskräfte behielten ihren hohen Anteil von etwa drei Vierteln bis vier Fünfteln (1995: 81,5 %) bei. Diese Entwicklung dürfte andauern, wenn auch in der Landwirtschaft – durch Vergrößerung der Betriebe auf der einen und Betriebsaufgabe auf der anderen Seite – wieder mit einer Abnahme der Selbständigen zu rechnen ist.

Problematisch sind Angaben über den Anteil der *berufstätigen Frauen* vor allem im Vergleich mit älteren Erhebungen und im Vergleich zwischen den Landesteilen. Im allgemeinen sind Frauen weniger als in anderen Industrieländern Europas am (offiziellen) Wirtschaftsleben beteiligt; es ist das Problem der Hausfrauentätigkeit. Die Frauenquote erreicht in der Gegenwart aber ein deutlich höheres Niveau als früher. 1995 lag sie bei 35 %, in Deutschland bei 42 %. Vom Nordwesten, wo sie 38 % betrug, verringerte sie sich über die Mitte mit 36 % auf 30 % im Süden und 26 % auf den Inseln (Tab. 6). In der Landwirtschaft jedoch waren Frauen stets in einem höheren Verhältnis beteiligt (1881 mit 37,4 %, 1936 mit 38,1 %, 1995 mit 35,9 %), wenn auch in geringerer Zahl in Sizilien (1995: 20,1 %) oder Sardinien (1995: 19,0 %; 1961 nur 5,5 %!). Der Grund dafür ist in der extensiven latifundistischen Wirtschaft zu sehen, die besonders in Sizilien verbreitet war. Hier haben sich historische Verhaltensformen entwickelt, die Frauenarbeit auf dem Feld nicht zulassen (Rochefort 1961, S. 85). Das gilt auch für die Weidewirtschaft Sardiniens, nicht aber für den arbeitsintensiven mediterranen Obst-, Wein- und Gemüseanbau (Apulien 1995 mit 39,1 %, Kampanien mit 48,8%) oder für die kärgliche Gebirgslandwirtschaft in den Abruzzen (40,5%) und im Molise (50,0 %) oder in der Basilicata (48,3 %). Als Folge der Ab-

Großraum	Beschäftigte Gesamt (1 000)	Beschäftigte Frauen (%)	Unbeschäftigte Gesamt (1 000)	Unbeschäftigte Frauen (%)	Unbeschäftigte Anteil an Arbeitskräften (%)
Nordwesten	5 972	38,1	475	58,9	8,0
Nordosten	4 321	38,5	269	63,2	6,2
Mitte	4 021	36,7	462	56,3	11,5
Süden	3 920	30,3	1 011	47,5	25,8
Inseln	1 776	26,6	506	43,9	28,5
Italien	**20 010**	**35,4**	**2 723**	**51,9**	**13,6**
erstmals Arbeit suchend			1 150	47,9	
sonstige Arbeit suchend			570	79,8	
arbeitslos			1 005	40,6	

***Tab. 6:** Beschäftigte und unbeschäftigte Arbeitskräfte 1995*

Quelle: *Istat* 1 (1996), Tav. 10.1 u. 10.7

wanderung männlicher Arbeitskräfte stieg der Anteil der Frauen in allen Großräumen an, weshalb man von der *femminazzazione* spricht, die sich gleichzeitig mit der Überalterung, der *senizzazione*, ereignet hat (Barberis 1965, S. 104). In einzelnen Regionen des Südens arbeiten zunehmend mehr Frauen auf dem Feld als Männer.

Charakteristisch für die differenzierte Entwicklung innerhalb Italiens, aber auch Italiens insgesamt, ist der unterschiedliche Anteil der Altersgruppen am Berufsleben, d. h. die altersspezifische *Erwerbsquote*. Noch vor kurzem hatte Italien eine Erwerbsquote, die mit deutlich unter 40 % jener mancher Entwicklungsländer entsprach, in denen die nicht erwerbsfähigen jungen Jahrgänge stark besetzt sind. Der aussagekräftige Meßwert (1971: Norden 40 %, Mitte 37 %, Süden 34 %) hatte seit dem Zweiten Weltkrieg bis in die siebziger Jahre sogar fallende Tendenz, und zwar im ganzen Land, was widersprüchlich – als Folge des wachsenden Wohlstands bzw. als Folge anhaltender Unterentwicklung – erklärt wurde (Monheim 1981). Die Erwerbsquote von 41,8 % im Jahr 1996 verweist auf ein inzwischen höheres Beschäftigungsniveau (Deutschland 1996: 48,8 %), allerdings nur für den Norden (Nordwest 46,4 %, Nordost 48,5 %) und die Mitte (43,0 %); im Süden hat sich nichts geändert (1996: 34 %). Sehr niedrig geblieben ist aber die durchschnittliche Erwerbsquote bei den Jugendlichen und jungen Erwachsenen (15 – 24 Jahre) mit 25 % (1996), ein Wert, der im gleichen Jahr in den anderen westeuropäischen Industriestaaten etwa doppelt so hoch gelegen hat. Immer mehr Jugendliche dieser Jahrgänge treten als Schüler und Studenten später als bisher in das Berufsleben ein. Diese Tatsache trifft wiederum am meisten für den Süden und die Inseln zu, wo die Zahl der unbeschäftigten Arbeitskräfte und der Erwerbslosen ohnedies am größten ist. Während die offiziell registrierte *Arbeitslosigkeit* 1996 im Norden und in der Mitte bei 6 – 10 % lag (Italien: 12,1 %), betrug sie im Süden 22 %, mit dem Maximum in Sardinien und der Basilicata. Hier waren im gleichen Jahr 56 % (!) der jungen Menschen arbeitslos (*Istat* 10, 1997, S. 384; H.-G. Wagner 1991, S. 24).

Derartige statistische Daten sind trotz aller Genauigkeit der Erhebung und Berechnung kein Spiegelbild der Wirklichkeit des Wirtschaftslebens. Ebensowenig wie sie den tatsächlich hohen Anteil der Frauen als Arbeitskräfte auf dem Lande in Teilzeitarbeit und im Heimgewerbe berücksichtigen, lassen sie die trotz Verbots weiter bestehende Kinderarbeit erkennen. Immerhin haben schwerwiegende Unfälle von Kindern in Werkstätten, die von keiner Versicherung gedeckt sind, Aufsehen erregt. Viele Familien, insbesondere im Raum Neapel, würden ohne Beteiligung aller ihrer Mitglieder an der Einkommensbeschaffung auf jede nur denkbare Weise nicht existieren können. Der Junge, der den Beamten und Angestellten den Espresso ins Dienstzimmer bringt, und der Ladenbote, der die Signora bei ihren Einkäufen begleitet, gehören zum italienischen Alltag.

Darüber hinaus bleibt in der Erwerbsstatistik die gesamte *Schattenwirtschaft* (*economia sommersa*) selbstverständlich unberücksichtigt. Sie ist aber zweifellos ein wichtiger Grund für die vergleichsweise niedrige Erwerbsquote Italiens, die eben nur die „legalen" Beschäftigungsverhältnisse einschließt (Monheim 1981). Nach italienischen Schätzungen machen Schwarzarbeiter zwischen 1980 und 1996 gleichbleibend fast ein Fünftel aller in Industrie und Gewerbe Tätigen aus, im privaten Dienstleistungssektor ist der Anteil etwas höher (um 22 %), und in der Landwirtschaft sollen über zwei Drittel, bei den meist kurzfristig oder saisonal angestellten agrarischen Arbeitskräften gar 90 % informell beschäftigt gewesen sein (*Istat* 10, 1997, S. 170f.). Dem „zweiten Arbeitsmarkt" werden ca. 3 Mio. Personen zugerechnet, darunter Frauen mit Teilzeitarbeit, Beschäftigte mit Doppelarbeit, die produktive Arbeit von Lehrlingen und die Heimarbeit von Alten, Frauen und Kindern; dazu kommen 2 Mio. „beschäftigte Arbeitslose" (H.-G. Wagner 1991, S. 24). Zusammen stehen sie den rund 20 Mio. Erwerbspersonen des „ersten Arbeitsmarktes" (1996) gegenüber.

Auf dem „zweiten Arbeitsmarkt" tätig und deshalb statistisch nicht erfaßt sind auch die wachsenden Mengen von illegalen Einwanderern aus einigen Staaten des ehemaligen Ostblocks und der Dritten Welt (Reyneri 1979, S. 117; s. u.). Sie wohnen in den Großstädten ethnisch und geschlechtsspezifisch segregiert, z. B. schon in den siebziger Jahren als Hausgehilfinnen von den Kapverden und Philippinen (Arena 1982), aus Eritrea und Somalia – in Rom und den Metropolen des Nordens oft das Statussymbol von Familien emanzipierter Frauen, oder als Straßenkleinhändler aus dem Senegal wie in Neapel (Hillmann/Krings 1996). Andere leisten Saisonarbeit an Touristenplätzen der Adria, Tunesier und Marokkaner tun dies in der Landwirtschaft des Südens, z. B. im Weinbau Westsiziliens (Castelvetrano), in Südostsardinien und in der Fischerei (Mazara del Vallo/Sizilien). Nordafrikaner sind darüber hinaus in der Emília-Romagna im Baugewerbe, in metallverarbeitenden Betrieben und kleinen Gießereien beschäftigt. Im Großraum Neapel, aber auch in Palermo, tauchen Schwarzafrikaner und Südamerikaner beiderlei Geschlechts auf und drängen in Schmuggel, Drogenhandel und Prostitution die einheimische Unterwelt (*Camorra, Mafia*) durch globale Vernetzung mehr und mehr zurück.

Ist also inzwischen sogar in Süditalien der Arbeitsmarkt erschöpft? Während höherwertige Arbeit weiter exportiert wird, überläßt man niedrige Dienstleistungen und schwere oder schlecht angesehene Arbeit den Ausländern, sogar in der Industrie. Noch haben die Gewerkschaften nichts gegen solche Schwarzarbeit zu geringen Löhnen bei längerer Arbeitszeit und ohne soziale Sicherung getan. Die durch die Schul- und Universitätsausbildung gegangene Jugend, die einen großen Teil der Arbeitslosen und Unterbeschäftigten stellt, steht für einen derartigen Arbeitsmarkt jedenfalls nicht zur Verfügung (Reyneri 1979, S. 121).

Die Mobilität der Bevölkerung

Die wirtschaftsräumlichen Gegensätze Italiens sind auch nach fünf Jahrzehnten aufwendiger Bemühungen des Staates um einen Ausgleich nicht beseitigt worden. Die zu leistende Aufgabe wäre noch sehr viel größer gewesen, wenn die betroffene Bevölkerung nicht mit der Abwanderung zur Selbsthilfe gegriffen hätte, wie sie das schon seit mehr als hundert Jahren gewohnt war. Es kam zum „Gesundschrumpfen" und zur „Passivsanierung", so daß dem Land wahrscheinlich um die Jahrhundertwende eine Sozialrevolution erspart blieb. Weil eine Besserung der Lebensverhältnisse im Heimatort, vor allem wegen des Mangels an Ausbildung und Kapital (der bis heute im gebirgigen Binnenland weiterhin besteht), aussichtslos schien, eröffnete sich als einziger Weg die Migration. Italiens Bevölkerung geriet in Bewegung, es ereignete sich ein

Massenexodus. In mehreren Wellen, in charakteristische Zielländer, Räume und Städte innerhalb und außerhalb Italiens gerichtet und von jeweils unterschiedlichen Gruppen und aus anderen Provinzen getragen, begannen Auswanderung und Binnenwanderung schon vor den Jahren der staatlichen Einigung.

Die heutige Struktur, Dichte und Verteilung der italienischen Bevölkerung ist ohne die Berücksichtigung der Migrationen ebensowenig zu verstehen wie die Industrieentwicklung und die Städteballung im Nordwesten mit dem hier verbundenen „Wirtschaftswunder“. Aber auch der Süden ist nicht nur entlastet worden. Ihn kennzeichnen räumliche Phänomene wie die typischen Heimkehrersiedlungen der *Americani* und die bis ins fernste Dorf ausgreifende Neubautätigkeit dank des im Norden oder im Ausland verdienten Geldes. Manche Räume jedoch, besonders im Gebirge, sind verlassen.

Italien ist vom ausgehenden 19. Jh. ab von umstürzenden Migrationsvorgängen so gewaltigen Ausmaßes und mit so einschneidenden Folgen getroffen worden wie kein anderes Land Europas, wenn man von den Flüchtlingsströmen während und nach dem Zweiten Weltkrieg absieht.

Noch 1911 wohnten nur 4,5 % der Bevölkerung nicht an ihrem Geburtsort, 1921 bereits 23 %; 1950 waren es aber 30 % und 1971 schon mehr als 42 %, wobei der Grad der Homogenität in den Abwanderungsgebieten des Südens naturgemäß viel höher lag als in den Zuwanderungsgebieten des Nordens. Wenn auch die größten Wanderungswellen heute abgeklungen sind, wechseln jährlich immerhin noch mehr als 1,5 Mio. Italiener ihren Wohnort (Kühne 1974, S. 20; Migliorini 1978, S. 36; Aquarone 1961).

Die Mobilität der modernen Zeit begann mit Massenwanderungen nach Übersee, die ihren Höhepunkt vor dem Ersten Weltkrieg erreichten. Gastarbeiterwanderungen nach West- und Mitteleuropa hatte es gleichzeitig und schon früher gegeben; aber erst nach 1947, vor allem in der Periode 1951–65, standen sie im Vordergrund des Interesses der Wanderungswilligen neben der Binnenwanderung vom Süden in den Nordwesten. Auch die Gebirgsentvölkerung hatte in den fünfziger Jahren ihr Maximum. Hinter Aus-, Gastarbeiter- und Binnenwanderung blieben die Ausmaße innerstädtischer Umzüge, der traditionellen Saisonwanderungen von Landarbeitern oder von Hirten im Rahmen der Fernweidewirtschaft (Transhumanz) weit zurück. Inzwischen haben sich die Migrationsprozesse, wie erwähnt, auf niedrigem Niveau stabilisiert, und es gibt auch im Süden für sie kein Potential mehr (Reyneri 1979, S. 171). In der Gegenwart wird die Mobilität der Italiener viel mehr durch einen neuen Migrationsprozeß überlagert, der auch die europäische Tagespolitik beschäftigt: Mehr als andere Länder des Mittelmeerraumes ist Italien mit seiner langen Küstenlinie das bevorzugte Tor für die Einwanderung aus Drittweltländern geworden; und viele der meist illegalen Immigranten wenden sich von hier aus in die prosperierenden Industriestaaten West- und Mitteleuropas.

Der besseren Übersichtlichkeit halber werden im folgenden die ältere und jüngere Emigration der Italiener, d. h. jene vor und nach dem Zweiten Weltkrieg, die Immigration nach Italien in der Gegenwart und die Binnenwanderung, das sind die Migrationen innerhalb des Staatsgebietes, einschließlich ihrer Ursachen und Folgen getrennt dargestellt, obwohl sie teilweise miteinander verknüpft sind.

Die ältere Auswanderung

Die Auswanderung der Italiener in *andere europäische Länder* ist alt. Sie war seit jeher eine überwiegende Arbeiterwanderung und wurde vor allem von der ländlichen (Gebirgs-)Bevölkerung getragen. Die periodische Rückkehr in den Heimatort hatte bei der Lebensplanung oftmals einen festen Platz. Naturgemäß entwickelte sich aus der Abwanderung auf Zeit nicht selten auch die endgültige Emigration.

Schon im 17./18. Jh. gingen Angehörige mehrerer Baumeisterfamilien, so aus Laino im Valle d'Intelvi, zwischen Luganer und Comer See gelegen, nach Böhmen und Süddeutschland. Zahlreiche Norditaliener ließen sich in der Schweiz nieder oder siedelten sich als Bauern in Südfrankreich an (Faidutti-Rudolph 1964, 1978). Viele Eisenbahntrassen in der Schweiz und in Deutschland wurden von italienischen Arbeitern gebaut (Raffestin 1978); Kalabresen waren beim Bau des Suezkanals beschäftigt und sammelten dabei Auslandserfahrungen.

1876 zogen fast vier Fünftel aller Auswanderer Italiens in andere europäische oder mediterrane Länder um. Die Alpenbewohner, besonders Venetiens, brauchten nur kurze Wege zu ihren neuen Arbeitsplätzen zurückzulegen, an denen es in ihrer Bergheimat fehlte. An alte Beziehungen anknüpfend, nicht zuletzt durch den Hausierhandel, fanden sie auch dank ihrer Bildung rasch im Ausland Arbeit. Dagegen hatte die Po-Ebene wegen ihrer landwirtschaftlichen Gunst an dieser Bewegung nur wenig Anteil, obwohl bis 1911 mehr Norditaliener (2,3 Mio.) als Süditaliener (1,8 Mio.) ihre Heimat verließen. Mittelitalien war an der Auswanderung jener Zeit noch fast unbeteiligt, was an der völlig anderen Siedlungsweise und dem an den Einzelhof gebundenen Halbpachtwesen liegen dürfte. Die in dieses Betriebssystem nicht aufgenommene Bevölkerung mußte schon immer abwandern, weshalb sich kein großer Überschuß angesammelt hatte.

Nach allen Befunden hing die verschiedene Wanderungsintensität der Regionen aber nicht allein von den unterschiedlichen Distanzen zum Wanderziel ab. Zwar erwiesen sich für die Arbeit suchenden Bewohner des Südens die Landwege in andere europäische Länder als zu weit und zu teuer, die Seewege standen ihnen dagegen offen. Zu mehr als 80 % und bis über 95 % (Basilicata und Apulien) war deshalb ihr Ziel die Neue Welt (Rühl 1912). Bei dieser jüngeren *Überseewanderung* kehrten die Auswanderer nur selten, für kurze Zeit oder erst im Alter in ihre Heimat zurück. Eine Ausnahme bildete die winterliche Saisonwanderung von Landarbeitern zur Einbringung der Ernte in der argentinischen Pampa.

Obwohl der Norden mit seiner günstigeren Lage im Verkehrsnetz und seiner Weltoffenheit anfangs einen Vorsprung hatte, wurde er bald vom Süden eingeholt (Tab. 7). Dort nahmen die Auswandererzahlen so stark zu, daß in den Jahren vor dem Ersten Weltkrieg schon fast die Hälfte aller Auswanderer aus dem Süden kam. Die Spitzenwerte der Überseeauswanderung lagen 1906 bei 512000 und 1913 bei 560000 Menschen. Damit übertrafen sie die Höchstwerte der Auswanderung aus Großbritannien (1883: 320000) und auch aus Rußland (1908: 665000; Rühl 1912). 1906 verließen nämlich insgesamt 788000 Italiener ihr Heimatland. Der Krieg unterbrach den Migrationsprozeß, der alsbald wieder mit gleicher Vehemenz beginnen sollte. Er wurde aber durch die Einwanderungsbeschränkungen der USA (*Quota acts* 1921–1924) und die Maßnahmen der auf Autarkie setzenden faschistischen Regierung rasch eingedämmt. Der Bevölkerungsdruck war ohnedies geringer geworden, und für die Kolonialarmee, für Polizei, Binnensiedlung und Kolonistensiedlungen in Libyen und Äthiopien brauchte man Menschen. Die Auswandererzahlen (Abb. 36) sanken nach der Weltwirtschaftskrise (1929–1932) schroff ab, und die Emigration wurde durch den Zweiten Weltkrieg abermals unterbrochen. Der Wanderungssaldo, das ist die Differenz zwischen wirklichem und natürlichem Bevölkerungswachstum, ergab für die hundertjährige Auswanderungsperiode 1861–1964 einen Verlust von

Jahr	Auswanderung aus dem süditalienischen Festland und Sizilien	Auswanderung aus dem übrigen Italien	Von 100 Auswanderern entstammen dem Süden
1876	7 121	101 655	7
1880	21 122	98 779	18
1885	43 325	113 868	28
1890	71 757	145 487	33
1895	95 485	197 696	33
1900	140 801	211 981	40
1905	350 102	376 229	48
1910	298 964	352 511	46
1913	400 632	471 966	46
1920	345 643	268 968	56

Quelle: Vöchting 1951, S. 238

***Tab. 7:** Die Auswanderung 1876–1920 aus Süditalien und Sizilien*

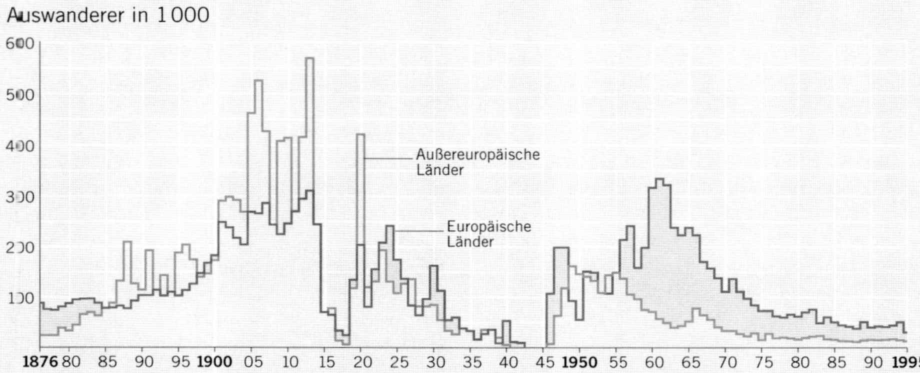

Abb. 36: *Die Auswanderer in europäische und außereuropäische Länder 1876–1995*

(nach Favero/Tassello 1978, ergänzt durch *Istat*, Ann. Stat. Demogr. 1982/83, *Italien* 1992, S. 26, und *Istat* 7)

8,4 Mio. Bewohnern Italiens (Tab. 3; Tagliacarne 1966); in diesem Zeitraum strebten etwa 25 Mio. Italiener in alle Welt, davon rund 12 Mio. nach Übersee (Montanari 1993). Weil sich die Auswanderung aus dem Süden vom ausgehenden 19. Jh. an zur Massenemigration nach Übersee entwickelt hatte, wurde in manchen Regionen und Provinzen nicht nur der jährliche Geburtenüberschuß abgeschöpft; es kam darüber hinaus zu großen Bevölkerungsverlusten, wie z. B. in der besonders stark von der Auswanderung betroffenen Basilicata.

Bei den *Ursachen der Massenauswanderung* ist zuerst auf den Bevölkerungsdruck in den *Herkunftsgebieten* hinzuweisen. Die hohen Geburtenziffern bei gleichzeitig hohen Sterbeziffern zogen das große Arbeitskräfteangebot nach. Die niedrigen Löhne machten Investitionen unnötig; Unternehmer in Landwirtschaft, Gewerbe und Industrie führten nicht wie in anderen Ländern jener Zeit neue arbeitsparende Maschinen und Produktionsmethoden ein. Die Landnot rief den ungesunden Pachtwettbewerb und auch den Preiswucher hervor. Wald und Boden wurden bis zur Zerstörung genutzt, Weideflächen überstockt. Unter dem Einheitsstaat spitzten sich die Verhältnisse mit Steuerlast und Wehrpflicht noch zu. Die Versteigerungen des Kirchenguts entzogen das wenige aus der Landwirtschaft erlöste Kapital und legten es im Grundbesitz fest. Die Allmendteilungen brachten keine Entlastung; denn sie schufen lebensunfähige Zwergwirtschaften auf zu kleinen, ferngelegenen, nach der Waldrodung oft rasch abgewirtschafteten Parzellen. Schon früh wanderten deshalb Kleinpächter und Kleinbauern aus. Zu der allgemeinen Notsituation kamen Ereignisse, die den Auswanderungsprozeß im ländlichen Raum letztlich auslösten, wie Mißjahre und Pflanzenschädlinge (Reblaus, Ölfliege). Als die Auswanderung zunahm, wurde der Einsatz landwirtschaftlicher Maschinen auf einmal erforderlich, und sie waren bald sowohl Folge als auch Ursache der hochgradigen Emigration. Die *Zielgebiete* der Auswanderung boten dank der wirtschaftlichen Lage der Zeit große Aufnahmeräume für die italienischen Arbeitskräfte, gerade auch für die ungelernten Analphabeten aus dem Süden und aus den Bergdörfern. In der Arbeitsnachfrage drückte sich das sozialwirtschaftliche Gefälle aus, dem die Auswandererströme nach Europa und Amerika folgten.

Je nach Konjunkturlage und Arbeitskräftebedarf schwankten die Auswandererzahlen, gelenkt von einer gut funktionierenden Nachrichtenübermittlung. Dennoch ist das Wanderungsphänomen nicht nur mechanistisch erklärbar oder als Regel zu beschreiben, schon gar nicht in Migrationsformeln auszudrücken, auch ist der *Verlauf* nicht nur sachlich bestimmt gewesen. „Neben der Berechnung des möglichen Verdienstes, neben bedachtvollem Planen und Vorsorgen auf weitere Zukunft traten unterbewußte Regungen, Nachahmungsdrang, geistige Ansteckung, Träume und Wunschvorstellungen, jene Verstandesgründe bald durchkreuzend, mannigfaltig ins Spiel" (Vöchting 1951,

S. 241). Die damals noch weitgehend des Lesens unkundigen Bewohner der enggebauten Höhendörfer und Agrostädte waren in ihren Kommunikationsmöglichkeiten gegenüber den gebildeteren Norditalienern keineswegs rückständig. Die Berichte der Emigranten lockten Verwandte, Freunde und Bekannte, Geldsendungen (Rimessen) erleichterten die Reise, Haus und Land wurden verkauft; andere gerieten erst durch übervorteilende Kredite in den Sog, bis solche Machenschaften durch die Auswanderergesetze 1901 verboten wurden. Diese schon von Sartorius (1911, S. 7) als „psychologisches Gesetz der Auswanderung" geschilderten Umstände für den Aufbruchsentschluß beschreiben auch den regelhaften Verlauf bei den Gastarbeiterwanderungen der Nachkriegszeit und bei der Binnenwanderung innerhalb Italiens, die prinzipiell als *Kettenwanderung* (*chain migration*) aufgefaßt werden können. Die bei den Auswanderungskolonien in Übersee oftmals zu beobachtende Häufung der gleichen Herkunft, ja desselben süditalienischen Gebirgsdorfes, ist dafür ein untrüglicher Beweis (Rother 1988 für Australien).

Für den Süden, seine Bewohner und seine Wirtschaft sind die *Folgen der Auswanderung* nicht leicht abzuschätzen (Vöchting 1951, S. 248). Bedeuteten sie tatsächlich einen Gewinn durch Entlastung, oder war der Schaden durch den Verlust aktiver Bevölkerung größer? Es gab ja deutliche Störungen in der Geschlechterproportion (Feminisierung) und im Altersaufbau (Überalterung). Bald stieg deswegen aber die Nachfrage nach landwirtschaftlichen Arbeitern, bei höherem Lohn auch für Tagelöhner; es fehlten Fachkräfte, z. B. für die Baumpflege. Die ersten Rückwanderer zahlten übertriebene Bodenpreise. Die Entlastung in der Landwirtschaft ließ die Nutzfläche zurückgehen, die Pachtpreise mußten nachgeben, Betriebe wurden stillgelegt, Frauen- und Kinderarbeit nahmen zu. Die Geldsendungen in die Heimat brachten einen Gewinn an sachlichem Reichtum und Zahlungsbilanzüberschüsse, sie erhöhten die Kaufkraft, schufen Bedürfnisse und belebten den Handel. Von der Ausfuhr landwirtschaftlicher Erzeugnisse, von Öl, Wein, Teigwaren und Käse für die Auslandsitaliener, profitierte der Süden. Die Zahl der Teilbauern, Anteilpächter und Kleineigentümer wuchs, die der Tagelöhner wurde kleiner (Vöchting 1951, S. 255). Endlich konnte die Sehnsucht nach eigenem Grund und Boden gestillt werden. Es entstanden besonders in Kalabrien, den Abruzzen und der Basilicata die Neusiedlungen der *Americani*, die sich durch saubere, gepflegte Anlage, schmucke Gehöfte und intensiveren Anbau vom üblichen Dorfbild des Südens wohltuend abhoben. Aber auch vieles andere wurde von Amerikageldern finanziert, wie aufwendige Kirchenbauten, Feuerwerke an den Kirchweihtagen usw. Im großen gesehen brachten die Rimessen für Italien und vor allem für den Süden viel Segen; der südliche Wirtschaftskörper schien sich zu verjüngen. Welche Ausmaße das im Einzelfall annahm, mag das Beispiel der mittleren Landstadt Rionero am M. Vúlture in der Basilicata zeigen: 2000 fortgewanderte Bürger, aus den USA und Argentinien, schickten jährlich jeweils beinahe 500 000 Lire in die Heimat zurück (Fortunato zit. n. Vöchting 1951, S. 261). Mit der Weltwirtschaftskrise hörten diese Sendungen freilich auf. Schließlich verbesserte sich auch die öffentliche Sicherheit in unerwarteter Weise; denn die Auswanderung bedeutete das Ende des Brigantenunwesens in den Bergen, jedoch nicht das Ende der Mafia und der Camorra in den Städten.

Bei allen positiven Erscheinungen dürfen die „Gegenposten" nicht außer acht bleiben. Dazu gehört die allgemeine Unfähigkeit und Trägheit, an Ort und Stelle den Boden in Wert zu setzen, z. B. Neuerungen im Futterpflanzenanbau und im Obst- und Gemüseanbau einzuführen, wie sie vielfach erst nach dem Zweiten Weltkrieg allmählich Eingang gefunden haben (Vöchting 1951, S. 262). Negativ war die mit der Anlage von Auslandsersparnissen verbundene Ausbeutung, der große Schaden, der dem Landbürgertum und Kleinbesitzer erwachsen war, und vieles mehr. Dennoch hätte ohne den „stummen Protest" (Laudisa 1973), der sich in der Auswanderung äußerte, die drohende Sozialkatastrophe nicht verhindert werden können; denn nichts war geschehen, um die sich von der „Einzel- zur Gruppen-, endlich zur Herdenwanderung" steigernde Bewegung aufzuhalten (Vöchting 1951, S. 241).

Die jüngere Auswanderung

Mit dem Zweiten Weltkrieg ist die Auswanderungsgeschichte Italiens noch nicht beendet. Im Gegenteil, sie erlebt im Umfang einen weiteren Höhepunkt, aber auch einen charakteristischen Wechsel in der Zielrichtung der Wanderströme, so daß King (1993) von einem *neuen Migrationstyp* spricht. Die Not im Lande war um so drükkender geworden, als die Siedler aus den Kolonien heimkehrten, die Industrie darniederlag, die Landwirtschaft die Arbeitskräfte nicht aufnehmen konnte und die großangelegte Bodenreform (s. u.) den einzigen Ausweg bot, die politische Katastrophe zu vermeiden. Schon 1947 stieg die jährliche Auswandererzahl auf die Höhe der zwanziger Jahre an. Nach dem Höchststand von 1949 und 1955 mit jährlich etwa 150000 Emigranten verlor die Überseeauswanderung, die sich vor allem Kanada zugewandt hatte, erheblich gegenüber der enorm steigenden *Gastarbeiterwanderung nach Mittel- und Westeuropa*, die 1961–1963 ihren Gipfel mit jährlich über 300000 Menschen erreichte. Schon vor dem Ersten Weltkrieg waren Arbeiterwanderungen in europäische Länder, vorwiegend nach Frankreich, in die Schweiz und nach Deutschland, gerichtet gewesen (Abb. 37; Alberoni 1970). Danach gab es noch zwei Höhepunkte, sowohl vor als auch während der Weltwirtschaftskrise.

An diesem Migrationsprozeß lassen sich grundsätzlich die gleichen Beobachtungen über Verlauf, Ursachen und Folgen machen wie bei der älteren Auswanderung. Wieder wandern meist gering ausgebildete Arbeitskräfte über größere Entfernungen zwischen Staaten sehr unterschiedlicher wirtschaftlicher und soziokultureller Entwicklung (Lienau 1977). Sie folgen dem Gefälle zwischen Überschuß und Bedarf an Arbeitskräften, angeworben, organisiert oder aus freien Stücken, für bestimmte Zeit und oft auf Grund von Verträgen, z. B. dem zwischen der Bundesrepublik Deutschland und Italien im Jahr 1955. Es sind *temporäre* oder *Rotationswanderungen* auf kürzere oder längere Zeit hin, gewöhnlich für fünf bis zehn Jahre, wobei ein bis zwei längere Pausen über die Urlaubs- und Festtage hinaus eingelegt werden. Etwa die Hälfte der im Ausland Arbeitenden kommt jedes Jahr einmal in die Heimat zurück. Gewöhnlich werden wenige Kinder mitgenommen, es wandern also Kleinfamilien oder Unverheiratete aus, auf jeden Fall bei weitem mehr ledige Männer als ledige Frauen (Achenbach 1981, S. 43).

Wegen der wiederholten Aus- und Einreisen im jahreszeitlichen Zyklus ist in der Auswandererstatistik nur die Zahl der erstmals in europäische Länder Ausreisenden eindeutig verwendbar. Unter diesen war die Altersgruppe zwischen 15 und 30 Jahren im Zeitraum 1957–1961 mit 68 % und 1972–1975 mit 79 % beteiligt. In zwanzig Jahren sank das Durchschnittsalter dieser Gruppe sogar von 27 auf 20 Jahre ab (Reyneri 1979, S. 153 u. Tab. 11).

Eine scharfe Trennung zur endgültigen Auswanderung ist nicht möglich. Ein und derselbe Arbeiter kann nacheinander an verschiedenen Migrationstypen beteiligt sein, beginnend etwa als Gastarbeiter in Deutschland, der sich dann als Industriearbeiter in Norditalien niederläßt und schließlich endgültig nach Übersee aufbricht, bis er im Alter in seine Heimat zurückkehrt (Mori 1961). Zahlreiche Beispiele in Deutschland zeigen, daß der Entschluß für den definitiven Verbleib im Ausland auch am ersten Zielort heranreifen kann.

Wieder kommen die meisten Gastarbeiter aus den ländlichen Räumen und aus dem Süden. Zwischen 1950 und 1970 haben fast 4 Mio. Menschen Süditalien verlassen. Anfangs gingen sie nach Frankreich, in die Schweiz und nach Belgien, ab Ende der fünfziger Jahre mehr nach der Schweiz und Deutschland mit dem Höhepunkt 1966, als 1,3 Mio. registriert wurden. Danach überwog die Binnenwanderung in die anwachsende Industrie Nordwestitaliens. Die Bildung der EG begünstigte die italienische Gastarbeiterwanderung; sie hatte 1960 mit 170580 einen Anteil von 52 % aller Einwanderer in die (seinerzeit sechs) EG-Länder; dieser Wert sank bis 1970 mit 56754 Immigranten auf 16 % (King 1976).

Im Jahr 1970 kennzeichnete die Gastarbeiterwanderung in die EG-Länder den Süden; denn mit seinem Bevölkerungsanteil von 35 % stellte er 72 % der Aus-

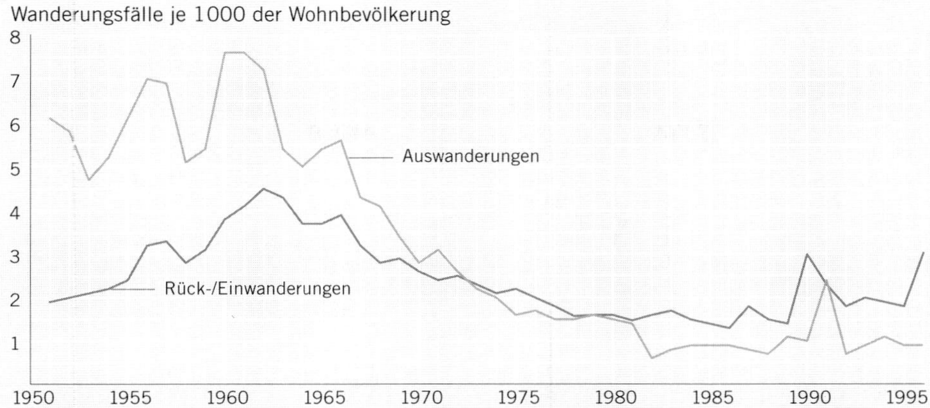

(nach Achenbach 1983, S. 183, ergänzt durch *Istat 7*)

***Abb. 37:** Auswanderungen nach und Rück-/Einwanderungen von Europa und Übersee 1951–1996*

wanderer in die EG-Länder, allen Regionen voran Apulien, Sizilien und Kampanien; erst dann folgte die alte Auswandererregion Venetien, während die Lombardei oft die Funktion einer Zwischenstation auf dem Weg nach Norden hatte. Mit ihrem hohen Auswandereranteil waren die kleinen Regionen Molise und Basilicata von dem Phänomen besonders betroffen. Allein Sardinien trat etwas zurück, was mit der dort begonnenen positiven Wirtschaftsentwicklung erklärbar ist. Manche Regionen (Sizilien, Kalabrien, Abruzzen) hielten neben der Gastarbeiterwanderung an ihren alten Emigrationszielen in Übersee fest, andere (besonders Sardinien, Apulien, Venetien) waren mehr zur EG orientiert.

Zu Beginn der achtziger Jahre schwächte sich der Gastarbeiterstrom aus Italien in die anderen Industrieländer Europas deutlich ab. Durch die wirtschaftliche Krisensituation nahmen die Rückwanderungen zu. Gleichzeitig wandelte sich das Migrationsgeschehen abermals (s. u.): Obwohl die Auswanderung auf niedrigem Zahlenniveau anhält, ist Italien in seiner modernen Geschichte erstmals Einwandererland geworden (Arena 1982).

Ebenso wie die Auswanderungsprozesse hatten auch die Gastarbeiterwanderungen deutliche *Veränderungen der Bevölkerungsstruktur* zur Folge. In der Heimat blieben ältere Menschen, Frauen und Kinder zurück, was Überalterung und Verstärkung des Frauenanteils in den Herkunftsgemeinden bedeutete. Eine Änderung im generativen Verhalten ergab sich daraus, daß sich für die unverheirateten Migranten das Heiratsalter erhöhte und sich bei den Verheirateten und nun längere Zeit getrennt Lebenden die Zeugungsmöglichkeit verringerte. Außerdem übernahmen wahrscheinlich viele die in den Zielgebieten üblichen Gewohnheiten der Geburtenkontrolle (Reyneri 1979, S. 260).

An dem großen Verlust von landwirtschaftlichen Arbeitskräften in Höhe von fast 1 Mio. im Süden zwischen 1951 und 1971, der ebenso hoch ist wie der in Gesamtitalien, ist sicher die Arbeitsmigration erheblich beteiligt gewesen (H.-G. Wagner 1975/76). Das förderte die weitere *Rationalisierung in der Landwirtschaft*; oft wurde sie aber verhindert, weil das Land im Besitz der Abwanderer blieb und von Frauen und Alten weiterbewirtschaftet wurde. Bei einem saisonalen Wanderungszyklus wurde die Familienlandwirtschaft gelegentlich angepaßt, z. B. versorgte man die Haselnußkulturen am Vesuv noch vor der erneuten Ausreise (H.-G. Wagner 1967, S. 216). Mit dem Rückgang der arbeitsaufwendigen Landwirtschaft nahmen Pferde und Ochsen erheblich, Schafe um die Hälfte ab. Jedes Haus erhielt Wasserversorgung. Das Warenangebot stieg kräftig, landwirtschaftliche Maschinen, Kühe, Radios, Fernseher, Autos und Motorroller breiteten sich aus. Der steigende Konsum betraf auch Fleisch, Spirituosen und Kaffee; selbst Butter, die früher auf dem Land – wo man die Olive als wichtigste Fettquelle benutzte – nahezu unbekannt war, setzte sich durch (Caldo 1990).

Zur Unterstützung der Familienangehörigen in der Heimat wurden beträchtliche *Geldmengen* transferiert, und nach der Rückkehr waren beachtliche Investitionen möglich. Trotz einer Berufsschulausbildung handelte es sich dabei aber selten um Investitionen in Betrieben, im Gewerbe oder um Erwerb von Maschinen, sondern meistens um Immobilienkäufe, was die *hohe Bautätigkeit* auch im dörflichen Bereich erklärt und in den Gemeinden erhebliche Probleme verursachen kann (Signorelli u. a. 1977, S. 282; Schrettenbrunner 1970, 1988). Häufig werden *Kleinunternehmen* im Dienstleistungsbereich, wie Bar, Laden oder Taxi, gegründet, aber meistens nicht im Heimatort, sondern in der nächstgelegenen Provinzhauptstadt. Eine Grundlage für zukünftige Produktivität oder gar eine Industrieförderung kann man auf solche Weise kaum erreichen (z. B. King u. a. 1985). Nicht überall in den Herkunftsorten können die Heimkehrer ihre Kenntnisse dem in der Industrie des Auslandes erworbenen Ausbildungsstand entsprechend anwenden, und wer das erkennt, wandert wieder ab. Nur die Erfolglosen, die keine Fortbildung genossen haben, bleiben als eine negative Auslese zurück. Die Wiedereingliederung in eine veränderte Umwelt ist äußerst schwierig, besonders dann, wenn im Ausland geborene Kinder beteiligt sind.

Alle *positiven Effekte* sind durch die Aufbesserung der finanziellen Lage der Migranten und ihrer Familien mit Hilfe der Ersparnisse und Rimessen zu verstehen. Die Geldsendungen bedeuten zugleich eine wesentliche Hilfe zum Ausgleich der Außenhandelsbilanz des Staates. Den Gunstfaktoren stehen aber beträchtliche und wahrscheinlich gleichwertige *Negativeffekte* gegenüber, ohne daß sie quantifizierbar wären (King 1982, 1985): der Verlust an Facharbeitern, soziales Leid in den getrennten Familien, kulturelle Zwiespältigkeit, Schäden durch Betriebsunfälle, das Gefühl, ausgebeutet worden zu sein, die Schwierigkeit bei der Rückkehr, Arbeit zu finden. Daraus kann der Schluß gezogen werden, daß – ebenso wie in anderen südeuropäischen Ländern – die Migration die Entwicklung Süditaliens nur wenig unterstützt hat. Es ist offensichtlich ein Mythos, daß die Rückkehr von Migranten Produktivität und Innovation hervorbringt; man sollte besser vom „Fortschritt ohne Entwicklung" sprechen (Reyneri 1979, S. 183/271; Schneider/Schneider 1976, S. 203), und C. Trigilia (1992) betitelt in analoger Weise sein bekanntes Buch über den Mezzogiorno mit *Sviluppo senza autonomia* („Entwicklung ohne Selbständigkeit"). Wenn auch diese negative Einschätzung für das Binnenland sicher ganz überwiegend zutrifft, so dürfen die Ausnahmen davon nicht außer acht gelassen werden. Bei günstiger geographischer Lage, besonders an den gut erschlossenen Küsten, können die Investitionen der Rückkehrer im Dienstleistungsgewerbe, vor allem in der Tourismusbranche, ein erfolgreiches Mittel für die langfristige Entwicklung sein, wie dies King u. a. (1984) für Amantea an der tyrrhenischen Küste Kalabriens zeigen.

Die neue Einwanderung

Seit Mitte der siebziger Jahre bleibt die italienische Auswanderung mit etwa 50000 – 60000 Personen im Jahr stabil; gleichzeitig wächst die Ein- bzw. Rückwanderung. Erstmals ist 1972 ein positiver Wanderungssaldo errechnet worden, der in der ersten Hälfte der neunziger Jahre zwischen 100000 und 200000 Personen je Jahr geschwankt hat; allein das „fernste Italien", die Regionen Apulien, Basilicata und Kalabrien, weisen im Jahrfünft 1991 – 1995 immer noch eine durchgehend negative Wanderbilanz auf. Während anfangs die *Rückwanderung* aus dem Norden, aus Deutschland, der Schweiz und Frankreich, besonders im Zusammenhang mit der Wirtschaftsrezession durch die Ölkrisen und die Konkurrenz anderer Gastarbeitergruppen (z. B. der Türken), überwog (Leidlmair 1997) und allenfalls einige griechische und spanische Einwanderer, sogar in der westlichen Po-Ebene, erschienen, haben seit Mitte der achtziger Jahre in wachsendem Maß die Immigranten aus europäischen Nicht-EU-Staaten und aus Ländern Außereuropas (*extracomunitari*) Bedeutung gewonnen Zuerst waren es Flüchtlinge aus den Ostblockstaaten, vor allem Jugoslawen und Albaner, die auch nach dem Fall des Eisernen Vorhangs das nahe „westliche" Italien als begehrtes Ziel vor Augen hatten, ehe sich die Einwanderer aus afrikanischen, asiatischen und lateinamerikanischen Ländern mit niedrigem Entwicklungsniveau, darunter viele Farbige, immer stärker in den Vordergrund schoben. 1993 belief sich die Zahl der offiziell registrierten Ausländer auf knapp 1 Mio. (= 1,7 % der Bevölkerung Italiens), davon waren 150 000 EU-Bürger; einschließlich der illegalen Immigranten dürfte die Zahl der Ausländer bei etwa 1,8 Mio. gelegen haben. Im Vergleich zu anderen EU-Staaten mit längerer Einwanderergeschichte war der Anteil mit rund 3 % an der Gesamtbevölkerung des Landes also vorerst klein. Das gilt auch für den jährlichen Wandergewinn: 1993 meldeten sich rund 100 000 Neuankömmlinge an, davon 17,5 % aus EU-Staaten. Ende 1998 wurden amtlich 1,25 Mio. Nicht-EU-Ausländer gezählt.

Losi (1996; vgl. Franchi 1991) *typisiert* die neue Einwanderung als die erste Phase einer anschwellenden Kettenwanderung, bei der alleinstehende junge Leute beiderlei Geschlechts ohne Anwerbung vornehmlich aus wirtschaftlichen Gründen kurzfristig ins Land kommen, abgesondert wohnen, den Wohnsitz im Gastland – mit der Tendenz von Süd nach Nord – oftmals wechseln und auf das Sozialnetz von vornherein verzichten. „Illegale Einwanderung und gesellschaftliche Marginalität von Zuwanderern aus der östlichen Hälfte Europas und aus der Dritten Welt zählen zur italienischen Normalität" (Losi 1996, S. 137).

Kennzeichnend ist außerdem die große Spannweite der *Herkunft* (Abb. 38). 1993 standen unter den mehr als 0,5 Mio. Personen zählenden Zuwanderergruppen aus den 20 wichtigsten Ländern mit niedrigem Entwicklungsniveau die Marokkaner (9,9 %) an erster Stelle vor Ex-Jugoslawen (7,3 %), Philippinern (4,7 %), Tunesiern (4,5 %), Albanern (3,1 %), Senegalesen (2,7 %),

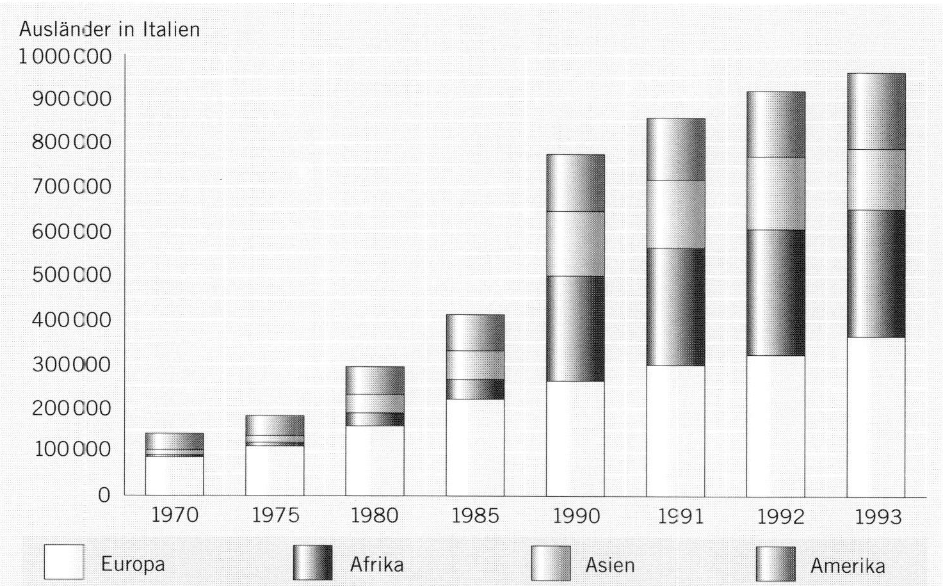

(nach Losi 1996, S. 120 f.)

Abb. 38: *Die Ausländer in Italien 1970 – 1993 nach Herkunftskontinent, ohne Australien-Ozeanien und Staatenlose*

Ägyptern (2,5 %), Chinesen (2,3 %), Polen (2,1%) und Brasilianern (2,1 %), wobei aus den islamischen Ländern mehr Männer, aus den katholischen Ländern mehr Frauen eingewandert waren (Hillmann/Krings 1996). Darunter gibt es bereits länger anwesende Gruppen (Chinesen, Ägypter), bei denen die Familienzusammenführung schon eine größere Rolle spielt als die Suche nach der ersten Beschäftigung. Anders als in Deutschland sind Asylsuchende bis 1996 die Ausnahme gewesen (s. u.).

Regeln in der *räumlichen Verteilung* der Ausländer lassen sich im einzelnen nur schwer aufstellen, obwohl die Hafenstädte der Westküste und die Industriegroßstädte des Nordens zweifellos die wichtigsten Auffangbecken geworden sind (Montanari 1993). Bei großräumiger Sicht entfielen 1994 52 % der Aufenthaltsgenehmigungen auf den Norden, 33 % auf die Mitte und nur 16 % auf den Süden und die Inseln. Die größte Ausländerdichte hatte Rom mit 32,5 Ausländern auf 1000 Einwohner (Leidlmair 1997).

Für die zunehmende Einwanderung gerade nach Italien können mehrere *Gründe* genannt werden. Auf die lange Küstenlinie, die dem illegalen Einsickern von Ausländern Tür und Tor öffnet, ist bereits hingewiesen worden. Zum anderen besteht zumindest zwischen Süd- und Inselitalien und den Maghrebländern, voran Tunesien, eine lange Wanderungstradition (Costanzo 1998). Wie in anderen südeuropäischen Ländern wird die Immigration auch durch den wirtschaftlichen Aufschwung Italiens gefördert. Im Land fehlt inzwischen ein breites Angebot billiger Arbeitskräfte. Die Ausländer konkurrieren auf dem Arbeitsmarkt mit den Einheimischen wenig, sie verhalten sich gewissermaßen „komplementär“, zumal ein erheblicher Teil der als „Studenten“ oder „Touristen“ Eingereisten in der Schattenwirtschaft untertaucht (s. o.). Dabei ergeben sich für die einzelnen Herkunftsgruppen spezifische Tätigkeiten; bestimmte Teilarbeitsmärkte sind inzwischen „ethnisiert“ (Hillmann/Krings 1996; s. o.). Schließlich sind im klassischen Auswandererland Italien die Einwanderungsbestimmungen ziemlich locker gewesen; das Land war auf den Umschwung nicht vorbereitet. Nach laschen Verordnungen, die leicht umgangen werden konnten, wurden erst 1990 im „Martelli-Gesetz“ strengere Regulierungen erlassen und z. B. (auch nachträgliche) Aufenthaltsgenehmigungen für Immigranten erforderlich, vor allem, um den Arbeitsmarkt kontrollieren zu können. Im übrigen enthält die Gesetzgebung keine Angaben über die Integration der fremden Bevölkerungselemente; die „Assimilation zählt nicht zu den erklärten Zielen der italienischen Eingliederungspolitik“. Dieses Aufgabenfeld bleibt den zahlreichen Initiativen privater gesellschaftlicher Gruppen überlassen (Losi 1996, S. 137; vgl. King 1993). Nach der empfindlichen Reaktion der Norditaliener auf die Zuwanderung aus dem Süden in den fünfziger und sechziger Jahren machen sich freilich rechtsgerichtete politische Bewegungen (z. B. *Lega Nord*) die Angst vor Überfremdung erneut zunutze. Unter dem Eindruck der jüngsten Zuwanderung von Nordafrikanern, Albanern und Kurden 1997/98 (*boat people*) sind tatsächlich neue, strengere Vorschriften, insbesondere zur schnellen Abschiebung der *clandestini*, der „heimlichen Zuwanderer“, in Kraft getreten. Künftig soll es Einwanderungsquoten geben.

Die Binnenwanderungen

Mit den bisher besprochenen Wanderungstypen ist die Binnenwanderung in vielfacher Weise verknüpft. Als Landflucht trat sie nach dem Ersten Weltkrieg erstmals verstärkt in Erscheinung. Nach der Behinderung des Zuzugs in die Städte durch gesetzliche Maßnahmen der faschistischen Regierung schon 1931, drakonischer 1939, wuchsen die Wanderungsströme nach dem Zweiten Weltkrieg rasch wieder an und können als das Hauptmerkmal der jüngsten italienischen Bevölkerungsgeschichte gelten (Migliorini 1962, 1978). Die Voraussetzung für den Wechsel des Wohnorts schuf vor allem der Aufschwung der Wirtschaftszentren Norditaliens mit

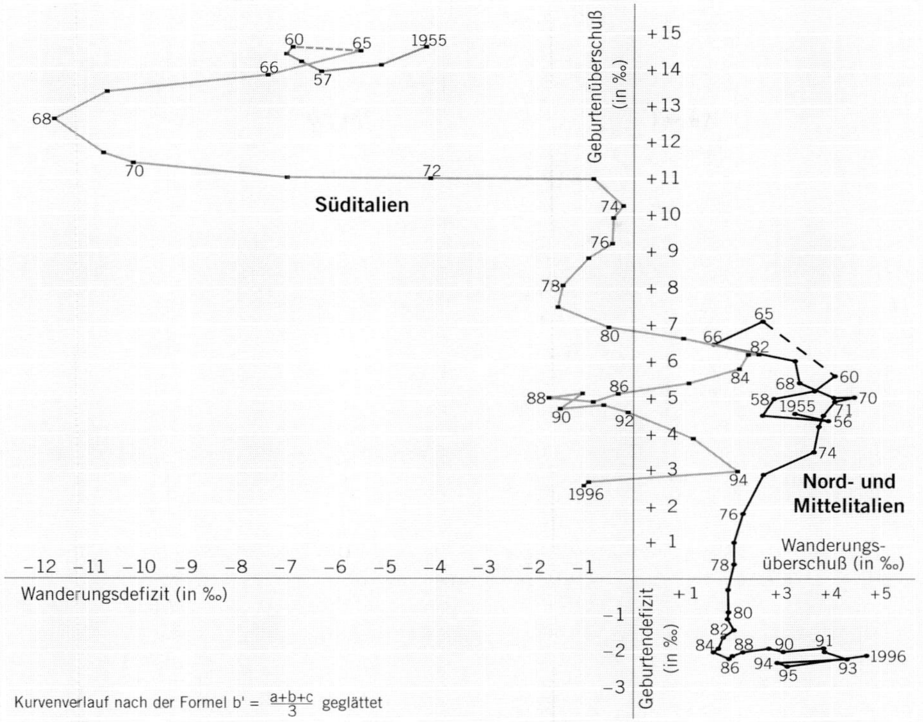

(nach Entwurf Sabelberg, unveröffentlicht, ergänzt durch *Istat* 8)

***Abb. 39**: Saldo von natürlicher und räumlicher Bevölkerungsbewegung in Nord-/Mittel- und in Süditalien 1955–1996*

neuen Arbeitsplätzen, und mit dem Auf und Ab der Konjunktur wurde das Wanderungsvolumen stärker oder schwächer. Dennoch war die italienische Binnenwanderung im Vergleich mit der statistisch erfaßten Zahl der Wanderungsfälle über die Gemeindegrenzen in der Bundesrepublik Deutschland zwischen 1953 und 1967 nur halb so groß (Kühne 1974, S. 19). Darüber hinaus gab es naturgemäß auch nicht gemeldete Umzüge, z. B. innerhalb von Großstadtgemeinden und in weitläufigen ländlichen Gemarkungen, die teilweise bedeutende Veränderungen in der Siedlungs- und Wirtschaftsstruktur einer Gemeinde oder eines ganzen Landesteils zur Folge hatten.

Inzwischen hat die Binnenwanderung erheblich abgenommen, ohne daß sich an ihrer Zusammensetzung Wesentliches geändert hätte. Im Vergleich zur Situation Ende der sechziger Jahre beträgt der Rückgang je 1000 der Bevölkerung durchschnittlich 30 %, und zwar am meisten im Norden. Gleichwohl ist hier die interne Mobilität der Bevölkerung nach absoluten Werten auf Grund des größeren und vielfältigeren Arbeitsmarktes höher einzuschätzen als in Mittel- und Süditalien. Auch die Binnenwanderung zwischen den Landesteilen hat einen geringeren Umfang als um 1970 (Abb. 39, 41). Der Bevölkerungsaustausch folgt dabei dem herkömmlichen Muster (Leidlmair 1997).

Kühne (1974, S. 20) hat vier Hauptwanderströme herausgestellt, die eng miteinander verflochten sind: die Süd-Nord-Wanderung, die Ost-West-Wanderung, die Bergflucht und die Land-Stadt-Wanderung.

Die Süd-Nord-Wanderung

Die Fernwanderungen aus dem agrarischen Süden in den industrialisierten Norden oder in die Hauptstadt Rom sind gewiß am

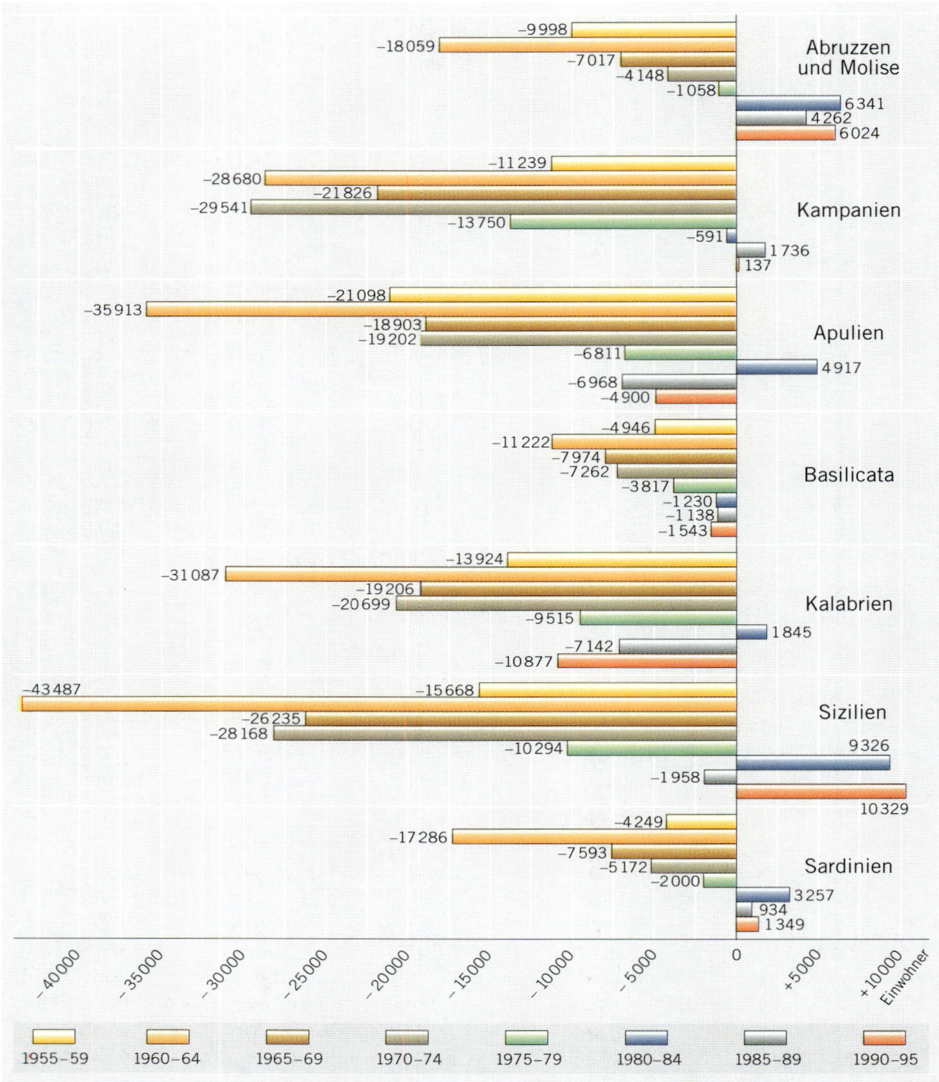

Abb. 40: *Saldo der interregionalen Wanderungen für die Regionen des Mezzogiorno: Zuzüge abzüglich Wegzüge in Fünfjahresmitteln 1955–1995*

(nach Istat 8)

auffälligsten (interregionale Migration). Trotzdem haben die Nahwanderungen von einer Gemeinde oder Provinz in die benachbarte ein viel größeres Ausmaß (intraregionale Migration). So zogen 1993 von den 1,1 Mio. Binnenwanderern im Süden zwei Drittel, in der Mitte und im Norden drei Viertel nur innerhalb der eigenen Region um. Schon die Nahwanderungen können aber gleichzeitig Abwanderungen vom Lande, aus dem Gebirge und in die nächste Stadt oder Hauptstadt der Provinz oder Region sein, im Fall von Rom oder Neapel auch eine Ost-West-Wanderung; und jüngere Industrialisierungsprozesse in Süditalien haben ebenfalls zu Nahwanderungen geführt, z. B. aus der Basilicata nach Apulien oder aus der Provinz Neapel in die Provinz Caserta (Abb. 40). Dennoch hat die interregionale Wanderung aus den Regionen Süd-

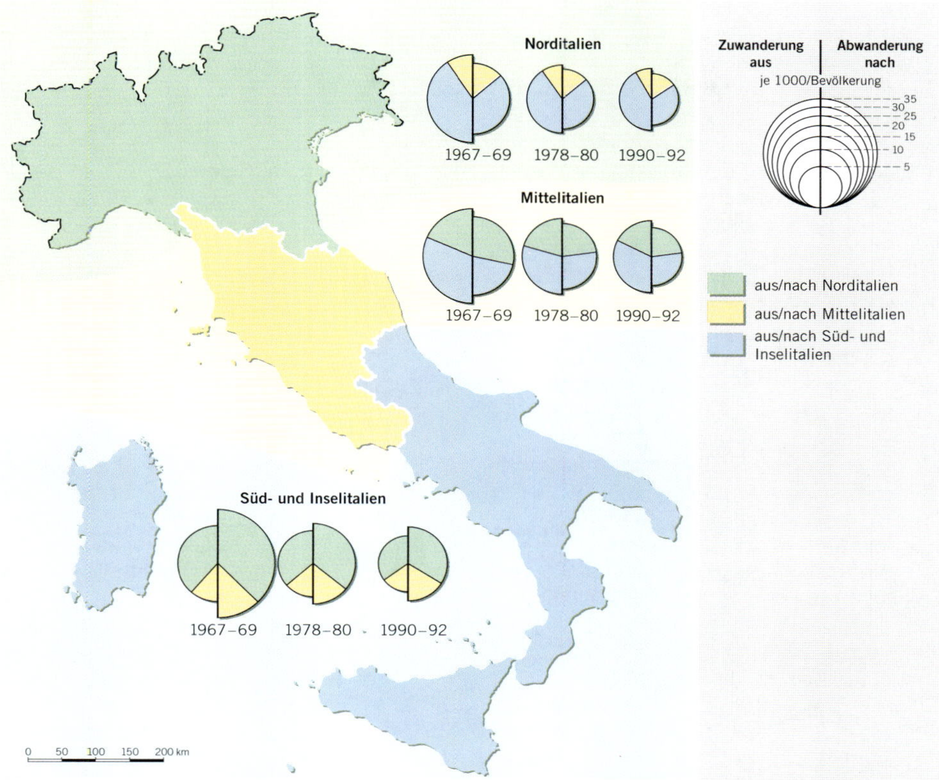

(nach Leidlmair 1997, S. 23)

Abb. 41: *Die Entwicklung der Binnenwanderungen zwischen Nord-, Mittel- und Süditalien*

und Inselitaliens vor allem nord- und mittelitalienische Regionen zum Ziel, wobei in Mittelitalien selbst wiederum die Kontakte mit dem Norden überwiegen. Der schwächere, umgekehrte Wanderstrom, vom Norden und der Mitte nach Süden, umfaßt im wesentlichen die Rückkehr in den Heimatort aus unterschiedlichen Motiven, von denen ausreichender Verdienst, Verlust des Arbeitsplatzes, Alter, familiäre Bindungen u. ä. sicher die wichtigsten sind (Abb. 41).

Von räumlichem Belang erweisen sich die *traditionellen Beziehungen* zwischen einzelnen Regionen und benachbarten Ballungs- und Wirtschaftsräumen, wofür die Nahwanderungen aus Abruzzen und Molise nach Latium geeignete Beispiele sind. Aber auch bei Fernwanderungen werden die einmal gefestigten Beziehungen beibehalten. So haben bis Ende der siebziger Jahre mehr als die Hälfte aller Fernwanderer der Regionen Apulien, Kalabrien, Sizilien und Sardinien die beiden Nordwestregionen Piemont und Lombardei zum Ziel. Das nach Regionen aufgearbeitete statistische Material läßt engere Beziehungen zwischen Herkunfts- und Zielräumen freilich nur unvollkommen, den wirklichen Wanderungsvorgang von einer Südgemeinde in eine oder mehrere Nordgemeinden gar nicht erkennen. Gerade solche Prozesse sind aber von hohem geographischem und soziologischem Wert.

Die Wanderung vom Süden in die norditalienischen Städte und nach Rom ist wie stets bei *Land-Stadt-Wanderungen* in der Regel mit einem Berufswechsel verbunden. Direkt oder in Etappen erreichen die aus der Landwirtschaft ausgeschiedenen, für eine Tätigkeit im sekundären oder tertiären Wirtschaftssektor nicht oder nur unzureichend ausgebildeten Arbeitskräfte ihr Ziel. Nach Mailand kamen z. B. im Jahr 1961 aus

Süditalien zu zwei Dritteln unqualifizierte Arbeitskräfte (Dalmasso 1971). Oft wirkte schon der Mythos einer Stadt wie Rom als Magnet oder für Turin der von den neuen Autos überall ins Land getragene Name Fiat. Tragischen Anlaß zur Abwanderung nach Norden gaben auch die Erdbeben in Westsizilien 1968 und der Irpínia 1980.

Das Ausmaß der Wanderung in die Städte des Industriedreiecks der westlichen Padania und nach Rom war in den fünfziger Jahren sehr groß. Zwischen 1951 und 1957 zogen monatlich 2300 Menschen nach Turin, 1240 nach Mailand und 1760 nach Rom zu (Gabert 1958, S. 33). An der Wende zu den sechziger Jahren kamen nach Turin schon 3583 mehr Zu- als Abwanderer im Monatsdurchschnitt. Die größte Wanderungswoge betraf Turin 1959–1962 mit jährlich 69000 Zuzügen, von denen 43000 einen Wanderungsüberschuß brachten. 1964 wanderten viele aus der Stadt ins Umland oder ins Ausland ab; aber 1967–1969 kam eine neue Welle in die Stadt selbst mit jährlich 57000 und einem Überschuß von 14500 (Fofi 1975, S. 299). Der Anteil der Süditaliener erreichte in Turin erst in den sechziger und siebziger Jahren größere Anteile, als die Zuwanderung aus der eigenen Region und die traditionelle Wanderung aus Venetien 1963 ausklangen. Ihr Anteil stieg rasch von 34% (1957) auf fast 50% (1976), in Mailand im gleichen Zeitraum von 16 auf 4[illegible]%. In Rom hielt sich der süditalienische Anteil zwischen 1948 und 1975 mit Zuzügen vorwiegend aus Kampanien und Abruzzen-Molise gleichbleibend bei 36–40% (Seronde-Babonaux 1980, S. 230).

In den Städten schlug dem Zuwanderer aus dem Süden nicht die gleiche Sympathie wie auf dem Land entgegen. Während er in der Landwirtschaft für schwere Handarbeit meistens dankbar aufgenommen wurde, sah man in der Stadt in ihm bald den Fremden, der sich durch sein Aussehen und durch seine Lebensgewohnheiten von der einheimischen Bevölkerung unterschied und gegen den man seinen Arbeitsplatz verteidigen mußte (Compagna 1959). Die nötige Integration erhielt immer wieder Rückschläge, weil nicht nur manche Probleme des Südens nach Norden verpflanzt wurden, sondern auch die Mafia Eingang fand und einen Anstieg der Kriminalität hervorrief. Italien hatte sein „Rassenproblem" bekommen; es war eine Situation entstanden, die sich z.B. in Turin schon in den Jahren 1956/57 in einer politischen Bewegung äußerte (Aquarone 1961, S. 40). Die Arbeiterschaft aus dem Süden kam in den Randbezirken der Städte notdürftig unter, wo sie sich selbst überlassen blieb. Spekulation und Korruption behinderten den sozialen Wohnungsbau. Die Stadtverwaltungen waren der rasch wachsenden Zuwanderung nicht gewachsen und errichteten Notbehausungen am Stadtrand, wie um Mailand die *coree*. In Rom wurden viele Zuwanderer zu *baraccati*, von denen es 65000–100000 gab, die zum Teil in *tuguri*, d. h. in elenden Hütten wohnten (Ferrarotti 1979, S. 70).

Inzwischen ist der Höhepunkt der Land-Stadt-Wanderung als Teil der Süd-Nord-Bewegung vorüber, und die Abkömmlinge der Zuwanderer sind in den Großstädten schon weitgehend assimiliert. Trotz mancher Auffrischung aus dem Süden schwächen sich die sozialen und kulturellen Gegensätze mehr und mehr ab, obwohl sie nicht völlig verschwunden sind. Gerade im Norden ist während der beiden letzten Jahrzehnte an Stelle der Zuwanderung in die Stadt die Abwanderung aus den Großstädten in das Umland, das zunehmend verstädtert, getreten. Auch diese Bewegung entschärft die sozialen Konflikte.

Die Ost-West-Wanderung

Seit jeher liegen die Schwerpunkte der Bevölkerungsverteilung Italiens auf der tyrrhenischen Seite, im Raum Neapel, später in Rom und jetzt vor allem im Industriedreieck des Nordwestens. Die Anziehungskraft dieser Wachstumszentren hat nicht nur die Süd-Nord-Wanderung in Gang gehalten. Zahlenmäßig erreichte die Ost-West-Wanderung zum Teil weit größere Ausmaße als die meridionale (Tab. 8). Beispielsweise übertraf die Zuwanderung aus dem Süden in die Regionen Piemont und Lombardei erst ab 1959 jene aus dem Nordosten. Das allgemeine Ungleichgewicht der beiden Seiten Italiens verstärkte sich jedenfalls immer mehr zugunsten der Westseite. Die Bevölkerung wuchs dort rascher als im Osten, so daß auf der „Gunstseite" schon 1977 etwa zwei Drittel der

	Piemont und Lombardei	Piemont	Lombardei	Herkunft
1955	61 929	26 090	35 839	NO
	38 200	22 361	15 839	S
1958	59 077	19 048	40 029	NO
	55 177	22 905	32 272	S
1959	57 146	18 766	38 380	NO
	64 266	26 623	37 643	S
1960	67 835	25 877	41 958	NO
	94 092	48 654	45 438	S
1969	27 219	7 854	19 365	NO
	144 283	70 339	73 944	S
1981	11 679	2 122	9 557	NO
	58 837	21 160	37 677	S
1994	8 662	1 734	6 928	NO
	35 625	12 218	23 407	S

Quelle: *Istat* 8 (1970, 1976, 1982, 1994)

Tab. 8: *Die Binnenwanderung nach Piemont und Lombardei aus Nordosten (NO) und Süden (S) 1955–1994*

Einwohnerschaft Italiens lebten; seitdem hat sich dieses demographische Mißverhältnis nicht weiter verschoben.

Das Hauptgewicht der Ost-West-Wanderung lag in der *Padania*, wo sich eine traditionelle Bewegung aus Venetien in Richtung Mailand und Turin nach dem Zweiten Weltkrieg erneuerte. Kleineigentum und starke Besitzzersplitterung, dazu die Probleme der alpinen Landwirtschaft hatten Venetien schon früh zur Auswandererregion gemacht (s. o.). Unmittelbar nach dem Krieg wanderten ganze Familien vor allem aus den Provinzen Venedig und Padua. Die Männer wechselten entweder ihren Beruf und fanden z. B. in der Möbelindustrie zwischen Mailand und Como Beschäftigung oder wurden in der Landwirtschaft des Oltrepò Pavese und der Lomellina tätig. Der Frauenanteil war wegen der Beschäftigungsmöglichkeiten als Hauspersonal und in Krankenhäusern hoch. In den siebziger Jahren hörte diese Ost-West-Wanderung praktisch auf; denn der *Triángolo industriale* bot nicht mehr genügend Arbeitsplätze. In Venetien waren die staatlichen Maßnahmen zur Industrieförderung erfolgreich, und auch im Dienstleistungssektor wurde die Beschäftigung in größerem Umfang möglich. Nachdem die Binnenwanderung daraufhin zunächst in die West-Ost-Richtung umschlug, herrscht heute zwischen der westlichen und östlichen Po-Ebene ein „normaler" Bevölkerungsaustausch, der 1993 freilich nur den geringen Anteil von 5 % des gesamten Wanderungsvolumens dieser Großräume ausmachte.

Die Bergflucht

Ein beträchtlicher Teil aller Binnenwanderungen und der Auswanderung ereignet sich als Bergflucht. Die Abwanderung ist aus allen Gebirgen des Landes schon seit langer Zeit im Gang gewesen, nachdem der Höhepunkt der Siedlungs- und Rodungstätigkeit überschritten worden war. Im 20. Jh. ist dieser Prozeß, der im letzten Jahrhundert hier und da begonnen hatte, zu einer derartigen Größenordnung angeschwollen, daß von einem völligen Umbruch in den Kulturlandschaften der Gebirge die Rede sein kann. Die Besiedlung der küstennahen Gebiete durch die ehemalige Gebirgsbevölkerung bringt überdies Schritt für Schritt eine Umkehrung des seit dem Hochmittelalter bestehenden kulturgeographischen Gefälles zwischen den einst vom Menschen bevorzugten Gebirgsregionen und den von ihm gemiedenen Küstenregionen hervor (Rother 1973).

Ältere Berichte zeigen, daß das Ausmaß der Bergflucht schon in der Vergangenheit groß war. Der Rückgang der Gebirgsbevölkerung betraf zwischen 1871 und 1931 mit Ausnahme der Auswandererregionen Basilicata und Abruzzen vor allem die Westalpen. In den ligurisch-piemontesischen Alpen hatten 329 Gemeinden eine Bevölkerungsabnahme, 285 davon über 10 %. In den lombardischen Alpen sank die Einwohnerzahl in 180 Gemeinden, in der Provinz Trient in 139 von 227 Gemeinden und in den venetianischen Alpen in 104 Gemeinden (Almagià 1959, S. 648; *Istat* 9, 1994). Südtirol war von diesen Vorgängen kaum betroffen, denn gleichzeitig gab es nur in 19 seiner 116 Gemeinden Verluste.

Trotz jener frühen Abwanderungsvorgänge wuchs die Bevölkerungsdichte der Gebirgsräume Italiens noch an, was die immer schwieriger werdenden Existenzbedingungen verdeutlicht; denn erst 1956 wurde das Maximum mit 79 Einw./km^2 erreicht. Vom Ende der fünfziger Jahre an begann die Bergflucht als Teil der Landflucht so stark um sich zu greifen, daß dieser Wert innerhalb eines Jahrzehnts, bis 1971, rasch auf 73 Einw./km^2 fiel, weil nun auch alle Apenninregionen einbezogen wurden.

Während 1921 noch ein Fünftel aller Italiener im Gebirge wohnte, war es 1971 nur ein Siebtel. Die mittlere Höhenlage aller Gemeinden errechnete sich für 1886 noch auf 265 m; bis 1901 sank sie auf 25 m, bis 1931 auf 228 m und erreichte 1951 220 m (Tagliacarne 1966). Heute dürfte sie unter 200 m Höhe liegen, wobei sich allerdings die reale Obergrenze der Dauersiedlung (italienische Alpen maximal 2079 m, Apennin höchstens 1620 m) nur an wenigen Stellen nach unten verschoben hat. Ständig lebten 1981 in den 166 Gemeinden der italienischen Alpen über 1400 m 32876 Menschen (davon ein Drittel in Südtirol und ein Fünftel im Aostatal) und in den nur 15 Gemeinden des Apennins über 1400 m 7229 Menschen (davon zwei Drittel in den Abruzzen) (Pedreschi 1988; Migliorini 1988).

Im Jahrzehnt 1951–1962 waren der Nordwesten des Ligurischen Apennins, der gesamte Zentralapennin und die Ostseite des Südapennins außerordentlich stark betroffene Gebirgsräume (Tichy 1966). Einige Apenninprovinzen verloren mehr als 20% ihrer Gebirgsbevölkerung (Alessándria, La Spézia, Bologna, Forlí, Pescara, Fóggia). Mehrere Regionen erlitten so große Einbußen, daß ihre gesamte Einwohnerzahl, einschließlich der von Hügelland und Ebene, abnahm, was bisher nur während der stärksten Auswanderung um 1900 in der Basilicata eingetreten war; nun waren es nämlich wiederum diese Region und ebenso Abruzzen, ferner Molise, Umbrien, Marken, Kalabrien und der Alpenbereich von Venetien und Friaul-Julisch Venetien. Läßt man die Provinzhauptstädte außer acht, dann kamen noch Emília-Romagna, Toskana, Apulien und Sizilien hinzu. Aus dem Vergleich der Daten für 1961 und 1971 geht hervor, daß die ständige Abwanderung aus dem Apennin dem Süden fast überall Bevölkerungsverluste gebracht hat. Nur vier der 16 Apenninprovinzen des Mezzogiorno sind gewachsen. Das „fernste Italien" ist aber erst in den sechziger Jahren voll von der Bergflucht erfaßt worden, während die Bevölkerung gleichzeitig in den nord- und mittelitalienischen Apenninprovinzen, wenn auch nur wenig, zugenommen hat (Rother/Wallbaum 1975).

Voll überzeugend wird das Ausmaß der Bergflucht freilich erst dann, wenn man einzelne Gemeinden betrachtet. Gibt es doch solche, die mehr als die Hälfte ihrer Einwohnerzahl verloren haben. Ein besonders krasses Beispiel ist die Abruzzengemeinde Santo Stéfano di Sessánio am Südhang des Gran Sasso. Im Jahr 1901 lebten hier 1489 Menschen, 1971 wurden nur noch 246 und beim letzten Zensus 1991 noch 142 Einwohner gezählt (Abb. 42 u. Tab. 9).

Der *Verlauf* der Bergflucht läßt sich vor allem in den nordapenninischen Einzelsiedlungsgebieten beobachten. Im Gebiet von Forlì wurden fern und hoch gelegene Höfe der Mezzadri aufgegeben, deren Betriebsflächen die staatliche Forstverwaltung mit dem Ziel der Aufforstung ankaufte (Kühne 1974, Abb. 9–11, Karte 15). Die Pächter zogen meist familienweise in tiefer gelegene Gemarkungen, wo Hofstellen durch die Abwanderung in die Städte der Romagna oder der Toskana frei geworden waren. In der Provinz Arezzo glich die Bergflucht einem „Abrutschen" der Familien in Etappen vom Gebirge zum Hügelland und weiter zur Ebene, schließlich in die

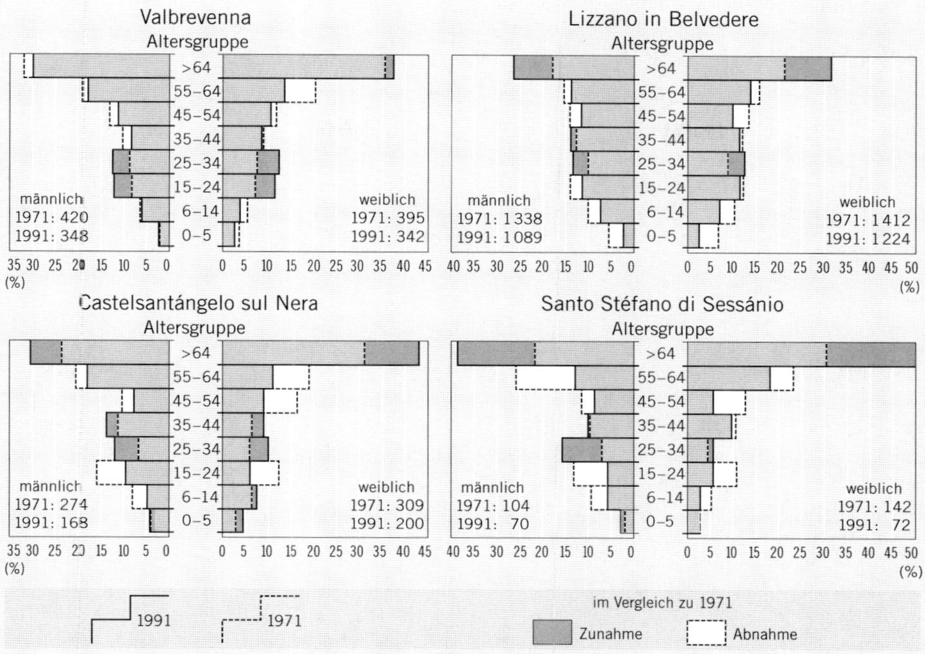

(nach Kühne 1974, Abb. 2, ergänzt aus *Istat* 16b)

Abb. 42: *Der Altersaufbau in ausgewählten Apenningemeinden 1971 und 1991*

Gemeinde	bewohnt					unbewohnt				
	1951	1961	1971	1981	1991	1951	1961	1971	1981	1991
Valbrevenna Prov. Genua	491	427	349	317	379	242	352	644	1 029	1 045
Lizzano in Belvedere Prov. Bologna	1 042	1 046	964	861	1 049	320	488	1 395[1]	2 321	3 139
Castelsantángelo sul Nera Prov. Macerata	355	270	213	182	163	160	176	339	433	626
Santo Stéfano di Sessánio Prov. L'Áquila	247	163	103	84	76	87	144	46	185	203

[1]Darunter ca. 80 unbewohnte Ferienhäuser, nach Kühne 1974, S. 82

Quelle: *Istat*, Censimenti della popolazione 1951, 1961; *Istat* 14–16

Tab. 9: *Die Wohnungsnutzung in vier Apenningemeinden 1951 – 1991*

Städte des Casentino und des Valdarno (Migliorini 1962). Hier verband sich die Entvölkerung des Gebirges also mit der Landflucht und wurde als Teil der allgemeinen Binnenwanderung innerhalb des Landes sichtbar. Aus anderen Gebieten wanderten die Bewohner aber unter Umständen direkt ins Ausland und in Gegenden, in denen sie Verwandte oder Bekannte hatten. Alte Beziehungen aus der Zeit der Transhumanz, der Köhlerei und des Wanderarbeitertums bestimmten dabei oft die Wanderziele (Kühne 1974, Karten u. Tab. 20, 21).

Im langen Zeitraum von 1871 bis 1991 hat die Bergflucht auf der Halbinsel, ausgehend von den Zentren der Abwanderung im Ligurischen Apennin und in den Abruzzen, vor allem nach dem Zweiten Weltkrieg immer weitere Kreise gezogen. Obwohl bis 1981 noch kein wirkliches Nachlassen der Abwanderung feststellbar gewesen ist, legt der vergleichsweise mäßige Abfall der Bevölkerungsdichte im Gebirge 1971–1991 von 73 auf 70 Einw./km^2 die Vermutung nahe, daß der *Höhepunkt* der Bergflucht *überschritten* ist. Tatsächlich hat sich der Menschenverlust im Apennin im Vergleich zu den älteren Phasen (1951–1961: –7,4 %; 1961–1971: –6,9 %) mehr als halbiert (1971–1981: –2,4 %; 1981–1991: –3,2 %). Von den statistisch klassifizierten Gebirgsgemeinden (im Norden über 600 m, im Süden über 700 m) schrumpft zwar selbst zwischen 1981 und 1996 noch die große Mehrzahl (682), doch wächst inzwischen ein Drittel (334) wieder an; 1961–1971 gab es nur in 83, 1971–1981 aber schon in 250 Gemeinden (bescheidene) Zunahmen. Bevölkerungsgewinne haben im jüngsten Zeitabschnitt vor allem die Westabdachung des zentralen und südlichen Apennins, die größeren Gemeinden und solche in der Nähe der Provinzhauptstädte, zu einem guten Teil wohl durch Rückwanderung. Dagegen entleeren sich abgelegene kleine Gemeinden; betroffen ist nach wie vor der nördliche Apennin mit günstiger Lage zu den prosperierenden Städten der südlichen Po-Ebene und der ligurischen Küste und die adriatische Seite der Abruzzen (*Istat* 8, 1992, 1996; *Istat* 9, 1994; *Istat* 14; *Istat* 15; *Istat* 16).

Auch die Südalpen, das älteste Gebiet der Bergflucht, geben weiterhin Menschen ab; trotzdem entwickeln sich hier einzelne Gemeinden gleichfalls positiv. Sichtlich haben die wirtschaftlichen Zentren Piemonts (Turin) und der Lombardei (Mailand, Varese, Bérgamo, Bréscia) die randalpinen Gemeinden mit günstiger Tallage, deren Einwohnerzahlen seit längerem zunehmen (Achenbach 1976), in ihre Pendlereinzugsbereiche eingeschlossen. Das etschtalnahe Trentino (Trient-Rovereto) verkörpert sogar ein eigenständiges Wachstumszentrum (Penz 1984), und Südtirol ist, als Sonderfall, eine bedeutende Wachstumsregion im Hochgebirge (Leidlmair 1990).

Alles in allem streben die Menschen sowohl im Apennin als auch in den Südalpen, sofern sie das Gebirge nicht verlassen wollen, in der *Gegenwart* mehr und mehr in die entwicklungsfähigen Tal- und Beckenräume. Die Konzentration der Bevölkerung nimmt damit zu, oder, anders ausgedrückt, der eingangs geschilderte Gegensatz von demographischen Schwäche- und Stärkeräumen vertieft sich.

Auf die *Folgen* der Bergflucht stößt man allenthalben. Landnutzungs- und Siedlungsformen haben sich zum Teil schon tiefgreifend verändert. Verlassene Gehöfte und leerstehende, verfallende Häuser sind in vielen Gebirgsdörfern sprechende Zeugen des Geschehens. Aufgegebene, ungepflegte Ackerterrassen unterliegen der Gefahr ausgreifender Bodenzerstörung, solange sie sich noch nicht wieder mit Wald bedeckt haben oder aufgeforstet sind. Erst allmählich und mit kräftigen Hilfsmaßnahmen wird es zu einer ausgewogenen, den Naturhaushalt der Gebirge konsolidierenden Verteilung der Nutzflächen Wald, Weide und Ackerland kommen (Tichy 1966).

In den kulturell, an Schule und kirchlicher Versorgung verarmenden Bergdörfern bleibt eine reduzierte und überalterte *Bevölkerung* zurück (Abb. 42). Der Anteil der Jugendlichen unter 21 Jahren verringerte sich im nordapenninischen Untersuchungsgebiet von Kühne (1974) zwischen 1951 und 1968 von 26 auf 12 % und im romagnolischen Apennin auf 24 %. Im allgemeinen ist auch der Frauenüberschuß eine Folge der Abwanderung; im Einzugsbereich der Großstädte (z. B. von Genua), wo es gerade für Frauen Arbeitsmöglichkeiten gibt, zeigt er sich aber nicht so deutlich.

Während die Zahl bewohnter Häuser und Wohnungen in den von der Bergflucht betroffenen Gemeinden abgenommen hat, erhöht sich gleichzeitig die Zahl der *nicht genutzten Häuser*. Nur teilweise sind aufgegebene Hofstellen im Mezzadriagebiet Mittelitaliens von Kleinbauern und Tagelöhnern aus Sizilien, Kampanien, Abruzzen und den Marken übernommen worden, andere von sardischen Schäfern im romagnolischen Apennin (Kühne 1974, S. 127; Bild 30). Wegen der oft nur geringen Aufenthaltsdauer ist dabei der Mobilitätsgrad hoch, auch im Hügelland. Gelegentlich werden leerstehende Häuser in verkehrsgünstiger Lage zu Zweitwohnungen der Städter ausgebaut, wodurch traditionelle Dorfstrukturen nur selten und auch dann nur äußerlich bewahrt bleiben. Sicher verbergen sich hinter der zuletzt sehr stark gewachsenen Zahl „unbewohnter Häuser" in Lizzano in Belvedere, Prov. Bologna, solche Feriendomizile (Tab. 9).

Bild 30: *Kleinbäuerin beim alltäglichen Viehtrieb in Campello sul Clitunno bei Spoleto (Umbrien) 1973*

Die *Ursachen* und *Motivationen* für die Bergflucht sind ebenso wie die der Abwanderung überhaupt vielfältig, verschieden in den Alpen und in einzelnen Teilen des Apennins, und von wechselnder Bedeutung im Lauf der Zeiten. Die naturbestimmten Ungunstfaktoren wie Hanglage, Rutschungen, Bodenzerstörung und kurze Vegetationszeit setzen der wenig ertragreichen Landwirtschaft überall entscheidende Grenzen. Die Viehwirtschaft lohnt sich nur bei der Verbindung mit tiefer gelegenen Nutzflächen, die das Winterfutter gewährleisten; namentlich die Klein- und Mittelbetriebe sind heute unrentabel geworden, nachdem die Winterweideflächen der Ebenen dem (bewässerten) Kulturland haben weichen müssen. Das schlechte Wegenetz, die Abgelegenheit vieler Gehöfte und Dörfer u. ä. kommen als entwicklungshemmende Infrastrukturprobleme hinzu. In der heutigen wirtschaftlichen und sozialen Situation Italiens ist für die unglaublich mühsame und wenig gewinnbringende Arbeit im Bergland kein Platz mehr (Pedreschi schon 1963 für die Garfagnana). Großzügige Straßenbauten fördern eher die Abwanderung, als daß sie davon aufgehalten wird. Es fehlt nach wie vor an nichtlandwirtschaftlichen Arbeitsmöglichkeiten im Gebirge; denn die Pendlerwege nach außen sind in der Regel zu lang und die Wachstumschancen, die ein mit dem traditionellen Lebensstil verbundener Tourismus für die Bergdörfer bietet, im Apennin gering. Anders stellt sich die Situation in den Alpen dar (s. Kap. zum Tourismus).

Die Migration zur Küste

Die Flucht aus den Bergen in die benachbarten Niederungen und Küstenbereiche bzw. die Bewegung von oben nach unten und von innen nach außen (Migliorini 1962), auch als Migration zur Küste bezeichnet, hat ganz allgemein zur Folge, daß die Siedlungen in den Gunsträumen für Wirtschaft und Verkehr wachsen und sich vermehren. Obwohl die *Marina-Orte* Kalabriens und benachbarter Küstengebiete süditalienischer Regionen den gleichen Namen führen wie die zahlreichen, als *marina* oder *lido* bekannten Badeorte der nord- und mittelitalienischen Küsten, ist ihre Bildung und Entwicklung anders verlaufen (Kish 1953; Monheim 1973, 1977). Während die Bergsiedlung in ihrer ehemaligen Schutzlage gegen Angriffe und die Malaria mit allen Nachteilen für eine weitere Wirtschafts- und Gesellschaftsentwicklung dem allmählichen Verfall preisgegeben wurde, wuchs an der Küste, an Straße und Bahnlinie, ein anderer Ort heran (Abb. 56). 1952 gab es an den Küsten Kalabriens 58 Marina-Orte, mit einer Häufung an der tyrrhenischen Küste zwischen Belvedere Maríttimo und der Ebene von S. Eufémia sowie an der ionischen Küste zwischen Catanzaro Marina und der Südspitze der Halbinsel. An der Südostküste existierten nach dem Zensus von 1871 schon 14 in einer Zeit, als die Malariagefahr noch groß war. Die drückende Landnot im Bereich der steilhängigen Berggemarkungen zwang im Lauf der Zeit einen Bauern nach dem anderen, das alte Dorf zu verlassen und sich in der Nähe des ebenen Ackerlandes an der Küste anzusiedeln. Die Küstenorte entstanden also mit der agrarischen Intensivierung und der Änderung der Grundbesitzverhältnisse. Bis 1936 vergrößerten sie sich rasch und überflügelten zum Teil die Muttersiedlungen; seitdem wachsen sie langsamer, und es bilden sich keine neuen mehr. Während die Höhenorte in der Entwicklung stagnieren und teilweise veröden, herrscht in den Marine reges Leben und eine beträchtliche Aktivität, die sich z. B. in den Neubauten städtischen Charakters äußert. Mit Ausnahme der öffentlichen Verwaltung haben alle Versorgungsfunktionen, die Einrichtungen von Gewerbe und privaten Dienstleistungen, seit der Mitte des 20. Jh.s nach und nach in der Marina einen neuen Standort gefunden.

Agrarische Wanderungen

An dem Abwanderungsstrom aus dem ländlichen Raum hatte die rein agrarische Binnenwanderung, bei der in der Regel kein Berufswechsel erfolgt, nur einen geringen Anteil (Barberis 1960, S. 23); normalerweise entspricht der Landflucht (*deruralizzazione*) die Verstädterung (*urbanizzazione*).

Agrarische Süd-Nord-Wanderungen gab es seit langem z. B. aus dem apulischen Tavoliere in die lombardische Ebene, wo erfahrene Arbeitskräfte in der intensivierten Landwirtschaft gebraucht wurden. In früheren Zeiten waren solche Bewegungen fast immer *Saisonwanderungen*. Zur Zeit der noch nicht mechanisierten Landwirtschaft fanden sie regelmäßig in bestimmten Anbaugebieten, abhängig vom Vegetationszyklus wichtiger Kulturgewächse, statt. Aus der Umgebung der Padania zogen Landarbeiter ins Reisbaugebiet der Lomellina, in andere Provinzen zur Seidenraupenzucht. Um zu hacken, Heu zu machen oder Weizen zu ernten, fuhren sie aus dem Binnenland in die Küstenebene von Grosseto, zum Mähen und Dreschen in den Agro Romano, den Tavoliere oder in das lukanische Hügelland, und sie gingen auch zum Holzfällen in die Berge der Basilicata.

Ein Beispiel für die Verlegung des Familienwohnsitzes ohne Berufswechsel und der Neubegründung oder Übernahme eines landwirtschaftlichen Betriebes auf eigene Initiative in jüngerer Zeit ist die Wanderung aus Kalabrien, den Abruzzen und anderen Regionen Süditaliens und Siziliens zur *Blumenriviera* im westlichen Ligurien (Martinelli 1959; Cani 1970). Sie begann 1921, hatte zwischen 1951 und 1960 ihre stärkste Entwicklung und war zunächst mit Saisonarbeit an der Riviera di Ponente, andererseits mit der Olivenernte in der Heimat verknüpft, ehe die endgültige Abwanderung erfolgte. Begünstigt war die Wanderung durch die direkte Eisenbahnverbindung und dadurch, daß Arbeitsplätze, Wohnstätten und aufgegebene Anbauflächen zur Verfügung standen, nachdem ein Teil der einheimischen Bevölkerung sich dem sekundären und tertiären Sektor inner- und außerhalb Liguriens zugewandt hatte. Verlassene Häuser wurden renoviert, und trotz mancherlei Behinderung durch Einheimische und Behörden setzten sich die Zuwanderer allmählich durch. Manche Orte erhielten auf diese Weise einen typisch süditalienischen Charakter. Das Beispiel verdeutlicht wiederum die über lange Zeit aufrechterhaltenen Beziehungen bei Wanderungsströmen. Es verweist aber zugleich auch auf die Übertragung der Südfrage in den Norden, wie es im zeitweiligen Wiederauftreten des Analphabetentums in Ligurien zum Ausdruck gekommen ist.

Zur agrarischen Binnenwanderung mit Wohnsitzwechsel gehören ebenso die vom Staat gelenkten Siedlungsunternehmen der *Binnenkolonisation* und der *Bodenreform* vor und nach dem Zweiten Weltkrieg (Almagià 1959, S. 651). Schon 1884 begann die Besiedlung der Bonífica Ostia Antica mit etwa 600 Tagelöhnern aus der Romagna. Zwischen 1930 und 1937 sind 12000 Familien mit 88000 Personen in den Meliorationsgebieten des Agro Pontino-Romano, der Maremmen (Alberese) und bei Arborea (Sardinien) angesiedelt worden. Dabei gab es auch Fernwanderungen; sind doch ab 1932 kinderreiche Familien im Agro Pontino angesiedelt worden, bevorzugt solche von Kriegsteilnehmern, die aus der östlichen Po-Ebene, aus Venetien, Friaul und insbesondere aus der Provinz Ferrara stammten (Koeppen 1941, S. 35). Hier war das Hilfswerk ehemaliger Kriegsteilnehmer beteiligt (s. Kap. Melioration usw.). Die ebenso bedürftigen, landlosen Dorfbewohner aus den benachbarten Bergen Latiums wurden offenbar nicht für fähig genug erachtet. In der Nachkriegszeit (1951–1958) ging der Aufbau von Siedlungen in der Sele-Ebene, im Becken von Fúcino und am Golf von Tarent weiter. In das sardische Reformgebiet von Oristano brachte man Kolonisten aus der Romagna, nach Fertília dagegen Istrien-Flüchtlinge. Kolonisten aus den Marken gingen in die Reformgebiete Apuliens, der Basilicata und Kalabriens. In letzteren herrschte aber die Umsiedlung aus der unmittelbaren Umgebung, von den Höhendörfern in die Küstenebenen vor, teilweise begünstigt – wie in Policoro und Scanzano Iónico (Basilicata) – durch alte Beziehungen über die Sommerweiden im Bergland und als Folge der Saisonwanderung von Tabakarbeitern aus dem Salento (Rother 1968, 1973).

DIE STÄDTE

Bild 31: *Rom: Piazza Navona*

Überblick

- Mehr als die Hälfte der Italiener wohnt heute in Gemeinden über 20000 Einwohner, rund 90 % leben in „geschlossenen" Siedlungen. Eine einwandfreie Trennung städtischer und nichtstädtischer Siedlungen bereitet auf Grund der historisch überkommenen Siedlungsweisen allerdings Schwierigkeiten.

- Die auffälligste Folge der Landflucht nach dem Zweiten Weltkrieg war das Wachstum der Großstädte. Seitdem haben Suburbanisierung und allgemeine Verstädterung Stadtregionen hervorgebracht, die im Norden und in der Mitte zahlreicher, größer und besser in den Gesamtraum eingebettet sind als im Süden und auf den Inseln.

- Aus der fast überall vorhandenen Altbausubstanz lassen sich historisch-regionale Stadttypen ableiten. Die Vielzahl von erhaltenswerten Gebäuden verdeutlicht das Problem der Altstadtsanierung in der Gegenwart. Bauspekulation und Korruption haben manches reizvolle Stadtbild ausgelöscht und eine soziale Segregation der Bewohner eingeleitet.

- Rom, die „Brücke" zwischen Nord und Süd, ist nicht durch Industrialisierung zur heutigen 2,7-Millionen-Metropole aufgestiegen. Es verdankt das kräftige Wachstum seinen Hauptstadtfunktionen mit allein 36 % der Beschäftigten im öffentlichen Dienst. Die hochgradige Zuwanderung aus dem Süden schlägt sich im Kranz der (inzwischen legalisierten und verbesserten) Marginalsiedlungen nieder. Zur Entlastung des Zentrums gibt es bislang nur Pläne.

Die Verstädterung

Jenseits der Sprach- und Kulturgrenze verwirrt Italien den Fremden stets durch seine rasch aufeinanderfolgenden und dicht im Raum sich drängenden Kontraste. Das gilt auch für die Städte. Hier mischen sich römischer Grundriß und Ruinen, mittelalterliches Stadtbild und überkommene Lebensformen mit der modernen Stadtentwicklung, die sich in ausgreifender und umstürzender Bebauung, in Industrieanlagen und im lärmenden und tosenden Verkehr äußert. Die große Wachstumsphase der italienischen Städte war ebenso wie in West- und Mitteleuropa mit der Industrialisierung verbunden; die Menschen wandten sich von der Landwirtschaft ab und suchten neue Beschäftigungen im sekundären und tertiären Wirtschaftssektor der Städte. Die Entwicklung verlief – wenn auch viel später – ähnlich wie in Großbritannien und Deutschland, doch versuchte die faschistische Regierung, die Land-Stadt-Wanderung einzudämmen oder gar zu verhindern. Trotzdem wuchsen die großen Wirtschaftszentren Mailand, Turin, Genua und Neapel, ebenso Rom als Hauptstadt in der Zeit zwischen den Weltkriegen weiter. Ein gewaltiges Ausmaß erreichte die Verstädterung in der Nachkriegszeit, besonders während des Höhepunktes der Landflucht zwischen 1950 und 1960. Im letzten Drittel des Jahrhunderts hat jedoch die Bewegung aus den Ballungszentren heraus in das Umland begonnen und immer weitere Kreise gezogen (Tab. 13).

Stadtgemarkungen und städtische Bevölkerung

Die Verstädterung begrifflich zu fassen, in ihrer Größenordnung zu beschreiben und mit anderen Ländern zu vergleichen ist in Italien schwierig. Die Ursachen dafür liegen in den regionalen, sozialhistorisch begründeten siedlungsgeographischen Verhältnissen. In diesem Zusammenhang unterscheidet Dörrenhaus (1971, S. 49) nach den *Gemarkungsgrößen* (Gemeindeflächen) der Siedlungen drei „landschaftliche Idealtypen", die bei starker Verallgemeinerung mit Nord-, Mittel- und Süditalien zusammenfallen (Tab. 10).

Das Verhältnis zwischen der Stadt und ihrer Gemarkung, zwischen Stadt und offenem Land, ist in den meisten Teilen Italiens ein völlig anderes als z. B. in Mitteleuropa. In Deutschland und im deutschsprachigen Raum bis Südtirol endet die ursprüngliche Stadtgemarkung wenig weit von der bebauten und einst ummauerten Siedlungsfläche der Stadt, gewissermaßen unmittelbar vor ihren ehemaligen Toren. Ausnahmen sind einige bedeutende Reichsstädte mit Großgemarkungen, wie Frankfurt a. M., Ulm und Nürnberg, die ein reiches Stadtpatriziat hatten. Gerade diesem Stadttyp gleichen die Städte Mittelitaliens, die über ein weites ländliches Umland verfügen, das zu ihrer Gemarkung gehört. Es handelt sich um den Bereich der einst Freien Kommunen, etwa um die Stadtrepubliken in der Toskana, mit zahlreichen Einzelhöfen und Städten in einer Gemarkung, aber ohne echte Landgemeinden und Dörfer (*Toskanatyp*). In Norditalien wurden die entsprechenden Großgemarkungen unter fränkischer Lehnsherrschaft dagegen umgestaltet, so daß bäuerlicher Kleinbesitz mit Realteilung und viele stadtähnliche kleine Dörfer und Gemeinden mit kleinen Gemarkungen wie im Westen Deutschlands entstanden (*norditalienischer Typ*). Die erhalten gebliebenen Großgemarkungen von Vercelli, Novara, Pavia, Mailand und Alessándria liegen hier wie Exklaven des Toskanatyps inmitten des kleinräumigen Gefüges. Auch auf der übrigen Apenninenhalbinsel und auf den Inseln überwiegen große Gemarkungen. Sie gehören aber dem *Mezzogiornotyp* an. Es sind überwiegend Landarbeiterstädte des überkommenen römischen Latifundiums (mit Großpacht ohne echte Einzelhöfe). Durch die lange Zugehörigkeit zum Kirchenstaat sind sie schon in der südlichen Toskana, in den Maremmen (Prov. Grosseto), verbreitet und in der Agrostadt Apuliens und Mittelsiziliens am reinsten verkörpert (Monheim 1969). Der noch heute gültige dritte Typ wurde von

Provinz/ Region	Zahl der Gemeinden	Mittlere Gemarkungsgröße (km^2)	Zahl der Zentren mit >20 000 Einwohnern[1]
Trient/Trentino-Südtirol	223	27,9	2
Piemont	1 029	21,0	25
Lombardei	1 546	15,4	55
Ferrara/Emília-Romagna	23	114,3?	4
Ravenna/Emília-Romagna	18	103,4	4
Toskana	287	80,1	20
Florenz/Toskana	50	76,1	9
Grosseto/Toskana	26	173,2	2
Perúgia/Umbrien	59	107,4	5
Fóggia/Apulien	64	112,3	5
Bari/Apulien	48	106,9	24
Matera/Basilicata	30	114,9	1
Ragusa/Sizilien	12	134,5	5
Enna/Sizilien	20	128,1	2
Syrakus/Sizilien	19	111,0	7

[1]Geschlossene Siedlungen (*centri*), ohne weitere Orte und Einzelhöfe in der Gemeinde

Quele: *Istat* 16b

Tab. 10: *Zahl der Gemeinden und mittlere Gemarkungsgröße 1991*

großen, fast souveränen Baronen in feudalen Territorien bei schwacher oberhoheitlicher Macht geformt (s. Kap. zu den ländlichen Siedlungen).

Jeder Versuch, die *städtische Bevölkerung* Italiens zu bestimmen, indem man die Einwohnerzahl der Gemeinden als Basis der Unterscheidung zwischen Stadt und Land verwendet, ist auf Grund dieser Sachlage bis auf Norditalien zum Scheitern verurteilt. Selbst dort müssen aber die Großgemarkungen beachtet werden.

Als Beispiel sei Alessándria genannt: Auf der Gemarkungsfläche von 204 km^2 wohnten 1971 102 400 Einwohner, in der eigentlichen Stadt aber nur 81 150. Im Jahr 1911 war der Unterschied mit 72 200 gegen 38 000 noch viel größer. Seitdem ist er in vielen Stadtgemeinden Norditaliens durch Umzug in die Zentren geringer geworden, teilweise fast verschwunden. Noch mehr galt diese Bevölkerungsverteilung für die Toskana. 1971 wohnte nur etwa die Hälfte der Gemeindemitglieder von Lucca, Pistóia, Massa Maríttima und anderen in der Stadt, zwei Drittel in Arezzo, jeder Siebte in Cortona, jeder Fünfte in Firenzuola und Bagno a Rípoli (Prov. Florenz). Ein extremes Beispiel ist Capannori mit 157 km^2 und (1971) 41 100 Einwohnern, von denen nur 2300 im Ort gemeldet waren; dieser beherbergte nicht einmal die Gemeindeverwaltung, die sich in Lucca befand. Alle diese Gemarkungen waren und sind mehr oder weniger dicht erfüllt mit Kleinsiedlungen, die statistisch zu *frazioni* oder *località* zusammengefaßt werden. Wie im Norden ist allerdings auch in der Toskana die Differenz zwischen Gemeinde- und Stadtbevölkerung mit der Verstädterung deutlich geringer geworden; z. B. lebten 1991 in Cortona schon die Hälfte, in Firenzuola und Massa Maríttima je drei Fünftel und in Bagno a Rípoli schon vier Fünftel der Gemeindemitglieder in der Stadt. Wird diese bis heute geltende Eigenart vieler Gemeinden aber nicht beachtet, entsteht ein falsches Bild, weil ländliche Siedlungen zu Städten gerechnet werden.

Unter solchen Bedingungen bleibt die Trennung von Stadt und Land in Italien ein Problem. Zur mediterranen Stadt gehört eben ein weites Umland, weil die Stadt einst autonom war. Die zugrundeliegende antike *Polis* ist mehr als die von Mauern umschlossene Siedlung; wir haben es mit der klassischen Einheit von Stadt und Land zu tun (Kirsten 1956).

Die bisherigen Versuche, Funktionen und Dienstleistungen, mit denen die Gemeinden ausgestattet sind, für deren Klassifizierung zu verwenden, haben gezeigt, daß dafür brauchbare Verfahren nicht für ganz Italien

Tab. 11: Die städtische Bevölkerung Italiens 1936–1991

	Anteil an der Gesamtbevölkerung (in %)					
	1936	1951	1961	1971	1981	1991
ISTAT-Klassifikation „städtisch"	(1931) 36,4	42,0	47,7	(1970) 51,6	–	–
Anteil in Gemeinden mit >20 000 Einw.	35,5	41,2	47,0	52,4	53,3	52,6
Anteil in Provinzhauptstädten	25,9	28,2	32,1	34,2	33,5	30,5
Anteil in Gemeinden mit >100 000 Einw.	17,8	20,4	24,8	29,2	28,2	25,6
Anteil in Ortschaften mit >2 000 Einw.[1]	–	–	–	69,6	–	–

[1] Geschlossene Siedlungen (*centri*), ohne weitere Orte und Einzelhöfe in den Gemeinden

Quelle: *Istat*, Censimenti della popolazione 1951, 1961; *Istat* 3; *Istat* 14–16

einheitlich sein können (Monheim 1969, S. 147). Solange es keine variablen Gemeindeklassifikationen auf funktionaler Grundlage für ganz Italien gibt, muß man sich mit den *Größenklassen der Gemeinden* behelfen und eine Grenzgröße für „Städte" nach der Einwohnerzahl festlegen.

Der Anteil der Einwohner in Gemeinden mit mehr als 20000 Einwohnern entspricht weitgehend den Ergebnissen einer nach sozioökonomischen Gesichtspunkten erarbeiteten Klassifikation des *Istat* (3, 1963; nach Daten von 1951). Während vor dem Krieg wenig mehr als ein Drittel der Bevölkerung in solchen Gemeinden lebte, ist es jetzt über die Hälfte, und ein Drittel entfällt allein auf die Hauptstadtgemeinden der Provinzen, Regionen und auf Rom (Tab. 11). Die knappe Hälfte dieser „Städte" war in Großstadtgemeinden gemeldet. Bei einem Wachstum der gesamten Bevölkerung des Landes zwischen 1951 und 1981 um 20 % nahm die so bestimmte „Stadtbevölkerung" um 54 % zu. Seitdem hat ein leichter Rückgang begonnen.

Die Überprüfung aller Gemeinden mit 20000 Einwohnern ergab jedoch, daß die Verwendung solcher Daten fragwürdig bleibt. Die Differenz zwischen der Gemeinde- und Zentrenbevölkerung war in den meisten Teilen Italiens noch 1971 beträchtlich. Sogar Süditalien hatte Gemeinden mit mehr als 20000 Einwohnern, in denen ein ansehnlicher Teil der Einwohner in Einzelhöfen, Weilern und kleinen Dörfern lebte, z. B. in Molise, Abruzzen und Kalabrien, ebenso in Nordostsizilien, am Ätna sowie in Westsizilien. In den meisten apulischen und sizilischen Gemeinden, die als Städte und Agrostädte gelten, ist die Differenz freilich sehr gering, obwohl z. B. durch die Bodenreform örtliche Aussiedlung erfolgt ist. Jedoch wächst die Bevölkerung der Zentren in der Gegenwart auch hier stärker als jene der Einzel- und Streusiedlung. Gemeinden wie Martina Franca (Prov. Tarent), wo sich 1991 ein Fünftel der 45404 Einwohner auf die bäuerliche Einzelsiedlung der Trulli verstreute, sind seltene Ausnahmen.

Das Wachstum der Großstädte

Das auffälligste Phänomen unter den Folgen der Land-Stadt-Wanderung und Verstädterung war das rasche Wachstum der Großstadtgemeinden in den 20 Jahren bis zum Zensus 1971 (Bild 32). Dann verlangsamte es sich und brachte im Vergleich von 1971, 1981 und 1991 für einige Stadtgemeinden sogar Abnahmen, und zwar zuerst im Norden und dann im ganzen Land (Tab. 12). In der Wachstumsphase vergrößerten sich die meisten Provinzhauptstädte übermäßig, weil sie nicht nur die Bevölke-

Foto: H.-G. Wagner

Bild 32: *Neues Wohnviertel in Augusta-Syrakus (Sizilien)*

Groß-raum	Einwohner der Hauptstädte der Regionen und Provinzen in 1 000 und ihre durchschnittliche jährliche Änderung (in %)									
	1951	51–61	1961	61–71	1971	71–81	1981	81–91	1991	1996
Nord-westen	3 747	+ 2,4	4 657	+ 1,1	5 162	– 0,5	4 918	– 1,2	4 336	4 352
Nord-osten	2 458	+ 1,7	2 872	+ 1,4	3 267	– 0,2	3 212	– 0,6	3 035	3 119
Mitte	3 381	+ 1,6	3 923	+ 2,1	4 740	+ 0,2	4 823	– 0,5	4 606	4 723
Süden	2 208	+ 3,0	2 874	+ 1,3	3 242	+ 0,4	3 365	– 0,6	3 150	3 224
Inseln	1 559	+ 2,0	1 867	+ 1,0	2 044	+ 0,5	2 143	– 0,2	2 091	2 073
Italien	**13 353**	**+ 2,1**	**16 193**	**+ 1,4**	**18 454**	**+ 0,004**	**18 461**	**– 0,7**	**17 219**	**17 490**

Quelle: *Istat*, Censimenti della popolazione 1951, 1961; *Istat* 14–16; *Istat* 8 (1996)

Tab. 12: *Die Hauptstadtbevölkerung in den Großräumen 1951–1991*

rung aus dem nahen Umland, sondern auch aus anderen Provinzen und Regionen anzogen. Zwischen 1951 und 1961 wuchsen sie im Durchschnitt jährlich um 2 %, am stärksten im Nordwesten und in Mittelitalien (2,4 %). Nach geringerem Hauptstadtwachstum zwischen 1971 und 1981, erstmals mit Abnahmen im Norden (– 0,4 %), schwindet die Bevölkerung in der Zensusperiode 1981–1991 in den großen Zentren, wie Turin, Mailand, Genua und Bologna, zugunsten ihres Umlandes merklich (– 0,6 %), in Neapel, Catánia und Cágliari mit mehr als –10 % sogar kräftig (Tab. 12, 13). Die höchsten Wogen der Bevölkerungsflut sind inzwischen abgeebbt, die unerfreulichen Bilder von Barackenbehausungen seltener geworden. Trotzdem verbleibt das demographische Gewicht der Hauptstädte auf hohem Niveau, wie es das Verhältnis zwischen den Einwohnerzahlen der Provinzen und ihrer Hauptstädte deutlich macht: Fast drei Vier-

	Einwohner in 1000													
	1400	1500	1600	1700	1800	1850	1871	1901	1931	1951	1961	1971	1981	1991
Turin	5	15?	20	50?	70	140	211	330	591	719	1026	1168	(–)1104	(–) 961
Mailand	100	120	70	100	135	190	291	539	961	1274	1583	1732	(–)1635	(–)1371
Bréscia							59	73	115	142	173	210	(–) 206	(–) 200
Verona	30	40?	45	35	55	?	87	100	146	179	221	266	(–) 261	(–) 253
Padua	33						65	81	127	168	198	232	(–) 231	(–) 215
Venedig	150	200	100?	150?	140	120	165	189	250	317	347	363	(–) 333	(–) 309
Triest	5			6	28	60	123	179	250	273	273	(–) 272	(–) 251	(–) 229
Genua	50?	98	60	55	85	125	256	338	591	688	784	817	(–) 760	(–) 676
Bologna	40	45?	63	60	67	75	118	153	249	341	445	491	(–) 474	(–) 404
Florenz	60	70	75	70	85	110	201	237	304	375	437	458	(–) 453	(–) 431
Rom	35	50	100	100	145	170	212	422	931	1652	2188	2782	2831	(–)2693
Neapel	70?	125	260	200	390	400	489	621	832	1011	1183	1227	(–)1211	(–)1055
Bari	–	6?	15?	13	20	27	62	94	173	268	312	357	371	(–) 341
Tarent							25	56	112	169	195	227	243	(–) 232
Palermo	80?	50	100	200	125	150	224	310	380	491	588	643	700	(–) 697
Messina	–	30	50		50	100	113	148	180	221	255	(–) 251	256	272
Catánia	–	15	26	20	45	55	84	148	225	300	364	400	(–) 379	(–) 330
Cágliari				15	20?	30	40	65	98	139	184	223	233	(–) 203

Tab. 13: *Das Wachstum einiger städtischer Gemeinden Italiens seit dem ausgehenden Mittelalter (vor 1800 Näherungswerte)*

Quelle: 1400–1850 nach Almagià 1959, S. 662; ab 1871 nach *Istat* 9

tel der Bewohner der Provinzen Genua und Rom lebten 1991 in der Hauptstadtgemeinde, fast drei Fünftel in Palermo, etwa zwei Fünftel in Turin und Venedig und ein Drittel in Mailand, Neapel und Florenz.

Beim Verstädterungsprozeß ist die *Hauptstadtfunktion* zunächst keine Gewähr für Bevölkerungswachstum gewesen: Im Zensus 1951 fehlten zwei der Provinzhauptstädte unter den Gemeinden mit mehr als 20000 Einwohnern (Sóndrio und Núoro), und in ihrer Stadt hatten darüber hinaus auch Belluno, Rovigo, Macerata, Urbino, Frosinone, Latina und Rieti weniger Einwohner. Die ungünstige Lage im Gebirge und in Abwanderungsräumen konnte durch die wenigen Funktionen, die eine Provinzhauptstadt besitzt, im allgemeinen nicht ausgeglichen werden. Bis 1991 hat sich dies grundlegend geändert. Isérnia, Hauptstadt der 1970 gebildeten Provinz in der Region Molise, erhielt z.B. einen deutlichen Zuwachs an Einwohnern, in der Gemeinde von 11133 (1951) auf 20828 (1991), der vor allem der Stadt zufiel. Gerade wegen des starken Bevölkerungswachstums einer Stadt, die dann zur Provinzhauptstadt avancierte, wurden 1992 acht weitere Provinzen als selbständige Einheiten abgetrennt. Sie liegen inmitten oder am Rand großer Stadtregionen (Piemont: Biella; Lombardei: Verbano-Cúsio-Óssola, Lecco, Lodi; Emília-Romagna: Rímini; Toskana: Prato) oder an der Küste (Kalabrien: Vibo Valéntia, Crotone) (Gallo/Cricenti 1992). Nur Urbino gelangte noch immer nicht über die 20000er-Grenze.

Um den Wachstumsvorgang über längere Zeiten hin zu veranschaulichen, sind in der Tabelle 13 die Daten ab 1400 zusammengestellt. Vom 15. bis 18. Jh. waren Venedig, Neapel und Palermo die größten Städte Italiens, bis dann mit der Bevorzugung des Nordens im jungen Einheitsstaat nach 1871 und mit der Industrialisierung Mailand und Turin in den Vordergrund traten. Dennoch blieb Neapel bis 1901 die größte Stadt des Landes. Rom erreichte die Spitze erst durch die gewaltige Zuwanderung nach dem letzten Krieg, wodurch verständlich wird, daß Italien eigentlich zwei Hauptstädte besitzt, Rom als politische und Mailand als wirtschaftliche Metropole.

Die Stadtregionen

Die Betrachtung der Städte und größeren Gemeinden allein nach der Einwohnerzahl in der Gemarkung und der Lage ihrer Zentren mag noch vor der großen Verstädterungswelle angemessen gewesen sein. Heute muß bei den meisten Großstädten das *Umland* miteinbezogen werden. Die Verstädterung betraf nicht nur die größeren Städte und ihr Gemeindegebiet, sondern dank ihrer Attraktivität und wegen der geringen Flächenreserven für Industrieanlagen und Wohnsiedlungen bald auch die Orte der Umgebung bzw. des ländlichen Raumes; der Stadt-Land-Gegensatz, der in Italien schon in der Vergangenheit weniger hervorgetreten war als in Deutschland, wurde vom Stadt-Land-Kontinuum abgelöst. *Suburbanisierung* und *counterurbanization* sind seit den siebziger Jahren in vollem Gange (Scaramellini 1993), auch im Süden (Frallicciardi 1989; H.-G. Wagner 1990). Die traditionell kompakte italienische Siedlung „zerfließt" allmählich am Rand, selbst die seit jeher unübliche Einzelhausbebauung im Grünen wächst da und dort durch Villen-Viertel heran (z. B. S. Siro in Mailand). Nach dem demographischen Niedergang der kleinen Städte und ländlichen Gebiete beim Höhepunkt der Landflucht hat im Zuge der „Dekonzentration" der Bewohner ein großer Teil von Gemeinden sowohl im städtischen Umland als auch abseits davon wieder zugenommen, am stärksten im Norden und an den Küsten, am wenigsten im Süden und im Gebirge. Diese Umkehrung des Trends hat ihre Ursachen einerseits in der „Krise der Stadt", hervorgerufen durch Wohnungsnot, unzureichende Versorgung, nachlassende Beschäftigungsmöglichkeiten in der alteingesessenen Industrie und Minderung der Lebensqualität, z. B. infolge hoher innerstädtischer Verkehrsdichte („*la città invivibile*"; Cori 1997), andererseits im wirtschaftlichen Aufschwung, der landesweit eine homogenere Infrastruktur, viele neue Industriestandorte geschaffen und, im Süden, den staatlichen Hilfen zu größerer Wirksamkeit verholfen hat (Dematteis 1986).

An Ausfallstraßen und Bahnlinien entwickelten sich geschlossene Fabrik- und Siedlungsbänder, es kam zur mehr oder weniger flächenhaften städtischen Besiedlung größerer Areale in den Stadtregionen. Infolgedessen ist die geschlossen bebaute Siedlungsfläche größer als die Verwaltungseinheit der Stadtgemarkung, die Stadtregion umfaßt eine Vielzahl von Gemeinden wie im Fall von Mailand, Turin und Neapel. Andere Großstädte haben dagegen so große Gemarkungen, daß die städtische Siedlungsfläche nur einen geringen Anteil daran hat, wie z. B. in Venedig, Ravenna und Rom (Bloch 1982).

Die ungeplante, wuchernde Verstädterung traf die Städte und die stadtnahen Gemeinden anfangs völlig unvorbereitet. In Gemeinden unter 10000 Einwohnern erlaubte die veraltete Bauordnung von 1865 keine schärfere Kontrolle, die Finanzprobleme wuchsen ebenso wie die der Verwaltung, der Versorgung, des Straßenbaus, der Bodenspekulation und der Notsiedlungen gewaltig an.

Beispielhaft ist das Geschehen um Mailand mit den *coree* (Sing. *corea*): Von 1953 an siedelten sich Zuwanderer im verkehrserschlossenen Bereich nördlich der Stadtgemarkung in großen Gehöften an oder bauten sich in Eigenleistung Einfamilienhäuser auf billig erworbenem Baugrund, oft in Heimatgemeinschaften. So entstand – zunächst von den örtlichen Behörden geduldet – im planungsleeren Raum der Gemeinden eine *corea* nach der anderen. Schließlich ergriffen die Bürgermeister der Gemeinden nördlich und nordöstlich von Mailand die Initiative und beschlossen 1957 gemeinsame Maßnahmen. 1962 lebten 56000 Einwohner innerhalb der Provinz Mailand in 34 Coree, verteilt auf 24 Gemeinden (Alasia/Montaldi 1975, S. 61; Dalmasso 1971, S. 480).

Während die Verdichtungsräume in Großbritannien, Frankreich, Deutschland und der Schweiz schon längere Zeit amtlich festliegen, sind in Italien erstmals 1990 administrative Normen für die funktionale Abgrenzung von Gemeinden und Provinzen erlassen worden. Obwohl es an geographischen Vorarbeiten seit Sestini (1958) nicht gefehlt hat, entsprechen die bürokratisch vorgegebenen *áree metropolitane* der räumlichen Wirklichkeit nur unvollkommen (Cantore 1995). Nachdem Dematteis

(1978) für 1971 insgesamt 33 Stadtregionen ausgegliedert hatte, hat Bartaletti (1992, 1996) für das Jahr 1991 allein nach der Zahl und Struktur der Beschäftigten (mindestens 52000 in Industrie und Dienstleistungen – ohne den öffentlichen Dienst, das Gaststättengewerbe und die Haushaltshilfen) zuletzt 25 derartige Gebiete ausgeschieden, in denen auf knapp 10 % der Landesfläche fast die Hälfte der Bevölkerung Italiens (46,3 %) lebt. Hinter dieser großen Zahl von Verdichtungsräumen verbergen sich naturgemäß sehr unterschiedliche Größenordnungen. Jeweils mehr als 1 Mio. Einwohner haben die sechs Stadtregionen von Mailand-Bérgamo-Como, Neapel-Salerno, Rom, Turin, Venedig-Padua-Treviso und Florenz-Pistóia-Prato, weitere acht Stadtregionen überschreiten die Grenze von 500000 Einwohnern, nämlich – nach der Größe geordnet – Palermo, Genua, Catánia, Bari, Bologna, Módena-Réggio Emília-Carpi, Rímini-Pésaro-Cesena und La Spézia-Massa-Viaréggio, dagegen erreichen Údine, Perúgia und Empoli-S. Miniato-Fucécchio (Prov. Florenz/Pisa) nicht einmal 200000 Einwohner. Die kleinere Zahl für 1991 ergibt sich durch das Zusammenwachsen mehrerer Stadtregionen seit 1971: Aus monozentrischen Ballungen sind als „konsolidiert" geltende polyzentrische *áree metropolitane* mit „Kernstädten", „zentralen" und „peripheren Gemeinden" hervorgegangen, die nach weiteren demographischen und zentralörtlichen Merkmalen definiert werden.

Wenn auch die Vorbilder anderer Industrienationen herangezogen worden sind, ist die Unsicherheit bei der Abgrenzung solcher Bereiche groß. Dies hängt in erster Linie mit dem dynamischen Verstädterungsprozeß selbst und seinen sozioökonomischen Konsequenzen, aber auch damit zusammen, daß die ausbleibende offizielle Festlegung einen breiten Spielraum beläßt, der durch die immer wieder neue Kombination geeigneter sozialstatistischer Daten genutzt worden ist. Der *Mailänder Ballungsraum*, der nach Fläche und Einwohnerzahl größte in Italien, sei dafür als Beispiel angeführt (Abb. 43):

Schon früh bestand das Bedürfnis zu interkommunalen Arbeits-, Verwaltungs- und Planungsgemeinschaften, weil das eigene städtische Gemeindegebiet (117,1 km²) die wachsende und einströmende Bevölkerung und die sich ausdehnende und neu ansiedelnde Industrie nicht mehr aufnehmen konnte. Immer mehr Betriebe gaben ihren Standort in der Innenstadt auf oder beließen nur Abteilungen dort (Debold 1980, Abb. 26; Mikus 1979, Fig. 26). 27 Gemeinden nördlich der Stadt bildeten (1967) die dicht verstädterte „Agglomeration" mit 610900 Einwohnern zusätzlich zur Gemeinde Mailand (Dalmasso 1971, S. 221). Während sich deren Bevölkerung bei 1,7 Mio. hielt, erhöhte sich die der Agglomeration bis 1977 um 36 % auf 829500. Der *Piano intercomunale* der Gemeinde Mailand von 1951 sah eine Zusammenarbeit mit 79 Gemeinden vor, er wurde aber auf 35 reduziert (Aquarone 1961, Karte S. 184). Im zweiten Plan von 1967 wurden schon 93 Gemeinden eingeschlossen (Debold 1980, Abb. 32; Meneghetti 1971, Fig. 48). 1978 waren es in dieser *Metropolitan area* 106 Gemeinden auf 1161,5 km² (Cori u. a. in Pinna/Ruocco 1980). Die *Conurbation Mailand* enthielt nach Dalmasso (1971) in 170 Gemeinden zusammen mit der Hauptstadt 3,7 Mio. Einwohner, darunter sechs Städte mit mehr als 40000 Einwohnern. Noch weiter greift der eng mit Mailand durch Verkehrsmittel und Pendlerströme verbundene Bereich der „Stadtregion" aus. Sestini (1958) hatte ihn mit 343 Gemeinden und 2863 km² und (1951) 3,24 Mio. Einwohnern bestimmt; Dalmasso fand die Grenzen des großen rechteckigen Raumes im Norden zwischen Lago Maggiore und Bérgamo, im Süden zwischen Novara und Trevíglio, in dem 405 Gemeinden mit 4,8 Mio. Bewohnern lagen. Nach neueren Untersuchungen umfaßt die Stadtregion Mailand im Jahr 1987 sogar 520 Gemeinden auf 4380 km² mit 5,89 Mio. Menschen (Bartaletti 1991); schon für das Zensusjahr 1991 muß der gleiche Autor (1996) diese Angabe geringfügig korrigieren; jetzt sind es 536 Gemeinden auf 4451 km² mit 5,81 Mio. Einwohnern.

Der folgende *Überblick* über die Situation der Städte des Landes (nach Dematteis 1978, ergänzt durch Bartaletti 1991, 1996) berührt verschiedene Fragen (Abb. 44). Immer wieder treten dabei die bekannten Gegensätze zwischen nord- und

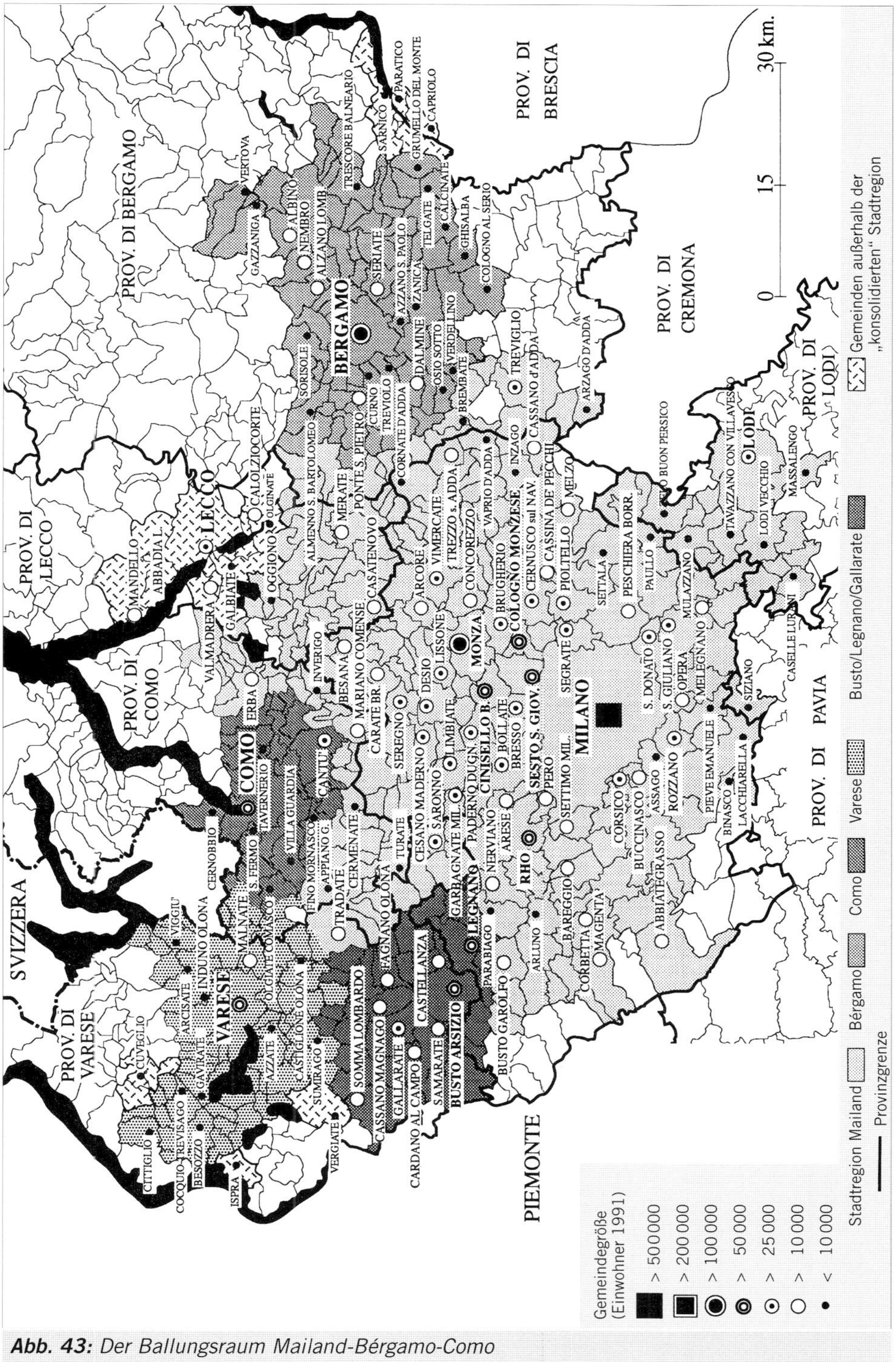

(aus Bartaletti 1996, S. 179, verändert)

Abb. 43: *Der Ballungsraum Mailand-Bérgamo-Como*

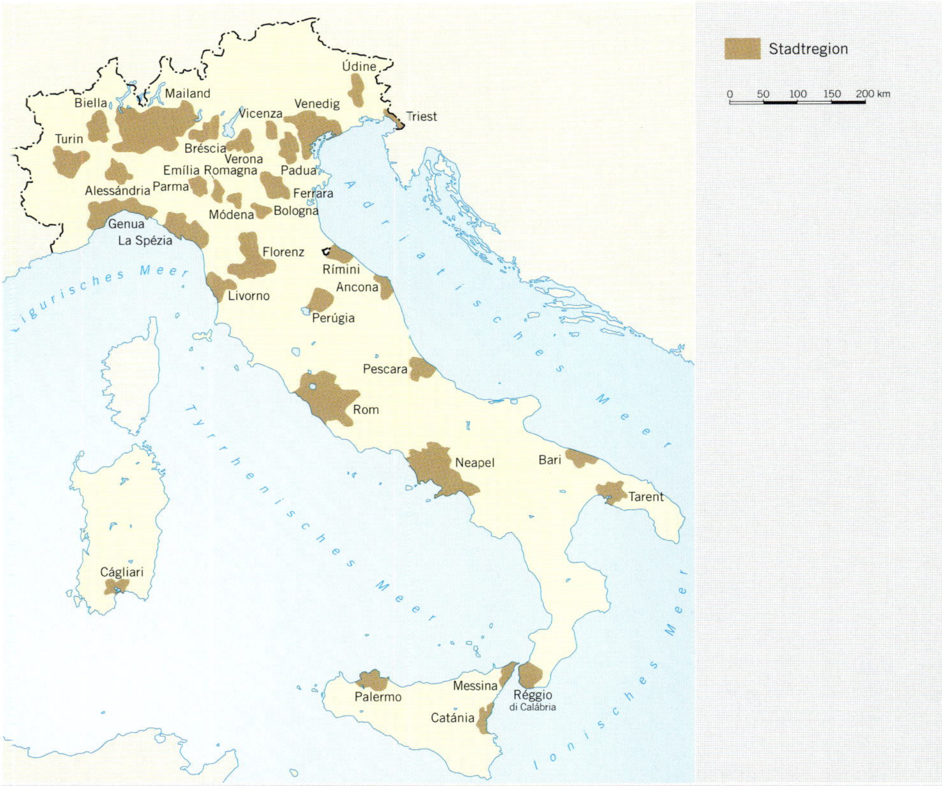

Abb. 44: *Die Stadtregionen*

(nach King 1992, S. 156)

süditalienischen Städten, zwischen Städten im Gebirge und in Ebenen, zwischen Städten an Küsten und im Binnenland zutage. Für die räumliche Differenzierung der modernen Stadtentwicklung sind aber weniger die naturgegebenen Bedingungen ausschlaggebend. Viel größeren Einfluß erlangen die großen Verkehrsachsen und bestehenden Bevölkerungsagglomerationen, die Industrialisierung und der Kostenfaktor für das Bauland und nicht zuletzt die Kommunikations- und Fühlungsvorteile schon vorhandener Städte sowie die Verwaltungsfunktionen.

Die Stadtregionen Norditaliens

Die Stadtregionen Norditaliens lassen sich in mehrere Gruppen gliedern:

1. Das bedeutendste Verdichtungsgebiet des Landes umfaßt einen 30 – 50 km breiten Streifen der Po-Ebene zwischen den Provinzen Turin und Údine. Hier lebt auf 7 % des Staatsgebietes ein Viertel der Bewohner Italiens, und hier befindet sich etwa die Hälfte der verarbeitenden Industrie des Landes. Brennpunkte im Westen sind die Stadtregionen von Turin mit 95 Gemeinden und 1,86 Mio. Einwohnern und von Mailand-Bérgamo-Como mit 536 Gemeinden und 5,81 Mio. Einwohnern (1991), von denen allein die Hälfte bzw. ein Viertel auf die beiden Regionshauptstädte Turin und Mailand entfällt. Venedig-Padua-Treviso bilden mit 55 Gemeinden und 1,19 Mio. Einwohnern die dritte Stadtregion im Osten. Der westliche Teil des Verdichtungsgebietes enthält Industriestädte des 19. Jh.s wie Pinerolo, Ivrea und Biella, die noch zum Einzugsbereich von Turin gehören. Im mittleren Teil liegen einige größere Städte historischer Bedeutung wie Novara, Como, Bérgamo und Bréscia, in denen sich insbesondere der

Handels- und Dienstleistungssektor entfaltet hat; dazu kommen Spezialindustrien. Im ländlich geprägten Ostteil der Ebene hat sich erst in jüngerer Zeit Industrie entwickelt. Auch hier überwiegt der Dienstleistungsbereich in den bedeutenden historischen Städten wie Verona, Vicenza und Údine. Das peripher gelegene Triest ist davon getrennt und stellt als internationaler Hafen eine urbane Einheit für sich dar.

2. Nördlich der padanischen Städtezone reihen sich – meist an den alten Handelswegen des transalpinen Verkehrs – in den größeren Alpentälern Klein- und Mittelstädte auf wie Susa, Aosta, Domodóssola, Sóndrio, Belluno und Tolmezzo. Nur das Etschtal gab Raum für ein inneralpines Städtesystem mit Bozen und Trient als größten Zentren.
3. Locker ist das Städtenetz auch in der südlichen Padania, in Südpiemont, in der Bassa Pianura, von den Langhe zum Astigiano und zur Ebene von Alessándria, von den Reisfluren des Vercellese über die feuchte Ebene der Lombardei bis zum Polésine. In diesen ländlichen Räumen sind Stadt und Land noch übergangslos voneinander getrennt. Das Städtenetz ist regelmäßiger gestaltet als in Alpennähe und hat die Züge der *borghi*, der historischen Land- und Marktstädte, bewahrt. Zur Entwicklung von Großstädten ist es nicht gekommen; die wenigen Mittelstädte wie Cúneo, Asti, Alessándria, Pavia, Cremona, Mantua und Rovigo geraten zunehmend in Abhängigkeit von den Hauptstädten ihrer Regionen und stellen die Verbindung zwischen den oft reichen ländlichen Räumen und den Hauptstädten her.
4. Am Fuß des Toskanisch-Emilianischen Apennins zieht sich eine Städtereihe an der historischen Via Aemilia entlang. Weil die alte Handels- und Gewerbefunktion mit Klein- und Mittelbetrieben in Verflechtung mit dem ländlichen Umland durch moderne Industriefunktionen ergänzt wurde, ist sie heute eine Wachstumsachse. Die alten Städte zogen aus der Land- und Bergflucht Gewinn. Abgesehen von einigen Abzweigungen in die Bassa Pianura (Carpi, Ferrara, Ravenna) und zum Fuß des Apennins blieb das Städteband als solches dabei größtenteils erhalten, an dem Bologna als Hauptstadt und Verkehrsknoten zum überregionalen Zentrum aufstieg (Abb. 45).

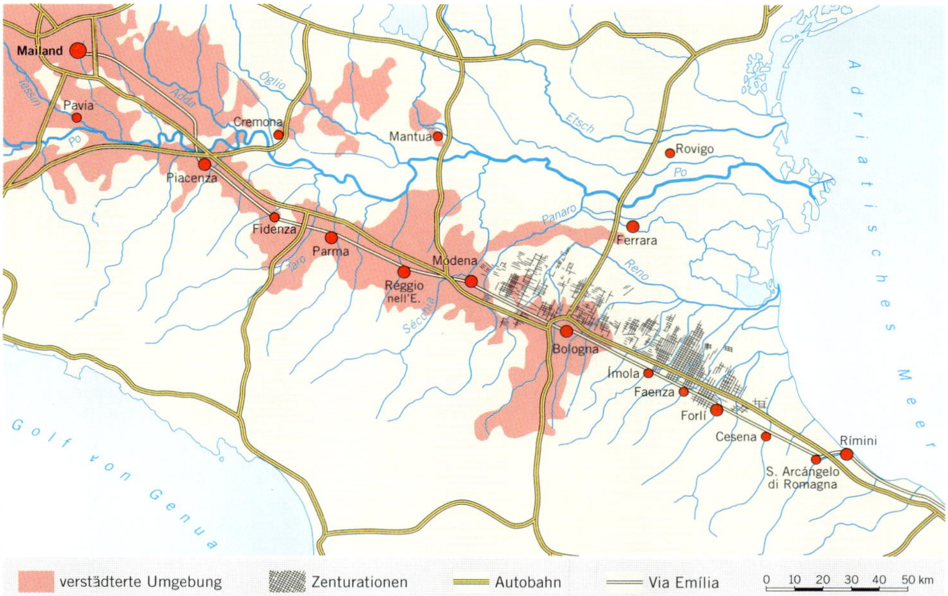

(aus Fazio 1980, S. 32, verändert)

***Abb. 45:** Städte und verstädterter Raum an der Via Emília*

5. Auch der ligurischen Küste folgt eine Städtereihe; aber die Beziehungen zwischen Küstenstadt und anschließendem Gebirge sind hier fast völlig verlorengegangen. Auch bestehen weniger zwischen den einzelnen Städten als vielmehr zu den Stadtregionen von Turin und Mailand, nicht zuletzt über die Autobahnen, direkte Verbindungen: Genua, Savona und La Spézia sind die Hafenstandorte der westlichen und zentralen Padania geworden und als Industrieplätze eng mit dem Binnenland nördlich des Apennins verknüpft. Die übrigen Agglomerationen der ligurischen Küste haben sich parallel zum Wachstum der städtischen Bevölkerung in der Po-Ebene zu „Ferienstädten“ entwickelt. Weil die Bau- und Grundstücksspekulation jener an den Rändern der Großstädte ähnelt, ist die Rede von der „Peripherie am Meer“.

Die Stadtregionen Mittelitaliens

Aus dem Städtenetz Mittelitaliens heben sich dank ihrer Lagegunst und ihrer hohen wirtschaftlichen Bedeutung drei Hauptachsen heraus, während Rom den Kern einer isolierten Stadtregion bildet:

1. Die wichtigste mit etwa 1,5 Mio. Einwohnern (1991) reicht von Livorno über Pisa nach Florenz und verbreitert sich im Becken des unteren Arno, wo am Gebirgsrand Prato, Pistóia und Lucca liegen. Gegen Siena und Arezzo hin findet Wachstum statt. Trotz der für die Toskana typischen Durchdringung mit ländlichen Räumen ist die Verstädterung erheblich. Sie äußert sich in der hohen Bevölkerungsdichte, vielen industriellen Klein- und Mittelbetrieben und im dichten Siedlungsnetz, was durch die gute Verkehrsverbindung zwischen dem Hafen Livorno und der Hauptstadt Florenz gefördert wird.
2. Obwohl eine geringe Beziehung untereinander besteht, setzt sich die von Ligurien ausgehende Städtelinie an der toskanischen Küste bis Piombino fort. Industrieansiedlungen wechseln mit großen Ferienstädten (Forte dei Marmi, Viaréggio) und Dienstleistungszentren (Massa und Carrara) ab.
3. An der adriatischen Küste hat sich in jüngerer Zeit eine recht geschlossene dritte Städtereihe im Anschluß an die Via Emília-Linie gebildet. Zu den Badeorten und Zweitwohnsitzen kommt die Verlagerung von Bevölkerung, Siedlung und Wirtschaft aus den Binnen- und Gebirgsräumen der Marken und Abruzzen an die Küste. An der Hauptverkehrsachse haben sich einige Städte mit Industrie, Handel und Dienstleistungen kräftig entwickelt wie Pésaro, Fano, Ancona, Civitanova Marche, San Benedetto del Tronto, Pescara-Chieti und andere. Zu der produktiven Landwirtschaft im Küstenraum treten industrielle Kleinbetriebe, Handwerk und Heimgewerbe, die exportorientiert sind. Die Provinzhauptstädte des Inneren sind die Standorte der Dienstleistungen.

Das mittelitalienische Binnenland, von der südlichen Toskana über Umbrien bis ins nördliche Latium und von den Marken bis zu den Abruzzen, zeigt dagegen ein recht dichtes und regelmäßiges Gefüge von Klein- und Mittelstädten, die in Becken und Talungen Knoten bilden. Abgesehen von den Regionalhauptstädten Perúgia und L'Áquila und dem Industriezentrum Terni sind sie ebenso wie die ländlichen Räume von Entwicklung und Wachstum bislang wenig berührt worden. Aus ihrem städtebaulichen und architektonischen Reichtum versuchen Assisi, Orvieto, Spoleto, Viterbo, Gúbbio und Cortona unter anderem über den Fremdenverkehr und kulturelle Veranstaltungen Kapital zu schlagen.

Im schroffen Gegensatz zu den gegen ihren Verfall ankämpfenden Städten des Binnenlandes steht die in der Region Latium liegende Hauptstadt *Rom*, die umgekehrt in Gefahr gerät, wegen ihres übermäßigen Wachstums zu ersticken. Anlaß zu der Bevölkerungslawine ist die öffentliche Hand als wichtigster Arbeitgeber mit mehr als 400000 Beschäftigten (1991), das sind 36 % der Erwerbstätigen, während weniger als ein Fünftel aller Erwerbspersonen Industrie und Baugewerbe zugerechnet wird. Der am Sitz zahlreicher Staatsunternehmen und Entscheidungszentren stark vertretene obere Mittelstand hat die ausufernde Bauwirtschaft finanziert, die nach der Bürokratie im Wirtschaftsleben der Hauptstadt lange Zeit bestimmend gewesen ist. Rom umfaßte 1991 als Stadtregion mit 3,54 Mio.

Bewohnern außer seiner enormen Gemarkung (1507 km²) „nur" 51 weitere Gemeinden, 1971 waren es erst 16.

Im Unterschied zu den Stadtregionen der Padania hat es in den Gemeinden und Städten seiner binnenländischen Umgebung die Verstädterung nicht flächen-, allenfalls punkthaft gefördert. Unter seinem starkem Einfluß steht dagegen der Küstensaum (Lido di Roma), insbesondere mit Badeorten und Zweitwohnungen, und städtisch besiedelt sind auch die begehrten Wohnlagen am West- und Nordhang der Albaner Berge mit einem Dutzend selbständiger Gemeinden, deren Einwohnerzahl sich seit Kriegsende mehr als verdoppelt hat (Cerreti 1984). Die Ursache der verhältnismäßig geringen Umlandwirkung ist die schwache Industrieentwicklung. Wo sie im Süden, im Agro Romano-Pontino (Pomézia, Aprília, Latina), und im Südosten, in der Sacco-Liri-Furche (Ciociaria), stattgefunden hat, handelt es sich nicht um eine Auslagerung von Firmen aus der Hauptstadt, sondern um das Fördergebiet der Südkasse, das an der Provinzgrenze von Latina und Frosinone 20 km südlich von Rom beginnt (Marandon 1977). Nordlatium zeigt dagegen keinerlei Industrialisierung. Während im Norden, und zwar bis einschließlich Florenz, die Hauptstädte mit ihren Stadtregionen durch dichte Netze und Achsen mit Mittel- und Kleinstädten ergänzt werden, die fast alle eine rege wirtschaftliche Aktivität zeigen, scheint Rom bis in die siebziger Jahre die Entwicklung der umliegenden Region unterbunden zu haben (Monheim 1974); denn erst danach hat das engere Umland aus der Nähe der immer weiter ausgreifenden Hauptstadt Gewinn ziehen können (Pontoriero/Salvatori 1986).

In dieser Tatsache und in vielen anderen Erscheinungen, im hohen Anteil der öffentlichen Hand am Erwerbsleben, am ungenehmigten Bauwesen und der städtischen Marginalität nimmt Rom schon Eigenschaften der Stadt des Südens vorweg. Seine wichtigste Stellung hat es aber als Sitz der politischen und wirtschaftlichen Leitungs- und Kontrollfunktionen, wodurch es auch Mailand überlegen ist. „Als Begegnungsort von Entwicklung und Unterentwicklung, zwischen Norden und Süden, ist Rom der Spiegel der Hauptwidersprüche in der gegenwärtigen Urbanisierung Italiens" (Dematteis 1978, S. 180), wo sich Merkmale „westlicher" Städte und solche der „Dritten Welt" kombinieren (Pacione 1998, S. 369). Deswegen kann es auch als die nördlichste der großen Stadtagglomerationen des Südens angesehen werden.

Die Stadtregionen Süditaliens

Anders als Mittelitalien, das außer Rom nur in Florenz noch eine Stadt mit mehr als 200000 Einwohnern besitzt, hat Süditalien sechs Stadtregionen: Neapel-Salerno, Bari, Tarent, Catánia, Palermo und Cágliari. Drei von ihnen bilden größere Agglomerationen.

1. Die größte Ballung, die *kampanische* Stadtregion mit (1991) 4,15 Mio. Menschen in 153 Gemeinden und der höchsten Wohndichte im ganzen Land (1733 Einw./km²), liegt als geschlossener Block zwischen Caserta, Neapel und Castellammare. Ausläufer reichen entlang der Autobahnen ins Binnenland nach Avellino und über Nocera nach Salerno und Battipáglia in der Sele-Ebene. Eine Entwicklungsachse zwischen Rom und Neapel ist im Werden.
2. In *Apulien* entstand mit der jungen Industrialisierung, aber schon in alter Zeit angelegt, eine Stadtregion um Bari, die sich an der Küste zwischen Barletta und Monópoli erstreckt und einige küstennahe Agrostädte der Murge (Ándria, Modugno, Bitonto u. a.) erfaßt hat.
3. Bedeutend ist auch die Städtelinie, die von der *Conurbazione dello Stretto* mit Réggio di Calábria und Messina ausgeht, an der Ostküste *Siziliens* südwärts verläuft und sich um Catánia und im Industriebezirk von Augusta und Syrakus ausweitet.

Zur Verstädterung ist es ebenso um Tarent, Palermo, Cágliari, Sássari mit Porto Torres und Alghero gekommen, was sich teilweise in neuen Industriestandorten und wachsenden Wohnsiedlungen, auch in Nachbargemeinden mit Pendlern, zeigt (z. B. Leers 1981 für Tarent).

Im Vergleich zu Nord- und Mittelitalien können für die Städte und Stadtregionen des Südens mehrere *Merkmale* hervorgehoben werden:

Es fehlt ihnen die Eingliederung in den Gesamtraum, die von vornherein durch Küstenlage, Gebirgszüge und große Entfernungen behindert wird. Manche Regionen, wie z. B. Palermo, sind „extrem isoliert" (Monheim 1974, S. 265). Der seit alten Zeiten nahezu städtelose, leere Binnenraum hat auch in moderner Zeit wenig Ansatzpunkte zur Industrialisierung und Verstädterung geboten. Viele der Agrostädte und der meisten Kleinstädte, deren Bewohner überwiegend landwirtschaftlich tätig gewesen sind, haben beim wirtschaftlichen Wandel in der Gegenwart keine neuen Funktionen übernehmen können. Ihre Einwohnerzahlen sinken bis zum Zensus 1991 ab oder stagnieren, selbst in einigen Provinzhauptstädten wie Caltanissetta, Enna und Trápani auf Sizilien.

Das Wachstum ging im Süden langsamer vor sich als im Norden. Die Städte gewannen ihre Einwohner auch weniger durch Zuwanderung als durch natürliches Wachstum der Bevölkerung. Oft bildet die Stadt des Südens nur eine Zwischenstation, einen Filter für die Wandernden, so daß vielfach die Zahl der Wegziehenden die der Zuziehenden übertrifft, wie noch 1995 in Neapel, Bari, Tarent, Bríndisi, Réggio di Calábria, Messina, Palermo und Cágliari. Weder die neue Industrie von Tarent noch die alteingesessene von Neapel und Umgebung haben genügend Arbeitsplätze bieten können. In der Gemeinde Neapel waren 1991 nur 26,4 % der Bevölkerung im arbeitsfähigen Alter (formell) beschäftigt. In den norditalienischen Stadtregionen liegt das Verhältnis bei über 40 %. Stärkeres Wachstum haben vor allem die Regions- bzw. Provinzhauptstädte wegen ihrer Verwaltungsfunktion, wie Fóggia, Lecce, Potenza, Cosenza, Catanzaro und Cágliari, außerdem solche mit Industrieansiedlung wie Augusta und Gela in Sizilien, Porto Torres bei Sássari auf Sardinien, Térmoli als Küstenstadt des Molise, aber auch Caserta, Casória, Avellino, Salerno, Battipáglia, die am Rand der kampanischen Stadtregion liegen. Fast alle süditalienischen Städte sind in hohem Maße von der öffentlichen Hand als Arbeitgeber abhängig.

Bei allgemein geringem Wirtschafts- und Bevölkerungswachstum ist freilich die Bautätigkeit im Süden so hoch wie in anderen Landesteilen. Die Expansion betrifft die Randzonen der Städte, die als meist hohe Kulisse die teilweise umgestalteten, niedriggeschossigen Innenstädte umrahmen, wie in Salerno, Tarent, Potenza, Cosenza, Syrakus und Agrigent. Selten jedoch ist es zur Gründung voll ausgestatteter, neuer Stadtteile wie am Vómero in Neapel, Neu-Tarent (Paolo VI) oder Cosenza-Rende gekommen. Trotz der starken Bautätigkeit und trotz der Bevölkerungsverluste durch Ab- und Auswanderung finden sich im Süden 1991 mit 27000 Einheiten noch 60 % aller Notunterkünfte Italiens (Baracken, Höhlen, Keller). Darüber hinaus besitzen viele Wohnungen keine sanitären Einrichtungen. „Mehr als anderswo werden die Regeln des Städtebaus und der Stadthygiene vernachlässigt und im stillen Einverständnis mit den örtlichen Behörden verletzt. Beim Mangel an anderen Quellen zur Bereicherung ist der Auf- und Umbau oder die Zerstörung der Stadt zum bevorzugten Feld der Ausbeutung und der Spekulation geworden" (Dematteis 1978, S. 182).

Der *Gegensatz zwischen der herkömmlichen norditalienischen und der traditionellen süditalienischen Stadt* – gemeint ist die Mittelstadt, nicht die Agrostadt – wird in Italien oft mit den Eigenschaften „produktiv" und „parasitär" verbunden: Während die norditalienische Stadt das Wirtschaftswachstum des Stadtumlandes gefördert hat, ist die süditalienische Stadt nichts anderes als Wohn- und Verwaltungsort ohne eigene Produktion. Hier wohnt der Grundbesitzer, in sie fließt der landwirtschaftliche Ertrag, und hier wird er verzehrt. Es besteht Überfluß an Unterbeschäftigten nicht nur des primären, auch des tertiären Sektors. Die Sozialstruktur ist bestimmt vom Klientelwesen: „Eine Stadt voller Widersprüche, von denen der widersinnigste darin besteht, daß einerseits die Bindung mit dem Land als ihrer unverzichtbaren wirtschaftlichen und finanziellen Grundlage untrennbar ist, sich andererseits aber gleichzeitig wegen der unüberbrückbaren sozialen Unterschiede eine Kluft zwischen Stadt und Land auftut" (Saibene 1978, S. 13). Nach dem wirtschaftlichen und gesellschaftlichen Wandel der letzten drei Jahrzehnte hat man erkannt, daß sich die damit zusammenhängende Südfrage nunmehr weniger auf das Land, auf Landwirtschaft und Siedlung bezieht; sie hat sich vielmehr auf die Stadt verlagert. Dort muß sie gelöst werden, nachdem dies auf dem Lande nicht oder doch nur selten gelungen ist.

Die historischen Stadttypen

Die historische Basis für die Lage, Gestalt und Funktion einzelner Städte bedarf gerade in Italien einer Betrachtung, weil sonst die Gegenwart mit ihren schwerwiegenden Problemen nicht verständlich wird. In unvergleichlich höherem Maß als in Deutschland sind die Städte, ihre Bürger und ihre Verwaltungen drängenden Fragen der Stadtsanierung gegenübergestellt. Unter den insgesamt rund 20000 historischen Zentren (*centri stórici*), d. h. Altstädten und Dorfkernen, werden allein 826 als „historische Stadtzentren größter Bedeutung" klassifiziert. Nicht nur in Bauleitplänen, auch in der Praxis müssen zwischen Restaurierung, Entlastung, Wiederinwertsetzung einerseits, Abriß und Modernisierung andererseits Kompromisse gefunden werden. Weil der Fortbestand der Stadt unter gesunden Lebensbedingungen Vorrang haben muß, kann nicht jede alte Bausubstanz, und stamme sie auch aus der Antike, erhalten bleiben. Von 8074 auf ihre Entstehungszeit hin überprüften Gemeinden sind 713 schon in vorrömischer Zeit bekannt gewesen, weitere 1971 entstanden während der Römerzeit. 1435 wurden erstmals im Frühmittelalter bis zum 10. Jh., 3062 im Hochmittelalter (11.–14. Jh.) erwähnt (Fazio 1980, S. 21). Der Höhepunkt des Städtebaus ist im 12. Jh. erreicht worden, und aus dieser Zeit stammt noch ein großer Teil der Bausubstanz. Trotz der Fülle historischer Bauwerke, der Vielfalt städtischer Erscheinungen und der bunten Lebendigkeit ihrer Bewohner, welche gemeinsam die Sichtweise nähren, die italienische Stadt sei der Inbegriff jeglicher Urbanität (Dirscherl 1989), können in diesem Kapitel nur einige Grundzüge und Regelhaftigkeiten jener Epochen herausgestellt werden, die für die Entwicklung und Gestalt der Städte entscheidend gewesen sind, um im Anschluß daran die Veränderungen der historischen Stadtzentren in der Gegenwart an Beispielen zu erörtern (vgl. *TCI*: Le Città 1978, *Atlante Tematico* 1992, Tav. 52–60), u. die Bibliographie in Sabelberg 1988a).

Ein bedeutendes Städtewesen begann innerhalb Italiens mit der *griechischen Kolonisation* vom 8. Jh. v. Chr. an, das großen Einfluß auf die Entwicklung und Anlage von Städten der Vorbevölkerung, der Italiker und Etrusker, ausübte. Die griechische *Polis* ist vom Begriff „Stadt" zu unterscheiden. Kirsten (1956, S. 77) definiert sie als Siedlung ländlicher Grundherren, die im Besitz eines meist küstennahen „Kornlandes" sind. Es handelt sich um Landstädte oder, wegen ihrer lockeren Bebauung im Kolonisationsland, um „Gartenstädte". Erst durch Luftbilder sind neben den berühmten, teilweise erhalten gebliebenen Tempelbauten im abgesonderten öffentlichen Teil planmäßige Grundrißformen der privaten Siedlungs- und Nutzflächen erkennbar geworden (Schmiedt/Chevallier 1959; Schmiedt 1970). Lange, schmale Rechteckblöcke bzw. Breitstreifen finden sich in Megara Hyblaea bei Augusta (gegr. im 8. Jh. v. Chr.), Agrigent (6. Jh.), Herakleia (5. Jh.), Metapont (8. Jh.) und Poseidonia-Paestum (7. Jh.). Selten gab es eine Kontinuität der Besiedlung; denn die meisten Orte sind verfallen oder wie Sybaris unter jüngeren Aufschüttungen erst in jüngster Zeit (unsicher!) geortet worden. Ständig besiedelt waren die Hafenstädte Neapel und Tarent dank ihrer ausgezeichneten Lage und ihrer in allen historischen Epochen bedeutenden Funktionen. In der Altstadt von Neapel haben sich in erhöhter Lage des „Neapolisplateaus" die Spuren des griechischen Stadtplans aus dem 5. Jh. v. Chr. im heutigen Grundriß erhalten (Abb. 46; Döpp 1968, S. 93). Syrakus mit einem 15 km langen Mauerring war wahrscheinlich eine Zeitlang nach seinem Sieg über die Etrusker in der Tyrrhenis die größte Stadt des westlichen Mittelmeerraumes.

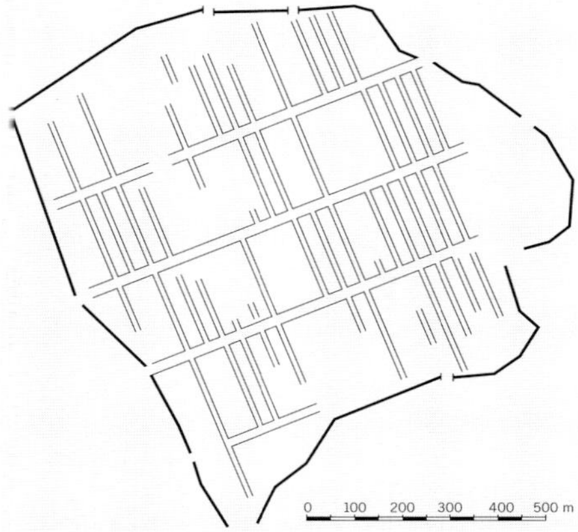

Abb. 46: *Der Grundriß einer Stadt in Großgriechenland: Neapolis, 5. Jh. v. Chr.*

(aus TCI, Le Città, 1978, S. 38)

Wie den Städten Großgriechenlands fehlt auch den *phönizisch-punischen Stützpunkten* der territoriale Zusammenhang. Bezeugt ist die Machtausbreitung Karthagos in Sizilien und Sardinien durch befestigte Höhensiedlungen oder mit Kultstätten, wie auf Mózia nördlich Marsala, und vor allem mit Häfen bzw. Doppelhäfen (Tharros, Cágliari, Nora, Sulcis und Sant'Antíoco in Sardinien, Lilibeo bei Marsala in Sizilien).

Die *Etruskerstädte* gründen sich zum Teil auf Siedlungen der Terranovakultur und entsprechen dem Typ der ummauerten Burg- und Bergstadt, die in gewisser Entfernung von der tyrrhenischen Küste liegt, dort aber mit Hafenstandorten verbunden sein kann. Landwirtschaft, Bergbau und Handel waren die Lebensgrundlagen der „Herzogtümer"; denn einen Etruskerstaat gab es nicht, nur einen kultischen Bund. Beispiele sind die Höhenorte der Toskana und Latiums wie Fiésole, Volterra, Orvieto, Tarquínia, Caere (Cervéteri), Véio, Chiusi, Sutri und Vulci. Tarquínia, eine Gründung des 9. Jh.s., lag in typischer Weise auf einem Tuffplateau nordöstlich der heutigen Stadt (bis 1922 Corneto). Dazu gehörte ein außerordentlich großes Gebiet. Wie bei den Städten Großgriechenlands gab es selten eine unmittelbare Siedlungskontinuität, wie sie Fiésole, Volterra, Orvieto und auch Rom bieten. In römischer Zeit zerstört oder überbaut, sind außer Resten der Ummauerung und der Nekropolen wenig Spuren etruskischer Städte auf uns überkommen. Ob sie schon früh einen in schematische Rechtecke gegliederten Grundriß gehabt haben, ist umstritten (Castagnoli 1971).

Latiner errichteten ihr *oppidum* auf eingeebneten Berggipfeln und umgaben es durch einen Mauerring, der an drei oder vier Stellen unterbrochen war. Damit kreuzten sich die Straßen im Zentrum, wo der Brunnen lag. Später trennten sich oft Stadt und Akropolis dadurch, daß die Stadt nach unten verlegt wurde. Etrusker und Römer haben italische, griechische und phönizisch-punische Methoden städtischer Ansiedlung übernommen und ausgeführt, weshalb man heute die Beiträge einzelner Kulturen kaum voneinander unterscheiden kann.

Rom ist als Marktort im Schnittpunkt mehrerer Verkehrslinien eine künstliche Bildung, die aus dem Zusammenwachsen kleiner Höhensiedlungen um das Forumstal mit der *Roma quadrata* auf dem Palatin entstand. Die Stadt nahm immer wieder fremde Elemente auf und entwickelte sich zu einem Gemeindestaat eigener Prägung (Kirsten 1956, S. 117; Olsen 1969).

Die von Rom ausgehende *Urbanisierung* der Apenninenhalbinsel bestand in der Aufgliederung von Stammesgebieten der ansässigen Völker (Italiker, Illyrer u. a.) durch die Einrichtung von Munizipien, nicht aber in der Gründung städtischer Siedlungen als zentraler Orte mit Dörfern. Diese Tatsache wirkt bis heute nach und erklärt das weitgehende Fehlen zentralörtlicher Systeme in Mittel- und Süditalien. Das von den Römern geschaffene Stadtgebiet (*civitas*) ist hier eine Übernahme der griechischen Polis; es lebte in der kirchlichen Diözese fort, in deren Begrenzung es noch lange erkennbar war (Kirsten 1956, S. 130).

Ältere Städte wurden *umgeformt*, deren Namen geändert, wie Poseidonia in Paestum. Es traten die typischen Auspical-Namen („glückverheißende Städtenamen") auf: Piacentia/Piacenza (*placere* = gefallen), Faventia/Faenza (*favere* = begünstigen), Florentia/Firenze (*florere* = blühen), Potentia/Potenza (*potens* = mächtig), Bononia/Bologna (*bonus* = gut) und andere (Susini 1978). Bei den *Neugründungen*, wie der von Luni, dem großen Marmorhandelshafen von 177 v. Chr. bei Carrara, wurde in ebenem Gelände das Schachbrettmuster angewendet. Der *Cardo maximus* führte von Nordosten her über das zentral gelegene Forum, die Via Aurelia von Osten her über eine der *Decumanus*-Straßen. Das Theater wurde in der Ostecke, das Amphitheater in allgemein üblicher Weise außerhalb der Mauern erbaut. In manchen Städten ist der Schachbrettgrundriß der römischen Städte auf uns überkommen, wie in Parma oder Piacenza, wo das Straßenkreuz erkennbar ist; in Lucca geht man durch gebogene Straßen um den Grundriß des Amphitheaters herum. Auch in Florenz (vgl. Abb. 76) ist die quadratische Stadtanlage (westlich der Piazza Santa Croce) teilweise erhalten, und in Terni folgt die Überbauung durch Wohnhäuser den antiken Mauerresten (Rieche 1978, S. 102).

Je nach *Funktion* gab es ganz verschieden ausgestaltete Städte, was sich im Vergleich von Pompeji als Handelsstadt und Óstia als Hafenstadt und Umschlagplatz zeigen läßt. In Herculaneum dagegen fehlen Ladenstraßen, und es gibt zweistöckige Zweifamilienhäuser. Wahrscheinlich ist es nach dem Vorbild Neapels im hippodamischen Rechteckgrundriß angelegt worden (Rieche 1978, S. 274). In den *Colonia*-Gründungen, wie Florenz, Lucca, Verona und anderen, wurden gewöhnlich Veteranen angesiedelt. Andere stehen in Zusammenhang mit Zenturiationen, d.h. der schematischen Landaufteilung, wie an der Via Emília und um Padua (Abb. 45). Davon sind die *Campus*-Städte, Militärstützpunkte, wie Como und Turin, zu unterscheiden. Aosta, das 25 v. Chr. gegründete Augusta praetoria, bewahrt noch heute die Elemente der römischen Lagerstadt, insbesondere die fast ganz erhaltenen Mauern (Abb. 47).

Nur wenige Römerstädte konnten die Zeiten der Invasionen, der Verwüstungen und Hungersnöte überstehen, und die Veränderungen im Mittelalter waren tiefgreifend. Sie überlebten meist nur dort, wo sie Zentren von Handel und politischer Macht geworden waren. Andere wurden am glei-

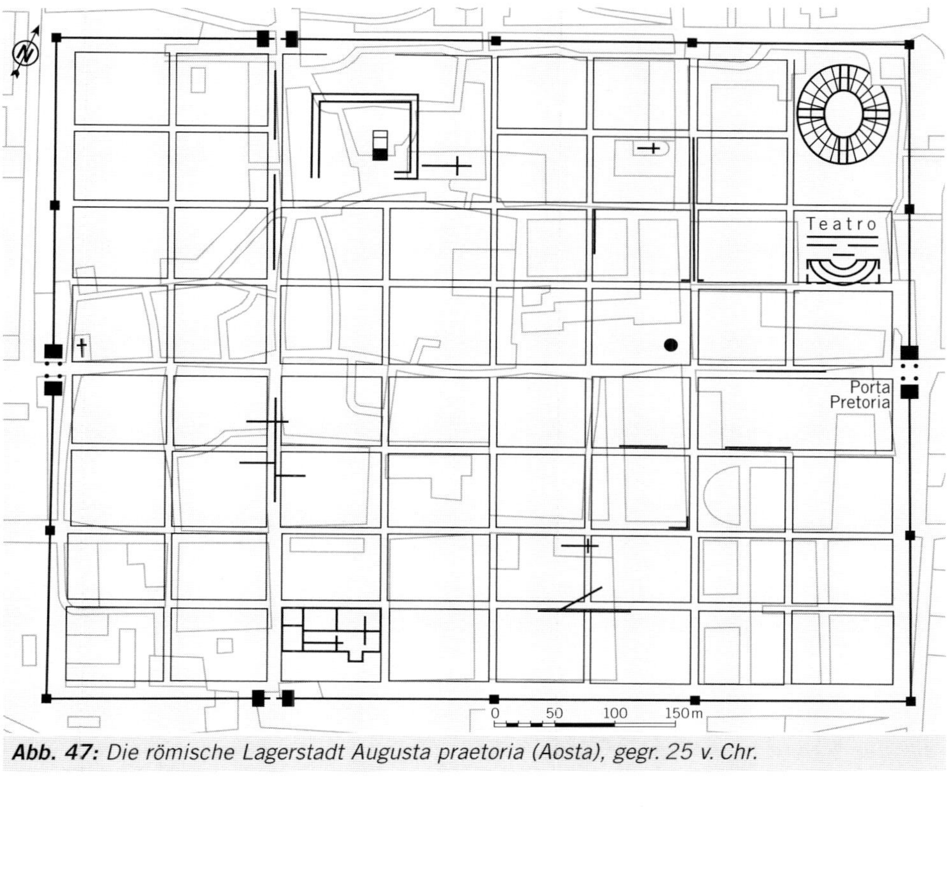

(aus TCI, Le Città, 1978, S. 53)

Abb. 47: *Die römische Lagerstadt Augusta praetoria (Aosta), gegr. 25 v. Chr.*

chen Platz erst zwischen dem 11. und 13. Jh. neugegründet. Antike Baukörper erhielten sich, wenn städtische Infrastrukturen (Straßen, Aquädukte und Abwasserleitungen) weiter benutzt wurden. Andere römische Elemente wurden mit der Christianisierung aus der antiken Tradition gelöst, umgedeutet und übernommen.

Besonders radikal war die Umgestaltung antiker Anlagen im *Frühmittelalter* unter *arabischem Einfluß* in Sizilien und weit darüber hinaus. Palermo war als große Hafenbasis organisiert worden und erhielt im 10. Jh. eine Zitadelle, die *Kalsa*. Von der vornormannischen Stadtanlage ist wenig erhalten; doch zeigt der Plan von 1777 noch klar das typische Sackgassenprinzip (Guidoni 1980). In Kalabrien und Apulien ist der arabische Einfluß vor allem zwischen dem 9. und 13. Jh. stark gewesen (Abb. 48). Er überwog z. B. in Tarent, dem Emiratssitz von 840 – 880, gegenüber den ergen byzantinischen Baublöcken (*strigae*) von 967. Sogar in Latium und Umbrien, in Perúgia und Todi, läßt sich ebenso wie in den südlichen Marken ein direkter Einfluß durch Sarazeneneinfälle feststellen. Ohne weitere Belege ist das Vorkommen von Sackgassen allerdings kein Beweis für sarazenischen Einfluß, weil es ganz allgemein die Folge von Siedlungsverdichtung sein kann (Sabelberg 1984, S. 83).

Zur rechtwinkligen Gliederung der Stadt der römischen Antike kam nun die byzantinisch-arabische radiale Anordnung der Stadtteile rund um das Zentrum. In Ravenna geschah das zu militärischen Zwecken; in Bologna und Genua waren es die *horae*, in Spoleto und Rom die 12 *scholae*; Trastévere kam als 13. später hinzu. Sie verkörpern eine geometrisierte mit den himmlischen Regionen verbundene Stadt in einem ihr unterstellten kreisförmigen Gebiet (Guidoni 1980, S. 94).

In der großen Gründungsphase des *Hochmittelalters*, an der die Freien Kommunen ebenso beteiligt gewesen sind wie Könige, Kaiser und Fürsten, wird die Stadt zum Koordinationspol des Raumes. Schon in der Periode vor den Freien Kommunen bildet in *Norditalien* der Po die Achse von Wirtschaft, Städtesystem und Straßen, wobei der Handel seine Wurzeln in Venedig hat. Die Städte erhalten verschieden große Gebiete, die ihrem Bischof unterstellt sind: Asti mit zwei Meilen Radius, Parma und Triest mit drei

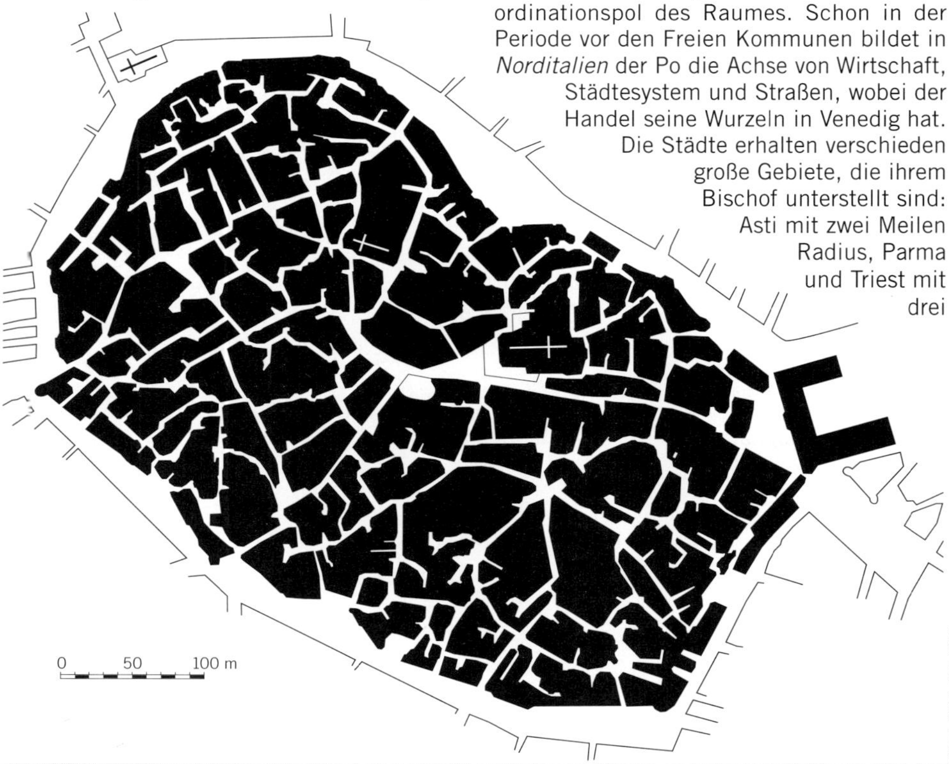

Abb. 48: *Martina Franca/Apulien, gegr. 1310: Stadtanlage unter islamischem Einfluß*

(aus Gutkind 1969, Abb. 342)

Meilen, Réggio Emília mit vier Meilen. Dank seiner Lage und Aufgabe an der Handelsstraße nach Deutschland kann sich nur Verona von der Gewalt des geistlichen Fürsten lösen. Überall sonst kommt es zur Zweiteilung in Bischofs- und Bürgerstadt und häufig zur Zusammensiedlung, zur Ballung der Bevölkerung des Umlandes. Beginnend mit Genua 958 entziehen sich die Städte aber mehr und mehr der Autorität von König und Adelsherrschaft und demonstrieren ihre neue Macht durch die Ummauerung (Guidoni 1980, S. 106; Gutkind 1969, S. 262).

Einen besonderen Aufschwung nahmen die zwischen dem 7. und 12. Jh. gegründeten *Hafenstädte*, wie Venedig und Amalfi, oder die byzantinische Pentapolis an der Adria, Rímini, Pésaro, Fano, Senigállia und Ancona, die dann unter die Herrschaft des Kirchenstaates kam. Andere verloren an Bedeutung, wie z. B. Aquileia, dessen Erbe Grado antrat; Concórdia wurde im Binnenland von Portogruaro (Prov. Venedig) abgelöst (Lehmann 1963). *Festungen* wurden an neuralgischen Punkten der Ebenen angelegt (Údine, Ferrara, Viterbo, Cápua, Aversa). *Klosterzentren* entstanden am Binnenrand der Padania, an dem die Landerschließung mit Entwässerungsarbeiten voranschritt. Von Abteien aus wurden die stadt- und straßenfernen Räume organisiert, wobei sich der über 1000 km^2 große Klosterstaat von Montecassino formierte.

Zahlreiche Stadtgründungen erhalten schematische Grundrißformen. Massa Lombarda (Ravenna) und Crevalcore (Bologna) haben das viertorige Quadrat; rechtwinklig sind Cortemaggiore, Villafranca di Verona, Pontecurone (Alessándria), San Giovanni in Persiceto (Bologna), Gattinara (Vercelli), Cúneo, Pietrasanta und Camaiore in der Toskana und andere. Das 1164–1167 gegründete Alessándria besitzt in seinem Mauerring ein Vieleck; kreisförmig sind Castelfranco Véneto und Cittadella, das 1220 von Padua aus gegen Castelgrano/Treviso erbaut wurde. Das Vieleck der Festungen zeigt Guastalla in der Romagna Fiorentina, innen folgt es aber dem Radialplan.

Um Rom sind seit dem 10. Jh. durch Päpste, römischen Stadtadel und Klöster Burgen „auf brunnenfündige Gipfel gesetzt" und mit Suburbien erweitert worden (Stoob 1974; Guidoni 1980, Abb. 124). Als Schutz gegen die Normannen ist das Rundkastell zum Oval umgestaltet worden, wie das durch die Adelsfamilie Colonna erbaute Tusculum in den Albaner Bergen, nach der Zerstörung Ende des 12. Jh.s von Rom aus die berühmteste Stadtwüstung des Mittelalters.

Seit dem 13. Jh. spielen auch die *Bastidenplanstädte* eine wichtige Rolle, die von England über Südwestfrankreich bis nach Savoyen und in den norditalienischen Raum ausstrahlen, kenntlich an ihren Namen wie Villanova, Villafranca, Terranova, Borgonovo, Castelfranco (Nitz 1972). Diese sogenannten *terre murate* sind kleine befestigte Städte mit einem Markt zur Sicherung der Fernhandelswege, z. B. an Paßstraßen, oder als Stützpunkte bei der Binnenkolonisation, wie in der Emília-Romagna.

Auch der *Süden* hatte seine mittelalterliche Gründungsphase. Sie begann mit dem Normannen Roger II., der Cefalù an der Nordküste Siziliens bauen ließ (vgl. Aversa in der kampanischen Ebene, gegr. 1020, mit normannischer Plananlage). Zu den großen Städtegründern zählt der Staufer Friedrich II. Nachdem er aus politischen Gründen einige ältere Städte zerstören ließ, gründete er auf Sizilien ab 1230 Augusta, dann Terranova (seit 1927 Gela) nach dem Castrumprinzip und legte auf dem Festland Planstädte an wie L'Áquila, wobei er sich an das klassische Vorbild hielt. Unter den Anjou sind in Apulien dadurch Städte entstanden, daß die islamische Landbevölkerung in befestigte Plätze zusammengezogen wurde, wie in Lucera, Altamura und Martina Franca (Abb. 48).

Unter der Fremdherrschaft der Anjou, Aragonier und Bourbonen gab es im Süden nur schwache Zentralregierungen, unter denen die Barone auch die Herren der Städte waren (*Baronalstädte* nach Sabelberg 1984, S. 32). Sie herrschten anfangs von ihren Kastellen, dann von den Palazzi an der zentralen Piazza aus. Die Wirtschaft der Städte stagnierte, Handwerk und Handel waren auch in Küstenstädten ohne Bedeutung. Die Oberschicht der Latifundienbesitzer erkaufte sich Privilegien durch Stadtgründungen. Im 15.–17. Jh. kam es dadurch und mit dem Prozeß der Binnenkolonisation zu einer großen Welle von Stadtgründungen

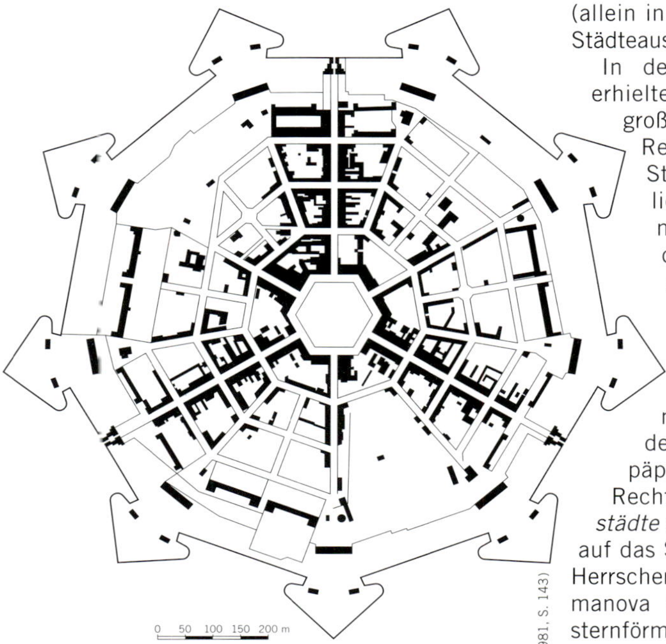

Abb. 49: *Die Festungs- und Garnisonstadt Palmanova/Friaul, gegr. 1593, Zustand 1851*

(aus Döpp 1981, S. 143)

(allein in Sizilien 165 Neugründungen und Städteausbauten; Abb. 57).

In der *Renaissance- und Barockzeit* erhielten viele Städte, insbesondere die großen und kleinen Hauptstädte und Residenzen der Großkommunen und Stadtstaaten in Nord- und Mittelitalien ihr Gesicht, wie Mantua, Urbino, Ferrara, Parma, Florenz und andere. Ein Beispiel für Süditalien aus dieser Epoche (Rokoko) ist Lecce auf der Salentinischen Halbinsel (Abb. 51). In Festungs- und Garnisonstädten fand die neue Architektur Anwendung. Cosimo I. ließ Terra del Sole 1564 an der Grenze der Toskana gegen die päpstliche Romagna bei Forlì im Rechteckschema erbauen. Solche *Planstädte* sind – ähnlich wie in Deutschland auf das Schloß – stets auf den Palazzo des Herrschers ausgerichtet. Das berühmte Palmanova (Friaul) wurde 1593 mit seiner sternförmigen Mauer zur Sicherung der Ostgrenze der Republik Venedig gegründet (Abb. 49; Döpp 1981). Zentrale Plätze wurden angelegt, breite Straßen durchgebro-

Bild 33: *Palmi am Südrand der Piana di Gióia Táuro (Kalabrien): Wiederaufbau im Schachbrettgrundriß nach dem Erdbeben von 1908 (im Mittelgrund hinten das fertige Hafenbecken für die nicht verwirklichte Industriezone, heute Containerhafen)*

chen oder angefügt. In Rom war es Papst Sixtus V. (1585–1590), unter dem die wichtigsten Leitlinien entstanden; in Genua sind die Strada Nuova (Via Garibaldi) im 16. Jh. und die Via Balbi von 1606 zu nennen. Venedig erhielt seine grundlegende Umgestaltung. Ein wichtiges Beispiel ist auch die Anlage der Kreuzung *Quattro Canti* in Palermo durch Maqueda im 17. Jh. Anlaß zur Gründung von *Baronalstädten* nach neuen architektonischen Gesichtspunkten gaben die schweren Erdbebenkatastrophen von 1693 in Südostsizilien und 1783 in Südkalabrien. In Kalabrien sind allein 33 Städte neu gebaut worden, darunter Réggio, Palmi und Filadélfia (Abb. 50), meist im quadratischen oder rechteckigen Gitterschema (Bild 33).

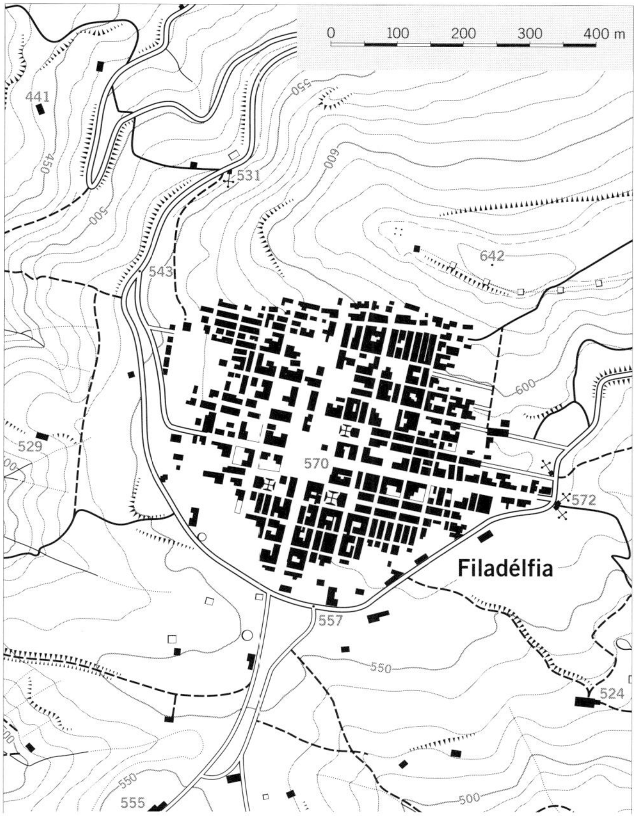

Abb. 50: *Filadélfia (Kalabrien): Wiederaufbau nach dem Erdbeben 1783*

(aus Gambi 1965, S. 283)

Auf die Angliederung von regelmäßig gestalteten *Neustädten* an alte mittelalterliche und antike Kerne, wie sie *im 19. Jh.* vorgenommen wurde, sei an dieser Stelle nur verwiesen. Es sind zwangsläufige Erscheinungen, die mit der besprochenen Verstädterung und Land-Stadt-Wanderung ebenso zusammenhängen wie mit der Industrialisierung und die bis in die Gegenwart fortwirken.

Die historischen Stadtzentren in der Gegenwart und die Altstadtsanierung

Der Verlust an traditioneller, im Laufe langer Stadtgeschichte gewachsener und überkommener Bausubstanz, sei es solcher von künstlerischem oder wirtschaftlich-sozialem Wert, ist in unserer Zeit von Jahrzehnt zu Jahrzehnt größer geworden. Fragt man nach den Ursachen und den Möglichkeiten, ihn aufzuhalten, muß man von Anfang an differenzieren; denn die Gründe dafür, daß Bürger einer Altstadt ihr Haus aufgeben und ihre Heimat verlassen, sind allzu verschieden.

Eine große Zahl der bis in unsere Zeit fast unversehrt gebliebenen *kleinen historischen Zentren* liegt an der Peripherie der von der stürmischen Wirtschafts- und Verkehrsentwicklung mitgerissenen Räume; sie stagnieren. Nach der Abwanderung vieler ihrer Bewohner ist der Gebäudebestand dem fortschreitenden Verfall preisgegeben, den die daheimgebliebene, überalterte und finanzschwache Bevölkerung nicht allein aufhalten kann. Es besteht eine wichtige

Bild 34: *Altstadtsanierung in Gallípoli, Prov. Lecce (Apulien)*

planerische Aufgabe darin, die Kleinstädte gerade überall dort aufzuwerten, wo sie nicht im Einzugsbereich von Großstädten liegen und zu Ballungsräumen gehören (Bartaletti 1977; Pinna 1981; Bild 34).

Den wechselnden Erfolg der Bemühungen mit großem Finanzaufwand zeigt das Beispiel *Urbino* mit einstiger Residenzfunktion (Brock 1982). Nach der Renaissance hatte es in der aus Ober- und Unterstadt bestehenden Siedlung („urbs bino") bis in die sechziger Jahre unseres Jahrhunderts wenig Änderungen im Baubestand gegeben, auch nicht in der faschistischen Zeit; es herrschten Niedergang und Abwanderung. Der Entwicklungs- und Flächennutzungsplan (1964/1971) zielt wie anderswo auch auf die Revitalisierung des historischen Zentrums in Verbindung mit der Entwicklung der Gesamtstadt ab, indem die Altstadt Wohn-, Bildungs- und Verwaltungsfunktionen übernehmen soll. Die Schlüsselrolle erhalten der Tourismus und besonders die Universität. Die 1564 gegründete Hochschule ist 1924 als „Freie Universität" anerkannt worden und erfreut sich seitdem der finanziellen Unterstützung des Staates. Sie liegt zum Teil in der Altstadt und nutzt Um- und Neubauten innerhalb und außerhalb der Mauern mit 1981 etwa 7000 anwesenden Studenten, fast so vielen wie die Stadt um diese Zeit Einwohner besitzt (7647). Trotz des unzweifelhaften Aufschwungs hat die Gesamtgemeinde Urbino bis 1991 (15114 Einw.) den Nachkriegsstand (1951: 22986 Einw.) aber nicht mehr erreicht. Im Gegenteil, sie verliert wieder an Bedeutung, wie es der Rückgang von Altstadtbewohnern 1991 (7298) und die Studentenzahl 1995/1996 (2389) deutlich macht.

Fremde, besonders Großstädter, nutzen die Situation in geeigneten Orten, um Zweitwohnungen einzurichten, womit die Sozialstruktur zumindest in manchen Jahreszeiten völlig umgestaltet, aber auch das äußere Erscheinungsbild zerstört wird, wenn nicht strenge Bauordnungen erlassen worden sind. Auf diese Weise wird auch in bedeutenden Fremdenverkehrszentren, wie z. B. in Portofino an der Riviera di Levante, das historische Zentrum nur formal bewahrt. Ausländer und reiche Mailänder sind an die Stelle der Fischerbevölkerung getreten, andere Orte, wie z. B. Sperlonga bei Gaeta, sind Kolonien von Künstlern, Intellektuellen

Bild 35: *Altstädtisches Viertel in Cágliari (Sardinien), im Hintergrund der Stagno di Cágliari*

und Ausländern geworden. In wieder anderen Orten hat der Abbruch und der Umbau zu Urlaubswohnungen schon so weit um sich gegriffen, daß nur noch kleine Altstadtreste übriggeblieben sind. So ist das historische Zentrum von Albenga, die erste Wiedergründung am Ausgang der Antike, einer blindwütigen Bauwirtschaft überlassen worden. Auch auf der Halbinsel von Sorrent haben Hotel- und Ferienhauskolonien die alten Stadtkerne überwuchert (Fazio 1980).

Ganz anders verhält es sich mit den *historischen Zentren der Großstädte*. Allen gemeinsam ist zunächst die Bevölkerungsabnahme und das Zurückbleiben alter Menschen und Angehöriger der Unterschichten gewesen. Ähnlich wie in den anschließenden ältesten Neubauvierteln ereignet sich in jüngerer Zeit eine sehr weitgehende soziale Umschichtung, weil die zentrale Lage nicht nur als kommerzieller Wert, sondern auch als wertvoller Wohnstandort wiedererkannt worden ist. Mit der Rückkehr des höheren Bürgertums scheint eine neue Phase in der Altstadtentwicklung begonnen zu haben (Bild 35).

Leers (1981, S. 128) hat für die innere, altstadtnahe Neustadt von Tarent ein „kleinzelliges" Verteilungsmuster der Sozialgruppen herausgestellt, das sich offenbar nach dem Baualter und der Stockwerkszahl der Gebäude richtet (ähnlich Noble 1985, für Neapel): je jünger und höher sie sind, um so mehr beherbergen sie die Angehörigen der oberen Mittelschicht (*gentrification*). Neue Appartementhochhäuser mit teilweise luxuriöser Ausstattung und entsprechend hohen Mieten, aber auch hohen Leerständen, grenzen unmittelbar an ungepflegte und niedrige Altbausubstanz, die nicht selten auf Abbruch steht und von einer einkommensschwachen Bevölkerung bewohnt wird. Nach dem gleichen Prinzip, allerdings mit anderen Bauformen, dürfte sich die Umschichtung in den altstädtischen Kerngebieten vollziehen.

Je nach ihrer Zugehörigkeit zu den großen Wirtschaftsräumen genießen die historischen Zentren der Großstädte jedoch eine sehr unterschiedliche Wertschätzung. Im nordwestitalienischen *Industriedreieck*, insbesondere in Turin und Mailand (Gabert 1964; Dalmasso 1971; Zafarpour 1985), dienten die Altstädte lange als Sammelbecken und Verteiler für Zuwanderer. Viele

Turiner Altstadtwohnungen waren dringend sanierungsbedürftig. Die Einwohnerzahl ging mit der Renovierung zurück, weil trotz massiver Proteste, zeitweise mit Hausbesetzungen, Mieter hinausgedrängt und abgefunden wurden, um Nobelviertel mit teuren Lokalen und Geschäften neben den Arbeitsstätten des tertiären Sektors errichten zu können. In *Mailand* ist nach den Umbauten im Laufe der letzten 100 Jahre von der Altstadt wenig erhalten geblieben. Der unzureichende Bauleitplan von 1953 wurde 1976 endlich ersetzt und ermöglichte den Schutz von Altstadtvierteln, die zwar ohne künstlerischen Wert waren, jedoch einfache Wohnungen boten. Auch die Altstadt von *Genua* ist trotz des Bevölkerungsrückgangs durch Büroviertel und Hochhäuser, Terrassenbauten, Tunnelstraßen und unterirdische Parkplätze schwer in Mitleidenschaft gezogen worden.

Selbst *Florenz*, Zentrum italienischer Kunst und Kultur und Brennpunkt des Fremdenverkehrs, ist von den Verwaltungs- und Planungsbehörden nicht bevorzugt behandelt worden. Hinter Einzelproblemen, wie dem Bau des Hauptbahnhofs, hat die Altstadt in ihrer Gesamtheit bisher zurücktreten müssen, obwohl auch hier ein Exodus der Bewohner stattgefunden hat. Schon im 19. Jh. wurde „saniert", wobei ein altes Marktviertel der Piazza della Repúbblica weichen mußte (vgl. Abb. 76). Glücklicherweise konnte Florenz die Hauptstadtfunktion für den jungen Staat bald wieder abgeben, so daß für den weiteren Schwund wertvoller historischer Gebäude kein Anlaß mehr bestand. Florenz gehört ebenso wie Siena (Bild 36) zum *Typ der mittelitalienischen Altstädte*, den gerade die außerordentliche Persistenz der Bausubstanz und deren Nutzung auszeichnet (Sabelberg 1980a, 1981, 1984, 1988b). Die Genese der toskanischen Stadt ist durch die überkommene, immer wieder von innen heraus erneuerte und den Bedürfnissen angepaßte Bausubstanz bestimmt worden. Das gilt für den öffentlichen Bereich mit den Repräsentationsbauten im Zentrum ebenso wie für die privaten Palazzi an *Palazzistraßen* mit Oberschichtwohnungen und gehobenen Funktionen des tertiären Sektors, z. B. Banken, und auch für die *Borghi* mit Wohnungen und Handwerksquartieren der unteren Schichten. So ist die räumliche Verteilung der Sozialgruppen weitgehend konstant geblieben. Im Unterschied zum allgemeinen Stadtmodell weist die Altstadt hier nicht einen Abfall der Bevölkerungszahl wie bei der City-Bildung auf, sondern enthält weiterhin trotz starker tertiärer Nutzung eine dichte Wohnbevölkerung, und zwar auch der höheren sozialen Schicht. In manchen Palazzi ist sogar eine lange Familienpersistenz nachweisbar.

Rom gilt als Zentrum parasitärer Wirtschaft und als abschreckendes Beispiel für den brutalen Mißbrauch des Bauwesens im Zusammenhang mit dem hochgradigen Bevölkerungswachstum. Trostlos waren schon die Verunstaltungen des Stadtzentrums im 19. Jh. und während der faschistischen Ära, die an ältere Traditionen des „prächtigen und großartigen" Umbaus anschlossen (Sabelberg 1985, S. 133f.). Um das antike Zentrum vor weiteren Schäden durch den Verkehr zu bewahren und seine Einheit wiederherzustellen, wurde die Via della Consolazione zwischen Kapitol und Forum 1980 geschlossen; die Via dei Fori Imperiali, Mussolinis Prachtstraße, die folgen sollte, wird nur sonn- und feiertags zwischen Piazza Venézia und Via Cavour gesperrt. Wenn auch die Fassaden vieler Gebäude noch den alten Zustand bewahren, so sind die Innenräume oft völlig verändert; mit teuren Terrassenwohnungen sind ganze „Dachlandschaften" entstanden. Der Bauleitplan von 1972 hat den Schutz der Altstadt sogar zum Schwerpunkt der Stadtplanung erklärt. Das „Einfrieren" von Altstadtteilen mit Fußgängerzonen, aber ohne besondere Schutzmaßnahmen für ihre Bewohner, hat den negativen Entwicklungsprozeß jedoch noch verstärkt. Hotels, Boutiquen und Luxusappartements verdrängten alteingesessene Familien. Zwangsräumungen im Zusammenhang mit unglaublicher Spekulation, mit ungenehmigten Baustellen in der innersten Schutzzone, waren an der Tagesordnung. Dennoch standen viele Wohnungen wegen zu hoher Mietkosten leer.

In *Neapel* dehnt sich der Wohnungsbau ungehemmt nach außen aus. Die Bevölkerung der griechisch-römischen Altstadt hat von 1961 bis 1981 um 44 %, des gesamten *centro stórico* um 35 % abgenommen

Foto: H.-G. Wagner

***Bild 36:** Siena (Toskana): Westliche Altstadt mit Dom*

und sinkt weiterhin (Formica 1991). Das *centro antico* besteht bzw. bestand aus immer wieder aufgestockten und damit überhöhten Privathäusern, die infolge abnormer Wohnmarktverhältnisse vernachlässigt worden sind, nachdem das ehemalige Viertel des Adels, hoher Beamter und Handelsherren zum Wohnsitz niederer und mittlerer Bevölkerungsschichten geworden war. Der Zustand der meist überalterten Wohngebäude und selbst der öffentlichen Bauten war nicht nur allgemein schwierig, sondern hinsichtlich des Untergrundes sehr bedenklich.

Am Beispiel der Cavonestraße schildert Döpp (1968, S. 238 ff.) die Situation in den *Bassi*. In diesen Elendsvierteln lebten zwei bis drei und arbeiteten fünf bis sechs Menschen in einem Raum zu ebener Erde für Heimgewerbe oder Kleinindustrie der Schattenwirtschaft mit hoher Frauen- und Kindertätigkeit. In der inneren Altstadt wurden 1961 auf 146 ha 84 000 Einwohner, d. h. 580 Einw./ha, ein damals für vergleichbare italienische Altstädte keineswegs besonders hoher Wert gezählt; denn Tarent hatte 1951 auf 29 ha sogar 1004 Einw./ha, Palermo im Bezirk Palazzo Reale 607 Einw./ha (Döpp 1968, S. 242). Formica (1991) gibt noch für 1981 eine Wohndichte von 200 – 480 Einw./ha in der Altstadt Neapels an, die jetzt wohl ihresgleichen suchen dürfte.

Das Erdbeben von 1980 bedeutete einen folgenschweren Einschnitt in der (Alt-)Stadtentwicklung. Galten schon davor 30 000 Wohnungen als schadhaft, verschärfte es zwar die Wohnungssituation im Zentrum der Stadt beträchtlich, als 5000 Gebäude bzw. 20 000 Wohneinheiten in Mitleidenschaft gezogen wurden und 35 000 Familien evakuiert werden mußten, und es beschleunigte den Niedergang der Kleinindustrie (H.-G. Wagner 1985). Doch brachte das 1981 in Angriff genommene, durch Korruption und kriminelle Machenschaften mehrfach verzögerte Notprogramm immerhin einen Umschwung. Die Planung erstreckt sich einmal auf den Bau zwölf neuer Wohnsiedlungen unterschiedlicher Größe am Rand der *área metropolitana*, zum anderen geht es um die Erneuerung der Altstadt. Dabei scheinen jene, die eine bewahrende Instandsetzung der Innenstadt betreiben, immer mehr den Gruppen zu unterliegen, die den Abriß und die völlige Umwandlung fordern. Schon wird die historische Bausubstanz an vielen Stellen durch moderne, hohe Betongebäude übergangs- und rücksichtslos ersetzt. Die von außen kommenden Bauunternehmen und Immobiliengesellschaften fördern die Spekulation, der die Behörden kaum wirksam entgegentreten, weil sie im Klientelwesen verstrickt sind. Da die Neubauten zum größeren Teil privat finanziert werden müssen, erfolgt durch hohe Mieten eine Auslese der Bewohner nach dem Vermögen (Noble 1985). Deshalb hält die Zentrifugalbewegung trotz hoher Wohnraum-Leerstände an und begünstigt „eine fast unkontrollierte Verstädterung in der Peripherie“ (H.-G. Wagner 1985, S. 63). Als Entlastung der durch den Verkehr schwer zugänglich gewordenen City ist zudem in Poggioreale auf 110 ha ein Zentrum für öffentliche und private Dienstleistungen (*Centro direzionale di Napoli* – CDN) herangewachsen (Vallat 1993). Die sich wandelnde Innenstadt muß dagegen ihre neue Rolle erst wieder finden, wenn sie an ihre große Vergangenheit anschließen möchte (Formica 1991).

In *Bari* verlor die alte Innenstadt schon in der ersten Hälfte des 19. Jh.s durch die Muratsche Neustadt sehr an Bedeutung; die oberen Schichten zogen aus, die Infrastruktur verfiel, so daß heute das Abwasserproblem groß ist. Die schweren Bombenschäden im Zweiten Weltkrieg steigerten die Wohndichte, z. B. in San Nicola mit 31 000 Einwohnern auf 40 ha oder 775 Einw./ha 1951. Die Abwanderung aus der Innenstadt wurde durch den Wohnungsbau an der Peripherie gefördert, so daß 1971 nur noch 12 800 Einwohner in der Altstadt San Nicola lebten. Jetzt dürfte hier die Zahl auf < 10 000 Einwohner, die Wohndichte auf < 250 Einw./ha zurückgegangen sein.

Das barocke *Lecce*, eine Altstadt mit 67 ha innerhalb der 1926 zum großen Teil abgebrochenen Bastionen des 16. Jh.s, ist ein Beispiel für das Geschick, das eine Stadt erwartet, die besonders reiche architektonische Schätze birgt: sie sinkt zum Museum der Baudenkmäler und zum Ghetto ihrer Bürger ab. Während sie 1901 noch 30 000 Einwohner hatte, waren es um 1980 etwa ein Viertel weniger. Auch hier hat sich mit der Abwanderung der Bauzustand verschlechtert (Abb. 51).

Matera besitzt die einzige Altstadt Italiens, die aus Höhlenwohnungen besteht. In den Wänden einer Schlucht (*gravina*) am Rand der apulischen Kalktafel, die in zwei Kessel geweitet ist, wurden seit der Altsteinzeit natürliche Höhlen genutzt, später künstliche geschaffen. Nicht zuletzt durch die Schilderung von Carlo Levi (1945) wurde die Weltöffentlichkeit auf die unwürdigen Zustände in den *sassi* aufmerksam. Ein Spezialgesetz von 1952 sah die Sanierung, außerdem den Bau von Sozialwohnungen vor. Bis 1973 waren etwa 20 000 Bewohner in neue Wohnviertel am Rand der Stadt (z. B. nach La Martella) und teilweise in wieder verlassene Gehöfte der Bodenreform umgesiedelt worden. Jetzt sollen die Sassi für 4000 Einwohner instandgesetzt und als „erhaltenswertes Kulturgut“ (auf der UNESCO-Liste seit 1993) für den Tourismus attraktiv gemacht werden, was bisher aber fast nur durch Besetzung und Selbsthilfe der ehemaligen Bewohner-Familien und trotz nationaler und internationaler Unterstützung – infolge von Finanznot und Planungswirrwarr – allenfalls durch denkmalpflegerische bauliche Einzelmaßnahmen geschieht (Longo 1997). Derzeit leben angeblich 1000 Menschen in der Schlucht.

Ähnlich wie in Bari, Lecce und Matera ist auch in *Palermo* die Peripherie gefördert worden und das einst intensiv genutzte Agrarland der Conca d'Oro so gut wie aufgesiedelt. In der Altstadt wurde abgebrochen; der Bauleitplan von 1965 änderte wenig, und das Sanierungsprogramm von 1962 wurde nicht verwirklicht. Das Erdbeben von 1968 verstärkte die Abwanderung. Gegenüber 125 000 Bewohnern 1951 lebten 1986 nur noch 36 000 Menschen in der Altstadt; der Zensus 1991 hat sogar weniger als 25 000 erfaßt. Sprengel (1988, S. 87) nennt das *centro stórico* mit einer Mobilitätsziffer von fast 50 % einen „gewaltigen Umschlags- und Verteilerraum“, weil sich die einströmenden Zuwanderer vom Land zunächst hier niederlassen, ehe sie in benachbarte Viertel mit geeigneten Arbeitsmöglichkeiten umziehen. Die Art und Weise der innerstädtischen Mobilität ist in hohem Maße soziostrukturell gebunden.

Die historischen Zentren vom *Typ der süditalienischen Stadt* unterscheiden sich z. B. in Apulien und Sizilien grundsätzlich vom mittelitalienischen Typ der Toskana

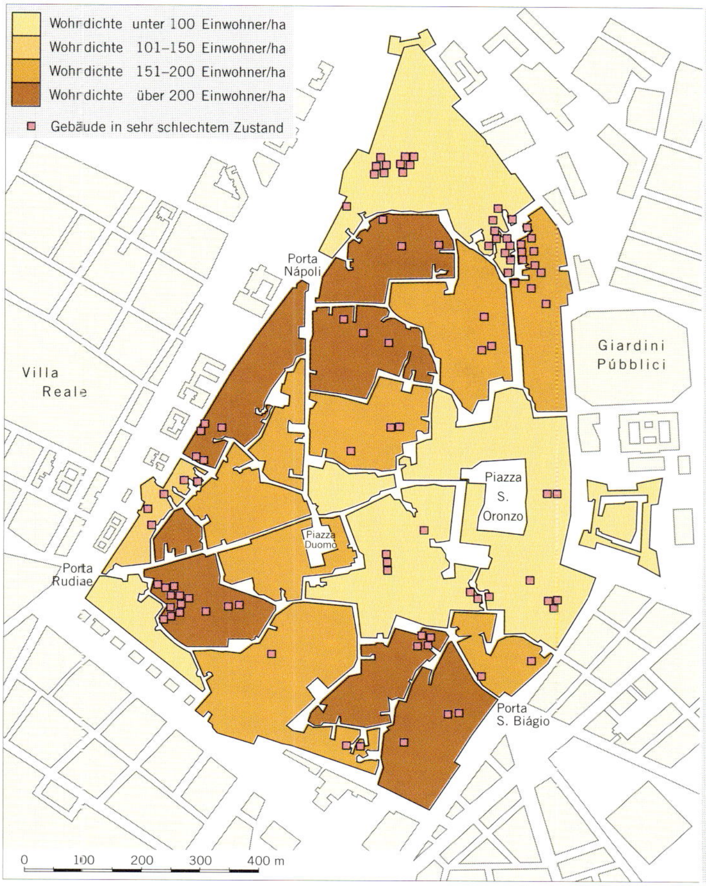

Abb. 51: *Das historische Zentrum von Lecce/Apulien*

(aus Pinna 1981, S. 256, verändert)

(Sabelberg 1985; Pricking 1988). Trotz Persistenz der Bausubstanz, darunter der Palazzi, verlagerten sich die zentralen Funktionen von Verwaltung und gehobenem Handel mit den Wohnungen der Oberschicht aus dem historischen Stadtkern phasenweise in die jeweils neuen Stadtviertel, besonders in die *Corso*-Straßen, wie die Beispiele Catánia und Fóggia zeigen (Abb. 52). Die Palazzi wurden nicht weiterhin als Repräsentationsbauten der Oberschicht genutzt und verfielen; sie hatten nicht wie in der Toskana ihren Wert als Kapitalanlage und keine wirtschaftlichen Funktionen wie diese. Als Ursache dieses Wandels darf die in der Stadt des Südens fehlende städtische Selbstverwaltung durch die Bürgerschaft und das völlig andere Wirtschaftsdenken gelten. So kommt es, daß es kein einheitliches Verwaltungs- und Handelszentrum im *centro stórico* gibt wie in den toskanischen Städten.

Die bekanntesten Beispiele für *Altstadtsanierung* in Italien und für deren Probleme sind sicherlich Bologna und Venedig, die beide internationales Aufsehen erregt haben. In *Bologna* (Cervellati/Scannavini 1973; Cervellati u.a. 1977) ging es nicht allein um die Rettung des historischen Zentrums, sondern um eine Gesamtplanung der Stadt und ihrer Umgebung (Tömmel 1976), weil es den Folgen der industriellen Expansion und dem raschen Anstieg der Einwohnerschaft zu begegnen galt: Von 1951 bis 1971 nahm Bologna von 340526 auf 490528 zu, 1977 war durch ein Absinken auf 481100 Einwohner schon ein Erfolg zu verzeichnen, und bis 1991 ging die Zahl auf 404378 Einwohner zurück. Während die Stadt an der Peripherie wuchs und die

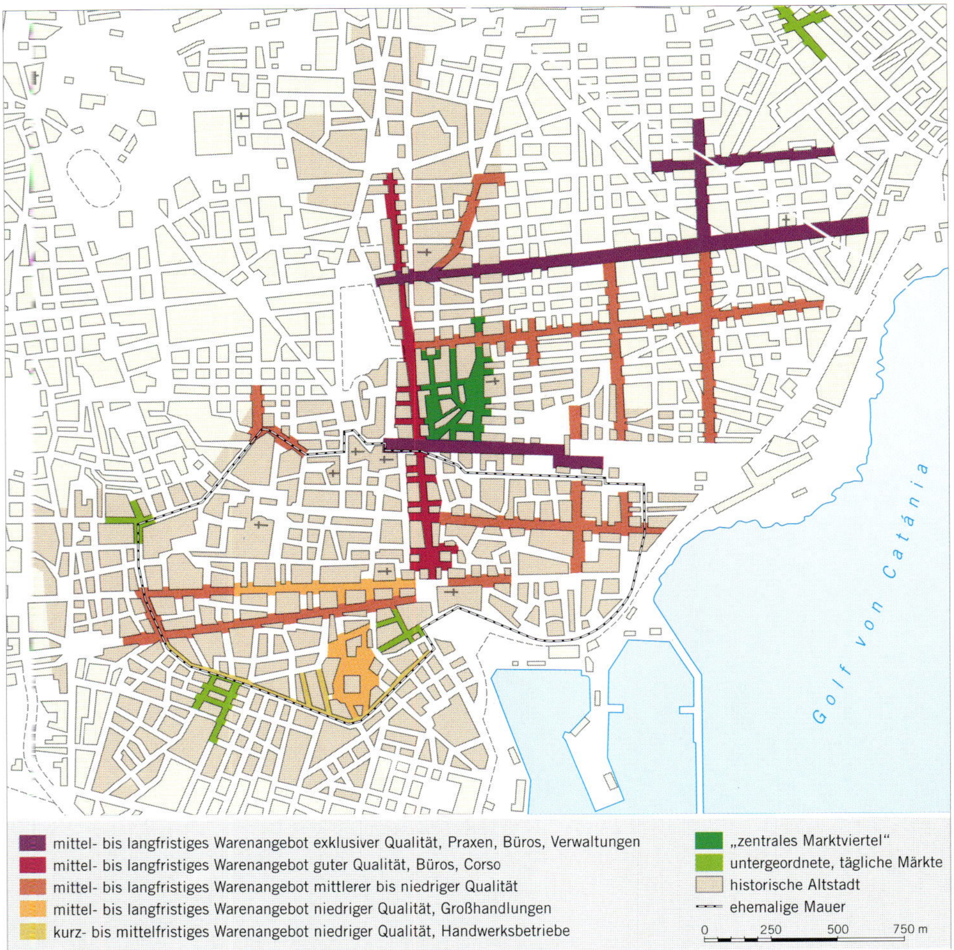

Abb. 52: *Die Typen der Geschäftsstraßen in Catánia/Sizilien*

(aus Sabelberg 1984, S. 154, verändert)

Altstadt mehr und mehr verlassen wurde, nahm der Auspendlerstrom zu, die Innenstadt drohte zu verfallen. Der Bebauungsplan von 1951 hätte fast alle Grünflächen den Neubauten für 1,1 Mio. Einwohner geopfert; im Zentrum wären nur noch Geschäfts- und Bürohäuser übriggeblieben. Obwohl auch für Bologna die gleichen Planungsgesetze gelten und ebenso große finanzielle Schwierigkeiten wie in anderen Städten des Landes bestehen, gelang es dank eines besonders fähigen, später von der UNESCO ausgezeichneten Planer- und Architektenteams und dank kluger politischer Entscheidung der kompromißbereiten „roten" Stadtverwaltung, einen Bebauungsplan für den Großraum zu erarbeiten und teilweise in die Tat umzusetzen.

Der Bauleitplan von 1970 begrenzte die Einwohnerzahl auf höchstens 600 000; 1973 trat der Altstadtplan in Kraft; auf 450 ha mit 89 000 Bewohnern liegen 13 Interventionszonen, von denen sofort fünf dringliche in Angriff genommen wurden. Zum Schutz der Bewohner und Kleinbesitzer verzichtete man auf Enteignungen und Zwangsräumungen und legte damit einen Grundstein für die Zusammenarbeit mit den Bürgern. Alte öffentliche Gebäude wurden für Sozialeinrichtungen umgebaut. Inzwischen sind die engen finanziellen Grenzen des Projektes längst erreicht wor-

Bild 37: *Altvenedig: Blick auf die Lagune und Murano*

den, und der weitere Sanierungsplan macht langsamere Fortschritte.

Während Bologna dank klarer kultureller und politischer Leitlinien die Gesamtplanung und die Altstadtsanierung erfolgreich angehen konnte, gelang das in *Venedig* trotz einiger Sondergesetze und ausländischer Hilfe lange Zeit nicht (Bild 37). Die Stadtregion ist wie andere italienische Großstädte seit 1900, als die Dezentralisierung mit der Entwicklung auf dem Festland (*terraferma*) begann, heftig gewachsen. Venedig verkörpert nicht nur mit seiner Altstadtinsel in der Lagune, dem Zentrum des Fremdenverkehrs und dem Sitz von Verwaltung, privaten Dienstleistungen und traditionellem Handwerk, sondern mit Mestre und Porto Marghera den bedeutendsten Handels- und Industrieplatz in Nordostitalien mit weitem Hinterland (Abb. 75; Döpp 1986; *Diercke* 1996, S. 105/2, 3). Einen „gesamteuropäischen Problemfall" stellt die an Kunstschätzen und Bauwerken überreiche Lagunenstadt dar. Außer dem geologisch und klimatisch bedingten Hauptproblem, der Gefährdung durch Hochwasser mit zunehmender Häufigkeit, das der Weltöffentlichkeit besonders 1966 bewußt wurde (Döpp 1988), müssen vor allem die Auswirkungen der aufsteigenden Feuchtigkeit für die Gebäude und die hygienischen Verhältnisse hervorgehoben werden; mehr als 600 historisch wertvolle Bauten sind davon betroffen. Darüber hinaus fügen die Abgase der festländischen Industriezone zusammen mit der feuchten Meeresluft den Marmorskulpturen Schaden zu. Während Restaurierungen zunächst nur ausländischen Vereinigungen zu verdanken gewesen sind, stehen seit Mitte der achtziger Jahre durch eine staatliche Spezialgesetzgebung für die Erhaltung Venedigs große Summen bereit, so daß mehrere Sanierungsvorhaben zugleich genehmigt worden sind. Sie reichen „von der Stadtreinigung über die Konsolidierung des Untergrundes besonders gefährdeter Gebäude bis zum sozialen Wohnungsbau" (Wapler 1988, S. 102). Da die Stadtverwaltung wie in Bologna eine sozial orientierte Bevölkerungspolitik verfolgt, um die Menschen möglichst weitgehend an die Altstadt binden zu können, ist die Wiederherstellung der Wohnhäuser ebenso wichtig wie die von Monumentalbauten, Schulen und Kirchen. Dazu werden leerstehende Häuser angekauft, enteignet und restauriert. Von 35 000 Wohnungen des Zentrums war die Hälfte sanierungsbedürftig, 12500 galten als baufällig, 1500 hatten keine sanitären Anlagen. 1991 lebten nur noch 76644 Menschen in der Inselstadt im Vergleich zu 175000 im Jahr 1951, 190000 wohnten inzwischen auf der *terraferma* (1951: 97000), von wo aus rund 20000 (1981) täglich zu ihren Arbeitsstätten im Zentrum pendelten, während viel weniger (1991: 9200) den umgekehrten Weg zu den Arbeitsplätzen auf dem Festland antraten. Konservierende Maßnahmen und ein Ausbau der vorhandenen Funktionen allein können den „Rialtokern" nicht wieder zu neuer Blüte bringen. Angesichts der kurzen Aufenthaltsdauer im Tourismus (zwei bis drei Tage) mit überwiegendem Tagesausflugsverkehr dürfte auch das teure Beherbergungsgewerbe (schon Dongus 1974) für die Zukunft wenig tragfähig sein. Die Stärkung der Wohnfunktion durch Zweitwohnsitze ist ebensowenig eine geeignete Lösung wie die qualitative Aufwertung des Geschäftslebens. Damit wurden vor allem die Grundstücksspekulation gefördert, das Preisniveau hochgetrieben und die einkommensschwachen Schichten verdrängt (Wapler 1988).

Der Besitz architektonischer und anderer künstlerischer Werte, die in Städten aller Größen aus ihrer historischen Blütezeit auf uns überkommen sind, bringt sehr hohe, oft kaum zu erfüllende Verpflichtungen mit sich. Wie oben ausgeführt, geht es dabei nicht nur um Erhaltungsmaßnahmen für die Altstadtkerne, sondern auch um die viel schwerer zu leistende Aufgabe, sie nicht als Museum einzurichten, ihnen vielmehr innerhalb der Gesamtstadt ursprüngliche Funktionen zu sichern oder neue zuzuweisen, die ihnen angemessen sind.

Die Hauptstadt Rom

Als Sitz zweier voneinander unabhängiger Residenzen nimmt Rom unter den Hauptstädten aller Staaten der Erde eine Sonderstellung ein: Auf dem Vatikan residiert der Papst und auf dem Quirinal der Präsident der Republik Italien. Die Hauptstadt des Kirchenstaates war im Kampf um die italienische Einheit und Freiheit im Jahr 1871 plötzlich Hauptstadt ganz Italiens geworden, eines bisher nur geographisch und als Kulturgemeinschaft faßbaren, nicht aber politisch geeinten Raumes. Nur Rom konnte diese Funktion übertragen bekommen, nicht Mailand, dem schon früh die Rolle der Wirtschaftsmetropole zugefallen war, und nicht Florenz, die Interimshauptstadt, oder etwa die damals größte Stadt des Landes, Neapel. Der alte Nimbus Roms als Kapitale bestand fort (Bild 38); die Stadt galt als Mutter und Herz Italiens, wie es bei Dante, Petrarca, Cola di Rienzi und dem florentinischen Geschichtsschreiber Giovanni Villani heißt (Goez 1979), und in den letzten Phasen des *Risorgimento* verkörperte sie allein für alle das Symbol der Einheit: *Roma o la morte!*

Zur Zeit der Einigung war Rom mit etwas mehr als 200000 Einwohnern die fünftgrößte Stadt Italiens nach Neapel, Mailand, Genua und Palermo (Tab. 13). Es hatte die für diese Größe und seine früheren Funktionen angemessene Ausstattung, nicht zuletzt dank der Tätigkeit von Künstlern und Architekten unter Papst Sixtus V. Neben den aus der Renaissance und Barockzeit überkommenen Gebäuden, die für die neuen Aufgaben geeignet waren, mußten in kurzer Frist Zweckbauten für Ministerien und Behörden errichtet werden. Das seitherige Wachstum Roms auf das Mehrfache seiner damaligen Größe war nicht von einer entsprechenden wirtschaftlichen Entwicklung begleitet; denn an den Funktionen der Hauptstadt änderte sich nur wenig. Um so mehr brachte die anhaltende Ausbreitung der Wohngebiete immer neue, sich ständig verstärkende und für die städtischen Behörden bei Planung und Kontrolle kaum lösbare Probleme.

Die *bauliche Entwicklung* der Stadt nach 1871 (z. B. Sanfilippo 1993) begann ungestört auf dem niedrig gelegenen Tuffplateau links des Tibers, besonders 1881–1886 und 1926–1931, während die Bebauung des hügeligen und steileren Geländes rechts des Flusses schwieriger und teurer war. Noch 1930 lag der Stadtrand nur 4,5 km

Bild 38: *Rom: Blick vom Kapitol über die Kaiserforen zum Kolosseum und zu den Albaner Bergen*

vom Kapitol entfernt, abgesehen von einigen Ästen zum Stadtteil Monte Sacro hin, der damals als sogenannte „Gartenstadt" den ersten Vorortkern Roms jenseits der Aurelianischen Mauer bildete (Baldacci 1959). Diese Mauer war noch nicht überall erreicht. Seit 1950 aber griff die Bebauung, den Konsularstraßen folgend, in alle Richtungen aus. Weil einige von ihnen bevorzugt wurden, entstand die Gestalt eines X mit den Armen nach Nordosten, Südwesten, Nordwesten und Südosten (denen heute die beiden U-Bahn-Linien ungefähr folgen). Bald war ein Kreis von 8–10 km Radius nahezu vollständig bebaut. Nur zwischen den vier Armen reichten und reichen noch Grünflächen bis nahe an das Zentrum heran (Abb. 53). Sie sind die Reste einst großer Parkanlagen mit Villen des aus dem Kirchenstaat überkommenen Adels, der *aristocrazia nera*, die über den Grundbesitz allein verfügte. In diesen Besitzverhältnissen liegen auch die Ursachen für die bis heute anhaltende Grundstücks- und Bauspekulation, die zusammen mit der allmählichen Parzellierung derartiger Flächen das Mosaik sehr unterschiedlichen Baubestandes hervorgebracht hat.

Die Zahl der Wohnungen stieg vor allem zwischen 1951 und 1971 rapide, und zwar um 2 Mio. Einheiten an; aber während 1971 6900 Familien auf Notunterkünfte angewiesen blieben, standen 79 250 Wohnungen leer (1991: 186 592!). Die in der Vorkriegszeit noch abgelegenen und isolierten Vororte wie Tufello im Nordosten, Pietralata im Osten und Primavalle im Nordwesten sind in das sich wie ein Ölfleck ausbreitende Häusermeer einbezogen worden, das schon den äußeren Autobahnring, den *Grande Raccordo Anulare* (GRA), an den Ausfallstraßen erreicht und stellenweise, vor allem im Osten (Via Casilina), auch überschritten hat, während dazwischen immer noch größere Sektoren agrarischen Nutzlandes mit Getreideanbau und Schafweiden liegen. Seit Kriegsende hat sich der Radius des Stadtgebietes von 10 auf über 20 km verdoppelt, die bebaute Fläche mehr als vervierfacht. Es ist die

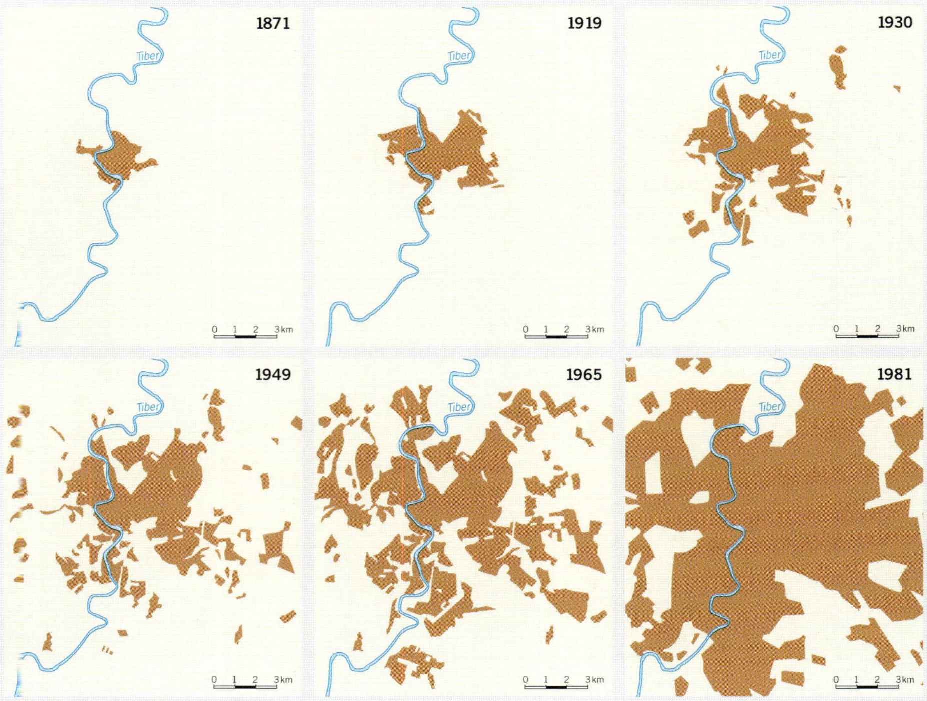

Abb. 53: *Das Wachstum von Rom 1871–1981*

(nach Seronde-Babonaux 1980, Fig. 23, ergänzt nach Pontoriero/Salvatori 1986, S. 107)

Rede von der „chaotischen Expansion“ (Agnew 1995) oder von Rom als der *„città diffusa“* (Vallat 1995).

Während der behördlich genehmigte Wohnungsbau auf den Einkommen des Mittelstandes beruht, hat ein wildes Wachstum in spekulativer Art die Wohnungsnot der weniger begüterten Schichten ausgenutzt, die Wohnungen nur im Randbereich haben kaufen oder errichten können. Dadurch sind in großer Zahl aus ärmlichen Häusern und Baracken oder aus billigen Wohnungen bestehende *borgate spontánee* und *borghetti* auf Gelände ohne Straßen, Kanalisation und alle nötigen Versorgungseinrichtungen emporgeschossen, die – nachträglich legalisiert – nur langsam die städtische Infrastruktur erhalten können (Dematteis 1978). Die von Baufirmen ebenso illegal in großer Zahl und Dichte errichteten *borgate*, die das Ausgreifen der Stadt in die Römische Campagna seit den siebziger Jahren tragen, unterscheiden sich von den provisorischen *casette* der frühen Phase durch solide Bauweise, Mehrstöckigkeit und bessere Wohnqualität. Ihre Bewohner sind soziale Aufsteiger, oft die Kinder der ersten Zuwanderergeneration (Vallat 1985).

Die *Bevölkerungsentwicklung* Roms ist bekanntlich durch den Wandergewinn reguliert worden. Die höchste Zuwanderungsrate fällt in die Periode 1959–1965 mit rund 100 000 Menschen im Jahr, von denen 65 000 in der Stadt blieben. Es war die Zeit der Vorbereitung auf die Olympischen Spiele (1960) und des Beginns der Industrialisierung im Norden des Agro Pontino (Seronde-Babonaux 1980, S. 225). Etwa 40 % der Zuwanderer kamen aus Süditalien, besonders aus Kampanien, den Abruzzen und dem Molise, viele davon mit der Hoffnung, in Rom auf irgendeine Weise existieren zu können. Aus Norditalien, besonders aus Piemont, stammte dagegen der größte Teil jener Einwohner, die bei Behörden, im Staatsapparat und beim Militär Stellungen erhielten, während aus Venetien Zugereiste bevorzugt in Banken und Versicherungen

Beschäftigung fanden. Man ging nach Rom, um Karriere zu machen oder um in der Nähe der Entscheidungszentren von Politik, Kultur und auch Wirtschaft wenigstens eine Zeitlang leben und Vorteile wahrnehmen zu können. In dieser Art der Zuwanderung wird die Mittellage Roms zwischen dem industrialisierten Norden und dem rückständigen agrarischen Süden deutlich, eine Position, die bei der Staatsgründung zu der Hoffnung Anlaß gab, Rom werde als Ausgleichsfaktor eine Rolle spielen können. Wie schon dargelegt, besitzt die Hauptstadt jedoch kein wirtschaftlich aktives Umland und Hinterland und keine „Konurbation", die mit derjenigen von Mailand oder Neapel vergleichbar wäre.

Betrachtet man Roms *Wirtschaftsstruktur*, ist es schwer zu verstehen, daß sich in einer derart großen Konzentration von Arbeitskräften und Verbrauchern nicht auch eine leistungsfähige Industrie angesiedelt hat. Zum *sekundären Sektor* (einschließlich Baugewerbe) gehörten 1991 nur 16 % der Erwerbsstätigen, während es 1961 noch 32 % gewesen waren. Rom, die „nichtindustrielle Hauptstadt eines Industriestaates", ist nicht durch Industrie und Handel groß geworden. Selbstverständlich versorgen einige ortsansässige Industriebetriebe der Nahrungsmittel-, der Möbel-, Textil- und Bekleidungsbranche die Bevölkerung der Hauptstadt. Und eng mit den Hauptstadtfunktionen und dem regen kulturellen Leben verknüpft sind die Druckereien mit der Staatsdruckerei an erster Stelle; die großen Verlage Italiens aber befinden sich in Mailand, Turin und Bari. Nur in der Mode- und Filmindustrie (*Cinecittà*) hat Rom eine über Italien hinausreichende gewerbliche Funktion. Entgegen der Tendenz der Unternehmer, nicht direkt in Rom zu investieren, weil man die Standortvoraussetzungen schon wegen des Mangels an Facharbeitern für wenig günstig gehalten hat und man knapp südlich der Stadtgrenze in den Genuß der Fördermittel durch die Südkasse gekommen ist, haben in jüngster Zeit dennoch im Osten (Anienetal) einige moderne, wenig auffallende Industrieanlagen kleinen bis mittleren Zuschnitts ihren Betrieb aufgenommen. Nicht selten sind es Niederlassungen bekannter, nicht ortsansässiger Firmen, die nur für den Vertrieb der Waren zu sorgen haben; manche Hallen – offensichtliche Spekulationsobjekte – warten noch auf Mieter.

Rom ist die Stadt der Regierung, der Verwaltung, des Fremdenverkehrs und der Kultur geblieben; denn auch 1991 arbeiteten von den rund 1,1 Mio. Erwerbspersonen mehr als 400 000 im *öffentlichen Dienst*, bei staatlichen und städtischen Behörden und Organisationen, beim Vatikan und bei einer UN-Behörde (FAO). Zum *tertiären Sektor*, der insgesamt rund vier Fünftel aller Erwerbspersonen bindet (1991: 82,2 %), gehören auch die in den Büros von privaten und staatlichen Unternehmenssitzen Beschäftigten, deren Zahl mit dem gewachsenen Staatseinfluß beträchtlich zugenommen hatte. Mehr und mehr ist Rom auch Standort und Direktionszentrum von Banken, Versicherungen und Verbänden geworden.

Der *kulturelle Bereich* ist einerseits eng mit den Hauptstadtfunktionen Roms, andererseits mit der Zentrale der katholischen Kirche im Vatikan verbunden. Zur größten Universität Italiens kommen weitere Einrichtungen, darunter jene der Kirchen wie die Università Gregoriana, zahlreiche Bibliotheken und Museen sowie die ausländischen Kulturinstitutionen, die vom nationalen und internationalen Rang Roms zeugen. Da der Fremdenverkehr, der Pilgerverkehr und der Geschäftsreiseverkehr in Rom eine bedeutende Rolle spielen, lebt ein erheblicher, in seinem Ausmaß kaum abschätzbarer Teil der Bevölkerung von den damit verbundenen Tätigkeiten.

Die Funktionen, die Rom als Hauptstadt des Staates, der Region Latium und der Provinz Rom sowie der Stadtverwaltung besitzt, sind größtenteils im *Zentrum* vereinigt (*Diercke* 1996, S. 106/1). Der Vatikan mit seiner vergleichbaren Hauptstadtfunktion schließt sich im Westen unmittelbar an. Dank des historisch wertvollen Inventars liegen hier auch die meisten Anziehungspunkte für den internationalen Touristenstrom, und außerdem finden sich hier, wie zu erwarten, die Bestandteile einer Bürocity mit Banken, Versicherungen, Handelsniederlassungen, den ausländischen Vertretungen, Zeitungszentralen und Verlagen.

Eine *Gliederung des Zentrums von Rom*, das so viele Funktionen auf sich vereinigt, ergibt sich zunächst nach *historischen*

Gesichtspunkten. Die archäologische Zone liegt südlich des Kapitols und reicht bis zur Porta San Sebastiano (Bild 16). Im römischen Alltag dient dieser Bezirk außer den Touristen vor allem dem Verkehr. Wird er doch von dicht befahrenen Straßen begrenzt, die mit der Luftverschmutzung eine Konfliktsituation hervorgerufen haben. Der Renaissanceteil umfaßt den Tiberbogen westlich des Corso, Trastévere mit dem Gianícolo und den Borgo. Er ist, von seinen Bewohnern und deren Lebensweise her betrachtet, mit seinen Märkten, Trattorien und Plätzen (Piazza Navona) der „römischste" Teil der Stadt; an der Via Coronari und der Via Giúlia sind Antiquitätengeschäfte aufgereiht. In den Gassen liegen Werkstätten des traditionellen Handwerks (z.B. Stilmöbel). Die Uferstraße am Tiber jedoch dient dem Schnellverkehr, nicht dem Spaziergang; denn die Römer haben kein Verhältnis zu ihrem Fluß. Der dritte Stadtteil ist der aktivste. Er liegt östlich des Corso und nördlich der Via Nazionale, wo sich das eigentliche hauptstädtische Zentrum befindet. Hier trifft man auf die Sitze der Großbanken, auf Behörden, Kaufhäuser und Luxuswarengeschäfte. Hier finden sich aber auch bedeutende Touristenanziehungspunkte, viele Museen, außerdem der Píncio und die Villa Borghese.

Es ist kaum möglich, über diese historisch begründete Gliederung Roms hinaus zu einer *funktionalen Gliederung* des Zentrums zu kommen, weil sich die einzelnen Distrikte mit hohem Anteil an Verwaltung, Handel, Kultur und Tourismus immer wieder überschneiden oder gar miteinander vergesellschaftet sind (Abb. 54; Seronde-Babonaux 1980). Sehr deutlich ist dagegen die Beziehung der Lage von Hotels und Pensionen zum Hauptbahnhof (Roma Términi) und zur Via Véneto. Eine Konzentration von zwei Dritteln aller Büros der Luftverkehrsgesellschaften ist an der Via Bissolati und der Via Barberini, den Durchbruchstraßen des 19. Jh.s, erkennbar. Ein Verwaltungszentrum, ein Regierungsviertel etwa, ist ebensowenig abzugrenzen, weil städtische und staatliche Behörden über das ganze Zentrum verstreut sind. Zur Zeit der Staatsbildung okkupierten die Ministerien Paläste und Klöster in möglichst zentraler Lage. Nur Parlament und Senat blieben bis heute in den ursprünglichen Gebäuden. Die Ministerien wurden später an der Achse der Via XX. Settembre angesiedelt, um so die politisch symbolträchtigen Punkte Quirinal und Porta Pia zu verbinden. Es entstand die Nordostdorsale der Stadt. Die meisten Zentralbehörden befinden sich heute östlich des Corso und nördlich von S. Maria Maggiore. Einige Ministerien liegen weit außerhalb am Fuß des M. Mário und in Trastévere, andere wurden in das „zweite Zentrum Roms", zur EUR (s. u.), verlegt. Die Behörden der Stadtverwaltung jedoch konzentrieren sich deutlich auf das Kapitol und seine Umgebung.

Rom ist als Hauptstadt Italiens nicht nur politisches, sondern durch Direktionssitze von staatlichen, halbstaatlichen und privaten Großunternehmen zum Teil auch wirtschaftliches Entscheidungszentrum geworden. Wegen der Fühlungsvorteile zu Behörden und untereinander wurden sie zwischen der Piazza Barberini und dem Bahnhof einerseits und der Viale Regina Margherita andererseits angesiedelt. Durch diese Verteilung höchstrangiger öffentlicher und privater Institutionen liegen die belebtesten Straßen mit dem stärksten täglichen Fußgängerverkehr zwischen dem Corso, der Porta Pia und dem Bahnhof Términi. Seronde-Babonaux (1980, S. 418) nennt es das *symbolische Zentrum* der Stadt. Da es mindestens „drei Städte in einer Stadt" birgt, nämlich die politische, kulturelle und geschäftliche Mitte (Severino 1992, S. 733), häufen sich Funktionen aller Art. Es ist in jeder Hinsicht überlastet, was sich fast alltäglich durch das Verkehrschaos und die hohe Luftverschmutzung in den engen Straßen äußert.

An Plänen zur Altstadtsanierung und zur Entlastung von zu großen Einrichtungen öffentlicher und privater Art fehlt es nicht. Den erfolgreichen Anfang der *Dezentralisierung* hat das Gelände der *Esposizione Universale di Roma* (EUR) gesichert (Bild 39). Nur sieben Kilometer vom Kapitol entfernt und seit 1955 mit einer U-Bahn-Station versehen, liegt es links des Tibers an der Verkehrsachse nach Óstia auf dem Hügel Tre Fontane im Südwesten der Stadt. Ende der dreißiger Jahre standen dort elf imponierende Gebäude, die für die durch den Krieg ausgefallene Weltausstel-

(nach Seronde-Babonaux 1980, Fig. 96)

Abb. 54: *Die funktionale Gliederung im Zentrum von Rom*

lung 1942 bestimmt waren, jedoch bei den Kämpfen stark zerstört wurden. 1951 begannen Wiederaufbau und Neubau. Mannigfaltig ist inzwischen die Flächennutzung mit öffentlichen, politischen und kulturellen Einrichtungen, mit Büros großer Gesellschaften, mit Hotels, Schulen und mit Sportstätten aus der Zeit der Olympischen Spiele, mit Wohnblöcken und Villen in Gärten sowie zwei Einkaufszentren. Eindrucksvoll sind der künstliche See und die Grünanlagen auf 22 % der Fläche. Es fehlen aber Produktionsstätten; der Dienstleistungssektor herrscht absolut vor. Die EUR ist auch nicht selbständig wie eine Trabantenstadt, sondern Teil der Großgemeinde Rom, so daß die Einordnung in städtische Funktionskategorien Schwierigkeiten macht: Olsen (1970, S. 256) spricht von einem „Administrations-Distrikt besonderer Art“, Seronde-Babonaux (1980, S. 432) von einem „Zweiten Zentrum“ und der General-

Bild 39: *Rom: E.U.R.-Viertel*

Foto: Eugenio Pistoia

bebauungsplan von 1962 vom *Centro direzionale* (vgl. Neapel, s.o.).

Dieser Plan als Grundlage für die weitere Gestaltung Roms enthält als Hauptbestandteil den sogenannten *Asse attrezzato*; diese (wörtlich) gut ausgestattete Achse besteht in der neuen Via Casilina im Osten mit Autobahnanschluß. Sie sollte zwei neue *Centri direzionali* mit untergeordneter Wohnfunktion, Pietralata und Centocelle, verbinden, und an den ostwärts abzweigenden Ausfallstraßen war eine Bebauung für den sekundären Sektor und für Wohnungen geplant. Während die Achse planmäßig in die Tat umgesetzt wurde, unterblieb die Anlage der Entlastungszentren. Abweichend von der ursprünglichen Planung sind in jüngster Zeit vielmehr einige *Centri commerciali* mit Groß- und Kleinhandel zur Versorgung der gerade im Osten und Süden immer weiter in die Campagna vordringenden Wohnsiedlungen entstanden, z. B. „Cinecittà due", „Áppio", „La Rústica" (Santosuosso 1996). Obwohl sehr zu wünschen ist, daß es gelingt, andere Geschäfts- und Verwaltungsbezirke einzurichten, allein um den täglichen Pendlerverkehr zu verringern, wird man Agnew (1995, S. 56) zustimmen müssen, der meint, daß es zwar immer Pläne für die „Reorganisation" Roms gegeben habe, aber niemals etwas mit Erfolg realisiert worden sei. Immerhin ist der im Abstand von 10 km vom Stadtzentrum verlaufende Autobahnring (GRA), an dem die Glasbetonhochhäuser der Schaltzentralen von Radiotelevisione Italiana, Alitalia und einiger internationaler Konzerne (z. B. Daimler-Chrysler, Siemens-Nixdorf) emporgeschossen sind, vor Jahren vollendet, der Flughafen Fiumicino an das Auto- und Eisenbahnnetz angeschlossen und eine 46 km lange Umgehungsautobahn im Osten am Fuß des Apennins (Roma Nord – Tívoli – Roma Sud) gebaut worden. Die dritte U-Bahn-Linie zwischen Vatikan und Lateran mit Erweiterungen im Nordwesten und Osten, im Augenblick eines der größten Projekte der Stadt (1200 Mrd. Lire), ist dagegen umstritten. Auch die vordringliche Erneuerung der historischen Bausubstanz für das „Heilige Jahr" 2000, zu dem nach verschiedenen Schätzungen 25 bis 30 Mio. Pilger und Touristen erwartet werden, stößt auf den heftigen Widerstand der römischen Bürger, die wegen des Baulärms um ihre Wohnqualität fürchten (FAZ v. 10. 7. 1996).

DIE LÄNDLICHEN SIEDLUNGEN

Bild 40: *Höhenlage einer bäuerlichen Gruppensiedlung: Morano Cálabro (Prov. Cosenza)*

Überblick

- Trotz moderner Überprägung haben die ländlichen Siedlungen die konservativen Elemente der Orts-, Behausungs- und Flurformen bewahrt.
- Als Grundtypen kommen wie anderswo Gruppen- und Einzelsiedlungen vor. Ein räumlicher Bezug der Formenvielfalt ist mit Ausnahme der Po-Ebene auf Grund fehlender systematischer Untersuchungen nur schwer herzustellen.
- Am weitesten verbreitet ist das mehr oder weniger große, dichtbebaute und deshalb städtisch wirkende „Haufendorf" in Höhenlage, häufig mit sehr alter Bausubstanz der unregelmäßig angeordneten Wohnstätten. Apulien und Sizilien sind darüber hinaus – abhängig vom ehemaligen Latifundiensystem – die Heimat der Agrostadt, die durch den Rückgang der Landwirtschaft ihre Eigenständigkeit allmählich verliert. An die alten Dorfkerne schließen sich moderne Wohnsiedlungen an, die im Süden vornehmlich durch die Rückwanderung der Arbeitsmigranten entstanden sind.
- Nur rund 10% der Italiener wohnen in Einzel- bzw. Streusiedlung. In unregelmäßiger Verteilung und verbunden mit irregulären Flurformen ist sie für Mittelitalien und einige Gebiete der Padania, meistens im Zusammenhang mit der (ehemaligen) Halbpacht, maßgebend. Die Behausungsformen zeigen jeweils landschaftliche Eigenarten.
- Regelmäßige Einzelsiedlungen mit geplanten Flurformen finden sich in den jungen Aussiedlungsgebieten von Bonífica und Bodenreform und, nachträglich überformt, bei den römischen Zenturiationen der südöstlichen Padania. Eine regionale Sonderform verkörpern die Trulli der apulischen Murge. Hier sind in geeignetem Gestein auch Höhlenwohnungen verbreitet gewesen.

Gruppensiedlungen

Obwohl sich ihre traditionellen Wesenszüge gerade in der Gegenwart durch innere Umgestaltung und äußeres Wachstum immer rascher verwischen, sind die ländlichen Siedlungen für eine Charakterisierung der italienischen Kulturlandschaften gut geeignet. Sie haben größtenteils noch historisch überkommene Formen bewahrt, die auf frühere soziale, wirtschaftliche und politische Verhältnisse zurückgehen. Solche konservativen Elemente finden sich bei den Formen der Behausungen, die bisher als einziger Siedlungsbestandteil landesweit systematisch untersucht worden sind (Barbieri/Gambi 1970; Gambi 1976), und bei dem Orts- und Flurformen. Wie in Mitteleuropa besteht zwischen letzteren vielfach ein direkter Zusammenhang, und ebenso wie dort gibt es gewachsene und geplante Wohnplätze. Doch ist das Alter der meisten Siedlungen wesentlich größer.

Die regionale Differenzierung der Ortsformen wurde zwar schon in der Antike und im frühen Mittelalter angelegt, sie ist aber vor allem das Ergebnis unterschiedlicher Vorgänge im Hoch- und Spätmittelalter. Als Grundtypen erscheinen Streusiedlungen und unregelmäßige Gruppensiedlungen, wobei das enggebaute und im Gelände exponierte, einst befestigte, mit Mauern, Türmen und Burg versehene Dorf die auffälligste Erscheinung ist (vgl. die Siedlungsformenkarte bei Biasutti 1932).

Eine klare räumliche Abfolge mit abgrenzbaren Ortsformentypen läßt nur die *Padania* erkennen (Abb. 55; Lehmann 1961; Matzat 1979). Im Moränenhügelland dominiert die unregelmäßige Streusiedlung. Die Alta Pianura ist mit Dörfern, zum Teil mit Streusiedlungen besetzt, wobei die reine Dorfsiedlung im Friaul auffällt. Die Bassa Pianura trägt die *corti* und deren Ansammlungen zu Cortidörfern, ursprünglich eine Häufung von Halbpachthöfen, die im 16. Jh. zu Landarbeitersiedlungen herangewachsen sind (Abb.55). Auch in der Lo-

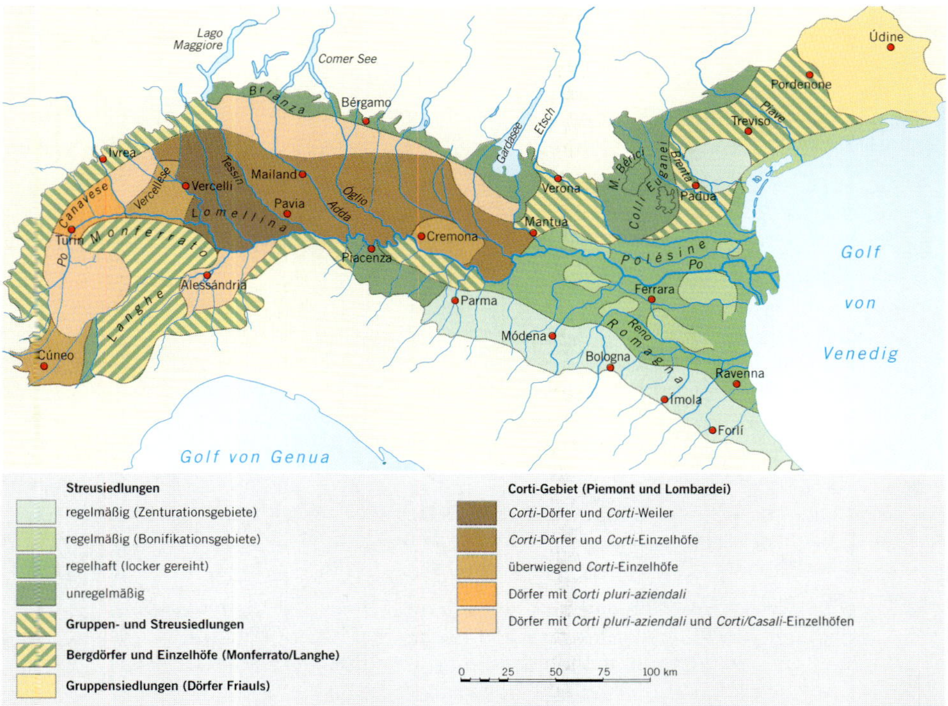

Abb. 55: *Die Ortsformen der Padania*

(nach Lehmann 1961a, Fig. 19)

mellina herrschen große, weitständige Dorfsiedlungen vor. Im Polésine stehen die Häuser gewöhnlich an Straßen, die den Dammflüssen folgen, so daß von „straßendorfähnlichen Siedlungszeilen“ gesprochen worden ist; es sind aber eher locker gereihte, gestreute Siedlungen (Dongus 1966, S. 55). Dazwischen schiebt sich die regelhafte Streusiedlung der Kolonisationsgebiete des 20. Jh.s. In der Schwemmfächerzone der Emília-Romagna und zwischen Padua und Treviso sind die Reste römischer Wegenetze des Zenturiatsystems ebenfalls mit der Streusiedlung verbunden (Abb. 45 und 59).

Im übrigen Italien sind Gruppensiedlungen vom Typ des dichtbebauten Haufendorfes weit verbreitet, ohne daß sich zwischen den Größenvarianten, vom Weiler über das Dorf bis zum Groß- und Riesendorf, stets deutliche Grenzen ziehen lassen. Die meist kompakten Wohnplätze, die ein bestimmtes Anordnungsprinzip der Gebäude vermissen lassen, kommen zwar im südlichen Teil der Halbinsel und auf den Inseln besonders häufig vor, treten aber auch als Form der Gebirgssiedlung, gewöhnlich zusammen mit Einzelhöfen (*case, casali*), in Alpen und Apennin auf. Die typische *Akropolislage*, auf Bergkuppen, Rücken und Spornen oder an steilen Hängen, ist nicht immer als Zufluchts- oder Verteidigungsposition zu erklären. Oft hat sich nur dort sicherer Baugrund gefunden, wie z. B. im Bereich rutschungsgefährdeter Sedimente. Der feste Untergrund, die Schutzlage und die Höhenlage über malariagefährdeten Tälern und Niederungen können als Gunstfaktoren für die Anlage der Siedlungen gelten (Bild 40).

Den *Grundriß* der Dörfer durchzieht im allgemeinen ein unregelmäßiges Netz enger Gassen und Gäßchen, die sich bisweilen zu kleinen Plätzen erweitern. Im Gebirge und in Hanglagen, wo die Häuserzeilen terrassenartig übereinanderliegen, sind es oft steile Treppen und Treppengassen. Die breiteren Straßen enden an der *Piazza*, einem größeren Platz in der Ortsmitte, an dem Kirche, große öffentliche Gebäude und nicht selten die prächtigen *Palazzi* der Großgrundbesitzer stehen. Abseits des überhöhten Zentrums prägen den häufig monotonen *Aufriß* der Siedlungen kleine, ein- oder zweistöckige Wohnhäuser der Kleinbauern- und Landarbeiterfamilien, die gelegentlich als schematische Reihenhäuser gebaut sind. Ställe für Tragtiere, in Hirtendörfern der Abruzzen auch Schafställe, liegen meist im Untergeschoß der Gebäude, Speicherbauten gewöhnlich am Ortsrand, der unvermittelt zur Feldflur abbricht. Selbst kleine Gruppensiedlungen sehen durch die gedrungene Gestalt städtisch aus, da auch die Wachstumsspitzen der Gegenwart aus Platzgründen dem Prinzip der dichten Bebauung folgen müssen.

Nach der Lage zweier Orte, die oft den gleichen Namen mit unterscheidendem Suffix haben, kennt man verschiedene Arten von *Paarsiedlungen*. Sie können – von einer Brücke getrennt – beiderseits eines Flusses liegen, es kann sich um Höhenort und Talort handeln (*Alta*- und *Bassa*-Dorf), Tochterorte von Bergdörfern an Straße oder Eisenbahnstation (*Scalo*- und *Stazione*-Dorf) oder an der Küste (*Marina*-, *Maríttima*- oder *Lido*-Dörfer; Beispiele bei Almagià 1959, S. 629). Oft haben diese Tochtersiedlungen den Mutterort in seiner entlegenen oder extremen Position überflügelt (Abb. 56).

In Berg- und Hügellandgemeinden, die über keinen ebenen Baugrund verfügen, müssen sich die neuen, dicht gedrängten reinen Wohnviertel, die in den letzten beiden Jahrzehnten entstanden sind und die alten Kerne an Größe ebenfalls oft übertreffen, an die schwierigen Geländeverhältnisse anpassen. Sie ähneln deshalb den herkömmlichen Gruppensiedlungen im Grundriß; doch fehlt der modernen, uniformen Bausubstanz aus Beton der ländliche Charakter vollständig. Nicht nur in Latium, sondern auch im binnenländischen Süden wachsen viele Höhensiedlungen wieder, während ihre Flur bis auf günstige Lagen brachfällt. Selbst im Gebirge (z. B. Abruzzen) werden gut erreichbare traditionelle Wohnplätze wenigstens teilweise als Freizeitsitze aufgewertet.

Manche im Mittelalter und in der frühen Neuzeit gegründete Siedlungen liegen heute in Ruinen. Brände, Erdbeben, Frane, Kriegszerstörungen oder allgemeine Abwanderung können die Ursachen für solche *Wüstungen* sein. Wahrscheinlich gibt es keine für ganz Italien gültigen Ortswüstungsperioden, sondern nur solche in einzelnen Regionen (Matzat 1979).

Abb. 56: *Höhen- und Marina-Siedlung Soverato, Prov. Catanzaro/Kalabrien*

(aus Gambi 1965, S. 273)

Im *Süden*, d. h. schon in der südlichen Toskana, spielt sich das Landleben seit jeher vorwiegend in geschlossenen Dörfern und Landstädten ab. In den Latifundien-Gebieten konnten die Bauern, auch wenn sie es wollten, nicht in der Feldflur siedeln, weil sie ihnen nicht gehörte. Vor allem findet im Dorf der tägliche Arbeitsmarkt, die Anwerbung der Bauern und Landarbeiter für die Großbetriebe statt. Dank der Motorisierung sind die Äcker in der Großgemarkung der Siedlung vom zentral gelegenen Wohnplatz aus heute auch leichter zu erreichen als einst. Früher war man in zeit- und kraftraubenden Anmarschwegen auf das Tragtier oder den Zweiradkarren angewiesen. Die in der Umgebung der Höhensiedlungen als charakteristisches Element weit verbreiteten *Feldhütten* in jeweils landschaftlich gebundener Form, die als provisorische Unterkunft während der Feld- und Erntearbeit dienen mußten, haben heute ihre Aufgabe verloren und verfallen in vielen Gebieten, wenn sie, in günstiger Lage, nicht Keimzellen für neue Wohnsiedlungen abseits des Zentrums geworden sind.

Zu diesen ländlichen *centri* gehört auch die *Agrostadt* (Monheim 1969, 1971; Blok

Bild 41: *Ort und Flur der mittelsizilischen Agrostadt Calascibetta (Prov. Enna)*

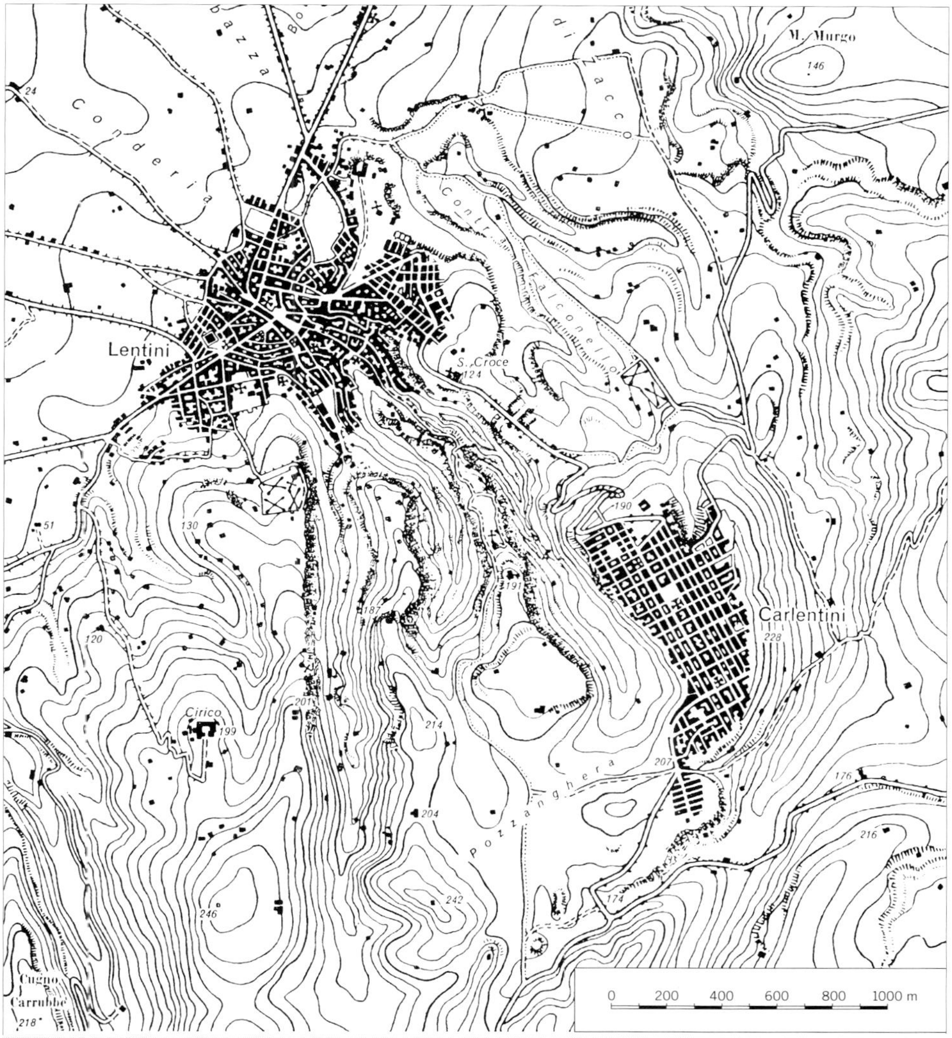

Abb. 57: *Agrostädte in der Prov. Syrakus/Sizilien: Lentini an Stelle einer griechischen Siedlung, gegr. 729 v. Chr., und Carlentini, erbaut 1551*

(aus Pecora 1968, S. 202)

1969). Es handelt sich um dicht bevölkerte und eng gebaute Orte, die wie viele Dörfer oft auf Höhenrücken oder Kuppen und infolge ihrer großen Gemarkungen weit voneinander entfernt liegen (Bild 41). In den großen, teilweise sehr großen Siedlungen, die 12000–40000 Einwohner haben können, herrscht besonders in der Hauptstraße und auf der Piazza zu bestimmten Tageszeiten reges Leben (*passeggiata*) wie in einer kleinen Stadt. Jedoch ist die autarke Siedlung weder Dorf noch Stadt; Niemeier (1943) hat von „Stadtdorf" gesprochen. Dörflich sind die landwirtschaftliche Produktion und die Sozialordnung sowie das Fehlen zentraler Funktionen. Städtisch sind die große Einwohner- und Häuserzahl, die innere Differenzierung von Gebäuden und Funktionen und ein gewisses urbanes Leben. Der eigenständige Siedlungstyp tritt in der südlichen Toskana auf, in Latium, Kampanien, Apulien, in der östlichen Basilicata und in Kalabrien, besonders charakteristisch aber in Sizilien (Abb. 57).

Äußerer Aufbau und inneres Gefüge der Agrostädte sind vom Rückgang der landwirtschaftlichen Erwerbstätigkeit naturgemäß nicht unberührt geblieben. Insgesamt gehen die „ländlichen" Merkmale mehr und mehr verloren (King/Strachan 1978), ohne daß angesichts der Vielzahl der Agrostädte jeweils eine vollentwickelte Stadt heranwachsen kann. Das gilt z. B. für die küstennahen Agrostädte der nördlichen apulischen Murge mit einem kräftigen Wachstum seit dem letzten Krieg; dort nahm das von der Adriastadt Barletta nur elf Kilometer entfernte Ándria (Gemarkungsfläche 400 km^2), das 1871 noch 34 000 Einwohner gezählt hatte, im Zeitraum 1951–1991 von 66 254 auf 90 063 Einwohner zu, während sich der Anteil der agrarischen Erwerbspersonen gleichzeitig von 67 % auf unter 20 % verringerte.

Einzel- und Streusiedlungen

Die Einzel- bzw. Streusiedlung (ital. *case sparse*) bildet zusammen mit kleinen Agglomerationen wie Weilern und Gutshöfen (*núclei* = Kerne) den zweiten Haupttyp der ländlichen Ortsformen Italiens.

In der italienischen Statistik werden ihre Bewohner der Bevölkerung in den nicht weiter differenzierten *centri* (das sind die geschlossenen Dörfer und Agrostädte, aber auch die Städte) gegenübergestellt. Die Veränderung der betreffenden Daten im räumlichen und zeitlichen Wandel bringt vor allem die *Land-Stadt-Wanderung* zum Ausdruck. Während 1951 noch ein knappes Viertel der Bevölkerung Italiens „verstreut" lebte (24,2 %), war es 1971 nur noch etwa die Hälfte davon (13 %). Einen hohen Anteil an der in Einzel- und Streusiedlung lebenden Bevölkerung mit über 25 % hatten vor drei Jahrzehnten nur 26 der 94 Provinzen und die drei Regionen Venetien, Umbrien und Marken; 1951 lag der Anteil in Emília-Romagna, Marken und Umbrien noch über 50 %. Durch weitere Konzentrationsbewegung betrug der Wert für die Bevölkerung der *núclei* und *case sparse* zusammen 1991 landesweit nur 9,4 %. Mit 15 bis 21 % überdurchschnittlich hoch vertreten war die „Streubevölkerung" im Bergbauerngebiet Südtirols, in den klassischen Mezzadriagebieten Venetiens, der Emília-Romagna, Umbriens und der Marken (aber nicht mehr in der Toskana: 11,6 %), im zentralen Apennin (Abruzzen, Molise) und in der Basilicata, hier wohl infolge der gelungenen Aussiedlungen durch die Bodenreform.

Rein statistisch gesehen lebt die überwiegende Zahl der Italiener (90,6 %) heute also in Gruppensiedlungen städtischer und nichtstädtischer Art. Bei einer Fahrt durchs Land erhält man angesichts des immensen Umfangs von Neu- und Ausbauten außerhalb der Zentren freilich den gegenteiligen Eindruck, und oftmals trifft der Terminus „Zersiedlung" die Realität. Doch ist zu bedenken, daß viele der in der „Campagna" stehenden Gebäude ganz verschiedenen Zwecken dienen und nur zeitweise, oft für wenige Wochen im Jahr bewohnt sind (Bild 42).

Vorwiegend lockere Siedlungen mit Einzelhöfen verschiedener Größe und Streusiedlungen *in unregelmäßiger Verteilung* sind hauptsächlich in Mittelitalien, im Hügelland und im Gebirge, aber auch in den Ebenen verbreitet. Dazu gehören im Norden Teile der Padania, Gebiete um Cúneo, im Monferrato, in den Langhe, zwischen Verona und Vicenza und, von dort ausgehend, beiderseits der Via Emília bis zur Ostabdachung der Abruzzen (Abb. 55).

Besonders charakteristisch sind unter den Streusiedlungen die *poderi* im Verbreitungsgebiet der *Mezzadria*, die in allen Naturräumen der Regionen Emília-Romagna, Marken, Toskana und Umbrien vorkommt (Sabelberg 1975a). Seit dem 13. Jh. zuerst im Hügelland entstanden, wurden sie vom 15. und 16. Jh. an und vornehmlich im 18. Jh. auch im Gebirge angelegt, wo vorher nur extensive Bewirtschaftung von temporären Siedlungen aus üblich gewesen war und die Bauern in befestigten Dörfern und Städten gewohnt hatten (Sereni 1972, S. 306; Desplanques in Barbieri/Gambi 1970, S. 195). Da die mehr oder weniger großen Gehöfte nach der Familiengröße als Halbpachthöfe zugewiesen wurden, die zur Selbstversorgung und Überschußproduktion geeignet sein mußten, bestehen sie als feste Stein- oder Ziegelbauten aus Wohnhaus, Stall, Scheune und anderen Nebengebäuden in lockerer Anordnung. Gerade im Gebirge sind sie von der Bergflucht stark betroffen und häufig dem Verfall preisgegeben, und auch im Hügelland hat ein Funktionswandel sie längst erfaßt.

Zwischen Einzel- und Gruppensiedlungen vermitteln die nach Gestalt und Funktion sehr verschiedenen *großen Gutshöfe* bzw. *Gutssiedlungen*. Beispiele sind die *fattoria* der Maremmen, der *casale* des Agro Romano und die *masseria* Süditaliens. Als siedlungsgeographischer Ausdruck des Großgrundbesitzes bilden sie den Kern weiler- bis dorfartiger Gebäudegruppen, von denen aus mit Hilfe von Landarbeitern, Tagelöhnern, Mezzadri und Bauern die extensive Weizen-Weide-Wirtschaft im Süden noch betrieben wird.

Die *fattoria*, das Gehöft in den dünnbesiedelten Maremmen vor Entwässerung und Bodenreform, war das Zentrum von Mittel- und Großbetrieben mit Wohnungen für Besitzer, Verwalter, Arbeiter, mit Scheunen und Ställen in unregelmäßiger Anordnung oder um einen rechteckigen Hof gestellt, bei größeren Anwesen auch mit zwei Höfen. Weitere Bauernhäuser machten das Gehöft zum Gutsdorf. Der *casale* des Agro Romano, mit seinem massigen Gebäude und den Resten seiner Befestigung, dem imponierenden Turmhaus (*torre*), in isolierter Lage besonders auffällig, umschloß zusammen mit den Nebengebäuden einen Innenhof. Nachdem die wachsende Hauptstadt und ihr Einfluß die ehemalige Weizen-Weide-Wirtschaft verdrängt hat, wurde er modernisiert oder zum reinen Wohngebäude, zu einer Schule oder zur Villa, hinter deren Fassade im alten Stil sich ein modernes Innere verbirgt. Die *masseria* Süditaliens – abgeleitet von *massa*, dem großen Gut der römischen Kaiserzeit – ist ebenfalls ein größeres landwirtschaftliches Anwesen, meist in der Hand eines Pächters, die zwischen den unteren Abruzzentälern und den Valli Südsiziliens in vielen zweckgebundenen Varianten vorkommt (Bild 43). Wie bei den Casali hat sich um ein mächtiges Zentralgebäude zu-

Bild 42: *S. Felice Circeo bei Terracina (Südlatium): Höhensiedlung und junger Ausbau in der Küstenebene des Agro Pontino (Blickrichtung Ost auf den Golf von Gaeta)*

weilen eine kleine Gruppensiedlung gebildet. In den meliorierten Küstenebenen sind die alten Gehöfte verfallen oder in die moderne Landwirtschaft einbezogen und durch neue Betriebsgebäude ergänzt worden.

Auch die *corti* der Padania, die zu den auffälligsten Siedlungs- und Hausformen Italiens gehören, haben eine solche Zwischenstellung. Sie werden in ihrer Entstehung mit der Kolonisation der Po-Ebene in Zusammenhang gebracht, die schon in römischer Zeit begann und im Mittelalter durch Zisterzienser und Benediktiner fortgeführt wurde. Zu seiner heutigen Form und Größe hat sich der Corte mit dem Pachtsystem der Mezzadria in der zweiten Hälfte des 17. Jh.s und bis ins 19. Jh. weiterentwickelt. Es handelt sich meist um sehr große, große und mittlere Betriebe (*cascine*) auf der Basis von Groß- und Mittelbesitz. Saibene (1955) unterscheidet den *corte mono-* und *pluri-aziendale*. Der erstgenannte ist ein zentral geleiteter, kapitalintensiver Mittel- und Großbetrieb mit

Tagelöhnern in der bewässerten Bassa Pianura, der sich auf Viehwirtschaft und Futterbau (mit Getreide) oder die Reismonokultur spezialisiert hat (Abb. 58; Lehmann 1961 a, S. 132). Er kann isoliert liegen oder in größerer Zahl Dörfer bilden, wie in der Lomellina. Die kleineren *corti pluri-aziendali* liegen in Dörfern der Alta Pianura. Mehrere Familien wohnen dort nebeneinander in Häusern um den gemeinsamen Hof und arbeiten oft unter Teilpachtbedingungen, während der Grundeigentümer absentistisch lebt.

Bei den Getreide-Futterbau-Corti mit Lohnarbeitern bilden die vier folgenden Bauelemente eine wirtschaftlich-soziale Einheit (Pecora in Barbieri/Gambi 1970, S. 225): 1. das Herrenhaus, 2. die Landarbeiterwohnungen in einer Reihe unter einem Dach mit Schlafräumen im Obergeschoß, 3. der Stallkomplex für 35–200 Stück Milchvieh, für Kälber und Pferde, darüber die Heuböden, und 4. Schuppengebäude für Wagen, Gerät, Maschinen, Traktoren, Düngemittel, dazu Hühner- und Schweineställe und die Tenne. Mit dem Reisanbau kamen Trocknungsanlagen und Schlafräume für die Saisonarbeiter und -arbeiterinnen (*mondine*) dazu. Der verstärkte Futterbau erforderte die Vergrößerung der Ställe und der Käsereien; manche kleinere Höfe spezialisierten sich.

Die neuere Entwicklung der Corti wird von den Industriestädten in ihrer Umgebung und der isolierten Lage beeinflußt. Daraus folgt der Übergang zur Nebenerwerbslandwirtschaft, zu reinen Wohnsiedlungen oder – in Anpassung an moderne Produktions- und Vermarktungsverfahren – zum agro-industriellen Betrieb.

Eine sehr *regelmäßige Anordnung der Gehöfte* kennzeichnet Teile der Küsten- und Tiefebenen. Aus Karten und Luftbildern sind in der südöstlichen Padania, an der Via Emília und bei Padua, sowie an anderen weniger bekannten Stellen Wege-

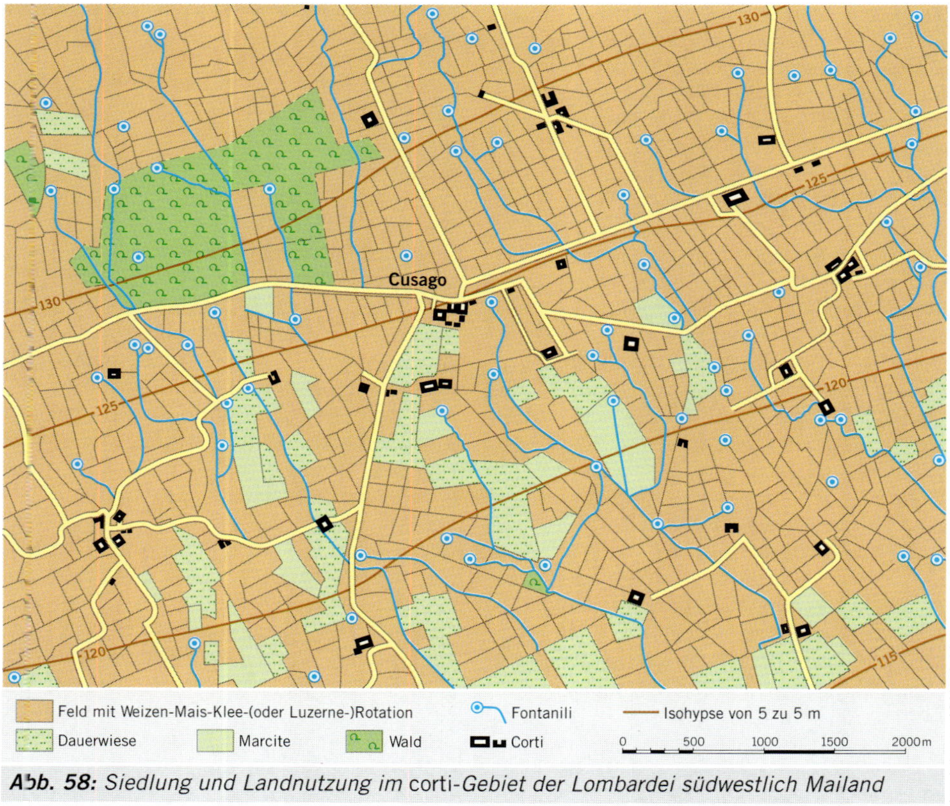

Abb. 58: *Siedlung und Landnutzung im* corti-*Gebiet der Lombardei südwestlich Mailand*

(aus Lehmann 1961a, S. 131)

Foto: H.-G. Wagner

***Bild 43:** Pachthof* (masseria) *bei Acerenza (Prov. Potenza, Basilicata)*

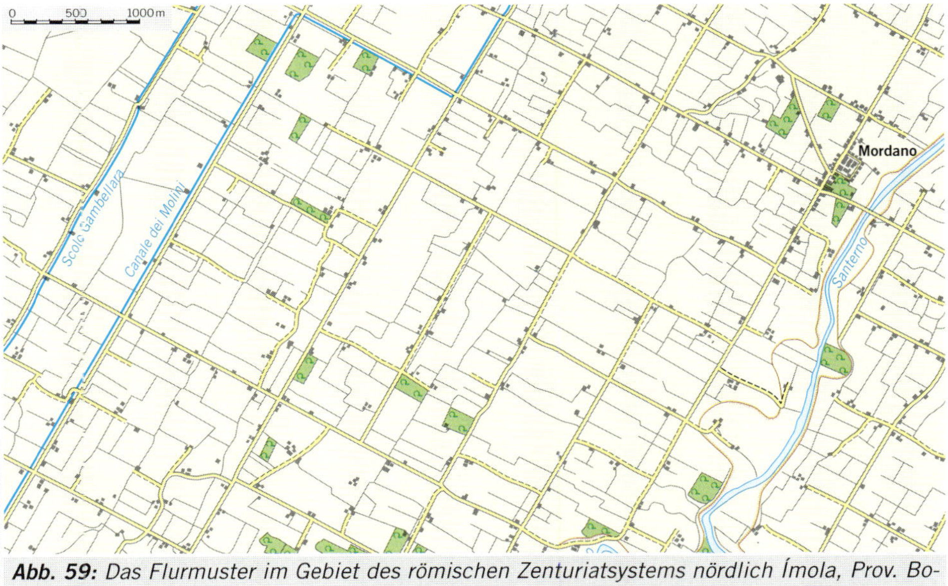

(aus Lehmann 1961a, S. 128)

***Abb. 59:** Das Flurmuster im Gebiet des römischen Zenturiatsystems nördlich Ímola, Prov. Bologna*

und Grabennetze in quadratischer Gitterstruktur, die *römischen Zenturiationen*, zu finden (Abb. 45, 59; Künzler-Behncke 1961; Matzat 1979).

Trotz der Tatsache, daß sie 1–3 m über dem römerzeitlichen Niveau liegen, haben sie sich über 2000 Jahre erhalten. Mit Abständen von 710 × 710 m und einer Fläche von etwa 50 ha besitzen sie die Maße von 20 × 20 *actus*. An den Wegen liegen Einzelhöfe, meist von Teilpächtern, wodurch sich das Bild einer mehr oder weniger regelhaften Streusiedlung ergibt, ohne daß dieses selbst auf römische Wurzeln zurückzuführen wäre. Die Aufgliederung des quadratischen Gitterschemas in Betriebsparzellen, Blöcke oder Streifen („Zenturiationsstreifenflur“ nach Dongus 1966, S. 163), dürfte erst aus dem späten Mittelalter oder der frühen Neuzeit stammen. Deshalb kann man hier nicht von „römischen Flurformen“ sprechen. Meistens sind die Formen stark verändert, in Apulien ist an die Stelle des rechteckigen Straßennetzes sogar ein radiales getreten (Delano Smith 1967, S. 208).

Zwischen den Streusiedlungen in den Zenturiationsgebieten und den am Reißbrett geplanten Arealen von *Bonífica* und *Bodenreform* aus der Zeit vor und nach dem letzten Krieg besteht eine große, wahrscheinlich bewußte Ähnlichkeit. Im Polésine, in den Maremmen, in der Volturno-Ebene, am Golf von Tarent und in anderen Aussiedlungsgebieten liegen die Gehöfte an Straßen und Feldwegen in schematischen Netzen angeordnet (vgl. Abb. 63). Die Streusiedlung ist aber wesentlich geregelter verteilt als im Zenturiationsgebiet und stets mit einer planmäßigen, hofanschließenden Flur verbunden. Dennoch gibt es vielfältige Grundrißformen, z. B. mit lockerer Reihung und zeilenartiger Anordnung der Betriebe oder mit marschhufen- und straßendorfähnlichen Formen und kleinen Gruppen. Erfolg und Mißerfolg im Ansatz der Bodenreform, je nach Lage, Bodenqualität und Größe der zugeteilten Besitzeinheiten, hat auch den Fortbestand der Siedlungen bestimmt. Außerdem hat die Bodenreform nach 1953 ländliche *Mittelpunktsiedlungen* hervorgebracht, die als Versorgungszentren für die großflächige Agrarkolonisation mit Einzelhöfen dienen sollten. Sie haben sich aber weder in den Maremmen noch am Ionischen Meer weiterentwickelt. Ausnahmen bilden Policoro und Scanzano Iónico im Metapontino, die selbständige Gemeinden geworden sind; ersteres hat mit 15000 Einwohnern inzwischen Kleinstadtgröße erreicht (Rother 1986, 1997). Die älteren, aus den dreißiger Jahren stammenden Mittelpunktsorte im Agro Pontino (Bild 44) dagegen sind allmählich zu lebendig aufstrebenden Klein- und Mittelstädten geworden, nicht zuletzt durch die hier gelungene Industrialisierung. Die Provinzhauptstadt Latina, 1932 als Littoria nach einem radialstrahligen Planschema mit Ringstraßen gegründet, hat 1991 sogar die 100000er-Grenze überschritten und trotzdem ihren Gartenstadt-Charakter bewahrt.

Eine regional beschränkte *Sonderform der Streusiedlung* mit eigentümlichen Behausungen verkörpert die südapulische *Múrgia dei Trulli* inmitten des größten italienischen Karstgebietes, das sonst von Agrostädten beherrscht wird (E. Wirth 1962; Bild 45). Die einstöckigen, weißgekalkten und fensterlosen Einzelhöfe (*trulli*), die von dicken, weißen Lesesteinmauern umgeben sind, treten zwischen Putignano und Céglie auf; dicht geschart liegen sie im Valle d'Ítria, eingefaßt von den Agrostädten Martina Franca, Cisternino und Locorotondo. Charakteristisch für den altertümlichen Steinbau aus Trockenmauerwerk ist die kegelförmige Kuppel mit falschem Gewölbe aus Kalksteinplatten über dem quadratischen Sockel, der einen einzigen Wohnraum bietet. Da sie zu Gebäudegruppen zusammentreten (*casedda*), die miteinander verbunden sind, enthalten sie in aller Regel eine ganze Wohnung.

Als Ausgangspunkt der Entwicklung gilt der sehr viel ältere und weiter verbreitete Feldtrullo (auf der Salentinischen Halbinsel unter der Bezeichnung *spécchia* bekannt). Der Wohntrullo entstand bei der Ansiedlung von Kolonisten 1635 durch den Grafen von Conversano in Alberobello, offensichtlich um durch die Übernahme des Feldtrullo als Wohnhaus Steuern zu sparen. Im Rahmen einer privaten, mit der Urbarmachung der sterilen Kalkhochfläche verbundenen Agrarreform, welche den mittel- und kleinbetrieblichen Anbau von Oliven, Tafeltrauben und Wermutgrundweinen nach sich zog, wurde der Wohntrullo Element der Streusiedlung im Bereich der Múrgia dei Trulli. Vorbild dafür waren die Wohntrulli in Selva di Fasano und Laureto, die schon Ende des 19. Jh.s den Küstenbewohnern hauptsächlich als Zweitwohnsitz und Wochenendhaus dienten, um hoch über der Küstenebene der sommerlichen Malariagefahr zu entgehen. Obwohl die Trulli als touristische Attraktion ersten Ranges gelten und wie bisher gepflegt wer-

Bild 44: *Zentrum der 1933 gegründeten Stadt Sabáudia im Agro Pontino (Latium)*

Bild 45: *Weinbau, Rebtrocknung und Trulli-Streusiedlung bei Martina Franca (Prov. Tarent, Apulien)*

den, geht der traditionelle Wohnhausbau zurück. Neubauten sind eher Nachahmungen, Fälschungen in Funktion und Struktur; bewohnte alte Gebäude werden immer häufiger zu modernen Häusern umgestaltet (Spano 1967/68).

In Apulien waren bis an die Schwelle der Gegenwart die – schon aus dem Altertum bekannten – *Höhlenwohnungen* verbreitet (Suter 1963). Zumal in mürben, aber standfesten, gut zu bearbeitenden Gesteinen (z. B. Kalksinter = *tufo*) boten sie bei geringer Bodendurchfeuchtung in den tief eingeschnittenen Schluchten (*gravine*) am Südrand der Murge zwischen Ginosa und Grottáglie geeignete Wohnformen mit einem wirkungsvollen Schutz gegen Hitze, Kälte und Staub sowie gegen äußere Gefahr (Matera s. o.). 1961 sollen hier noch 1383 Personen gelebt haben (Spano 1967/68, S. 64). Auch in den Tuff der Vulkangebiete Italiens, z. B. in Íschia, wurden Hohlräume, vereinzelt für Wohnzwecke, meistens aber für Vorräte, Geräte und Kleinvieh gegraben.

DIE LANDWIRTSCHAFT

Bild 46: *Steilküste der Riviera di Levante in den Cinque Terre bei Corníglia mit Olivenhain und Rebterrassen (Ligurien)*

Überblick

- Obwohl die Landwirtschaft nur mit einem geringen Bruchteil zum Bruttoinlandsprodukt beiträgt, prägt sie Bild und Wesen der unverbauten Landschaft Italiens. Anders als nach dem letzten Krieg sind ihr heute nur 8 % der Erwerbstätigen zuzurechnen. Große Teile der ehemaligen Nutzfläche, vor allem in Bergland und Gebirge, werden nicht mehr bewirtschaftet. Dafür hat in den tiefgelegenen Gunsträumen die kapitalintensive, technisierte Landwirtschaft mit neuen Betriebs- und Anbauformen große Fortschritte gemacht.
- Dennoch ist der kennzeichnende agrarstrukturelle Gegensatz zwischen kapitalkräftigen Großbetrieben, wie in der Padania, und bäuerlichen Kleinbetrieben, die über das ganze Land verteilt sind, erhalten geblieben, während das überkommene Latifundiensystem Süditaliens und die Halbpacht Mittelitaliens (Mezzadria) durch gesetzliche Regelungen fast vollständig verschwunden sind.
- Noch lange nach dem Zweiten Weltkrieg, als Arbeitsplätze fehlten, hat der italienische Staat für den zurückgebliebenen Süden durch Melioration, Binnenkolonisation und Bewässerungsmaßnahmen mit wechselndem Erfolg Neuland hinzugewonnen bzw. Ödland einer rentablen Bewirtschaftung zugeführt.
- Wie schon immer überwiegt der Ertrag aus dem Ackerbau, zum Teil mit neuen Anbaugewächsen (Soja, Kiwi). Exportgüter sind vor allem Oliven(-Öl), Obst, Wein(-Trauben) und Gemüse; tierische Erzeugnisse müssen trotz hoher Eigenproduktion wegen des gestiegenen Bedarfs eingeführt werden.
- Die bedeutendste Agrarregion, auch im europäischen Maßstab, ist die vielfältig gegliederte Po-Ebene mit diversen Marktprodukten aus Ackerbau und Viehhaltung. Die kleinen und großen Küstenebenen von Halbinsel und Inseln eignen sich besonders für mediterrane Fruchthaine.

Die Bedeutung der Landwirtschaft

Jahrzehnte nach der Umwälzung der Wirtschaft in Westeuropa ist Italien erst nach dem Zweiten Weltkrieg aus einem Agrarstaat zu einem Industriestaat geworden. Von 1951 bis 1995 verlor die Landwirtschaft 7,16 Mio. ihrer Erwerbstätigen. Im Norden beginnend, setzte sich die Bewegung nach Süden rasch fort, wenn auch nicht im gleichen Ausmaß, trotz der dort andauernden Abwanderung von Bauern und Landarbeitern. Der Anteil der in der Land- und Forstwirtschaft Beschäftigten sank in Gesamtitalien von 43,9 % im Zensusjahr 1951 bis 1995 auf 7,4 %. Überalterung und Feminisierung gingen damit einher. Mit nicht einmal einem Zehntel aller (formellen) Erwerbspersonen tragen Land- und Forstwirtschaft heute nur zu einem Fünfundzwanzigstel des Volkseinkommens bei. Die Pro-Kopf-Produktion ist niedriger als in allen anderen Wirtschaftsbereichen, und es werden nur geringe Einkommen erzielt (z. B. Simoncelli 1997). Dennoch wird der Landwirtschaft in dieser Länderkunde relativ breiter Raum gegeben, und zwar vor Industrie und Dienstleistungen, weil ihre Nutzflächen mit den vielseitigen Abhängigkeiten und Ursächlichkeiten – ganz abgesehen von der bedeutenden agrarischen Produktion in bestimmten Teilen – das äußere Bild Italiens bis heute am stärksten prägen. Die offene, unverbaute Kulturlandschaft, die Agrarlandschaft also, macht erst den mediterranen Charakter des Landes deutlich.

Im Vergleich mit anderen Mittelmeerländern oder mit Deutschland ist der Anteil des Ackerlandes einschließlich der Baum- und Strauchkulturen an der landwirtschaftlich genutzten Fläche (LN) mit fast drei Vierteln besonders hoch, und das gilt ebenso für den Anteil an der land- und forstwirtschaftlichen Nutzfläche (LFN; Tab. 14). Darin drückt sich nicht nur das Ergebnis jahrhundertelanger Rodung und Neulanderschließung aus, sondern auch die bis heute übliche Nutzung geringwertiger und ertragsarmer Standorte als Ackerland mit und ohne Fruchtbaumkulturen, obwohl immer mehr Nutzflächen brachfallen (Tab. 15). Etwa 4 Mio. ha oder ein Fünftel der LN werden nicht mehr kultiviert. Trotz Landflucht und Gebirgsentvölkerung haben sich die agrarischen Strukturen nicht überall so rasch an die Anforderungen der modernen Zeit anpassen können, wie das zu erwarten wäre. Dies liegt in hohem Maß an den natürlichen Grundlagen, an den jahreszeitlichen Klimakontrasten, der häufigen Bodenungunst und am Wassermangel der Süd- und Inselregionen. Der italienische Staat hat gerade in der jüngeren Vergangenheit mit Meliorationen aller Art große Anstrengungen unternommen, um solche Abhängigkeiten zu mildern, wenn nicht sogar zu beseitigen. Auch die Maßnahmen zur Änderung der herkömmlichen agrarsozialen Verhältnisse (Bodenreform), welche die moderne Entwicklung der Landwirtschaft als historisches Erbe schwer belasten, sind nicht geringer, aber nicht immer und überall wirklich erfolgreich gewesen.

	Landwirtsch. Nutzfläche (LN)	Ackerland u. Baumkulturen	Dauergrasland, Weide	Wald	Land- u. forstwirtsch. Fläche (LFN)
Deutschland	17 367	12 116	5 251	10 700	28 067
	100%	69,8%	30,2%	38,1%	100%
Italien	15 543	11 013	4 530	6 770	22 313
	100%	70,9%	29,1%	30,3%	100%
Spanien	29 956	19 656	10 300	16 137	46 093
	100%	65,6%	34,4%	35,0%	100%
Griechenland	8 744	3 494	5 250	2 620	11 364
	100%	40,0%	60,0%	23,1%	100%

Tab. 14: *Die Bodennutzung von Italien 1993 im Ländervergleich (1000 ha)*

Quelle: *Istat* 1 (1996, S. 633, korrigiert)

Land- und forstwirtschaftliche Fläche (1000 ha)			
LFN	**22 313**		
Ackerland	**8 180**	**Baumkulturen**	**2 833**
Getreide	4 073	Reben	979
Hülsenfrüchte	125	Ölbäume	1 133
Knollenfrüchte	94	Agrumen	183
Gemüse	613	Obst	525
Industriepflanzen	342	andere	13
Ölpflanzen	310	**Gartenland (1981)**	**66**
Futterbau		**Baumschulen u.a. (1981)**	**18**
Wiesen	1 489	**Wälder**	**6 770**
Futterpflanzen	1 134		
Dauergrasland, Weide	**4 530**	**andere Flächen**	**6 476**

Tab. 15: *Die Bodennutzung von Italien 1993*

Quelle: *Istat* 1 (1982, S. 114 u. 116; 1996, S. 325 ff.)

Traditionelle agrarsoziale Verhältnisse und Betriebstypen

Noch im Jahr 1946 war der Kontrast zwischen wenigen Großgrundbesitzern mit einem hohen Anteil an der gesamten Nutzfläche und sehr vielen Kleineigentümern, die über den Rest verfügten, ganz erheblich (Tab. 16). Dabei ist zu berücksichtigen, daß in Italien Besitz und Betrieb nur selten, wie im Höfegebiet Südtirols und teilweise im Gebiet der padanischen *corti*, übereinstimmen. Außerdem ist es ein großer Unterschied, ob ein Besitz von 200 ha im Norden oder im Süden oder in Ebene, Hügelland oder Gebirge liegt.

Nur 1 % der Landeigentümer besaß 1946 Flächen mit mehr als 25 ha, die aber die Hälfte der LN einnahmen. Die 0,2 % der Besitzungen mit mehr als 100 ha Größe deckten mehr als ein Viertel der Fläche ab. Auf der anderen Seite teilten sich 93 % der Landbesitzer mit weniger als 5 ha 30 % der Nutzfläche auf. Mittlere Besitzgrößen zwischen 5 und 50 ha umfaßten 6 % und nahmen 34 % der Agrarfläche ein. Außer den 9,5 Mio. privaten Grundbesitzern gab es 165 000 korporative, die 22,5 % der gesamten LFN besaßen, von denen mehr als die Hälfte auf Gemeinden entfielen. Der Großgrundbesitz mit mehr als 500 ha war in den späteren Bodenreformgebieten konzentriert, im Süden mit 13 000 Besitzern und 4,5 Mio. ha, und in den Maremmen, wo 1 % der Eigentümer über 75 % der Nutzflächen verfügte (King 1973, S. 31).

Auch die Verteilung der agrarsozialen Gruppen auf die Großräume ist aufschlußreich. Wie im 19. Jh. überwogen noch am Ende des Zweiten Weltkriegs im Norden die selbständigen Landwirte auf Eigenbe-

Größenklasse in ha	Zahl der Besitze in 1 000	%	Fläche der Besitze in 1 000 ha	%	Durchschnittsgröße in ha
0–2	7 926	83,4	3 758	17,5	0,5
2–10	1 283	13,5	5 233	24,2	4,1
10–50	254	2,6	5 050	23,5	19,9
50–100	28	0,3	1 956	9,1	68,9
100–500	19	0,2	3 728	17,3	191,7
>500	2	0,02	1 847	8,6	951,0
Gesamt	**9 512**	**100**	**21 572**	**100**	**2,3**

Tab. 16: *Der private Grundbesitz in Italien 1946*

Quelle: Medici 1956; King 1973, S. 31

sitz, Mittelitalien war das Land der Halbpacht (*Mezzadria*), und im Süden wurden drei Viertel aller in der Landwirtschaft Tätigen als abhängige Landarbeiter, hauptsächlich als Tagelöhner, beschäftigt (Karte bei Almagià 1959, S. 729). Diese klassische Gliederung der ländlichen Bevölkerung war ein Ausdruck der unterschiedlichen Besitz-, Betriebs- und Pachtverhältnisse, die zusammengenommen die *Betriebsformen* (*tipi d'impresa*) bilden (Medici 1958 mit Karten). Die vier wichtigsten seien hier vorgestellt (Abb. 66 u. Tab. 17):

1. In den *norditalienischen Regionen* herrschten damals wie heute Eigenbesitz und *Familienbetrieb* vor. Im schroffen Gegensatz dazu standen die *kapitalkräftigen Großbetriebe mit Lohnarbeitern* in den feuchten Niederungen der Bassa Pianura vom Vercellese bis zum Chiese und auch auf der bewässerten Alta Pianura. Es sind die Gebiete der *marcite* (Rieselwiesen) und des Reisbaus. Die auch *cascine* genannten Großbetriebe wurden vom Unternehmer selbst oder dem *fattore*, dem Gutsverwalter, geleitet. Sie waren mit ihrem spezialisierten Personal schon seit langem auf Futterbau und Milchviehhaltung eingestellt. „Das mitunter verwahrloste Aussehen der Gebäude besonders auch der Unterkünfte darf nicht darüber hinwegtäuschen, daß es sich um hochmoderne, auch sozial gut funktionierende Betriebe handelt, die mit ihrer Arbeitsintensität – im Durchschnitt 100 Arbeitstage je ha im Jahr! – und ihrem Ertrag an der Spitze der landwirtschaftlichen Betriebe Italiens und nicht nur Italiens marschieren" (Lehmann 1961 a, S. 136).

Seit der Eröffnung des Cavourkanals (1866) entwickelte sich die geschlossene Reisbaulandschaft des Vercellese und der Lomellina mit ihren isolierten, hinter Baumgruppen verborgenen Corti (*corti mono-aziendali*). Im Frühjahr, zur Pflanzzeit, war das Land der 100 – 500 ha großen Betriebe von rund 40 000 meist weiblichen Saisonarbeitskräften belebt, die in großen Tagelöhnerkasernen untergebracht wurden. Zur zentralen Zone solcher Großbetriebe gehörten südlich des Po bzw. Tánaro Marengo, Oltrepò Pavese und die Ebene von Piacenza; aber hier trat der Reisbau hinter Getreide- und Zuckerrübenschlägen und spezialisiertem Gemüsebau zurück.

Ein zweites Gebiet mit kapitalintensiven Großbetrieben auf Lohnarbeiterbasis lag im Polésine und um Ferrara. Weil Schlachtvieh und nicht Milchvieh erzeugt wurde, waren weniger Dauerarbeitskräfte erforderlich; sie wurden jeweils ergänzt durch Tagelöhner und Saisonarbeiter. In anderen Betrieben wurden vorwiegend Zuckerrüben, Hanf und Weizen angebaut. Im Unterschied zum Cortisystem handelt es sich um das Boariensystem, dem ein bestimmter Arbeitsvertrag zugrunde liegt (*boaro* = Ochsenknecht; Dongus 1966, S. 70). Sein Verbreitungsschwerpunkt befand sich zuletzt in den jungen Meliorationszonen des

Großraum	Landwirtschaftliche Nutzfläche (mit Weideland, ohne Wald)			
	Fläche 1 000 ha	Bäuerliche Betriebe[1]	Lohnarbeiterbetriebe[2] in %	Mezzadria-Betriebe u. a.[3] in %
Nordwesten	2 376	84,6	15,3	0,1
Nordosten	2 747	80,5	19,0	0,5
Mitte	2 702	73,9	25,2	0,9
Süden	4 023	84,9	14,5	0,5
Inseln	2 889	90,8	8,9	0,3
Italien	**14 737**	**83,2**	**16,3**	**0,5**
zum Vergleich				
1970	**17 462**	**65,9**	**25,7**	**8,4**

[1] *Conduzione diretta del coltivatore:* Direktbewirtschaftung mit Familienangehörigen oder fremden Arbeitskräften
[2] *Conduzione con salariati e/o compartecipanti:* Betriebe mit Lohnarbeitern und/oder Teilhabern
[3] *Conduzione a colonia parziária appoderata ed altra forma:* Mezzadria-Betriebe und andere Formen

Tab. 17: Die Betriebsweisen in der Landwirtschaft 1990

Quelle: *Struttura e produzione delle aziende agricole d'Italia.* Roma 1996, S. 55–59

Po-Deltas, wo der Eigentümer Kapital zu Bodenverbesserungsmaßnahmen zur Verfügung stellte (Baruzzi-Leicher 1962).

2. Dem mit Lohnarbeitern wirtschaftenden Großbesitz und Großbetrieb Norditaliens kapitalintensiver Art standen – mit Ausnahme Sardiniens – im *Mezzogiorno* bis zur Bodenreform und vereinzelt bis heute völlig andere, extensiv wirtschaftende Betriebe des *Latifundiensystems* gegenüber, bei dem der Grundbesitzer nur den Boden zur Verfügung stellt. Sie beruhten weniger auf ständigen Arbeitskräften als vielmehr auf der Tätigkeit von Tagelöhnern. Nur zum geringen Teil handelt es sich um echte Großbetriebe auf Eigenbesitz. Im übrigen war für die Landwirtschaft des Südens das *Kleineigentum* charakteristischer. Während das Kleinbauernland aber meist intensiv bestellt wurde, nahmen die großen und sehr großen Besitztümer gewöhnlich die schwer zu bearbeitenden Tonböden ein, auf denen in extensiver Weise Weizenanbau und Schafweide im Brachfeld (Transhumanz) betrieben wurden. Allgemein verbreitet war dieser Typ des *latifondo capitalístico* in den Maremmen, im apulischen Tavoliere, im Metapontino, im kalabrischen Marchesato und in den kampanischen Küstenebenen, die noch nicht entwässert waren.

Wegen der großen Unterschiede in Bodenqualität und Lage hatten sich sehr verschiedene Pacht- und Arbeitsverträge, oft Mischformen, entwickelt, die außerdem auf unterschiedliche historische Wurzeln zurückgehen. Zu den wichtigsten gehören die Großpacht durch ein kapitalkräftiges Unternehmen, die mit dem Absentismus des Großgrundbesitzers verbunden ist, die vielfältigen Pacht- und Kleinpachtverträge, von der Mezzadria (*colonia parziária*), d. h. dem Teilbau mit Teilung von Kosten und Produktion, über Erbpacht und Parzellenpacht bis zur bloßen Arbeitsleistung an einer Kultur in einer Anbauperiode (*compartecipazione*), der Jahresvertrag mit Dauerarbeitskräften (*salariati fissi*) und der Tagesvertrag mit dem Tagelöhner (*bracciante* oder *salariato giornaliere*). Nur dort, wo der *latifondo capitalístico* räumlich konzentriert war, hatte er schwerwiegende soziale Folgen, weil mehr als die Hälfte der Landbevölkerung aus Tagelöhnerfamilien bestand (King 1973, S. 34).

Die Betriebsweise, bei der das Latifundium in eine Vielzahl von Pachtländereien, d. h. Parzellen ohne Gebäude, dazu mit oft unsicheren Verträgen aufgeteilt war, läuft unter dem Begriff *latifondo contadino*. Als typisch latifundistische Eigenschaften gelten auch hier die extensive Bewirtschaftung, die lockere Bindung zwischen Betriebsführung und Arbeitskräften, die Abwesenheit des Besitzers, der oft ein Städter und Angehöriger der *borghesia* ist, und ein sehr geringer Kapitaleinsatz. Noch 1961 machte das Bauernlatifundium in manchen Gebieten Siziliens über drei Viertel aller Erwerbspersonen aus (Monheim 1972). Hier, im „tiefen Süden“, herrschten große Armut und Unzufriedenheit, nicht zuletzt durch das *gabellotti*-System mit der Kette von Pacht und Unterpacht der Weizenfelder, bei dem der *gabellotto*, der Großpächter, die Weidewirtschaft selbst betrieb. In den hochgelegenen Großdörfern und Agrostädten versammelten sich täglich im Morgengrauen die Tagelöhner auf der Piazza in der Hoffnung, für kärglichen Tageslohn bei harter Arbeit angeheuert zu werden. Regentage blieben unbezahlt, im Winter gab es keine Arbeit. Extensive Monokultur und die allein als Arbeitsmarkt und zur Aufrechterhaltung aller lebenswichtigen Beziehungen geeignete Großsiedlung bildeten einen grundlegenden Zusammenhang. Das Prestige hebende soziale Gründe waren es außerdem, die das Leben in der Agrostadt förderten (Monheim 1971).

In der Agrarlandschaft lassen sich beide Formen des Latifundiums kaum unterscheiden, weil es sich um weite, unbesiedelte Fluren handelt, aus denen sich in großen Abständen Betriebsgebäude (*masserie*), Strohhütten als temporäre Unterkünfte (*dormitori*) oder ein Schafstall (*ovile*) erheben; denn auch der *contadino*, der Kleinbauer oder Kleinpächter, wohnt im engen Großdorf oder der Agrostadt. Es ist der mehr oder weniger baumlose *Mezzogiorno nudo* (Rossi-Doria 1956), der über zwei Drittel Süditaliens einschließlich der Maremmen umfaßt hat.

3. Die typische Wirtschaftsweise in *Mittelitalien* war die *coltura promíscua*. Das altbekannte und wegen seiner Stabilität gerühmte Verfahren der Mischkultur bestand aus Bodennutzung durch Fruchtbäu-

me (Ölbaum), Strauchkulturen (Reben), Getreide (Weizen) und Gemüse auf ein und derselben Fläche über- oder nebeneinander (Desplanques 1959). Wenn die Mischkultur mit der *mezzadria*, einer besonderen Form der Halbpacht verbunden war, handelte es sich um die eigentliche *coltura mista*. Sie kennzeichnete aber nicht nur die Landwirtschaft der Toskana, Umbriens und der Marken, sondern auch jene der norditalienischen Regionen Emília-Romagna und Venetien (Bild 47).

Sie war mit der Ablösung des Lehnssystems und der Bauernbefreiung seit dem 12. Jh. von den Freien Kommunen eingeführt worden, als die Bewohner der ehemaligen Haufendörfer in Einzelhöfe umgesiedelt wurden (Sabelberg 1975a, S. 223). Vom 14. Jh. an wurde die *coltura mista* noch intensiviert und auf entwässerte Sumpfgebiete ausgedehnt. Man legte Villen und Fattorien an, und es entstand der Agrarlandschaftstyp der *Toscana urbana*, nach Lehmann (1970) das „italienischste Italien". Die Mezzadria, die mit allen Besitzgrößen verbunden sein konnte, darf nicht mit Teilpacht gleichgesetzt werden, bei der ebenfalls eine Pachtzahlung von 50 % des Ertrags möglich war; denn hier galten besondere Rechtsnormen, die sich auf die Betriebsweise und die Agrarbevölkerung auswirkten. Die gleichzeitige Verpachtung von Einzelhof (*podere*) und Land brachte die Siedlung in der Flur (*colonia appoderata*) hervor. Der Besitzer stellte Saatgut, besorgte Bodenverbesserungen, ließ Spezialkulturen anlegen und beaufsichtigte die Wirtschaftsweise seiner Pächterfamilien. Der Halbpächter trug mit seiner Familie die Arbeitslast – ein sehr wichtiger Unterschied zur Teilpacht in Sizilien – und brachte die Geräte mit ein. Weitere Kosten teilte man. Im allgemeinen handelte es sich um mittelgroße Betriebe, deren Fläche je nach Bodengüte und Intensität der Nutzung, außerdem je nach der Zahl der Familienmitglieder, schwankte. Wein, Oliven und Weizen dienten als Grundprodukte der Versorgung von Pächter- und Eigentümerhaushalten und ermöglichten eine ausreichende Vermarktung. Weil die Mezzadrifamilien wirtschaftlich und sozial gesichert waren, galt die Mezzadria als eines der stabilsten, wirtschaftlich produktivsten und sozial gesündesten Agrarsysteme Italiens (Merlini 1948). Anders als im Latifundiensystem trat auch nicht der reine Absentismus auf; denn der städtische Eigentümer schrieb die Wirtschaftsweise vor, besonders beim *fattoria*-System. In ihm waren auf Großgrundbesitz mehrere Halbpachthöfe zusammengefaßt und wurden vom *fattore* gemeinsam verwaltet. Wie auf manchen Einzelhöfen lebte der Eigentümer mit seiner Familie im Sommerhalbjahr vier bis sechs Monate auf dem Lande zur *villeggiatura* in der *villa*, weshalb man von „Villenfattorien" spricht (Dörrenhaus 1976; vgl. das Schema bei Sabelberg 1975b, S. 327).

4. Eine der Hauptursachen für die unzureichende Entwicklung, ja sogar Behinderung der italienischen Landwirtschaft sind die in ihrer Mehrzahl völlig ungenügenden Besitz- und Betriebsgrößen des *Kleinbauerntums*. Seit Jahrhunderten vollzog sich mit der Realerbteilung der Prozeß der Bodenaufteilung bis zu jener extremen Art von Bodenzersplitterung (*frammentazione*), der „Pulverisierung" (*polverizzazione*) in kleinste Parzellen (Bild 46).

Die *Ursachen* sind einmal das Erstarken des Bürgertums seit dem 18. Jh., wodurch der Landbesitz mobilisiert wurde, zum anderen der Niedergang des adeligen Grundbesitzes, außerdem der gesteigerte Landhunger der im 19. Jh. rasch wachsenden Bevölkerung und schließlich das mit der industriellen Entwicklung im Norden sich ausbreitende Arbeiterbauerntum, das Land benötigte. In Süditalien gehen die kleinen Besitzeinheiten des 19. Jh.s vielfach auf die *Emphyteuse* zurück. Das sind seit dem 4. Jh. übliche Erbpachtverfahren, die es ermöglicht haben, das Land zu kolonisieren und zu meliorieren, wobei in günstigen Lagen Kleinbetriebe entstanden, in denen Fruchtbäume und Gemüse gartenbauähnlich (*giardini*) angebaut wurden (Baruzzi-Leicher 1962).

Besonders während und nach dem Ersten Weltkrieg ging eine Art „Bodenreform" vor sich, bei der zwischen 1919 und 1939 über 1 Mio. ha Land in das volle Eigentum ihrer kleinbäuerlichen Bewirtschafter gelangte (Hetzel 1957, S. 10). Rückwanderergelder führten nach dem Zweiten Weltkrieg die Bodenzersplitterung weiter. Hier-

Bild 47: *Traditionelle Mischkultur bei S. Gimignano (Toskana) 1967*

durch traten Probleme mannigfacher Art auf, die trotz eingehender Untersuchungen und Dokumentationen (Medici u. a. 1962) kaum Gegenmaßnahmen, etwa eine Gesetzgebung zur Flurbereinigung, herausgefordert haben. Wider besseres Wissen und aus politischen Gründen hat man die Ausbreitung des Kleinbauerntums sogar noch gefördert. 1946 bestanden 4 Mio. ha Land oder 19,2 % der LN Italiens aus Besitzflächen unter 2 ha (Tab. 18), die gewöhnlich in einzelne, verstreut in der Flur liegende Parzellen aufgesplittert und außerdem noch verpachtet waren, so daß die Kleinbetriebe sehr vielfältig zusammengesetzt sein konnten. Solche kleine Flächen sichern im reinen Ackerland des Trockenfeldbaus keine bäuerliche Existenz, so daß außerlandwirtschaftliche Nebentätigkeiten unumgänglich sind. Mißlich ist die Situation vor allem im Gebirge und im höheren Hügelland auf ärmeren Böden, wo die Bevölkerung seit der Erhebung von 1946 in zunehmendem Maß abgewandert ist und große ehemalige Nutzflächen wüstgefallen sind. Dagegen erlaubt die Bewässerung Futterbau, Viehhaltung und Düngung oder auch Spezialkulturen. Wenn hier Eigenbesitz und Betriebsflächen groß genug sind und mit hohem Einsatz von Handarbeit bestellt werden, dann kann es sich um recht stabile und leistungsfähige Familienwirtschaften handeln.

Die Karte von Medici u. a. (1962) (Tab. 18) über die *Verteilung* des Kleineigentums bis 2 ha zeigt für das Jahr 1946 das schwerwiegende Phänomen in Norditalien von den Alpen- und Voralpentälern über die Alta Pianura, besonders im Friaul, und das Oltrepò Pavese der Padania bis Ligurien und ganz allgemein im Apennin, wo das Grundeigentum mit zunehmender Höhe immer

Großraum	Fläche 1 000 ha	Anteil an allen Besitztümern (%)	Anteil an der landwirtsch. Nutzfläche (%)
Norden	1 515	37,5	19,8
Mitte	555	13,8	14,7
Süden	1 300	32,2	23,4
Inseln	665	16,5	16,3
Italien	**4 035**	**100**	**19,2**

Quelle: Medici u. a. 1962, S. 21

Tab. 18: *Der Klein- und Kleinstbesitz unter 2 ha in den Großräumen 1946 (Schätzung)*

kleiner wird (Ullmann 1967). In Mittelitalien fand sich der Klein- und Kleinstbesitz außerhalb des Mezzadriagebietes im Bergland wie in Beckenlandschaften; auch in großen Gebieten Süditaliens (z. B. in Abruzzen und Molise, am Golf von Neapel, in Apulien von Barletta bis zum Cap Léuca, in der westlichen Basilicata, an den Gebirgshängen von Sila, Serra und Aspromonte in Kalabrien) und Inselitaliens (auf den kleinen Inseln, in Sardinien, auf Sizilien besonders im Süden und Nordosten) belastete die Kleinparzellierung den ländlichen Raum, vielfach bis zur Gegenwart, schwer.

Melioration und Bewässerung

Bonifikation und Kolonisation

Die heutige Situation der Agrarlandschaften Italiens ist ohne einen Blick auf die unerhörte Arbeitsleistung, die in Generationen aufgewendet worden ist, um den Boden der Küstenräume, Binnenbecken, Tonhügelländer und Gebirgshänge nutzbar und bewohnbar zu machen, nicht zu verstehen. Mit Hilfe von besonderen Bestimmungen in Pachtverträgen, z. B. der alten Emphyteuse, der Boaria und anderen, gelang es den Grundherren und Großgrundbesitzern, die agrarische Nutzfläche auszudehnen und dadurch von ihren Ländereien größere Erträge zu erzielen. Eine langjährige Verbesserungspacht diente in Apulien zum Aufbau oder Wiederaufbau von Rebland (Vöchting 1951, S. 326). Im Berg- und Hügelland entwickelten sich oft sehr aufwendige und pflegebedürftige Terrassenformen, die angelegt wurden, um der Bodenzerstörung zu begegnen. In Flußniederungen, Binnenbecken und Küstenhöfen wurden schon seit frühgeschichtlicher Zeit mit mehr oder weniger großem Erfolg Anstrengungen unternommen, um mit den damals möglichen technischen Methoden Sumpfflächen zu entwässern und Anbauflächen zu bewässern. Die wichtigsten Maßnahmen der *Melioration* (ital. *bonífica*) waren stets Entwässerung, Malariabekämpfung und schließlich Neulandgewinnung. Bis weit ins 19. Jh. hinein blieb den oft großangelegten Unternehmungen früherer Zeit der Erfolg oder zumindest der dauernde Erfolg wegen der unvollkommenen Technik versagt (Bevilacqua/Rossi-Doria 1984).

Wie bei vielen anderen Maßnahmen solcher Art ist die Rekultivierung großer Landstriche erst durch intensive Arbeiten im Gefolge des ehrgeizigen Programms der *faschistischen Regierung*, mit den Gesetzen von 1923, 1928 und 1933 zur sogenannten „integralen Urbarmachung", möglich geworden, die – als einziges großflächig ausgeführtes Beispiel – die Pontinischen Sümpfe zum *Agro Pontino* gemacht haben (Koeppen 1941; *Atlante Tematico* 1992, Tav. 62c; vgl. Kap. zu den Relieftypen). „Im Kontext der faschistischen Ideologie der *ruralizzazione* und der 'Stadtfeindlichkeit'" (Sabelberg 1985, S. 129) meinte man mit *bonífica integrale* alle für eine vollständige landwirtschaftliche und siedlungspolitische Inwertsetzung notwendigen Maßnahmen. Dazu gehörten nicht nur die wasserwirtschaftlichen Arbeiten, sondern auch diejenigen zur Schaffung von Ackerland, zur Ansiedlung der Bevölkerung in Einzelhöfen, Gruppensiedlungen, Dörfern und Städten und Maßnahmen zur Verkehrserschließung. Das Landeshilfswerk ehemaliger Kriegsteilnehmer (*Ópera Nazionale per i Combattenti* – ONC) erhielt den Auftrag, für die Bodenumgestaltung und für die Förderung des mittleren und kleinen Besitzes zu sorgen. Aus der Erfahrung, daß die Mezzadria wirtschaftlich tragfähiger ist als der kleinbäuerliche Eigenbetrieb, wurden die Kolonistenstellen vom ONC in Halbpachtverträgen vergeben. Im Agro Pontino-Romano, im apulischen Tavoliere und am unteren Volturno in Kampanien entstanden 48 ländliche und städtische Siedlungen, deren Orts- und Gehöftnamen, u. a. solche berühmter Kampfstätten der Alpenfront im Ersten Weltkrieg, deutlich auf die Entstehungszeit hinweisen. Die Neulandgewinnung und die Siedlungsgründungen lösten eine erste größere Welle von gelenkten Binnenwanderungen aus (Bild 48).

In der Nachkriegszeit konnten die großen staatlichen Boníficaprojekte der fa-

Bild 48: *Die meliorierten Pontinischen Sümpfe am Fuß der Mti. Lepini (Latium)*

schistischen Regierung abgeschlossen, weitere in der Verfassung von 1948 geforderte Arbeiten begonnen und im Rahmen der Bodenreform (s. u.) ebenfalls erfolgreich beendet werden (Abb. 60). Das stärker aufkommende Umweltbewußtsein hat aber dann die Auffassung reifen lassen, nicht weitere und letzte Feuchtgebiete, vor allem am Küstensaum – jetzt für Industrieansiedlung, Einrichtungen des Fremdenverkehrs und Verkehrsanlagen – der Natur zu entziehen. In stärkerem Maß wendet man sich nun der *Wasserversorgung* von Bevölkerung, Industrie, Tourismus und landwirtschaftlichen Nutzflächen zu, wofür kostspielige Stauseeprojekte und Leitungssysteme – bis zu submarinen Rohrleitungen wie nach Capri – verwirklicht worden sind.

Sehr spät ist die staatliche Forstverwaltung darangegangen, die Melioration aus den begünstigten Ebenen auf das Bergland zu übertragen. In der Nachkriegszeit erhielt die *bonífica montana* zunehmende Bedeutung, und seit dem Berglandgesetz von 1952 ist im Gewässerausbau, im Kampf gegen die Bodenzerstörung und für die Wiederaufforstung sehr viel, aber noch längst nicht genug getan worden. Die nach der Bergflucht geringer gewordene Bodenpflege, z. B. die fehlende Unterhaltung der Ackerterrassen, macht sich bei Hochwassern in der wachsenden Schuttführung bemerkbar. Hier liegen einige der noch unter sehr hohem Einsatz zu bewältigenden Probleme der allernächsten Zukunft.

Die Bewässerung

Mit etwa 2,7 Mio. ha Bewässerungsland liegt Italien 1990 in Europa vor Spanien (2,3 Mio. ha) an der Spitze, wenn man die tatsächlich bewässerte Fläche (*superfície irrigata*) zugrunde legt (Mertins in Popp/Rother 1993); das bewässerungsfähige Land, die *superfície irrigábile*, übersteigt 3 Mio. ha. Insgesamt werden 18 % der LN bewässert, die rund die Hälfte der Agrarprodukte liefern. Allerdings entfällt der größte Teil des italienischen Irrigationsareals, nämlich 60 %, auf die Po-Ebene (Schiavi 1983) mit dem Schwerpunkt in der Lombardei (56 % der LN), während in der Mitte und im Süden des Festlandes, wo aus klimatischen Gründen der weitaus größere Wasserbedarf besteht, nur 8,6 % bzw. 12,4 %, auf den Inseln nur 8,9 % der LN Bewässerungsland sind. Wenn auch drei Viertel des gesamten Steigerungsbetrages seit 1950 im Mezzogiorno erzielt

(nach Atlante Tematico 1992, Tav. 62 A)

Abb. 60: Die Bonifikationsgebiete vom Mittelalter bis heute

worden sind, wo sich die Bewässerungsfläche bis zur Gegenwart mehr als verdoppelt hat, gibt es noch immer einen krassen Gegensatz zwischen dem kontinentalen (1,68 Mio. ha) und dem übrigen Italien, der Halbinsel (0,75 Mio. ha) und den Inseln (0,26 Mio. ha).

Dennoch hat die *Entwicklung* der Irrigation im Süden begonnen. In den Kolonien Großgriechenlands dürften Ackerländereien am Golf von Tarent bei Metapont, Sybaris, Herakleia und anderen Orten teilweise bewässert worden sein. In den Küstenebenen leiteten Etrusker und Latiner Wasser auf ihre Felder, vielleicht auch aus den *cunícoli*, nicht aber aus Aquädukten, die höchstens stadtnahe Gärten versorgten. Erste gemeinschaftliche Anlagen und die Namensgebung gehen auf die arabische Herrschaft in Sizilien zurück. Unzählige Brunnen, Göpelwerke mit Eimerkette (*sénie*) oder Wasserrad (*nória*) und dem Wasserbehälter über dem Brunnenschacht (*gébbia, cubba*), entstanden in den Schwemmlandebenen (Scotoni 1979). Allmählich gelangte die Anwendung von Bewässerungsverfahren nordwärts; schon Vergil erwähnt die Wiesenbewässerung aus seiner Heimat Mantua um 42–39 v. Chr. Im Hoch- und Spätmittelalter förderten die Klöster die weitere Ausbreitung im Piemont und in der Lombardei. Der größte Teil der Kanäle (*rόggie*) stammt aus der Zeit der Freien Kommunen, als in der Po-Ebene ein dichtes Bewässerungsnetz heranwuchs und sich Bewässerungsgenossenschaften (*Consorzi di Irrigazione*) bildeten.

In moderner Zeit gab es in der *Padania* erst ab 1861 Regionalpläne für die Wassernutzung. 1863–1866 wurde der 85 km lange Cavourkanal für die Bewässerung von 150 000 ha fertiggestellt. Der heute von einer Genossenschaft betriebene 86 km lange Villoresi-Hauptkanal läßt die Bewässerung von 85 000 ha trockenen Terrassenlandes um Mailand zu. Die von der Etsch ausgehenden Kanäle Alto Veronese und Agro Veronese versorgen 366 000 ha. Der jüngste Bau dieser Art ist der 140 km lange Emiliano-Romagnolo-Kanal für 150 000 ha gewesen. 1979 schon bis Búdrio und zum T. Síllaro ausgehoben, ging die weitere Arbeit wegen Geldmangel langsam voran und scheint dann ganz eingestellt worden zu sein.

Anders als im Süden, wo auf sehr kleinen Flächen subtropische Baum- und Strauchkulturen und Gemüsepflanzen bewässert werden, dient die großflächige Wiesenbewässerung (*marcite*) im Norden der Viehhaltung. Sie ermöglicht es, auch im Winter Gras zu schneiden, weil es bei der Berieselung mit gleichbleibend 10–12° C warmem Wasser das Wachstum nicht einstellt. Der Norden hat dank seines reichen Wasserangebotes also schon früh einen Vorsprung errungen; denn die wasserreichen Bäche und Flüsse und die stark schüttenden Quellen der Padania erlauben mit verhältnismäßig geringen Mitteln die Verteilung auf die Fläche und eine teilweise übermäßige Wasserverwendung.

Im Unterschied dazu gab es im *Süden* lange Zeit kaum einen Fortschritt, weil die geringen und sparsam zu nutzenden Wassermengen nur durch großen Kostenaufwand für die Irrigation verwendbar gemacht werden konnten. Erst im Rahmen von Bonífica und Bodenreform des 20. Jh.s ist das schmale Angebot des Oberflächenwassers systematisch ausgeschöpft worden (Bild 49). Nach umfangreichen Planungen und langwierigen Bauzeiten, finanziert durch die Südkasse, fließt es inzwischen in vielen Gebieten aus neu angelegten Stauseen über Betonkanäle, zwischengeschaltete Pumpwerke und Rückhaltebecken zu den landwirtschaftlichen Nutzflächen, während die Grundwassererschließung aus Brunnen kleineren Umfang hat (besonders in der Volturno-Ebene und der Terra di Bari). Die Bewässerungsflächen liegen im allgemeinen tal- und küstenständig, Schwerpunkte bilden die großen und kleinen Küstenebenen auf dem süditalienischen Festland (z. B. Tavoliere di Púglia, Piana di Sele, Metaponto, Síbari, S. Eufémia) und den Inseln (z. B. Piana di Catánia, Campidano). Die anfangs zahlreichen kleinen Areale der Schwerkraftbewässerung, erkennbar an den halboffenen Zementrinnen, sind seit den siebziger Jahren schrittweise durch große, zum Teil überregionale Netze mit dem Ferntransport des Wassers in unterirdischen Druckleitungen ausgeweitet worden. Ein Beispiel ist das Sinni-Projekt in der Basilicata mit dem Stauwerk bei Senise, das seit 1984 aus dem niederschlagsreichen apenninischen Westen für das durch Leelage und Verkarstung hydrisch benachteiligte Apulien sowohl für die Landwirtschaft als auch für Industrie und Haushalte Wasser bereitstellt. Darüber hinaus haben die größeren Agrarunternehmen aus eigener Kraft betriebsinterne Systeme durch die Nutzung des Grundwassers mit Motorpumpen aus Tiefbrunnen angelegt; vielfach ergänzen sie das öffentliche Netz (Santovito u. a. 1977; Rother 1980 d, 1993 b). Auch in den traditionellen Bewässerungsgebieten, z. B. im Umkreis des Vesuvs, sowie im Norden des Mezzogiorno hat die moderne Technik längst Einzug gehalten und eine rentablere Landwirtschaft ermöglicht (H. u. H.-G. Wagner 1992, 1993).

Die großen Agrarräume Italiens lassen sich durch bestimmte *Bewässerungsmethoden* kennzeichnen (Cavazza 1972). Die Berieselung (*scorrimento*) durch einen

***Bild 49:** Stauwerk am Crati bei Spezzano Albanese (Kalabrien) im Bau 1966*

gleichmäßig fließenden Wasserschleier ist das typische Verfahren im geneigten Gelände bei der Hangbewässerung oder bei den Rieselwiesen. Ebenso wie bei der Furchenbewässerung (*infiltrazione*) für Mais und Hackfrüchte besteht dabei ein Mißverhältnis zwischen Arbeitsaufwand und Flächenverlust durch die das Wasser zuführenden Gräben, nachteilig ist auch die geringe Mechanisierbarkeit des Grasschnitts im Winter bei aufgeweichtem Boden. Obwohl beide Bewässerungsmethoden deshalb zunehmend Einbußen erleiden, kommen sie 1990 noch bei mehr als der Hälfte aller Betriebe, vorwiegend im Norden des Landes, zur Anwendung (Upmeier 1981). Im ebenen und besonders planierten Gelände wird die Flächenüberstauung (*sommersione*) durchgeführt, gewöhnlich als Stauberieselung mit ständigem Zu- und Abfluß. Im Reisbau der Lomellina sind es mehrere Hektar umfassende Rechtecke, im Agrumenanbau Siziliens nur kleine Stücke um einen Baum (*a conca*). Seit den sechziger Jahren hat sich aus verschiedenen Gründen, besonders wegen der Lohnkosten, die Beregnung (*per aspersione, a pióggia*) überall ausgebreitet. Dabei gibt es fest installierte, halbfeste und mobile Anlagen bis hin zu den riesigen Kreisregnern (*center pivot irrigation*). Die Beregnung, die auf Knopfdruck reagiert, die genaue Dosierung der Wassermenge zuläßt und auch für Düngung, Schädlingsbekämpfung und Frostschutz eingesetzt werden kann, ist für Ebenen und besonders für Hügelländer geeignet. Vor allem mit dem Einzug des perforierten Plastikschlauchs und des Schlauchrades haben sich Groß-, Mittel- und Kleinbetriebe im Norden wie im Süden vielerorts ziemlich rasch umgestellt und Tröpfchen-, Unterflurbewässerung sowie andere technische Neuerungen begierig aufgenommen. Dränflexrohre ermöglichen sogar die Bestellung bisher ungenutzter Flächen mit Reis und Tomaten (Wittig 1965; Baumann 1974). Schon 1961 wurden in Trentino-Südtirol fast 38 %, in Abruzzen 34 %, in Umbrien 42 % und in Latium mehr als die Hälfte der bewässerbaren Fläche beregnet (Antonietti/Vanzetti 1965). Eine Flächenangabe für die Gegenwart muß unterbleiben, weil beim Agrarzensus 1982 und 1990 nur die Zahl der Betriebe, nicht aber die Größe der Flächen, differenziert nach der Irrigationsmethode, erhoben worden ist (die einschlägige Karte im *Atlante Tematico* 1992, Tav. 70 A, verfälscht die Wirklichkeit).

Innerhalb der gesamtitalienischen Wasserwirtschaft verbraucht die Bewässerung in der Landwirtschaft, vor Industrie und Haushalten, am meisten Süßwasser. Obwohl der Konsum im Ländervergleich viel zu hoch und eine bessere Bewirtschaftung anzustreben ist, wird ein wirklicher Ausgleich zwischen der naturgegebenen hydrischen Ungunst im Süden und dem Wasserüberfluß im Norden sicher nicht zu erreichen sein, auch wenn die bewässerbare Fläche im Mezzogiorno ständig zugenommen hat. Im übrigen sind hier für manche durch Melioration gewonnenen Agrarräume die Bewässerungsanlagen stark verzögert oder oft zu spät eingerichtet worden; denn viele Planungen, die heute in die Tat umgesetzt werden, gehen in die Zeit einer noch intakten Agrargesellschaft zurück. Der seitdem immer schneller ablaufende beruflich-soziale Wandel, die Abkehr der Menschen von der Landwirtschaft, wie er mancherorts im geringen Ausnutzungsgrad der neuen Irrigationssysteme spürbar wird, hat eine schwierige Lage geschaffen. Sie stellt die hohen Subventionen für die bestehende Bewässerungsinfrastruktur und die Pläne für ihre künftige Flächenausweitung nachdrücklich in Frage, weil Aufwand und Nutzen in einem volkswirtschaftlich vertretbaren Verhältnis bleiben müssen (Colombo 1976). Nachdem die betriebliche Umstellung vom Trocken- zum Bewässerungsfeldbau erfolgreich war, sollte vielmehr die Sicherung gleichbleibend hoher Erträge durch die regelmäßige Wasserverfügbarkeit – auch in Dürrejahren – im Vordergrund aller Bemühungen stehen (Rother 1993b; H. u. H.-G. Wagner 1993).

Die Bodenreform und ihre Folgen

Einige der auffälligsten Veränderungen innerhalb des Agrarsektors haben sich in der Nachkriegszeit im Zusammenhang mit der Bodenreform ereignet, und zwar vor allem im Süden. Dort war die Lage der Landwirtschaft um 1945 nach Mussolinis Weizenschlacht, welche die große Ausdehnung des Ackerlandes mit folgender Bodenzerstörung herbeigeführt hatte, geradezu hoffnungslos. Armut, Unterernährung, Krankheiten, Analphabetentum, Mangel an Schulen und an Krankenversorgung sowie fehlende sanitäre Einrichtungen kennzeichneten die aussichtslose Lage. Tagelöhner fanden in der Landwirtschaft nur für 100–150 Tage im Jahr Arbeit. Offene und verdeckte Unterbeschäftigung, für die bäuerliche Wirtschaft in Eigentum oder Pacht immanent, zwangen die Menschen zu jeder Art von Nebentätigkeit, z. B. auf den großen Gütern, was aber im Gebirge kaum möglich war. Landnot, Arbeitslosigkeit und Hunger erreichten bei schnell steigenden Menschenzahlen ein enormes Ausmaß, weil auch die Auswanderung verboten war.

Als sich der angestaute Unwillen Luft machte, gerieten Staat und Regierung in Gefahr, so daß politische Entscheidungen vordringlich wurden. Bei der Parlamentsdebatte über eine Gesetzesvorlage zur allgemeinen Bodenreform kam es zu Landbesetzungen in Sizilien und Kalabrien. Um einem drohenden kommunistischen Umsturz zu begegnen, mußten sofort wirksame *Spezialgesetze zur Landenteignung* erlassen werden.

Eine blutig niedergeschlagene Bauernerhebung bei Melissa nahe Crotone war der Anlaß für die Verabschiedung der *legge Sila* im Mai 1950. Sie brachte die Enteignung des Großgrundbesitzes und die Verteilung an landlose und landarme Bauernfamilien in Kalabrien (Vöchting 1951, S. 532). Im Oktober 1950 folgte die *legge strálcio* („Bodenbeschneidungsgesetz"), die auf bestimmte Bereiche mit Großgrundbesitz begrenzt wurde, nämlich auf das Po-Delta, die Maremmen, das Fuciner Becken, die Küstenebenen von Volturno, Garigliano und Sele in Kampanien, auf Teile der Regionen Molise, Apulien und Basilicata und die Umgebung von Caulónia in Südkalabrien; außerdem wurde ganz Sardinien eingeschlossen (Dickinson 1954; Hahn 1957). Das Regionalparlament von Sizilien verabschiedete im Dezember 1950 ein Sondergesetz für seine Region (Abb. 61). Die daraufhin gebildeten Reformgebiete (*Comprensori di riforma*) umfaßten zusammen über 8 Mio. ha, von denen etwa 800 000 ha enteignet wurden (Tab. 19). Nur zwei der acht Comprensori lagen nördlich des Tätigkeitsbereichs der *Cassa per il Mezzogiorno*, einer davon in den Maremmen, in denen im Grunde unter den gleichen Bedingungen wie im Süden gewirtschaftet wurde. Das Po-Delta kam aus politischen Gründen, als Antwort auf die Tätigkeit der kommunistischen Arbeiterunion, in den Wirkungsbereich der Bodenreform. Als Leitungsbehörde jedes Comprensorios arbeitete ein *Ente Riforma Fondiária* („Bodenreformgesellschaft"), der dem Landwirtschaftsministerium unterstand. Er war für Bodenverbesserungsmaßnahmen, die Errichtung der Gehöfte und Versorgungszentren, den Bau von Straßen und Bewässerungsanlagen, technischen Beistand und

Abb. 61: Die Bodenreformgebiete

(nach Dagradi 1976, S. 171)

Bodenreform-gebiet	Fläche ha	enteignet ha	zugeteilt 1963	Familien-zahl	Kooperative 1965	durchschn. Größe ha
Po-Delta	335 316	49 981	37 185	4 768	33	6,7
Maremmen	995 390	182 083	173 268	19 474	229	8,7
Fúcino	45 006	15 977	15 300	9 026	64	1,5
Kampanien	126 981	16 394	15 422	3 734	39	4,0
Apulien-Lukanien-Molise	1 501 807	201 651	189 642	31 129	284	5,7
Kalabrien	573 489	86 008	83 631	18 262	84	4,5
Sizilien	2 570 733	115 273	93 090	23 046	104	4,0
Sardinien	2 408 900	100 674	74 058	3 625	85	13,0
Italien, Reformgebiete	**8 557 622**	**768 041**	**681 596**	**113 064**	**922**	**5,6**

Quelle: King 1973, S. 54–74 (korrigiert)

***Tab. 19:** Die Bodenreformgebiete nach dem Stand von 1965*

die Gründung von Genossenschaften, Sozialwesen und Schulen verantwortlich.

Um die landwirtschaftliche Produktion des Südens aufrechtzuerhalten, wurden nicht alle größeren Betriebe zerschlagen. Das Silagesetz legte die Grenze bei 300 ha fest, die *legge strálcio* dagegen sah eine gleitende Skala ohne bestimmte Hektarwerte vor. Bestraft wurde dadurch, wer wenig produzierte, belohnt, wer gewisse Erträge erwirtschaftete, und diese waren nicht zuletzt durch Boden und Klima bedingt. Die Eigentümer konnten ein Drittel der enteignungsfähigen Fläche behalten (*terzo resíduo*), wenn sie für dessen entsprechende Entwicklung sorgten. Gerade die minderwertigeren Flächen kamen auf diese Weise zur Verteilung. Nachteilig war von vornherein, daß selten große, geschlossene Gebiete, viel mehr kleine Landsplitter für die Aufsiedlung zur Verfügung standen (Abb. 62).

Auf ihnen wurden zwei Siedlungstypen geschaffen: der *podere*, ein selbständiger Familienbetrieb mit dem Bauernhaus auf der Betriebsfläche, und die *quota*, ein kleineres Landlos, das zur Abrundung andersartiger Einkommensquellen dienen sollte. Zwei Drittel der entstandenen Kosten sollten von den Neusiedlern in 30 Jahresraten zurückgezahlt werden; in dieser Zeit waren Verpachtung und Verkauf untersagt. Die Größen der Poderi und der Quote schwankten beträchtlich und waren nur insoweit festgelegt, daß sie zum Unterhalt einer Familie ausreichen sollten. Im Durchschnitt hatten 1958 ein Podere 9 ha und eine Quota 2,4 ha Umfang (Tab. 19; Barbero 1961, S. 32).

So erhielten 113 000 Familien Land, davon 48 000 als Poderi und 65 000 als Quote. Naturgemäß war die Nachfrage viel größer. Nur ein Drittel der Anträge konnte befriedigt werden. Nach dem Wortlaut der Reformgesetze sollte die Landverteilung sowohl wirtschaftliche als auch soziale Vorteile bringen; aber oft waren die neuen Landeigentümer gar nicht in der Lage, einen Betrieb zu führen, zumal dann, wenn es sich um Schneider, Frisöre oder Bauarbeiter handelte (King 1973, S. 52). Dennoch sind nach Angaben des Landwirtschaftsministeriums 47 % der mit Land Versehenen landlose Landarbeiter, 37 % Pächter und 9 % Kleinbauern mit Eigenbesitz gewesen.

Der *wirtschaftliche Erfolg* der Bodenreform kann nicht an einigen summarischen Daten, etwa der Zahl der gepflanzten Obstbäume und Rebstöcke, der bewässerbar gemachten Fläche, der erbauten Gehöfte, der Straßen, Wasserleitungen und elektrischen Leitungen, gemessen werden. Die Beurteilungsgrundlage muß breiter sein und die große Spannweite berücksichtigen. King (1973, S. 222) unterscheidet drei Typen:

- Zum ersten Typ gehören die wirklich erfolgreichen Gebiete mit zufriedenstellenden Einkommensverhältnissen. Meistens wird Bewässerungsfeldbau betrieben, oder die Flächen sind im Trockenfeld genügend groß, so daß sie, wie in den Maremmen, mit 20 – 50 ha selb-

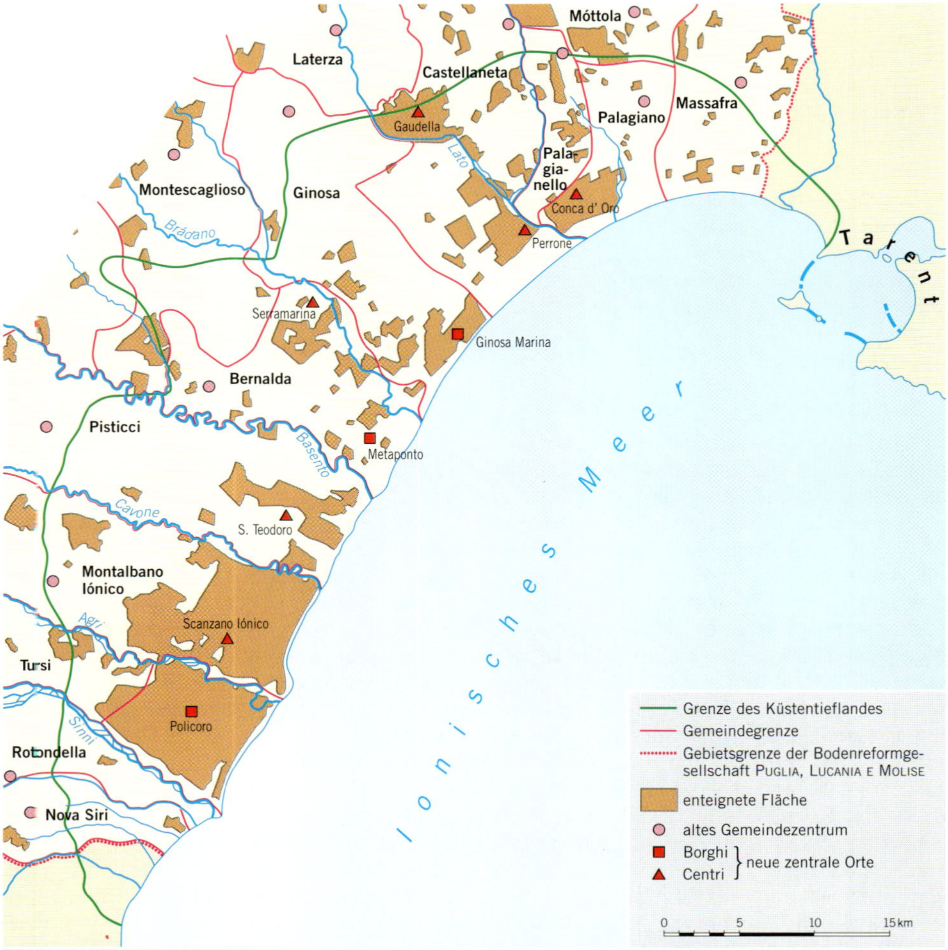

***Abb. 62:** Die enteigneten Gebiete im Küstentiefland von Metapont am Golf von Tarent*

(nach Rother 1971, S. 58)

ständige Viehbetriebe ermöglichen. Hierbei und im Anbau von Obst, Gemüse und Industriepflanzen werden hohe Einkommen erwirtschaftet, wenn der Betriebsleiter die entscheidenden Fachkenntnisse hat. Neben kleineren Gebieten sind derartige Reformflächen im Po-Delta weit verbreitet, auch im Küstenbereich der Maremmen, in Kampanien (z. B. die Sele-Ebene), im Tiefland von Metapont, am Ófanto und bei Bríndisi. Gerade die genannten Küstenräume haben sich aus ehemals extensiv genutzten Ödländereien in ertragreiche „mediterrane Gartenbaugebiete“ verwandelt. Freilich fällt es heute nicht immer leicht, die unmittelbaren Folgen der Bodenreform von der spontanen Weiterentwicklung klar zu trennen (Bild 25).

■ Der zweite Typ umfaßt jene weniger erfolgreichen Reformgebiete, in denen die wirtschaftliche Lage schon immer schwierig war und die mit der allgemeinen Entwicklung nicht Schritt halten konnten. Trotz aller Reformmaßnahmen gerieten sie wegen zu geringer Betriebsgrößen, Mangel an Bewässerung und unzureichender Fähigkeiten der Siedler in eine Randposition. Dazu gehören vor allem die binnenländischen Gebiete der Maremmen und des Comprensorio Púglia-Lucánia-Molise, Teile des Fuciner

Beckens, des kalabresischen Marchesato und des nichtbewässerten Westsardiniens.

- Beim dritten Typ beschränkte sich die Reform auf die soziale Aufgabe der Landzuteilung. Die Versuche, auf den Hohen Murge, im lukanischen Gebirge, in großen Teilen der Sila, Siziliens und in einzelnen Gebieten des sardischen Gebirges stabile, lebensfähige Betriebe zu begründen, wo die natürlichen Bedingungen eigentlich nur die Aufforstung, die Weidewirtschaft oder Weizen-Großbetriebe zulassen, blieben nutzlos.

Welche Folgen hatte die Bodenreform für die *Agrarstruktur des Landes*? Eigentlich sind nur 3 % der Fläche Italiens und 1 % seiner Bevölkerung von ihr berührt worden. Und doch war ihr Einfluß beträchtlich, obwohl die Reform im Grunde zu spät kam, d.h. zu einer Zeit, als der traditionelle Sozialwert des Grundbesitzes zusammenzubrechen begann, als überall Land verkauft wurde, um in anderen Wirtschaftsbereichen, in Handel, Industrie und Bauwesen, zu investieren (King 1973, S. 199). Die bäuerlich bewirtschafteten Flächen wuchsen zwischen 1946 und 1961 immerhin um 13 %, so daß sich die überkommenen Agrarstrukturen noch verstärkten.

Raumwirksam war jedoch die Neusiedlung auf den vorher praktisch unbewohnten Flächen des Latifundiums. Etwa 200000 Menschen wurden aus übervölkerten Dörfern in eigene Höfe verpflanzt, was für den Süden und auch die Maremmen völlig *neue Siedlungsformen* mit sich brachte, abzulesen an der Erhöhung der in Einzel- und Streusiedlungen lebenden Bevölkerung der betroffenen Gemeinden (Abb. 63; King 1973, Tab. 7.4). Indes bedeutete diese Umsiedlung für die einzelnen Familien eine ungewohnte Isolierung, und in späteren Siedlungsvorhaben ist dem teilweise Rechnung getragen worden. Nicht ganz so nachteilig, wie vielfach vermutet, war dabei die Mischung von Neusiedlern aus verschiedenen Gemeinden. Daß mit Melioration und Bodenreform die Wanderungsbewegung aus dem Berg- und Hügelland in die jetzt malariafrei gemachten Küstenräume begann, ist schon erwähnt worden.

In der *Landnutzung* wurde die traditionelle Weizen-Schafweide-Wirtschaft von einer sich immer mehr intensivierenden Misch- und Polykultur mit Obst, Gemüse, teilweise mit Vieh und Futterpflanzenanbau im Fruchtwechsel, abgelöst. Ackerland, Gärten und Rebflächen nahmen zu, Weideland und Brachland verringerten sich ebenso wie Wald- und Strauchformationen. Große Flächengewinne gab es bei Gemüse, Futter- und Industriepflanzen (besonders Zuckerrüben, Tabak, Tomaten), während das Getreide abnahm (Rother 1971 a, 1980 b). Die Rinderbestände erhöhten sich beträchtlich, die Zahl der Ziegen, kennzeichnend für das verarmte Bauerntum in Italien, ging stark zurück, ebenso die der Schafe im traditionellen (Fern-)Weidegang.

Über die Auswirkungen der Reform auf der Seite der Enteigneten und des Großgrundbesitzes unterrichten regionale Untersuchungen (z. B. Retzlaff 1967, S. 185 ff., für die Maremmen). Im Bewässerungsland am Golf von Tarent haben die *Rumpfgüter* mit der überschaubaren Größe von 100–200 ha den Anbau durch Baum- und Strauchkulturen (Zitrus, Pfirsiche, Aprikosen, Tafeltrauben) aufgenommen oder erweitert, zumal die Infrastruktur der Bodenreformgebiete mitbenutzt werden kann. Lagerhallen, Kühlkammern, Sortier- und Verpackungsanlagen gehören hier zur Normalausstattung, die meisten Arbeitsvorgänge sind mechanisiert oder automatisiert, und private Genossenschaften sorgen für den Absatz. Die Betriebseigentümer wohnen in aller Regel auf dem modernisierten Hof und verkörpern eine gut ausgebildete Schicht junger landwirtschaftlicher Unternehmer, denen „latifundiales Denken" fremd ist (Rother 1971, S. 199 ff., 1980 b, 1993, Bild 50). Andere Betriebe, besonders im Trockenland, haben aufgegeben, und das bedeutet einen Kapitalverlust für die Landwirtschaft zugunsten von Industrie, Tourismus und Bodenspekulation.

Obwohl die Reform konservativ war und politische Ziele verfolgte, erreichte sie doch eine *Mobilisierung des Grundeigentums* über die Enteignungen von 800000 ha hinaus. Bis 1968 erwarben reformbegünstigte Landwirte weitere 1,5 Mio. ha dazu. Von den 121000 neuen Betrieben waren 1974 nur noch 97000 vorhanden, und nur 80000 wurden noch von den gleichen Besitzern aus der Reformzeit bewirt-

Abb. 63: Siedlungen der Bodenreform in der Bonífica von Arborea am Golf von Oristano/ Sardinien

(aus Schliebe 1972, Abb. 12)

schaftet. Positiv zu werten sind die Förderung des bäuerlichen Familienbetriebes und die deutliche Verbesserung der Betriebsgrößenstruktur, außerdem die genossenschaftliche Bewegung, ohne die der Erfolg ausgeblieben wäre. Die Verhaltensweisen der Bevölkerung haben sich also deutlich verändert (De Rosa u. a. 1979).

Für den Beginn der fünfziger Jahre war die Bodenreform zweifellos das einzig mögliche Instrument, um der ländlichen Bevölkerung im Süden zu helfen. Damals konnte

Bild 50: *Modernisierte Masseria* (azienda) *im Obst- und Gemüseanbaugebiet des Küstentieflands von Metapont (Apulien)*

niemand vorhersehen, daß die Ziele und Möglichkeiten so rasch überholt sein würden. Nicht Übervölkerung und weitere Bodenzersplitterung der Reformflächen wurden zum Problem, wie man noch 1961 fürchtete, sondern die Bewahrung der Siedlerstellen überhaupt, die Übernahme durch einen der Söhne, die in die Industriezentren drängen. Eine *Wertung* der äußerst kostspieligen Reform kommt daher zu dem Ergebnis, daß sie für das Italien von 1950, nicht aber für jenes von 1970 oder danach geeignet war. Was aber häufig übersehen wird, ist nicht zuletzt der positive Effekt, daß die drohende politische Radikalisierung durch die Bodenreform verhindert wurde. Das „muß als ein ganz wichtiger Erfolg der zielgerichteten ersten Phase der Mezzogiornopolitik gewertet werden" (Schinzinger 1983, S. 167).

Die Modernisierung der Landwirtschaft

Neuerungen im Landnutzungs- und Betriebsgefüge

Auch abseits der Gebiete von Melioration und Bodenreform hat die Modernisierung der Landwirtschaft im vergangenen halben Jahrhundert anfangs langsame, dann aber immer stürmischere Umwandlungsprozesse in Gang gesetzt. Spontanes Handeln einzelner Landwirte und staatliche Stützung greifen hierbei vielfältig ineinander. Zunächst fehlte es noch weithin an Produktionsmitteln, an Dünge- und Futtermitteln und an Maschinen. Allmählich wurde, schon zum Ausgleich der abgewanderten Arbeitskräfte, stärker investiert, was sich an der wachsenden Zahl von Traktoren und Landmaschinen (z. B. Mähdreschern, Melkmaschinen, Allzweckgeräten) und der Abnahme von Zugtieren sowie im erhöhten Düngereinsatz leicht ablesen läßt.

Während es 1950 noch 2 Mio. Pferde, Esel und Maultiere gab, waren es 1995 nur noch 350 000. Der Traktorbestand (1995 bei ca. 1,5 Mio.) erhöhte sich zunächst jährlich um mehr als 9 %, seit 1973 noch um 6 % und seit den achtziger

Jahren nur noch um 3 % als Zeichen dafür, daß die Übergangsperiode von der tierischen zur motorischen Zugkraft fast überall beendet ist. Gleichzeitig stieg der Verbrauch an Treibstoff, ferner an elektrischer Energie, die Verwendung von Dünge- und Pflanzenschutzmitteln nahm zu, freilich über das Land hin in sehr unterschiedlicher Weise. Der Düngeraufwand liegt etwas unter dem EU-Durchschnitt und beträgt (1993) z. B. bei Stickstoff je ha LN 45,9 kg, was im Vergleich zu Spanien (30,6 kg) viel, gegenüber Deutschland (83,0 kg) wenig ist (*Eurostat* 1996, S. 201).

Auch andere technische Neuerungen beeinflußten die Struktur der italienischen Landwirtschaft maßgeblich. Die Ausdehnung der Irrigationsfläche und die Einführung neuer Bewässerungsmethoden (Beregnung) wurden schon erläutert. Teilweise, wie am Golf von Tarent, sind dabei in Großbetrieben *neuartige Mischkulturen* entstanden, wenn die Lücken alter Olivenhaine mit Agrumen und Gemüse bepflanzt werden (Bild 51); bei ausreichender Wasserverfügbarkeit der modernen Drucksysteme entwickelt sich in diesem Zusammenhang der *neuartige Terrassenbau* am Rande der Küstenebenen für wertvolle Baumkulturen, vereinzelt für exotische Früchte (Rother 1980, 1986). Fast überall im Süden ist die Innovation der *Warmbeetkultur* (Treibhauskultur) vor allem von Kleinbetrieben angenommen worden, um unter Ausnutzung der langen Sonnenscheindauer im Winter und Frühling den Erntezeitpunkt für Gemüse, Erdbeeren und Blumen vorzuverlegen (Bild 25 und 55). In den Bewässerungsgebieten des festländischen Süditaliens und der Inseln haben seit den achtziger Jahren anfangs Glashäuser, später ausschließlich Plastikhaus und Plastiktunnel Einzug gehalten und sich rasch ausgebreitet (z. B. Rizzo 1995; H.-G. Wagner 1990). Inzwischen werden in Apulien auch schon Obstanlagen (z. B. Tafeltrauben) mit Plastikfolien abgedeckt; Plastiknetze erleichtern die Olivenernte. Klein-, Mittel- und Großbetriebe schließen mit entsprechenden Einrichtungen (Lagerhallen, Kühlkammern u. dgl.) die *Kühlkette* für frische Ware vom Erzeuger zum Verbraucher über das ausgebaute Straßennetz; organisiert wird dies von privaten *Genossenschaften*.

Vielfach gewinnen *neue Anbaufrüchte* Bedeutung. Nach einem Maisboom, der in den siebziger Jahren die herkömmlicherweise vielseitige Nutzung norditalienischer Agrarbetriebe aller Größen abgelöst hatte (Giardini 1984) und dann in eine Absatzkrise geriet, hat der EG-geförderte Anbau der Sojabohne, die noch 1970 im Land unbekannt war, Italien nach Rußland zum ersten Produzenten der vielseitig verwendbaren Öl- und Futterpflanze in Europa gemacht (Petucci 1989; Pampaloni 1994). Ihr Anbauschwerpunkt liegt mit über 80 % in der (östlichen) Po-Ebene und der Venetischen Ebene, wo zwar nicht die besten Anbaubedingungen herrschen, aber in der Nachbarschaft der Erzeugerbetriebe die etablierte Futter- und Nahrungsmittelindustrie Verarbeitung und Absatz sichert. Immer mehr wird dabei die agrarische Produktion von den Fabriken auf Kontraktbasis reguliert, wie sie z. B. auch den ebenfalls neuen Anbau der ölliefernden Sonnenblume (1995: 230 000 ha), der nach Mittelitalien ausgreift, kennzeichnet (vgl. Breuer 1985 für Spanien). Neben der außeragrarischen Tätigkeit helfen die Anbaukontrakte vielen Kleinbetrieben zu überleben (Prost/Vandenbroucke 1992–1993).

In Norditalien spielt der internationale Nahrungsmittelkonzern Ferruzzi die tragende Rolle, dessen Verarbeitungsstätten für Weizen, Reis, Zuckerrüben u. a. hauptsächlich in der Po-Ebene liegen und der über eigene Hafenanlagen in Venedig, Ravenna, Genua, Livorno und Civitavécchia verfügt. Durch die Umstellung eines Teils seiner Fertigung auf die Verarbeitung von Ölpflanzen hatte er die Ausbreitung der Sojabohne, die inzwischen den Höhepunkt überschritten hat (1987: 350 000 ha; 1995: 200 000 ha), vorangetrieben (Prost/Vandenbroucke 1987).

Eher spontan und durch Einzelaktionen hat seit 1980 die arbeitsaufwendige chinesische Kiwifrucht (*actinídia*) mit hohem Wasserbedarf in ganz Italien (1995: 19 000 ha) als strauchförmige Dauerkultur Eingang gefunden. Auch mit der Produktion dieser im Pergolabau gezogenen Kletterpflanze führt Italien die europäische Erzeugung an (Conticini 1986). Der *Mezzogiorno alberato* gewinnt über seine alten Fruchthaine hinaus durch neue Obst- und

Bild 51: *Zweistöckige Mischkultur, Öl- und Zitrusbäume, im Metapontino (Apulien)*

Reb-*Reinkulturen* zusehends an Fläche und engt das offene Ackerland (*Mezzogiorno nudo*) mit Hartweizenanbau und Trockenbrache ein.

Die moderne Entwicklung, zusammen mit weiteren, hier nicht aufgeführten Rationalisierungsmaßnahmen, zeigt, daß die *marktorientierte Landwirtschaft*, oft mit agro-industriellen Zügen, in Italien unumkehrbar im Vormarsch ist und der bäuerliche Subsistenzbetrieb auf Marginalstandorte verwiesen wird oder zur Aufgabe gezwungen ist. Trotz des Rückgangs von Betriebszahl und Nutzfläche auch zwischen 1982 und 1990 um 7,1 bzw. 4,9 % nahm die mittlere Betriebsgröße von 7,2 auf 7,5 ha zu (Rinella 1992; Formica 1975); die landwirtschaftliche Produktion konzentriert sich dabei immer mehr auf die rentablen Standorte von Ebenen und niederem Hügelland, wo sie sich allerdings der Flächennutzungskonkurrenz mit anderen Wirtschaftsbereichen (Industrie, Fremdenverkehr), dem Siedlungswachstum und neuen Verkehrswegen ausgesetzt sieht und nicht selten verdrängt wird.

Die Folgen des Entwicklungsschubs im letzten halben Jahrhundert für die *Betriebstypen* sind widersprüchlich, weil der italienische Staat seine Stützungsmaßnahmen auf sie nicht in jeder Hinsicht gleichmäßig verteilt hat. Einerseits verschwinden überkommene Agrarsysteme, und es schälen sich ungewollt neue, rentablere heraus, die mit einer Verarmung der Agrarlandschaft einhergehen können, andererseits beläßt man den alten Stil und verschafft den Menschen unzureichende Perspektiven für die Zukunft. Dieser Kontrast kommt zum Beispiel bei der Gegenüberstellung von Mezzadria- und Kleinbetrieben zum Ausdruck.

Etwa seit 1955 ereignet sich in den *Mezzadria-Gebieten*, besonders Mittelitaliens, ein Umwandlungsprozeß, der die historisch gewachsenen Strukturen in den Betriebsverhältnissen und in den Methoden der Landnutzung bis heute ausgelöscht hat. Zwischen 1955 und 1965 waren z. B. die Veränderungen in Umbrien größer als zwischen 1600 und 1750 und ereigneten sich so rasch wie nie zuvor (Desplanques 1969, S. 382). Das Verfahren der *Coltura promíscua* ist nicht mehr rationell, es muß mehr und mehr Monokulturen Platz machen. An die Stelle der Mischkultur ist häufig der Spezialanbau von Weinrebe, Weizen und Futterpflanzen getreten. Ehemals intensiv bestellte und im Hackbau bearbeitete Terrassenäcker verschwinden mit der zunehmenden Mechanisierung. Weil Weinbau und Viehzucht die höchsten Erträge bringen, haben sich als neue Grundtypen der Weinbau-Oliven-Betrieb und der Getreide-Viehzucht-Betrieb herausgebildet.

Das Pachtverfahren, bei dem der Mezzadro 52 % des Ernteertrages erhält und mit seiner oft großen Familie ohne Kapitalaufwand tätig ist, gab zwar eine gewisse wirtschaftliche Selbständigkeit. Dennoch war es wegen der damit verbundenen Abhängigkeit vom Verpächter politisch in Mißkredit geraten, so daß der Abschluß neuer Pachtverträge 1963 gesetzlich verboten wurde, um die Mezzadriabetriebe in Eigenbesitz überführen zu können, was aber nicht gelang (Rauhut 1963, S. 16). Entscheidend war, daß sich die Mezzadria seit 1955, verstärkt seit 1960, durch Land- und Bergflucht im Zusammenhang mit der Industrialisierung gewissermaßen „von allein" auflöste (Abb. 64; Sabelberg 1975a; King/Took 1983). Villa und Fattoria sind nun durch Großbetriebe ersetzt worden, das Land der Halbpachthöfe wird mit Lohnarbeitern bewirtschaftet (*coltivazione a conto diretto*); die Hofgebäude werden teilweise als Zweitwohnsitze angeboten, in ungünstigen Lagen, besonders in Berggebieten, wird das Kulturland aufgegeben. Auf Ton- und Mergelböden des Hügellandes können schwere Schäden die Folge sein; denn dort hatte die Mischkultur mit Terrassen und Baumkulturen, mit Stützbäumen, die 60 – 80 Jahre alt wurden, guten Schutz vor der Bodenzerstörung geboten. Auf jeden Fall entleert sich das Land der Regionen Emília-Romagna, Toskana, Umbrien und Marken immer mehr zugunsten der wachsenden Städte, und die reizvollen, malerischen Landschaftsbilder Mittelitaliens, die mit der Mezzadria und der Coltura mista entstanden waren, sind nur noch in entlegenen Gebieten zu finden.

Viel früher, schon mit dem Ende der Republik Venedig (1797), wurde die Mezzadria in Venetien zwischen Po und Piave, wo sie erst im 16. Jh. eingeführt worden war, beim Niedergang von Villa und Villeggiatura bis auf Reste (Prov. Treviso) aufgegeben. Die Villen, im Besitz der städtischen Oberschicht, verfielen zumeist, einige wurden als kapitalintensive Großgüter weiterbewirtschaftet und wenige erhielten seit 1950 kommunale Funktionen (Krings 1990).

Wurde der Wandel in den Mezzadria-Gebieten von Überlegungen zur Schaffung einer besseren agrarsozialen Struktur eingeleitet, die keineswegs die Restitution der Großbetriebe bezweckten, ist eine wirkliche Verbesserung der Agrarstruktur in den landesweit verbreiteten Gebieten des *entwicklungshemmenden Kleinbetriebs*, wie sie sich in den Ländern der EG mit der Modernisierung, Vergrößerung und Zusammenlegung (Flurbereinigung) ereignet hat, fast nirgends erreicht worden.

Die Veränderungen zwischen den Betriebsgrößenklassen blieben gering. Noch 1982 hatten 52 % aller Betriebe eine Größe von weniger als 2 ha auf nur 5,8 % der LN des Landes, und die Betriebe unter 5 ha machten fast 76 % aller Betriebe auf 16,2 % der Fläche aus. Die Zählung von 1990 ergab für letztere mit 77,5 % der Betriebe auf 19,5 % der Fläche einen ähnlichen Wert (Abb. 65).

Obwohl, wie wir gesehen haben (Tab. 18), nach der Schätzung von Medici (1962) für 1946 etwa 4 Mio. ha als flurbereinigungsbedürftig – und das wird noch immer ungefähr gelten – anzusehen gewesen sind, hat es kein entsprechendes Gesetz und keine besondere Behörde gegeben. Nur in Sonderfällen ist es zur Flurbereinigung bzw. zur Zusammenlegung „pulverisierter" Parzellen gekommen.

Ein häufig genanntes Beispiel ist das des entwässerten Beckens von Fúcino, wo von 1951 bis 1954 die 29 000 Parzellen auf 8800 und ebenso viele Eigentümer reduziert worden sind, was eine Erhöhung der jeweiligen Betriebsfläche auf 1 – 2 ha brachte (z. B. Hetzel 1957, S. 28).

Die Ursachen für die nicht in Angriff genommene Flurbereinigung liegen in der von der Regierung aus politischen Gründen geförderten Stellung des Kleinbauerntums mit Familienbetrieben, der *coltivatori diretti*, ein Gedanke, der auch bei der Bodenreform und den Meliorationen der faschistischen Ära leitend gewesen ist. Das geschieht z. B. durch Krediterleichterungen, Pächterschutz bei Kündigung, Kranken- und Pensionskasse. Bis heute ist die Landwirtschaft Italiens deshalb von kleinen

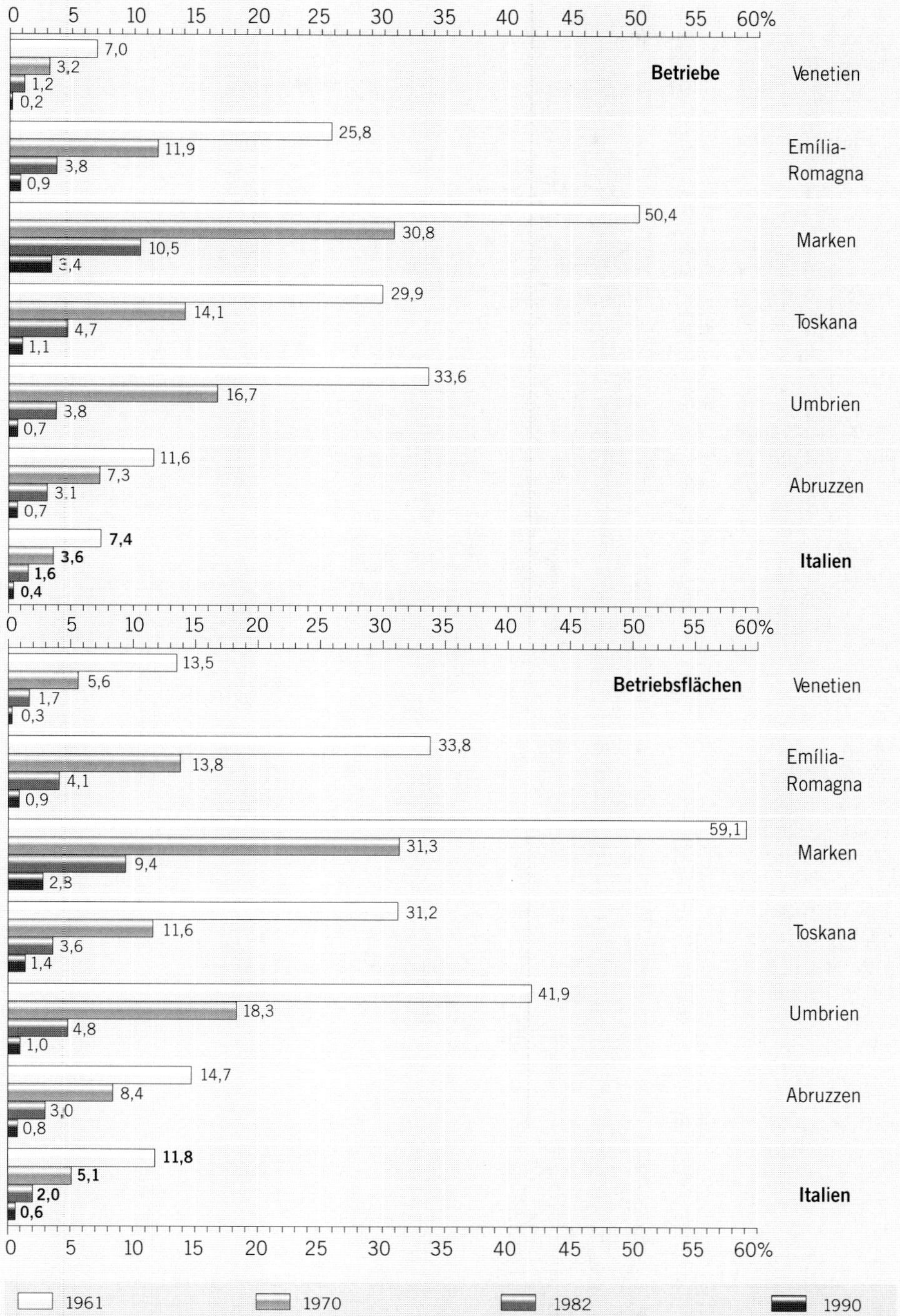

(nach *Istat* 1 [1964, 1990, 1993] u. 19)

Abb. 64: *Der Rückgang der Mezzadria 1961–1990: Anteile nach Betrieben und Betriebsflächen in sechs ausgewählten Regionen*

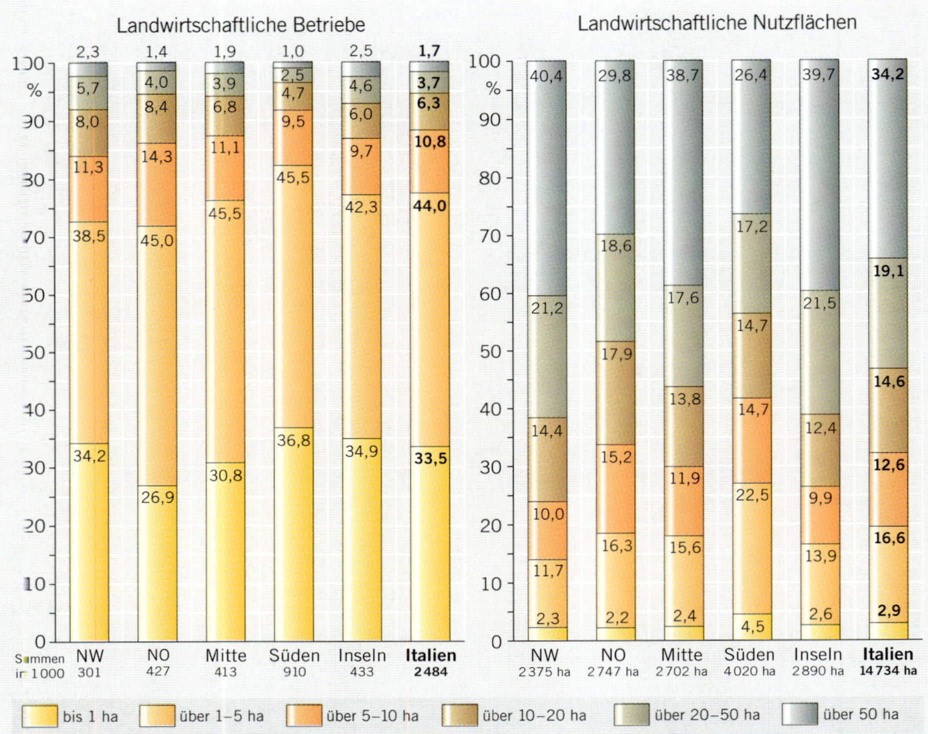

Abb. 65: *Zahl und Fläche der landwirtschaftlichen Betriebe 1993 nach Größenklassen in den Großräumen*

(nach *Strutture e produzione delle aziende agricole d'Italia*, Rom 1996, S. 55–59)

Familienbetrieben bestimmt. Wo sie als Glieder intakter Agrarregionen dem europäischen Wettbewerb ausgesetzt sind, leiden sie zunehmend unter ihrer Strukturschwäche. Der Rückgang der LN durch die Aufgabe der Landwirtschaft, der nun eine Flurbereinigung überflüssig zu machen scheint, ist wohl nicht Ursache, sondern Folge der unterlassenen Zusammenlegung zersplitterten Eigentums.

Die agrarische Erzeugung

Durch seine agrarische Produktion hat das Land nach wie vor eine wichtige Position auf dem Weltmarkt. Der starke Schwund an landwirtschaftlichen Arbeitskräften, die anfangs noch unzureichende Mechanisierung und Düngerverwendung und die Beibehaltung der Kleinbetriebsstruktur haben es nicht verhindern können, daß es bei fast allen wichtigen Produkten durch die oben genannten Umstellungen in den letzten Jahrzehnten zu ständig steigenden Erträgen gekommen ist (Tab. 20). Bei einigen von ihnen sind die Anbauflächen ausgeweitet worden, wie bei Reis, Hybridmais, Tomaten, Zuckerrüben, Agrumen, Pfirsichen und Aprikosen, andere, wie Soja und Kiwi, sind neu eingeführt worden und bei wieder anderen, z. B. bei Wein und Oliven, hat der Übergang vom gemischten zum reinen Anbau die Spezialisierung vorangetrieben. Im Weinbau hat sich die Lage dadurch außerordentlich verbessert. Seit 1967 werden charakteristische Anbaugebiete abgegrenzt und kontrollierte Herkunfts- und Qualitätsbezeichnungen verliehen, z. B. *DOC* (*denominazione di orígine controllata*). Da dies für die meisten klassischen Weine mittlerweile selbstverständlich geworden ist, drängen die Hersteller von Spitzenweinen (1990: 3 %) auf eine noch schärfere Kontrolle; ihre Erzeugnisse erhalten jetzt die Bezeichnung *DOCG* (*... e ga-*

	Durchschnitt der Vier-/Fünfjahresperioden (1000 t)					
	1967–71	1972–76	1977–81	1982–85	1986–90	1991–95
Weizen	9 704	9 432	8 614	9 197	8 391	8 546
Reis	793	959	898	1 049	1 164	1 300
Mais	4 330	5 114	6 532	6 708	6 136	7 517
Kartoffeln	3 773	2 943	2 987	2 547	2 429	2 168
Artischocken	647	692	593	544	477	520
Blumenkohl	726	604	544	421	418	468
Tomaten	3 486	3 296	4 287	6 043	5 221	5 435
Auberginen	301	320	321	313	286	303
Paprika	407	468	453	455	374	353
Zuckerrüben	10 766	11 253	13 605	10 792	14 526	12 788
Sonnenblumensamen				145	275	388
Soja				1 163	1 385	900
Wein (1000 hl)	68 958	69 858	75 220	72 081	65 834	61 248
Tafeltrauben				1 441	1 435	1 477
Olivenöl	487	449	544	381	435	570
Apfelsinen	1 374	1 676	1 699	1 936	1 924	1 849
Mandarinen	262	328	229	225	225	175
Clementinen				182	215	293
Zitronen	756	773	765	766	680	659
Aprikosen	94	100	99	188	187	155
Pfirsiche	1 133	1 258	1 311	1 343	1 164	1 139
Pflaumen	139	144	163	176	144	132
Äpfel	1 926	2 018	1 893	2 244	2 110	2 108
Birnen	1 592	1 519	1 208	1 059	906	925
Mandeln	220	109	178	116	110	101
Kiwifrüchte				12	183	342
Erdbeeren					188	190
Tabak				157	181	150

***Tab. 20:** Die landwirtschaftliche Produktion 1967–1995*

Quelle: *Istat*, Annuario Stat. Agrario 24, 1977, Tav. 95–96; *Istat* 1 (1980, Tav. 130; 1982, Tav. 125, 129; 1986, Tav. 9.11–9.17; 1996, Tav. 13.9–13.13); *Italien* 1992, Tab. 7.7

rantita). Die Bildung von privaten und genossenschaftlichen Verarbeitungsbetrieben (*cantine sociali*) ist gefördert worden, um den Nachteilen der allgemein verbreiteten Kleinbetriebsstruktur mit ca. 1 Mio. Winzern zu begegnen. Die zurückgehende Erzeugung von Oliven und Mandeln hängt mit der aufwendigen Erntearbeit zusammen; deshalb ersetzen die größere Rendite abwerfenden Anlagen aus Tafeloliven zunehmend die alten Ölbaumhaine zur Speiseölgewinnung, während viele Mandelbaumhaine für den ertragreicheren Anbau von Tafeltrauben und einjährigen Feldfrüchten gerodet werden.

Italien ist wie andere Mittelmeerländer und einige überseeische Staaten (USA, Argentinien, Chile, Australien, Neuseeland) einer der führenden Weltproduzenten und -exporteure von Oliven, Wein und Obst (Äpfel, Birnen, Pfirsiche u. ä., Tafeltrauben, Kiwifrüchte); unter den europäischen Erzeugern steht es bei „Südfrüchten" (Apfelsinen, Mandarinen u. ä.) hinter Spanien an zweiter, beim Tabak zusammen mit Griechenland und bei Soja allein an erster Stelle (1994) (Bild 52). Zudem ist es ein wichtiges Ausfuhrland für Gemüse und Speiseöl. Unter den Handelspartnern für italienisches Obst und Gemüse rangiert seit langem Deutschland auf dem ersten Platz (Rizzo 1984). Die größte Wertschöpfung wird mit dem Rebbau erzielt. 1980 gab es eine Weinrekordernte mit 84,8 Mio. hl, vor dem

Bild 52: *Junge Zitrusanlagen in der Piana di Síbari (Kalabrien)*

Methanolskandal 1986 eine Rekordexportmenge von 18,6 Mio. hl (1985); inzwischen ist der darauffolgende Zusammenbruch der italienischen Weinausfuhr überwunden (Export 1995: 17,6 Mio. hl).

Die Erntemenge von Weizen und Kartoffeln hat dagegen insgesamt abgenommen; regionale Produktionssteigerungen sind stets die Folge größerer Hektarerträge. Trotz der Erhöhung der Produktivität ist es nicht gelungen, die Eigenversorgung der Bevölkerung, die 1951 noch zu 88 % möglich war, auf einem hinreichenden Stand zu halten; sie sank schon bis 1977 auf 61 % (Di Sandro 1979). Der Verbrauch stieg nicht nur mit der Einwohnerzahl, sondern auch mit dem wachsenden Pro-Kopf-Verbrauch und höheren Qualitätsansprüchen. Mit den im Laufe der Industrialisierung steigenden Einkommen wuchsen die Ausgaben für die Ernährung. Es „erfolgte in Italien eine revolutionäre Umstellung von der Kost des armen Mannes auf die eines wohl- und oft überernährten Bürgers" (Harrach 1978, S. 718). Italien war immer auf Einfuhren von Nahrungs- und Futtermitteln angewiesen, der Negativsaldo des Agraraußenhandels erhöhte sich von Jahr zu Jahr. Auch 1995 hat der Wert des Agrarimports (20 Mrd. US-$) jenen des Agrarexports um das Doppelte übertroffen (10 Mrd. US-$). Besonders ungünstig ist die Versorgungslage bei tierischen Produkten, bei Fleisch, Fleischwaren, Molkereierzeugnissen und Eiern. Trotz vieler Bemühungen reicht die eigene Rindfleischproduktion nicht aus. Die Kleinbauern, bei denen 1970 noch 77 % der Rinder standen, haben wegen der wachsenden Haltungskosten die Bestände nicht ausweiten können, den notwendigen Schritt zum Zusammenschluß in Gemeinschaften oder Genossenschaften nicht getan und die Rinderhaltung vielfach aufgegeben. Außerdem ist Italien bis heute Importland für Getreide (besonders für Hartweizen zur Herstellung von *pasta*), Tabak und tierische wie pflanzliche Öle.

Die Agrarregionen

Die naturräumliche Differenzierung Italiens ist außerordentlich groß, so daß auch die agrarräumliche Gliederung, schon allein durch die Nutzlandtypen, sehr mannigfaltig sein muß (Colamonico 1971). Weitere Unterscheidungsmerkmale für das zu entwerfende agrargeographische Verteilungsbild bringen die Besitz- und Betriebsstrukturen. Bei der Betrachtung des ganzen Landes ist jedoch eine starke Generalisierung nötig.

Die 770 *regioni agrárie* (*Istat* 2, 1958) sind für unseren Zweck – trotz ihrer Bezeichnung – nicht geeignet, da sie, ganz abgesehen von der großen Zahl, nur eine Zusammenfassung von Gemeindearealen in ähnlicher Lage, nicht aber nach agrarstatistischen Gesichtspunkten darstellt. Unserer Übersichtskarte (Abb. 66), die im folgenden erläutert wird, legen wir vielmehr Gambi (1976) zugrunde, der auf der *Carta*

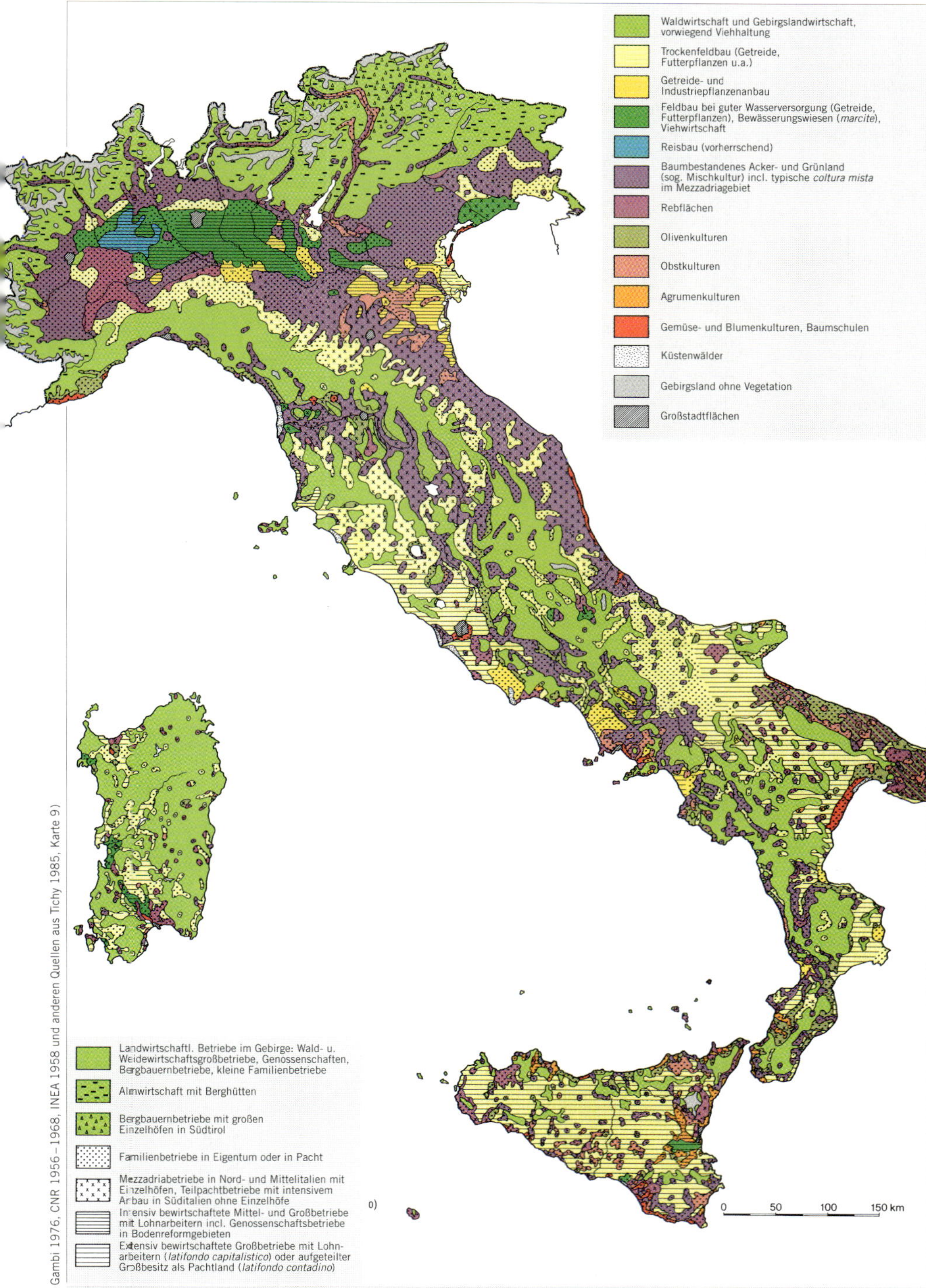

***Abb. 66:** Kulturarten und Betriebsformen in der Landwirtschaft*

(nach Gambi 1976, CNR 1956–1968, INEA 1958 und anderen Quellen aus Tichy 1985, Karte 9)

della utilizzazione del suolo d'Italia, der Landnutzungskarte von Italien im Maßstab 1:200000 mit Erläuterungen (s. *CNR* 1956 ff.), aufbaut und damit die wirkliche Verbreitung wiedergibt, und verwenden außerdem Anregungen von Gribaudi (1969, S. 46–66). Ähnliche Vereinfachungen der agrargeographischen Vielfalt Italiens finden sich auf unterschiedlicher Grundlage bei Merlini (1948) mit 40, bei H.-G. Wagner (1975/76) mit 15 und bei Dumolard (1974, S. 53) mit sechs Einheiten sowie, sehr viel stärker differenziert, bei Upmeier (1981) für die Padania.

Im großräumigen Überblick kann man das nördliche, kontinentale Italien wegen seiner nichtmediterranen Feld- und Fruchtbaumkulturen von Halbinsel- und Inselitalien trennen, wo mediterraner Feldbau mit und ohne Baumkulturen, Trockenweideflächen und mediterraner Wald in seinen klimabedingten Höhenstufen verbreitet sind (H.-G. Wagner 1975/76). Die Großformen des Reliefs bewirken ein außerordentlich abwechslungsreiches Gefüge verschiedenartigster Nutzflächen, in dem nur selten größere, gleichförmig bestellte Areale erkennbar sind. Wir fassen das reiche Mosaik in neun größeren Agrarregionen zusammen:

Agrarregionen der Alpen

Bedingt durch Gelände-, Boden- und Klimaunterschiede ist die landwirtschaftliche Nutzung der italienischen Alpen in Höhenstufen gegliedert; Ackerland (in Resten) und Wiesen bedecken Talböden, Schuttkegel und untere Hangteile, Steilhänge sind Wäldern überlassen, darüber folgen, teilweise auf hohen Verflachungen, die Almen. Ein und derselbe Betrieb kann an allen Stockwerken beteiligt sein, andere sind auf eine bestimmte Höhenstufe beschränkt. Schon in der unteren Stufe fehlt es – sieht man von den wenigen großen Talzügen ab – an zusammenhängenden Nutzflächen. Auf den tiefgründigen Schwemmlandböden der Täler können Wiesen bewässert werden, und Sommerregen begünstigen den Maisanbau. Dank der thermischen Klimagunst hat sich in den großen Tälern, die nach Westen oder Süden gerichtet sind, wie Aostatal, Veltlin und Etschtal, der bewässerte Wein- und Obstbau, bevorzugt auf den hochwassersicheren Schwemm- und Murkegeln, entwickelt. An die Stelle des alten ausgeklügelten Kanalsystems, das im Aostatal und im Vinschgau berühmt wurde (Rosenberger 1936; Janin 1968, S. 282 ff.; Fischer 1974, S. 67 ff.; Tscholl 1979), ist die Beregnung getreten. Insgesamt herrschen durch die Realteilung Kleinbesitz und Kleinbetrieb vor. Selbst das Anerbengebiet des östlichen Südtirols, einst gesichert durch das Höfegesetz, ist heute kein „Garant einer intakten, ohne andere Zubußen auskommenden bäuerlichen Wirtschaft“ mehr (Leidlmair 1989, S. 35).

Oberhalb von 800–1000 m dehnen sich Wälder, Bergwiesen und Hochweiden aus, neben der Forst- dominiert die reine *Grünlandwirtschaft*. Die Nutzung der Almen (ital. *alpe*, pl. *alpi*) hat heute, in der Hauptsache wegen des fehlenden Personals, wachsende Schwierigkeiten, wie die Almwirtschaft überhaupt, die aber in den italienischen Alpen, mit Ausnahme Südtirols, besonders der Dolomiten (Lutz 1966; Rother-Hohenstein 1973), immer eine untergeordnete Stellung hatte. Die Hochweiden, die ebenso wie die Wälder überwiegend Gemeinde- und Genossenschaftseigentum sind, werden im Sommer von Rinder- und Schafherden bestoßen, die nachts teilweise in den Ställen der temporären Siedlungen (*báite*, *casere*, *malghe*, Almhütten) stehen. Etwa 25–35% der Fläche der italienischen Alpen gelten als Weideland. Als Haupttypen der Viehwirtschaft lassen sich ausgliedern (Morandini 1964, S. 59): a) die selten gewordene transhumante Schafhaltung mit dem Weidewechsel zwischen Ebene und Voralpen; b) die Alpung von Rindern aus der Po-Ebene, jetzt fast nur noch Jungvieh; c) die Alpung von Jungrindern (*alpéggio*, *monticazione*), das aus den Alpentälern selbst stammt und im Winter im Heimgut eingestallt ist, wobei über Etappen auf- und abgetrieben wird, z. B. Dorf – Maiensäß – mehrere Almläger; anders als die Almen sind die Maiensäße (*maggenghi*, *monti*) in Privateigentum mit Splitterbesitz; d) die Rinderhaltung ohne Wanderungen innerhalb der Alpentäler, d. h. im Stall oder auf der Talweide, wo z. B. im Sommer für den Fremdenverkehr eine starke Nachfrage nach Milch herrscht. Auf die Almen kommen dann nur das nichtmilchgebende Vieh (Galtvieh) oder Schafe, selten Ziegen, gelegentlich Pferde. In einigen Tälern wird Käse hoher Qualität, auch für ausländische Märkte, erzeugt (z. B. Fontina aus dem Aostatal, Pecorino von Asiago).

Der *Ackerbau* ist in den Tal- und Hanglagen überall im Rückzug, die Vergrünlandung allgemein verbreitet, extreme Lagen werden gänzlich aus der Nutzung genommen. Trotz der Abwanderung der Bergbewohner findet man in Gemeinden bis 1500 m Höhe noch kleine Getreide- und Kartoffeläcker, selten Buchweizen, aber der Feldfutterbau mit Klee gewinnt dort zunehmend an Fläche, und die herkömmliche Egartwirtschaft löst sich auf. Die absolute Höhengrenze des Anbaus lag 1965/66 an der Alpensüdseite und in Südexposition bei 2000 m Höhe (Chamois im Valtournanche, Kurzras im Schnalstal), d. h. nur geringfügig über der Obergrenze der Dauersiedlung.

Eine besondere Rolle fällt dem *Obstbau in Südtirol* zu, wo im Vinschgau und im mittleren Etschtal fast ausschließlich Kernobst (Äpfel und Birnen) in Monokulturen erzeugt wird und der als der älteste Erwerbsobstbau Europas gilt (Leidlmair 1958, S. 176 ff.; 1973, 1989; Fischer 1974). Die Melioration der überschwemmungsgefährdeten Talböden seit dem ausgehenden 19. Jh., der Bau der Brennerbahn, die Gründung von Obstgenossenschaften und geeignete Verwertungs- und Vermarktungsverfahren sind für die Entwicklung entscheidend gewesen. Der Obstbau hat hier – bis auf das Überetsch (Kalterer See) und das Bozner Unterland – die Rebkulturen aus ihrer einst führenden Rolle verdrängt. Im Zuge der Modernisierung ist auch das agrarsoziale Gefüge, von der alten Gesindewirtschaft über die Familien- zur Einmannwirtschaft mit Nebenerwerb, längst in Bewegung geraten (Leidlmair 1978). Etwas später, aber seit 1930 um so stärker hat der Obst- und Weinbau die traditionelle Landwirtschaft in den Talregionen des *Trentino* (mit dem Grundnahrungsmittel Körnermais für die *polenta*) erheblich eingeschränkt und z. B. im Val di Non, im Sarcatal und im Etschtal selbst, hier im unmittelbaren Anschluß an das Südtiroler Sonderkulturgebiet, die Vorherrschaft gewonnen (Zunica 1974; Loose 1983; Penz 1984). Der im 18. Jh. im Gunstklima der Insubrischen Seen am Westufer des *Gardasees* bei Gargnano durch besondere Schutzbauten eingeführte Zitronenanbau ist schon seit 1855 durch Absatzprobleme, vollends seit 1930 durch Frostschäden und die touristische Uferstraße (1932) im Rückgang und heute aufgegeben (Tiggesbäumker 1985).

Agrarregionen des padanischen Hügellandes

Die Landwirtschaft im padanischen (Moränen-)Hügelland ist in hohem Maß an die besonderen Lage-, Klima- und Bodenqualitäten angepaßt, wobei sich bevorzugt Reben- und Baumkulturen an die sonnenexponierten Hänge halten. In Klimagunstlagen mit natürlichen Standorten der Steineiche im Südosten und Süden des Gardasees und an den Südhängen der Euganeen treten als Vorposten der mediterranen Stufe schon Ölbäume dazu, die in letzteren im Laufe des 20. Jh.s vom Wein-, Obst- und Gemüsebau ersetzt werden (Bevilacqua 1975). Kleinbesitz und Kleinbetrieb auf stark parzellierten Flächen, vielfach unter 1 ha, sind fast überall die Regel. Im Vergleich zur Ebene liegen die Hektarerträge im Weinbau niedrig und die Mechanisierung ist erschwert, weshalb die Rebflächen zugunsten der Ebene immer mehr abnehmen.

In *Venetien* werden die Reben meist als Pergola (*tendone*) gezogen und liefern bei höherer Produktion die Soave- und Valpolicella-Weine auf den Kalksteinhängen der Lessinischen Voralpen und den Bardolino im Gardaseegebiet. Pinot, Merlot, Cabernet und Verduzzo kommen aus dem Hügelland von Conegliano und dem Valdóbbia (Prov. Treviso). Auch die Weine der Bérici und Euganeen haben eine ausgezeichnete Qualität, ebenso jene des *Friaul*. Das *Hügelland von Turin*, der *Monferrato* und die *Langhe* sind zusammengenommen ein großes einheitliches Weinbaugebiet. Wenn auch nicht immer als Monokultur, so sind doch 40% der Provinz Asti mit Rebland bedeckt (Tirone 1970; zu den Sorten vgl. Beier 1964, S. 22). Die Weinindustrie ist hier auf Wermut- und Schaumweinherstellung spezialisiert, wobei *Vermouth* hauptsächlich in die USA und *Asti spumante* nach Frankreich exportiert werden. Als größtes Unternehmen gilt Cinzano. Weinindustriezentrum ist Canelli südlich von Asti im Medio Monferrato. Im *Oltrepó pavese* werden am Fuß des Apennins zwischen Voghera und Stradella Tafel- und Weintrauben erzeugt, und von dort setzt sich der Weinbau in das Hügelland der *Emília-Romagna* fort. Darüber hinaus findet sich spezialisierter Obstbau mit Haselnüssen in den Langhe, mit Erdbeeren und Kirschen im Hügelland von Turin und in Vignola bei Módena, mit Äpfeln und Birnen um Ímola. Zum Teil gibt es Spezialbetriebe mit eigener Vermarktung, aber im allgemeinen handelt es sich auch hier um Kleinbetriebe mit hohem Aufwand an Handarbeit.

Die Nord- und Westhänge des Hügellandes sind meistens dem Wald, besonders der Eßkastanie überlassen. Das Vieh wird gewöhnlich in Familienbetrieben gehalten, gewinnt aber mit der Fleischvieh-Aufzucht von Alba und im emilianischen Hügelland an Gewicht.

Agrarregionen der padanischen Ebenen

Die Landwirtschaft in den Ebenen der Padania hat eine so bedeutende Stellung erlangt, daß Gribaudi (1969, S. 53) vom „agrarischen Herzen Italiens" und einem der fortschrittlichsten Agrarräume der Erde spricht. Innerhalb der EU ist die Po-Ebene eine marktwirtschaftlich führende Agrarregion. Im kleinräumigen Maßstab betrachtet weist sie jedoch „beachtliche naturgeographische Standortunterschiede, ganz erhebliche strukturelle Ungleichgewichte und bedeutsame agrarwirtschaftliche Fehlentwicklungen" auf (Upmeier 1981, S. 1; Lehmann 1961a, S. 140; zur neuhistorischen Entwicklung vgl. Matzat 1976).

In der *Alta Pianura* überwiegt Getreidebau mit Weizen und Mais, ergänzt durch Klee in vierjähriger Rotation. Dauerwiesen sind auf dem durchlässigen, trockenen Untergrund selten. Reben kommen häufig an den gut besonnten Rändern der Pianalti vor, Maulbeerbäume sind Zeugen der früheren Seidenraupenzucht. Solchen Anbauverhältnissen entspricht das Kleineigentum mit Parzellen in Streulage. Kartoffeln und Gemüse, besonders grüne Bohnen in Vergesellschaftung mit Mais, ergänzen zusammen mit Obstbäumen auf dem Ackerland den gemischten Anbau. Die Viehhaltung tritt demgegenüber aus arbeitsökonomischen Gründen zurück. Eine teure Spezialität, der *prosciutto* (Schinken) von S. Daniele del Friuli, kommt aus dem Friaul. Diese Art der Landnutzung wiederholt sich auf der Alta Pianura am Fuß des Apennins im kleineren Maßstab.

Die *Bassa Pianura* ist durch die gleichmäßig temperierten Quellwässer der Fontanilizone und im tieferen Teil durch Flußwasser für die Bewässerung besonders begünstigt. In ihr säumen Weichhölzer, wie Weiden, Pappeln und Ulmen, die Wege und Feldränder, dazu kommen schnellwüchsige Pappelkulturen zur Holzerzeugung mit rascher Ausbreitung in der Gegenwart. Der Reisbau, der in den feuchten Niederungen des Vercellese und der Lomellina bei hohen Sommertemperaturen gute Wachstumsbedingungen hat, nimmt mehr als 70 % der LN ein. Dank günstiger Exportmöglichkeiten für Rundkornreis vor allem außerhalb der EU sind Produktion und Anbaufläche seit Mitte der sechziger Jahre bei gemeinsamer Marktorganisation im Steigen begriffen (Mitchell 1982; Mossello 1984). Piemont und Lombardei verfügen heute (1995) zusammen mit 222000 ha über 93 % der Reisanbaufläche Italiens.

Am weitesten verbreitet sind neben dem Weizen-, Mais- und Kleeanbau aber Dauer- und Rotationswiesen. Auf dem Grünland, mit dem Schwerpunkt südlich Mailands, baut die Viehwirtschaft mit Milch-, Butter- und Käseproduktion auf. Die Kanalbewässerung hat die Ausbreitung dieses Nutzlandtyps über das eigentliche Niederungsgebiet hinaus ermöglicht, wobei das für die Bewässerung nötige Kapital nur durch Großbetriebe und Großbesitz erwirtschaftet werden kann. Auch die *marcite* selbst, die neun Grasschnitte erlauben, erfordern ebenso wie das Dauer- und Rotationsreisland hohe Produktionskosten, die bei der heutigen Mechanisierung und Automatisierung von Familienbetrieben nicht aufzubringen sind. Daher machen im Mailänder Bewässerungsgebiet kapitalintensive Güter (*corti*) zwischen 50 und 200 ha 63 %, jene über 200 ha weitere 25 % der LN aus, und ähnlich sind die Besitzverhältnisse in der Ebene von Novara mit 55 % und 10 % der Fläche (Gribaudi 1969, S. 56).

Der landwirtschaftliche Unternehmer ist ein jüngerer Besitzer oder Pächter, der außer seiner Fachausbildung auch alles Vieh, Maschinen und Anfangskapital einbringt; der hohe Grad der Mechanisierung erfordert nur einen kleinen Besatz an festen Lohnarbeitern. Futterbau und Viehzucht sind in ihrem Ausmaß innerhalb Italiens einzigartig. Die Innovation des Hybridmaises, dessen Verfütterung in gehäckseltem Zustand und als Silage ab 1957, leitete eine völlige Umwandlung ein. Mais trat we thin an die Stelle von Getreide und galt als Zeichen hoher Intensivierung (Tirone 1975), bis er in den achtziger Jahren teilweise durch Soja ersetzt wurde (Petucci 1989). Zu den Molkerei- und Käsereibetrieben kommt die Schweinehaltung zur Verwertung der Nebenprodukte. Der Stallmist ist wiederum eine der Grundlagen für die hohen Hektarerträge im Futter- und Getreidebau (1995 je nach Region: Mais 84–102, Soja 30–40, Weizen 50, Reis 58 dt/ha).

In der *unteren Po-Ebene*, in der Emília und in Venetien, schwächen sich die Unterschiede zwischen Alta und Bassa Pianura spürbar ab. Nur zum Teil wird bewässert, so daß die Hektarerträge der wichtigsten Feldpflanzen niedriger sind; auf den schweren Tonböden kann ein vielfältiger Anbau betrieben werden. An die Stelle der Wässerwiesen tritt Getreide, gewöhnlich Weizen, in Venetien Mais. Seit langem werden Tabak und Zuckerrüben als Industriepflanzen kultiviert; in jüngster Zeit gesellen sich Soja und Sonnenblumen hinzu. Im *Polésine* hat der Reisbau noch einige Ausdehnung.

Östlich der Linie Gardasee–Parma beherrscht als Folge einer jungen Entwicklung auch der Weinbau die Ebene. Bisher zog man die Reben in der Mischkultur zwischen oder auf Bäumen, die für das Ackerland Windschutz boten und Holz lieferten. Ausgelöst durch die Land-Stadt-Wanderung und das Verschwinden der Halbpacht, begann in mittelgroßen Betrieben die Umstellung auf den Weinbau als Leitkultur in geschlossenen Flächen mit Rebzeilen, wobei mechanisiert und eine Auswahl einiger weniger Rebsorten getroffen wurde. Die Kleinbauern folgten dem Beispiel allmählich, was Fördermittel und die Gründung von Genossenschaftskeltereien erleichterten. Die Erträge stiegen zeitweise bis zu 250 dt/ha und liegen in Venetien auch heute um 50 % höher als im piemontesischen Weinbaugebiet (1995: 130 bzw. 88 dt/ha). Zum Weinbau kommen Apfel-, Birnen- und Pfirsichkulturen, welche die Ebenen von Verona und der Romagna beherrschen. Merlini (1954) nennt letztere *Romagna fruttícola*. Sie erstreckt sich südlich von Ferrara bis über den Reno und als geschlossenes, breites Band von der Via Emília bis Ravenna und Rímini. Zahlreich sind hier die Obstmärkte, Versand- und Verarbeitungsstätten. Am Alpenrand bei Vicenza, zwischen Maróstica und Bassano del Grappa, hat man sich auf Kirschen spezialisiert (Gorlato 1972). Unter den Feldgemüsearten nimmt die Tomate den ersten Platz ein. Von der Gesamternte Italiens (1996: 6,5 Mio. t) wird hier, nach Kampanien, der größte Teil eingeholt. Das Hauptanbaugebiet liegt in der Alta und Bassa Pianura von *Piacenza* und *Parma*, wo sich eine sehr leistungsfähige Konservenindustrie entwickelt hat (Upmeier 1981, S. 238). Bei der Viehhaltung überwiegt das Milchvieh noch in der westlichen Emília und in der Ebene der Romagna, in der Venetischen Ebene tritt Fleischvieh hinzu.

Die Bodenqualitäten der unteren Po-Ebene sind sehr ungleich verteilt und die Besitzgrößen mit durchschnittlich 6–15 ha wesentlich kleiner als in der bewässerten lombardischen Ebene. Der Bereich um Padua und Treviso gilt wegen der Klein- und Zwergbetriebe als Problemgebiet (Upmeier 1981, Karten 5, 8). In der Emília haben sich die Kleinbauern zu fortschrittlichen und effizienten Genossenschaften vereinigt. Weiter verbreitet sind aber die in Einzelbesitze aufgeteilten Neuländereien älterer Meliorationen bei Ferrara und im Polésine (Ortolani 1956; Dongus 1966). Es sind baumarme, ausgedehnte Flächen mit großen Gehöften, den *boarie*, wobei es sich oft um Pachtland mit Landarbeitern handelt.

Die landwirtschaftliche Sonderstellung der padanischen Ebenen ist letztlich darin begründet, daß hier die höchsten Hektarerträge Italiens erwirtschaftet werden, z. B. von Weichweizen, Wein, Zuckerrüben, Tomaten, Tabak, Obst, und die Vermarktung aufs beste organisiert ist. Die Milchviehwirtschaft liefert die bekannten Käsequalitäten Reggiano und Parmigiano, und aus der Schweinezucht und der Verarbeitung stammen so bekannte Erzeugnisse wie Mortadella, Schinken und *zamponi*, eine Wurstspezialität der Emília, so genannt wegen der an Schweinsfüße erinnernden Form.

Agrarregionen des Apennins

Im Apennin ist die Landwirtschaft durch die wenig stabilen, leicht zerstörbaren Tonböden ebenso benachteiligt wie durch die schnell austrocknenden Böden über Kalkgestein. Die höhere Feuchtigkeit wirkt im Winter eher als Nachteil; sie bringt aber im Sommer gegenüber dem Tiefland einige Vorzüge mit sich, die von der Weidewirtschaft seit alters genutzt werden. In charakteristischer Weise wechseln Wald auf steileren Hängen und Weideland auf flacheren Rücken und Gipfeln miteinander ab. Für den rationellen Ackerbau sind allein die innerapenninen Beckenräume und einige Karstbecken geeignet.

Der klimabedingte hypsometrische Formenwandel ist noch vor vier Jahrzehnten in den Höhenstufen der landwirtschaftlichen Nutzung zum Ausdruck gekommen. Beispielsweise reichte in den *Abruzzen* die Stufe der intensiven Mischkultur bis 500 m Höhe, gefolgt von der Getreidebaustufe bis 800 oder 900 m, über der sich Eichen- und dann Buchenwälder anschlossen. Oberhalb der Waldgrenze bei 1700 m erstreckten sich die offenen Gebirgsweideflächen bis zur Felsregion in über 2000 m Höhe. Die höchsten Getreidefelder (Weichweizen, Roggen und Gerste) lagen 1961 im Val Roveto bei 1890 m Höhe, Reben gediehen bis 1030 m, Ölbäume im Durchschnitt bis 600 m, maximal bis 900 m (Ortolani 1964, S. 58/159).

Von Nord nach Süd nimmt der Anteil des Ackerlandes im Gebirge zu, und zum Weizen gesellt sich in bedeutendem Maß die Kartoffel, vor allem in den Abruzzen, im Kampanischen Apennin und in der Sila. Das Ackerland ist gewöhnlich frei von Baumbestand, abgesehen von jungem Rodungsland mit Resten von Eichen. Die bäuerlichen Familienbetriebe haben eine geringe Größe und sind besonders in höheren Lagen und gerade im mittelitalienischen Mezzadria-Gebiet seit den sechziger Jahren häufig aufgelassen worden. Im südlichen Apennin gibt es trotz der Bodenreform im Gebirge noch größere Betriebe.

Die einst auch im Nordapennin weit verbreitete Schafzucht ist zwar zurückgegangen, wird aber mit Methoden der sardischen Hirten weitergeführt (Piccardi 1978). Sie bildet im Apennin in Gipfellagen und an steilen Hängen noch die einzige Nutzungsmöglichkeit. Die Transhumanz, die sich zwischen den Sommerweiden in den Abruzzen (Citarella 1980) und den Winterweiden im Küstenbereich von Latium (Migliorini 1973, S. 243) sowie dem apulischen Tavoliere abgespielt hat (Sprengel 1971, S. 36), ist stark eingeschränkt worden, weil die ehemaligen Weideflächen im Tiefland auch im Winterhalbjahr größtenteils kultiviert sind. Von den einst begrasten, breiten Wanderwegen, den bis um 1930 benutzten *tratturi*, kann man hin und wieder Reste bemerken; gelegentlich zeichnen sich ihre Spuren im Parzellengefüge ab (Sprengel 1970). Heute transportieren Eisenbahnwaggons oder Speziallastwagen das Kleinvieh zwischen Gebirge und Tiefland.

Agrarregionen des binnenländischen Halbinselitaliens

In Hügelland und Ebenen von Halbinselitalien wird die Landwirtschaft von den Ton- und Sandböden neogener Sedimente zwar benachteiligt, andererseits, durch den klimatischen Wandel, immer stärker vom mediterranen Anbau bestimmt. *Mittelitalien* von der Toskana bis Latium ist die Heimat der Mischkultur oder des Stockwerkbaus mit Wein-, Oliven- und Weizenerzeugung auf der gleichen Fläche gewesen. Desplanques (1969) und Sabelberg (1975a) haben in ihren agrargeographischen Monographien Umbriens und der Toskana gerade den umstürzenden Wandel von der einheitlichen Mischkultur alter Tradition zu vielfältigen, an den Markt angepaßten Spezialkulturen erfaßt. Daß die neuen Großbetriebe entweder auf Dauerkulturen (Weinreben – Ölbäume) oder Wechselfeldbau (Getreide – Futterbau) eingestellt sind, wurde schon erwähnt.

Je nach Natur- und Lagebedingungen und je nach Fortschreiten von Innovationen haben sich besondere Nutzlandtypen herausgebildet. Als Weinbaugebiet ist das *Chianti-Hügelland* südlich Florenz sehr bekannt geworden. Aus drei kleinen Gemeinden im inneren Hügelland (Radda, Castellina, Gaiole), d. h. dem Bereich des Chianti Clássico, hat sich von hier das Erzeugungsgebiet des roten Chianti weit verbreitet (z. B. Flower 1978). Das Gewicht der veralteten Misch- und Nebenkultur ist geringer geworden, der Kleinbetrieb herrscht nicht mehr wie bisher. In zunehmendem Maße bringen moderne Kellereien Qualitätsweine als *vino di fattoria* auf den Markt. Der Raum Spoleto hebt sich durch seine Ölbaumhaine heraus, während im Hügelland der Marken Weinbau und Viehhaltung überwiegen.

In jedem Fall handelt es sich um eine stark- bis mittelintensive Landwirtschaft, die sich von der extensiven Getreide-Weide-Wirtschaft der Hügelländer im *südlichen Apenninvorland* deutlich unterscheidet. Dort tritt an die Stelle des Weichweizens der Hartweizen mit grundsätzlich geringeren Hektarerträgen. Das Baumackerland wird seltener, und Ölbaum und Rebe finden sich nicht mehr mit Getreide und Futterpflanzen vereint, sondern werden je für sich oder auch zusammen als *Vigneto-Uliveto* kultiviert. In der typischen Getreide-Weide-Wirtschaft und des mediterranen Weizenanbaus ohne Baumkulturen ist das herrschaftliche Latifundium vom kapitalintensiven Großpachtbetrieb mit Spezialkulturen oder, bei Weiterverpachtung einzelner Parzellen in Teilpacht, vom Bauernlatifundium abgelöst worden. Fast überall in Ortsnähe, wo eine höhere Intensität der Bearbeitung möglich ist, wird in kleinparzellierten Familienbetrieben der Boden in einer vielfältigen Weise und mit Baumkulturen genutzt.

Agrarregionen der Küsten Halbinselitaliens

In den wenigen Küstenebenen Liguriens und Mittelitaliens sind die Produktions- und Vermarktungsbedingungen wesentlich günstiger als im Berg- und Hügelland. An der „Blumenriviera" Liguriens, d. h. im westlichen Abschnitt der *Riviera di Ponente*, hat sich in schmalem, terrassiertem Saum bis um 200 m Höhe über dem Meer ein sehr leistungsfähiger Blumen- und Gemüseanbau entfaltet (Bild 53). Der Gärtner und Kunstmaler Ludwig Winter aus Heidelberg begann 1870 in Bordighera die Blumenzucht und fand bald Nachahmer.

Foto: H.-G. Wagner

Bild 53: *Blumenzucht an der Riviera westlich S. Remo (Riviera di Ponente, Ligurien)*

Mit der neueröffneten St.-Gotthard-Bahn war der Transport nach Mitteleuropa gesichert. Auf ehemaligem Rebland und Ölbaumstandorten mußte nur für Bewässerungsmöglichkeiten gesorgt werden. Seit 1912 wurde die Blumenwirtschaft ein wichtiger Wachstumsfaktor an der Riviera, San Remo ihr Zentrum und Hauptmarkt, ergänzt von Ventimíglia und Vallecrósia; hier und in anderen Orten erzeugten neue kleine Unternehmen die notwendigen Utensilien für die Spezialkultur. Die klimatische Schutz- und Strahlungslage wird im winterlichen Freilandanbau von Schnittblumen, vor allem von Nelken, Rosen und Margeriten, genutzt, Strelitzien, Gerbera und Orchideen wachsen in Glashäusern. In den kleinen Gartenbaubetrieben mit nach Ar zählenden Betriebsflächen gab es 1970 etwa 15000 Beschäftigte, darunter viele Süditaliener, die teilweise im Randbereich selbständig wurden. Bis zur Gegenwart hat die Fläche des Sonderkulturbaus auf Kosten herkömmlicher Ackerfrüchte noch zugenommen (Cani 1970; Spotorno 1994).

Der geschlossene Saum der Blumenkulturen wird nach Osten lückenhaft und setzt sich an der *Riviera di Levante* nur stellenweise fort. Hier ist der Niedergang des traditionell kleinbäuerlichen Oliven- und Rebanbaus auf den steilen Terrassen über dem Meer besonders kraß, erkennbar an den vielen Brachflächen z. B. in den Cinque Terre westlich von La Spézia (Richter 1989). Intensivkulturen finden sich wieder in der *apuanischen Küstenebene*. In vielen Kleinbetrieben widmet man sich dem Anbau von Obst, Gemüse und Blumen (Nelken und Gladiolen), die in Péscia und Viaréggio vermarktet werden (Dongus 1962; Cianferoni 1974). Die toskanischen *Maremmen*, auch das junge Bonífica- und Bodenreformgebiet, sind lange bei Weizen- und Futteranbau mit Großviehhaltung geblieben (Retzlaff 1967) und haben erst in den siebziger Jahren mit der Sonnenblume eine neue Feldfrucht zur Ölproduktion hinzugewonnen. Haupterzeuger Italiens ist seitdem die Provinz Grosseto vor Umbrien und den Marken.

Im *adriatischen Küstensaum* hat sich südlich Pescaras ebenfalls ein grundlegender Wandel im Anbau vollzogen, einerseits zur Tafeltrauben- und Rosinenerzeugung mit dem Schwerpunkt um Ortona (Dionnet 1986, S. 221ff.) und andererseits, mit Kanal- und Brunnenbewässerung, zum Dauer- und Rotationsgemüsebau (Dagradi 1980). Für den Export werden im Sommer Tomaten, Paprika und Auberginen, im Winter Blumenkohl, Fenchelgemüse und Salate produziert.

Agrarregionen des festländischen Süditaliens

Wie schon mehrfach angedeutet, hat die Landwirtschaft des festländischen Süditaliens in den letzten fünf Jahrzehnten den wohl tiefgreifendsten Wandel ihrer Geschichte erlebt. So sind die einst fast nur in extensiver Weidewirtschaft genutzten, vernachlässigten und nicht zuletzt deshalb malariaverseuchten Niederungen der *römischen Campagna* oder des *Agro Romano* zum Standort moderner Großbetriebe (*tenute*) für die Milch- und Fleischproduktion geworden. Im Gegensatz dazu stehen die kleinen, genossenschaftlich zusammengeschlossenen bäuerlichen Betriebe mit Weinbau, Obst-, Blumen- und Gemüsekulturen (Krenn 1971). *Latium* liefert sehr bekannte Weine wie den *est est est* von Montefiascone, die Castelli-Weine, den Falerno von Fórmia, den Cesanese von Píglio, den Sangiovese, Aleático und andere. Rebland umgibt die *Albaner Berge* mit Ausnahme der Ostseite. Die Produktionszone des weißen Frascati ist festgelegt (Migliorini 1973, S. 214). Auch in Latium hat der Weinbau die Tendenz, sich aus dem Hügelland in die Ebenen zu verlagern. Größere Fortschritte machte die Tafeltraubenerzeugung mit Pergola-Anlagen. Im *Agro Pontino*, der in schematischer Weise in durchschnittlich 10–12 ha große bäuerliche Betriebsflächen aufgeteilt ist, hat sich der Anbau von Reben und Gemüse unter Plastik auf den leichten Sandböden der (südlichen) Piscinara durchgesetzt. Die schweren Niederungsböden der Pontinia werden wie früher durch Getreide-, Zuckerrüben- und Futteranbau genutzt. Hier halten manche der modernisierten Höfe große Viehbestände.

Die Bucht von Neapel, gepriesen als *Campania felix* und früher als *Terra di Lavoro* bezeichnet, ist mit ihren vulkanischen Böden und ihrer hohen Bevölkerungsdichte seit jeher das beste Beispiel für den mediterranen Gartenbau. An den *Vesuvhängen* wird die Nutzung nach dem Alter der Lavaströme und Aschendecken und deren Verwitterungsgrad differenziert. Die Höhenstufung ist am Osthang, wo die Betriebe sehr geringe Größe (0,3 – 1,5 ha) haben, bis vor kurzem klar ausgeprägt gewesen. An den Bewässerungsfeldbau von Gemüse (Leitkultur: Tomate) in der einst versumpften Sarno-Niederung mit Brunnen schlossen sich Haselnußkulturen an, ab 70 – 100 m Höhe folgten Reben und Fruchtbäume, bis 400 – 500 m noch Reben in Mischkultur. An Gebüschbeständen, Edelkastanienhainen oder Kiefernaufforstungen auf Aschendecken endete die landwirtschaftliche Nutzung. Durch den Übergang zum Neben- und Zuerwerb, die städtische Überbauung, den Konkurrenzdruck in- und ausländischer Erzeugergebiete und agrarische Innovationen (Folienkulturen, Blumenzucht) verschiebt sich die genannte Gliederung gegenwärtig intern und an ihren Grenzen (H.-G. Wagner 1966, 1967, 1968, 1990; *Diercke* 1996, S. 106/2). Auf den leicht zu bearbeitenden Tuffen der *Phlegräischen Felder* und der *südlichen Volturno-Ebene* ist eine eigentümliche, ebenfalls im Kleinbetrieb befindliche Agrarlandschaft entstanden mit Terrassenkulturen, an Pappeln gezogenen Reben als besondere Form des Etagenanbaus, Obst hauptsächlich auf den Kraterböden und mit vielfältigen Fruchtbaumkulturen (Ruocco 1954). Die wachsende Bevölkerungsballung und die Ausdehnung des bebauten Areals für Industrie, Wohnungen und Fremdenverkehr verdrängen die Landwirtschaft aus den kampanischen Ebenen immer mehr, aber sie vermag sich doch zu halten, weil die Böden so außerordentlich fruchtbar sind.

Ein räumlich und an Bedeutung geringeres Gegenstück einer Agrarlandschaft auf vulkanischen Böden bietet der *M. Vúlture* in der nordwestlichen Basilicata. Über den ebenen oder hügeligen Weizenanbaugebieten der Umgebung besetzen Fruchtbaumkulturen, meistens Reben, teilweise mit Ölbäumen vergesellschaftet, die unteren Hänge. Im Kleinbetrieb wird hier auf Eigenbesitz oder Pachtland gewirtschaftet. Die oberen Berghänge und die Kraterwände sind mit dichtem Eichenniederwald, Kastanien- und Buchenhochwald bestanden (Ranieri 1953).

Die *Sele-Ebene* ist ein weiteres Beispiel für die moderne Inwertsetzung von Küstenebenen. Dank der Bewässerung ist die Nutzung rechts des Sele mit Obst und Gemüse, ebenso wie links des Flusses, um Paestum mit Artischocken, sehr vielfältig. Urtümlich wirken die auf grundwassernahen Flächen weidenden Büffel, die zur Milch- und Käseerzeugung (*mozzarella*) gehalten werden (Migliorini 1949; Monti 1974).

Der Weizenanbau, der in den *südlichen Küstenebenen* im Rahmen der alten Latifundienwirtschaft herrschte, hat nur noch hier und dort überlebt und kennzeichnet vor allem die unbewässerten Hang- oder Hügellagen des Inneren. Er steht in schroffem Gegensatz zu den Intensivanbaugebieten in den Küstenhöfen Kalabriens (Piana di Síbari, S. Eufémia, Gióia Táuro), wo auf günstigen Böden und mit Bewässerung meistens in recht kleinen Obst- und Gemüsebaubetrieben, darunter Baumschulen, auch für den Export produziert wird (Rother 1986).

Der Anbau der in Italien als *Agrumen* bezeichneten Arten und Kulturformen bzw. Sorten der Gattung *Citrus* („Südfrüchte") beginnt schon südlich von Rom bei Sperlonga und Fondi an der tyrrhenischen Küste und nimmt bis Kalabrien nahezu alle geeigneten küstennahen Standorte ein (Ruocco 1961, Bild 52 und 54). Zitronenkulturen (*C. limon*) unter vor Frost schützenden, mit Strohmatten abdeckbaren Holzgestellen gehören zur reizvollen Landschaft der Halbinsel von Sorrent. An der Nordwestküste Kalabriens wächst zwischen Práia a Mare und Cetraro die Zedratzitrone (*C. medica*), aus deren Fruchtwand unter anderem Zitronat hergestellt wird (Pipino 1971). Für die Kultur der Bergamotte oder Pomeranze (*C. aurantium,* auch *C. bergamia* R.) eignen sich aber nur die klimatisch günstigen Standorte an der kalabrischen Südküste und deren Täler, besonders südlich von Réggio, allerdings mit starkem Flächenrückgang (1976: 3900 ha, 1995: 1000 ha). Italien ist das einzige Erzeugerland für die daraus gewonnene Essenz (Meyriat 1960, S. 40; Novembre 1961). An der Ostküste kommen Agrumen zwar schon am Nordsaum des M. Gargano mit Windschutz aus Rohr, Lorbeer, Zypressen oder Mauern vor. Sie haben aber erst mit den Neupflanzungen von Apfelsinen- (*C.*

Bild 54: *Durch Mauern geschützte Agrumengärten (giardini) im Tal des Torrente Gállico, nördlich Réggio di Calábria*

stellenweise vom Futterbau für große Viehbetriebe abgelöst. Am Ófanto beginnt der breite Gürtel der *apulischen Fruchthaine* im Trockenland, in dem sich ein spezialisierter Reben- und Olivenanbau je nach Standortqualitäten mit Obstbäumen, auf höheren Flächen gegen die Murge hin mit Mandeln, abwechselt. Auf den Rebflächen wachsen drei Fünftel der Tafeltrauben (1995: 7800 ha), die in Italien verzehrt oder exportiert werden. Wie in der Region Abruzzen bevorzugt man die Sorte Regina di Púglia (Colamonico 1960, S. 142). Von den 8,44 Mio. t Trauben, die 1995 in Italien gelesen wurden, waren nur 1,26 Mio. t zum Verzehr bestimmt. Lange Zeit zog man allein die zur Tafeltraubenproduktion bestimmten Reben an Spalieren (*a siepe*) oder in Pergolen (*tendoni*), die Weinreben dagegen niedrig am Boden (*alberello*). Etwa seit 1970 wurden auch diese auf *spalliera*, bald 80 cm, bald 2,5 – 3 m hoch über dem Boden, umgestellt. Dadurch verdoppelten sich die Erträge auf 200 – 250 dt/ha und es erniedrigten sich die Alkoholgehalte auf 12 – 13° von früher 14 – 17°, so daß die Weine jetzt ohne Verschnitt direkt vermarktet werden können. Inzwischen droht die Gefahr der Überproduktion sowohl

sinensis), Mandarinen- (*C. reticulata*) und Clementinenbäumen (dgl., Früchte kernlos) im Küstentiefland von Metapont größere Flächen erhalten, wo sie mit anderen Obstkulturen (Pfirsiche, Aprikosen, Tafeltrauben) wechseln (Rother 1971, 1993).

Aus dem *apulischen Tavoliere* hat sich außer der Weidewirtschaft auch der Weizenanbau weitgehend zurückgezogen, um ertragreicheren Kulturen Platz zu machen, anfangs vor allem der Zuckerrübe. Innerhalb Süditaliens liegen hier – vor den Abruzzen mit dem Fuciner Becken – die größten Anbauflächen der Industriepflanze mit dem Verarbeitungsstandort San Severo. Inzwischen wird sie mit dem Fortgang der Bewässerung vom Obst- und Gemüseanbau,

bei Speisetrauben als auch beim Wein (Tirone 1975).

Etwa ein Drittel der Oliven und des Olivenöls Italiens kommt aus Apulien, und zwar von den Kalksteinflächen der *Murge* und ihrer Vorländer. Hier findet der Ölbaum die geeigneten Klima- und Bodenverhältnisse und hat trotz des hohen Arbeitsaufwandes bei Baumschnitt und Ernte im Vergleich zu Mittelitalien erst geringe Flächeneinbußen hinnehmen müssen. Apulien besitzt fast die Hälfte aller genossenschaftlichen Ölmühlen Italiens, die größtenteils – wie die Weinkeltereien – nach 1960 eingerichtet worden sind. Ebenfalls in der Mitte Apuliens, an den unteren Hängen der Murge-Hochflächen bis etwa

450 m Höhe, hatten Mandelbäume in der ersten Hälfte unseres Jahrhunderts vor allem als Folge der Reblausschäden im Weinbau eine große Anbaufläche erhalten. Sie ist aus wirtschaftlichen Gründen, wie Preisverfall, Lohnkosten und ausländischer Konkurrenz, stark verkleinert worden.

Die ausgelaugten Böden der *Salentinischen Halbinsel* sind dafür verantwortlich, daß Apuliens Tabakanbau nicht mehr wie früher an erster Stelle liegt, sondern Kampanien, wo 1995 fast die Hälfte der italienischen Produktion, besonders in der Provinz Caserta, geerntet worden ist, und neuerdings auch Umbrien (22 %; Azoulay 1991) den Vortritt lassen muß. In Apulien waren es dagegen nur noch 8 %. Schon immer hatten hier die kleinblättrigen orientalischen Sorten (Xanti-Yaka, Erzegowina) im Trockenfeldbau geringere Ernteerträge geliefert als der großblättrige amerikanische Tabak (Burley, Virginia Bright) des kampanischen Bewässerungsfeldbaus. Mit Tabakbauern aus der Provinz Lecce kam der Anbau um die Jahrhundertmitte auch in das *Küstentiefland von Metapont* (Spano 1962). Durch die Ausweitung der Bewässerungsflächen ist die Industriepflanze aber wieder verschwunden. Die Landwirte der mittelgroßen und kleinen Betriebe halten sich hier recht flexibel an geeignete vermarktungsfähige Kulturen und bevorzugen den Obst- und Gemüseanbau, u. a. auch Erdbeeren, in der Regel mit frühreifen Sorten (Rother 1968 a, 1971, 1980 a, b, 1993 b; Amoruso 1988, Bild 55). Auch den Küstenstreifen der *Terra di Bari* von Barletta bis Monópoli begleitet ein größeres, aber traditionelles Gemüseanbaugebiet mit Brunnenbewässerung (ursprünglich durch Norien), das von der städtischen Bebauung bedrängt wird.

Agrarregionen Siziliens

Ebenso wie im festländischen Süditalien war bis in jüngste Zeit in Sizilien der Kontrast zwischen der Landwirtschaft mit Bewässerung im kleinparzellierten Küstensaum und den eintönigen Anbauflächen des *Latifondo contadino* im *inneren Berg- und Hügelland* beeindruckend. Noch überwiegen dort weithin Mittel- und Großbesitze, die mit Landarbeitern oder in Teilpacht von Agrostädten aus mit wenig ertrag-

Bild 55: *Erdbeerernte in Policoro (Prov. Matera)*

reichem Hartweizen (1995: 18,7 dt/ha) bestellt werden; aber jetzt findet auch der Weinbau Eingang. Der Weizen, 1995 noch auf etwa 21 % der LN angebaut, stand ursprünglich im Wechsel mit (beweideter) Brache, dann mit Saubohnen (*fave*) und Süßklee (*sulla*) oder jetzt Wicken (*véccie*). Besonders benachteiligt ist der Getreidebau auf den tonig-kompakten Böden Innersiziliens, in denen es in den Wintermonaten zu einer Feuchtigkeitsübersättigung mit Verschlämmung und Verdichtung kommen kann, so daß auch der Anbau von Reben oder Obst unterbleiben muß. Zudem besteht die Gefahr der Bodenzerstörung (Gerold 1979, S. 190). Im Vergleich zu den Obstkulturen, die 30 % des Wertes der Agrarproduktion Siziliens erwirtschaften, ist der Wert der Weizenerzeugung auf der ausgedehnten Fläche mit etwa 10 % sehr gering. „Das Klischee von der fruchtbaren Kornkammer Siziliens beruht also auf vollkommen falschen Vorstellungen; die Weizenmonokultur wird sogar von Agrarwissenschaftlern als ‘Elends- und Entvölkerungskultur’ bezeichnet“ (Monheim 1972, S. 399). Die Wanderweidewirtschaft mit Schafen und Ziegen hatte wie in Halbinselitalien seit 1925 mit der Melioration der feuchten Küstenebenen ihre Grundlage verloren, war aber zuletzt noch zwischen dem Binnenland und der Piana di Catánia, dem größten Bonifikationsgebiet Siziliens, lebendig. Die Rinderhaltung stößt bei der Sommertrockenheit und dem geringen Futterbau selbstverständlich auf große Schwierigkeiten.

Im besonders *trocken-warmen Süden* zwischen Agrigent und Caltanissetta nehmen Mandelkulturen die Flächen auf Sandstein ein, unter denen die Erzeugnisse von Ávola (Prov. Syrakus) hervorragen (Milone 1959, S. 145). Besser als Tonböden eignen sich Kalksteinböden für Reb- und Fruchtbaumkulturen, wofür die Weinberge im Südwesten ebenso Beispiele sind wie die Baumkulturen um Noto am Rande der Hybläischen Tafel. Ohne Bewässerung werden Opuntien, Haselnußkulturen und auch Pistazien angepflanzt. In Spezialkulturen finden sich letztere, auf den Terpentinbaum (*terebinto*) gepfropft, in Italien nur am Ätna, besonders um Bronte. Manche Baumbestände, wie die Johannisbrotbäume (*carrúbo*) auf dem Kalkplateau von Ragusa, weichen der extensiven Weide oder Saatfeldern (Gerold 1982, S. 239).

Für den herrschenden Kleinbesitz und Kleinbetrieb in den *Küstenebenen* ist das Weinbaugebiet im Nordwesten bei Partinico und Álcamo typisch, wo 60 % der LN in Besitze unter 2 ha und weitere 20 % in solche zwischen 2 und 5 ha aufgesplittert sind. Bekannte Weinbaugebiete liegen in der Ebene von Marsala mit seinen schweren Südweinen und um den *Ätna*. In der Provinz Trápani ist die Rebfläche so ausgedehnt und dicht, daß sie (1990) rund 48 % der LN einnimmt. In Westsizilien gibt es beliebte Weißweine; die *grillo*-Rebe eignet sich besonders zur Herstellung des typischen Marsala-Weines, der seit 1773 von Trápani nach England verschifft worden ist und in kleinen Industriebetrieben verarbeitet wird (Milone 1959, S. 126). Andere Weine kommen erst allmählich in den Außenhandel, seitdem die gleiche, geradezu explosionsartige Entwicklung wie im apulischen Weinbau in Gang gekommen ist.

Die Agrumenkulturen liegen vorwiegend an der *Nord- und Ostküste*, am Simeto, am Südwest- (Paternò) und Ostfuß des Ätna und in der *Piana di Lentini*, dem Zentrum der Apfelsinenproduktion. Die Anbauflächen sind mit der Ausweitung der Bewässerungsanlagen seit den sechziger Jahren stark vergrößert worden, z. B. in der *Ebene von Catánia* an deren Rändern und in Flußnähe (Formica 1970; Gerold 1982). Etwas mehr als die Hälfte der Agrumenerzeugung Italiens (1,35 von 2,59 Mio. t) entfiel 1995 auf Sizilien, wobei Apfelsinen (*arance*) und Zitronen (*limoni*) nach der Menge (1,2 Mio. t = 89 %) voranstehen. Aus der *Conca d'Oro* von Palermo sind die Agrumenkulturen von der spekulativen Bautätigkeit der „Zementmafia“ und wegen des Mangels an Bewässerungswasser als Folge des erhöhten städtischen Bedarfs nach Osten über Baghéria hinaus verdrängt worden. In den bewässerten Küstenebenen bei Milazzo im Norden, besonders aber zwischen Gela und Scicli im Süden gedeihen Gemüsekulturen, im Winter unter Folien (Gerold 1982, 1984).

Die Landwirtschaft der *kleinen Inseln* leidet unter der Isolierung, der hohen Bevölkerungsdichte trotz Abwanderung, einer sehr starken Besitzzersplitterung und allgemeinem Wassermangel, der von Elba bis Pantelleria größer wird. Nach der Ausweitung der Nutzflächen im 19. Jh. oft auf die gesamte Insel schränkte man sie nach dem Zweiten Weltkrieg wieder ein. Die Eigenversorgung ist trotz überwiegender Subsistenzwirtschaft bei der starken Beharrungskraft überkommener Agrarstrukturen nicht möglich (Mikus 1970). Als Weinbauinseln (bis 50 % Rebland) können Íschia, Prócida und Pantelleria gelten, wo Spezialweine erzeugt werden. Bei Bewässerung kommt Gemüse- und Agrumenbau mit Spezialisierung auf Zitronen vor. Kapern sind ein weiteres Spezialprodukt. Auf manchen Inseln nimmt die Weidewirtschaft zu, besonders auf den Pelagischen Inseln.

Agrarregionen Sardiniens

In seiner Landnutzung, in Besitz- und Betriebsverhältnissen und anderen Eigenschaften unterscheidet sich Sardinien von Festlandsitalien und Sizilien so erheblich, daß es agrargeographisch als völlig eigenständig gelten kann. Wie im Süden der Halbinsel und in Sizilien liegen zwar auch hier die agrarischen Gunstgebiete an der Küste, sie werden aber immer wieder durch Felsküsten voneinander getrennt. Allein in der Campidano-Senke durchdringt der Ackerbau die ganze Insel (Mori 1972, mit Karte; Oberbeck 1961; Schliebe 1972). Zwischen den Schwemmlandgebieten mit tiefgründigen und ertragreichen Böden erheben sich Hügelländer und Gebirgsmassive, in denen weithin nur noch die Heide-, Macchie- und Buschwaldvegetation gedeiht, die von der althergebrachten Weidenutzung übriggelassen worden ist.

Die *Osthälfte der Insel* wird deshalb entweder von der Wald- und Weidewirtschaft oder der reinen Weidewirtschaft mit Transhumanz bestimmt; nur im Norden, im korsischen Siedlungsgebiet der Gallura, ausnahmsweise mit Streusiedlung, kommen noch Korkeichenwälder und Ackerland dazu. Das Dauerweideland nimmt 53 % der LN ein, und darauf weiden mit 4,3 Mio. Stück etwa dreizehnmal soviel Schafe wie Ziegen (1995); das ist ein Viertel des italienischen Kleinviehbestandes (außer Schweinen). Die Viehhaltung auf den ausgedehnten Gemeindeländereien bildet bis heute das ökonomische Rückgrat Sardiniens; denn sie liefert mehr als die Hälfte seiner marktfähigen Agrarproduktion, darunter geschätzte Käsespezialitäten (Pecorino, Fiore sardo). Der größte Teil der Agrarbevölkerung, und dazu gehörten 1995 noch 14,7 % der Berufstätigen, lebt im Bergland in Hirtendörfern, nur 5 % in Einzelsiedlungen und Weilern. Beispielhaft für den jüngsten Wandel der Landwirtschaft in der Provinz Núoro ist das höchstgelegene Dorf Sardiniens, Fonni im Gennargentu-Bergland, in 1000 m Höhe mit 4654 Einwohnern und 29000 Schafen (1990/91). 54 % der gemeindlichen LFN (14428 ha) waren 1990 Weide-, 20 % Ackerland und 22 % Wald. King (1971, S. 173) hatte für 1970/71 bei etwas höherer Einwohnerzahl (5101) noch 80000 Schafe, 85 % Weide- und 10 % Ackerland an der LN (>20000 ha) festgestellt. Die oft schwerwiegenden Probleme der Hirtenbevölkerung sind nicht allein durch Industrieansiedlung, wie in Ottana, zu lösen (King 1975, 1977).

In scharfem Gegensatz zum Ostteil mit seiner Weidewirtschaft steht der *Westteil der Insel* mit seiner Bauernbevölkerung im Hügelland und in den Ebenen. Im Campidano überwiegt auf Gewannfluren bei hoher Besitzzersplitterung fast ausschließlich der Trockenfeldbau, entsprechend dem alten mediterranen Zweifeldersystem mit Weizen und Brache. Dicht um das Campidano-Dorf liegen in intensiver Mischkultur bestellte eingehegte Parzellen mit Gemüse, Reben und Obst, *tanche* genannt (Schliebe 1972; Welte 1933). In dem 2 – 3 km breiten Feldflurgürtel, den *vidazzoni*, ist die ehemalige zehnjährige Rotation vom zwei- bis vierjährigen Rhythmus mit Getreide und Gemüse, dazu Reben, abgelöst worden. Erst in größerer Entfernung findet sich das alte Bild, wo dem Weizen eine mehrjährige Überweidung folgt und Flurzwang herrscht. Dauerweideland bildet den äußeren Gürtel, größtenteils Allmende (*ademprívio*). Hier sind ab 1860 große Flächen abgeholzt und gerodet worden (Schliebe 1972, S. 29).

Bezeichnend ist, daß ähnlich wie innerhalb der Hirtengesellschaft in der bäuerlichen Gesellschaft Klassenunterschiede zwischen Großgrundbesitzer und Kleinbauer fehlen. Sardinien besitzt eine traditionsreiche Bauerngesellschaft und leidet nicht wie der übrige Süden unter dem Druck einer landlosen Agrarbevölkerung. Latifundien sind schon 1820 mit dem Gesetz zur Einhegung des Privatbesitzes, das die mit Mauern eingefaßten Fluren im gesamten Hügelland zur Folge hatte, aufgelöst worden. Der Großgrundbesitz besteht größtenteils aus Gemeinde- und Korporationsland, vorwiegend im Gebirge, und ist von geringem Wert. Problematisch ist aber wie im übrigen Italien der Klein- und Splitterbesitz mit Realerbteilung in den Familienbetrieben, wobei Klein- und Teilpacht fast keine Rolle spielen.

Nach der erfolgreichen Bekämpfung der Malaria 1946–1950, unter der die Bevölkerung Sardiniens ganz besonders zu leiden hatte, sind viele tausend Hektar neu genutzt und besiedelt worden. In Boníficagebieten kann bewässert werden, so daß sich in der Nurra (Fertília, Tottubella), im Campo Coghinas (Villadória) an der Nordküste und im südlichen Campidano Gemüseanbau in Freiland und Glashäusern entwickelt hat. Auf die Insel entfällt mehr als ein Viertel der italienischen Anbaufläche für Artischocken (1995). Die Bonífica von Arborea am Golf von Oristano ist ein bedeutendes Milchwirtschaftsgebiet geworden (Abb. 63; Lücke 1977).

Wie die Übersichtskarte (Abb. 66) zeigt, gibt es auch kleine Gebiete mit Dauerkulturen, Ölbaumhainen und Rebflächen. Die sardischen Weine sind recht alkoholreich (z. B. der Malvasia um Alghero). Agrumen finden sich nur kleinflächig auf wenigen isolierten Standorten, so z. B. im südlichen Campidano um Cágliari.

Agrarische Fortschritte sind auch auf dieser so lange vernachlässigten Insel zweifellos erreicht worden, aber doch nur auf kleinen Flächen der begünstigten Peripherie und im Campidano. Die Weidegebiete der Osthälfte bewahren noch die alte Hirtenkultur. Sie sind nicht nur nicht gefördert, sondern sogar deutlich benachteiligt worden, weil traditionelle Weidegründe in Ebene und Hügelland heute ackerbaulich genutzt werden. Der Gegensatz zwischen dem neuen und dem alten agrarischen Sardinien und zwischen dem Ost- und dem Westteil der Insel hat sich noch vertieft (Mori 1972, S. 225).

DIE INDUSTRIE

Bild 56: *Aluminiumhütte von Portovesme (Sardinien)*

Überblick

- Italien hat sich erst nach dem Zweiten Weltkrieg, als das Energieproblem gelöst wurde, vom Agrar- zum Industriestaat entwickeln können und dann ein mehrfaches Auf und Ab seiner wirtschaftlichen Konjunktur erlebt. Gleichwohl gab es wie in Mitteleuropa gewerbliche Vorläufer, die in Nordwestitalien – wo sich das Industriedreieck Mailand – Turin – Genua früh abzeichnete – auf die besten Standortvoraussetzungen trafen, aber auch im Süden punkthaft vertreten waren.

- In der jüngeren Industriegeschichte sind Staatsbetriebe oder Unternehmen mit staatlicher Beteiligung ein Leitmotiv. Sie haben den Großbetrieb der Grundstoffindustrie (Eisen und Stahl) – auch bei den teilweise fehlgeschlagenen Projekten im Mezzogiorno – begünstigt. Andererseits wächst in Nordost- und Mittelitalien an zahlreichen Standorten städtischer Gewerbetradition eine vielseitige Klein- und Mittelindustrie mit vernetzten Produktionsformen heran. Ihre belebende Wirkung auf die Regionalentwicklung („Drittes Italien") hat Vorbildcharakter.

- Heute stehen die staatlichen Industriekolosse wegen geringer Flexibilität und Verschuldung sowie im Zeichen von Europäisierung und Globalisierung unter dem Zwang der Privatisierung. Den Weg in die Zukunft haben die privaten Unternehmen durch internationale Kapitalverflechtung und andere Umstellungen gewiesen.

- Genauso wie Landwirtschaft und Einzelhandel besitzt Italiens Industrie eine große Spannweite von Betriebsgrößen und -formen. Von den Branchen spielen die Gruppen Metall-, Textil-, Chemie- und Nahrungsmittelindustrie, auch im Export, die führende Rolle.

- Unter den Industrieregionen ragt die westliche Po-Ebene heraus, gefolgt vom Nordosten und der Mitte. Der Süden hat den größten Nachholbedarf.

Grundfragen

Bei der Behandlung der Bevölkerungs- und Siedlungsstrukturen sind einige Prozesse und Probleme zur Sprache gekommen, die aufs engste mit der Wirtschaftsentwicklung Italiens nach dem Zweiten Weltkrieg zusammenhängen. Man kann sie durch den Komplex Industrialisierung – Binnenwanderung – Verstädterung umreißen. Beim Wachstum der Industrie wurden manche Stadtgemarkungen mit ihren Randgemeinden zu Ballungsräumen, die Küstensäume verdichteten sich, während Gebirgs- und Binnenland sich entleerten. Industrieausweitung und Bevölkerungsansammlung lösten die Verschmutzung der Binnen- und Küstengewässer, die Verbauung der Küsten und auch die Luftverunreinigung mit Folgeschäden für den Menschen und seine Kunst- und Bauwerke aus. Außerdem hat der Überblick über die naturräumlichen Grundlagen gezeigt, wie jung der geologische Gesteinsaufbau Italiens und wie arm infolgedessen das Land an industriell nutzbaren Rohstoffen, an Erzen und fossilen Brennstoffen ist, die in anderen Ländern die Basis der Industrialisierung geboten haben (H. Wagner 1982).

Wie war es dennoch möglich, daß sich in Italien das „Wirtschaftswunder" der Nachkriegszeit ereignen konnte? Sind die Lage- und Verkehrsbedingungen, die Situation als Mole im Mittelmeerraum und die Verbindung mit West- und Mitteleuropa tatsächlich so günstig? Verfügt Italien über eine gut ausgebildete, erfindungsreiche und technisch fähige Arbeiterschaft, besitzt es genügend reiche Kapitalquellen für Investitionen, eine hochstehende Technik-Forschung und eine risikofreudige Unternehmerschicht? Wie wirksam sind die Eingriffe des Staates durch seine Wirtschaftspolitik, durch Kapitalbeteiligung und eigene Betriebe, insbesondere im lange vernachlässigten Süden? Wenn es auch im länderkundlichen Rahmen nicht möglich ist, solche und andere Fragen ausführlich zu erörtern, so müssen doch die wichtigsten, räumlich faßbaren Merkmale von Entwicklung, Struktur, Leistung und Verbreitung der Industrie dargestellt werden, damit sich der Leser ein verläßliches Bild der heutigen Situation machen kann (vgl. King 1985; Massi in Corna-Pellegrini/Brusa 1980).

Die Hauptphasen der Entwicklung

Italien gehört zu jenen europäischen Ländern, in denen sich deutlich eine *Frühphase* des produzierenden Gewerbes erkennen läßt die für die Industrieentwicklung bis in einzelne Standorte hinein Grundlagen geschaffen hat. Es finden sich immer wieder Beispiele für Persistenz, für das Beibehalten von Produktionsstandorten über die Zeit rohstoff- oder energiebedingter Standortbindung hinaus bis in die moderne Zeit. Diese Standortbindung war bei den meisten größeren Gewerbebetrieben aller Branchen die Ursache ihrer punkthaften Verteilung oder Streuung innerhalb des Landes mit der Häufung in den Markt- und Verbrauchszentren.

Schon zu Beginn dieser Phase, die wie im übrigen Europa von etwa 1500 bis in das zweite Drittel des 18. Jh.s reicht (Mikus 1978, S. 6), werden neue mechanische Geräte („Maschinen") für die gewerbliche Produktion genutzt. Typische Merkmale sind auch – in einer Zeit der politischen Zersplitterung – die Schutzzölle der einzelnen Territorien und die handwerklich-kleinbetriebliche Struktur des produzierenden Gewerbes, vor allem in den Städten (vgl. *Atlante Tematico* 1992, Tav. 73).

Im *Textilgewerbe* besaß Florenz z. B. mit seinen *arti*-Vereinigungen von Angehörigen u.a. des Wolle-, Seide- und Kürschnergewerbes auch die erste Gobelinmanufaktur Italiens von 1546 – 1737. Die Seidenverarbeitung war schon im 17. bzw. 18. Jh. in einigen Städten der Padania industrieähnlich konzentriert, so auch in den venezianischen Staaten. In Bologna, Racconigi südlich Turins und Bérgamo gab es *mulini da seta* zur Seidenverarbeitung mit einigen 100 Arbeitern. Überdimensioniert war ein 1678 – 1685 erbauter quasi-staatlicher Betrieb in Piacenza mit 290 Lohnarbeitern einschließlich Frauen und Kindern und 194 Heimarbeitern. Man kann ihn als erste mechanisierte Fabrik unter kapitalistischer Leitung ansehen (Poni 1978). Schafwolle aus der Fernweidewirtschaft und die reichen Wasserkräfte bestimmten die Standorte des Textilgewerbes am Ausgang der Alpentäler, dessen Tradition in den Zentren von Biella im Piemont und Schio in Venetien auch in den jüngeren Epochen der Verarbeitung von Baumwolle und Kunstfasern fortlebt.

Im *Eisengewerbe* war die Nachbarschaft von Erzgruben (Elba), vom Wald mit seiner Holzkohle und von den reichen Wasserkräften der Gebirgsbäche entscheidend. Aus frühen Wurzeln entwickelte sich die eisenschaffende und -verarbeitende Industrie in den Tälern der Südalpen, die bis heute im Aostatal (Cogne) und in der Umgebung von Bréscia mit den Kleinstahlwerken der *Bresciani* aktiv ist (Fumagalli 1978). Durch Spezialisierung sind Krisenzeiten überwunden worden, z.B. mit der Besteckproduktion in Lumezzane (Bartaletti 1978). Ganze Dörfer, wie Laorca am Comer See, lebten vom Eisen (Sella 1974, 1978). Der Holzmangel nach der übermäßigen Entwaldung erschwerte bald die Brennstoffversorgung. Es folgten zum Teil Aufforstungen. Die in den Venetischen Alpen vorherrschenden Fichtenbestände gelten als Folge der abgetriebenen Buchenwaldungen im Gebiet ehemaliger Bergbau- und Hüttenstandorte (Cucagna 1961). Militärische Belange brachten die Eisenverarbeitung und Waffenproduktion in die Städte. Im 13. Jh. waren im Arsenal von Venedig, das schon Dante beschrieben hat, etwa 16000 Arbeiter im Schiffbau, bei der Produktion von Kanonen, von Waffen und Pulver tätig. In der Militär- und Residenzstadt Turin legte der König von Savoyen in zwei Militärarsenalen die Grundlage für die Eisen- und mechanische Industrie. Im Vergleich zur frühneuzeitlichen Eisenerzeugung Gesamteuropas war freilich diejenige Italiens sehr gering.

An den Rändern der Alpen und des Apennins fand auch die *Papierfabrikation* geeignete Standorte. Mit ihr blühte im 14./15. Jh. die Stadt Fabriano in den Marken auf, wo noch heute Spezialpapiere hergestellt werden. Eine geschätzte Papiersorte lieferten auch die Mühlen des Liritals in Latium (Prov. Frosinone). Und über das ganze Land verstreute sich die *Verarbeitung agrarischer Produkte* z.B. in Getreide- und Ölmühlen.

In der folgenden *zweiten Phase*, vom zweiten Drittel des 18. Jh.s bis um 1890, nahm die *Mechanisierung*, teilweise mit räumlicher Konzentration, kräftig zu. Fördernd wirkten sich die offenen Grenzen in der Napoleonischen Periode durch den wirtschaftspolitischen Einfluß Frankreichs auf Piemont und Österreichs auf die Lombardei und Venetien aus (Corna-Pellegrini 1974, S. 113). In Turin entstanden an der Dora Ripária, die der Waffenfabrik Energie lieferte, Werkssiedlungen, die 1851 schon 20000 Einwohner beherbergten. Einen weiteren kräftigen Anstoß gaben die Gründungen von Eisenbahnwerkstätten und der Bahnbau sowie der Auf- und Ausbau von Kommunikationsnetzen. Im Piemont wurden bis 1860 1303 km Bahnlinien fertiggestellt, in der Toskana 256 km. Um 1840 begann mit der Baumwollverarbeitung in der Lombardei und vorwiegend in und um Mailand der Aufbau einer Textilindustrie, welche die Massenproduktion aufnahm. Kennzeichnend waren das rasche Wachstum und der Einfluß deutscher und schweizerischer Unternehmer (Dalmasso 1971, S. 128f.). In der Seidenindustrie betätigten sich Franzosen. Freilich herrschten erschreckende soziale Verhältnisse; z.B. setzte sich die Arbeiterschaft im Mailand des Jahres 1833 aus 18 % Kindern ab fünf Jahren, 24 % Frauen und 58 % Männern zusammen. Trotz zahlreicher weiterer großer Betriebe und unter Berücksichtigung der allmählich aufkommenden chemischen Industrie war die lombardische Metropole noch nicht durch ihre Industrie, sondern wie seit jeher durch ihre Handelsfunktion geprägt

Um 1850 fiel Neapel im Industrialisierungsgrad hinter Mailand nur wenig zurück (Vöchting 1951, S. 79; Ruocco 1965). Die seit alters einheimische Seidenraupenzucht und Seidenverarbeitung erlebte jetzt zwischen Kampanien und Réggio di Calábria einen Aufschwung. In Eisenwerken, Werften und Maschinenfabriken wurde am Golf nordwestlich von Pórtici produziert, u.a. im Werk Pietrarsa. Nach Pórtici fuhr 1839 die erste Bahn Italiens; Lokomotiven und Waggons wurden hergestellt. Dennoch hatte der Süden bis 1860 erst eine Streckenlänge von nur 98 km. Unter der Protektion der bourbonischen Regierung blühte die Wollindustrie in vielen Orten des Liritals (Latium/Kampanien) auf, begünstigt durch dessen Wasserkräfte, so daß man vom *Valle delle indústrie* sprach (Ruocco 1965, S. 609). In der erwähnten Papierindustrie wurde die Tradition fortgesetzt.

Nach dem Zusammenschluß der Einzelstaaten ab 1860 hielt der langsame Aufschwung in regional unterschiedlicher Weise an, brachte aber erst kurz vor der Jahrhundertwende einen wirklichen Umschwung und den Beginn der *dritten Entwicklungsphase*, die bis zum Ersten Weltkrieg andauerte. Der Eisenbahnbau kam vorwiegend dem Norden zugute. Die vom Staat hoch subventionierte Bahn (*Ferrovie dello Stato*) wurde von ausländischen Gesellschaften gebaut, nur die Firma Ansaldo in Genua war an Materiallieferungen beteiligt. Die Entnahme von Eichenholz für die Herstellung von Bahnschwellen schädigte die Wälder im Süden sehr. Der Freihandel förderte die Industrialisierung zunächst kaum, weil an ihm neben der Textilindustrie nur die norditalienische Landwirtschaft teilhatte. Erst während der gesamteuropäischen Hochkonjunktur der frühen siebziger Jahre wurden im Norden große Aktiengesellschaften gegründet, wie die Pirelli-Gummiwerke (1872) und Círio in der Zucker- und Lebensmittelindustrie (1874). Das Industriedreieck Mailand – Turin – Genua zeichnete sich ab; allerdings fehlte ihm die Stahlindustrie fast vollständig. Deshalb konnte sich die weiterverarbeitende Eisen- und Maschinenbauindustrie zunächst nur zögernd entwickeln.

Weil die Landwirtschaft allein im Nordwesten modernisiert worden war, hatten Venetien und der Süden mit seinem rückständigen, extensiven Getreidebau unter der Konkurrenz des billigen amerikanischen Getreides zu leiden, so daß die Agrarkrise und die daraufhin folgende Auswanderung der Menschen nicht aufzuhalten waren. Die Regierung, die kein Mittel zur Hilfe fand, traf im Zusammenhang mit der ehrgeizigen Außen- und Kolonialpolitik eine politische Entscheidung und stützte den Aufbau der Schwerindustrie zugunsten von Heer, Marine und Eisenbahnbau (Lill 1980, S. 219; Mikus 1981). In strategisch sicherer Binnenlage Umbriens entstand in Terni 1875 die *Régia Fábbrica d'Armi*, die auf der Braunkohle von Spoleto und den reichen Wasserkräften der Nera und des Velino gründete. Trotz ihrer isolierten Lage entwickelte sich diese Wirtschaftsinsel mit den Stahlwerken von 1884 und anderen Betrieben weiter (Albertini 1965). Die Industrialisierung brachte zwar dem Norden und einigen Orten in Mittelitalien den Aufbruch in das Industriezeitalter, unterdessen fiel aber der Süden zurück. Italien spaltete sich in ein hochmodernes Wirtschaftsgebiet im Norden und ein geradezu archaisches im Mezzogiorno. Die Gegensätze verstärkten sich, und die heftigen Auseinandersetzungen über die Südfrage beherrschten seitdem die öffentliche Diskussion (Lill 1980, S. 221).

Norditalien erlebte die *Phase der industriellen Revolution* und den Einstieg in die Weltwirtschaft in den 1890er Jahren, d. h. im Vergleich zu Frankreich (1830) oder Deutschland (1850) wesentlich später. Merkmale für die sprunghafte Entwicklung sind die Stahlwerksgründungen an der Küste und in der Nähe von Erz und Kalk, wie in Piombino 1897 mit Maremmen-Braunkohle (Innocenti 1965) und in Portoferráio auf Elba 1898 auf Holzkohlebasis (im Zweiten Weltkrieg zerstört). 1899 gründete Giovanni Agnelli das Fiat-Werk in Turin, 1905 errichtete der Ilva-Konzern mit Staatshilfe aus einem Sondergesetz für Neapel das einzige Stahlwerk der Zeit im Süden, die Ferriere Ilva in Bagnoli bei Neapel (1991 geschlossen).

Die Ausnutzung der alpinen Wasserkräfte zur Elektrizitätsgewinnung gab Metallverarbeitung, Maschinenbau und chemischer Industrie Auftrieb. Turin und das gesamte Industriedreieck verschafften sich dadurch einen erheblichen Standortvorteil. Die Gründung des damals größten Kraftwerks Europas an der Adda bei Paderno im Jahr 1898 durch die Edison-Gesellschaft bedeutete den Beginn der Elektrizitätswirtschaft auf der Basis von Wasserkraft. Erstmals konnte Strom über die Entfernung von 32 km nach Mailand geführt werden (Dalmasso 1964). Daraus zogen die neu entstehende Elektroindustrie und besonders die Zementindustrie Gewinn. 1906 bildete sich der Kern der späteren Gesellschaft Italcementi in Bérgamo. 1916 begann die Stromerzeugung durch Nutzung der geothermischen Energie der Soffioni von Larderello in der Toskana. Während der Kriegsjahre 1915–1918 hatten Textilindustrie und Maschinenbau durch die Produktion von Kraftfahrzeugen und Flugzeugen ein kräftiges Wachstum. In der chemischen Industrie begannen dank der elektrischen Energie die Sprengstoff- und die Düngemittelherstellung.

Die wichtigsten Industriestandorte Italiens sind damit für Jahrzehnte festgelegt; es kamen lediglich die vom Staat gegründeten hinzu, wie Marghera/Venedig, Livorno u.a. (Corna-Pellegrini 1974, S. 141). Das übrige Italien, besonders der Süden mit seinem chronischen Energiemangel, der bislang jegliche unternehmerische Initiative behindert hatte, sollte noch lange von der Industrialisierung ausgeschlossen bleiben. Trotz der großen Fortschritte in der Ära des Premierministers Giolitti (1903–1913) fehlten viele der nötigen Voraussetzungen für die weitere Entfaltung, so daß Italien am Ende des Ersten Weltkriegs ökonomisch ein halbentwickeltes Land war (Ricossa 1980).

Das Jahrzehnt nach dem Ersten Weltkrieg bis zur Weltwirtschaftskrise stand unter dem Zeichen der *liberalen Wirtschaftspolitik des Faschismus*, der von den großen Finanz- und Industriegruppen kräftig gefördert wurde (Dalmasso 1971, S. 177). Verkehrslage, hohe Bevölkerungsdichte und elektrische Energie waren im Norden günstige Voraussetzungen für den Erfolg der wirtschaftspolitischen Ziele. Nicht zuletzt diente die Rüstungspolitik dazu, die große Arbeiterschaft zu versorgen. Die Vorkriegssituation fand nach der Krise von 1920 ihre Fortsetzung, z. B. mit einem Neubeginn am geplanten Hafenstandort Marghera/Venedig. Dort ging es darum, die reichen hydroelektrischen Energien der Venetischen Alpen zu nutzen, was zunächst mit Werften, Glas- und Kokswerken und schließlich mit Aluminium-, Stahl- und Kupferhütten geschah (*Diercke* 1996, S. 105/3). Bei der Düngemittelerzeugung und anderer chemischer Industrie beteiligte sich der Montecatini-Konzern, der von seinem Zentrum in Mailand aus im ganzen Land tätig wurde. In der Textilindustrie, etwa durch die Snia-Viscosa-Gesellschaft, brachten die Kunstfasern Neuerungen mit sich. Die Maschinenindustrie wuchs erheblich. Mailand entwickelte sich durch seine Industrie und vor allem seine Banken zur Wirtschaftshauptstadt Italiens. Der Süden aber stagnierte weiterhin. Die wenigen Rohstoffe, wie Salz und der im internationalen Vergleich wenig reine Schwefel Siziliens, erlaubten die Entwicklung einer chemischen Industrie nicht (Colonna 1971; Tews 1980). Zieht man außerdem die Fernlage, das Fehlen einer ausgebildeten Industriearbeiterschaft und die große Kapitalarmut in Betracht, war im Mezzogiorno für Privatinvestitionen kein Gewinn zu erwarten. Die Risiken überwogen die Ansiedlungsvorteile bei weitem (Tichy 1961).

Die *Weltwirtschaftskrise* (1929–1932) erzwang in Italien, ebenso wie in anderen Ländern Europas, die staatliche Hilfe für deren Opfer. Um die in Schwierigkeiten geratenen Banken zu stützen und damit den betroffenen Betrieben zu helfen, wurde 1933 der *Istituto per la Ricostruzione Industriale* (IRI) gegründet, der durch seine Tätigkeit bald als Eigentümer zahlreicher Unternehmen auftrat. In Staatseigentum befanden sich nach 1936 fast die gesamte Eisen- und Stahlindustrie, der Schiffbau, das Transport- und Fernmeldewesen, außerdem ein geringer Teil des Maschinenbaus, der chemischen und anderer Industrien. In Verbindung mit der neugegründeten staatlichen *Banca d'Italia* war dieses Organ das geeignete Mittel, um bei voller Staatskontrolle die nötige Infrastruktur für eine moderne Wirtschaft zu schaffen. Eisenbahnen und Autostraßen wurden verbessert, vor allem der Maschinenbau gefördert und eine Handelsflotte aufgebaut. Die Prestigepolitik des faschistischen Regimes führte zur Beteiligung von großen Passagierschiffen am Wettbewerb um das „Blaue Band" auf der Atlantikroute. Mit der Gründung der *Azienda Generale Italiana dei Petroli* (AGIP) 1926 zeichnete sich die Bedeutung der Kohlenwasserstoffe für Energie und Chemie in der Zukunft ab.

Die liberale Wirtschaftspolitik wurde in den dreißiger Jahren von der *Selbstversorgungspolitik des Faschismus* abgelöst. Aus

Gründen der Kosten- und Zeitersparnis – es galt möglichst rasch Erfolge vorzuweisen – stärkte man alte Strukturen und Standorte im Norden zum Nachteil des Südens (Vöchting 1951, S. 571 f.). Im Süden blieb es beim Ausbau der Konservenindustrie, die ebenso den Autarkiebestrebungen entsprach wie die rasch gewachsene Zellstoffindustrie. In Fóggia wurde ab 1937 nach dem Verfahren der Snia-Viscosa zur Nutzung einjähriger Pflanzen für die Zelluloseproduktion Weizenstroh verarbeitet. Im Norden begann 1938 eine entsprechende Erzeugung im Betrieb von Torviscosa (Údine) auf der Grundlage von Schilfrohr (*Arundo donax*; Paschinger 1961). Vorrang genossen hier aber Metallverarbeitung, Maschinenbau und mechanische Industrien. Die höchsten Zuwachsraten hatten zwischen 1928 und 1938 Elektrizitätsproduktion, Elektroartikel, Gußeisen, Bauxitförderung und Aluminiumerzeugung (Vöchting 1951, S. 576), und die elektrochemische Industrie nahm ihren Anfang. Die Schwerindustrie war im europäischen Vergleich mit 2 Mio. t Stahlerzeugung 1938 noch immer von recht geringer Bedeutung (Deutsches Reich: fast 22 Mio. t).

Zerstörte Fabriken, besonders im Süden, der das Hauptkampfgebiet gewesen war, belasteten die *wirtschaftliche Lage Italiens und seine Industrie nach dem Ende des Zweiten Weltkriegs*. Im Norden konnte die Erzeugung zwar wiederaufgenommen werden; doch wurde sie wegen des Mangels an Devisen, der den Rohstoffimport einschränkte, behindert. In der mechanischen und der Textilindustrie gab es ein großes Angebot an unbeschäftigten Arbeitskräften, und die Arbeitslosigkeit begünstigte die rasch anschwellende Inflation. Es herrschte Mangel an Nahrungsmitteln und ebenso an Grundstoffen, wie Kohle, Zement, Stahlwaren, und an elektrischer Energie.

Dank verschiedener Hilfsprogramme, bis 1946 UNRRA, dann Interimshilfe, ab 1948 durch das Europäische Wiederaufbauprogramm (ERP) und dank einer energischen Geldmarktpolitik war die Krisenzeit nur kurz. Die Auslandshilfe machte die freie oder halbfreie Einfuhr von Getreide, Kohle, Erdöl und Industrierohstoffen möglich; es konnte der medizinische Bedarf befriedigt werden, und Industrieausrüstungen gelangten ins Land (Ricossa 1980). Die Stabilisierungsmaßnahmen der Regierung waren erfolgreich, Auslandskapital strömte ein. Die Produktion stieg 1949–1963 jährlich um durchschnittlich 8,1 %. Dabei veränderte sich die Angebotsstruktur von Grund auf; denn Italiens Bevölkerung verwandelte sich jetzt in eine Verbrauchergesellschaft. Hochkonjunktur hatten die wertvolleren Konsumgüter, etwa Autos oder elektrische Hausgeräte u. ä.; die mechanisierte Massenproduktion befriedigte die Nachfrage im Inland und allmählich auch im Ausland. Als Ursachen des „Wirtschaftswunders" (*miracolo económico*) lassen sich, außer den schon genannten, noch weitere hervorheben: das niedrige Startniveau, die staatliche Investitionsförderung, vor allem aber das große Arbeitskräfteangebot, das niedrige Löhne zuließ. Außerdem waren die Industrieprodukte auf dem Markt der EG konkurrenzfähig geworden. Italien stieg schließlich mit 27,7 Mio. t (1995) zum zweitgrößten Stahlproduzenten der EU nach Deutschland mit 42 Mio. t und zum größten Importeur von Schrott in der Welt auf.

Das Energieproblem

Entscheidenden Einfluß, gerade auch auf die beginnende Industrialisierung im Süden, übte nach dem Zweiten Weltkrieg die völlig geänderte Energiesituation aus; das alte, schwerwiegende Energieproblem des Staates schien gelöst. An die Stelle von Kohle trat *Erdöl* als Hauptbrennstoff. Jetzt machte sich der Lagevorteil der süditalienischen Häfen zu den Erdölländern des Orients geltend. Der Bau von Raffinerien ermöglichte massive Rohölimporte (1963: 46, 1994: 109 Mio. t). Es entstanden Spezialhäfen für Tankerlöschanlagen mit angeschlossener petrochemischer Industrie, deren Produkte sich exportieren ließen, wie bei Ravenna, Venedig und Triest, aber auch

Bild 57: *Erdölraffinerie von Sarroch-Porto Foxi (Sardinien)*

im Süden, u.a. in Bríndisi und Tarent in Apulien, Syrakus-Augusta, Milazzo und Gela in Sizilien, Porto Torres bei Sássari und Porto Foxi bei Cágliari in Sardinien (Bild 57). Italien verfügt inzwischen nach Deutschland (113 Mio. t) über die größte Rohölverarbeitungskapazität Westeuropas (1994: 102 Mio. t; EU 637 Mio. t). Wichtigster Rohöllieferant mit 43 % der Importmenge ist (1996) Libyen, gefolgt von den Golfstaaten (35 %).

Eine gewisse Entlastung für den Import brachten die geringen *Ölfunde* im Lande selbst, in der Padania, auf Sizilien (Gela, Ragusa) und neuerdings – umfangreicher – in der Basilicata, oder in kleinen *off shore*-Vorkommen der Sizilischen Straße und der mittleren Adria. Viel wichtiger als diese begrenzten und sich teilweise bald erschöpfenden Lagerstätten wurden jedoch die *Methanfunde* in der Padania (Bild 58), in der Adria und auf der Ostseite des Apenninenbogens bis nach Innersizilien (H. Wagner 1982, S. 29). Erdgasleitungen von ca. 27 000 km Länge verbinden sie mit den Verbraucherzentren in Städten und Industrien (Mayer 1982; *Diercke* 1996, S. 56/1). Die Förderung stieg von 1950 mit 510 Mio. m³ rasch auf 8 Mrd. (1965), 14 Mrd. (1981) und 20 Mrd. m³ (1995), so daß etwa 9 % des Energieverbrauchs (1990) auf diese Weise gedeckt sind. Der Verbrauch für Heizungszwecke kann nur durch weitere Importe befriedigt werden (1994: ca. 29 Mrd. m³); doch sind Modernisierungen, z. B. umweltfreundliche Anlagen in Milazzo und Tarent, und vor allem Erweiterungen geplant. So ist man bei *off shore*-Bohrungen in der nördlichen Adria 1991 auf neue Erdgasfelder gestoßen, welche die noch nicht genutzte Erdgaskapazität hier auf 70 Mrd. m³ erhöhen; das ist etwa ein Viertel der gesamten Reserven des Landes (*Italien* 1992, S. 67) (Abb. 67).

Das *Erdgasnetz* steht in Verbindung mit dem europäischen Netz für Lieferungen aus Holland und Rußland über die Transeuropa-Naturgas-Pipeline (TENP) und die Trans-Austria-Gasleitung (TAG). Schiffe bringen verflüssigtes Gas von Nord- und Westafrika (Libyen, Algerien, Nigeria) zum Terminal Panigáglia im Golf von La Spézia; von Algerien her führt eine Rohrleitung über Cap Bon/Tunesien nach Mazara del

Abb. 67: *Erdöl und Erdgas*

(nach Atlante Tematico 1992, Tav. 72)

Vallo in Südwestsizilien (Transmed-Pipeline) mit Anschluß an das italienische Gasnetz (Fornaro 1980), deren Kapazität (1990: 12 Mrd. m^3) noch verdoppelt werden soll. Auch für *Öltransporte* nach Mitteleuropa ist der Lagevorteil Italiens wirksam genutzt worden, nämlich für die transalpinen Leitungen CEL vom Ölhafen Multedo bei Genua nach Ingolstadt, für die TAL von Triest nach Ingolstadt und die abzweigende AWP nach Wien, sowie von Multedo über Aosta nach Aigle bei Lausanne. Die staatliche Energieholding *Ente Nazionale Idrocarburi* (ENI) kontrollierte bis Anfang der neunziger Jahre mehr als ein Drittel des italienischen Erdölmarktes und das gesamte Erdgasnetz (*Italien* 1992, S. 68).

Wärmekraftwerke auf Erdölbasis übertrafen in der *Elektrizitätsproduktion* der Nachkriegszeit sehr bald die bisher vorherrschen-

Bild 58: *Anfänge der Erdgasgewinnung in der südlichen Po-Ebene bei Cortemaggiore 1962 (Prov. Piacenza)*

den, stark ausgebauten Wasserkraftanlagen (*Diercke* 1996, S. 57). 1957 lieferten diese drei Viertel der Stromversorgung, inzwischen nur noch ein Fünftel (Abb. 68). Von 1957 bis 1995 ist die Elektrizitätserzeugung um mehr als das Fünffache gesteigert worden, im Süden auf das Sechseinhalbfache, auf den Inseln, wo das Ausgangsniveau besonders niedrig war, auf das Zwanzigfache. Auf solche Weise sind die erdölbetriebenen Kraftwerke Siziliens an die vierte Stelle im Rang der Elektrizitätserzeugung gerückt, nach Venetien, Lombardei und Latium, gefolgt von Ligurien, Apulien, Toskana und Emília-Romagna. Die großen Energiemengen werden auf Sizilien und Sardinien jedoch keineswegs im erwünschten Maß für die Industrialisierung verwendet, sondern „exportiert". Die Inseln dienen der Rohstoffanlandung und -verarbeitung und leiden damit unverhältnismäßig stark unter der Umweltverschmutzung. Die Überschußmengen gelangen z. B. von Sizilien in einer gigantischen Hochleitung über die Straße von Messina aufs Festland. Dennoch bilden die neuen Wärmekraftwerke neben den reichlich vorhandenen Arbeitskräften und den hohen Subventionen die wichtigsten Voraussetzungen für die Gründung und den Ausbau von Industrieanlagen, vor allem für die Großindustrie an Hafenstandorten in Süditalien und auf den Inseln (Bild 56).

Um der immer drückender werdenden Abhängigkeit vom teuren Importrohöl ausweichen zu können, begann auch in Italien die Suche nach *alternativen Energiequellen*. Nach Vorläufern in den sechziger Jahren wurde, besonders im Gefolge der Erdölkrise 1974/75, der Bau von *Kernkraftwerken* vorangetrieben, obwohl es innerhalb der Staatsgrenzen nur geringe Uranvorkommen, z. B. in den Bergamasker Alpen, im Trentino und in Südtirol, gibt; Importe waren also ebenfalls unumgänglich. In der Nutzung der Kernenergie und in der Kernforschung durch den *Comitato Nazionale per l'Energia Nucleare* (CNEN) wurde der Anschluß an den modernen Stand erreicht. Weit gestreut liegen die Forschungszentren: Ispra (Prov. Varese), Salúggia (Prov. Vercelli), Casáccia am Braccianer See, Frascati (Prov. Rom) und Trisáia (Prov. Matera). Die drei ersten Kernkraftwerke geringer Leistung mit knapp 4 % der gesamten Elektrizitätserzeugung 1985 arbeiteten nach verschiedenen Verfahren in Trino Vercellese (165 MW), Foce

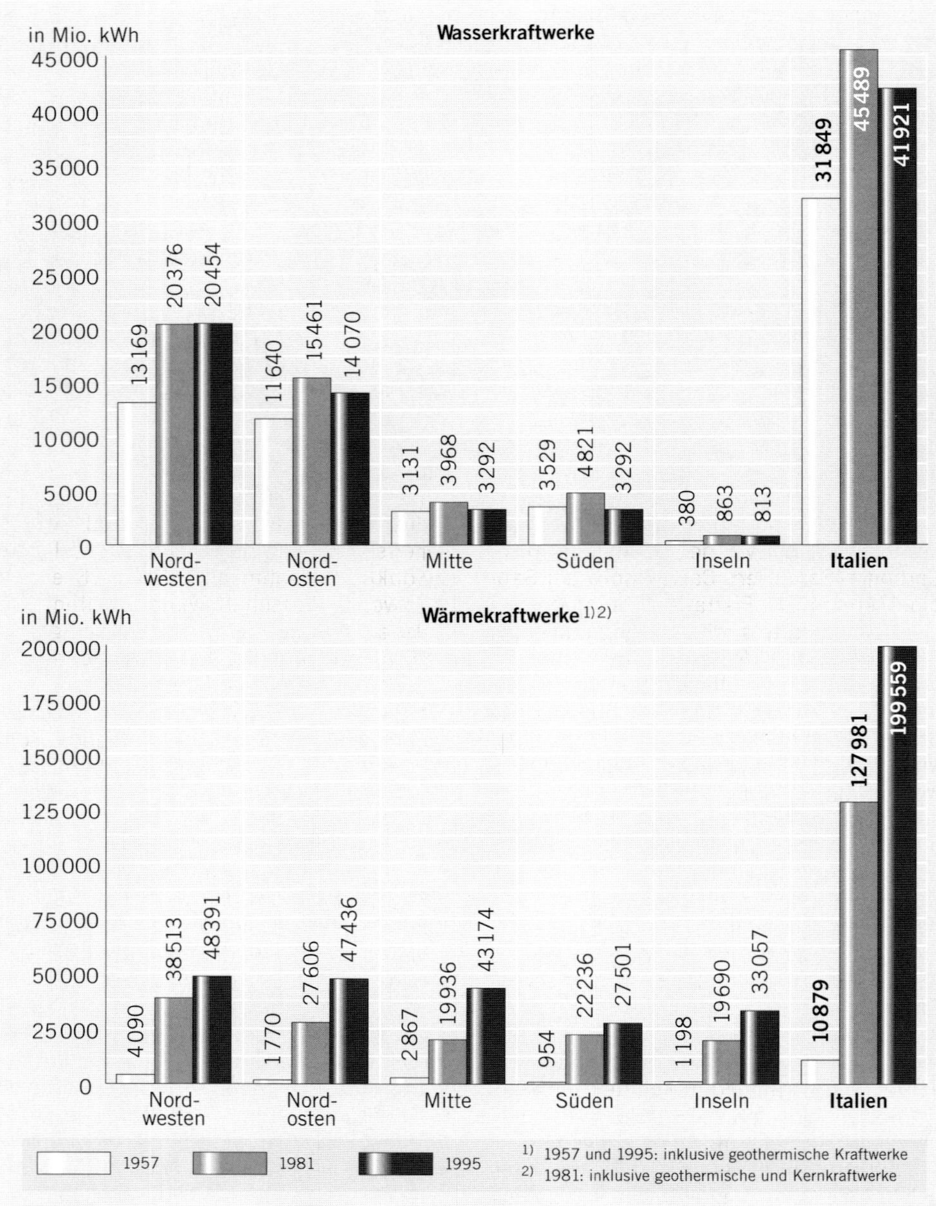

Abb. 68: *Die Nettoproduktion elektrischer Energie in den Großräumen 1957, 1981 und 1995*

(nach *Istat*, Ann. Stat. Ind. 1958, *Istat* 6 [1983] u. 1 [1996])

Verde bei Latina (200 MW) und an der Garigliano-Mündung nördlich von Neapel (230 MW). Vor dem bis dahin größten in Caorso östlich Piacenza (860 MW) sollte das von Montalto di Castro (Viterbo) 2000 MW Leistung erbringen, weitere acht waren vorgesehen. Allmählich wuchsen aber wie in Deutschland die Vorbehalte der Bevölkerung und die Furcht vor möglichen Gefahren. Die Öffentlichkeit bedrängte die Regierung immer mehr und besonders nachhaltig unter dem Eindruck der Katastrophe von

Tschernobyl. Nach einem Referendum verzichtete Italien schließlich 1987 (als einziges Land unter den westlichen Industriestaaten) auf die Erzeugung von Kernenergie. Dennoch wird seither elektrischer Strom aus französischen Kernkraftwerken bezogen. Die bestehenden Atomreaktoren dienen heute Forschungszwecken.

In Zukunft soll Erdöl durch die *billigere Kohle*, gleichfalls ein zu importierender Brennstoff (1995: 19 Mio. t), ersetzt werden. Die Wärmekraftwerke sind auf die Umrüstung eingestellt, neue geplant. In einigen Häfen müssen neue Verladeanlagen errichtet werden, unter anderem in Triest und Livorno. Auf die unbedeutenden einheimischen Braunkohlevorkommen kann man sich nicht stützen (1995 noch 0,47 Mio. t). Minen und Verarbeitungswerke sind entweder schon aufgegeben worden oder stehen vor der Schließung (u. a. Carbónia/Sardinien, Castelnuovo dei Sabbioni/Arezzo und Pietrafitta/Perúgia).

Gezeitenkräfte sind zu gering und nicht nutzbar, andere *Meeresenergien* technisch noch nicht zu bewältigen. Die lange Sonnenscheindauer im Süden hat zwar den Standort des ersten europäischen *Sonnenkraftwerkes* Eurelios bei Adrano am Südwestfuß des Ätna bestimmt; der teure Versuch bei geringer Leistung (1 MW) läßt auch bei einer Vielzahl solcher Anlagen keine Lösung des Energieproblems erwarten. Ähnliches gilt für die im Bau befindlichen *Windkraftwerke* in Süditalien. Trotzdem hat die italienische Regierung 1991 dem staatlichen Energieunternehmen ENEL weitere umfangreiche Mittel zur alternativen Energiegewinnung, vor allem für Solarprojekte, zur Verfügung gestellt (*Italien* 1992, S. 67). Immerhin könnten die stark geförderten privaten Warmwasser-Solaranlagen eine spürbare Entlastung bringen.

Industrialisierung und Energieverbrauch gehen im allgemeinen Hand in Hand; denn die Industrie ist stets der größte Konsument, zumal gerade die italienische Industrie sehr energieintensiv ist. Sie allein benötigte in den siebziger Jahren zwei Drittel, jetzt (1995) immer noch mehr als die Hälfte (56 %) der produzierten Energie. Verteilt auf die Bevölkerung errechnet sich die Verbrauchssteigerung von 700 kWh je Einwohner 1956 auf 4233 kWh 1995 (Deutschland: 6042 kWh). Das Rechenexempel ist sinnvoll, weil der Anteil für Haushalte und öffentliche Beleuchtung in den 40 Jahren, nicht zuletzt wegen der Elektrifizierung der Haushalte, von knapp 20 auf etwa 30 % zugenommen hat.

Mit steigenden Energiekosten, teuren Energieimporten (derzeit rund 60 % des Verbrauchs), daraus folgender negativer Zahlungsbilanz und hoher Inflation, die durch die gleitende Lohnskala stabil geblieben war, bei starker Arbeitslosigkeit, besonders im Süden, geriet Italien ab 1972 in wachsende wirtschaftliche und politische Schwierigkeiten. Sie machten sich in inneren Unruhen und in der Kapitalflucht bemerkbar. Das Anwachsen der von Gewerkschaften geführten Arbeitermassen war eine zwangsläufige Folge der Industrialisierung; sie aber wurde durch Arbeitskämpfe empfindlich gedrosselt; die Produktivität nahm ab. Man muß es für ein zweites Wirtschaftswunder halten, daß trotzdem ein reges Wirtschaftsleben gedeihen konnte und der Lebensstandard der Bevölkerung offensichtlich nicht litt.

Als eine Erklärung dafür bietet sich die oft gerühmte Fähigkeit des Italieners zum Improvisieren, d. h. zum unvorbereiteten Handeln („Durchwursteln") an. Weithin ist *Doppelarbeit* üblich, wenn ein zum Lebensunterhalt ausreichender Hauptberuf fehlt; aber sie wird auch von Angestellten und Beamten sogar der römischen Ministerien als „Wohlstandsdoppelarbeit" geleistet. Die versteckte, die *Schatten-* oder *Untergrundwirtschaft*, die auf irregulären Arbeitsverhältnissen beruht (z. B. Monheim 1981), umfaßt Schwarzarbeit und Kinderarbeit ebenso wie die Betätigung in der Unterwelt, die *malavita* mit Schmuggel und vielem anderem. In der Textilindustrie, und zwar vorwiegend in Nordost- und Mittelitalien, ist sie als Heimarbeit bei hoher Spezialisierung üblich und wird überwiegend von Frauen geleistet. In Neapel trägt sie zur Produktion von Handschuhen, Schuhen, zur Korallenverarbeitung und anderem in hohem Maße bei. Der Ertrag der Untergrundwirtschaft wurde 1979 auf rund ein Viertel des Bruttoinlandsproduktes geschätzt; für die neunziger Jahre rechnet man für den „Arbeitsinput" in der *economia sommersa* im Verhältnis zur Gesamtbeschäftigung mit einem ähnlichen Wert von etwas über 20 % (*Istat* 10, 1997, S. 165), wobei der Schwerpunkt im Süden liegt.

Die Überlebens- und Anpassungskunst des Italieners hat als „Modell" im Ausland längst Nachahmung gefunden. „Für die Betroffenen ist ... [die Arbeit im Untergrund] eine Notlösung: ein schlechter Ersatz für einen Arbeitsplatz, den es nicht gibt." Aus sozialer Gerechtigkeit und nicht zuletzt wegen entgangener Steuern stellt sich die Aufgabe, den italienischen Arbeitsmarkt zu flexibilisieren, das „Informelle zu formalisieren", um die Beschäftigungskrise, besonders im Süden, zu überwinden (Namuth 1993, S. 206–212).

Hätte Italien – wie es dem Trend entsprach – schon vorwiegend eine konzentrierte Großindustrie und nicht noch weitgestreute Klein- und Mittelbetriebe und ein funktionierendes Handwerk innerhalb des sekundären Wirtschaftssektors gehabt (s. u.), dann wäre die Gegenreaktion auf derartige *Rezessionen*, wie sie mit den siebziger Jahren kamen, viel problematischer gewesen. Dennoch war die weitere Entwicklung zur Großindustrie und mit ihr die Konzentration in einigen Stadt- und Hafenstandorten unverkennbar. Schon im Jahrzehnt 1953–1963 zeichnete sich diese Tendenz in den Wachstumsdaten der „modernen Industrien" ab. In der Chemieindustrie stieg der Index der industriellen Erzeugung (1953 = 100) auf 264 %, in der Schwerindustrie auf 175 %, im Maschinenbau auf 113 %, bei Kohle- und Erdölderivaten auf 247 % und bei Transportmittelindustrien auf 255 %. Die Binnenwanderung nach Norden und der Bauboom in den Zielräumen können als raumwirksame Kennzeichen dieser Entwicklung gelten. Weitaus mäßigere Steigerungsraten der Industrieproduktion ergeben sich für die folgenden Jahrzehnte (1980–1991: 117 %, ähnlich 1991–1995); 1990 war die Bilanz sogar erstmals negativ, als die Erzeugung von Investitionsgütern zurückging und jene der Verbrauchsgüter stagnierte. Allerdings kam dieser Einschnitt unter anderen Rahmenbedingungen zustande. Ehe die aktuelle Situation der Industriewirtschaft besprochen werden kann, muß der Blick auf die typischen Betriebs- bzw. Unternehmensstrukturen und auf die damit zusammenhängende Frage der Industrialisierung des Mezzogiorno gelenkt werden.

Grundzüge der Betriebsstruktur

Das produzierende Gewerbe war 1991 wie bisher in allen Bereichen durch ein Überwiegen *kleiner und kleinster Betriebe* bestimmt, sowohl im verarbeitenden Gewerbe (*indústria manifatturiere*) als auch im Baugewerbe. Dort hatte die Hälfte aller Betriebe nur ein oder zwei Beschäftigte. Derartige Kleinstbetriebe jeder Art, von der Produktion bis zu Dienstleistungen, z. B. Taxiunternehmen, werden als *artigianato* bezeichnet. Nach den Gesetzen von 1956 und 1962 beschäftigen sie nicht mehr als neun Arbeitskräfte einschließlich der Familienangehörigen und drei Lehrlinge. Die Betriebe sind oft nur in geringem Maß mit Maschinen ausgestattet; im Unterschied zur Handwerkerschaft in Deutschland müssen die Betriebsinhaber keine Fachprüfung abgelegt haben (Barberis 1980, S. 10). Das Wort *artigiano* darf also nicht mit „Kunsthandwerker" übersetzt werden, zumal solche nur mit einem sehr kleinen Prozentsatz an der Gruppe der Kleinstbetriebe bis zu zehn Beschäftigten beteiligt sind. Über die gesetzliche Grenze hinaus ist die Grauzone beträchtlich; denn es werden häufig Hilfskräfte, besonders Frauen, zusätzlich beschäftigt (Alexander 1970). Die Betriebsgrößenklasse ist also verhältnismäßig stark in die Schattenwirtschaft eingebunden.

Ähnlich wie 1971 hatten 1991 fast 83 % der Betriebe aller Teilbereiche des produzierenden Gewerbes weniger als zehn Arbeitskräfte; 28 % aller Beschäftigten gehörten in die *artigianato*-Gruppe, im Baugewerbe sogar 46 %. Für die jüngste Vergangenheit stehen leider keine regional aufgeschlüsselten statistischen Daten zur Verfügung. Doch dürften die beträchtlichen Unterschiede im Verbreitungsbild, wie sie sich 1971 bzw. 1981 (Monheim 1981; *Atlante Tematico 1992*, Tav. 77) zeigten, trotz zwischenzeitlicher Schwankungen, z. B. Abnahme durch die Gründung der Großindustrie im Süden und Wiederanstieg unter dem Einfluß der Wirtschaftsunsicherheit seit den siebziger Jahren, im wesentlichen die Realität auch heute treffen: Im Nordwesten gehörten nur etwa ein Viertel, im Nordosten und in Mittelitalien ein bis zwei Fünftel, im Süden aber bis zu zwei Drittel der im produzierenden Gewerbe Beschäftigten der untersten Betriebsgrößenklasse an.

Wie in der Landwirtschaft gibt es in den vielen, oft viel zu kleinen Betrieben des verarbeitenden Gewerbes eine ungemein starke „Pulverisierung". Freilich ist sie nicht die Folge von Erbteilungen, sondern ein Ergebnis der Eigeninitiative kleiner Unternehmer, die sich trotz geringer Finanzmittel im Vertrauen auf ihr persönliches Können selbständig gemacht haben und außerdem den Anreiz von Steuer- und Versicherungsvorteilen ausschöpfen wollen. Vielfach sind es reine Reparaturwerkstätten, jedoch auch Zulieferbetriebe mit Teilfertigung für größere Unternehmen. Genossenschaftliche Zusammenschlüsse, die manche Nachteile wettmachen würden, gibt es nur selten. Die hohe Flexibilität der Erzeugung und die Anpassungsfähigkeit an die wechselnden Anforderungen des Marktes sind ein Grund für ihre fast ungebrochene Lebenskraft. Freilich fällt es manchen Familienbetrieben immer schwerer, beim technischen und organisatorischen Fortschritt mitzuhalten.

Kleinbetriebe mit 10–100 und *Mittelbetriebe* mit bis zu 250 Arbeitskräften spielen mit ihrem Arbeitskräfteanteil im verarbeitenden und im Baugewerbe eine größere Rolle. Bei ihnen ist ebenso wie in der *artigianato*-Gruppe noch das Können die Initiative und das Eigenkapital der Unternehmerpersönlichkeit bestimmend. Sie verdienen kräftige Förderung, weil sie die Industriestruktur ausgewogener gestalten. In der genannten Größenklasse sind in Nordost- und Mittelitalien, aber auch in der Lombardei und in Kampanien, besonders viele Arbeitskräfte tätig, deren Anteil sich immer mehr zum Positiven hin verändert hat. Der Nordosten zieht schon seit 1968 aus der Dezentralisierung und der Verlagerung der Fertigung, die aus verschiedenen Gründen in Gang gekommen ist, u. a. wegen zu großer Betriebe, Absentismus oder Streiks, Gewinn. Mittelitalien ist in diesen Prozeß etwas später einbezogen worden (s. u.).

Die Tendenz ging bisher zum *Großbetrieb* hin, der mit hohem Kapitaleinsatz, mit reichen Forschungsmitteln und ausgesuchtem Management den Bedürfnissen der modernen Wirtschaft am ehesten angepaßt zu sein schien. Die Direktionssitze der Gesellschaften, die Entscheidungszentren und die Werke mit der eigentlichen Industrietätigkeit sind heute oft räumlich weit getrennt (Pagetti 1979). Innerhalb von großen Unternehmen können große Betriebe an den verschiedensten Orten des In- und Auslandes und bei unterschiedlichsten Produktionsbereichen zusammengefaßt sein, was im Grunde das geographische Interesse an ihnen schwächen sollte, andererseits aber die Untersuchung von Verbundsystemen der Mehrwerksunternehmen auch wieder angeregt hat (Mikus 1979). Für Italien und für seine Industrieentwicklung im Süden sind sie besonders wichtig, weil es sich vielfach um Staatsunternehmen handelt. Andere arbeiten mit Auslandskapital oder sind Teilbetriebe und Teilunternehmen ausländischer Firmen.

Die höchsten Anteile an großen Mittelbetrieben (>250 Arbeitskräfte) und an Großbetrieben (>500 Arbeitskräfte) hat die Industrie des *Triángolo* im Nordwesten. Das beträchtliche Wachstum der obersten Größenklasse in der jüngeren Vergangenheit hängt einerseits mit dem Konzentrationsprozeß, d. h. den zahlreichen Unternehmensfusionen, am stärksten aber mit den staatlich geförderter modernen Großanlagen zusammen. Wo die Anteile der Großbetriebe schon vorher hoch waren, wie im Norden, ist die Änderung geringfügig, wo dagegen, wie im Süden, Großbetriebe weitgehend fehlten, ist die Verschiebung am größten. Beispielsweise hatten Apulien und die Basilicata in den siebziger Jahren die größten Zunahmeraten. Gleichzeitig nahm damit im Mezzogiorno der Anteil der in den traditionellen Sparten des produzierenden Gewerbes Tätigen besonders stark ab, d. h. außerhalb der erst in neuerer Zeit entwickelten modernen Bereiche, wie der hochtechnisierten Metallindustrie, der Transportmittel, der chemischen und der Gummiindustrie (Monheim 1981).

Die staatliche Einflußnahme

Damit rückt die Frage in den Mittelpunkt, wie sich denn die Industrialisierung im lange vernachlässigten Mezzogiorno nach dem Zweiten Weltkrieg abgespielt hat. Um den Wesenszug des Ablaufs herauszustellen, muß zunächst noch einmal auf die spezifisch italienische Tradition der staatlichen Einflußnahme auf wirtschaftliche, vornehmlich industrielle Entwicklungsprozesse im 20. Jh. hingewiesen werden.

Schon der junge Einheitsstaat hatte besonders um die Jahrhundertwende die beträchtlich verzögerte Industrieentwicklung zu beschleunigen gesucht. Als Beispiele seiner Tätigkeit wurden das Stahlwerk Terni (1884), das im Sinne einer Industrieplanung dank seiner Energiegrundlage auch zum Kristallisationskern einer vielseitigen Industrie geworden ist, und das Stahlwerk von Bagnoli bei Neapel (1905) bereits erwähnt. Auf die Werftindustrie wirkte der Staat ebenfalls recht früh ein, und die 1905 verstaatlichten Eisenbahnen waren in der Lage, die Industriepolitik mit ihrer Tarifgestaltung zu beeinflussen. Wirtschaftskrisen, insbesondere die von 1929, weiteten den Staatseinfluß bedeutend aus, der mit dem beherrschenden Instrument des IRI 1933 endgültig auf den Plan trat (s. o.).

Immer wieder griff die öffentliche Hand auf verschiedene Weise direkt und indirekt in Gemeinden und Regionen ein, und es wurde versucht, durch Steuer- und Zollpolitik und vielseitige Gesetze die Industrieentwicklung zu steuern (Mikus 1981). Im Norden war das Ziel der Industrieplanung unter anderem, den Raum Turin zu entlasten und innerhalb von Piemont neue Schwerpunkte zu fördern. Der Nordosten erfuhr eine sehr erfolgreiche Förderung, mit der es gelang, das alte Auswanderungsgebiet wirtschaftlich zu stabilisieren.

Nach dem Zweiten Weltkrieg sind wie in der vorausgegangenen Zeit anfangs noch vorwiegend Grundstoffindustrien als moderne Großbetriebe ausgebaut worden. Die geänderte Energiegrundlage machte gewaltige Investitionen nötig und verlangte ein völliges Umdenken gerade auch in der Standortplanung für Raffinerien und petrochemische Anlagen. Eines der mit der staatlichen Lenkung verfolgten Ziele ist sehr rasch erreicht worden, nämlich die Stärkung der internationalen Wettbewerbsfähigkeit. Dem zweiten wichtigen, vom geographischen Standpunkt vorrangigen Ziel, einen Ausgleich der höchst unterschiedlichen wirtschaftlichen Produktivität innerhalb des Landes selbst herbeizuführen, hat Italien sich aber bei weitem nicht so nähern können, wie sich die damit befaßten Institutionen erhofft hatten.

Das Prinzip der *Staatsbeteiligung*, das in Italien größere Bedeutung hat als in den meisten übrigen Ländern der EG, blieb in der Nachkriegszeit nicht nur bestehen, sondern weitete sich, ohne wirkliche Planung – was oft kritisiert wurde – in Form der *Staatsindustrie*, kontrolliert vom *Ministero delle partecipazioni statali*, beträchtlich aus (Bisaglia 1975). *Staatliche Banken* bildeten dabei die eigentliche Basis. Die ursprüngliche Aufgabe der finanziellen Hilfe in Krisenzeiten, die Übernahme konkursreifer Betriebe, stellte sich nämlich erneut, gerade bei der Groß- und Schwerindustrie.

Jedenfalls wuchsen im Laufe der Nachkriegsentwicklung IRI und ENI zu den größten Staatsholdinggesellschaften unserer Zeit heran.

Besonders der Industriekomplex des IRI vergrößerte sich beträchtlich. 1962 kam unter anderem eine Beteiligungsgesellschaft für die weiterverarbeitende Industrie (*Ente Partecipazioni e Finanziamento Industria Manufattiera* – EFIM) hinzu. Er umfaßte schließlich Finanzierungsgesellschaften für Stahlindustrie (*Finsider*), Elektrizitätswirtschaft (*Finelettrica*), Handelsmarine (*Finmare*), Schiffbau (*Fincantieri*), mechanische Industrie (*Finmeccanica*) und andere. Direkte Beteiligungen hatte der Staat durch IRI bei Rundfunk und Fernsehen (RAI), im Flugverkehr (*Alitalia*), bei Autobahnen und Straßen (*Autostrade*, *Italstrade*) und der Nachrichtenübermittlung (*Telecom Italia*). Geringere Anteile an vorwiegend privaten Unternehmen wie Montecatini (1966 Montedison) und Terni folgten. 1983 war der IRI mit 1200 Firmen und 550000 Beschäftigten eine der größten Holdinggesellschaften der Welt, aber auch eine mit den höchsten Verlusten.

Mit dem Kern der AGIP, symbolisiert durch den schwarzen sechsbeinigen Höllenhund auf gelbem Grund, entwickelte sich der ENI ganz ähnlich zu einem internationalen Erdöl- und Erdgas-Riesenimperium. Er umfaßte die drei Hauptgesellschaften für Forschung und Exploration (AGIP *minerária*), den Atomwirtschafts- und Forschungsbereich (AGIP *nucleare*), den Bereich Raffinerien und Petrochemie (AGIP *petroli*) und den Bereich Transport und Verteilung von Erdgas (SNAM), unter anderem mit den Gasleitungen nach Deutschland, aber auch Unternehmen im Textilbereich und im Maschinenbau (Tescon). Eine Liste von 1974 (Bisaglia 1975) zählt allein 268 Unternehmen im In- und Ausland auf, an denen der ENI mit mehr als 10% beteiligt war. Darunter befand sich auch eine Beteiligung an dem bisher rein privaten Großunternehmen Montedison.

Die Industrialisierung des Mezzogiorno

Diese Staatsholdinggesellschaften haben bei der Industrialisierung des Südens die wichtigste Rolle übernehmen müssen, in geringerem Maße waren und sind auch private in- und ausländische Unternehmen beteiligt. „[Der] IRI ist mit seinen Investitionen im Mezzogiorno der Maxime gefolgt, daß in einem Gebiet, in dem die Gründung großer Industriebetriebe mit einem besonderen Risiko verbunden ist, dieses Risiko vom Staat übernommen werden muß; weiterhin ging man von der Annahme aus, daß erst nach Gründung von Industriegiganten in diesem Raum mit der Ansiedlung von kleineren und mittleren Privatbetrieben zu rechnen sei. Ein besonders gutes Beispiel für diese Denkweise ist die Errichtung des Stahlwerkes in Tarent“ (Schinzinger 1970, S. 171). Das theoretische Konzept der Entwicklungspole im Sinne von Perroux (1955) hatte also einen hohen Rang.

Schon 1957 wurden die *Staatsunternehmen* veranlaßt, 40 % ihrer gesamten Investitionen und 60 % ihrer Neuinvestitionen im Mezzogiorno anzulegen. In der zweiten Phase der „gezielten Industrialisierung“ leisteten sie tatsächlich 48,5 % aller dort durchgeführten Investitionen, vor allem in den Finanzierungsbereichen von IRI und ENI. Aber erst in der dritten Phase der „geplanten Industrialisierung“ setzten sie sich mit dem Aufbau großer Betriebe der Grundstoffindustrien durch, die zu „Katalysatoren“ der weiteren Entwicklung werden sollten. Nach einem Gesetz von 1971 erhöhten sich die Anteile auf 60 bzw. 80 % bis 1980 (Podbielski 1978, S. 72). Das mußte zwangsläufig zur Gründung von überwiegend kapitalintensiven Betrieben führen (H.-G. Wagner 1977). So kommt es, daß die Staatsbeteiligung in manchen Industriegruppen besonders groß ist, z. B. mit über 50 % der Beschäftigten in der Eisen- und Stahlindustrie, bei der Verarbeitung bergbaulicher Produkte und in der Transportmittelindustrie. Nach einer Analyse der Eigentümerstruktur der süditalienischen Industrie gehörten 1977 21 % von den mehr als 300000 in den erfaßten Betrieben Beschäftigten zu Unternehmen der öffentlichen Hand, 21 % zu privaten Unternehmen Nord- und Mittelitaliens, etwa 10 % zu ausländischen Gesellschaften und fast 44 % zu süditalienischen Unternehmen (Brusa/Scaramellini 1978; Mikus 1981).

Ein hoher Anteil von mehr als 25% der in Staatsbetrieben Beschäftigten wurde in den bisher kaum industrialisierten Regionen Basilicata (32,2 %) und Abruzzen, aber auch in weiter entwickelten, wie Apulien, Sizilien und Kampanien, schon durch wenige Werke hervorragender Größe erreicht. Am größten war der Anteil an den staatlichen Betrieben Süditaliens in Kampanien (41,5 %), Apulien und Sizilien, denn dort wurden die großen Werke der Automobilindustrie (Neapel), der Stahlindustrie (Tarent) und der chemischen, besonders der petrochemischen Industrie (Syrakus), errichtet.

Der Staat ist bei der *Festlegung der Standorte* für die zu fördernde oder neuzugründende Industrie vorrangig beteiligt gewesen, ebenso beim Ausbau der Infrastruktur. In der Nähe von Verdichtungsräumen, wo die Absatz- und Fühlungsvorteile der Kommunikation überwiegen, macht sich sein Einfluß weniger bemerkbar als an mehr oder weniger isolierten und zu den Ballungsräumen peripher liegenden Standorten. In den meisten Industrieförderungsgebieten des südlichen Mezzogiorno spielt – im Unterschied zum nördlichen Mezzogiorno in Südlatium (s. u.) – der Absatzfaktor nur eine geringe Rolle, weil die Produkte hauptsächlich exportiert werden. Man hat sich aber auch dort, wie z. B. in Apulien, deutlich an bestehende Siedlungssysteme und Bevölkerungsagglomerationen, an Städte, Großstädte und Hafenplätze angeschlossen, bei denen gute Verkehrs- und Handelsverbindungen bestehen.

Um die Industrialisierungsmaßnahmen steuern zu können, war eine *räumliche Festlegung nach landesplanerischen Gesichtspunkten* notwendig. Nach dem einschlägigen Gesetz von 1959 sollte ein sogenanntes „Entwicklungsgebiet" (*Área di sviluppo industriale* – ASI) mindestens 200 000 Einwohner, die in zahlreichen Gemeinden um ein Hauptzentrum gruppiert sind, besitzen, um genügend Arbeitskräfte stellen zu können (Gribaudi 1965, S. 199). Vorausgesetzt wurden Infrastruktureinrichtungen und ausbaufähige Industriestandorte. Außerdem wurden „Kernbereiche" (*Núclei di industrializzazione* – NI) als selbständige Entwicklungspole bestimmt, die sich auf eine Gemeinde beschränken können und weniger als 75 000 Einwohner haben. Mit ihnen sollte eine Industrialisierung kleineren Maßstabs ermöglicht werden, wofür Potenza (Basilicata) den Anlaß gab (Podbielski 1978, S. 183). Unter Berücksichtigung schon vorhandener Betriebe sollten gezielt und punkthaft kleinere, gut funktionierende Industrien aufgebaut werden, von denen man auch einen wirtschaftlichen Fortschritt in der ländlichen Peripherie erwartete. Die nötige gesetzliche Anerkennung war dadurch zu erreichen, daß sogenannte „Konsortien" (*Consorzi industriali*) aus Vertretern der Gemeinden, der Handelskammern und von öffentlichen und privaten Einrichtungen einen Industrialisierungsplan mit Flächen- und Infrastrukturplanung ausarbeiteten und dem Ministerialkomitee für den Mezzogiorno vorlegten. Schließlich wurde für jede *área* und jeden *núcleo* der *Piano regolatore* ausgearbeitet, in dem die für die eigentliche Industrieansiedlung vorgesehenen Flächen (*agglomerati*) enthalten sind. Weitere Erschließungsaufgaben folgten.

Im Ergebnis (Abb. 69) wird deutlich, daß es sich bei den *áree* nicht um wirk-

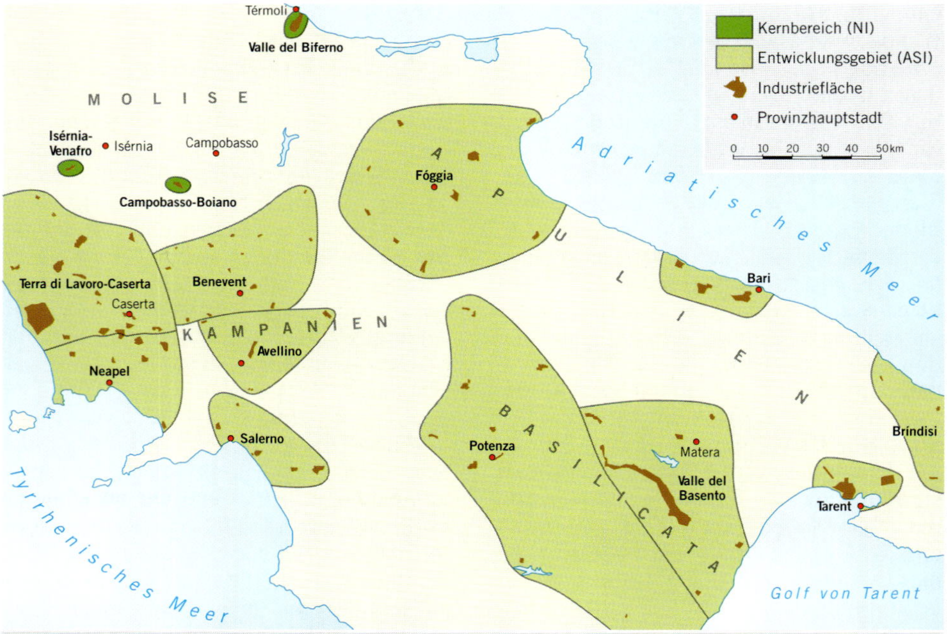

Abb. 69: *Industrieflächen und Industrieparks in den Fördergebieten Süditaliens, Ausschnitt*

(nach IASM, Ausländische Investitionen in der Industrie des Mezzogiorno, Rom o. J. [1980])

liche Industriegebiete, sondern um nicht mehr als die in Planung, Organisation und Statistik vorgenommene Zusammenfassung räumlich getrennter Industrieflächen handelt. An Verkehrslinien und in Tälern, wie im Basentotal (Basilicata), folgen sie in dichter Reihung aufeinander und treten am Rand von Städten und Häfen, auch als regelrechter Industriepark wie in Bari-Modugno massiert auf (Vlora 1965; Biondi/Coppola 1974; H.-G. Wagner 1977). Die von Mikus (1981, S. 313) entworfene „Karte der industriellen Entwicklungspole in Süditalien" hält die Zahl und Art der Unternehmen, ob in Betrieb, in Bau oder in Planung befindlich, und die Zahl der Beschäftigten jeder *área* für einen älteren Stand (1978/79) fest. Die als vorteilhaft geltende Branchenstreuung ist in Südlatium und Kampanien, aber auch in der Gebirgsregion Abruzzen recht groß (Sprengel 1977b), im südlichen Mezzogiorno jedoch noch die Ausnahme – bis auf den erwähnten Standort Bari, dessen Wachstum auch durch Neugründungen, z. B. eines deutschen Herstellers für Fahrzeugteile, bis heute anhält (FAZ v. 19. 11. 1998).

Zwei der Entwicklungsgebiete treten mit hohen Beschäftigtenzahlen, weitgehend einheitlichem Industriezweig und wenigen *großen Betrieben* hervor: Neapel mit der Autoindustrie Alfasud sowie Tarent mit dem Finsider-Stahlwerk. Der Zweigbetrieb von Alfa Romeo in Pomigliano d'Arco, im Norden *Neapels*, sollte nach dem Willen des IRI zur Entwicklung des großen neapolitanischen Notstandsraumes beitragen. 1967 begann der Aufbau. Er zog die Arbeitsuchenden aus dem Süden magnetisch an. Aber es standen nur ca. 15000 Arbeitsplätze zur Verfügung. Aus anderen Regionen, besonders aus dem Norden, kamen Führungs- und Fachkräfte (ca. 1200 Familien), die am Golf und an den Vesuvhängen bevorzugte Wohnsitze fanden. Diese plötzliche Einpflanzung von Großindustrie in einen Bereich traditioneller Kleinindustrie brachte im Siedlungswesen, durch das hohe Verkehrsaufkommen der täglichen Pendlerströme und besonders im Verhältnis der sozialen Schichten untereinander Probleme bzw. Antipathien mit sich. Man fühlte sich einem Prozeß ausgeliefert, der einige ferngesteuerte Großbetriebe in kurzer Frist in den Raum stellte und der einer ausländischen Investition im eigenen Land gleichkam (Vitiello 1973).

Das zum IRI-Konzern gehörende Finsider-Stahlwerk in *Tarent* von 1964 gilt mit seiner Jahreskapazität von 10,5 Mio. t Rohstahl und anfangs 20000 Beschäftigten als größtes Stahlwerk der EG/EU (1998 war die Belegschaft auf knapp 10000 Mitarbeiter geschrumpft). Weitere Betriebe wurden angesiedelt, darunter ein Zementwerk des IRI und eine Raffinerie, aber nur wenige der erhofften Folgeindustrien. Eine größere Zahl arbeitsintensiver Klein- und Mittelbetriebe unterschiedlicher Branchen ist inzwischen jedoch hinzugekommen. Jene der Eisen- und Stahlverarbeitung haben allerdings kaum Berührungspunkte mit dem Stahlwerk. Der meiste Rohstahl wird über den eigenen Hafen in die Nordregionen oder ins Ausland transportiert. Die Bevölkerungszunahme war im Entwicklungsgebiet (1961 – 1991: +25 %) und in der Gemeinde Tarent (+41 %), deren Trabantenstadt „Paolo VI" Werksangehörigen vorbehalten ist, erheblich. Der Einfluß auf die weitere Umgebung, in den angrenzenden Gebieten Apuliens und bis in die östliche Basilicata, geschieht durch den Arbeiterpendelverkehr mit Werksbussen und Pkw, teilweise mit der Bahn. Zweifellos sind deutliche Veränderungen in der Siedlungs-, Wirtschafts- und Sozialstruktur von Stadt und Umland zu beobachten, die man zum größten Teil als Folgen der Industrialisierungsmaßnahmen ansehen darf (Leers 1981; *Diercke* 1996, S. 125/3).

Monostruktur mit wenigen Beschäftigten haben die petrochemischen Anlagen von *Bríndisi, Priolo-Syrakus* (Stein 1971; Ruggiero 1975), *Gela* und *Porto Torres* bei Sássari, auch *Sulcis-Iglesiente* mit der Tonerdefabrik Eurallumina und der Aluminiumhütte in Portovesme (H. Wagner 1982; Bild 56). Nur diese Standorte entsprechen eigentlich der Vorstellung von einer „Industrialisierung ohne Entwicklung" und dem verbreiteten Vorurteil und der oft scharfen Kritik gegenüber Riesenanlagen der Grundstoffindustrie. Die Kritik trifft nicht die Erdölraffinerien, weil sie gar nicht den Zweck hatten, die Wirtschaft ihrer Umgebung zu stimulieren. Der oft und meistens unpassend verwendete Ausdruck „Kathedralen in der Wüste", nach Lo Monaco (1980, S. 809) besser *Isole technológiche*, gilt auch nicht für Alfasud, für manche Kunstfaser- und Elektronikfabriken und nicht einmal für das Stahlwerk Tarent, weil sie jeweils zahlreiche Aktivitäten bewirkt haben. „Da gibt es viel weniger Wüste um die Fabriken, als man gewöhnlich denkt oder sagt" (Podbielski 1978, S. 179). Kapitalintensive Industrien dürfen somit nicht von vornherein negativ bewertet werden. Mit dem hohen Kapitalaufwand war es sicher auch organisatorisch leichter möglich, Großindustrieanlagen zu begründen, als in hochkoordinierten Einzelmaßnahmen arbeitsintensive Klein- und Mittelbetriebe einzurichten und zu fördern. Dennoch muß der Grad der Diversifikation eines Entwicklungsgebietes hinsichtlich seiner Krisenanfälligkeit in Rechnung gestellt werden. Einseitige Spezialisierung bedeutet ein hohes Risiko (Mikus 1981).

Die *Privatindustrie des In- und Auslandes* hat ebenfalls die im Mezzogiorno auf sie zukommenden Möglichkeiten genutzt, wobei sie durch kräftige Anreize der Finanz- und Steuerpolitik unterstützt worden ist. Unter den inländischen Firmen sind es wiederum *Großunternehmen*, die wegen ihrer Beteiligung hervorzuheben sind, und unter ihnen vor allem die als die vier Säulen der italienischen Wirtschaft bekannten Unternehmen Montedison, Fiat, Olivetti und Pirelli.

Die 1888 in Mailand gegründete Firma *Montecatini* war zunächst im Bergbau (Pyrit, Schwefel), dann in der Düngemittelproduktion und in den Bereichen Metallurgie von Aluminium, Blei und Zink tätig. An der Großchemie und Petrochemie war sie mit etwa zwei Dritteln beteiligt. Das Unternehmen verschmolz 1966 mit dem Chemiegroßunternehmen Edison, einem ehemaligen Elektrounternehmen, das nach der Verstaatlichung der Elektrizitätswirtschaft seine Tätigkeit änderte. Ab 1969 geriet *Montedison* unter Staatsbeteiligung (zuletzt mit 17 %) in beträchtliche Schwierigkeiten und wurde 1981 reprivatisiert.

Den größten privaten Komplex bildet der *Istituto Financiário Italiano* (IFI) mit Fiat (Turin), Bonomi, Pirelli (Mailand), mit dem Zementunternehmen Marchino und der Photoindustrie Ferrania, mit einem Teil der Bredastahlwerke, mit Hotelketten, mit Cinzano und sogar mit der zweitgrößten Tageszeitung Italiens, „La Stampa". Die unter der Dachgesellschaft selbständigen elf Einzelgesellschaften sind mit Zweigunternehmen oder Zweigbetrieben fast alle auch im Süden tätig.

Olivetti ist der größte europäische Büromaschinen- und Informatikkonzern, der sich seit seiner Gründung in Ivrea 1908 zum Weltunternehmen entwickelt hat. Bekannt wurde er im In- und Ausland auch durch die sozialen und kulturellen Ziele seines Leiters Adriano Olivetti (1901 – 1960), Sohn des Firmengründers, und die charakteristische, moderne Industriearchitektur der Werke.

Über die genannten Konzerne hinaus gibt es in der nichtstaatlichen Industrie starke Konzentrationen besonders in der chemischen, in der Zement-, Maschinen- und Kunstfaserindustrie unter dem Dach der mächtigen *Confindústria*. Zur Dezentralisierung neigen dagegen Textil-, Bekleidungs- und Glasindustrie.

Seit Beginn der Industrieentwicklung im 18. und 19. Jh. haben sich auch ausländische Unternehmerpersönlichkeiten als Industriegründer einen Namen gemacht, unter denen als Beispiel die spätere Mailänder Stahlfirma Falck genannt sei. Bis in die jüngste Zeit betätigten sich *ausländische Unternehmen* zunächst im Norden, ehe sie im Süden investierten, und es kam zu zahlreichen Verbindungen zwischen ausländischen und italienischen Unternehmen.

Ein Beispiel hierfür ist die Verbindung zwischen der Kunstfaserfirma Snia-Viscosa und der englischen Firma Courteaulds. Fiat fusionierte mit Allis (Deerfield) zum italo-amerikanischen Baumaschinenkonzern. Edison war eng liiert mit der britischen Monsanto Chemicals, Montecatini mit Shell International im Bereich Petrochemie. Dazu kamen zahlreiche Direktinvestitionen, z. B. von Standard Oil unter anderem mit der Erschließung der Erdöllagerstätten in Sizilien, ferner von General Motors, US-Steel, Saint Gobain, Michelin, Siemens, Kugelfischer, Hoechst und vielen anderen.

Mit dem Europäischen Gemeinsamen Markt vervielfachte sich die Tätigkeit ausländischer Gesellschaften und Unternehmen in Süditalien. Ihnen kamen die Fördermittel und die übrigen Vergünstigungen durch staatliche Maßnahmen ebenso zugute wie den einheimischen Firmen. Dazu gehörten zehnjährige Befreiung von örtlicher Einkommen- und Körperschaftssteuer, geringere Sozialabgaben und Kapitalhilfen (Micheli in Amatucci/Hemmer 1981). Die für die Entscheidung wichtigsten Standortfaktoren waren Marktlage, Infrastruktur und Arbeitskräfteangebot. Dennoch gab es in jedem Fall mannigfache Anfangsrisiken. „Der Süden Italiens hatte eben keine Industrietradition wie der Norden" (Marandon 1977, S. 155), eine Feststellung, die zumindest für Neapel eingeschränkt werden muß; aber die Konkurrenz mit den Erzeugnissen Norditaliens und des Auslandes war scharf, die Gefahr von Fehlinvestitionen groß. Nicht jede der Branchen kam für eine ausländische Beteiligung in Frage, am wenigsten die sogenannten „traditionellen", auf lokale Standortfaktoren angewiesenen, wie Papier-, Möbel-, Bau- und Textilindustrie, am meisten die „neuen" oder Wachstumsindustrien (chemische, pharmazeutische, elektrotechnische Industrie, Waschmittel- und Autoreifenerzeugung).

Unter den *Beweggründen* für die Aktivität ausländischer Unternehmen im Süden ist wegen des Angebotes an Behörden, kulturellen Einrichtungen, Auslandsschulen, Forschungsinstituten, aber auch wegen des Absatzmarktes die Nähe zur Hauptstadt Rom an erster Stelle zu nennen. Zweitens spielt das Arbeitskräfteangebot eine große Rolle; denn den Süditalienern wird eine rasche Auffassungsgabe zugeschrieben. Anfangs hat auch das niedrige Lohnniveau und das ruhigere Arbeitsklima im Vergleich zum Norden fördernd gewirkt. Drittens kann genügend Industriegelände angeboten werden, wobei als günstigste Lagen solche mit schnellen Verkehrsverbindungen gelten. Kontakte mit anderen ausländischen Firmen werden gesucht. Der vierte Aspekt, die Versorgung lokaler Märkte, hat dagegen selten Bedeutung, weil es sich meistens um eine Produktion für den Export oder doch für Großstädte, für Rom und Norditalien handelt.

Die Südkasse unterstützte nicht nur Unternehmen innerhalb ihres Wirkungsbereiches. Zu ihrem Fördergebiet gehörten auch der toskanische Inselarchipel, ein Teil der Provinz Áscoli Piceno in den Marken, ein Teil der Provinz Rieti in Latium östlich von Rieti und vor allem die Provinzen Latina und Frosinone in *Südlatium*. Bei der Bildung zweier Entwicklungsgebiete wurden aus der Provinz Rom die Städte Pomézia zur Provinz Latina und Colleferro zur Provinz Frosinone geschlagen. Auffällig ist hier der hohe Anteil *amerikanischer Betriebe* unter den ausländischen Firmen, was sich dadurch erklären läßt, daß für amerikanische Unternehmen Zweigniederlassungen wegen der großen Entfernung nötiger sind als für europäische. Gerade sie legen aber auf die Nähe von Rom und zum Flughafen Fiumicino den größten Wert (Marandon 1977; Mori 1965). Die regionalen Auswirkungen sind hier sehr viel günstiger zu beurteilen als im südlichen Mezzogiorno mit seinen Großobjekten. Es handelt sich im allgemeinen um größere Mittelbetriebe mit Branchenvielfalt und deutlichen Verbreitungseffekten, die sich in Zweigwerksgründungen niederschlagen. An der Zahl der Arbeitsplätze in den ausländischen Betrieben, die in der Nähe Roms und um Neapel besonders groß ist, sind jedoch auch die Regionen Abruzzen, Apulien und Sizilien beteiligt.

Bewertet man die *Ergebnisse staatlicher Industrieförderung* im Süden zusammenfassend, so treten als Positiva sicher die infrastrukturellen Verbesserungen (Verkehr, Energieverbund, Telekommunikation) in den Vordergrund, die wichtige Voraussetzungen für die Industrieentwicklung gewesen sind. Was die spontane Weiterentwicklung der geschaffenen Industrie hemmt, sind die nach wie vor vorhandenen „negativen Standortfaktoren": die fehlende handwerkliche Grundlage (mit Ausnahme der Großstädte Neapel, Catánia und Palermo), ungenügend ausgebildete Arbeitskräfte und traditionelles Denken, d.h. der Mangel an Eigeninitiative. Die fremdbestimmte Industrialisierung leidet teilweise unter dem angewandten Konzept der Entwicklungspole, die eine krisenanfällige Monostruktur hervorgebracht haben, und unter der Verschleuderung von großen Kapitalmengen infolge klientelbedingter, oft auch krimineller Fehlleitungen von Finanzhilfen (H.-G. Wagner 1991, S. 34f.). Trotz des konjunkturellen Auf und Ab und trotz mancher Spekulationsvorhaben haben die privatwirtschaftlichen Initiativen aus dem Norden und dem Ausland mit ihrem „Branchenmix" und mittleren Betriebsgrößen nachhaltiger gewirkt als die staatlichen Großprojekte. Als verläßliche

Basis bilden sie vielleicht das Stimulans für den autochthonen Unternehmungsgeist in der Zukunft. Immerhin gibt es heute schon hoffnungsvolle Entwicklungsansätze im kampanischen und apulischen Binnenland, d.h. abseits der bislang geförderten Küstenstandorte (Loda 1997; s. Kap. zur Südfrage).

Aktuelle Tendenzen der Industriewirtschaft

Bei der gegenwärtigen Industrieentwicklung Italiens sind Vorgänge der *Standortverlagerung* zur Küste und zum Hafen, zum Rohstoffimport hin und weg von alten, mehr oder weniger erschöpften Lagerstätten, typisch. Bei Betriebsneugründungen, die nicht unmittelbar importabhängig sind, spielt die Verkehrslage der binnenländischen Standorte ebenfalls eine zentrale Rolle. Darauf weisen die Gewerbegebiete der jüngsten Zeit an Autobahnzugängen und Autobahnkreuzen im Norden, in der Mitte und sogar im Süden eindeutig hin.

Weitreichendere und im einzelnen noch nicht absehbare Folgen hat der *strukturelle Wandel*. Spätestens mit der gesellschaftlichen Besinnung und politischen Erneuerung Italiens 1992/93 ist zugleich eine Wende in der Politik der *Staatsbeteiligungen* eingetreten. Ihre Rücknahme stützt die Meinung, daß die Wirtschaftslenkung über eine Staatsindustrie, auf die ungefähr ein Drittel des industriellen Umsatzes entfällt, in Italien gescheitert ist. Das Umdenken zeichnete sich bereits mit der Reprivatisierung der Montedison-Gruppe Anfang der achtziger Jahre ab, die schließlich vom sich mächtig ausweitenden Agrarkonzern Ferruzzi erworben wurde. Die hohe Verschuldung der Staatsbetriebe bei stabilen Wechselkursen und geringer Inflationsrate und damit zurückgehenden Exportchancen erwies sich nach 1990 als das Haupthindernis der weiteren wirtschaftlichen Entwicklung. Einen nicht unbeträchtlichen Anteil an der schwindenden Finanzkraft der Staatsunternehmen muß man ihrem wirtschaftspolitisch zwar notwendigen und richtigen, ökonomisch aber notgedrungen verlustreichen Einsatz bei der schwierigen Aufgabe der Industrialisierung im Süden zuschreiben. Anfangs hatte noch ein gewisser Ausgleich zwischen Gewinnen im Norden oder im Ausland und Verlusten im Süden bestanden. Mit der Rezession im Lauf der Preissteigerung bei der Erdölkrise ging die Rechnung nicht mehr auf. Doch wurde das Übel danach nicht von Grund auf bekämpft. Vielmehr verschleppte Italien bis heute die auch daraus erwachsene gesamtstaatliche Verschuldung, die mit 150 – 170 Mrd. DM/Jahr innerhalb der EU Rekordhöhe erreicht (1997: 121,6 % des Bruttoinlandsprodukts), insbesondere wegen der politischen Instabilität mit ständig wechselnden Regierungen und der korrupten Haltung führender Persönlichkeiten. Selbst das immense Ausgabenvolumen für sozialstaatliche Zwecke ist prinzipiell unangetastet geblieben, obwohl man für das Jahr 1992 den euphemistischen Terminus „italienische Revolution" geprägt hat (FAZ v. 30.10.1996 u. v. 25.3.1998).

Dennoch wuchs – nicht zuletzt unter dem Zwang der Konvergenzkriterien und durch andere Auflagen der EU im Hinblick auf den Beitritt zur Europäischen Währungsunion – endlich die Einsicht, daß sich die schwerfälligen Staatskonzerne mit ihrer geringen ökonomischen Effizienz überlebt hatten und eine Auflösung unumgänglich geworden war. Den Weg dahin hatte die *Privatwirtschaft* längst gewiesen. Der Prozeß der Entflechtung von Großunternehmen mit dem Aufbau von Verbundsystemen, andererseits die Neukombination verwandter Branchen (*cluster*-Bildung), war schon über einen längeren Zeitraum mit der Errichtung von *(Zweig-)Werken kleiner und mittlerer Größe* nicht nur im Nordwesten, in der Nähe der großen Stammwerke, sondern vor allem in Nordost- und Mittelitalien vorangetrieben worden (Abb. 70; Sforzi 1989). Solche „verlängerten Werkbänke" trafen hier teilweise auf eine alteinheimische Gewerbetradition mit rührigem Unternehmertum, das nun neben der herkömmlichen Produktion, durch Gründung oder Erweiterung von Betrieben, in einem fein abgestimmten Netzwerk andere

(Groß-)Hersteller mit neuen Komponenten belieferte (s. o.).

Durch rasche Anpassung haben sich diese „lokalen Produktionssysteme“ als erstaunlich lebensfähig erwiesen und gerade in den jüngsten Krisen „die italienische Wirtschaft aufrechterhalten“, als ihre „Motoren“, wie Fiat, Olivetti und Pirelli, in große finanzielle Schwierigkeiten geraten waren. Die Breitenwirkung ist beträchtlich; z. B. besteht im *modello emiliano* eine enge Beziehung von Land und Stadt, die Verbindung von ländlicher und städtischer Unternehmer- und Arbeiterschaft (Rivière 1989; Cori 1990). Schon in den siebziger Jahren kam deshalb der Begriff „Drittes Italien“ auf (Bagnasco 1977), der mit günstiger Wirtschaftsentwicklung gleichbedeutend ist. Er hat die im allgemeinen Bewußtsein verankerte Vorstellung des Nord-Süd-Dualismus Italiens ins Wanken gebracht.

Für ein solches Produktionssytem ist die räumliche Nähe einer Vielzahl von Betrieben, die Verteilung einer hochspezialisierten Branche auf eine einzige Stadt typisch. „Das geographische Gebiet wird zu einem in sich geschlossenen und sich verstärkenden Wirtschaftssystem“, das modellhaft einem Großkonzern gleicht, der in lauter kleine, flexibel reagierende Fertigungseinheiten mit jeweils geringer Fertigungstiefe, allerdings ohne das zusammenfassende Dach einer Holding, untergliedert ist. Trotz starker Konkurrenz untereinander basieren Entstehung und Stabilität des Systems auf gegenseitigem Vertrauen. Porter (1991, S. 459–465) führt den homogenen Aufbau einer Stadt bzw. Region auf die „Familienorientierung“ der Unternehmen zurück, die der beste Garant für das Ansammeln und Weitergeben von Wissen sei. Solche von dem britischen Ökonomen Marshall am Beispiel der Wollwarenherstellung von Lancashire seinerzeit „Industrial Districts“ (ital. *distretti industriali*) genannten Industriegebiete, wie sie Nordost- und Mittelitalien kennzeichnen, sind in jüngerer Zeit wiederholt als ein Muster für die EU hingestellt worden, gewissermaßen als eine „europäische Antwort auf die Globalisierung“ (FAZ v. 16.6.1998, Beilage). Bathelt (1998) bezweifelt aber ihre beliebige Übertragbarkeit, weil sie sich unter ganz spezifischen sozio-kulturellen Bedingungen („innovatives Milieu“) entwickelt haben.

Mit seiner gewandelten Industriepolitik stützt seit 1991 auch der italienische Staat die kleinen und mittleren Unternehmen (bis 200 Beschäftigte) durch Steuererleichterungen und direkte Kapitalzuschüsse kräftiger als zuvor, um deren ohnedies immanente Innovationsbereitschaft zu erhöhen. Damit wird endlich anerkannt, daß dieser im Nordosten und in der Mitte des Landes weit verbreitete Unternehmenstyp, bei dem flexible Marktanpassung, Improvisationsfreude, Stilbewußtsein u. a. bewährte Leitbilder sind, ein Fundament der italienischen Wirtschaft verkörpert. Die tragende Basis seiner Erfolge ist neben der Zulieferfunktion für inländische Firmen der Export von qualitativ hochstehenden Endverbrauchsgütern, wie Textilien/Bekleidung, Haushaltsgeräten, Lederwaren, Holzmöbeln, Keramik und persönlichen Produkten, die bei der anspruchsvollen und modebewußten italienischen Kundschaft ebenso begehrt sind (H.-G. Wagner 1989; Porter 1991, S. 446).

Die vom Wettbewerbsdruck provozierte, unvermeidlich gewordene *Entflechtung bzw. Auflösung der Staatskonzerne*, um die es jetzt bei der Modernisierung der italienischen Wirtschaft in erster Linie geht, kann bei der prekären Lage der Staatsfinanzen, wie es das Vorbild der privatwirtschaftlichen Dezentralisierung deutlich gemacht hat, nur über die *Privatisierung* des Kapitals, und zwar schrittweise bewältigt werden. Die Bildung von neuen Unternehmensformen (z. B. Aktiengesellschaften) hat 1991/92, infolge der hohen Verschuldung der Staatsunternehmen freilich recht zögernd begonnen. Es werden zuerst die besten, d. h. am wenigsten verschuldeten Segmente der Staatskonzerne veräußert; an den belasteten Konzernteilen besteht verständlicherweise geringes Interesse. Zusätzlich behindern die anhaltend schwache internationale Konjunktur und die Macht der Gewerkschaften, die den drohenden Verlust der Arbeitsplätze bekämpfen, die wünschenswerten Verkäufe. Immerhin ist die berüchtigte hohe Streikrate italienischer Staatsbetriebe mit fortschreitender Privatisierung zuletzt spürbar gesunken.

Zur Disposition stehen vor allem IRI, ENI, EFIM, die Staatsbahnen, ENEL, ferner das staatliche Tabakmonopol und die öffentlichen Messegesellschaften. Die IRI-Staats-

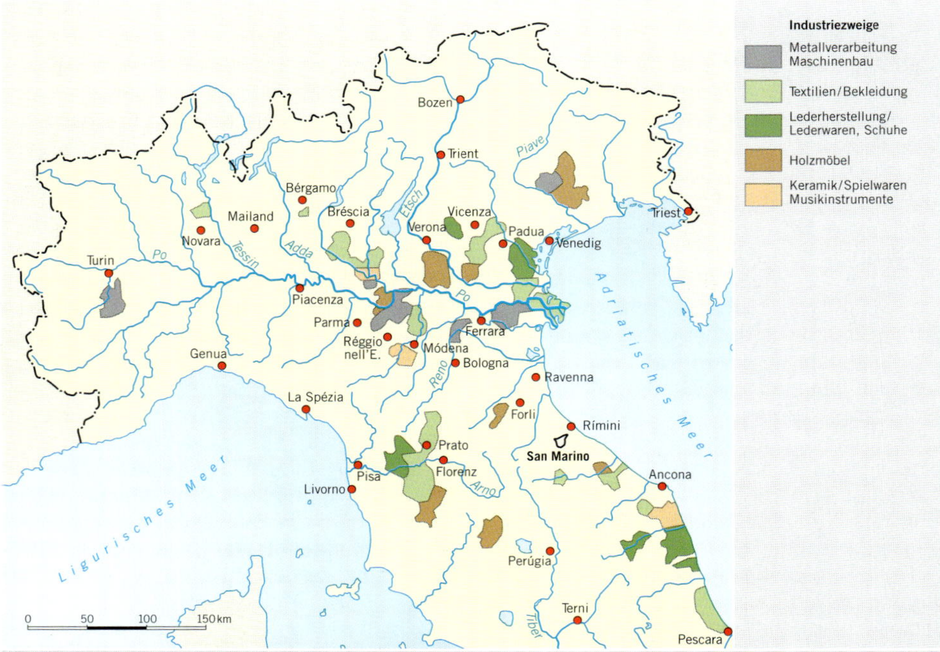

Abb. 70: Die „Industriedistrikte" Nordost- und Mittelitaliens nach Branchen

(nach Sforzi 1989, S. 172 f., aus Bathelt 1998, S. 258, verändert)

holding sieht sich mit ihrem zentralen Bestandteil, der Eisen- und Stahlindustrie, nach der zweiten Stahlkrise und der daraus folgenden EU-Quotenregelung sowie dem EU-Subventionsverbot vor besonders große Schwierigkeiten gestellt. Nach mehreren Umschuldungen mußte sie sich auch vom Finsider-Komplex in Tarent lösen, der in die Hände des Ilva-Konzerns gelangte. Bis 1997 waren mehr als 350 der ca. 1200 Beteiligungen, viele an ausländische Investoren, verkauft; trotz mancher Verzögerungen, auch aus persönlichem und politischem Interesse, ist der IRI bis zur Jahrtausendwende endgültig geschlossen worden. 1994–1998 betrugen die Privatisierungserlöse staatlichen Eigentums einschließlich des Finanz-, Versicherungs-, Kommunikations- und Verkehrswesens umgerechnet rund 90 Mrd. DM, davon allein ein Viertel für den Verkauf der Telecom Italia; in der Industrie brachte der Verkauf von vier Tranchen des Erdölkonzerns ENI (noch ca. 38 % in Staatshand) mit rund 42 Mrd. DM den größten Erlös. 1999 standen u. a. die Fluglinie Alitalia und die Schiffswerften von *Fincantieri* auf der Verkaufsliste. Die desolate finanzielle Lage anderer Unternehmen, wie Post, Bahn, Staatsdruckerei und staatliches Tabakmonopol, und die Unklarheit über die zukünftige Struktur von ENEL und des Strommarktes rücken ihre Privatisierung vorerst in weite Ferne (FAZ v. 16.6.1998, Beilage; FAZ v. 13.1.1999)

Darüber hinaus erfordert der weltwirtschaftliche Umbruch mit dem Siegeszug der „Hochtechnologie" und der wachsenden „Globalisierung" notwendige *Umstellungen* der bislang im „fordistischen Fabrikmodell" eingebundenen *privaten Großunternehmen*, in Italien „Modell Fiat" genannt. Die Sanierung und Erneuerung der Industrieanlagen, die Automatisierung und andere Verfahrensweisen der Gütererzeugung sowie die Rationalisierung der Arbeitsprozesse fördern die Verflechtung von Konzernen noch mehr als früher. Beispielsweise stand 1995 die Bildung des Mischkonzerns Gemina, Sitz Mailand, zur Debatte, unter dessen Dach der zweitgrößte Privatkonzern des Landes nach Fiat mit Beteiligung des Agrarkonzerns Ferruzzi und der Snia-Gruppe (Kunstfasern) als „Chemie-Pol" geschaffen werden sollte (FAZ v. 4.9.1995). Stärker als jemals zuvor strömt dabei ausländisches Kapital ins Land, nachdem Italien durch seine diversen Anpassungen nun als solider Wirtschaftsstandort gilt, wie sich umgekehrt italienisches Kapital und italienische Industriefirmen im Ausland etabliert haben; vielfach sind dabei neue Partnerschaften in- und ausländischer Unternehmen entstanden. Der Olivetti-Konzern hat sich, nach dem Abstoßen der Computerproduktion, nur durch die Beteiligung von Mannesmann (49 %) auf die moderne Nachrichtentechnik umstellen können. Das Unternehmen kontrolliert zu gut einem Viertel die Mobilfunkgesellschaft Omnitel (FAZ v. 13.11.1998) und hat 1999 den Zuschlag für Telecom Italia erhalten.

Weil solche Transaktionen naturgemäß zum Tagesgeschäft gehören und zunächst kaum von räumlichem Belang sind, sei für weitere Beispiele auf Chiellino u.a. (1995), Große/Trautmann (1997) sowie auf das *Italien Lexikon* (Brütting 1995/1997), nachzuschlagen bei den Namen der Unternehmen, verwiesen. Über die – von den Staatsbetrieben kaum einmal angenommenen – ständig neuen Herausforderungen und deren Bewältigung informieren ausführlich Enrietti u.a. (1994) am Beispiel der Umorganisation der Gruppe Fiat Auto seit den sechziger Jahren, die – nach dem Erwerb von Alfa Romeo (Arese, Prov. Mailand), Lancia (Chivasso), Innocenti (Mailand-Lambrate), Autobianchi (Désio), Ferrari (Maranello bei Módena) und Maserati (Módena) sowie der Lkw-Firma Iveco (Turin), verbunden mit Werksschließungen oder Teilstillegungen der Produktion – heute der einzige Fahrzeughersteller Italiens ist. Fiat SpA rangierte 1997 mit 91 Mrd. DM Umsatz als größtes italienisches Unternehmen in Europa an siebter Stelle (FAZ v. 7.7.1998).

Die Wachstumsbranchen, deren Belegschaften wegen fließender Grenzen der Tätigkeitsmerkmale heute nicht mehr ausschließlich dem sekundären Wirtschaftssektor zuzuordnen sind, haben ihr zentrales Anliegen, die Behauptung auf dem Markt und die Erschließung neuer Märkte, vielfach nur über Entlassungen oder Frühpensionierungen der Mitarbeiter erreichen können, und man ist auch an (Teil-)Betriebsschließungen nicht vorbeigekommen. Der radikale Umbruch in der Industrie, die Durchsetzung „postfordistischer Produktionsformen", betrifft damit nicht allein die *Erwerbsstruktur*, sondern die *Bevölkerung als Ganzes*. Wie in den anderen europäischen Industrienationen beschleunigt er den Rückgang des klassischen Industriearbeitertums und den Übergang zur „postindustriellen" Dienstleistungsgesellschaft nun auch in Italien zusehends, selbstverständlich regional in unterschiedlichem Tempo. Ob sich dadurch grundsätzliche Verschiebungen im Standortgefüge der Industrie ergeben werden, ist fraglich, solange der Export traditioneller Erzeugnisse jenen der „high tech"-Ware um mehr als das Vierfache übersteigt und Innovationen hauptsächlich in den herkömmlichen Industriebranchen (Möbel, Haushaltsgeräte, persönliche Produkte, Nahrungsmittel) Platz greifen (Viterbo 1996). Die in der über ein Jahrhundert währenden Industriegeschichte Italiens wirkenden geographischen Standortfaktoren sind auch im bevorstehenden Zeitalter der „digitalen Ökonomie" gewiß nicht völlig aus der Welt zu schaffen.

Industriezweige und Industriestandorte

Im Laufe der letzten Jahrzehnte hat Italien mit seiner rasch wachsenden Industrialisierung einen der *vorderen Plätze unter den Industrienationen* errungen, was aus dem Anteil der industriellen Wertschöpfung am Bruttoinlandsprodukt eindeutig hervorgeht; er belief sich schon 1980 auf 39,7 %, wovon 7,4 % auf den Süden entfielen. Durch die oben erwähnte Rezession und die darauf folgende Rationalisierung der Fertigung in vielen Industriebetrieben sowie die Tertiärisierung des gesamten Wirtschaftslebens ging die Meßzahl bis 1995 auf 31,6% (Deutschland 33,1%, Frankreich 25,5%) leicht zurück, wobei der Mezzogiorno sein Gewicht nicht steigern konnte (6,8%). In entsprechender Weise sank der Anteil der Erwerbspersonen im sekundären

Wirtschaftssektor von 36,7 % (1981) auf 32,2 % (1996; Deutschland 37,8 %).

Legt man die Zahl der „echten" Industrieunternehmen und -betriebe (das sind solche mit mehr als 20 Beschäftigten und ohne das Baugewerbe), ihre Beschäftigtenzahlen und die durch sie erbrachte Wertschöpfung für Anfang der neunziger Jahre statistisch zugrunde, führt unter den *Industriezweigen* die Gruppe Metallverarbeitung – Maschinenbau – Elektroindustrie mit großem Abstand (Abb. 71). An zweiter Stelle steht die Gruppe Textilien – Bekleidung – Schuhe – Leder, gefolgt von der Chemiegruppe. In Nordwestitalien hat zwischen den Beschäftigten der wachsenden Metall-, Chemie- und der zurückgehenden Textilindustrie eine deutliche Umschichtung stattgefunden, wobei die Zahl der Arbeitskräfte insgesamt nahezu konstant geblieben ist. Bei den Betrieben mit mehr als 20 Beschäftigten sind an dritter Stelle die meisten Arbeitnehmer in der Nahrungs- und Genußmittelgruppe und danach im Fahrzeugbau zu finden, welch letzterer infolge der überwiegend großbetrieblichen Struktur nach der Zahl der Unternehmen bzw. der Betriebe weiter hinten rangiert; nach der Wertschöpfung nimmt der Fahrzeugbau (ohne Zulieferer!) ungefähr den gleichen Rang ein wie die Industriegruppen Papier – Druckereierzeugnisse und Steine – Erden. Den Erfolg im *Export* bringen – gemessen an der Höhe der Außenhandelsüberschüsse 1991 – 1995 – gewöhnlich die Produkte der Metall-, Maschinenbau- und Elektroindustrie, dann Textilien und Bekleidung, in geringerem Umfang Möbel, Papierwaren, Reifen, Plastikerzeugnisse und Keramikwaren und zuletzt Fahrzeuge (Tab. 21).

Im großräumigen Überblick wird die *Leistung der Industrie* durch den Vergleich mit der Leistung der Landwirtschaft in den einzelnen Regionen sichtbar (Abb. 72). Der hochindustrialisierte Ballungsraum des Nordwestens steht mit seiner unübertroffenen Potenz heute zwar dem übrigen Italien, besonders dem Mezzogiorno, wie seit jeher gegenüber. So kraß wie noch um 1980 hebt er sich aber nicht mehr von den jüngeren Wachstumsgebieten Nordost- und

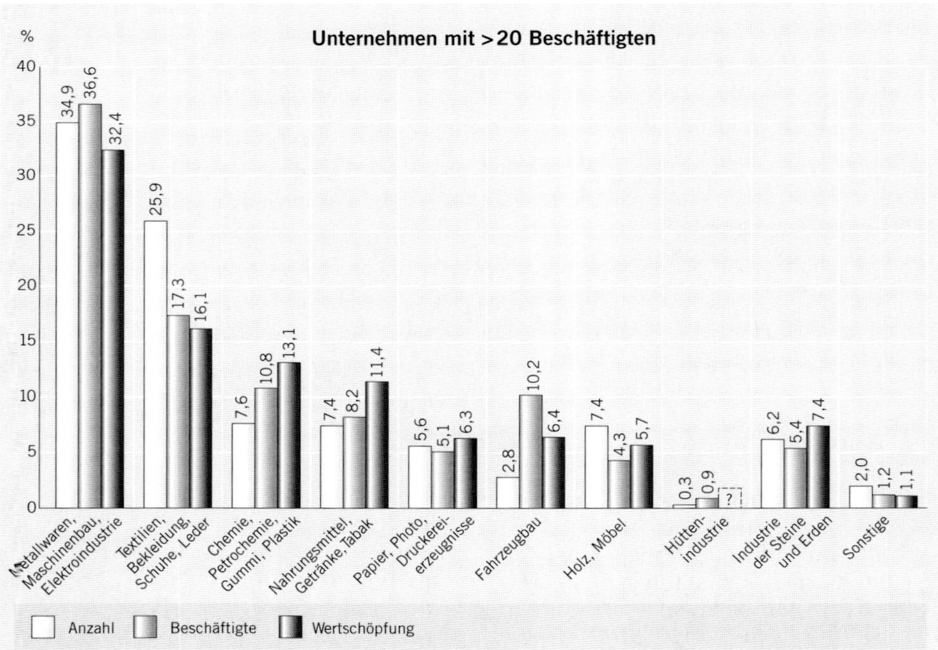

***Abb. 71:** Die verarbeitende Industrie nach Unternehmen, Beschäftigten und Wertschöpfung 1991/92*

(nach *Istat* 1 [1996], S. 285, *Istat* 24b, Tav. 3.3, 3.4, 3.19 u. 3.20)

Importe	Import- und Exportmengen (in 1000 t) 1960	1979	1983	1995
Rohöl und Derivate	30385	120240	100095	103380
Kohle	(1962) 10823			19054
Holz	3246	7546	5943	4079
Schrott	3495	6943	4450	6336
Eisen u. Stahl	1967	6115	4777	12656
Weizen	583	2934	2901	5554
Fleisch	167	706	856	1054
Rohbaumwolle	276	234	268	345
Kaffee	99	225	246	313
Exporte	**1960**	**1979**	**1983**	**1995**
Agrumen	403	337	269	249
Wein (1000 hl)	2156	19976	14743	17590
Obst	1095	1583	1735	2035
Baumwollgarn	18	37	35	86
Baumwollgewebe	11	43	39	115
Kunstfasergarne	44	160	215	248
Lederschuhe (1000 Paar)	27651	283466	282331	279923
Autos und Teile	194	1422	1235	2674
Chemische Düngemittel	1251	1899	1571	543
Erdölderivate	9483	24255	14137	10595

Quelle: *Istat* 1 (1996, Tav. 17.8 17.10), *Istat* 6 (1985, Tav. 83 u. 84)

***Tab. 21:** Der Außenhandel Italiens: Import- und Exportmengen ausgewählter Güter*

Mittelitaliens ab. Die „Industrialisierungsfront" hat sich inzwischen weiter nach Süden verschoben, wo zwar noch immer unternehmerische Einzelstandorte dominieren, stellenweise jedoch allmählich mehr oder weniger große Industriedistrikte herangewachsen sind. Dennoch tritt hier die Beziehung zum Umland, die räumliche Tiefenwirkung der Industrie, im Vergleich zu anderen Landesteilen nach wie vor am schwächsten in Erscheinung.

Der Gang durch die Phasen der Industrieentwicklung hat schon in manchen Einzelheiten über die regionale Differenzierung der Industrie Auskunft gegeben. Dennoch soll die *räumliche Verbreitung* noch einmal im Zusammenhang, auf der Grundlage von Gribaudi (1969), betrachtet werden, um die charakteristischen Phänomene der Ballung und Streuung im sekundären Wirtschaftssektor schärfer fassen zu können (vgl. auch King 1985). Trotz vieler Veränderungen in jüngster Vergangenheit und großer Dynamik in der Gegenwart folgt die Verteilung der *Industriestandorte* prinzipiell einem seit langem festliegenden Raummuster (s. *Atlante Tematico* 1992, Tav. 75, 76). Wir gliedern dessen Vielfalt in fünf, von der Industrie sehr unterschiedlich bestimmte Wirtschaftsräume:

Der Industriegürtel der nördlichen Padania und die Industrie in den Alpentälern

Wem das Schlagwort „Industriedreieck" oder *Triángolo industriale* geläufig ist, dem muß bei Verbreitungskarten der Industriebevölkerung und der Industriestandorte auffallen, daß in Nordwestitalien ein derart geformtes, geschlossenes Industriegebiet in Wirklichkeit nicht existiert. Vielmehr zieht sich ein Band mit Gemeinden hoher bis höchster Dichte der Industriebevölkerung und der Betriebe am Fuß der Alpen durch die nördliche Padania. Es beginnt im äußersten Westen im Susatal, umzieht das Reisbaugebiet von Vercelli, greift dann in die Alpentäler und zu den Seen aus und reicht zunächst bis Bréscia. Seine größte

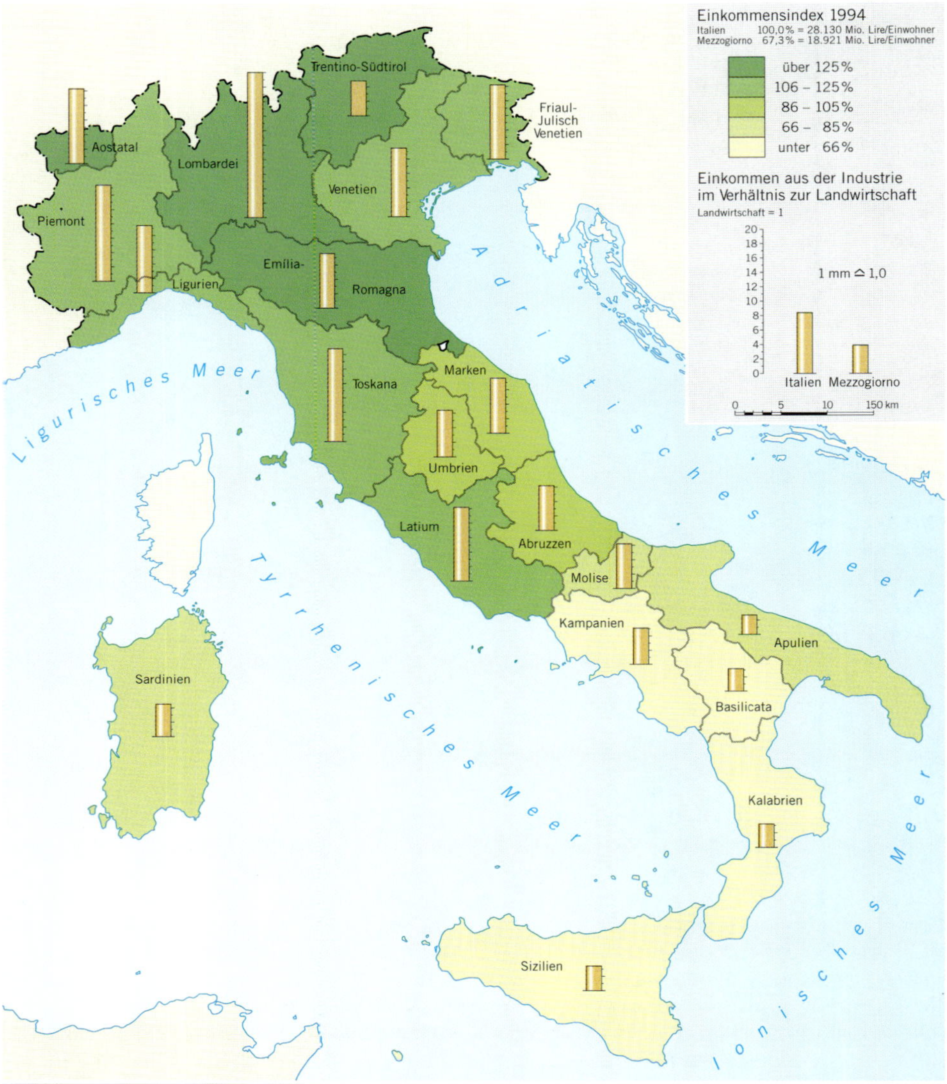

Abb. 72: *Die Wirtschaftskraft der Regionen 1994*

(nach *Istat* 4 [1997], Tav. 6.2, 6.3)

Dichte und Breite hat es im nördlichen Halbkreis um Mailand.

Im Piemonteser Teil lassen sich nach ihrer vorherrschenden Branchenzusammensetzung mehrere voneinander getrennte Bereiche unterscheiden. Das *Ossolaner* Gebiet hat Elektro-, Stahl-, Eisen- und Maschinenindustrie, Nahrungsmittel- und chemische Industrie. In Villadóssola werden Stahl und Kunstharze produziert (Bertamini 1967). Das *Seengebiet* besitzt am Lago Maggiore und am Ortasee (Fasola 1965) Maschinen- und Textilindustrie, Holzverarbeitung, Marmor- und Granitwerke, Nahrungsmittelindustrie, in Pallanza (Verbánia) Kunstfaserherstellung; im Gebiet von *Novara* gibt es Maschinen-, Textil-, Nahrungsmittel- und Konfektionsindustrie; in dem von *Biella* herrscht fast ausschließlich Wollindustrie; im *Canavese*, zwischen Turin und Ivrea, findet sich Hütten-, Maschinen-, Textil-, Papier-, Lederwaren-,

Gerberei-, Bau- und chemische Industrie. *Ivrea* bildet einen eigenständigen Schwerpunkt mit der Großfirma Olivetti, wohl dem wichtigsten italienischen Unternehmen für Hochtechnologie (früher Büromaschinen, dann Computer, jetzt Telekommunikation).

Das *Turiner* Gebiet im engeren Sinne mit Stahlwerken, Eisenhütten, Maschinenbau, chemischer, Textil- und anderer Industrie hat mehrere Ausläufer, gegen Süden im Bereich Carmagnola (Nahrungsmittel- und mechanische Industrie) nach Südosten gegen Chieri mit Textilindustrie und im Sangonetal mit Textil- und Papierindustrie. Im Susatal gibt es Stahl-, Maschinen- und Textilindustrie (Spinelli 1970), um Pinerolo Textil-, Maschinen- und Süßwarenindustrie. In der Stadtregion von *Turin* erreicht die Industrie von Piemont ihre größte Dichte. Anders als 1971, als noch 55% der Beschäftigten allein in Industriebetrieben mit mehr als 20 Arbeitskräften tätig waren, wurden 1991 nur 35% der Erwerbspersonen dem ganzen sekundären Wirtschaftssektor zugerechnet, weil sich Turin längst von der reinen Industriestadt zum Industrie-, Geschäfts- und Dienstleistungszentrum (*„città complessa"*) mit wachsender internationaler Geltung entwickelt hat, dessen Tertiärsektor schon 58 % der Erwerbspersonen bindet. Ihren Namen kann man nicht mehr allein mit Autoherstellung, Flugzeugbau und Elektronik verbinden. Automatisierung und qualifizierte Arbeitskräfte, Geschäftsbeziehungen zwischen großen und vielen neuen kleinen Firmen („Synergieeffekte") unterstützen das Konzept einer *Tecnopolis* mit breit gefächerten Verbindungen zwischen produktivem Gewerbe und Dienstleistungen (Jalabert/Maité 1987; Cassone/Tasgian 1988; Carazzi/Segre 1989). Das Fiat-Unternehmen (*Fábbrica Italiana Automóbili Torino*, gegr. 1899), das größte Privatunternehmen Italiens mit dem Stammwerk Mirafiori am Sangone und einst fast 100000 Mitarbeitern in der Autoproduktion („Turin ist Fiat"), die bis heute auf weniger als die Hälfte geschrumpft sind, hat nach der Krise von 1980 seine überragende Stellung im Wirtschaftsleben von Stadt und Umgebung sichtlich eingebüßt. Der umfangreiche Tagespendlerverkehr richtet sich jetzt auch auf die innovativen Subzentren der Stadt. Trotzdem ist „Fiat immer noch der Hauptakteur im lokalen Spiel" (Enrietti u.a. 1994, S. 263), und Turin bleibt das Zentrum des Fiat-eigenen Verbundsystems mit Aktivitäten, die keineswegs auf Nordwestitalien beschränkt sind; denn die 26 Werke des Konzerns mit unterschiedlichen Produktionsbereichen verstreuen sich über das ganze Land, davon liegen allein 17 im Mezzogiorno (Abb. 73).

Im lombardischen Teil des Alpenrandes kann man weitere Industriegebiete nennen (Abb. 74): Da ist zunächst das eigentliche *Mailänder* Gebiet mit zahlreichen Verzweigungen, mit Eisenwerken, Maschinen-, Textil-, chemischer Industrie und anderen mehr, dessen Mittelpunkt, Mailand selbst, in den letzten Jahrzehnten noch deutlicher als Turin den Charakter einer Industriestadt abgelegt hat und – in Fortsetzung seiner alten Tradition – das wichtigste Zentrum Italiens für Handel, Banken und verwandte Dienstleistungen geworden ist (Dalmasso 1971); das benachbarte Gebiet *Gallarate – Busto Arsízio – Legnano* zeigt die größte Entwicklung der Textilindustrie, besonders bei Baumwollwaren (Dagradi 1971); das Gebiet von *Como* ist ebenfalls durch Textil-, früher Seidenindustrie bestimmt (Della Valle 1961). In der *Brianza*, zwischen Como und Mailand, sind Cantú und Lissone bedeutende Standorte der italienischen Möbelindustrie. Das Gebiet von *Bérgamo* besitzt Nahrungsmittel-, Textil-, Stahl- und Maschinenindustrie (Bruno 1965). Außergewöhnlich ist die Verdichtung um Varese und in der Brianza, wo sich besonders viele Unternehmen der Hochtechnologie niedergelassen haben und in manchen Gemeinden 1991 bis zu 80 % der Erwerbstätigen in der Industrie tätig gewesen sind. Dafür ist die große Industriedichte im schweizerischen Luganese mitverantwortlich, die ein reges Grenzpendlertum hervorruft (Leimgruber 1987). In der Provinz *Bréscia* mit ebenfalls hohem Anteil der Industriebevölkerung (Ódolo, Gardone Riviera, Lonato) gibt es an die 80 kleine Stahlwerke von Kleinproduzenten, der sogenannten *Bresciani*, die fast nur Elektrostahl herstellen. „Straffe Spezialisierung, geringe Streikanfälligkeit und niedrige Verwaltungskosten machen diese

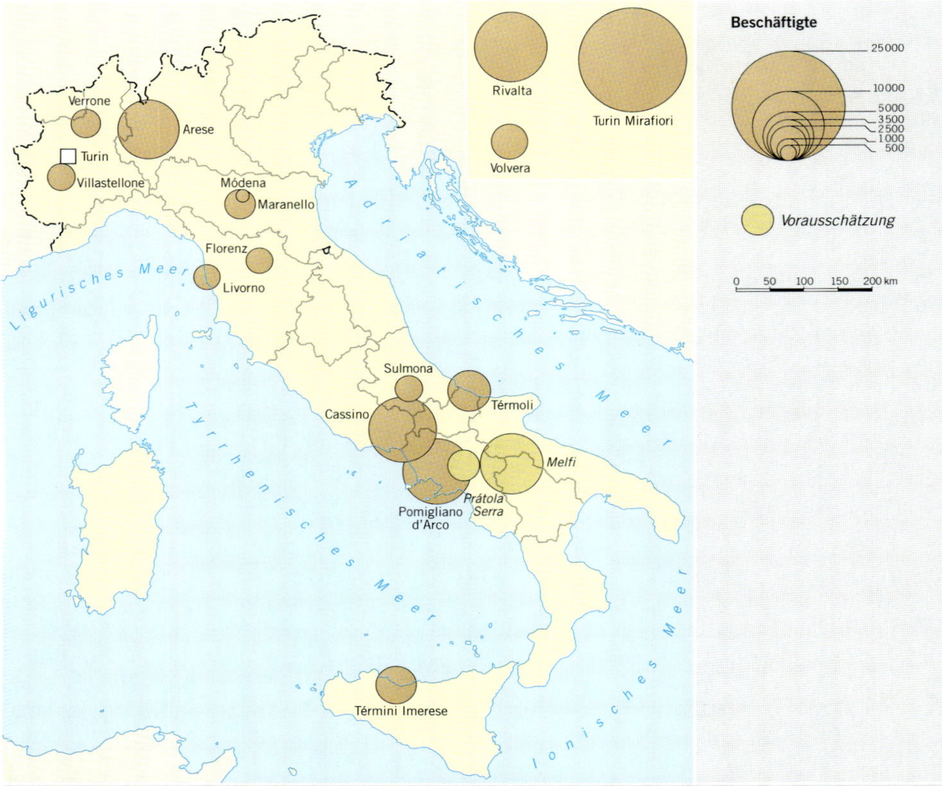

***Abb. 73:** Standorte und Beschäftigte der Fahrzeugindustrie 1993*

(nach Valussi 1993, S. 311)

Firmen auf dem europäischen Markt konkurrenzfähig" (H. Wagner 1982, S. 52). Die Produktion von Betonstahl und Handfeuerwaffen hat internationale Bedeutung. Isoliert außerhalb des dichtbesiedelten Industriebandes liegt das italienische Schuhindustriezentrum *Vigévano* (Pavia), in dem zu je einem Drittel Tagespendler und Heimarbeiter tätig sind (Houssel 1972).

Im französischsprachigen *Aostatal* nutzten zwei Stahlwerke (Cogne-Sider und Illsa Viola) das Cogneerz, dessen Förderung 1979 eingestellt wurde. An ihre Standorte, Aosta und Pont S. Martin, schloß die einseitig führende elektrometallurgische Industrie an. Die ungesunde Monostruktur, die teilweise im Zusammenhang mit der Italianisierungspolitik der zwanziger Jahre zustande gekommen ist, konnte durch ein jüngeres Kunstfaserwerk in Châtillon und kleinere Betriebe der Möbel- und anderer Branchen nicht völlig überwunden werden (Janin 1968, S. 227; Hilsinger 1977). Im Unterschied zu diesem großen Tal der Westalpen herrschte in der ostalpinen *Talfurche von Etsch-Eisack* vor Beginn der Industrialisierung in faschistischer Zeit noch die Land- und Forstwirtschaft ausschließlich vor. Mit der Industrialisierung des nach dem Ersten Weltkrieg italienisch gewordenen Südtirols sollte die Einwanderung und Beschäftigung von Angehörigen der italienischen Volksgruppe erleichtert werden, um die deutschsprachige Bevölkerung in ihrem zahlenmäßigen Vorrang zurückzudrängen. Die reichen Wasserkräfte wurden zur Energieversorgung für die Industrieanlagen nutzbar gemacht, die neuen Betriebe mit der Tarifbefreiung für 130 km Eisenbahntransport praktisch an den Wirtschaftsraum der Po-Ebene angebunden. Nach dem Beginn mit einer Kunstdüngerfabrik bei Meran 1926 kam es 1935 zur Gründung der *Bozner Industriezone* mit

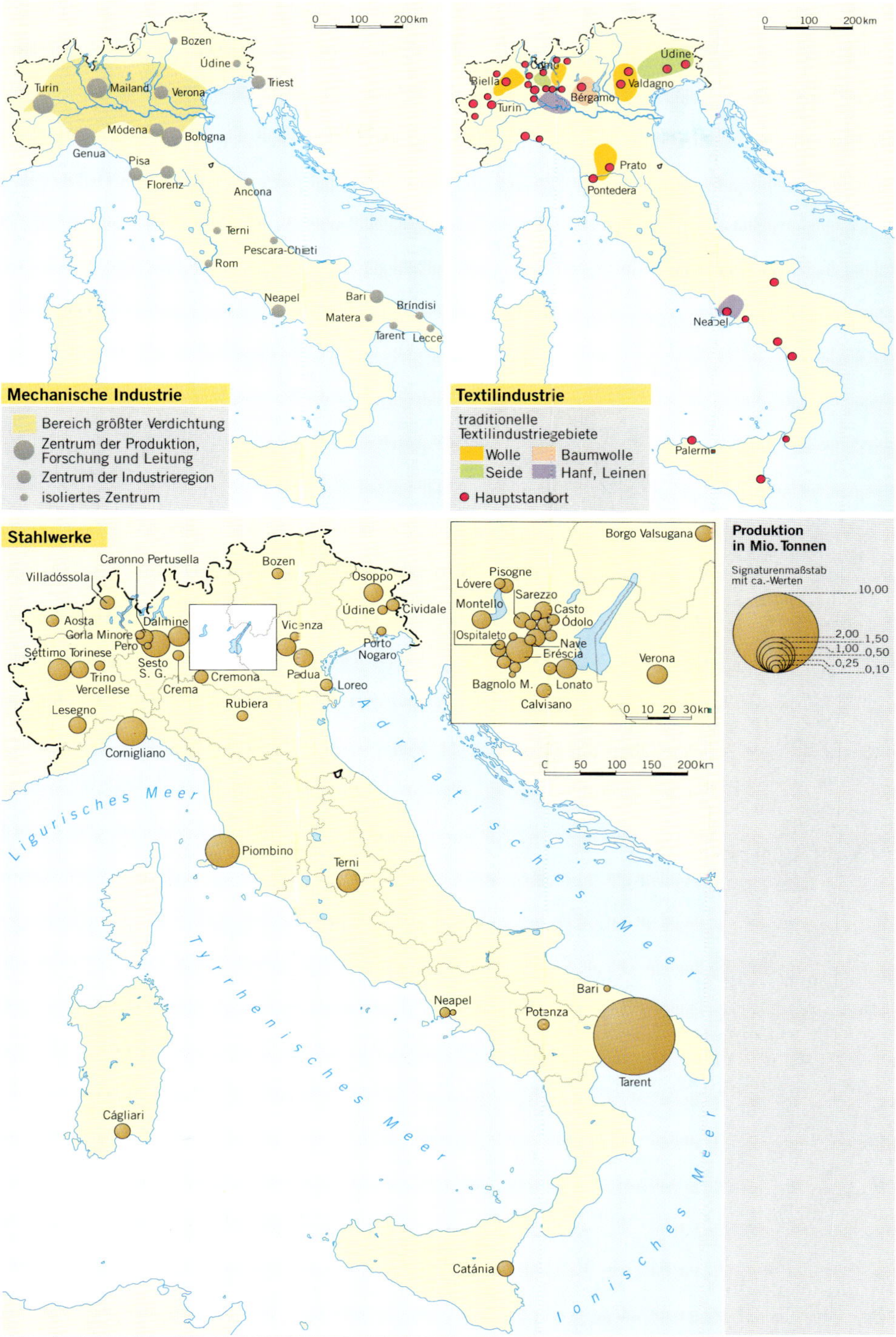

Abb. 74: *Die Verbreitung einzelner Industriezweige*

(nach Béthemont/Pelletier 1979, Fig. 3.5, Atlante Tematico 1992, Tav. 75/76, Valussi 1993, S. 290, korrigiert)

Stahl- und Aluminiumindustrie, Magnesiumwerk, Fahrzeugbau (Lancia), Holzverarbeitung u.a. (Leidlmair 1958; Pixner 1983). Nach dem Wegfall der politischen Begünstigung, als sich die wirtschaftlichen Kräfte wieder durchzusetzen vermochten, hat die Industriezone ihre Ausnahmestellung verloren und muß sich durch strukturelle Anpassung zu behaupten versuchen. Abseits davon begann in den sechziger Jahren die (Zweigwerks-)Industrialisierung überwiegend durch ausländische Unternehmen, vornehmlich aus Deutschland, in fast allen Talregionen Südtirols mit der Gründung arbeitsintensiver Betriebe, die auch für die deutsche und ladinische Bevölkerung Arbeitsplätze bereitstellten (Leidlmair 1969). Allerdings verschwand die zunächst expansive Bekleidungsindustrie im Sog der Textilkrise bis zur Gegenwart so gut wie gänzlich. Seit den siebziger Jahren setzt sich die Entwicklung in anderen, auf den heimischen Markt ausgerichteten Zweigen (Metall-, Holz-/Papier-, Nahrungsmittel- und Kunststoffbranche) fort, die vor allem vom örtlichen Handwerk mit Kleinst- und Kleinbetrieben in geplanten gewerbeparkähnlichen Agglomerationen der Gemeinden getragen werden (Pixner 1983, S. 84; Gebhardt 1990, S. 121f.). Im *Veltlin*, dem dritten großen Tal der italienischen Alpen, hat nur der Standort Sóndrio durch seine elektrometallurgischen Betriebe einige Bedeutung.

Im *Osten der Padania*, jenseits der Gardasee-Etsch-Lücke, folgt ein locker gegliederter Bereich industrieller Prägung (Gorlato 1965; Muzzolon 1978). Bevor die Verdichtung in jüngerer Zeit auch hier begann, gab es nur einige Zentren der Wollindustrie am Alpenrand, wie Valdagno bei Vicenza und Schio mit den Firmen Marzotto bzw. Lane Rossi, wozu andere Orte mit handwerklich bestimmter Tätigkeit kamen, wie Udine, Feltre und Maniago. Murano/Venedig ist mit seiner Glasindustrie ein einzigartiger Standort auf seiner Insel. Seither breiteten sich in vielen Gemeinden Klein- und Mittelbetriebe aus, z.B. in Stra (Venedig), Montebelluna und Cornuda (Treviso) mit Schuhindustrie (Gazerro 1973), mit Möbelindustrie unter anderem in Cerea und Bovolone (Verona); im Friaul wachsen die Metallverarbeitung und die auf Stühle spezialisierte Möbelindustrie als führende Industriezweige auch nach dem Erdbeben von 1976 (Loda 1990); Maschinenindustrie haben Bassano, Arzignano und Montécchio Maggiore (Vicenza). Im Gebiet Conegliano Véneto – Vittório Véneto – Pordenone hat die Produktion elektrischer Hausgeräte (z.B. Firma Zanussi) ein Zentrum.

Räumlich abgesetzt von den Industriestandorten am Alpenrand und in der höher gelegenen östlichen Padania sind die Gebiete der Großindustrie von *Marghera-Venedig, Monfalcone* und *Triest* mit ihren Häfen. Die Industriezone Marghera bilden über 200 Betriebe auf 540 ha in der alten und 780 ha in der neuen Zone mit rund 30000 Beschäftigten; die seinerzeit geplante dritte Industriezone ist wegen Widerständen verschiedener Art nicht verwirklicht worden (Abb. 75; *Diercke* 1996, S. 105/3; Döpp 1986, S. 317). Monfalcone wird durch seine moderne Großwerft des Staatskonzerns Italcantieri mit (1980) 4000 Beschäftigten charakterisiert (Melleli 1983), Triest durch einige Hafenindustrien wie Erdölraffinerien, Reparaturwerft, Eisenhüttenwerk, Zement-, Maschinen- und Lebensmittelindustrien.

Industriebestimmte Wirtschaftsräume der Emília-Romagna und der Toskana

In der *Region Emília-Romagna* ist die Industrie zwar meistens in den Stadtgemeinden lokalisiert (Pedrini 1965); doch hat der starke Ausbau der Verkehrsleitlinie Via Emília (Autobahn, Eisenbahn) eine deutliche Verdichtung hervorgebracht, die sich unter anderem auf das Arbeitnehmerreservoir des angrenzenden, so gut wie industriefreien Apennins stützen kann. Hohe Anteile Industriebeschäftigter haben Bologna, Ferrara (Kunststoffe), Módena, Réggio nell'Emília, Parma, Piacenza und Forlì mit Maschinen-, Nahrungsmittel-, Textil- und chemischer Industrie u.a. Auch kleinere Zentren treten hervor: Carpi entwickelte sich in zwei Jahrzehnten vom emilianischen Agrarstädtchen zum Strick- und Wollwarenzentrum Italiens mit sehr hohem Zulieferanteil (Houssel 1972; Bathelt 1998); in Sassuolo südwestlich von Módena gibt es eine bedeutende Produktion von Keramikfliesen. Ravenna erhielt mit der modernen Löschanlage für Rohölimporte eine Industriezone für Erdöl-

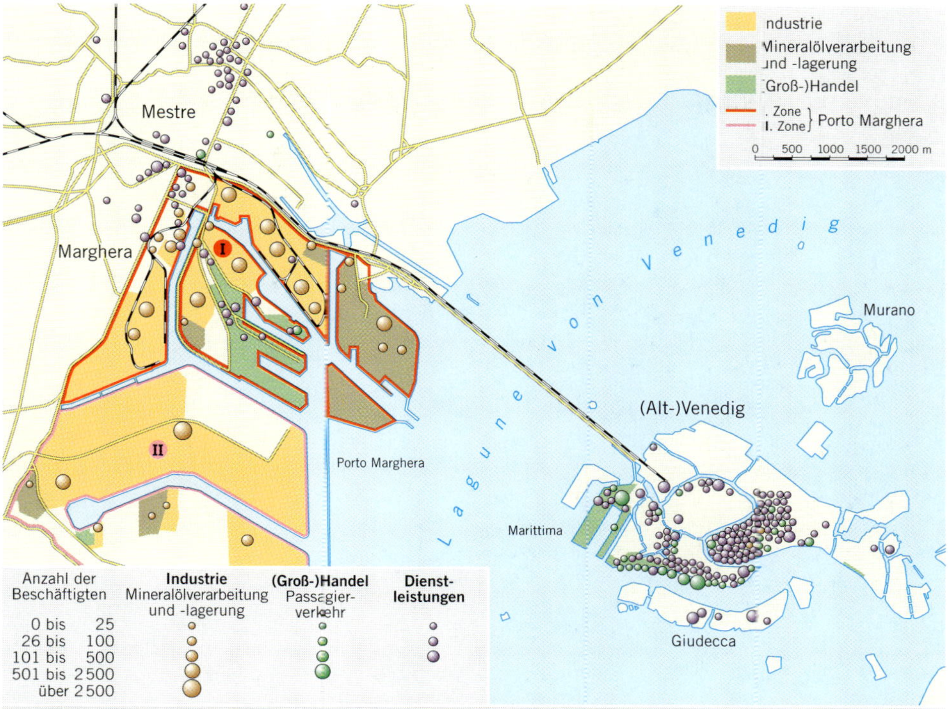

(aus Döpp 1986, S. 297, verändert)

Abb. 75: *Arbeitsstätten und Beschäftigte in Venedig um 1970*

raffinerie, Petrochemie und synthetischen Gummi (Gabert 1963; Montanari 1966).

Obwohl sich die Industrie wie im übrigen Italien gewöhnlich an die Städte hält, gibt es darüber hinaus einige größere Industrieagglomerationen. Dazu gehören in der *Toskana* das *apuanische* Marmor- und Industriegebiet (Vianelli 1986) und das nach der zweiten Stahlkrise von Stillegungen betroffene Bergbau- und Schwerindustriegebiet von *Nordostelba* und des *Golfs von Follónica* mit Piombino (Hottes 1961; Innocenti 1965). Die 1938 gegründete *Zona Industriale Apuana* (ZIA) erhielt in der Küstenzone zwischen Massa und Carrara als krisensichere Ergänzung zur althergebrachten Marmorindustrie Großbetriebe verschiedenster Produktionsrichtungen: Kokerei, Erdölraffinerie, Ferrolegierungswerk, Chemie-, Maschinenindustrie, Zement- und Kalkwerke (Hottes 1961; Pedreschi 1965). Seit der Krise der siebziger Jahre sind mehrere Großbetriebe wegen Überproduktion (Stahl) und Umweltverschmutzung (Chemie) geschlossen worden. Auf dem Areal der ZIA sollen kleine bis mittlere Industriefirmen heimischen Kapitals entstehen (Pinna 1992).

In der Agglomeration des *Valdarno superiore* haben die Zentren San Giovanni, Pontassiéve, Castelnuovo u.a. lange Zeit die elektrische Energie der Braunkohlevorkommen durch Schwer- und Maschinenindustrie, Glas-, Zement- sowie Textilindustrie genutzt (Piccardi 1967); im *Valdarno inferiore* liegen die Zentren Signa, Émpoli, Cáscina-Pontedera mit Leder- und Maschinenindustrie, mit den Piággiowerken in Pontedera und der Möbelindustrie in Cáscina (Hottes 1977; Veracini 1975). Der Beckenraum von Pistóia, Prato und Florenz ist eines der am stärksten industrialisierten Gebiete der Halbinsel, ohne daß er, dank der Einbettung in den ländlichen Raum und durch seine kleinbetriebliche Struktur, als solcher besonders auffällt (Cori/Cortesi 1977; Hottes 1961; Innocenti 1979; Mori 1981). Die Bedeutung des Handwerks mit seinen kleinen Betrieben und des Heimgewerbes darf gerade in der Toskana in vielen Bereichen nicht un-

Bild 59: *Textilfabrik in Prato: Prüfung der aus gebrauchten Textilien hergestellten Wollstoffe auf Webfehler*

Foto: R. Brütting

terschätzt werden; spielte es doch in der Wachstumsphase nach 1950 und vor allem in der Krise der großbetrieblichen Strukturen Mitte der siebziger Jahre eine aktive Rolle (Alexander 1970). Auch heute ist die Handarbeit im Verlagssystem bei verschiedenen Branchen unverzichtbar. So werden beispielsweise Taschen und Lederwaren der Firma Gucci in und um Florenz von rund 90 selbständigen Klein- und Mittelbetrieben zu 75 % manuell gefertigt (FAZ v. 18.7.1998); ein Zentrum der Ledergerberei und -verarbeitung ist S. Croce östlich von Pisa mit allein 500 Kleinunternehmen (Bathelt 1998). Weithin bekannt ist die an erster Stelle Italiens stehende Wollindustrie von Prato (Barbieri 1957; Houssel 1972; Faccioli 1991, Bild 59). Im Unterschied zu den Betrieben in der Provinz Vercelli, wie in Biella mit Kammgarnproduktion, wird hier hauptsächlich aus Abfällen gewonnene Wolle verarbeitet (Streichgarn, Hechelstoffe). Die Keramikindustrie liegt zwischen Sesto Fiorentino und Montelupo in starker Ballung, ergänzt durch chemische, Maschinen- und Zementindustrie.

Als Städte mit bedeutender Industrie heben sich Arezzo und Livorno (Hafenstandort mit Schwer- und Großindustrie; Gosseaume 1969), Florenz mit Leder- und Keramikindustrie und Lucca mit Tabak- und Textilindustrie hervor (Hottes 1961). Pisa hat die größte Spiegelglasmanufaktur Italiens, Volterra seine Alabasterbearbeitung; auch Siena und Grosseto sind industrialisiert worden. Neuartige Standortvorteile bieten die Autobahnausfahrten und Autobahnkreuze, wo weit außerhalb der Ortschaften großangelegte Industriekomplexe entstanden sind (San Zeno bei Arezzo, San Giustino Valdarno, San Sepolcro; Hottes 1977).

Die Industriestandorte im Nördlichen und Mittleren Apennin

Genua hat als Hafenstandort typische Grundstoff- und Schwerindustrien ebenso wie Savona, in denen IRI und Ölgesellschaften tätig (gewesen) sind (Rodgers 1960). Der Mangel an ebenem Gelände am Küstensaum hat Industrieanlagen wie Wohngebiete in die Täler aufwärts gedrängt (Bild 60), die

Foto: H.-G. Wagner

Bild 60: *Alte Industrie und Arbeitersiedlung unterhalb des Giovipasses bei Genua*

in ungeordneter Weise von deren Bauten erfüllt sind. Gewässer und Atmosphäre sind verschmutzt, der Verkehr beengt. Im oberen Bormidatal haben einige Gemeinden hohe Industrieanteile mit chemischer, keramischer, Glas- und Photoindustrie (Ferránia). Die Industriegassen der Apennintäler stellen mit ihren Autobahnen und Bahnlinien den Zusammenhang zu den Industriestädten Novi Lígure, Tortona und Arquata Scrívia am Nordfuß des Apennins her (Massi 1964; Adamo 1979). Über die vielseitig industrialisierte Stadt Alessándria (außer Hutfabrikation Borsalino unter anderem auch Maschinen- und Möbelindustrie) wird die Verbindung zu den Ballungsräumen von Turin und Mailand geknüpft und insgesamt der *Triángolo industriale* Nordwestitaliens gebildet, dessen schwächstes Glied Genua mit seinen (staatlichen) Großbetrieben geworden ist (Tallone/Ugolini 1989).

Im *Mittleren Apennin* liegen mehrere Einzelstandorte alter Tradition oder moderner Planung; selbst kleinere Städte verfügen über Industriebetriebe, teilweise in größerer Häufung. In *Umbrien* gehört dazu Perúgia mit seiner bekannten Süßwarenindustrie (Perugina) und einer breiten Produktpalette in Stadt und Umland (Hottes 1977). In Città di Castello mit spezialisiertem Druckereigewerbe ist ein Industriepark entstanden. Der einst aus militärischen Gründen geförderte Schwerpunkt Terni hat einen weiteren Ausbau erfahren (Albertini 1965). Die Agglomeration Rieti-Cittaducale ist 1971 unmittelbar jenseits der Tätigkeitsgrenze der Südkasse gegründet worden und stellt eine kleine Insel auswärtiger Unternehmen dar, die zu vier Fünfteln aus Norditalien und zu einem Fünftel aus dem Ausland stammen (Grillotti di Giacomo 1978). An die Mittelgebirgsindustrie Deutschlands erinnert die Musikinstrumentenindustrie der *Marken* in Ancona und Umgebung, z.B. die Akkordeonproduktion von Castelfidardo und Camerano, sowie die berühmte Papierindustrie von Fabriano. Im Valle del Pescara greift die Industrie mit vier Agglomerationen ins Gebirge ein (Sprengel 1977). Am Oberlauf der Pescara hat Bussi sul Tirino elektrochemische Industrie. Áscoli Piceno, Avezzano, L'Áquila und Sulmona liegen im Fördergebiet der Südkasse; unter anderem haben ausländische Unternehmen das Arbeitskräftepotential zu nutzen verstanden.

Die Industriestandorte im Mezzogiorno

Im Vergleich zum Norden Italiens erschien der Süden bis in die Nachkriegsjahre hinein als nahezu rein agrarisch bestimmter Raum. Trotzdem hatten manche Standorte, vor allem Neapel, gestützt auf das traditionelle Gewerbe der *artigianato*-Gruppe z. B. in der Metallwaren-, Uhren-, Schuh-/Bekleidungs- und Kunstblumenherstellung, das bis heute mit 47 % aller Betriebe des sekundären Wirtschaftssektors im historischen Stadtzentrum lokalisiert ist (Formica 1991), sehr wohl an der frühen Industrialisierung des 19. Jh.s teilgenommen. Danach aber hatte sich „zugleich mit der Auf-Industrialisierung des Nordens ... eine Ent-Industrialisierung des Südens, nicht nur verhältnismäßig, sondern absolut, vollzogen" (Vöchting 1951, S. 620). Der Süden besaß 1936 nur 2,6 in der Industrie Tätige auf 100 Einwohner, der Norden 11,2 bei einem italienischen Durchschnitt von 7,3. Die Kriegszerstörungen an Industrieanlagen (35 %) und Wasserkraftwerken (50 %) machten die Teilnahme am allgemeinen Nachkriegsaufschwung zunächst unmöglich. Besonders schwer betroffen waren die Eisenindustrie bei Neapel, die Werften von Castellammare, das Hydrierwerk und die Mühlen von Tarent, während die Textilfabriken und die Teigwarenbetriebe Kampaniens weniger gelitten hatten. Süditalien besaß aber seit langem nicht nur die in Apulien und Kampanien verbreitete Nahrungsmittel-, Eisen- und Textilindustrie, sondern an einigen Standorten manche bis heute zum Teil noch gewachsene, höchst produktive Gewerbezweige. Beispielhaft seien die Papierindustrie im Lirital auf der Grundlage von Wasserkraft (Ísola del Liri, Prov. Frosinone) und die Gerbereien von Solófra (Prov. Avellino) genannt, wo in zahlreichen Kleinbetrieben und wenigen größeren hochwertiges Leder für die Bekleidungsindustrie hergestellt wird.

Die *neugeplante* und von der Südkasse geförderte *Industrie* auf dem *süditalienischen Festland* schließt sich in manchen Fällen an *ältere Standorte an*, z. B. südlich von Rom und im Saccotal an Frosinone; sie bevorzugt aber im Laufe der Fortentwicklung immer mehr den ortsfernen, verkehrsgünstigen Standort an der Autobahn. Charakteristisch sind dort die Branchenvielfalt und die starke Beteiligung ausländischer, besonders US-amerikanischer Firmen (Marandon 1977). Fiat gründete in Cassino 1972 ein modernes Personenwagenwerk mit über 10 000 Mitarbeitern (Borlenghi 1974). In Kampanien wurde die Industrie von Caserta (in Richtung Nola) ebenso erweitert wie die von Neapel und den Golfgemeinden, ohne jedoch bei dem starken Zuwandererstrom und dem hohen natürlichen Wachstum sowie nach der jüngsten Krise der Staatsbetriebe genügend Arbeitsplätze bereitstellen zu können (Ruocco/Formica 1964; Ruocco 1965). Zum modernisierten, nach der Stahlkontingentierung der EG 1991 stillgelegten Stahlwerk von Bagnoli (Maurone 1980) und zu der modernen Fabrikationsanlage in Pomigliano d'Arco von Alfasud, das seit 1986 zur Fiat-Gruppe gehört, kommen viele weitere Branchen in mehreren Agglomerationen im Hinterland von Neapel. Sie wurden dort zur Entlastung der überfüllten Küstenzone gegründet (Spooner 1984), während sich Olivetti mit einer inzwischen auf elektronische Erzeugnisse umgestellten Büromaschinenfabrik in Pozzuoli meeresnah niederließ. In ähnlicher Binnenlage befinden sich die oben erwähnten neuen Industriezonen mit großer Branchenvielfalt auf der adriatischen Seite im Raum Pescara – Rieti – Ortona (Dionnet 1986). Auf die neue Industrie im mittleren Apulien, die sich zum „Industriedreieck des Südens" der Städte Bari, Bríndisi und Tarent formiert, aber eine sehr unterschiedliche Branchen- und Betriebsstruktur hat, wurde bereits in anderem Zusammenhang eingegangen.

Viele andere der im Mezzogiorno neugegründeten *Betriebe* sind *auf freier Fläche* in bisher landwirtschaftlich genutzter Umgebung errichtet worden. Beispiele für solche Industrieansiedlung ohne ältere Kerne sind das große Flachglaszentrum von 1966 in San Salvo und das Autoelektrikwerk der Fiat-Gruppe von 1972 im *Núcleo industriale* von Vasto (Chieti) an der Adria (Sprengel 1977), das Dieselmotorenwerk Sofim in Fóggia von 1978, das Transporterwerk im Sangrotal (Abruzzen), das Baumaschinenwerk in Lecce mit Sitz der Fiat-Allis Europe sowie weitere Fiat-Werke bei Térmoli (Molise), Términi Imerese (Sizilien) und, als jüngste Glieder (1994 im Bau) – logistisch wie kein anderer Standort ausgewählt –, die Modellfabriken für moderne Produktionsformen bei Melfi (Basilicata) und in Prátola Serra bei Avellino (Kampanien) mit geplanten 8000 – 9000 Mitarbeitern. Zu diesen Standorten mit regionaler Breitenwirkung gehört auch die neue, exportorientierte Polstermöbelindustrie in Santéramo in Colle mit fast 10 000 Beschäftigten, deren meist kleine Unternehmen das große Werk des Initiators inmitten der Olivenhaine der apulischen Murge umgeben (SZ v. 15.10.1998). Im Golf von Policastro hat man sich – jeweils mehr oder weniger abseits der alten Orte – an Maratea und Práia a Mare, im Basentotal an Ferrandina, in der Piana di Síbari an Castrovíllari angeschlossen.

In *Kalabrien* wirkt hinsichtlich der Zahl der Beschäftigten nur das alte Zentrum Crotone mit Chemiewerken und Elektrometallurgie (Zinkhütte) zufriedenstellend. Vom Großprojekt Gióia Táuro, dem äußerst fragwürdigen Stahlwerksplan an der tyrrhenischen Küste auf Kosten wertvollen agrarischen Bewässerungslandes, blieb fast nur der neue Hafen für andere Funktionen übrig (Rupp/Turolla 1985; s. u.), ebenso von den vorgesehenen „Industriezonen" in Corigliano Cálabro (Prov. Cosenza), wo jetzt Fischerboote anlegen (Rother 1986), und in Saline Ióniche (Prov. Réggio di Calábria), immerhin Standort von Liquichimica (Gambino 1980).

In *Sizilien* ist der Schwefelbergbau, einst der wichtigste Zweig des italienischen *Bergbaus*, der zu Beginn des Jahrhunderts mit einer Jahresförderung von 0,5 Mio. t Weltgeltung besaß, der osteuropäischen und überseeischen Konkurrenz erlegen (Tews 1980). Im gleichen Gebiet, zwischen Agrigento und Enna, sind heute hochmechanisierte Bergwerke zur Gewinnung von Kali- und Steinsalz in Betrieb. Sie und die neuen Erdöl- und Erdgasfelder haben zu dem auffälligen Dualismus beigetragen, der zwischen der vorindustriellen, auf Lokalmärkte ausgerichteten Produktion und den hochindustriellen, kaum in die sizilianische Wirtschaft integrierten Produktionszweigen besteht (Monheim 1972) und der auch die gesellschaftliche „Dichotomie" in den Städten hervorruft (Reimann 1989 für Gela).

Industrielle Verdichtungszonen, deren Betriebe meist von mittlerer Größe sind und von einheimischen Unternehmern getragen werden, liegen in den Stadtregionen von Palermo und Catánia. Die Werft von Palermo war 1980 mit 3350 Beschäftigten der wichtigste Industriekomplex (Melelli 1983). Das Gebiet Pantano d'Arci südlich Catánias, seit Ende der fünfziger Jahre im Aufbau, bietet mit seiner über 100 Betrieben und mehr als 9000 Beschäftigten ein buntes Branchenbild. Weitere 1000 sind im Bereich Belpasso tätig.

In die größte Industriezone zwischen Syrakus und Augusta strömen Pendler aus den Agrostädten der ganzen Umgebung (Stein 1971). 1979 umfaßte sie 4318 ha mit nur 42 Betrieben, aber 11 000 Arbeitskräften; 1991 zählte die ganze, sonst ländlich geprägte Provinz Syrakus fast 16 000 Industriebeschäftigte. Die Großindustrie nutzt Hafenstandorte und dient der Erdölverarbeitung mit Raffinerie, Petrochemie- und Gaswerken, daneben arbeiten ein Wärmekraftwerk sowie Zement- und Röhrenwerke. Dennoch ist die Industrie Siziliens auch heute „nicht annähernd in der Lage, die aus Handwerk und Landwirtschaft freigesetzten Arbeitskräfte aufzufangen und den notwendigen sozioökonomischen Wandel zu tragen" (Monheim 1972, S. 9). Die Situation hat sich in den vergangenen Jahrzehnten durch die Rückwanderung eher verschlechtert.

In *Sardinien* gab es für die neue Industriezone Sulcis in Portovesme/Portoscuso Anknüpfungsmöglichkeiten, allerdings weniger an den Braunkohlebergbau von Carbónia (jener planmäßigen Stadtgründung der faschistischen Regierung von 1936) als vielmehr an den *Erzbergbau* des Iglesiente, was die Errichtung von Hüttenbetrieben nach sich zog (Schröder 1962, 1965; *Atlante Tematico* 1992, Tav. 71). Aus unterschiedlichen Lagerstätten wurden dort seit frühgeschichtlicher Zeit insbesondere Bleiglanz, Zinkblende und Zinkspat gewonnen und im alten Bergbauzentrum Iglésias (mit Bergbauschule) sowie später auch im Campidano (S. Gavino Monreale,

Villacidro) raffiniert (H. Wagner 1982, Abb. 9). Ebenso wie die Kohleförderung, die noch in einer letzten Zeche bei Nuraxi Figus umgeht (das Produkt wird in Portovesme u.a. für die Aluminiumhütte verstromt), ist auch die Erzförderung Sardiniens, die sich hinter der Toskana einmal an zweiter Stelle der Regionen eingereiht hat, ständig abgesunken. Waren von einst über 60 Minen schon 1986 nur noch 12 in Betrieb (Exel 1986), so stand der sardische Bergbau Anfang der neunziger Jahre auf Grund ausgebeuteter bzw. abbauunwürdiger Lagerstätten wie jener ganz Italiens am Ende seiner Geschichte mit den entsprechenden Auswirkungen zum Nachteil der Bevölkerung, wie Arbeitslosigkeit und Abwanderung. Die Metallverarbeitung, teilweise in den Betriebsgebäuden der alten Hüttenwerke, gründet heute auf importierten Rohstoffen. Jüngeren Datums sind die Industriestandorte von Tortolì-Arbatax an der Ostküste (Papiererzeugung) und von Ottana im Inneren (Kunstfasererzeugung). Letzterer hat sich trotz des guten Vorsatzes, im Binnenland einen Wachstumspol zu schaffen, als ein Fehlschlag erwiesen (Hiller 1978, S. 122f.; King 1975). Spekulationsruinen wie hier, andererseits neue Betriebe verschiedener Branchen finden sich auch in den überdimensioniert ausgewiesenen, bei weitem nicht ausgefüllten Industriezonen mit petrochemischem Kern von Macchiareddu am Golf von Cágliari und von Porto Torres bei Sássari im Norden. Allein die Petrochemie um die Raffinerie von Sarroch/Porto Foxi südlich von Cágliari ist gewachsen (Bild 57). Wie im übrigen Italien sind am Rand der Städte in den letzten Jahren mehr oder weniger große Flächen für gewerbliche Betriebe, vor allem des örtlichen Handwerks, erschlossen worden (z. B. an der Superstrada bei Núoro). Die Nahrungsmittelerzeugung hat ihre Standorte im agrarischen Gunstgebiet des Campidano (eine Zuckerfabrik, eine Großmolkerei, Weinkellereien u.a.).

Die Gründung neuer und die Erweiterung bestehender Industriestandorte im Mezzogiorno werden nur verständlich, wenn man sich die großen Anstrengungen des Staates und der von ihm geschaffenen Institutionen im Verlauf seiner Wirtschaftspolitik vor Augen hält. Eine größere Krisenfestigkeit wird nur dort zu erwarten sein, wo auch die ökonomischen Voraussetzungen auf Dauer gegeben sind. Das gilt z. B. für jene Branchen, die sich der kostengünstigen Versorgung der im Mezzogiorno selbst ansässigen Bevölkerung verschrieben haben, freilich weniger für die Großindustrie, die gezwungen ist, im Wettbewerb mit dem europäischen bzw. dem Weltmarkt zu produzieren. Die erfolgreichen Ansätze vernetzter Produktionssysteme auf klein- und mittelbetrieblicher Grundlage, die sich dem Leitbild Nordost- und Mittelitaliens annähern, machen deutlich, daß der Süden allmählich einen Weg für seine wirtschaftliche Zukunft findet (Loda 1997; s. Kap. zur Südfrage).

DIE DIENSTLEISTUNGEN

Bild 61: *Markusplatz in Venedig: Treffpunkt des internationalen Tourismus*

Überblick

- Der tertiäre Wirtschaftssektor hat im Zuge der Industrialisierung mit 60 % der Erwerbspersonen die führende Position im Erwerbsleben Italiens erlangt. In allen wichtigen Zweigen erweisen sich die nördlichen und mittleren Landesteile dem Süden überlegen.

- Den Einzelhandel prägen traditionelle und moderne Strukturen. Die Vielzahl kleiner Ladengeschäfte im Familienbetrieb und der ambulante Handel konkurrieren mit den erst in jüngster Zeit aufgekommenen Verbrauchermärkten großer Unternehmensketten sowohl in den Ortszentren als auch auf „grüner Wiese“.

- Italien gehört zu den ersten Touristiknationen mit einer langen Tradition des Reisens und einem hohen Ausländeranteil. Der Fremdenverkehr fußt auf dem landschaftlichen Reiz von Küste und Gebirge und den reichen kulturhistorischen Stätten des Landes. Seine aktuellen Probleme ergeben sich aus der wachsenden Gefährdung des natürlichen Potentials, der extremen Saisonalität, der Konkurrenz am Mittelmeer und dem gewandelten Urlaubsverhalten von In- und Ausländern.

- Gestalt und Relief von Halbinsel und Inseln haben – im Gegensatz zur Po-Ebene – die küstenparallele Führung der Eisenbahnlinien vorgegeben und damit die Entwicklung eines ausgereiften Verkehrsnetzes verzögert. Der Autobahnbau ist ein großer Fortschritt gewesen, weil er den Zusammenhalt des Landes gefördert hat. Anders als im Norden besitzen die vielen kleinen und mittleren Häfen im übrigen Italien häufig kein Hinterland und dienen vor allem dem Fährverkehr. Erst mit der Umstellung der Energiewirtschaft auf Erdöl und Erdgas nutzte das Land seine ideale Lage als Drehscheibe zwischen Orient und Europa vollständig aus, was den Südregionen stellenweise Auftrieb verschafft hat.

Die Tertiärisierung der Wirtschaft

Der tertiäre Sektor, der Wirtschaftsbereich des Handels, der Verwaltung, des Verkehrs und der öffentlichen und privaten Dienste, ist bisher nur gestreift worden. Der wiederholte Hinweis auf die wirtschaftsräumlichen Disparitäten Italiens hat aber deutlich gemacht, daß in seinem Bereich mehr als die Hälfte, im Süden sogar ein noch größerer Teil des Sozialprodukts erwirtschaftet wird, wobei dieser Anteil von Jahr zu Jahr gewachsen ist. Wie in allen europäischen Industriestaaten nimmt auch in Italien die Zahl der im tertiären Sektor Beschäftigten absolut und relativ zu, was man dort kurz mit *L'Italia si va terziarizzando,* d.h. Italien ist auf dem Weg in die „tertiäre Zivilisation", ausdrückt.

1996 waren 12 von 20 Mio. (formellen) Erwerbstätigen Dienstleistende, das sind 60%. Latium lag im tertiären Sektor mit 75,4% der Beschäftigten an der Spitze der Regionen, was sich durch die Hauptstadtfunktionen von Rom leicht erklären läßt. Wie aber kommen die hohen Anteile von Ligurien (72,2%), Aostatal (67,2%), Kampanien (66,5%), Kalabrien (66,1%) und Sizilien (68,0%) zustande? Handel, Fremdenverkehr und Verwaltung stehen offenbar in Ligurien, Aostatal und Kampanien an vorderster Stelle. Gilt das aber auch für Kalabrien und Sizilien? Abgesehen davon, daß die Beschäftigung im tertiären Sektor, besonders im Einzelhandel, dieser und anderer Regionen des Mezzogiorno als ein Ausdruck von großer Arbeitslosigkeit und Unterbeschäftigung schon immer relativ hoch gewesen ist, wird die Frage auch für die Gegenwart mit „buffer of employment" oder „Flucht in die Dienstleistungen" zu beantworten sein (Spranzi 1985, S. 173; Monheim 1972, S. 401 f.). Bei den unattraktiv gewordenen Beschäftigungsmöglichkeiten in der Landwirtschaft und bei der noch unzureichenden Zahl von Industriearbeitsplätzen für die gut ausgebildeten Jugendlichen ist die Bürotätigkeit, das Tragen eines *bianco coletto* (eines „weißen Kragens"), höchst erstrebenswert. Der Ausbau der Verwaltung in den Provinz- und Regionalhauptstädten hat neue Stellen, freilich mit der üblicherweise recht geringen Besoldung, gebracht. Deren Aufbesserung durch Nebentätigkeiten ist dann der allgemein genutzte Ausweg.

Es wäre falsch, wollte man den Dienstleistungsbereich als unproduktiven Wirtschaftssektor bezeichnen; denn er enthält ja auch das Fremdenverkehrsgewerbe. Neben dem Kapitalzufluß und -rückfluß von Gastarbeiterlöhnen hatte der Tourismus schon in der Zeit des Wirtschaftswunders steigende Bedeutung als Devisenbringer. Während der italienischen Krise nach 1970 wurde er zeitweise der einzige große Einnahmeposten, weil die Auswanderer heimkehrten und die Rimessen abnahmen. Der Fremdenverkehr galt als „Sauerstofflasche" und „Öl" der Wirtschaft Italiens (Rognant 1981, S. 202–291). Auch heute, in einer vergleichsweise besseren gesamtwirtschaftlichen Situation, beweist er seine ungebrochene Kraft. Dabei verändert der Tourismus ebenso wie Handel, Transport und Verkehr in immer schnellerem Tempo und oft sehr deutlicher Weise natürliche Umwelt und Kulturlandschaften. Den räumlichen Auswirkungen begegnen die Italienreisenden ganz unmittelbar und täglich, indem sie solche Dienstleistungen in Anspruch nehmen.

Handel, Märkte und Messen

Der Groß- und Einzelhandel Italiens hat mit einem Drittel des Umsatzes im Dienstleistungsgewerbe eine starke Stellung. In seiner Struktur zeigt der *Einzelhandel* einige Eigentümlichkeiten, die auch aus anderen Mittelmeerländern bekannt sind (Döpp 1977; Pricking 1988; Meini u.a. 1998). Da sind die vielen *kleinen,* dicht nebeneinanderliegenden *Ladengeschäfte*, selbst bei Branchen mit großem Raumanspruch, wie z.B. für Möbel. In den engen Straßen der Innenstädte, die erst in jüngster Zeit in – baulich noch kaum gestaltete – Fußgängerzonen umgewandelt worden sind, läßt die

Bild 62: *Supermarkt am östlichen Stadtrand von Rom*

schmale Gebäudefront oft kaum Platz für Schaufenster, so daß die Ware tagsüber auf dem Gehsteig als erweitertem Ausstellungsraum gestapelt und feilgeboten werden muß. Nur in den neustädtischen Prachtstraßen Süditaliens sind die Dimensionen weiter und größer und erinnern an das aus Deutschland vertraute Bild. Bis in die jüngste Zeit hat sich die Güterverteilung an diese Kleinstruktur gehalten; an ihr sind erstaunlich wenige Kaufhäuser – insbesondere die Mailänder Unternehmenskette Rinascente von 1920 mit UPIM (*Único Prezzo Italiano Milano*) und *Standa* (*Società anónima magazzini Standard*) von 1931 – beteiligt gewesen. Erst in den siebziger Jahren ist COOP (*Cooperativa*), die aus der Arbeiterbewegung entstandene Konsumgenossenschaft, stärker in den Vordergrund getreten (Große/Trautmann 1998, S. 73).

Die Einführung moderner Verkaufsformen verläuft infolgedessen, besonders seit den achtziger Jahren, stürmisch und ist, weil im Land so gut wie unbekannt, zunächst von ausländischen Unternehmen getragen worden. So sind selbst in den Großstädten *Verbrauchermärkte* verhältnismäßig spät, dann aber um so rascher aufgekommen, und immer häufiger werden heute am Stadtrand auf „grüner Wiese", an Ausfallstraßen und an Autobahnknoten autoorientierte Einkaufsstätten, die *super-* und *ipermercati* (Bezeichnungen, die ab 400 bzw. 2500 m² Verkaufsfläche gelten), errichtet. Im Vergleich zu allen anderen EU-Ländern ist ihr Zuwachs in Italien seit 1981 am größten; 1995 wurden im ganzen Land bereits 4787 Supermärkte, 841 *Grandi magazzini* und 225 Hypermärkte mit durchschnittlichen Größen von 861, 1710 bzw. 4800 m² und 19, 27 bzw. 133 Beschäftigten je Einrichtung gezählt . Auch Shopping Center (*Centri commerciali*) sind, nach zögernden Anfängen 1971 – 1974 in Bologna mit sehr kleinen Verkaufsflächen (unter 2000 m²), besonders im Jahrfünft 1986 – 1990 aus dem Boden geschossen und dürften bei fünf- bis zehnfacher Verkaufsfläche inzwischen 200 Einheiten überschritten haben (vgl. *Atlante Tematico* 1992, Tav. 86) (Bild 62).

Somit bildet sich derzeit eine polarisierte Einzelhandelsstruktur heraus; denn neben der noch immer beträchtlichen Zahl traditioneller Bedienungsläden und den sehr großen Verbrauchermärkten sind die mittelgroßen Supermärkte nur schwach vertreten (Kulke 1997). Mehrbetriebsunternehmen und Filialisten, in Mittel-, West- und Nordeuropa inzwischen selbstverständlich geworden, entwickeln sich erst allmählich; immerhin haben die großen deutschen und französischen Einzelhandelsgruppen (Metro, Rewe, Promodès, Intermarché, Carrefour, Tengelmann u. a.), bei laufender Kapitalkonzentration und Internationalisierung, neben den einheimischen Warenhäusern Fuß gefaßt und expandieren auf Grund der Marktlücke kräftig, wobei sie ihre Investitionen in Räumen hoher Kaufkraft, d.h. in den Ballungsgebieten zusammenziehen. Die „Europäisierung" Italiens schreitet zwar ähnlich wie in der Industrie auch im Einzelhandel voran, doch im Norden schneller als im Süden, so daß die räumlichen Disparitäten auch in diesem Wirtschaftsbereich vorläufig erhalten bleiben. So stand den Bewohnern Nord- und Mittelitaliens 1994 pro Kopf vier- bzw. dreimal soviel Verkaufsfläche in *ipermercati* zur Verfügung als jenen Süditaliens; die Zahl der Lebensmittelgeschäfte sank 1991–1994 je 10 000 Einwohner in Piemont und Lombardei von 46 auf 33 bzw. von 39 auf 30, in Kampanien dagegen nur von 59 auf 56 (Schröder 1997). Der Süden einschließlich der großen Inseln holt aber gegenwärtig rasch auf.

Trotz dieser modernen Entwicklung, die dem internationalen Trend folgt, ist die Bedeutung des *ambulanten Handels* mit 12,5 % der stationären Ladengeschäfte (1990) nicht zu unterschätzen. Eine große Zahl fahrender Kaufleute unterhält auf dem Land, selbst in abgelegenen Dörfern, aber auch in den Städten die vielen Wochenmärkte und die traditionellen Jahrmärkte, durch welche die agrarisch bestimmte Vergangenheit nachwirkt. Heute scheinen solche *Märkte* anachronistisch zu sein, weil ein großer Teil der Bevölkerung häufig und schnell mit privaten oder öffentlichen Verkehrsmitteln zum Einkaufen fahren kann. Gerade in Großstädten erfüllt der tägliche Markt in zentraler Lage jedoch die Aufgabe, die einkommensschwachen Schichten der Bevölkerung mit Waren des Lebensmittel- und des *non food*-Sektors auf niedrigem Qualitäts- und Preisniveau zu versorgen. Er liegt in aller Regel in der Nachbarschaft des Hauptgeschäftszentrums, dessen Warenangebot hohe Ansprüche erfüllt. In Venedig z.B. findet man Märkte dieser Art an der Rialtobrücke und auf anderen Plätzen. Florenz besitzt ganz ähnlich wie Parma im nordwestlichen Teil des Hauptgeschäftszentrums ein regelrechtes Marktviertel (Abb. 76). Es ist dreigeteilt

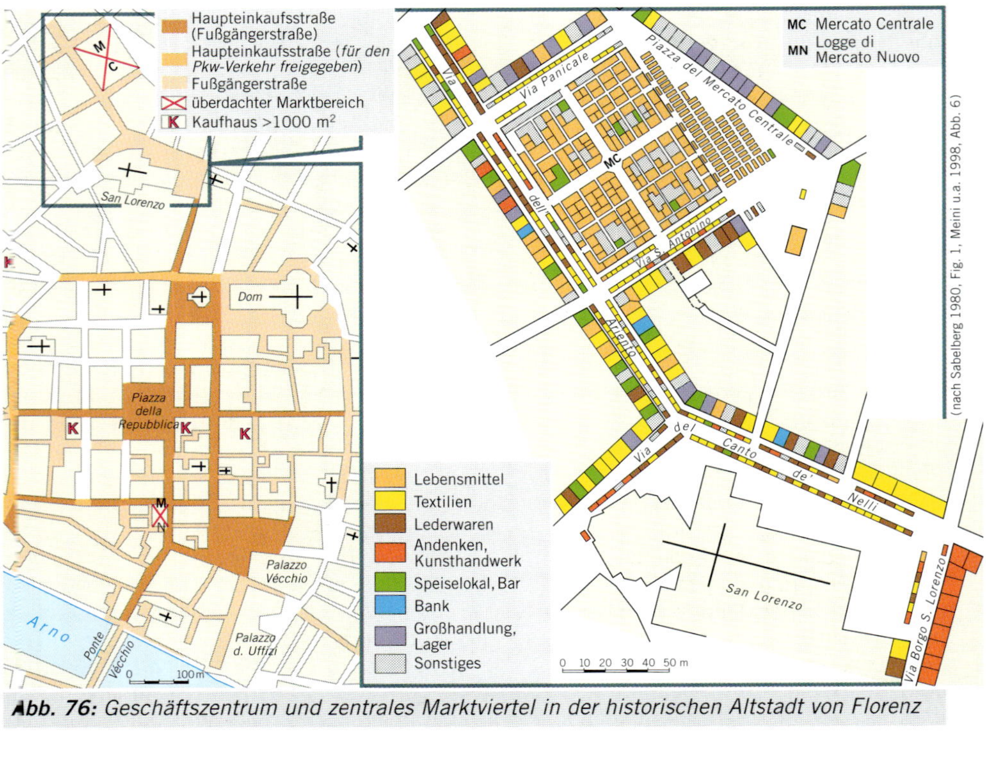

(nach Sabelberg 1980, Fig. 1, Meini u.a. 1998, Abb. 6)

Abb. 76: *Geschäftszentrum und zentrales Marktviertel in der historischen Altstadt von Florenz*

Bild 63: *Obst- und Gemüsemarkt in Catánia*

und besteht aus der großen Markthalle für Lebensmittelstände, dem benachbarten Gemüsemarkt mit mobilen Ständen und – in den angrenzenden Straßen – aus Einzelhandelsgeschäften in lückenloser Front mit davor aufgebauten Verkaufsständen des ambulanten Handels aller Branchen, an die sich noch ein „Ergänzungsgebiet“ mit dem Großhandel, den Lagern und Unterstellräumen für die Verkaufsstände anschließt (Sabelberg 1980b). Auch die Provinzhauptstädte des Südens, z. B. Fóggia und Cosenza (Pricking 1988; Wallbaum 1980), verfügen über entsprechende Einrichtungen (für Catánia vgl. Abb. 52; Bild 63). In noch kleineren Städten (z. B. in Siena, Agrigento) werden sie durch Wochenmärkte mit Waren des periodischen Bedarfs ersetzt. Sicherlich wird dieser gerade auch den Touristen immer wieder faszinierende, dem Bazar des Orients ähnelnde Angebotstyp des Einzelhandels nicht so bald verschwinden, wie sein Wachstum unter dem Einfluß des Fremdenverkehrs in Venetien und Trentino-Südtirol beweist (Mattana 1990). Im Vergleich zu Mitteleuropa faßt Sabelberg (1980b) dieses Strukturelement italienischer Städte als eine kulturgenetische Variante des Geschäftslebens auf.

Jeder der 870000 Einzelhandelsbetriebe Italiens mit einer mittleren Verkaufsfläche von nur 71 m² (Deutschland 165 m²), die aber intensiv genutzt wird, hat im Durchschnitt zwei Beschäftigte, d. h., es überwiegen die *kleinen Familienbetriebe* trotz aller Veränderungen bei weitem, und zwar in 54 % aller Fälle (1991). Sie werden zumeist von Frauen oder alten Leuten und oft nur als Zuerwerb zum Familieneinkommen geführt. Vor allem im Lebensmittelsektor liegen sie als herkömmliche Bedienungsläden oder kleine Selbstbedienungsgeschäfte überall in unmittelbarer Nähe der Kunden, auch in den meist noch dicht bewohnten Innenstädten (Kulke 1997). Noch stärker als den sekundären Sektor kennzeichnen den Einzelhandel also Klein- und Kleinststrukturen mit Zwergbetrieben (Tab. 22).

Anders als im vergangenen Jahrzehnt, als der oben beschriebene Strukturwandel ihren Schwund einleitete, hatte die Zahl

	Lebensmittel-Einzelhandel Deutschland (West) 1990	Lebensmittel-Einzelhandel Italien 1994	Non-Food-Einzelhandel Deutschland (West) 1990	Non-Food-Einzelhandel Italien 1994
Verkaufsfläche pro Kopf (m^2)	0,3	0,25	0,9	0,6
Anzahl an Ladengeschäften	60 400	220 900	310 000	406 000
Durchschnittliche Größe der Ladengeschäfte (m^2)	283	65	168	84
Betriebe je 10 000 Einwohner	10	39	52	71

***Tab. 22:** Die Einzelhandelsstruktur in Deutschland und Italien*

Quelle: Meini u. a. 1998, S. 59

der Läden und der dort Beschäftigten bis in die achtziger Jahre sogar noch zugenommen, am stärksten im *non food*-Sektor; denn 1981 gab es insgesamt rd. 1 Mio. Einzelhandelsgeschäfte. Dafür waren der Übergang zur Konsumgesellschaft infolge allgemein gestiegener Kaufkraft, die Beseitigung der Massenarmut dank der erheblichen Verbesserungen der öffentlichen Sozialleistungen, der Altersrente und der Arbeitslosenunterstützung, der Rückgang der Selbstversorgung und das bisherige Steuerrecht verantwortlich gewesen; Geldsendungen aus dem Ausland hatten ihren Teil dazu beigetragen. Daß die Italiener dabei auf den gewohnten Verkaufsformen beharrten, wird mit der Bevorzugung der persönlichen Bedienung, dem mangelnden innovatorischen Unternehmergeist und den damals geringen Lohnkosten, die das Anbieten vieler ergänzender Dienstleistungen ermöglichten, erklärt (Spranzi 1985). Demnach muß die grundlegende Umstellung großer Bevölkerungsteile im Einkaufsverhalten der letzten Jahre als tiefgehend eingestuft werden, weil sie mit einer kulturellen Tradition bricht.

Die *Verbreitung* der Handelslizenzen, wie sie die Statistik mitteilt, ist ungleichmäßig (Landini 1981). Der Süden und die Inseln sind schlechter versorgt als der Norden und die mittelitalienischen Regionen Toskana und Latium, nicht nur hinsichtlich der Supermärkte, sondern auch in Anbetracht der Branchenstreuung, der Dichte der Ladengeschäfte und in der Zahl der Beschäftigten. Diese Ungleichheit, die sich allerdings immer mehr abschwächt, kann als eine unmittelbare Folge der geringeren Kaufkraft im Mezzogiorno interpretiert werden: 1994 betrug das Pro-Kopf-Einkommen im Süden nur 56,5 % desjenigen des Nordens und der Mitte, was sich im schwachen Absatz von Waren des *non food*-Sektors besonders bemerkbar machte. Im Einkommen lagen fünf von acht Regionen Süditaliens um mehr als 30 %, Kalabrien sogar um 43 % unter dem Landesdurchschnitt, und beim Verbrauch oft um 15–25 % darunter. Wegen der geringeren Bedürfnisse, die zu befriedigen sind, ist es möglich, sich in den Ortschaften, den Agrostädten zum Beispiel, weitgehend selbst zu versorgen. Die Zentren haben eine geringere Anziehungskraft als im Norden, wo auch das zentralörtliche Netz wesentlich dichter ist (Monheim 1970, 1974; Tagliacarne 1968, 1973).

Einige *Großhandelsmärkte*, die zur Versorgung der Großstädte und für den Export dienen, üben einen außerordentlichen Einfluß auf die Handelsströme von Erzeugnissen der Landwirtschaft und der Industrie aus. Der Obst- und Gemüsegroßmarkt Mailand ist ein solcher Umschlagplatz, der größte Italiens und jenem von München vergleichbar (Zimpel 1972). Einzelne weitere Obstgroßmärkte haben z. B. Verona, Údine, die Versília, Kampanien; darüber hinaus gibt es einige Blumenmärkte.

In Stadtbeschreibungen, Reiseführern, Prospekten und anderen Quellen wird man auf die Funktion mancher Städte als Standorte von *Universalmessen* oder *Fachmessen* aufmerksam gemacht. Sie stellen ein recht junges Phänomen dar, das nicht mit den Handelsmessen von Leipzig und Frankfurt a. M. zu vergleichen ist, die auf die Tradition der mittelalterlichen Messen zurückgreifen können. In Italien hatten diese mit Ausnahme von Piacenza nur eine kurze Blütezeit im 12./13. Jh., weil danach die Seestädte Venedig, Genua und Pisa als „permanente Messen" einen großen Teil des internationalen Warenaustauschs übernahmen (Sapori 1952; Rösch 1995).

Wie in der Vergangenheit versteht sich das italienische Messewesen als Mittler im Handelsverkehr zwischen den Mittelmeerländern und dem übrigen Europa und naturgemäß als Schaufenster der Landeserzeugnisse. Bis zur Privatisierung befanden sich die ca. 30 Messegesellschaften überwiegend in staatlichem bzw. kommunalem Besitz mit Anteilen von örtlichen oder regionalen Handelskammern und Branchenverbänden. 1994 wurden auf den 136 veranstalteten Fachmessen 8,7 Mio. Besucher (Deutschland >10 Mio.), darunter 6 % Ausländer, und 87 950 Aussteller registriert. Das führende Messezentrum ist Mailand mit einem Marktanteil von etwa 35–40 %, gefolgt von Bologna mit 18–20 % (FAZ v. 21.1.1997). Mailand besitzt in der *Fiera Campionária*, die im April abgehalten wird, seit 1920 die größte Mustermesse Italiens für Industrieerzeugnisse mit breitem Spektrum und in großer Ausdehnung. Außerdem hat es sein Image als Modezentrum, als Tor zur Welt für das „italienische Design", immer mehr gefestigt. Die Stadt verfügt nach Hannover und vor Frankfurt über das größte Messegelände der Welt (Bruttohallenfläche 328 000 m^2), das jetzt erweitert und modernisiert wird; jährlich kann man mit 2–2,5 Mio. Besuchern rechnen. Die Messegesellschaft *Fiera Internazionale di Milano* baut neuerdings, einem Zug der Zeit folgend, auf mehr internationale Kooperation und will die Zahl ausländischer Aussteller (jetzt 16 %) deutlich erhöhen. Weitere internationale Mustermessen haben Padua, Bozen, Triest und – für die Wirtschaftsentwicklung Süditaliens besonders wichtig – Bari in der *Fiera del Levante*, Palermo in der *Fiera del Mediterraneo* und Cágliari, die sich als Brücke zu anderen Anrainerstaaten des Mittelmeers verstehen.

In den Fachmessen manifestiert sich der besondere wirtschaftliche Schwerpunkt mancher Städte oder deren vorteilhafte Lage an Handelswegen. Das gilt für den Autosalon und die Bekleidungsmesse von Turin, die Landwirtschafts- und Viehzuchtmessen von Verona und Padua, die Agrumenmesse in Réggio di Calábria, die Weinmessen in Marsala und Verona, die Seefahrtmesse von Genua, die Hausgeräteausstellung von Monza, die Möbelmesse von Cantù, die Schuhschau von Vigévano, die Messen des Kunsthandwerks, der Antiquitäten und der gehobenen Herrenmode (*Pitti Uomo*) von Florenz, die Kinderbuchmesse in Bologna, die Fischereimesse von Ancona und viele andere. Carpi führt seine Strickwarenmesse in Bologna durch, das über geeignete Infrastrukturen verfügt und vor einiger Zeit auch die Ausstellung der in der Toskana erzeugten Lederwaren von Florenz übernommen hat. Eine Marmormesse wird in Carrara und Sant'Ambrógio di Valpolicella bei Verona abgehalten. Manche Fachmessen sind unabhängig von örtlichen oder regionalen Bindungen entstanden. Rímini ist beispielsweise der Standort der weltweiten Leitmesse für Diskothekenausstattung geworden. Das in jüngerer Zeit immer mehr auf Vielseitigkeit setzende Messewesen zeigt die 1919 gegründete und damit älteste Messegesellschaft Italiens in Padua (*Padovafiere*). Sie veranstaltete 1995 neben 150 Kongressen und Seminaren allein 40 verschiedene Fachmessen und Ausstellungen mit knapp 1 Mio. Besuchern und 8000 Ausstellern, davon waren 10–15 % Ausländer (FAZ v. 12.6.1996).

Eng verbunden mit dem Handel ist das *Bankwesen*, das in Italien auf eine altberühmte historische Entwicklung zurückblicken kann und immer wieder einen von geographischer Seite noch kaum gewürdigten Einfluß auf die Wirtschaftsgeschichte und damit die Kulturlandschaftsgeschichte und Stadtentwicklung gehabt hat. So waren die Florentiner Bankhäuser schon im 13. Jh. für Neapel unter den verschuldeten Anjou von Bedeutung. Die Stadtrepubliken Venedig, Genua, Pisa, Florenz und vor allem Siena als dessen Gegenspieler sowie nicht zuletzt die Wirtschaftsmetropole Mailand wurden vom Wirken der Bankhäuser sehr stark geprägt. Italiens Bankwesen hat die Grundlagen für das europäische Bankwesen überhaupt geschaffen, was die branchenüblichen Begriffe widerspiegeln. Wie nicht anders zu erwarten, liegen heute seine wichtigsten Zentren in Norditalien sowie in der Toskana, in Rom und Neapel; doch ist das ganze Land mit einem dichten Filialnetz überzogen. Der bedeutendste Bankplatz ist Mailand, zugleich Sitz der Börse (Viterbo 1991). Im internationalen Vergleich sind die italienischen Banken freilich immer noch klein, der Finanzmarkt ist zersplittert und strebt aus wirtschaftlichen Gründen Fusionen an. Der öffentliche Banksektor wird derzeit – wie die Staatsbetriebe der Industrie – laufend privatisiert.

Probleme und Entwicklung des Fremdenverkehrs

Die Hauptprobleme

Nach den USA und Frankreich kämpft Italien mit Spanien auf dem internationalen touristischen Markt um den dritten Platz. Als Wirtschaftsfaktor und in seinem Angebot für die Freizeitgestaltung zeigt der italienische Fremdenverkehr trotz mehrfacher Einbrüche bis heute steigende Tendenz. 1992 erwirtschaftete er 8 % des Bruttoinlandsprodukts und hatte einen positiven Saldo von 9 Mrd. DM, der im Rekordjahr 1994 bei einem Umsatz von 110 Mrd. DM auf 20 Mrd. DM anstieg (Brütting 1995, S. 833; Große/Trautmann 1998, S. 77). Diese begrüßenswerte Entwicklung hat aber Schattenseiten, die jedem aufmerksamen Besucher nicht verborgen bleiben können. Sie sind die Folge unbewältigter Probleme, die in Zukunft immer häufiger Konflikte heraufbeschwören werden:

1. *Die saisonale Überfüllung* bzw. *die kurze Saison:* In jedem Sommer ereignet sich eine regelrechte Menschenwanderung, der sich kaum jemand zu entziehen vermag. Das Bild leerer Großstädte im *ferragosto* einerseits und die vollen Strände andererseits sind deutliche Zeichen dafür, in welch hohem Maß die Italiener selbst am Fremdenverkehr beteiligt sind. Sie treffen sich an den Küsten von Tyrrhenis und Adria mit den sonnenhungrigen Ausländern aus dem Norden, die ebenfalls die Hauptferienzeit nutzen. Die Überfüllung in den Monaten Juli und August ist bisher noch nicht gelöst, weil die Ferien in Italien nicht genügend gestaffelt sind. Ebensowenig gibt es erfolgreiche Bestrebungen, die meistens zwei-, höchstens drei- bis viermonatige Saison mit hoher Auslastung der Beherbergungsbetriebe durch ausländische Gäste entscheidend zu verlängern, so daß viele Badeorte in den übrigen Jahreszeiten *ghost towns* gleichen.
2. *Das räumliche Ungleichgewicht:* An der nach Bettenangebot und Gästezahlen sehr erheblichen regionalen Differenzierung des Fremdenverkehrs haben auch die aufwendigen Förderungsmaßnahmen der Südkasse nicht viel ändern können. Nur der achte Teil der ausländischen Touristen, aber doch der vierte Teil der italienischen Touristen hält sich im Mezzogiorno auf.
3. *Die Konkurrenz im mediterranen Raum:* Die abnehmende Attraktivität Italiens für den Ausländer wird von der Preiskonkurrenz anderer Mittelmeerländer ähnlichen Angebotes, Spaniens, Portugals, Griechenlands, Tunesiens, der Türkei und des ehemaligen Jugoslawiens, aber auch durch Hotelstreiks, Versorgungsmängel und die Verschmutzung von Stränden und Meerwasser hervorgerufen.
4. *Die rücksichtslose Umgestaltung und der Verbrauch der Landschaftsressourcen:* Die den Tourismus tragende, bisher mehr oder weniger unberührte Natur leidet vor allem unter der gewaltig anschwellenden Überbauung an den Küsten, örtlich auch in den Alpen. Viel mehr als das Fremdenverkehrsgewerbe selbst ist für diese negativen Begleiterscheinungen die Tätigkeit von Baugesellschaften mit der Spekulation in Zweitwohnsitzen und Feriendörfern verantwortlich. Die fortschreitende Industrialisierung verstärkt dieses Dilemma an manchen Stränden, weil sie gleich-

falls die ebenen, küstennahen Standorte bevorzugt. Im Flächennutzungskonflikt zwischen den verschiedenen ökonomischen Interessen zieht die natürliche Umwelt an der Küste und im Gebirge in der Regel den kürzeren.

Die Entwicklung

Für die Entwicklung des Tourismus stellen sich zwei Grundfragen: Weshalb war gerade Italien lange Zeit das Fremdenverkehrsland Nummer eins in Europa (Rognant 1972, 1981)? Und weshalb reisen noch immer besonders viele Ausländer und ganz überwiegend Deutsche ins Land? Die Anziehungskraft Italiens ist offenbar geblieben, und die Erfüllungsmöglichkeit vieler Wünsche scheint weiterhin gegeben zu sein, obwohl sich Italien wegen der Konkurrenz anderer mediterraner Länder nicht auf dem ersten Platz hat halten können (Kulinat 1991).

Eine Erklärung bietet die lange *Tradition des Reisens*. Versteht man unter Fremdenverkehr alle jene Phänomene, die als Folge des Reisens – vorwiegend zu Erholung und Vergnügen – im eigenen Land und im Ausland auftreten, dann erkennt man die Ursprünge bereits in der Antike. Schon die Peutingersche Tafel, die Kopie einer römischen Straßenkarte, enthält neben Handelsstädten als Reiseziele Heilbäder und Wallfahrtsorte. Die Reise aufs eigene Landgut, die *rusticatio* bei Cicero, ist wie die spätere *villeggiatura* (Sommerfrische) am Zweitwohnsitz des Städters auf dem Land ein Vorgang des damaligen Freizeitverkehrs (Zaniboni 1921). Auf der Vorstufe des Fremdenverkehrs standen die jungen Adeligen der Renaissancezeit; es folgten ihnen Musiker, Maler, Architekten, Bildhauer und Dichter, die wegen ihrer beruflichen Fortbildung reisten (Waetzold 1927). Schon im 17. Jh. begann man, Reisen zu den Thermalquellen zu unternehmen, an denen Italien dank seiner geologischen Jugend und der postvulkanischen Erscheinungen so reich ist. Vom 16. bis 18. Jh. galt Italien als Hohe Schule für Staatsverwaltung und Politik, für Kunst, Kultur und Geschichte; das Landschaftserlebnis trat noch weitgehend zurück. Beispielhaft für Reisende, die sich für Land, Volk und Brauchtum interessierten, ist Michel de Montaigne 1580/81. Im 18. Jh. entstand mit der „Kavalierstour" und der „Grand Tour" der britischen Aristokraten ein erster Tourismus, der bald auf die begüterten Schichten des Kontinents übergriff (Rognant 1981, S. 241 f.). Aus dem 18. Jh. stammen die berühmten Schilderungen der Ferienaufenthalte des mittleren Bürgertums von Mailand, Venedig und der Toskana in Komödien von Goldoni. Sie werden zwar als *villeggiatura* bezeichnet, zeigen aber doch den beginnenden Ferientourismus, wenn auch nicht im heißen Sommer wie heute, sondern im Oktober zur Zeit der Weinlese (Barberis 1979, S. 15). In der Epoche der Romantik suchten Ausländer die Naturschönheiten Italiens zu erfahren und zu beschreiben. Das gehobene Bürgertum unternahm Reisen in die Thermalbäder. Die ersten Sommerbäder an den Meeresküsten boten Viaréggio 1820, Rímini 1843, der Lido von Venedig 1857 und Cattólica 1880 (Schlieter 1968, S. 43). Die Eisenbahnverbindungen über die Alpen erleichterten das Reisen an die ligurische Riviera und an die nördliche Adria; auch an den lombardischen Seen fanden sich im Sommer und Herbst 1854 schon zahlreiche Ausländer ein (Della Valle 1957). Ein regelrechtes Fremdenverkehrsgebiet entstand wohl zuerst an der Riviera di Ponente, mit Bordighera (1855) und San Remo (1857), für den Winteraufenthalt reicher Engländer, dann Deutscher, Russen und anderer Ausländer. Die Erschließung der Riviera di Levante, die schwerer zugänglich war, folgte um 1870 mit Pegli und Nervi, gefördert durch den Bahnbau Genua – La Spézia 1869/70 (Schott 1981).

Seit jeher waren gewisse Städte durch ihre Bauwerke, Kunstschätze, Museen und Ruinen Anziehungspunkte, dies galt besonders für Venedig, Florenz und Rom (Charrier 1971). Zu den klassischen Reisegebieten Italiens, die bis heute nicht an Reiz verloren haben, gehörte Neapel mit seiner vulkanischen Umgebung, mit Íschia und Capri. Selten führten die Reisen weiter in den Süden. Bekannte Ausnahmen sind Goethe 1787 und Seume 1802, die bis nach Sizilien gelangten (Rother 1991). Diese Reisenden kann man sicherlich nicht als Touristen bezeichnen. Dennoch gab es auch im Süden schon gegen Ende des 18. Jh.s Erscheinungen, die dem heutigen

Tourismus vergleichbar sind. So berichtet Goethe, „daß Engländer auf der Fahrt von Catánia zu den 'Felsen von Jaci'" (Ísola di Aci bei Acitrezza) Musikunterhaltung liebten. Es dauerte noch bis um die letzte Jahrhundertwende, ehe in Sorrent und Amalfi, in Palermo und Taormina geeignete Fremdenverkehrseinrichtungen verfügbar waren.

Besonders anregend wirkte auf den Tourismus in der großen Zeit der Eroberung der Alpengipfel (1863–1890) die Gründung des Österreichischen und Deutschen Alpenvereins 1862 bzw. 1869 (vereint 1873) und des *Club Alpino Italiano* 1863, wodurch ganze Ketten von Schutzhütten und Unterkünften entstanden. In Cortina d'Ampezzo öffneten die ersten Hotels im Jahr 1875. Reiseführer kamen auf den Markt und sind bis heute interessante Quellenwerke für die Geschichte des Fremdenverkehrs, wie die von Baedeker und des 1894 gegründeten *Touring Club Italiano*, dessen Einfluß nicht hoch genug eingeschätzt werden kann.

Der Erste Weltkrieg brachte im Fremdenverkehr den einschneidenden *Wandel vom Einzel- und Elitetourismus zum Sozial- und Massentourismus*, wenn dieser auch durch die organisierten Pilgerreisen vorweggenommen worden war. Der Förderung und Werbung im Lande selbst diente die 1919 gegründete staatliche Fremdenverkehrsbehörde *Ente Nazionale per il Turismo* (ENIT). Dank der gesetzlichen Urlaubsregelung und entsprechender Organisationen begann sich im faschistischen Italien ab 1925 ebenso wie in Deutschland in den dreißiger Jahren der Sozialtourismus auszubreiten. Wegen der geringen Ansprüche dieser Gruppen, ähnlich wie bei den Pilgern, entstanden zunächst noch wenig auffällige Zweckbauten. Das wurde anders, als in den Fischerdörfern der erschlossenen Küsten und in den Gebirgsdörfern, vor allem der Alpen, wie im Aostatal und in Südtirol, die Umgestaltung zugunsten des Fremdenverkehrs begann. Nach dem Zweiten Weltkrieg ging die Entwicklung zum Massentourismus mit Auto- und Omnibusreiseverkehr immer rascher voran und drohte nun die von den Fremden, Italienern und Ausländern, gesuchte charakteristische Gestalt von Landschaft, Mensch und Siedlung zu überwältigen. Zum Ausbau der Beherbergungsbetriebe, der Campingplätze, Bungalow- und Feriensiedlungen kam ein vielfältiges Angebot für den Aktivurlauber, z. B. mit Wassersport, Tauchsport und Fischerei. Sommerferienzentren sind besonders in Kalabrien, Sizilien und Sardinien entstanden, zum Teil als Großbetriebe mit bis zu 2000 Betten. Der Club Méditerranée hatte damit den Anfang gemacht, die Ferienhaussiedlungen und Sportboothäfen, teilweise in der Hand von Unternehmergruppen, setzen die Entwicklung fort.

Im Gebirge erreichte der *Wintersport* nach allmählichem Beginn – Ponte di Legno am Tonalepaß gilt als ältester Wintersportort Italiens (1912) – örtlich gewaltige Dimensionen. Cortina d'Ampezzo, der Austragungsort der Olympischen Winterspiele von 1956, wurde zur Hochburg des Skisports. Zwischen 1953 und 1967 schossen unzählige Wintersportplätze mit städtischen Appartementblöcken als Ergebnis des spekulativen Baufiebers in den Alpen und auch im Apennin als Fremdkörper in der ländlichen Umgebung aus dem Boden; Italien erlebte einen „Skiboom" (Bonapace 1968, S. 163), der bis in die Gegenwart anhält. Aufwendige technische Anlagen wurden ohne Rücksicht auf das naturräumliche Potential errichtet, Freizeitunternehmen etablierten sich. So entstand zwischen benachbarten Orten, ja innerhalb der Orte selbst, unter dem Wettbewerbsdruck eine vielfältige Differenzierung nach Angebot und Nachfrage. Die sozialen und wirtschaftlichen Bedingungen änderten sich in den Gebirgsorten, die Skizentren geworden waren, von Grund auf. Der neue Typ der sogenannten „Retorten-Wintersportorte", 1930 in Sestrière erfunden, setzte sich allerdings mehr in Frankreich als in Italien durch (Bätzing 1991, S. 148). Im Vergleich zu den Zweitwohnsitzen im Appartementhaus (*condomínio*), die eine enorme Verschwendung an Ressourcen bedeuten, erlaubt das dort übliche Multieigentum eine mehrmonatige Nutzung im Jahr. Die teuren Dienstleistungen in großen Baukomplexen und der Zwang zur zentralen Versorgung wegen der Isolierung, der Absonderung von den älteren Wohnorten, erfordern sehr hohe Aufenthaltskosten.

Mit dem steigenden Wohlstand erlebte seit 1959 der *inneritalienische Tourismus* einen ungeahnten Aufschwung. Während anfangs nur etwa 13 % der Bevölkerung an ihm teilnahmen, waren es 1982 fast 43 %, die nach der Definition länger als vier Tage hintereinander vom Wohnort wegreisen konnten, und zwar durchschnittlich für über drei Wochen. Im Norden war der Anteil höher als im Süden (59,5 % der Lombarden waren beteiligt, nur 21 % der Einwohner des Molise). Fast jeder zweite Großstädter gehörte dazu, vor allem Studenten, Angehörige des öffentlichen Dienstes, von Handel und Industrie, insbesondere Unternehmer und freiberuflich Tätige. Benachteiligt waren die durch ihre Arbeit an den Boden gebundenen Landwirte (15 %), ferner Alte, Kranke und die arme Bevölkerung. Während früher die Kinder in die Ferien verschickt wurden, reisten die Italiener von nun ab mit der ganzen, gewöhnlich kleineren Familie. Auch die Urlaubsziele wandelten sich. Gingen bisher die sparsamen Arbeitnehmer ins Gebirge und in das einst dort aufgegebene Haus auf eigenem Land, so wuchs auch bei ihnen der Drang nach Strand und Meer, trotz der damit verbundenen höheren Unterkunftskosten. Entsprechend stieg der Anteil an Campingplatzaufenthalten auf 6 %, Hotels und Pensionen nutzte nur etwa jeder fünfte Urlauber; am häufigsten fand man in Häusern von Verwandten und Freunden Unterkunft (Barberis 1979, S. 21ff.).

In der *Gegenwart* erlebt die Fremdenverkehrswirtschaft Italiens einen Umschwung mit unsicherem Ausgang, dem paradoxerweise die Vermögensbildung breiter Bevölkerungsschichten mit der Flucht in die Sachwerte zugrunde liegt. Der Übergang vom herkömmlichen Ferien- zum Residenztourismus in Zweitwohnungen auf breiter Front – als moderner Form der klassischen *villeggiatura* – und die veränderten Urlaubsgewohnheiten der Italiener, die mehrere Kurzurlaube statt des einmaligen Jahresurlaubs bevorzugen und damit am Ferntourismus aktiv teilnehmen, hat viele vom inländischen Tourismus geprägte Plätze an den Küsten wie im Gebirge in Bedrängnis gebracht, wie es die gegenüber früher deutlich kürzere mittlere Aufenthaltsdauer in den Beherbergungsbetrieben als Gradmesser zeigt. Boiselle (1990) beschreibt das Dilemma und die teilweise schlechten Aussichten am Beispiel der Badeorte in der Provinz Savona (Ligurien). Überdies hat das gestiegene Umweltbewußtsein vieler inländischer, besonders aber ausländischer Gäste die Grenzen des immerwährenden Wachstums aufgezeigt. Jetzt macht sich mancherorts der Nachteil jener Politik bemerkbar, welche für die wirtschaftliche Entwicklung einer Gemeinde oder einer ganzen Region einseitig auf den konjunkturanfälligen Fremdenverkehr gesetzt hat. Die Einbrüche des Tourismusgeschäftes in der jüngsten Vergangenheit aus sehr verschiedenen Anlässen (Ölkrisen, Golfkrise, Algenpest, Ölpest, Lira-Aufwertung u. a.) sollten eine deutliche Warnung für jene sein, die uneinsichtig die rücksichtslose Expansion betreiben. Heute wird von In- und Ausländern für Erholungsaufenthalte immer mehr das qualitativ hochstehende, dem alltäglichen Leben entsprechende Angebot bevorzugt, das der natürlichen Umwelt zumindest angepaßt ist („sanfter Tourismus"), während das jeweilige „Image" des Fremdenplatzes an Bedeutung verliert (Viterbo 1994).

Touristisches Potential und touristische Nutzung

Die Typen des *Fremdenverkehrsangebots* sind mit dem Überblick über die Entwicklung des Tourismus schon genannt: die mediterrane Küste mit Meer und Strand, die Naturschönheiten der Alpen, des Apennins und der Vulkanlandschaften einschließlich der Thermalbäder, im Werbeslogan als *mare e monti* zusammengefaßt, sowie Kunst und Kultur der Städte und die Ruinenstätten des Landes. Selten gibt es auf der Erde eine ähnlich nahe Nachbarschaft landschaftlicher Anziehungspunkte und urbaner bzw. antiker Sehenswürdigkeiten. Die etwa 120 Thermalbäder werden nach wie vor zu therapeutischen Zwecken, nach der Statistik durchschnittlich für eine Woche, aufgesucht (Leardi 1978). In den Seebädern halten sich Italiener im allgemeinen fast ebenso lange auf (Abb. 77); aber auch Binnenseen haben ihre Anziehungskraft behalten und teilweise verstärkt. Ziele der Bildungsreisenden sind seit jeher die berühmten Kunst- und Ruinenstätten (Bild 64). Die an Kunstschätzen reichen Städte stehen bei den Ausländern als Aufenthaltsort obenan, aber gewöhnlich nur für zwei Tage, was an den organisierten Reisen liegen dürfte. Mancher folgt individuell den Spuren der Geschichte auf der fränkischen Königsstraße, oder er sucht die Wirkungsstätten berühmter Maler, Musiker und Dichter auf. Neben dem saisonal begrenzten Ferientourismus im Sommer und im Winter wirken derartige Individualreisen ausgleichend. Dazu kommt der Besuch vieler Ausstellungen, Messen und Feste, deren Termine in Anpassung an die allgemeine Touristenfrequenz im Frühjahr und Herbst liegen. In manchen Städten und Wallfahrtsorten strömt an bestimmten Tagen eine große Menschenmenge zusammen, um volkstümliche Veranstaltungen mitzuerleben oder sich an Prozessionen zu beteiligen (Pedreschi 1966). Rom hat als „Heilige Stadt" mit dem Vatikan nicht an Anziehungskraft verloren. Für das Fremdenverkehrsgewerbe und den Ausländerzustrom sind auch die Festspiele für Theater, Musik, Film, Schlager und nicht zuletzt die Ferien- und Sommerkurse der Universitäten von Belang.

Bei der Frage nach dem *touristischen Aufkommen* ist es ratsam, den Begriff „Fremdenverkehr" nicht zu weit zu fassen; denn viele Reisevorgänge im Lande haben keine oder nur geringe wirtschaftliche Auswirkungen. Die klassische *villeggiatura* gehört sicher nicht dazu. Bei den Nutzern von Zweitwohnungen an der Küste oder im Gebirge handelt es sich nur ausnahmsweise um „Fremde". Der *agriturismo*, die Ferien auf dem Bauernhof, mit einem Marktanteil von etwa 2,5 % (1995), traditionell in Südtirol üblich, in der Toskana, in Umbrien, Apulien und in Sardinien im Kommen (Prantner 1996), wird zum Fremdenverkehrsgewerbe zu rechnen sein, dagegen nicht die Feriennutzung der von der Familie aufgegebenen Wohnsitze im Gebirgsdorf, die in großer Zahl zu diesem Zweck erneuert worden sind. Das sind nur einige Beispiele für einen Reise- und Touristenverkehr, der in der Statistik, anders als es für das Hotelgewerbe der Fall ist (Döpp 1978), gar nicht oder nur unvollkommen erfaßt und als *parahotelleria* oder *turismo sommerso* bezeichnet wird (Alhaique

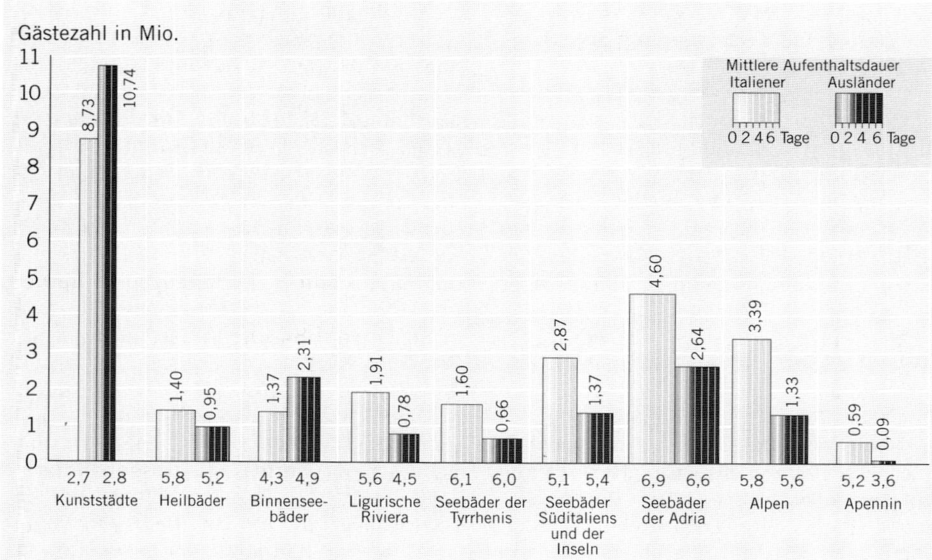

***Abb. 77:** Gästezahl und mittlere Aufenthaltsdauer in Touristenorten unterschiedlichen Angebots 1995*

(nach *Istat* 4 [1997], Tav. 2.13 u. 2.42)

Foto: H. Vogel

Bild 64: *Pisa: Dom mit Campanile („Schiefer Turm")*

1979). Der wirkliche Umfang des Fremdenverkehrs bleibt also unbekannt. Darüber hinaus gelten die verfügbaren statistischen Daten allgemein als wenig zuverlässig, weil Beherbergungsunternehmen wie Privatvermieter trotz strenger Auflagen nicht alle Gäste melden.

Mit der Verteuerung im Gaststätten- und Beherbergungsgewerbe nahm aber gerade die Nutzung der sonstigen Unterkunftsmöglichkeiten kräftig zu. Schon in den 23 Jahren von 1955 bis 1978 stieg z. B. die Zahl der Benutzer von Campingplätzen von 0,5 auf 3 Mio. Anfangs waren Italiener nur zu 5 % daran beteiligt, zuletzt aber mit 1,7 Mio. zu 56 %. 1995 stand von 3,3 Mio. Fremdenbetten knapp die Hälfte nicht in Hotels und Gasthäusern, im Süden anteilsmäßig noch etwas mehr. Wegen der saisonalen Bindung mit längerer Aufenthaltsdauer war ihre Besucherzahl allerdings wesentlich geringer als im herkömmlichen Beherbergungsgewerbe (1995: 9,5 von insgesamt 67 Mio. Ankünften). Privatunterkünfte und andere Übernachtungsstätten (Ferien auf dem Bauernhof, Jugendherbergen, Ferienlager, Campingplätze, Gebirgshütten u. ä.) wurden ebenso wie die wesentlich teureren Ferienwohnungen überwiegend, d. h. zu fast zwei Dritteln aller Übernachtungen von Italienern frequentiert (Della Valle 1957; *Istat* 13, 1997).

Eine Vorstellung von *Größe und Wachstum* des Fremdenverkehrs kann die steigende Bettenzahl geben, die sich von 1960 (ca. 0,8 Mio.) bis 1995 (3,3 Mio.) vervierfacht hat (Abb. 78). Der Mezzogiorno rückte in dieser Zeit auf (vom neunten auf den vierten Platz), blieb aber weiterhin benachteiligt. Dort sind meistens größere Beherbergungsbetriebe als im übrigen Italien an der Entwicklung beteiligt. Während sich die durchschnittliche Bettenzahl je Betrieb bis 1995 auf 50 Betten erhöhte, stieg sie in Sizilien auf 84 und in Sardinien auf 98. Der Touristenstrom wird gegen Süden, mit wachsender Entfernung von seinen Quellgebieten, immer schwächer, und trotz aller Förderungsmaßnahmen – geringerer Autobahngebühren, ermäßigter Eisenbahntarife und der Tätigkeit der Südkasse auch im Tourismussektor – haben die Südregionen bei allen deutlichen Fortschritten und Planungsmaßnahmen mit 18 % (1995) von insgesamt 286,5 Mio. Übernachtungen und 13 % der 113 Mio. Ausländerübernachtun-

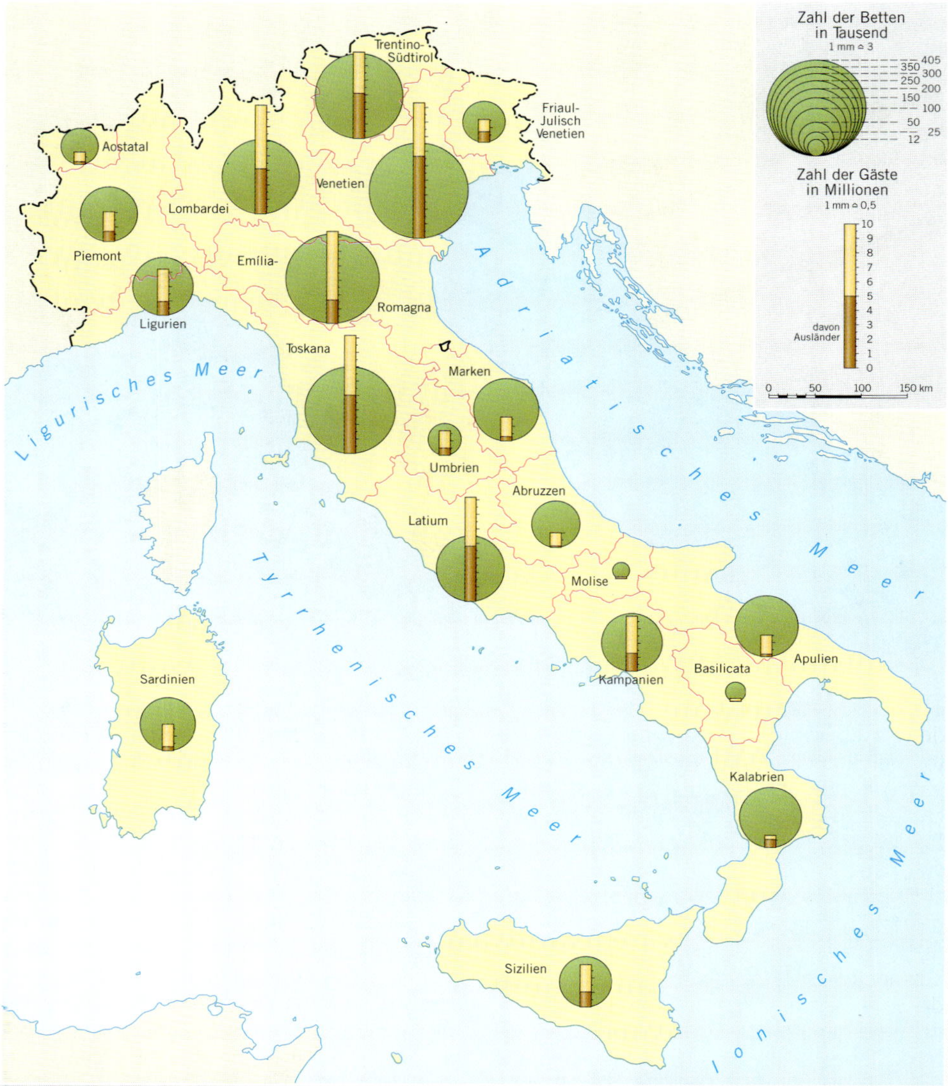

Abb. 78: *Bettenangebot der Regionen und Gästeankünfte in Hotels und anderen Unterkünften 1995*

(nach *Istat* 13 [1997], Tav. 2.18, 2.24 u. 2.25)

gen doch nur einen geringen Anteil an der Fremdenverkehrswirtschaft Italiens.

Der *Jahresgang* im Fremdenverkehrsgewerbe, wie er für Gesamtitalien mitgeteilt wird, zeigt die hohe Spitze im Sommer (Abb. 79); das Saisonminimum der Italiener mit 2 Mio. Ankünften (November) wurde aber 1995 vom Saisonmaximum mit 6,2 Mio. (August) nur um das Dreifache übertroffen, während es bei den Ausländern (Januar 0,9, Juli 3,75 Mio.) um mehr als das Vierfache größer war. Hierin zeigt sich der höhere Anteil des reinen Urlaubsreiseverkehrs der Ausländer im Unterschied zum allgemeinen Reiseverkehr innerhalb des Landes. Vor dem Beginn des Massentourismus sowie des Bade- und Ferientourismus hatte der Winteraufenthalt an klimatisch günstigen Küsten noch große Bedeutung. Heute wird er, z. B. in Sizilien, wieder geför-

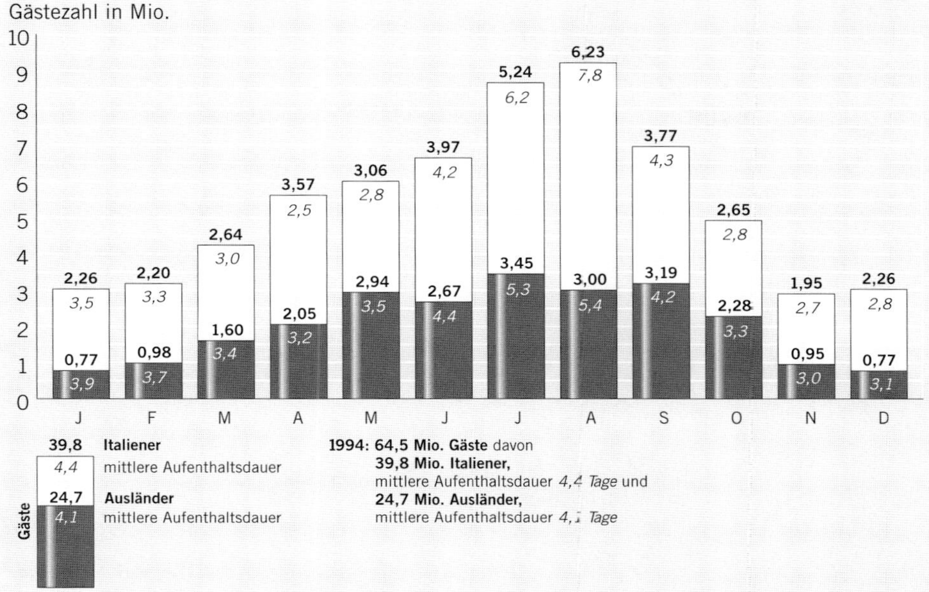

(nach *Istat 1* [1996], Tav. 18.10)

Abb. 79: *Die touristische Frequenz nach dem Jahresverlauf und der mittleren Aufenthaltsdauer 1994: Gästeankünfte in Hotels und anderen Unterkünften*

dert. Auch in den ehemaligen Winterkurorten der Riviera gibt es wieder viele Wintergäste; doch liegt das Maximum der Gästezahlen schon seit Jahrzehnten im Sommer. Im Juli/August sind die italienischen Hotels im Mittel zu 60–70 % ausgelastet, in den Übergangsjahreszeiten sinkt dieser Wert auf die Hälfte und in den Wintermonaten erreicht er allenfalls ein Drittel davon.

Von allen in Italien registrierten Fremdenübernachtungen im Jahr 1995 entfielen 40 % auf *Ausländer.* In den Beherbergungsbetrieben haben die Ausländer seit 1960 etwa gleichbleibend ein Drittel aller eingetragenen Gäste gestellt (1960: 7,0 von 20,6 Mio.; 1982: 14,9 von 41,8 Mio.; 1995: 23,5 von 57,7 Mio.). Im Süden hat das Verhältnis ebenso gleichbleibend bei einem Viertel bis einem Fünftel gelegen. Der Ausländertourismus ist also – wie das touristische Gesamtaufkommen – in den 35 Jahren ständig umfangreicher geworden; die Zahl der Übernachtungen in einem Jahr hat sich verdreifacht. Dagegen hat die mittlere Aufenthaltsdauer (4,3 Tage) deutlich abgenommen, die der In- und Ausländer sich weitgehend angeglichen; am längsten (>5 Tage) bleiben Dänen, Deutsche und Holländer.

Für unsere Betrachtung beanspruchen die Herkunft der Ausländer und die regionale Differenzierung der Reiseziele größeres Interesse als die gesamtitalienischen Daten. Unter allen Staaten sind die meisten Touristen aus *Deutschland* gekommen, und zwar in fast stetigem Anstieg von 1963 mit 2,5 Mio. auf 8,2 Mio. im Jahr 1995. Wie es bei der Nachbarschaftslage und der guten Erreichbarkeit nicht anders zu erwarten ist, wurden die meisten Übernachtungen deutscher Touristen 1995 in der Provinz Bozen (26 %) gezählt; es folgten die Regionen Venetien (23 %) und – mit großem Abstand – Toskana (9 %), Emília-Romagna (7,5 %), Lombardei (6,5%), Kampanien (6 %), Ligurien (3,5 %) und Latium (3 %). Wie seit langem schon waren die Hauptziele Südtirol und die Sonnenküsten der Adria; die Toskana ist erst in jüngerer Zeit ein bevorzugtes Reiseziel geworden, während die ligurische Riviera ihren einstigen Vorrang verloren hat. Auf den Süden entfiel etwa ein Neuntel der rund 46 Mio. Übernachtungen deutscher Touristen in Italien im Jahr 1995;

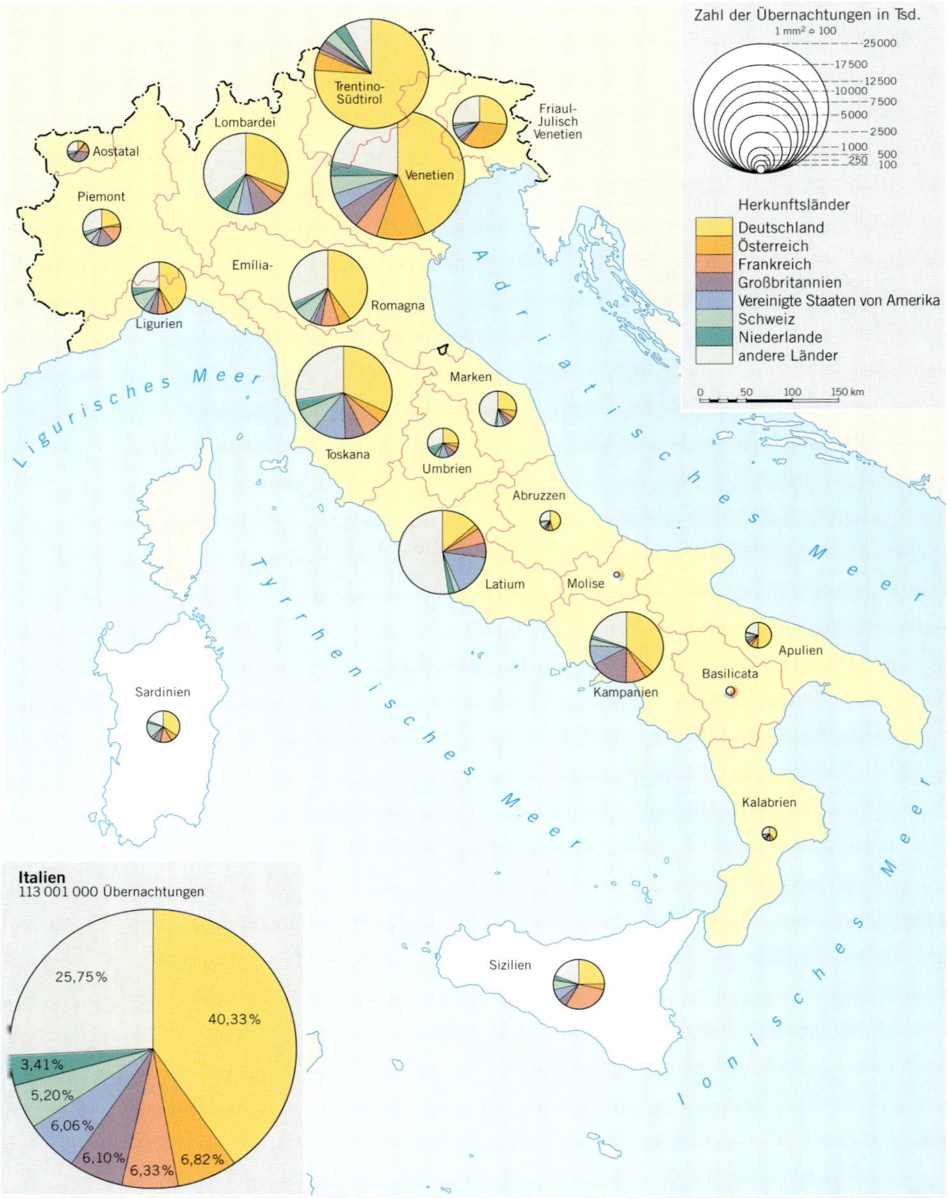

Abb. 80: Die ausländischen Gäste nach Herkunftsländern und Zielregionen 1995: Übernachtungen in Hotels und anderen Unterkünften

(nach *Istat* 4 [1997], Tav. 7.8)

von den gesamten Ausländerübernachtungen war es immerhin ein Drittel, 1980 noch ein Siebtel. Demnach ist das Interesse der Deutschen am Mezzogiorno größer geworden.

Touristen aus Österreich, Frankreich, Großbritannien, der Schweiz, den Niederlanden und Belgien, welche die nächststärksten Ausländergruppen aus *Europa* bilden (Abb. 80), besuchten ebenfalls am häufigsten, mit einem Drittel aller Übernachtungen, die Adriaküste, danach die Regionen Toskana, Trentino-Südtirol, Lombardei, Kampanien, Latium und Sizilien jeweils im ähnlichen Umfang, woraus man auf einen beträchtlichen Anteil am Bildungstourismus schließen darf. Der Touristenstrom aus *Übersee* ist ungebrochen, wenn auch von schwankendem Ausmaß je nach Wirtschaftslage, Devisenkursen und Inflation. In den fünfziger Jahren lag der USA-Tourismus noch an erster Stelle des Ausländerfremdenverkehrs, nimmt aber heute nach den Ankunftsdaten mit großem Abstand hinter den deutschen Touristen den zweiten Rang ein. Der Anteil der Italo-Amerikaner, die ihre Verwandten besuchen, ist wesentlich kleiner geworden als vor zwei Jahrzehnten. US-Amerikaner halten sich nur zwei bis drei Tage im Lande auf und übernachten hauptsächlich in Rom, Florenz, Venedig und Neapel (Rognant 1981, Fig. 88). Der später aufgekommene japanische Touristenstrom hat 1995 bei den Ankünften schon die Größenordnung der Besucherzahl aus Österreich und der Schweiz erreicht. Das Verhalten der Japaner entspricht dem der US-Amerikaner auf Europareisen (De Rocchi Storai 1980).

Die touristischen Regionen

Die von der Statistik gegebene regionale Differenzierung des Fremdenverkehrs nach Angebot und Nachfrage läßt zwar schon teilweise die Unterschiede und Gegensätze erkennen, die zwischen besonders häufig und selten besuchten Regionen und Provinzen Italiens bestehen. In geographischer Sicht befriedigen solche Daten freilich nicht, weil sie die räumliche Verteilung der Touristen nur unvollkommen wiedergeben. Häufig konzentrieren sie sich auf wenige Orte oder gar auf einen einzigen Ort in einer Provinz oder Region, am häufigsten auf die jeweiligen Hauptstädte, wie Florenz oder Rom. Andererseits sind im Laufe der Zeit an Küsten und im Gebirge, besonders in den Alpen, zusammenhängende, sehr stark vom Fremdenverkehr geprägte Bereiche entstanden. In Anlehnung und Fortsetzung des Überblicks über die Fremdenverkehrsgebiete Italiens, den Ritter (1966) gegeben hat, läßt sich die Entwicklung weiter verfolgen. Es können sechs Großregionen mit gewissen Eigenheiten unterschieden werden (für Norditalien vgl. *Diercke* 1996, S. 78/1):

Die italienischen Alpen

Die italienische Abdachung der Alpen ist Teil einer der weltweit größten Touristenregionen mit rund 400 000 Hotelbetten und 47 Mio. Hotelübernachtungen (1995) sowie etwa 2,4 Mio. Parahotelleriebetten (Bartaletti 1998). Sie bietet mit ihren Hochlagen im Westen und Osten für Sommertourismus, Bergsteigen und Wandern ebenso Gelegenheit wie für den Wintersport einschließlich des Sommerskilaufs (Bonapace 1968). Inzwischen haben viele Fremdenverkehrsorte zwei saisonale Spitzen der Besucherfrequenz, deren jeweilige Dominanz in erster Linie von der Höhenlage der Siedlung und der „Erschließung" hochalpinen Geländes abhängt.

Unter den wichtigen touristischen Plätzen der italienischen *Westalpen* stechen in den Cottischen Alpen, im Susa- und Chisonetal, die Orte Bardonécchia, S. Sicário, Sestrière und Sauze d'Oulx hervor, alle im Einzugsgebiet von Turin. Sestrière wird zu den modernsten und am besten ausgebauten Wintersportplätzen in Europa gezählt (hier sollen viele Wettkämpfe der Olympischen Spiele von Turin 2006 ausgetragen werden). In den Meeralpen gelten als solche Limone Piemonte und Saint Grée di Viola südlich von Cúneo bzw. Mondovì; dazu kommt die Therme von Lurísia, die ihren guten Ruf in den vierziger Jahren begründet hat (Basola 1992). Im Aostatal, das mit seinen Seitenästen die höchsten Teile der Alpen (Mt.-Blanc-Gruppe, Grajische und Walliser Alpen) für die Bevölkerung der Stadtregionen Piemonts und der westlichen Lombarde leicht zugänglich macht, haben Courmayeur, La Thuile, Pila südlich Aosta, Cogne, Valtournanche, Breuil-Cervínia (seit 1934), Brusson, Champoluc und Gressoney (Rother 1966) die größten Besucherfrequenzen, überwiegend in der Wintersaison; Saint Vincent ist mit Anlagen für Thermalkuren und seinem Kasino ein moderner Sommerkurort über dem mittleren Aostatal. Außerdem fördern Montblanc- und Großer St.-Bernhard-Tunnel das touristische Aufkommen aus Frankreich und der französischen Schweiz erheblich, vielfach jedoch nur im Durchgangsverkehr (Janin 1968, 1982). Auch die Simplonstrecke hat in einigen Hochtälern des Toce, z. B. S. Maria Maggiore im Val Vigezzo, den Aufbau von Fremdenverkehrszentren vorangetrieben. In der Walsergemeinde Macugnaga am M. Rosa wird die Entwicklung von der Bevölkerung selbst getragen und eine Verstädterung, etwa durch Freizeitwohnsitze, verhindert. In der Gemeinde Madésimo unterhalb des Splügenpasses sind dagegen Zweitwohnsitze besonders durch Mailänder in extremer Weise ausgebaut worden (Sprengel 1981).

Der Sommerskilauf auf Gletschern hat in jüngerer Zeit hohe Investitionen für Straßenbau, Aufstiegshilfen und anderes mehr veranlaßt, oft gegen heftige Widerstände, weil eine weitere Kommerzialisierung der Alpen und deren Verbauung befürchtet wird. Nicht nur die Natur nimmt Schaden, sondern auch das für den Fremdenverkehr selbst nutzbare Potential schwindet. Schwerpunkte zwischen Bernina-, Ortler- und Adamellogruppe sind Chiesa im Valmalenco, Bórmio, Aprica, Ponte di Legno und, abseits davon, das genannte Madésimo. Einen Wintersportboom erlebte vor allem durch deutsche Besucher das bisher schwer zugängliche, seit 1971 aber durch einen Tunnel erschlossene, zollfreie Gebiet des Val di Livigno, an einem der obersten Quellbäche der Adda, mit dem Weiler Trepalle in 2100 m Höhe, einst die höchste autarke Dauersiedlung der Alpen und Europas (F. Monheim 1954; Rougier/Sanguin 1981). Hauptsächlich durch italienische Skifahrer verzeichnete S. Caterina Valfurva am Westfuß des Ortler-Cevedale-Massivs einen Aufschwung.

Auch in den italienischen *Ostalpen* sind zahlreiche Ortschaften tiefgreifend umgestaltet worden. In der städtisch geprägten Ortsmitte liegen gewöhnlich die Oberklassehotels, außen die einfacheren Unterkünfte in alten, vielfach erneuerten Häusern der traditionell bäuerlich bewirtschafteten Umgebung. Beispiele aus Südtirol sind Trafoi und Sulden am Ortler (Roser 1967), aus dem Trentino Malé im Val di Sole und das stark modernisierte Madonna di Campíglio (Loose 1982). Meran ist seit langem als Winterkurort bekannt, und auch dort hat sich in der Höhe der Wintersport („Meran 2000“ am Iffinger) ausgebreitet; trotzdem lebt die Stadt wie viele der nicht weniger berühmten Weinorte an und über der Etsch von einem bedeutenden Tourismus in den übrigen Jahreszeiten, ähnlich wie die alten Fremdenverkehrsgebiete der städtischen und bäuerlichen Sommerfrische am Ritten und Mendelpaß (Heuberger-Hardorp 1961).

Der Fremdenverkehr *Südtirols* (1996: 22 Mio. Übernachtungen) hat nicht zuletzt wegen der leichten Erreichbarkeit von Norden her, aber ebenso für die italienische Bevölkerung von Süden her enorme Fortschritte gemacht und ganze Dörfer bis hin zu den Einzelhöfen in seinen Bann gezogen. Seit Ende der sechziger Jahre wandelt sich das Land an Etsch und Eisack von der bäuerlichen Siedlungs- und Nutzungslandschaft zur urbanisierten Erholungslandschaft (Leidlmair 1978; 1986). Die Gefahr der Landschaftszerstörung ist wegen des zu weitgehenden Straßenbaus und der ausgreifenden Neubautätigkeit, unter anderem von Freizeit- und Zweitwohnsitzen, allerdings bedrohlich gewachsen. Anlagen für den Massenskisport bringen hier wie überall in den Alpen erhöhte Gefahren für die Hochgebirgsnatur und das kulturelle Selbstverständnis der Bevölkerung mit sich (Meurer 1990). Der Verlust des charakteristischen Landschaftsbildes und der überkommenen Lebens- und Wirtschaftsweise der Bewohner bedeutet nicht selten einen erheblichen Schwund an Attraktivität; auch wenn die Entwicklung sich nicht aufhalten läßt, sollten grobe Auswüchse gebremst werden (Bätzing 1991). Die eingerichteten und die geplanten Naturparks können hierbei nur zum Teil Entlastung bringen und ausgleichend wirken.

Die gleichfalls von den nachteiligen Wirkungen des Massentourismus nicht verschont gebliebenen *Dolomiten* gelten als das wichtigste Sommerfrische- und Wintersportgebiet Italiens. Als Zentren am Fuß der Sellagruppe ragen die ladinischen Gemeinden St. Ulrich (Ortisei) und Wolkenstein (Selva) in Gröden und Corvara und Abtei (Badia) im Gadertal heraus (Lutz

1966; Rother-Hohenstein 1973; *Diercke* 1996, S. 78/4). Cortina d'Ampezzo, der Austragungsort der Olympischen Winterspiele von 1956, wurde zur wahren Touristenstadt (Brunetta 1967). Auronzo di Cadore und Canazei im Fassatal sind wie Cavalese im Fleimstal (Val di Fiemme) zu nennen, und im Cismontal am Fuß der Palagruppe ist S. Martino di Castrozza ein modern und anspruchsvoll ausgebautes Wintersportzentrum geworden. Im nördlichen Dolomitenvorland hat vor allem die Gemeinde Kastelruth (mit der Seiser Alm) einen Bauboom über sich ergehen lassen müssen.

Hoteldörfer, die oberhalb des bäuerlichen Dauersiedlungsraumes liegen, gehen oft auf Hospize des alten Verkehrs über Pässe zurück, andere sind Neugründungen, wie Folgárida und Marilleva im Sulzbergtal (Val di Sole; Penz 1982, 1984). Ab 1966 ist am M. Cavallo im Karstgebiet des Bosco del Cansíglio in den Venetischen Voralpen die Skistation Piancavallo entstanden. Einige Orte in den Karnischen Alpen, wie Sappada (Bladen), Ravascletto und Tarvísio (Tarvis), treten dahinter zurück. In den Julischen Alpen erscheint ab 1983 Sella Nevea als neue „Skistation".

Der Tourismus, der in vielen Teilen der Alpen den durch die Bergflucht des 19. und 20. Jh.s freigewordenen Raum oberhalb der Dauersiedlungen aufgewertet hat, erlebt seit Anfang der neunziger Jahre Rückgänge, vorerst jedoch am wenigsten auf der italienischen Abdachung. Aber auch hier gab es 1991–1995 örtlich Abnahmen wie in Courmayeur (–9 %) und Limone Piemonte (–18 %) oder in Zoldo Alto (Dolomiten) und Macugnaga, während die Regionen Südtirol-Trentino und Aostatal als ganze Gewinne verbuchten. Der Nutzungsgrad der Zweitwohnungen erreichte in den piemontesischen Alpen allerdings schon in den achtziger Jahren fast überall extrem niedrige Werte und betrug z. B. in Bardonécchia 13 %, das sind 48 Tage im Jahr; in vielen Gemeinden standen 1991 60 % und mehr aller Wohnungen leer (Ferrero 1998). Bartaletti (1998, S. 22) nennt als Ursachen eine allgemeine Sättigung, „weil in vielen großen Tourismuszentren ein Wachstum aus baulichen, aber auch kulturellen und psychologischen Gründen kaum noch möglich ist", außerdem die Konkurrenz billiger Fernreisen und das veränderte Urlaubsverhalten (s. o.).

Der Alpenrand

Die Großstädter aus der Padania besuchen, vornehmlich an den Wochenenden, die nahegelegenen Orte am Alpenrand. Dazu gehört für Turin die seenreiche Moränenlandschaft um Avigliana am Ausgang des Susatals. Von Mailand aus ist der Alpenrand zwischen Ivrea und Bérgamo bequem zu erreichen. Seit dem 19. Jh. wird die klimabegünstigte Landschaft der *Insubrischen Seen* mit ihren Villen, Parks und Gärten an den Ufern und Hängen vom Fremdenverkehr geprägt. Alle Seen sind von – teilweise aus strategischen Gründen gebauten – Uferstraßen umschlossen. Sie ermöglichen den Zugang zu den Orten, stehen aber gleichzeitig im Widerstreit mit den vom Tourismus gesuchten Schönheiten der Landschaft (Della Valle 1957). Die italienische Exklave Campione d'Itália am Luganer See bildet mit ihrem Kasinobetrieb einen Sonderfall. Hier und dort häufen sich erstrangige Hotels, wie in Stresa und Verbánia (Pallanza) am Westufer des Lago Maggiore, in Menággio, Bellágio, Cadenábbia, Tremezzo, Cernóbbio und Como am Comer See. Nach Ansprüchen und Angebot unterscheiden sich die Orte, z. B. jene zwischen Arona und Stresa, durch ihre höherrangigen Hotels im Vergleich zur nördlichen Uferstrecke zwischen Baveno und Cannóbio am Lago Maggiore. Auch die kleineren lombardischen Seen sind vom Tourismus beeinflußt worden (Pagetti 1977). Wo Stadt und Industrie sich ausdehnten, wie um Varese, mußte es zu Konflikten mit den Interessen des touristischen Gewerbes kommen (Brusa 1979).

Dank der Klimagunst üben die Ufer des *Gardasees* eine unvergleichliche Anziehung aus. Die Besucherspitzen werden in Ortschaften, Ferienhausarealen und auf Campingplätzen im Sommer erreicht, dehnen sich aber zunehmend auch auf die übrigen Jahreszeiten aus. Die Brennerautobahn hat gerade dieses Urlaubsziel für Deutsche und Österreicher rasch erreichbar gemacht. Sirmione als Thermalbad und Desenzano im Südteil, Salò, Gardone Riviera, Toscolano-Maderno und Limone am „reicheren" lombardischen Westufer und Riva am Nordende des Sees sind die bevorzugten Orte. Die genannten Siedlungen zeugen zugleich vom alten Fremdenverkehr, besonders Gardone mit seinen luxuriösen Gärten. Am „ärmeren" venezianischen Ostufer (Brenzone, Malcésine, Garda) hat der Tourismus erst nach dem zweiten Weltkrieg begonnen.

Der *östliche Alpenrand* wird trotz seiner attraktiven Orte in den Lessinischen Alpen, wie Bosco Chiesanuova, weniger häufig besucht. Recoaro Terme ist außer Bade- und Sommerkurort auch Wintersportplatz mit Recoaro Mille. Für den italienischen Touristen sind Wanderungen im M.Grappa-Gebiet wegen der Weltkriegsstellungen der Alpenfront von nationalem Interesse. Das gilt ebenso für den Bereich der Sieben Gemeinden mit Asiago, das dieser Nachfrage mit seinem Angebot Rechnung trägt und außerdem ein bedeutendes Wintersportzentrum ist. Die Euganeen sind eine Fremdenverkehrsinsel eigener Art, gebildet durch die am Ostfuß der Berge gelegenen Heilbäder Abano Terme, Battáglia Terme, Montegrotto und durch das neu eingerichtete Galzignano Terme, unter denen sich Ábano Terme mit Luxus und Großhotels auszeichnet.

Die Küsten der nördlichen Adria

In der Nachkriegszeit entwickelte sich an den Küsten der nördlichen Adria ein durchgehendes Band des Badetourismus mit städtisch geprägten Orten von Triest bis Ancona (Schott 1977; Matznetter 1977). Ließen sich anfangs der nördliche Teil bis zur Etschmündung und der südliche Teil jenseits der Renomündung unterscheiden, so hat sich im Polésine, nachdem die Malariagefahr gebannt worden war, auch das amphibische Land dazwischen nutzen lassen. Nördlich liegen die modern geplante „Urlaubsinsel" Albarella, Rosolina Mare und andere Plätze, südlich das Band der *Lidi ferraresi*, u.a. mit Lido degli Estensi (Corna-Pellegrini 1968). Es sind die Sommerferienziele für die Großstadtbewohner Norditaliens ebenso wie für das nahegelegene Süddeutschland, für Österreich und darüber hinaus. Erst zwischen 1930 und 1940 errichtete man die Neubauten in den aufgeforsteten Pinien- und Pappelhainen hinter dem Strand. Bei Grado, Venedig und Comácchio entwickelten sich die Orte auf den Nehrungen und haben deshalb Außen- und Innenküste. Abgesehen von den großen Touristenstädten Rom, Venedig und Florenz, werden hier in einigen Gemeinden die höchsten Übernachtungszahlen innerhalb Italiens überhaupt (teilweise mehr als 5 Mio.) registriert, so in Bibione, Caorle, Iésolo, Cérvia-Milano Maríttima, Cesenático, Rímini, Riccione und Cattólica. Schlieter (1968, S. 152) typisierte die gesamte Riviera von Rímini nach sozialgeographischen Aspekten und der touristischen Frequenz als „Ausländerseebad des vorwiegend unteren Mittelstandes, wozu italienische Badegäste, vorwiegend kinderreiche Familien aus Nord- und Mittelitalien kommen" (Abb. 81). Wegen der wachsenden Freizeitansprüche nach Spiel und Sport weitet sich das Angebot schrittweise aus; damit wird auch die Landschaftsumgestaltung größer, und es gilt, die schlimmsten Auswüchse zu unterbinden (Bevilacqua/Casti 1989). Gegen die Schwierigkeiten, die während der saisonalen Spitzenzeit im Sommer bei der Wasserversorgung und Abwasserbeseitigung aufgetreten sind, konnten – wie in Rímini – schließlich erfolgreiche Maßnahmen getroffen werden. Nur wenige Hotels bleiben hier allerdings ganzjährig geöffnet; es sind „monosaisonale" Sommerbadeorte (Titi 1980, S. 270). Aber auch während der Öffnungszeit liegt die Auslastung unter 50 % mit der Ausnahme von Lignano-Sabbiadoro (Prov. Údine), einem besonders stark ausgebauten Zentrum. Trotzdem steht die nördliche Adria (Regionen Emília-Romagna, Venetien und Julisch Venetien) mit ihren registrierten 138 000 Hotelbetten, 377 000 Betten in der Parahotellerie und zahlreichen Campingplätzen, die 1996 zusammengenommen eine Übernachtungsziffer von 85 Mio. erbracht haben, unter den Fremdenverkehrsregionen Italiens an vorderster Stelle. Eine touristische Ergänzung für die Badegäste bieten die Städte der Nachbarschaft als Ausflugsziele, zuallererst *Venedig* (*Diercke* 1996, S. 105/2). Als Zentrum des Elitetourismus mit anspruchsvollem Hotelangebot ist die Lagunenstadt nach Rom die zweitgrößte Touristenattraktion Italiens mit 10,7 Mio. Übernachtungen (1995). Für den romagnolischen Küstenabschnitt beschreibt Biagini (1990) die wachsende Integration von Küste und Hinterland.

***Abb. 81:** Das Seebad Rímini*

(nach Atlante Tematico 1992, Tav. 109 C)

Riviera, Versília und Nordapennin

Das Einzugsgebiet des Bade- und Kurfremdenverkehrs an der ligurischen Küste, der *Riviera di Ponente* und der *Riviera di Levante* (Fuckner 1963; Schott 1981; Boiselle 1990), umfaßt seit jeher Mailand, Turin und andere norditalienische Zentren; die landschaftliche Schönheit und die Milde des Winterklimas haben aber stets auch Ausländer angezogen. Eisenbahnbau und neue Straßen, zuletzt der Autobahnbau, förderten die Entwicklung und ließen die Besucherzahlen gewaltig steigen. Damit änderte sich der Charakter der beiden Rivieren nicht nur zu ihrem Vorteil. Alássio, Bordighera, Ospedaletti und San Remo verfügten schon 1936 über mehr als 2500 Betten. Am Golf von Rapallo oder Tigúllio wurden Portofino, Rapallo, S. Margherita Lígure und Sestri Levante zu mondänen Kurorten für das reiche Bürgertum und Ausländer, während Nervi ursprünglich allein Badeort für Genua war (Bild 65). Die ehemalige Fischersiedlung Rapallo, später zum „Sommerseebad und Winterkurort überwiegend wohlhabender Italiener und Ausländer" aufgestiegen (Schlieter 1968, S. 152), hat inzwischen jährlich über 1 Mio. Übernachtungen, von denen der größte Teil auf Italiener entfällt. Viele Gebäude in der Altstadt sind abgerissen worden, um für den Neubau von Appartementhäusern Platz zu schaffen, die auch mehr und mehr die Hanglagen besetzt haben. Schon 1977 waren 40 % aller Wohnungen Zweitwohnsitze (Schott 1981).

Bild 65: *Badebetrieb in Nervi bei Genua, Riviera di Levante (Ligurien)*

Auch in den anderen Fremdenplätzen der Riviera ist weiter investiert worden, alte Zentren wurden ausgebaut, neue entstanden, mehr an der Ponente- als an der Levanteküste; Beispiele sind Diano Marina, Laiguéglia und Arma di Tággia. Es reduzierte sich die Zahl der Oberklassehotels, einige wurden geschlossen, andere in Appartementhäuser umgewandelt, und viele neue Ferienwohnungen wurden im städtischen Hochhausstil gebaut. Wie die Zensusdaten von 1961 bis 1991 ausweisen, hat das Baufieber allerdings in manchen Seebädern ebenso wie an der nördlichen Adria die Zahl der Leerstände von Wohnungen und Zimmern kräftig in die Höhe getrieben (*Istat* 16a; Fuga 1976, S. 74).

Die touristische Nachfrage bietet heute ein uneinheitliches Bild. Sommer- und Wintergäste haben Bordighera, Ospedaletti, Rapallo, San Remo und Santa Margherita Lígure mit Spitzen im Juli oder August und Januar; im Winter überwiegen die Ausländer. Dennoch erreicht die Auslastungsquote selten 50 % und mehr (Titi 1980). Abschnittsweise, wie zwischen Alássio und Savona, hat die Riviera, vor allem unter den Sommergästen, etwas an Attraktivität verloren, andererseits floriert der Fremdenverkehr in den Provinzen Impéria, Genua und La Spézia; darüber hinaus bestehen Unterschiede von einem Seebad zum anderen (Boiselle 1990). Die reizvolle Steilküste der *Cinque Terre* westlich von La Spézia ist mangels ausreichender touristischer Infrastruktur ein bevorzugtes küstennahes Wandergebiet von Tagesausflüglern geblieben.

Die Flachküste der *Versília* erfuhr dagegen eine immer dichter werdende städtische Verbauung. Kostbare Waldflächen sind teilweise der Brandstiftung zum Opfer gefallen. Die Zweit- und Appartementwohnungen sind vorwiegend Renditeobjekte; in Forte dei Marmi jedoch nutzen wohlhabende Schichten aus Florenz oder Mailand die Wohnungen mit ihren Familien in den Ferien und am Wochenende; dazu kommen auch begüterte Ausländer. In den südlichen Orten waren zwei Fünftel der Besitzer Florentiner und ein Achtel Mailänder (Battistoni 1973). Schlieter (1968, S. 152) definierte Viaréggio als „Familiensommerbad des unteren und gehobenen Mittelstandes mit begrenztem Einzugsgebiet“.

Im *nördlichen Apennin* leben einige günstig gelegene Orte im Nahbereich der Großstädte und in Paßlagen der Straßen, vom Col di Cadibona bis zum Mandriolipaß, vom

Sommerfrischen- und Wintersportverkehr. Für Genua gilt das von S. Stéfano d'Aveto nordöstlich der Stadt. Abetone mit seinem Staatsforst und vielen Aufstiegshilfen besonders im Winter ist von Lucca, Pistóia und Módena erreichbar; Porretta Terme liegt zwischen Bologna und Pistóia. Im Nahbereich von Florenz besteht ein reiches Angebot im Pratomagno, unter anderem mit Vallombrosa, und im oberen Arnotal.

Küsten, Binnenland und Apennin Mittelitaliens

Nicht nur der einheimische Badetourismus breitete sich an den Stränden von Adria und Tyrrhenis weiter südwärts aus, auch die Ausländer konnten mit dem fortschreitenden Autobahnbau nun sauberere Strände, reineres Wasser, neuangelegte Zeltplätze und billigere Quartiere nutzen. Am *Tyrrhenischen Meer* verdichtete sich der Streifen zwischen Livorno und Piombino, und *Elba* zog weitere Fremde an, nachdem es dank der Förderung durch die Südkasse im Fremdenverkehr eine Nachfolgewirtschaft für den Verlust der Stahlindustrie und des Bergbaus erhalten hatte (Corda in Mori 1960/61). Die Touristenflut steigerte sich hier durch Hotelerweiterungen und den unkontrollierten Bau von Appartementanlagen einschließlich der Tagesgäste bis zu 120000 Urlaubern je Tag im August, d.h. ungefähr viermal soviel wie die Einwohnerschaft der Insel zählt, so daß Abwasser- und Müllprobleme unvermeidlich und die Wasserqualität der Strände empfindlich beeinträchtigt wurden. Seit 1993 setzt man mit dem Projekt ‚Elbambiente" auf umweltverträglichen Tourismus. Eine Stützung erhielt diese Initiative 1998 durch die Einrichtung des „Nationalparks Toskanischer Archipel", zu dem Elba gehört (FAZ v. 2. 5. 1996 u. v. 25. 6. 1998).

Der *M. Argentário* ist ein Beispiel für die Folgen, die durch den Bau von Zweitwohnsitzen im Küstenraum eintreten können, wenn fast jede Planung fehlt (Fuga 1976). Nach frühen Anfängen um 1880 waren es zunächst reiche Norditaliener, die hier ihre *villeggiatura* im eigenen Haus verbrachten. Eine nahezu vollkommene Umgestaltung begann ab etwa 1965 mit der Tätigkeit von Bauunternehmen und Grundstücksspekulanten. In rascher Folge und schneller Ausbreitung wurden architektonisch fremdartig wirkende Feriendörfer (*villaggi turístici*) errichtet. Diese und die häufiger gewordenen, verheerenden Macchienbrände vernichteten die eigentlichen Naturschönheiten auf großen Flächen. Lange Küstenstrecken sind durch die Verbauung vom Land her nicht mehr zugänglich. In zwei Monaten des Jahres ist das Vorgebirge überfüllt, die Wasserversorgung bricht zusammen, Land und Meer werden verschmutzt. In nur zwei Jahrzehnten haben sich die Bevölkerungsstrukturen, die Wirtschafts- und Lebensformen radikal verändert. Landwirtschaft und Fischerei sind stark zurückgegangen, Baugewerbe, Kleinhandel, Hotelgewerbe und öffentliche Dienste die wichtigsten Beschäftigungszweige geworden. Dabei spielen Hotels und Gasthöfe nur eine randliche Rolle. Um ein Mehrfaches größer ist die Bettenzahl der *villeggianti*. Die alten kleinen Küstenorte haben die Umwandlung zu Versorgungszentren der Ferienhaussiedlungen und den Ausbau für die Bedürfnisse des Jachttourismus und der Unterwasserjagd hinnehmen müssen. Die Fremdenverkehrswirtschaft des M. Argentário ist also gar nicht durch das Beherbergungsgewerbe bestimmt, sondern durch die Aufgaben einer Wohnungswirtschaft (*economia ricettiva*), der unter anderem die Haus- und Gartenpflege obliegt.

Die *Römer* überwältigten in ähnlicher Weise ihren Küstenraum. Es kam zum Bauboom an den Stränden von Civitavécchia und Ladíspoli, zwischen Lido di Óstia und Ánzio-Nettuno, teilweise mit Ferienhaussiedlungen, die höchsten Ansprüchen genügen. Aus dieser Entwicklung zogen auch die Orte am Südrand des Agro Pontino Nutzen, wie Sabáudia, S. Felice Circeo am Circeo-Nationalpark, Terracina und Sperlonga, überall mit Zweitwohnungen spekulativer Bautätigkeit.

An der *Adriaküste* entwickelten sich von Ancona bis Términi, an der Küste der Marken, der Abruzzen und des Molise, kleine Badestrände, zunächst mit Campingplätzen, nicht zuletzt dank der Adriática-Autobahn. Unter vielen ragen die Zentren Porto S. Giórgio, Grottammare S. Benedetto del Tronto, Alba Adriática und Pescara heraus, während im südlichen Teil nur Marina di Vasto größeres Gewicht hat. Erst in jüngerer Zeit ist das bisher geringe Bettenangebot

Bild 66: Florenz: Piazza Santa Maria del Fiore am Dom

Foto: H.-G. Wagner

der Hotels angestiegen. Durch die Autostrada Rom – Pescara wurde die Erreichbarkeit von Rom aus wesentlich erleichtert.

Ein starker Magnet im Fremdenverkehrsnetz Italiens und in der Toskana ist selbstverständlich *Florenz*, insbesondere für die ausländischen Touristen und die Kunstliebhaber (Charrier 1971; Bild 66). In der nach dem Aufkommen drittgrößten Touristenstadt des Landes mit 20 000 Hotelbetten wurden 1995 2,5 Mio. Gäste und 6,2 Mio. Übernachtungen, darunter 69 % von Ausländern, registriert. In den Gassen der Innenstadt, wo zwei Drittel der 372 Hotels liegen, drängt sich schon seit einigen Jahren ein Menschenstrom, wenn, besonders in der Hauptsaison im Frühling, Reisegruppen, Übernachtungsgäste und Tagesbesucher (aus bis zu 700 Touristenbussen) aufeinandertreffen (FAZ v. 4.11.1996).

In der nördlichen *Toskana* bildet das elegante Montecatini Terme ein Zentrum (ca. 300 Hotels und 15 000 Betten), das wie Chianciano Terme im Süden zu den berühmten Heilbädern des Landes gehört, während sich andere Orte im abwechslungsreichen Hügelland zwischen Florenz und Siena, die dem Naherholungsverkehr und der *villeggiatura* dienen, nach Angebot und Nachfrage wenig herausheben. Dem verstreuten Tourismus auf dem Lande mit anspruchsvollen und vermögenden Gästen, die in Privatunterkünften übernachten, wird dennoch eine gewisse regionalwirtschaftliche Bedeutung beigemessen (Loda 1994), die auch vom wachsenden Agritourismus zu erwarten ist (Desplanques 1973). Die Umgestaltung aufgekaufter ehemaliger Mezzadro-Stellen und Bauernhöfe zu Ferienwohnungen hat schon in den sechziger Jahren begonnen und laufend zugenommen (Pongratz 1973; Sabelberg 1975 a). Im Vergleich zum Bade- und Kunsttourismus stagniert der geringe Gebirgstourismus, an dem fast nur Toskaner und andere Italiener beteiligt sind. In den Sommerferien wird nach wie vor S. Marcello Pistoiese aufgesucht, besonders die Privatquartiere. Den Wintersport ermöglichen Abetone und Cutigliano im Apennin und Abbadia San Salvatore am M. Amiata (Garappa 1980).

Das südliche *Umbrien* und *Latium* sind besonders für den Wochenendausflug der Römer, sowohl an Seen wie in kleinen Orten, reich an Erholungsmöglichkeiten. In den Mti. Címini mit dem Lago di Vico und in den Albaner Bergen häufen sich Villen und kleine Landsitze. Östlich von Rom liegen – für die Hauptstädter leicht erreichbar – das bekannte Bad Fiuggi am Hang des M. Érnici und der junge Wintersportplatz M. Livata im Buchenhochwald der Mti. Simbruini über Subiaco.

Die touristische Sonderstellung *Roms* gründet auf dem Weltruf seiner einmaligen Attraktionen inner- und außerhalb der Mauern, der antiken Ruinen, mittelalterlichen Paläste und Kirchen, der Sammlungen von Kunstschätzen sowie kultureller Ereignisse, geistlicher Zeremonien und, nicht zuletzt, des Lebens auf Straßen und Plätzen der „Ewigen Stadt" (Bild 67). Als größtes europäisches Zentrum von Bildungstourismus und Pilgerverkehr, das im „Heiligen Jahr" 2000 einem neuen Rekord seiner Besucherzahl entgegensieht, verfügt es neben den Unterkünften der Parahotellerie über 66769 Hotelbetten in 775 Betrieben aller Kategorien, für die 1995 insgesamt 6 Mio. Gäste und 13,7 Mio. Übernachtungen, davon fast zwei Drittel von Ausländern, voran Amerikanern, Japanern und Deutschen, mit einem ziemlich ausgeglichenen Jahresgang von März bis Oktober, aber kurzer Aufenthaltsdauer (2,4 Tage) verzeichnet wurden (*Comune di Roma* o. J., S. 82 ff.).

Die Erschließung der *Abruzzen* begann durch die Bahnlinie Rom – Pescara im Jahr 1873, was aber für den Fremdenverkehr wenig Impulse brachte; auch der wichtige Einschnitt der Nationalparkgründung von 1923 bedeutete nicht viel. Erst um 1965 setzte mit dem Wintersport punkthaft eine stürmische Entwicklung ein, so in Tagliacozzo in der Mársica (Salvatori 1973), mit Pietracamela-Prato di Tivo am Gran Sasso, in Pescasséroli am Nationalpark und in Roccaraso, wo die höchsten Übernachtungszahlen erreicht werden. Der schroffe Gegensatz zweier Welten, zwischen den Lebensformen reicher Großstädter aus Rom und Neapel und den von einer kargen (Rest-) Landwirtschaft lebenden Einheimischen, hat kaum zu deren Beteiligung geführt. Die Beschäftigungsmöglichkeiten sind nur wenig verbessert worden, zumal es auch hier hauptsächlich zum Bau von Freizeitwohnungen gekommen ist (Sprengel 1973; Vitte 1975).

Bild 67: *Trevibrunnen in Rom: Ein Muß für alle Besucher der „Ewigen Stadt"*

Festländisches Süditalien, große und kleine Inseln

Der Süden hat trotz einiger altbekannter Fremdenplätze und vieler Neugründungen auch im Tourismus manche Defizite aufzuholen. Ein altes Fremdenverkehrszentrum ist *Neapel und seine Umgebung*, die bis heute nicht an Attraktivität verloren haben, wenn auch nur in Neapel selbst und in Íschia die jährlichen Besucherzahlen über die Millionengrenze hinausgehen. Capri, Íschia, Positano, Amalfi, Sorrent und Salerno haben im Sommer wie im Winter ihre Gäste. Sorrent gehört zu den berühmtesten und vornehmsten Fremdenverkehrsorten Italiens, was sich auch in der großen Zahl von Hotels der Luxusklasse und der ersten Kategorie äußert. Das Gelände des seit 1994 abgerissenen Stahlwerks in Bagnoli, das an einer der schönsten Buchten des Golfes von Neapel liegt, soll künftig touristisch genutzt werden. Tauchsport, Unterwasserjagd und Segeln haben vielen kleinen kampanischen Küstenplätzen zur Beteiligung am Tourismus verholfen, wobei gerade Felsküsten gesucht sind. An malerischen Buchten liegen südlich von Paestum S. Maria di Castellabate und Palinuro. Am Golf von Policastro folgen südlich Sapri die leichter zugänglichen Strände von Maratea (Basilicata) und, schon in Kalabrien, von Práia a Mare, Scalea und Diamante, die zu einem fast geschlossen bebauten Küstenstreifen aus Appartementhäusern einfachen Stils zusammengewachsen sind.

Einen zum Teil allzu kräftigen Ausbau haben einige Küstenplätze *Apuliens*, vor allem am M. Gargano mit den Zentren Vieste, Péschici und Rodi, unter anderem mit Großhotels, mit Feriendorfsiedlungen und Campingplätzen, erlebt, die von Ausländern stark besucht werden. Ostuni nordwestlich Bríndisi mit seiner Marina gehört wie Torre S. Giovanni an der Südspitze der Salentinischen Halbinsel zu den jüngeren Entwicklungsgebieten. Auch die Badeplätze am Golf von Tarent, die mit ihren weiten Sandstränden teilweise schon in den sechziger Jahren ins Leben gerufen worden sind, wie z. B. Lido di Metaponto, werden nach langer Stagnation erst seit den achtziger Jahren, als hier die private Bautätigkeit vorangekommen ist, stärker frequentiert.

Um den Tourismus im Mezzogiorno zu beleben, sind durch die Südkasse bestimmte Förderungsgebiete festgelegt worden (Sprengel 1977 a). In *Kalabrien* hat es am Golf von S. Eufémia geringe Erfolge, sichtbare bei Tropea und am Golf von Squillace (Soverato, Copanello, Sellia Marina u. a.) gegeben. Besonders an letzterem, der im unmittelbaren Einzugsgebiet der Regionshauptstadt Catanzaro liegt, aber auch weiter südlich um Locri, Siderno und Marina di Gioiosa Iónica (Bild 68), sind lückenlose strandparallele Sommersiedlungen entstanden. Der luxuriöse Sportboothafen Síbari (Bild 69) ist neben den herkömmlichen Badeplätzen mit Einrichtungen für Camping (Villapiana Lido) nördlich des Crati-Deltas ab 1980 von einer privaten Unternehmergruppe aus dem Boden gestampft worden (Rother 1986).

Das *Binnenland* bietet – nicht nur im Nahbereich von Neapel – einige traditionelle Erholungsplätze im Gebirge, wie am M. Vúlture und im Lukanischen Apennin; moderner Ausbau, teilweise für den Wintersport, wurde von der Südkasse in einigen Orten der Sila (Camigliatello Silano, Lórica) gefördert. Sogar der Aspromonte hat mit Gambárie seinen Wintersportplatz. Darüber hinaus besitzt das festländische Süditalien, vor allem Kampanien, einige Mineral- und Thermalquellen, unter denen die warmen Wässer vor der Küste Íschias im Ausland am bekanntesten sein dürften (Lautensach 1955). Andere stagnieren oder haben Besucher verloren, weshalb eine gezielte Förderung ausgewählter Badeorte angebracht erscheint (Novelli 1977).

Die Anziehungskraft *Siziliens* für den Ferntourismus beruht auf den historischen bzw. archäologischen Stätten und der Vulkanlandschaft des Ätna (Monheim 1988; Ciaccio-Campagnoli 1990). Flugreisen und Flugplatzausbau (Catánia, Palermo) haben die Insel leichter zugänglich gemacht, weil trotz der Autostrada del Sole und deren Fortsetzungen innerhalb Siziliens lange Reisewege zu überwinden sind. Dennoch ist der erwartete Massentourismus ausgeblieben, wofür Nachteile im Verkehr, Wassermangel, Meeresverschmutzung, Industrieanlagen und das bürokratisch gehandhabte Touristenmanagement einen Ursachenkomplex bilden. Nach Ciaccio-Cam-

***Bild 68:** Kaufangebot für Ferienwohnungen in Marina di Gioiosa Iónica (Südkalabrien)*

pagnoli (1979) mangelt es innerhalb der Fremdenverkehrswirtschaft Siziliens an kooperativer Planung, da die Industrieförderung Vorrang genossen hat. Förderungsmittel sind umgelenkt worden und haben auswärtigen Gesellschaften den Bau von Zweitwohnsitzen erlaubt, womit die erhebliche Waldzerstörung durch Feuer und die Blockierung von Buchten und Küsten verbunden gewesen ist. Feriendörfer mit ihrer unabhängigen Wirtschaft, geführt von auswärtigem Fachpersonal und finanziert von

***Bild 69:** Sportboothafen und Villággio turístico „I laghi di Síbari“ (Nordkalabrien)*

norditalienischen Investoren, können keinen wesentlichen Beitrag zur Wirtschaftsentwicklung leisten, z. B. Brúcoli/Syrakus, Pólina/Palermo, Camarina/Ragusa und Favignana/Trápani. Das größte dieser Ferienzentren ist Città del Mare am Golf von Castellammare, 40 km westlich von Palermo, errichtet vom Dachverband italienischer Genossenschaften. Die Kurstadt Sciacca an der Südwestküste ist als Mineral- und Thermalbad modern ausgebaut worden. Im übrigen fehlt es nicht an Großhotels, die für den heutigen Bedarf freilich zu luxuriös sind, sondern es fehlt an einem Netz von kleinen und mittleren Familienhotels.

Als wirkliches und kompaktes Fremdenverkehrsgebiet kann man neben den Einzelzielen für den Zugang zu antiken Stätten, z. B. Piazza Armerina, Agrigento und anderen, und den Städten Palermo, Catánia und Messina, nur den *Ätnabereich* ausgliedern (Monheim 1988, 1998). Dessen weltbekanntes Zentrum Taormina hat noch an Bedeutung gewonnen und kommt höchsten und mittleren Ansprüchen nach. Die Stadt liegt etwa 200 m über dem Meer und bietet keinen Raum für Großhotels, obwohl ein Kongreßzentrum erbaut worden ist. „Lidosiedlungen" schließen sich nördlich mit Mazzarò und vor allem südlich mit Giardini Naxos an (Abb. 82). Das 1991 fast 10 000 Einwohner große Taormina mit einem stark vom Pauschaltourismus getragenen hohen Ausländeranteil seiner Gäste (78 %; 1996: 900 000 Übernachtungen), die von mindestens 850 000 Tagesausflüglern ergänzt werden, ist überlastet. Chaotischer Verkehr, ungenügende touristische Einrichtungen, die von einer fernen Behörde betreute Tourismusorganisation, darüber hinaus Klientelwesen und fehlende Zusammenarbeit der verantwortlichen Persönlichkeiten, auch mit den benachbarten Gemeinden, hemmen die Entwicklung des touristischen „Zugpferdes" der Insel, die auf eine „kontinuierliche Aufwertung der Angebotsqualität und der Infrastruktur" gerichtet sein müßte. „Dringend erforderlich ist eine Bündelung der Aktivitäten von Giardini Naxos und Taormina auf den ausländischen Tourismusmärkten" (Monheim 1998, S. 177).

An der Übernachtungsfrequenz gemessen hat Sizilien zwischen 1964 und 1994 seine Attraktivität verdoppelt. Der Anteil der Ausländer (38 %) war 1995 fast so groß wie in Kampanien. Obwohl Frühling und Herbst als beste Reisezeit gelten, werden die meisten Besucher im heißen Sommer gezählt; die ehemals wichtigere Wintersaison spielt eine geringe Rolle. Doch nimmt sich das Tourismusgeschäft Siziliens im Vergleich zur weitaus kleineren spanischen Baleareninsel Mallorca zwergenhaft aus: 1996 wurden hier 10,2, dort aber 95,4 Mio. Übernachtungen registriert. Selbst das winzige Malta, mit weniger Hotels, aber besserer Auslastungsquote, erreichte im gleichen Jahr noch dasselbe touristische Aufkommen wie Sizilien (FAZ v. 15. 9. 1997).

Die *Äolischen* oder *Liparischen Inseln* haben am Wachstum des Fremdenverkehrs teilgenommen und sind wie die Gebirge Italiens ein Beispiel für die gegenläufige Entwicklung von Bevölkerungszahl und Touristenfrequenz (Mikus 1969). 1995 wurden 400 000 Gäste gezählt; die Reedereien der Fährschiffe verkauften außerdem 2 Mio. Fahrkarten an Tagesgäste, deren Menge ein ernstes Problem geworden ist (FAZ v. 15. 8. 1996). Das gilt ebenso, wenn auch mit geringeren Gästezahlen, für die Ägadischen und Pelagischen Inseln, für Ústica und Pantelleria. Aufwendig ist die Wasserversorgung im trockenen Sommer der Hochsaison mit Tankschiffen – auf den Äolischen Inseln braucht man 5000 m^3 am Tag, wenn nicht schon Anlagen für die Meerwasserentsalzung in Betrieb sind. Der Tauchsport hat auf den Inseln seine Zentren, und es gibt zahlreiche *villaggi turístici*. An vielen Stellen ist das geoökologische Gleichgewicht bedroht oder zerstört (King/Young 1979).

Konnte *Sardinien* in den fünfziger Jahren wegen seiner ungünstigen Lage noch als benachteiligt gelten – Schwerpunkte waren nur Alghero mit traditionellem Engländertourismus und der Strand von Cágliari-Poetto –, so hat sich seitdem eine teilweise umstürzende Entwicklung abgespielt (Rognant 1981, S. 493). Es begann 1960 mit den Elitejachthäfen und sechs Luxushotels (1995 von Sheraton übernommen), die dank der Initiative von Aga Khan an der nur durch extensive Weidewirtschaft genutzten felsigen und buchtenreichen, 55 km langen Galluraküste zwischen Ólbia und der Punta Battistone (*Costa smeralda* = Smaragdküste) gebaut wurden. In bewuß-

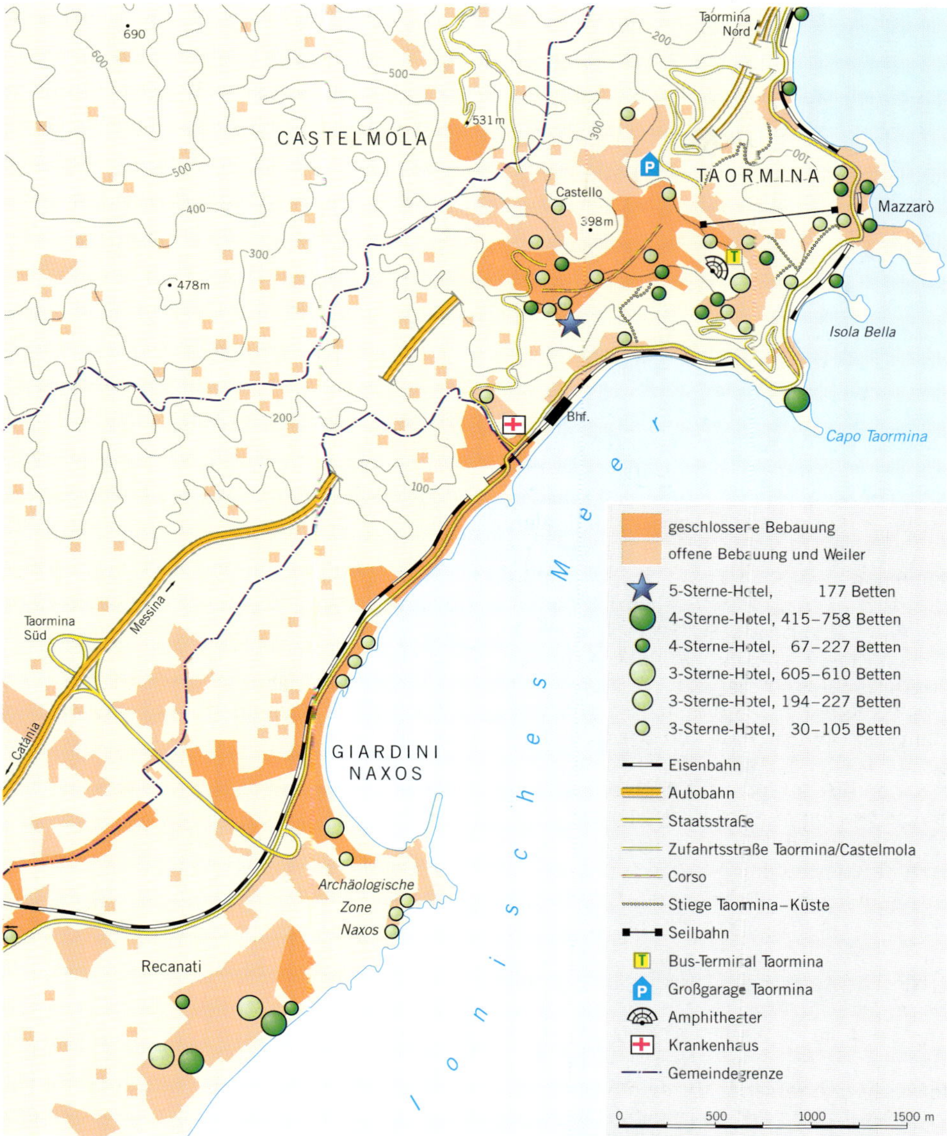

(aus Monheim 1998, S. 164)

***Abb. 82:** Hotels und Verkehrserschließung in Taormina und Giardini Naxos/Sizilien*

ter Abkehr von den „Hotelsilos" mancher Mittelmeerküsten entstanden Hotelsiedlungen mit allem Komfort (Golf-, Tennisplätze, Shopping Center, Flaniermeile usw.) auf 3000 ha in landschaftlich angepaßter, weniggeschossiger Bauweise (Hiller 1978, S. 130). Der lange strittige Plan zum Ausbau des Touristengebietes mit dem Mittelpunkt Porto Cervo von bisher 15 000 auf 55 000 Betten wurde 1983 genehmigt. Inzwischen sind nicht nur weitere Sporthäfen, sondern auch Feriensiedlungen in ähnlichem Baustil und Campingplätze an fast allen Küsten der Insel aus dem Boden geschossen (Dragone 1979; Price 1980), und der Ausbau hat selbst abweisende Steilküsten erfaßt (z. B. Costa Paradiso im Norden). Im Nordosten ist Ólbia das Ein-

Fallstor für Fähr- und Flugverkehr geworden. Während anfangs wie auf dem süditalienischen Festland zwischen Freizeit- und Ferientourismus der Sarden an Sandstränden, Dünen und Flachküsten einerseits und teuren, teilweise luxuriös ausgestatteten Ausländerplätzen an Rias und Felsküsten andererseits unterschieden werden konnte (Price 1980, S. 192ff.), besteht dieser Gegensatz heute nicht mehr. In wachsendem Maße treten neben den Ausländern Einheimische und Festlandsitaliener als Grundstückseigentümer/-mieter an den attraktiv gelegenen Standorten auf. An der *Costa smeralda* sind die Erträge aus dem Tourismusgeschäft so groß, daß die Bevölkerung der Gemeinde Arzachena kräftig angestiegen ist und das Wirtschaftsleben sich von Grund auf gewandelt hat. Allerdings führen die Meeresverschmutzung, die Industrietätigkeit, die Belästigung der Feriengäste durch militärische Aktivitäten, die Überlastung der Flug- und Fährverbindungen sowie Engpässe bei der Wasserversorgung in der Hochsaison hier wie anderswo zu Spannungen (Hiller 1978, S. 129f.). Das Binnenland Sardiniens gewinnt durch die vor- und frühgeschichtlichen Fundstätten (z. B. die *nuraghi*) für Rundreisen zunehmend Bedeutung; am Gennargentu gibt es sogar einen winterlichen Skibetrieb. Mehr als im übrigen Mezzogiorno weitet sich der Agritourismus aus.

Nach einer touristischen Entwicklung über fast vier Jahrzehnte ist Sardinien mit der totalen Übernachtungszahl von 7,4 Mio. im Jahr 1995 dem Niveau Siziliens (9,4 Mio.) nahegekommen, wenn auch die Gästezahlen und der Ausländeranteil noch deutlich kleiner sind.

Die staatliche Stützung des Tourismus als Mittel zur Regionalförderung im Mezzogiorno hat seinerzeit Sprengel (1977a, S. 238) diskutiert. Wirklich erfolgreich könne eine solche Geldvergabe nur unter zwei Voraussetzungen sein: Einmal müsse unter Beachtung der geographischen Lage und des touristischen Bedarfs vor allem bei der arbeitsplatzintensiven gewerblichen Beherbergung investiert werden, zum anderen gelte es, die einheimische Bevölkerung als Träger des Fremdenverkehrsangebotes stärker zu beteiligen, oder zumindest, wie im Falle der Costa Smeralda, „auch nach der Aufbauphase durch Arbeitsplätze stärker an das Projekt zu binden". Diese Bedingungen haben nach wie vor Gültigkeit. In Anbetracht der heutigen gesamtwirtschaftlichen Situation in Europa und des Wandels im Urlaubsverhalten ist kurzfristig wohl kaum damit zu rechnen, daß der Mezzogiorno seinen Anteil am italienischen Tourismus in nennenswertem Umfang wird steigern können. Die Chance, auf diese Weise die Regionalentwicklung voranzutreiben, scheint vertan.

Die Transport- und Verkehrssysteme

Die schmale Gebirgshalbinsel, die Inseln und der Alpenbogen haben es nicht zugelassen, daß im Lauf der Zeiten ein regelmäßiges, „normales" Binnenverkehrsnetz mit Landverbindungen zu den Nachbarländern entstanden ist. Als im Industriezeitalter und mit der Gründung des Einheitsstaates das Bedürfnis nach einem funktionsfähigen Binnen- und Außenverkehr wuchs, traten schwierige und nur sehr kostspielig zu lösende Probleme auf. Wie schon der Bau, so verlangt auch die Unterhaltung von Straßen und Bahnlinien im stark gegliederten Relief, auf instabilem Untergrund oder eingeengt zwischen Küste und Gebirge, über Torrenten und breite Fiumaremündungen hinweg, über Brücken und durch Tunnels besondere Ingenieurleistungen und einen riesigen finanziellen Aufwand. Im Unterschied zu weniger bewegt gestalteten Ländern mit einem nahezu gleichmäßig verzweigten Straßen- und Bahnnetz besitzt Italien vor allem längsgerichtete, parallel zur Küste verlaufende Fernstrecken, die Längstäler und Beckenräume durchziehen, aber immer wieder kurvenreich sind und viele Kunstbauten erfordern. Im transalpinen Verkehr wurden schon früh Bahnstrecken durch Tunnels geleitet. Heute ist die historische Alpenschranke durch Autobahnen und ihre Tunnels, nahezu unbehindert von der Witterung, an vielen Stellen durchbrochen. Rohrleitungen, die teilweise durch die gleichen Tunnelöffnungen wie Straße und Eisenbahn führen, dienen dem Transport von Erdgas und Erdöl und entlasten die Transportmittel und Transportstrecken in hohem Maße. Die Orte an der langen Küstenlinie – mit ihren versandeten Schwemmlandküsten oder vom Hinterland abgeschnittenen Steil- und Felsküsten – waren einst durch die Küstenschiffahrt verbunden, die den Handel zwischen den Landesteilen fast allein besorgte. Diese Art von Verkehr ist heute bedeutungslos. Lageverhältnisse und Landesnatur wirkten sich über die Jahrhunderte hin so nachteilig, zersplitternd und isolierend aus, daß sich keine wirklich aktiven Verkehrszentren entwickeln konnten und bis in die moderne Zeit hinein der Nahverkehr innerhalb der historischen Landschaftseinheiten bestimmend blieb.

Der Landverkehr

Obwohl die natürlichen Voraussetzungen die Anlage von *Straßen* bis heute erschweren, ist es doch schon in römischer Zeit gelungen, ein erstaunlich gut funktionierendes Netz von Heerstraßen zu bauen (Almagià 1959, S. 652). Die Halbinsel wurde vom Zentrum Rom aus erschlossen. Fernstraßen zielten auf Hafenplätze und Alpenpässe und sind bis heute im Verkehrs- und Siedlungsnetz erkennbar. Im Mittelalter und in der Neuzeit war der Binnenverkehr durch die politische Zersplitterung und die fehlenden Initiativen der einzelnen Regierungen extrem behindert. Die antiken, schon befestigten Straßen wurden absichtlich zerstört oder verfielen. Die Territorialherren verlegten die Verbindungswege über mittlere und größere Entfernungen, je nach Witterungsbedingungen und politischer Lage, immer wieder, um den jeweils sichersten und wirtschaftlichsten Weg zu nutzen. Im Mittelalter wurde nur eine Straße, wahrscheinlich von Langobardenkönigen, unter Verwendung antiker Reststrecken neu geschaffen, die *Via Sancti Petri* oder *Strata Romea*, dann „Frankenstraße" genannt (Goez 1972, S. 16). Einen wirklichen Straßenbau gab es erst wieder vom 18. Jh. an.

Unter den günstigeren Bedingungen Nord- und Mittelitaliens wurden, größtenteils unter französischer und österreichischer Verwaltung, zahlreiche Straßen und Paßstraßen angelegt, so daß dort schon vor 1870 ein beachtliches Verkehrsnetz bestand. Im Königreich beider Sizilien waren dagegen nur zwei Drittel aller Gemeinden auf Straßen zu erreichen (Almagià 1959, S. 862). Zur Zeit der Bildung des neuen Einheitsstaates erwiesen sich die Verkehrsverbindungen als völlig unzureichend, wodurch der Prozeß der politischen Einigung und die Bildung eines gesamtitalienischen Marktes über die alten Zollgrenzen hinweg behindert wurden. Beim alsbald in Angriff genommenen Ausbau des vorhandenen Verkehrsnetzes lehnte man sich an römische und mittelalterliche Straßen, aber auch an Maultierwege in den Bergen an. Um den Nachholbedarf im Süden zu befriedigen, sollen in den Jahren 1862–1923/24 insgesamt drei Viertel des Straßenbauetats in Süditalien und auf den Inseln ausgegeben worden sein (Tremelloni 1962). Mit den Mitteln der Südkasse setzte die italienische Republik die auch nach dem Zweiten Weltkrieg noch nicht erfüllte Aufgabe fort. Heute ist sie vorbildlich gelöst: Fast alle Wohnplätze besitzen Anschluß an das nationale Straßennetz, und selbst in den abgelegensten Gebieten mit verkehrsfeindlichem Relief, wie in der Basilicata, sind die kurvenreichen, wetteranfälligen Höhenstraßen ausgebaut und durch bequeme Trassen in den meliorierten Tälern ergänzt worden.

Auch der Aus- und Neubau des *Eisenbahnnetzes* war eine der größten Aufgaben und Leistungen des Einheitsstaates. 1861 gab es zwar 1632 km Bahnstrecken; es handelte sich aber nur um Stichbahnen von Großstädten aus, von Turin, Mailand, Venedig, Florenz und Neapel zu Nachbarstädten. Schon 35 Jahre später waren mit 16000 km Länge die Grundlinien des heutigen Netzes (19500 km, davon 58 % elektrifiziert) gelegt. Eine West-Ost-Achse durch die Po-Ebene zwischen Turin, Mailand und Venedig hat Anschluß an die Alpenbahnen zum Fréjus-Tunnel (1871), St.-Gotthard-Tunnel (1882) und zum Brennerpaß (1867). Zwei Längsachsen durchziehen die Halbinsel von Mailand über Bologna, einmal nach Florenz – Rom – Neapel – Salerno und zum anderen nach Ancona – Fóggia – Bari – Bríndisi und Tarent. Von

Turin und Mailand kommend, folgt eine Strecke ab Genua der tyrrhenischen Küste nach Livorno – Grosseto – Civitavécchia und Rom.

1905 erreichte die Bahn Sizilien. Innersizilien wurde erschlossen, ebenso Sardinien. Knotenpunkte des Eisenbahnverkehrs wurden Mailand und Rom, im Güterverkehr auch Alessándria und Bologna, und außerdem Verona am Kreuzungspunkt der padanischen Transversalstrecke mit der Brennerstrecke, die als überlastet und veraltet gilt. Der Konkurrenz des Straßenverkehrs begegnet heute der Bau von Hochleistungsbahnen (bis zu 300 km/h) zwischen Turin und Venedig sowie von Mailand über Bologna und Florenz nach Rom und Neapel (*Línea Direttíssima*). Wenig genutzte Strekken sind auch in Italien stillgelegt worden und werden von Omnibussen bedient, die in staatlichen Unternehmen fahren und unter anderem den Verkehr zwischen Bahnhöfen und Höhenorten besorgen. Eine Privatisierung der *Ferrovie dello Stato* ist vorläufig nicht vorgesehen.

Personen- und Güterverkehr konzentrieren sich auf einige große Achsen; insgesamt aber stagniert der Eisenbahnverkehr oder nimmt sogar ab. In keinem anderen Land Europas, nicht einmal in den höchstmotorisierten, ist der Anteil der Eisenbahn am Gesamtverkehr von Personen und Waren so niedrig wie in Italien (Nice 1976). Anders als in Frankreich (27 %) und Deutschland (21 %) entfallen auf die Bahn nur 13 % des Güterverkehrs (*Italien 1992*, S. 87). Bis zum Beginn des Autobahnbaus und der raschen Motorisierung und Mobilisierung der Bevölkerung hatte sie noch fast den gesamten Landverkehr zu bewältigen. Der rasch gewachsene Verkehr zwischen den einzelnen Regionen ermöglichte jedoch keineswegs den von den Eisenbahnpolitikern des 19. Jh.s erhofften Ausgleich zwischen dem sich industrialisierenden Norden und dem unter dessen Konkurrenz leidenden, agrarisch verharrenden Süden. Die Ursache für den geringen Einfluß der modernen Verkehrswege auf die Wirtschaftsentwicklung Süditaliens sieht Muscarà (1976) unter anderem darin, daß sich an die Hauptverkehrslinien fast nirgends untergeordnete Verbindungen im Sinn eines wirklichen Netzes angeschlossen haben.

Die zweite bedeutende Phase der Entwicklung des italienischen Verkehrsnetzes, die mit dem nach dem Zweiten Weltkrieg rasch vorangetriebenen *Autobahnbau* begann, erfüllte die erwarteten sozioökonomischen Aufgaben ebenfalls nicht. Nach der ausführlichen geographischen Darstellung des Autobahnnetzes durch Beretta (1968) wertete und kritisierte Nice (1976) das Gesamtkonzept. Man wollte die Halbinsel „kürzer machen", das Relief „einebnen", den Süden dem Norden annähern und das ganze Land mit Europa verbinden. Die *Autostrada* sollte als möglichst kurze Verbindung dem Fernverkehr dienen. So ist es zu verstehen, daß auf wichtige, schon beim Eisenbahnbau vernachlässigte Städte, wie Perúgia und Siena, keine Rücksicht genommen wurde; sie erhielten schließlich „Zubringer", an denen es sonst noch immer fehlt. Anschlußstellen sind wegen der Gebührenerhebung meistens weit voneinander entfernt. Die Mittel- und Nahbereiche, selbst die Ballungsräume wurden teilweise übersehen; sie erhielten erst in jüngster Zeit durch stadtnahe Umgehungsstrecken (*tangenziali*), Mailand und Rom auch durch Ringautobahnen, geeignete Anschlüsse. Ohne Rücksicht auf das alltägliche Verkehrsaufkommen wurde die *Autostrada del Sole* als Teil der Entwicklungspolitik für den Mezzogiorno bevorzugt und rasch verwirklicht, ehe Entlastungsstrecken in Räumen mit großer Verkehrsdichte zustande kamen. Auch die seit langem geplante, notwendige Erneuerung der technisch schwierigen Strecke von Bologna nach Florenz durch den Nordapennin verzögert sich immer wieder.

Zur Zeit des Neubeginns 1951 bestanden schon einige Strecken mit 480 km Länge, darunter die erste Autobahn Europas vom Jahr 1924 (Mailand – Insubrische Seen, 84 km). Den Stand vom Ende der fünfziger Jahre zeigt Almagià (1959, S. 878). 1996 waren 6463 km fertiggestellt, davon 2000 km im Süden. Damit besitzt Italien nach Deutschland (11 190 km) und Frankreich (8280 km) das längste Autobahnnetz Europas.

Die *Trassenführung* der Autobahnen wiederholt das Grundnetz der Eisenbahnen. Die Transversalachse durch die nördliche Padania findet über Tunnelstrecken Anschluß an das Netz der Nachbarländer. Die *Brenner-*

autobahn, lange Zeit die einzige grenzüberschreitende Autobahn, hat mit täglich etwa 3335 Lastzügen in jeder Richtung die größte Bedeutung erlangt, nachdem die jüngere St.-Gotthard-Strecke (ebenso wie die S. Bernardino-Strecke) durch das Gewichtslimit von 28 t und das Nacht- und Sonntagsfahrverbot für Lastkraftwagen auf den schweizerischen Straßen für den Verkehr nur eingeschränkt in Frage kommt. Allein von 1990 bis 1997 hat sich das Verkehrsaufkommen am Brenner verdoppelt, und bis zum Jahr 2004 wird eine Zunahme um 43 % prognostiziert. Zeitraubende Grenzkontrollen haben bis 1997 (Teilnahme am Schengener Abkommen) häufig Stauungen verursacht, besonders bei Streik; die Wartezeiten durch Mautzahlungen sind geblieben. Nach der Fertigstellung der Autobahn von Údine über Tarvis nach Villach in Kärnten (1991) und der Strecke von Turin nach Bardonécchia (Val di Susa) und zum Fréjus-Tunnel, wo der Anschluß auf französischer Seite im Jahr 2000 vollendet sein wird, ist die Alpenüberquerung, nun auf sechs Trassen, wesentlich erleichtert worden.

In Anbetracht des schnell wachsenden Transitaufkommens zwischen Italien und dem übrigen Europa, besonders seit der politischen Wende, müssen die Alpenländer stärker zusammenarbeiten. Dabei erweist sich die Gewichtsverlagerung des Verkehrs von der Straße auf die Schiene bzw. der kombinierte Güterverkehr, in der Schweiz längst praktiziert, als unumgänglich (Aerni 1991). 1994 haben die zuständigen Verkehrsminister den Ausbau von Transitachsen für *Hochleistungsbahnen*, gestützt durch Basistunnels, beschlossen. Zu den 14 prioritären „Transeuropäischen Netzprojekten" der EU gehören sechs alpenquerende Verbindungen, die alle ihren Ausgangspunkt in Norditalien haben. Von West nach Ost sind es die Strecken „Riviera" (Genua – Ventimíglia – Marseille), „Mont Cenis" (Turin – Basistunnel am Mt. Cenis – Mondane – Lyon), „NEAT" (Mailand – Domodóssola – Simplontunnel – Basistunnel am Lötschberg [35 km] – Basel, Mailand – Lugano – Basistunnel am Gotthard [57 km] – Basel – Karlsruhe/Straßburg), „Brenner" (Verona – Basistunnel am Brenner [55 km] – München) und die fast fertiggestellte, zu 80 % untertunnelte „Pontebbana" (Venedig – Villach – Salzburg/Wien). Die Planung der teuren Tunnel-Großprojekte ist in der Schweiz am weitesten vorangetrieben worden. Im übrigen scheitert der Baubeginn an der unsicheren Finanzierung und den freien Kapazitäten der bestehenden Bahnstrecken (Kerschner/ Petrovitsch 1998). Für das 21. Jahrhundert werden außerdem – jeweils mit Vor- und Nachteilen verbunden – eine Transrapidstrecke zwischen Trient und Kufstein und der Pipelinetransport weiterer Massengüter ins Auge gefaßt (Lamprecht 1989).

Eine zweite Transversale verbindet Turin über Alessándria und Bologna mit Rímini und geht in die *Adriática* über, die bis Tarent führt. Der Hafen Genua ist mit zwei Linien an die Padania angeschlossen, die dort die ligurische Küstenstrecke erreichen. Die wichtigste Längsachse und die Dorsale des gesamten Netzes ist die *Autostrada del Sole*, die eine durchgehende Verbindung vom Brenner bis Réggio di Calábria über 1450 km ermöglicht und über die Fähre ihre Fortsetzung in Sizilien findet. Trotz der großen Erdbebengefahr soll das schon einmal in der Antike verfolgte und 1971 zum „nationalen Anliegen" erklärte Projekt einer kombinierten Auto- und Eisenbahnbrücke über die an der schmalsten Stelle 3 km breite Straße von Messina nach dem gegenwärtigen Planungsstand (1998) bis 2009 verwirklicht werden; die stundenlangen Wartezeiten für Pendler und Touristen in Villa S. Giovanni und Messina hätten dann ein Ende. Sardinien ist mit autobahnähnlichen *superstrade* versorgt worden.

Wie in der Padania wurden die großen Achsen nach und nach auf der Halbinsel durch Querverbindungen zu einem Netz gestaltet, was bei der Durchtunnelung und Überquerung des Apennins einen gewaltigen Aufwand erforderte. Die Frage, ob die nach besonders langer Bauzeit 1984 eröffnete Strecke L'Áquila – Villa Vomano (bei Téramo), deren Fortsetzung zur Adriática seitdem auf sich warten läßt, wirklich nötig oder ein Prestigeobjekt gewesen ist, muß offenbleiben. Bei der 10,2 km langen Durchtunnelung des Gran Sasso d'Itália waren wegen der tektonischen Störungen und der Karstnatur des Massivs erhebliche Widerstände zu überwinden; u. a. kam es zu starken Wasserausbrüchen (Ruggieri 1981).

Das Wirtschaftsleben Italiens ist durch den Autobahnbau tiefgreifend beeinflußt worden, ohne daß dies im einzelnen nachweisbar wäre. Fremdenverkehr und Industrieansiedlungen in Südtirol und im Trentino sind in ihrer jüngeren kräftigen Entwicklung sicher nicht ohne die Brennerautobahn zu verstehen (Penz 1979), auch nicht die Industriezone südlich von Rom und die bei Caserta (Cataudella 1968). Bedarfsstationen, aber auch Einkaufszentren in Großstadtnähe wurden an günstigen Standorten errichtet. Höher zu veranschlagen ist die indirekte Wirkung auf die private Motorisierung und die Autoindustrie, die gleichzeitig einen raschen Aufschwung erlebt hat: 1960 waren 2,4, 1982 schon 19,6 und 1993 sogar 36,8 Mio. Kraftfahrzeuge (ohne Motorräder) zugelassen. Wie in den beiden anderen EU-Ländern mit der höchsten Pkw-Dichte, Deutschland und Luxemburg, kam 1994 auf zwei Einwohner rechnerisch ein Fahrzeug.

Trotz der im Vergleich zu deutschen Autobahnen erheblichen Nachteile – weite Wege zur nächsten Auffahrt, Gebührenerhebung – sind die Strecken im Norden auch nach dem häufigen Ausbau auf drei Spuren (z. B. Mailand – Piacenza, Genua – Savona) oft überlastet. Zu den am meisten befahrenen Strecken (1989: >150 000 Fahrzeuge/Tag) gehören Mailand – Bréscia/Como/Varese und Rom – Neapel – Salerno. Die Südstrecken dagegen sind trotz kräftiger Förderung (Gebührenfreiheit) außerhalb des Raumes Neapel, abgesehen vom sommerlichen Ferienverkehr, nur wenig befahren und lassen erkennen, daß sie ebensowenig wie die Eisenbahn einen wirtschaftlichen Ausgleich zwischen den beiden Teilen Italiens gebracht haben. Der Bau der Strecke Punta Ráisi – Mazara del Vallo gleich nach dem Erdbeben in Südwestsizilien 1968 ist bezeichnend für die Ansicht, Autobahnen seien ein Allheilmittel in der Wirtschaft. Dringendere Bedürfnisse der betroffenen Bevölkerung blieben damals unberücksichtigt.

Reisewege und Reisezeiten zwischen Norden und Süden sind bedeutend verkürzt und die Reisekosten verringert worden, die Großstädter kommen schneller ans Meer oder ins Gebirge, im direkten Individualverkehr von Haus zu Haus. Es ist aber doch zu fragen, ob die sehr hohen Investitionskosten und die öffentlichen Mittel eine derart einseitige Förderung des Fernstraßenverkehrs zum Nachteil der öffentlichen Verkehrsmittel, besonders der stark vernachlässigten Eisenbahnen, rechtfertigen können (Cori 1972/73; Nice 1976). Die Autobahnen, von denen jetzt etwa die Hälfte des Netzes zur Privatisierung aus den Händen von Autostrade SpA, Sitz Rom, Tochtergesellschaft des IRI, ansteht, waren für die Wirtschaftsentwicklung notwendig, ihr Bau wurde aber zu wenig mit anderen Sektoren koordiniert. Eine massive Kritik kommt in der Meinung zum Ausdruck, daß der Markt im Süden rascher zugänglich geworden sei und es sich nun erübrige, dort Produktionsstätten zu errichten! Positiv ist zu sehen, daß der Durchschnittsitaliener „entprovinzialisiert" wurde, daß die Gegensätze von Sitte und Mentalität innerhalb des Landes abgeschwächt, die Isolierung vieler Orte verringert wurde. Die Autobahnen nutzen dem nationalen und internationalen Tourismus, sie beschleunigen die Verteilung der Industrieprodukte auf dem Binnenmarkt und erleichtern den Export von Obst und Gemüse.

Die langen Fahrstrecken und Reisezeiten auf den meridionalen Verbindungen erklären den hohen Anteil, den der *Inlandflugverkehr*, besorgt von der halbstaatlichen, zur weiteren Privatisierung vorgesehenen Alitalia mit einem Marktanteil von etwa 40 %, auf den Flugplätzen Italiens gewonnen hat. Rom-Fiumicino ist das nationale und internationale Luftverkehrszentrum mit 30 % aller Flüge (1995). Tägliche Flüge gehen von hier aus vor allem nach Norden, an erster Stelle nach Mailand-Linate (17 %), das 1998 endgültig von dem 53 km (!) vom Stadtzentrum entfernten Großflughafen Mailand-Malpensa bei Gallarate abgelöst bzw. ergänzt worden ist, dann nach Bologna-Panigale, Venedig-Tessera, Turin-Caselle, Genua-Sestri, Verona-Villafranca und Pisa-San Giusto, und südwärts nach Neapel-Capodichino (4 %), Catánia-Fontanarossa, Palermo-Punta Ráisi, Cágliari-Elmas, Bari-Palese und zu kleineren Flugplätzen. Die weitere wünschenswerte Entwicklung des Fremdenverkehrs auf den Inseln ist nicht zuletzt vom Ausbau des Flugverkehrs abhängig. Zur Entlastung von

Rom-Fiumicino ist in Lamézia Terme (Kalabrien) ein internationaler Flughafen gebaut worden, der bislang allerdings nur für (wenige) Inlandflüge und für den Charterflugverkehr im Sommer benutzt wird.

Seeverkehr und Häfen

„In einem Land wie Italien mit Halbinselcharakter, wo das Relief oft ein schweres Hindernis für den Landverkehr bildet, und das, wenigstens in einer bestimmten Epoche, eine handelspolitische Ausbreitung über See erfahren hat, haben die Häfen über die Geschichte hin und noch heute aus verschiedenen Gründen eine bedeutende Rolle gespielt, nicht nur für sich selbst und im Leben der zugehörigen Region, sondern auch in der Wirtschaft des ganzen Landes", hat Barbieri (1959, S. 15) formuliert, aber zugleich eingeschränkt: „Und trotz gewisser überkommener Meinungen, die von vereinfachenden geographischen Beobachtungen ausgehen, ist das moderne Italien mehr ein kontinentaler als ein maritimer Staat, mehr europäisch als mediterran."

Am gesamten Handelsvolumen hat der *Schiffsverkehr* mit einem jährlichen Hafenumschlag (verladene und gelöschte Fracht) um 400 Mio. t einen großen Anteil. Dazu kommt der Transport von 45 – 50 Mio. Passagieren. Die italienische Handelsflotte, bislang von staatlichen und privaten Reedereien unterhalten, war 1991 mit 1652 Schiffen (über 100 BRT) und einer Gesamttonnage von 8,1 Mio. BRT beteiligt; davon entfielen 35 % auf 280 Tanker und nur 5 % auf 17 Containerschiffe. Seitdem hat der Bestand zwar abgenommen, doch betreibt von den Privatreedereien (u.a. Flotta Lauro, Costa Armatori) vor allem das führende Unternehmen Aldo Grimaldi den Bau großer Containerschiffe.

Der *Personenverkehr* beschränkt sich heute zu 90 % auf den Transport zwischen Festlands- und Inselhäfen. Wegen der Halbinselgestalt und durch die beiden großen Inseln ist es verständlich, daß diese sogenannte Cabotageschiffahrt zwischen italienischen Häfen ihre Stellung hat behaupten können. In gewissem Maß leistet sie auch die Aufgaben, die der Binnenschiffahrt anderer europäischer Länder mit dem Massengütertransport gestellt sind (Muscarà 1982).

Seit 1990 stehen umfangreiche Mittel für die Verbesserung der *Schiffbarkeit des Po* von Pavia bis zum Meer (400 km) bereit. Ein Sofortprogramm sieht Umbettungsarbeiten und den Um- und Ausbau von Hafenanlagen (u.a. Cremona, Mantua), die Bebauung der Mündung und den Ausbau der bestehenden Wasserstraße Padua – Venedig vor. Um das Jahr 2000 soll der Transport von 20 Mio. t Gütern auf dem Kanal-Fluß-System möglich sein (*Italien 1992*, S. 92); seit 1999 verkehren zwei Kreuzfahrtschiffe zwischen Cremona und Venedig.

Viele kleinere Häfen sind in der Küstenschiffahrt allerdings nicht mehr leistungsfähig genug, und es lohnt nicht, die Einrichtungen zu unterhalten und zu verbessern, damit größere Schiffe anlegen könnten und die Ladevorgänge beschleunigt würden. Manche von ihnen haben sich inzwischen spezialisiert und sind Touristenhäfen geworden.

Die Bedeutung des *Hafenverkehrs* geht aus den transportierten Warenmengen der internationalen Schiffahrt über italienische Häfen hervor, die im Durchschnitt der Jahre 1991 – 1994 mit 275 Mio. t etwa zwei Drittel der gesamten Warentonnage ausmachten. Die Hauptmenge besteht aus Erdöltransporten mit 173 Mio. t. In 40 Jahren bedeutet das eine Steigerung um das Zehnfache. Wie in allen Industrieländern überwiegen die importierten, gewöhnlich viel Raum und Gewicht beanspruchenden Mengen über die exportierten Industriewaren und anderen Produkte bei weitem (1994 waren es 287 Mio. t gegen 112 Mio. t). Das Verhältnis beträgt seit 1961 gleichbleibend etwa 3:1, bei manchen Häfen, die vor allem der Erdöleinfuhr dienen, liegt es aber bei 6:1, im Extremfall (Triest) bei 10:1. Dieses Verhältnis ist in Italiens Handel deswegen größer als in anderen Ländern Europas, weil sowohl Rohstoffe als auch große Mengen an Nahrungsmitteln importiert werden. Mit dem Wirtschaftswachstum sind nicht nur die Bedürfnisse der Industrie, sondern infolge der gestiegenen Kaufkraft auch die Bedürfnisse der Bevölkerung so stark gewachsen, daß ein beträchtliches internes Versorgungsdefizit entstanden ist (Tab. 21 u. Abb. 83).

Die Wirtschaftsentwicklung der Nachkriegszeit ist charakterisiert durch die wach-

Abb. 83: *Warenumschlag und Passagierverkehr der italienischen Häfen 1994*

(nach *Istat* 1 [1996], Tav. 19.15–19.18)

sende Nutzung von Erdöl und Erdgas, durch den Aufbau von Raffinerien und einer leistungsfähigen petrochemischen Industrie (s. o.), was zum konsequenten Ausbau und zur Neugründung von Hafenindustrien geführt hat, einem Typ, der in Piombino, Bagnoli und vor allem in Marghera/Venedig schon bestanden hatte. Die Erdölindustrie war durch niedrige Preise und die geeignete Lage italienischer Häfen zu den Levantehäfen, zum Suezkanal und zu den Lieferländern Libyen und Algerien begünstigt. Am stärksten wurden die den Erdöllieferländern benachbarten oder nah gelegenen Küsten *Süditaliens* und der *Inseln* von dieser Entwicklung beeinflußt. Bis dahin gab es praktisch nur zwei im Handelsverkehr bedeutende *Häfen*. Neapel an seinem Golf und mit dem reich bevölkerten Hinterland hatte nach dem Krieg 5–6 Mio. t Jahresumschlag,

Bari folgte mit 2–3 Mio. t in großem Abstand (Muscarà 1982). Alle anderen Häfen, die über gute natürliche Voraussetzungen geschützter Buchten verfügen, erreichten kaum 0,5 Mio. t, darunter Palermo und Catánia, die Marinebasis Tarent und Bríndisi, der Fährhafen nach Griechenland. Nur Cágliari kam schon an 1,0 Mio. t heran.

Die größten Veränderungen gab es an den Küsten *Siziliens* mit Raffinerien und petrochemischer Industrie in *Augusta* ab 1957, *Syrakus* und *Gela* ab 1963, *Milazzo* mit seiner Großraffinerie ab 1961/62 (Stein 1971). Diese vier Häfen hatten zusammen 1994 einen Güterumschlag von 55 Mio. t im internationalen Handelsverkehr und 21 Mio. t innerhalb Italiens, das ist fast ein Fünftel des gesamtitalienischen Umschlags. *Mazara del Vallo* ist zu einem bedeutenden Fischereihafen ausgebaut worden. *Messina* steht durch den Fährdienst nach Villa San Giovanni und Réggio di Calábria mit dem Festland in enger Verbindung. *Sardinien* besitzt an seiner reich gegliederten Küste einige Naturhäfen, darunter den wichtigen Fährhafen *Ólbia*. Hafenindustrien auf Erdölbasis erhielten mit Raffinerien und petrochemischen Anlagen *Porto Torres* bei Sássari und *Porto Foxi* mit *Sarroch* bei *Cágliari*. Ihr Umschlag mit zusammen 36 Mio. t (1994) blieb hinter den ostsizilischen Erdölhäfen zurück. *Bari* und *Bríndisi* erreichten im gleichen Jahr 2,5 und 6,7 Mio. t, an denen ebenfalls Erdöl und dessen Produkte stark beteiligt waren. *Fiumicino* (5,6 Mio. t) und *Civitavécchia* (11,4 Mio. t) versorgen als Rohölhäfen die Hauptstadtregion. Als Hafenstandort der Stahlindustrie kam zu dem inzwischen aufgegebenen Bagnoli bei Neapel *Tarent* mit etwa 20 Mio. t Umschlag allein im Werkshafen. Der Hafen *Neapel* hat in den letzten Jahrzehnten erheblich an Bedeutung gewonnen (10,8 Mio. t), in jüngster Zeit auch *Salerno* als Verladeplatz der Autoproduktion bei Avellino (Bild 70).

Der von der Südkasse finanzierte und Mitte der siebziger Jahre gebaute neue Hafen von *Gióia Táuro* (Kalabrien) stellt in jeder Hinsicht eine Ausnahme dar. Abgesehen von dem hier seinerzeit vorgesehenen Stahlwerk und der späteren Planung eines Kohlehafens erhoffte man sich von der Lage weit im Süden des Festlandes ein „intermodales Verkehrszentrum" zwischen Atlantik, Nordeuropa, Afrika und dem Vorderen Orient. Doch blieb das große Hafenbecken jahrelang ungenutzt (Rupp/Turolla 1985). Erst 1995 ist durch die Initiative eines genuesischen Reeders eine moderne Terminalanlage für Container-Schiffe entstanden, die schon drei Jahre später mit einem Jahresumschlag von 2,1 Mio. TEU (s. u.) die mediterrane Konkurrenz übertroffen hat (SZ v. 15.10.1998).

Innerhalb Italiens leisten die Häfen des Südens inzwischen mit 195 Mio. t fast die Hälfte des gesamten Schiffstransportes, wovon 64 % auf den internationalen und 36 % auf den Binnenverkehr entfallen. Doch sind sie nur unzureichend an das Verkehrsnetz angeschlossen und haben gewöhnlich ein kleines Hinterland, das sie versorgen oder aus dem sie ihre Arbeitskräfte beziehen, was auch für Neapel, Bari und Palermo gilt. Die modernen Industriehäfen verkörpern zum Teil krasse Beispiele für isolierte Standorte, wie etwa Milazzo, wo das importierte Erdöl verarbeitet und die Produkte wieder exportiert werden. Obwohl sie die natürliche Mole der Halbinsel am zentralmediterranen Inselstandort ausnutzen, helfen sie dem Süden selbst nur wenig; im Gegenteil, durch die mit ihnen verbundene Wasserverschmutzung richten sie großen Schaden an.

Auch in den *großen Häfen Norditaliens* überwiegt heute der Mineralölimport, obwohl die Kohle wieder im Kommen ist (Vallega 1982). Sie haben ebenfalls Verarbeitungsanlagen, daneben jedoch, im Unterschied zum Süden, sehr vielseitige Industrie- und Gewerbebetriebe. Vor allem dienen sie aber dem Warenaustausch ihres dichtbevölkerten und hochindustrialisierten Hinterlandes. Das Einzugsgebiet von Genua reicht dank seiner ausgezeichneten Eisenbahn- und Autobahnverbindungen noch weit über die Alpen hinüber, und das gilt in besonderer Weise für den internationalen Transithafen Triest. Nach der Gütermenge sind nur diese beiden Häfen mit deutschen Häfen wie Wilhelmshaven oder Bremen/Bremerhaven (nicht aber mit dem viel größeren Hamburg) vergleichbar.

Am *Ligurischen Meer* hatten 1994 Genua, Livorno, Savona und La Spézia den größten Hafenumschlag. Mit der Bildung

Bild 70: *Hafenstadt Salerno (Kampanien)*

Foto: H.-G. Wagner

des Einheitsstaates und der Industrialisierung wurde *Genua*, die einst mächtige Beherrscherin der Tyrrhenis, am Ende des 19. Jh.s zum Hafen des Wirtschaftsraumes der Lombardei. Bekanntlich bildet es die marine Spitze des „Industriedreiecks". Für seine Entwicklung war der Ausbau der Alpenverkehrswege, besonders durch die Eisenbahntunnel Fréjus, St. Gotthard und Simplon von ganz entscheidender Wirkung (Brusa 1963). Als vorteilhaft erwies sich die kurze Verbindung auf dem Seeweg zur Straße von Gibraltar, dem damals wichtigsten Schiffahrtsweg für Importe und für den Passagierverkehr zwischen Italien und der Neuen Welt. Nach dem Zweiten Weltkrieg nahm Genua mit der Industrieentwicklung im Nordwesten einen Aufschwung auch als Handelsplatz, so daß der Warenverkehr rasch wuchs. Trotz des Raummangels am Hang des Apennins und in seinen engen Tälern wurde die Stahlindustrie von Cornigliano ausgebaut und die Erdölraffinerie errichtet. Genua wurde Ausgangspunkt für eine transalpine Erdölleitung. Zwei zweigleisige Eisenbahnen, zwei Autobahnen und der Flughafen dienen der engen Verbindung mit dem wirtschaftlichen Zentrum Italiens in der westlichen Padania. Der größte italienische Hafen (39,3 Mio. t Umschlag) ist heute ein Kunsthafen mit seinen weiten Außenmolen und seinen über 26 km langen Kaianlagen. Für einen größeren Containerterminal war kein Platz mehr. Er wird in Voltri westlich Genuas gebaut und soll der wichtigste Containerhafen des Landes werden (*Italien 1992*, S. 93; s. u.). In Rivalta Scrívia 70 km jenseits des Apennins steht im *Centro Tráffici Internazionali* ein Warenlager und Verteilungsstandort mit Zollabfertigung zur Verfügung (Innocenti 1970).

La Spézia (10,9 Mio. t) ist ebenso wie Genua durch den Apennin vom Hinterland abgeschnitten, konnte aber nicht wie Genua so leicht durch Eisenbahn und Straße mit der Padania verbunden werden (Da Pozzo 1971). Das leistete erst die Autobahn nach Parma mit der Durchtunnelung des Cisapasses. Die alte Marinebasis übernahm nun durch den Bau von Getreidesilos auch Funktionen für die Padania und darüber hinaus. In jüngster Zeit hat sich der Hafen in privater Regie zu einem Containerumschlagplatz entwickelt. Der künstliche Hafen von *Livorno* (19,1 Mio. t) sollte nach seinem Bau in der Zeit der Medici der Versorgung von Florenz und der Toskana dienen. Er hat neben seiner Funktion als Fischereihafen eine spezielle Funktion als Containerhafen erhalten, wofür genügend Raum vorhanden war (111 ha; Vallega 1982). *Savona* (12,7 Mio. t) gilt als Hafen von Piemont. Er verfügt über die gut geschützte Reede von Vado Lígure und ist durch den leicht zu überwindenden Cadibonapaß mit seinen zwei Bahnlinien, durch Straße, Autobahn und zwei Ölleitungen begünstigt. Wie La Spézia besitzt Savona eine in jüngerer Zeit wieder wichtig gewordene Anlage zur Entladung von Kohleschiffen.

Am *Adriatischen Meer* ist *Ravenna* als neuer Hafenstandort zu Triest und Venedig hinzugekommen, ferner Falconara Maríttima bei *Ancona*, beides Häfen, die mit den süditalienischen Erdöl- und Raffineriehäfen vergleichbar sind, wenn auch Ravenna über eine vielseitigere Industrie verfügt als jene. Ravenna (18 Mio. t) nutzt außerdem die reichen Erdgasvorkommen der östlichen Padania für seine Gummi- und petrochemische Industrie. Die Mühlenindustrie sowie die Vermarktung und Verarbeitung der Produkte des Obstbaus in der Region Emília-Romagna bilden eine weitere Grundlage. *Venedig* besitzt gegenüber Genua die unschätzbaren Vorteile des offenen Hinterlandes und der Lage nahe der Alpenübergänge nach Mitteleuropa. In der modernen Schiffahrt mit Großtankern besteht der Nachteil in der seichten Lagune, durch die eine Fahrrinne zum Industriehafen Marghera offengehalten werden muß. Trotz der starken Konzentration der Hafenindustrie mit Hütten- und Chemiewerken erreicht der Hafenumschlag mit 22,2 Mio. t (1994) nicht einmal zwei Drittel desjenigen von Genua. Der Hafen von *Triest* (34,4 Mio. t) kann eigentlich mehr als Hafen für Bayern und Österreich gelten, weil er wegen seiner peripheren Lage kein italienisches Hinterland besitzt (Matznetter 1971; Riffel 1973). Diese Funktionen hat er immer erfüllt und ab 1949 einen entsprechenden Ausbau erfahren, obwohl er im Wettbewerb mit dem slowenischen Hafen Koper (Capodístria) und dem kroatischen Hafen Rijeka (Fiume) steht, die auf Erzverladung spezialisiert sind. Der gewaltige Anstieg des Hafenumschlags in wenigen Jahren ab 1967 ist auf Mineralölimporte zurückzuführen. Eine besondere Funktion übernahm Triest als Ausgangspunkt der Erdölleitung nach Ingolstadt und Wien, nachdem die Entscheidung wegen des nach Baggerarbeiten hinreichend tiefen Wassers zugunsten dieser Stadt ausgefallen war. Außer neuen Anlagen im Industriehafen Zaule und der Lagerhaltung, auch zur Verarbeitung (z. B. von Kaffee und Getreide), erhielt Triest eine wichtige Aufgabe als Containerhafen, die für die weitere Entwicklung als sehr positiv zu bewerten ist. Die Werftindustrie ist in das 25 km entfernte Monfalcone verlagert worden, wo sich die größte Werft Italiens für den Bau von Großschiffen befindet.

Hafenumschlag und Hafenindustrien werden von den weltwirtschaftlichen Vorgängen in höchstem Maße beeinflußt. Zum Beispiel schwächte die Krisensituation der siebziger Jahre die Industrieproduktion, damit nahmen die Rohstoffeinfuhren ab, ebenso die Exportmengen. Genua bekam die Krise besonders stark zu spüren. Ein positiver Aspekt für die zukünftige Entwicklung der Häfen besteht in neuen Transportformen wie den Containerschiffen (Franz 1981). Auf diesem Gebiet gab es ab 1976 erstaunliche Veränderungen. Italiens Containerflotte hatte schon 1978 eine Kapazität von 34 000 Einheiten (TEU) erreicht, jene Frankreichs 50 000 und Israels sogar 56 000 solcher 20-Fuß-Container-Normeinheiten, das sind Behälter von etwa 6 m Länge (Vallega 1981, 1986). Die Wiedereröffnung des Suezkanals (1975) war darüber hinaus ein besonderes Stimulans. Dennoch hat das Hafensystem nicht überall mit der Modernisierung des Seeverkehrs Schritt gehalten. Geringe Leistung und zu hohe Kosten bei der Containerverladung haben den Häfen von Genua und Venedig große Verluste gebracht, während gleichzeitig steigende Gütermengen über Nordseehäfen importiert und exportiert werden. Ein wichtiger Meilenstein für die Zukunft der italienischen Schiffahrt ist deshalb – nach den verständlichen Widerständen der Hafenarbeiterschaft wegen des Wegfalls von Arbeitsplätzen – der Bau des erwähnten Containerhafens Genua-Voltri, betrieben von der Fiat-Gruppe mit staatlicher Förderung. In idealer Lage bietet er im westlichen Mittelmeer den nördlichsten und damit Mitteleuropa nächsten Umschlagplatz und wird die Basis eines ganzen Netzes von Verladestationen für Container in Nord- und Mittelitalien sein, das insbesondere La Spézia, Livorno, Civitavécchia und Triest einbezieht.

Vor der natürlichen Küste direkt im Meer errichtet, wurde an einem 810 m langen Kai auf 48 ha die Verladung von Containern aufgenommen und 1993 der Bahnanschluß mit Verladebahnhof fertiggestellt; im Endausbau im Jahr 2002 soll der Hafenkai 2 km lang, die Hafenanlage 70 ha groß sein. 1995 sollten 210000 Container, 1996 die doppelte Zahl verladen werden, für das Jahr 2000 ist das Planziel 1 Mio. von dann etwa 5 Mio. Containern (TEU) in ganz Italien, was freilich nur dem Umfang allein des Rotterdamer Containerhafens 1994 entspricht (FAZ v. 7.12.1995). Inwieweit diese Vorausschätzung angesichts der neuen Entwicklung in Gíoia Táuro (s. o.) zutreffen wird, muß abgewartet werden.

Verkehr und Umwelt

Fragt man nach den *Zukunftsaufgaben* der italienischen Verkehrssysteme, so muß man sich vor Augen halten, daß es in den vergangenen Jahrzehnten ebenso wie in Deutschland einen gewaltigen Einsatz von Organisation, Technik und Finanzmitteln gegeben hat, mit denen bedenkenlos in die Natur- und Kulturlandschaft eingegriffen worden ist. Endlich nehmen auch Geographen die Gelegenheit wahr, die Verkehrspolitik innerhalb der einzelnen Sektoren zu überdenken und sich kritisch zu äußern. Ruggiero (1980) z. B. hat dazu geraten, auf realistischer Grundlage die Transportpolitik neu zu formulieren. Danach sollten die Konflikte zwischen der wachsenden Nachfrage und der Notwendigkeit, den sozioökonomischen Tatsachen zu entsprechen, so ausgetragen werden, daß die Umwelt möglichst wenig geschädigt wird. Diese Forderung ist seit der ersten Hälfte der siebziger Jahre noch dringender geworden. Sie stellte sich damals vor allem wegen der gestiegenen Energiekosten, der unsicheren Wirtschaftslage und mit dem wachsenden Bewußtwerden der Probleme, die durch die Zunahme des Verkehrs entstanden waren, nicht zuletzt wegen der Lärmbelästigung und Luftverschmutzung. Auch in der Gegenwart haben solche Einwände, denen Öffentlichkeit und Wissenschaft Nachdruck verleihen, an Aktualität nicht verloren. Die Vermehrung und die Vergrößerung der Verkehrsinfrastruktur entziehen den anderen Nutzern und allgemein der bis dahin noch unversehrten naturnahen Landschaft immer mehr Flächen. Land- und Forstwirtschaft, Fremden- und Naherholungsverkehr, die ohnedies schon mit der Industrie und den expandierenden Siedlungen im Flächennutzungskonflikt stehen, müssen immer öfter ausweichen. Es geht jetzt und in Zukunft darum, den Landverbrauch durch eine möglichst präzise Landesplanung auf ein Minimum herabzusetzen und eine Raumordnung zu schaffen, welche die verschiedenen Verkehrssektoren mit den übrigen Interessen zum Ausgleich bringt.

DIE GROSSRÄUME

Bild 71: *Weinbau am erloschenen Vulkan M. Vúlture (Basilicata)*

Überblick

- Norditalien ist dank seiner Ebenen, mit vielseitig nutzbaren Böden, fast immerfeuchtem Klima, reichem Wasserangebot und eigenen Energiequellen für die agrarische und industrielle Nutzung gleichermaßen sehr gut ausgestattet. Die geographische Lage, die Zugänglichkeit innerhalb der Padania und der Anschluß an Mitteleuropa sind Gunstfaktoren während der Wirtschafts- und Sozialentwicklung gewesen, die den heutigen Vorrang dieses Großraums begründet haben.
- Süditalien ist demgegenüber in Natur- und Lagebedingungen deutlich benachteiligt. Dazu kommt die historisch bedingte sozio-kulturelle Andersartigkeit des Mezzogiorno, die die wirtschaftliche Entwicklung gehemmt hat.
- Zwischen dem kontinentalen Norden und dem mediterranen Süden besteht ein breiter Übergangsbereich. In der amtlichen Statistik wird aufgrund der unterschiedlichen Industrieentwicklung das Land in Nordwestitalien, Süd- und Inselitalien und das sogenannte „Dritte Italien“ (Nordost- und Mittelitalien) gegliedert.
- Der räumliche und zeitliche Vergleich zwischen 1951 und 1991 läßt erkennen, daß sich die angesprochenen Grenzen zwar verschoben haben, aber bisher noch kein vollständiger Ausgleich zwischen den Großräumen stattgefunden hat.

Die Großräume Italiens: Beharrung oder Ausgleich?

Als wichtigstes Ergebnis unserer länderkundlichen Analyse stellt sich heraus, daß Italien in seiner Gesamtheit gesehen beträchtliche *Kontraste* zeigt und mit *Konfliktsituationen* belastet ist. Schon die Natur neigt zu Extremen. Sie tritt uns oft in ihrer atemberaubenden Schönheit entgegen und trägt dazu bei, daß Italien vielen Menschen als „Traumland“ gilt. Die gleiche Natur bringt aber auch häufig gewaltsame Ausbrüche hervor, wie Erdbeben, Vulkaneruptionen oder Unwetter, die Hochwasser und Bodenzerstörung auslösen. Andererseits wird die Natur seit Jahrtausenden ausgebeutet, heute geradezu verbraucht, verschmutzt und rascher umgestaltet als je zuvor.

Trotz seines Mangels an natürlichen Ressourcen hat Italien nach dem Zweiten Weltkrieg ein Wirtschaftswunder erlebt. Es hat vielen seiner Bürger Reichtum gebracht, andere dennoch in Armut belassen. Italien ist das am stärksten industrialisierte und am dichtesten bevölkerte Land im Mittelmeerraum geworden, und dies nach gewaltigen Emigrationswellen seit über hundert Jahren und wiederholten Arbeiterwanderungen über seine Grenzen hinweg (King 1992). Sein Wirtschaftsleben, lange Zeit durch Arbeitskämpfe, Energiekrise, die hohe negative Außenhandelsbilanz und hohe Inflationsraten beeinträchtigt, stellt sich unter dem Einfluß von EU-Integration und Globalisierung auf eine neue, tragfähige Basis für weiteres Wachstum um. Gleichwohl halten es die Aktivitäten jedes einzelnen mehr in Gang als die Eingriffe des Staates. Und entgegen allen Befürchtungen reisen jedes Jahr große und noch wachsende Mengen von Touristen ins Land. Ist Italien also doch mehr „Traumland“ als „Problemland“?

Ein derartiges Gesamtbild in grellen Farben ist zwar nicht falsch, gilt aber nicht für die Wirklichkeit in geographisch-länderkundlicher Sicht. Tatsächlich sind die kontrastreichen Brennpunkte des gegenwärtigen Geschehens in die sehr viel größeren Landesteile eingebettet, so daß man Aktiv- und Passivräume unterscheiden muß. Die „Peripherie“ ist von der modernen Entwicklung der großen Zentren und Ballungsräume zwar nicht ganz unberührt, aber oftmals noch weitgehend verschont geblieben. Es wäre falsch, deshalb von rückständigen Gebieten zu sprechen (Tichy 1977). Ihr Wert z. B. als „Reserve-“ und Erholungsraum ist der Bevölkerung längst bewußt geworden. Die Großstädte sind nicht mehr die erstrebenswerten Ziele für Leben und Arbeit wie noch vor zwei bis drei Jahrzehnten. Sie alle haben Verluste an Einwohnern erlitten, oder sie stagnieren, während ihre Umgebung, teilweise auch der ländliche Raum, durch die Randwanderung aufgewertet wird.

Aus unseren Ausführungen ergibt sich eine außerordentliche Verschiedenheit in den Teilaspekten von Natur, Bevölkerung, Siedlung und Wirtschaft. Wenn sie wegen ihrer gegenseitigen Bedingtheit miteinander korrespondieren, sollten – über alle Unterschiede im einzelnen hinweg – räumliche Einheiten bestimmbar und Großräume abgrenzbar sein. *Welche Großräume sind für großzügige Vergleiche geeignet, sind sie konstant oder variabel?* Ist mit dem vielberufenen Nord-Süd-Gegensatz das Problemland Italien schon hinreichend zu charakterisieren oder stellen sich seine räumlichen Kontraste heute anders dar? Je nach sachlichem Aspekt und Zeithorizont bieten sich mehrere Lösungsmöglichkeiten an, die im folgenden nur auswahlweise und gedrängt zur Sprache kommen können.

Geomorphologisch oder auch naturräumlich erweist sich das Schema der Dreiteilung in Ebene, Hügelland und Gebirge als zu einfach; es erlaubt aber wenigstens vergleichende Betrachtungen mit statistischen Daten, weil die Höhengliederung der am stärksten differenzierende Faktor ist, gefolgt von der Land-Meer-Verteilung. Die klimatische Gliederung zeigt vor allem den planetarischen Wandel, dazu Kontinentalität und Maritimität. Festlands-, Halbinsel- und Inselitalien werden damit in ihren Erscheinungen faßbar, die wiederum einen Dreiklang bilden, nun in der Horizontalen. Nach dem Aufbau des Untergrundes und der Böden können überdies Räume mehr oder weniger einheitlicher Ausstattung und entsprechender Erscheinungsformen unterschieden werden; es treten die von Ton- und Kalkgesteinen und von vulkanischen Ablagerungen aufgebauten Landesteile ebenso wie die Küstenräume mit ihren Ressourcen, Problemen und Konflikten hervor.

Die Wertung der Naturfaktoren läßt den „Gunstraum" *Norditalien* erkennen; er ist dank seiner Ebenen, mit vielseitig nutzbaren Böden, fast immerfeuchtem Klima, reichem Wasserangebot und eigenen Energiequellen für die agrarische und industrielle Nutzung gleichermaßen sehr gut ausgestattet. Die geographische Lage, die Zugänglichkeit innerhalb der Padania und der Anschluß an Mitteleuropa sind Gunstfaktoren während der Wirtschafts- und Sozialentwicklung gewesen, die den heutigen Vorrang dieses Großraums begründet haben. Der *Süden* zeigt sich in Natur- und Lagebedingungen demgegenüber so deutlich benachteiligt, daß man die begrenzenden Urgunstfaktoren nicht übersehen kann. Ebenso haben die historisch bedingte sozio-kulturelle Andersartigkeit des Mezzogiorno, die erst seit der Bildung des Einheitsstaates als wirklicher Kontrast in Erscheinung getreten ist, die wirtschaftliche Entwicklung gehemmt. Besonders mit dem Wirtschaftswachstum des Nordens nach dem Zweiten Weltkrieg sind die Ungleichheiten zwischen den „beiden Italien" verstärkt zum Ausdruck gekommen (Vöchting 1951). Der Dualismus zwischen Nord und Süd, in fast allen Lebens- und Wirtschaftsbereichen an einer Fülle von Merkmalen faßbar, ist indes nur schwer zu objektivieren. Nüchterne statistische Daten drücken zwar Einzeltatsachen und deren Summierung exakt aus (Tab. 23). Um jedoch der Wirklichkeit nahezukommen, müßte man auch Erscheinungen wie Traditionalismus, Familismus, Immobilismus, Klientelismus, Schattenwirtschaft, Mafia u. ä. berücksichtigen (Lepsius 1965; Mühlmann/Llaryora 1968).

Der Nord-Süd-Gegensatz hat über ein Jahrhundert lang die Auffassung von der *dualistischen Struktur Italiens* genährt und das Schrifttum über alle Fachgrenzen hinweg beherrscht (z. B. H.-G. Wagner 1975/76). Dabei ist der Blick für Abweichungen davon zunächst verstellt gewesen. Schon beim Versuch, die beiden Teile, Nord- und Süditalien, voneinander abzugrenzen, ergeben sich Schwierigkeiten. Wir sollten auf scharfe Grenzen zwischen so großen Natur, Agrar-, Wirtschafts- und Kulturräumen verzichten und zwischen dem kontinentalen Norden und dem mediterranen Süden einen breiten *Übergangsbereich* offenlassen. Er umfaßt mindestens etwa den Bereich der Regionen Umbrien, Marken und der südlichen Toskana. Wie schon erwähnt, kommt zu der hypsographischen Dreigliederung dadurch eine planetarische Dreigliederung, die sich in Klima, Boden und Vegetation manifestiert und durch die agrarische Inwertsetzung verdeutlicht wird. Auch das übrige Wirtschaftsleben läßt sich weder in der Vergangenheit noch heute auf den reinen Nord-Süd-Gegensatz zurückführen.

Aus der Dreiteilung im Nord-Süd-Wandel und der dreistufigen hypsometrischen Gliederung ergeben sich modellartig neun räumliche, dreidimensionale Einheiten. In ihnen haben die Naturfaktoren trotz aller Eingriffe des Menschen bisher die Herrschaft behalten. Der siedelnde und wirtschaftende Mensch hat sich jeweils an den für ihn günstigsten Standorten niedergelassen, wodurch die Unterschiede nicht ausgeglichen, sondern eher zu Gegensätzen vertieft worden sind. In der Vergangenheit waren die kulturgeographischen Unterschiede zwischen Ebene und Gebirge dadurch ausgeprägt, daß die Bevölkerung den Vorteil wahrnahm, sicher vor Feinden und außerhalb der ungesunden Niederungen auf Höhen und im Gebirge zu leben. Die damit verbundene Vegetations- und Bodenzerstörung gehört zu den folgenreichsten Vorgängen in der Landschaftsgeschichte nicht nur Italiens, sondern ganz Europas. Seit Ende des 19. Jh.s trat bis in die jüngste Vergangenheit eine Gegenbewegung ein, die Wanderung an die Küsten, in die Ebenen, nach Norden, vor allem nach Nordwesten, in die Großstädte, wenn nicht gleich der Weg ins Ausland gewählt wurde. Aus dem Kontrast zwischen Stadt und Land formte sich der Gegensatz zwischen Verdichtungs- und Abwanderungsraum. Wieder traten Umweltschäden ein, im verlassenen Gebirgsland wegen der fehlenden Maßnahmen zur Bodenerhaltung, im Industrie- und Verdichtungsraum sowie im Küstenbereich wegen der zunehmenden Verschmutzung. Seit den siebziger Jahren ebbt der Wanderungsprozeß ab. In die Heimat gesandte Gelder, Landkauf und Haus-

Indikatoren	Nordwestitalien				Nordost- und Mittelitalien			
	1951	1971	1981	1991	1951	1971	1981	1991
Fläche in km² (1991)	57 941,23				120 308,62			
Einwohner in Mio.	11,7	14,9	15,3	14,9	18,1	20,3	21,2	21,3
Einwohner in % der Gesamtbevölkerung	25,0	27,6	27,0	26,2	38,0	37,6	37,5	44,5
Ebenen: Anteil in % der Gesamtfläche Italiens	25,0				27,5			
Straßenlänge: km/1 000 km²	790	935	1 175	1 197	681	1 155	1 050	1 071
km/1 000 Einw.	3,9	4,5	4,5	4,6	4,6	6,0	6,0	6,1
Bevölkerungszunahme in %:	a	b	c		a	b	c	
a. 51/71	+ 27,2				+ 12,4			
b. 71/81		+ 2,4				+ 4,4		
c. 81/91			– 2,2				+ 0,4	
Bevölkerung in der Ebene in %	54,5	57,7	57,9	57,6	45,2	49,6	49,7	49,0
Erwerbspersonen (EP) in % der Bevölkerung	48,1	38,5	40,8	42,0	45,2	36,0	38,9	40,9
Landwirtschaftliche EP in % aller EP	25,0	8,5	6,6	4,1	46,0	17,3	11,3	6,5
Industrie-EP in % aller EP	45,8	54,7	47,7	40,1	26,1	40,0	36,9	32,0
Arbeitslose in % der EP (1992)		2,0	6,3	6,4		3,0	7,8	7,6
Auswanderer: Anteil von 1 000 Einwohnern	6,4	1,1	0,9	0,7	10,1	1,7	1,1	0,7
Analphabeten in % der Bevölkerung > 6 Jahre	2,8	1,3	0,9	0,3	8,8	3,2	1,7	0,4
Erwirtschaftetes Einkommen in 1 000 Lire zu Marktpreisen		1 590	9 162	27 486		1 235	7 710	25 411
in % Gesamtitaliens (1990)		136,1	128,9	120,8		105,5	108,5	111,7
Erwirtschaftetes Einkommen in % des Volkseinkommens (1990)	43,0	37,5	35,4	32,7	38,5	39,8	40,5	42,2
Anteil aus Land-, Forstwirtschaft und Fischerei	25,2	4,8	3,3	2,1	24,2	9,4	6,7	3,7
Anteil aus Gewerbe und Industrie	43,7	49,9	48,1	38,9	32,0	35,5	37,9	30,9
Anteil aus Dienstleistungen	31,1	45,3	48,5	58,9	43,8	55,1	55,4	65,4
Weizenertrag in dt/ha (1995)	21,0	32,8	40,4	50,5		29,9	36,0	42,0
Chemischer Dünger in kg/ha		127		186		119		148
Traktorenbesatz je ha bearbeitete Fläche				7,0				6,7

Tab. 23: *Die wirtschaftlichen Disparitäten der Großräume Italiens 1951 – 1991*

Indikatoren	Süd- und Inselitalien				Italien			
	1951	1971	1981	1991	1951	1971	1981	1991
Fläche in km² (1991)		123 058,78				**301 308,63**		
Einwohner in Mio.	17,7	18,9	20,1	20,5	**47,5**	**54,1**	**56,6**	**56,8**
Einwohner in % der Gesamtbevölkerung	37,0	34,8	35,5	36,1	**100**	**100**	**100**	**100**
Ebenen: Anteil in % der Gesamtfläche Italiens		18,3				**23,2**		
Straßenlänge: km/1000 km² km/1000 Einw.	349 2,5	783 5,1	835 5,1	874 5,2	**567** **3,6**	**951** **5,3**	**987** **5,2**	**1 015** **5,4**
Bevölkerungszunahme in %: a. 51/71 b. 71/81 c. 81/91		a + 6,8	b + 6,2	c + 2,4		**a** **+ 13,9**	**b** **+ 4,5**	**c** **+ 0,4**
Bevölkerung in der Ebene in %	31,9	36,1	37,8	38,2	**42,5**	**47,2**	**47,1**	**47,3**
Erwerbspersonen (EP) in % der Bevölkerung	39,5	30,0	31,7	31,4	**43,6**	**35,0**	**36,9**	**37,8**
Landwirtschaftliche EP in % aller EP	56,7	31,0	22,6	14,4	**43,9**	**17,2**	**13,3**	**8,2**
Industrie-EP in % aller EP	20,1	32,0	27,4	24,0	**29,4**	**43,3**	**37,2**	**31,9**
Arbeitslose in % der EP (1992)		4,8	12,2	20,4		**3,2**	**8,4**	**11,5**
Auswanderer: Anteil von 1000 Einwohnern	7,3	6,2	2,6	1,6	**8,1**	**3,1**	**1,6**	**1,0**
Analphabeten in % der Bevölkerung > 6 Jahre	24,4	10,7	6,3	1,6	**12,9**	**5,2**	**3,1**	**0,8**
Erwirtschaftetes Einkommen in 1000 Lire zu Marktpreisen in % Gesamtitaliens (1990)		 765 65,5	 4 893 68,8	 15 881 69,8		 **1 169** **100**	 **7 107** **100**	 **22 755** **100**
Erwirtschaftetes Einkommen in % des Volkseinkommens (1990)	24,1	22,7	24,1	25,2	**100**	**100**	**100**	**100**
Anteil aus Land-, Forstwirtschaft und Fischerei	34,0	17,9	12,2	5,5	**22,9**	**9,8**	**6,9**	**3,7**
Anteil aus Gewerbe und Industrie	23,7	27,2	30,6	22,8	**36,6**	**38,7**	**39,7**	**31,5**
Anteil aus Dienstleistungen	42,3	54,9	57,2	71,7	**40,5**	**51,5**	**53,4**	**64,9**
Weizenertrag in dt/ha (1995)	11,0	20,4	19,6	23,7	**14,7**	**25,5**	**27,5**	**32,4**
Chemischer Dünger in kg/ha		71		90		**101**		**139**
Traktorenbesatz je ha bearbeitete Fläche				3,6				**5,9**

Quelle: *Istat* 1 (diverse Jahrgänge); *Istat* 6 (1994); *Istat* 12 (1996); L'agricoltura in cifre, Rom 1991

bau machen es dem Rückkehrer seitdem möglich, die verlassenen Abwanderungsräume wieder aufzufüllen und zum Ausgleich beizutragen.

Anders als die geographisch definierte Gliederung Italiens in drei horizontale bzw. neun horizontal-vertikale Großräume legten statistische Erwägungen zunächst eine *Vierteilung* in Nord-, Mittel-, Süd- und Inselitalien zugrunde. Diese erwies sich mit Annäherung an die Gegenwart als unzureichend. In der Zeit geringer Industrialisierung bis zum Zweiten Weltkrieg fiel der Nachteil weniger ins Gewicht als heute. Der wirtschaftliche Schwerpunkt, der schon im Mittelalter in der westlichen Padania lag, verstärkte sich im Lauf der Industrieentwicklung aber außerordentlich rasch. Er zog Unternehmertum, Kapital, Energie und Arbeitskräfte an sich, letztere gerade auch aus der östlichen Padania und aus den Alpentälern von Venetien bis Friaul, die bis 1970 Abwanderungsräume mit geringer Industrie waren. Der in Venetien und in der Emília-Romagna intensiv agrarisch genutzte Nordosten erschien in seinen sozioökonomischen Verhältnissen den mittelitalienischen Regionen nunmehr ähnlicher zu sein als jenen im Nordwesten, so daß die naturräumliche Einheit der Padania durch die kulturgeographischen Phänomene aufgebrochen wurde.

Die amtliche Statistik trug dem Rechnung und enthielt alsbald zusammenfassende Daten für drei Großräume, erstens für *Nordwestitalien,* zweitens für *Nordostitalien vereinigt mit Mittelitalien* und drittens für *Süd- und Inselitalien* (Bonasera 1965). Die Abgrenzung zwischen dem Nordwesten und dem Nordosten war nur unter Vorbehalt an Regionsgrenzen möglich; diejenige zwischen Mitte und Süden blieb umstritten, so die Zuordnung der Region Abruzzen zum einen oder anderen Großraum (Mori 1965). Im übrigen entsprach die Nordgrenze des Förderungsgebietes der *Cassa per il Mezzogiorno* nicht der Grenze Süditaliens, weil bei dessen Abgrenzung politische Entscheidungen eine Rolle gespielt hatten, die von geographischer Seite schwerlich zu stützen waren. An dieser Grenze berührten sich nicht etwa Förderer und Geförderte, Geber und Nehmer oder Reiche und Arme, sondern zwischen diesen Gegenpolen vermittelte ein breiter Übergang. Viel stärker als Einkommensverhältnisse wirken im Hinblick auf eine Grenzziehung bis in die Gegenwart wirtschaftshistorische Tatsachen nach. So geht nach den Siedlungsformen und den landwirtschaftlichen Besitz- und Betriebsverhältnissen eine auffällige Grenze durch die Toskana, welche die Maremmen dem „Süden" zuweist (Sabelberg 1971). Sie trennt *L'Italia urbanizzata* von *L'Italia feudale*. Die Wirtschaftsentwicklung der Nachkriegszeit hat eine ähnlich differenzierende Linie hervorgebracht, die etwa auf der Verbindung zwischen Livorno und Ancona verlaufen ist (Muscarà 1978, S. 65) und sich seitdem ziemlich schnell weiter nach Süden vorschiebt.

Die genannten Großgliederungen hatten das Ziel, Einteilungen zu bieten, nach denen statistische Daten verglichen werden können, nicht zuletzt als Planungsgrundlagen. Der räumliche und zeitliche Vergleich zwischen 1951 und 1991 läßt erkennen, daß sich die angesprochenen Grenzen zwar verschoben haben, aber bisher noch *kein vollständiger Ausgleich zwischen den Großräumen* stattgefunden hat (Tab. 23). Zwar ist die moderne Entwicklung auch am Mezzogiorno nicht vorübergegangen; einige intensiv genutzte Bodenreform-Areale sprechen eine deutliche Sprache ebenso wie die starke Bautätigkeit der einheimischen Bevölkerung, vor allem der Heimkehrer. Doch hat die Schwerpunktsetzung der Förderungspolitik auf Entwicklungsgebiete und Entwicklungspole neue Ungleichgewichte innerhalb des Südens geschaffen, die sich in den – mittlerweile durch privatwirtschaftliche Initiativen im Binnenland überholten – Begriffen *Mezzogiorno esterno* und *Mezzogiorno interno* (Schinzinger 1970) nur unvollkommen widergespiegelt haben. Die Aus- und spätere Rückwanderung brachte dem Süden nur in geringem Maß einen Entwicklungsschub. Die Staatsindustrie wurde bei steigenden Defiziten zur kostspieligsten Fördermaßnahme; heute steht ihre Privatisierung an. Statt des Ausgleichs gab es immerhin ein Angleichen an die allgemeine wirtschaftliche und soziale Entwicklung Gesamtitaliens; der seit jeher große Abstand zum Norden ist aber, wenn auch auf höherem Niveau, geblieben.

In jüngerer Zeit wird bei der Großgliederung Italiens vermehrt von *Drei Italien* gesprochen. Der Terminus findet sich zuerst in der soziologischen und wirtschaftswissenschaftlichen, später auch in der geographischen Literatur (u.a. Tömmel 1983; Loda 1989; Pohl 1993). Er ist aber weniger komplex-räumlich und kulturhistorisch begründet als die Unterscheidung von Nord und Süd oder der „beiden Italien", sondern eher „eindimensional", d.h. durch die sozioökonomischen Verhältnisse, durch *tre formazioni sociali* (Bagnasco 1977, S. 246), oder auch nur durch die industrielle Struktur zu kennzeichnen (Sabelberg 1997). Dem Nordwesten („Erstes Italien") mit seiner alten Industriekultur und dem immer noch stark agrarisch geprägten Süden („Zweites Italien") wird das *Dritte Italien* oder *L'Italia di Mezzo*, die Mitte und der Nordosten des Landes, mit eigenen sozioökonomischen Strukturen gegenübergestellt. Es befindet sich wegen der lebhaften Dynamik seiner Industrie in vielen mittleren und kleinen Unternehmen an dezentralisierten Standorten nun schon über Jahrzehnte in einer Wachstumsphase. Während die intensiv und marktkonform betriebene Landwirtschaft an Bedeutung verloren hat, ist das Pro-Kopf-Einkommen über die Höhe des italienischen Durchschnitts gestiegen. Vor allem die Regionen Emília-Romagna und Venetien, der größte Teil der Toskana, die Marken und Umbrien, wo sich die Industrie an einigen Leitlinien, an den Küsten und in den Beckenräumen, stürmisch entwickelt hat, lassen sich hier einordnen (Rocca 1980). Typisch für *L'Italia di Mezzo* sind das dichte Städtenetz und die Streusiedlung. Die bäuerlichen Familien haben sich an die Industriewirtschaft angepaßt, wobei Strukturen der alten Bauern- und Händlergesellschaft wieder aufleben (Dematteis 1982). Der Erfinder- und Unternehmergeist des selbständig handelnden Bürgers ist charakteristisch. Im *Nordwesten* dagegen stehen ökonomische Strukturen und Entwicklungen seit Ende des 19. Jh.s unter dem Zeichen der Großunternehmen und Kapitalgesellschaften. Im *Süden* herrschen noch überkommene Wirtschaftsstrukturen, die sich nach der Einigung Italiens zögernd an moderne Formen angeglichen haben, wobei es sich ganz überwiegend nicht um eine selbständige, sondern um eine nachgeordnete bzw. fremdbestimmte, vom Norden und vom Ausland abhängige Wirtschaft handelt.

Im *Dritten Italien*, das auf erstaunlich lebhafte Weise vorankommt, läßt sich die gesunde Mitte des Landes erkennen, in der in großer Streuung auch außerhalb von Ballungszentren ein wirtschaftlicher Fortschritt zugunsten breiter Schichten der Bevölkerung möglich geworden ist. Eine Folge dieser positiven Entwicklung ist das deutliche Bevölkerungswachstum etwa seit 1967 gewesen. Es war freilich nur im Nordosten so kräftig, daß es flächenhaft ungefähr den gleichen Betrag erreichte wie in den Zentren, ehe sich dort wie anderswo seit Mitte der achtziger Jahre der Verdichtungsprozeß in den Ballungsräumen verlangsamte und die Einwohnerzahlen in den peripheren Räumen wieder anstiegen.

Ein solches Bevölkerungswachstum gab es auch im nördlichen Mezzogiorno; das sind die Küstengebiete der Regionen Abruzzen und Apulien und die Bereiche an der Verkehrsachse Rom – Neapel – Salerno. Im übrigen Mezzogiorno ereignete sich die Wiederbelebung nach der Zeit der Bevölkerungsabnahme von 1957 – 1963 besonders im Binnenland und im Anschluß an die Industriezentren und Industrieareale der Küste (Dematteis 1982), hauptsächlich hervorgerufen durch die Folgen der im wesentlichen zu Ende gegangenen Wanderungsbewegungen. Offensichtlich findet die Wirtschafts- und Bevölkerungsentwicklung, die im Nordosten begonnen und die Mitte einbezogen hat, im nördlichen Mezzogiorno eine Fortsetzung. Wegen der unterschiedlichen sozio-kulturellen Ausgangsbedingungen ist es aber fraglich, ob dieser Prozeß weiter voranschreiten und schließlich auch auf den „tiefen Süden" übergreifen wird. Der in *L'Italia di Mezzo* eingeschlagene Weg weist jedenfalls den Schritt aus der Beharrung heraus hin zu einem Ausgleich.

Dennoch wird immer ein Ungleichgewicht zwischen den „drei Italien" – die nichtsdestoweniger integrative Bestandteile des „einen Italien" sind – erhalten bleiben. Das zwiespältige Ergebnis mehrerer Jahrzehnte Entwicklungspolitik für den Süden legt eine solche Prognose nahe. Wichtiger als das Streben nach Ausgleich ist es wohl, die regionalen Eigenheiten zu fördern und das nach Lage, Ressourcen, Arbeitskraft und Fähigkeiten spezifische Wirtschaftsleben zu stärken. Dazu brauchen die Regionen aber mehr Selbstverantwortung (H.-G. Wagner 1993); denn der noch nicht überwundene Zentralismus in Politik und Verwaltung ist lange genug ein Hemmschuh regionaler Individualisierung gewesen, zumal im Süden. Immerhin hat das Umdenken in der Politik des Ausgleichs zwischen den Regionen bzw. Landesteilen mit den *patti territoriali* („regionalen Pakten") ein neues Entwicklungsinstrument hervorgebracht, das die Initiativen auf lokaler Ebene stützen soll (Loda 1997). Es kombiniert staatliche Zuschüsse für verschiedene Zwecke (z. B. für Neueinstellungen in den Unternehmen, für Infrastrukturvorhaben) mit gewerkschaftlichen Zugeständnissen bei den Löhnen und privatwirtschaftliche Investitionsversprechen. Nach Anfangserfolgen scheint sich der gute Vorsatz jedoch wieder einmal im bürokratischen Getriebe zu verflüchtigen. Die Frage, ob sich der Mezzogiorno in naher Zukunft fester in den italienischen Staatsverband eingliedern lassen und damit Europa näherkommen wird, muß vorerst offenbleiben.

Für die natur- und kulturgeographische Mannigfaltigkeit Italiens, die über die hier angesprochene Gliederung nach Großräumen weit hinausgeht, seien dem Leser mit Kenntnissen der Landessprache *Il Paesaggio* von A. Sestini (1963) und *I Paesaggi umani* (*TCI* 1977) empfohlen. Beide, reich mit Karten- und Bildmaterial ausgestatteten Werke enthalten ausführliche Landschaftsschilderungen und ergänzen unsere Darstellung im räumlichen Detail.

Assisi

Florenz

Der *Vittoriale degli Italiani* und Salò

Trient

Familie, Familismus

Einblicke

von Richard Brütting

Der Platz Italiens in der Geschichte

Italien hat *aus innerer Kraft* der Menschheitskultur und Menschheitsgeschichte mehrfach entscheidende Impulse gegeben: die römisch-lateinische Antike, den Katholizismus römischer Prägung und die Renaissance. Hinzu kommt freilich auch der Faschismus, dessen Ursprung wesentlich in Italien liegt.
Bei den folgenden Betrachtungen, die das jeweilige Problemfeld vielfach nur andeuten können, sollen diese Impulse durch vier Orte beispielhaft veranschaulicht werden:

- *Assisi* kann einen Einblick in das religiöse Bewußtsein der Bevölkerung Italiens vermitteln, gleichzeitig auch ein ‚alternatives' Christentum andeuten, das sich in der Gestalt des hl. Franz von Assisi verkörpert und Kunstwerke des Weltkulturerbes hervorgebracht hat.
- *Florenz* war das wichtigste Zentrum der italienischen Renaissance, die hier allerorts in architektonischen und künstlerischen Werken präsent ist.
- Der *Vittoriale* ist eine außergewöhnliche Gedenkstätte, die auf Gabriele D'Annunzio zurückgeht und eng mit dem italienischen Nationalismus und Faschismus verbunden ist.
- *Trient* nimmt als Hauptstadt einer Grenzregion geschichtlich und innenpolitisch eine Sonderstellung ein. Das Konzil von Trient hat wesentlich das neuzeitliche Selbstverständnis der Katholischen Kirche und damit Italiens geprägt.

Die italienische Familie

Das Stichwort „Familismus" behandelt schließlich einen bedeutsamen Aspekt der gesellschaftlichen Strukturen Italiens. Denn für das Verständnis unseres südeuropäischen Nachbarlands ist nicht nur die Betrachtung der Vergangenheit von Belang; ebenso wichtig ist die Kenntnis des *paese reale*, des Italiens von heute.

Assisi

26. September 1997, 2.33 Uhr: Ein heftiges Erdbeben der Stärke 5,5 (Richterskala) macht mehrere Dörfer in Mittelitalien unbewohnbar und beschädigt zahlreiche historische Gebäude, so in Orvieto (Dom) und in Foligno (Glockenturm der Kathedrale; historischer Rathausturm). Die Doppelbasilika des hl. Franz von Assisi zieht dieser Erdstoß zunächst nur geringfügig in Mitleidenschaft.

Das Erdbeben von 1997

11.42 Uhr: Eines der zahlreichen Nachbeben (Stärke 5,7) – meist mit Epizentrum bei Colfiorito an der Grenze Umbriens und der Marken – beschädigt nun auch die einzigartigen Kunstschätze jenes ‚Heiligenschreins', den das über den schlichten Gräbern des hl. Franz und seiner ersten Anhänger errichtete Gotteshaus darstellt (Castelli 1998). „Nur die Bombenangriffe im Jahre 1944 auf Rímini, Pisa und Padua haben mehr Schäden angerichtet", meint ein Beobachter. Herabfallende Gewölbeteile der fast vollständig ausgemalten Oberkirche töten zwei Mönche und zwei Techniker des Denkmalschutzamtes, die sich nach dem nächtlichen Beben zu einer Inspektion in der Kirche aufhalten. Die Zahl der Opfer dieser Naturkatastrophe steigt damit auf insgesamt elf, 130 Menschen sind verletzt worden und 100000 Personen bleiben obdachlos. 300 freiwillige Helfer schützen die 1300 t Kunstschutt, die sich aus einer Gesamtoberfläche von 180 m^2 gelöst

Bild 72: Assisi: Doppelbasilika San Francesco im Sommer 1999: noch eingerüstet nach dem Erdbeben von 1997

hatten. Mit Computereinsatz werden hochmoderne und höchst aufwendige Restaurierungsarbeiten in Angriff genommen.

Der 26. September 1997 ist ein warnendes Symbol für die Naturgewalten, die Italien immer wieder heimsuchen. Doch kann der Schicksalsschlag das Bewußtsein nicht auslöschen, daß Assisi für bedeutsame historische Entwicklungen steht, die das Geistesleben Italiens seit dem 13. Jh. tief geprägt haben.

Der italienische Katholizismus

Der Katholizismus und Italien leben seit vielen Jahrhunderten in einem symbiotischen Verhältnis: Das Land wurde nie von einer größeren Kirchenspaltung erfaßt; das religiöse Zentrum und die weltweite ‚Regierung' der Katholischen Kirche befinden sich, abgesehen von kurzen Unterbrechungen, seit fast 2000 Jahren in Rom; der Papst war bis 1870 Landesherr in Mittelitalien, und seit den Lateranverträgen von 1929 ist er wieder Souverän eines Kleinstaates (*Stato della Città del Vaticano*); die meisten Päpste waren Italiener; von 1523 bis 1978 kamen sogar sämtliche Päpste aus Italien. So ist es nicht verwunderlich, daß die Italiener auch heute noch zu 88% der Katholischen Kirche angehören und fast alle Kinder getauft werden, selbst wenn sich die Religiösität in vielen Punkten europäischen Durchschnittswerten angenähert hat, besonders in Fragen der Sexualmoral.

Franz von Assisi, eine ‚Sehnsuchtsgestalt'

Aber neben Rom, dem Mittelpunkt des Katholizismus mit seinem Prunk und seinem universellen Herrschaftsanspruch, seinen Dogmen und Riten gibt es Assisi, die Stadt des ‚alternativen', ‚ärgerlichen' Christentums des San Francesco (= Giovanni di Bernardone, 1182 – 1226) und der Santa Clara, das die offizielle Kirche schon bald zu entschärfen versuchte. Das Leben dieser religiösen Genies wurde u.a. von Adolf Holl (1979) interpretiert als der historisch letzte Versuch, sich durch absolute Armut und Bedürfnislosigkeit der sich ankündigenden Neuzeit mit ihrem Fortschrittsglauben, aber auch ihrem Leiden am Fortschritt entgegenzustemmen, um mit sich selbst und der Natur in Einklang zu kommen. Der berühmte „Sonnengesang" („Cántico di frate Sole"; auch: „Cántico delle Creature"; um 1225) ist hierfür der erhabenste sprachliche Ausdruck: ein schlichter Preisgesang auf das Schöpfungswerk, ein Hymnus religiöser Inbrunst, brüderlicher Liebe zu allen Geschöpfen und mystischer Vereinigung mit dem Göttlichen. In diesem Sinn bleibt Franz von Assisi für immer eine ‚Sehnsuchtsgestalt', die der umbrischen Kleinstadt ihren besonderen Zauber und Frieden verleiht.

Die Basilika San Francesco

Am Tag nach der Heiligsprechung des Franz von Assisi am 16. Juli 1228 erfolgte die Grundsteinlegung für die (angeblich) von Bruder Elias entworfene Grabeskirche, deren Plan zunächst großen Widerspruch hervorrief, da er nicht dem Armutsprinzip des Heiligen entsprach. Der Kompromiß bestand im Bau einer doppelstöckigen Kirche. Die auf einem Ausläufer des Monte Subásio gelegene Doppelbasilika mit jeweils nur einem Schiff zeigt das Ende der Romanik an. Sie ist nicht mehr eine zu Stein gewordene Manifestation der theokratischen Macht der Kirche, sondern ein funktionales Bauwerk, das vornehmlich der Predigt dienen soll. Das Dunkel der unteren Basilika verweist auf die Demut (*humilitas*) des hl. Franz. Die obere Basilika mit ihren gotischen Gewölben ist dagegen lichtdurchflutet und symbolisiert die Glorie des *Poverello*.

Die Fresken von Cimabue und Giotto

Weltbekannt sind die Fresken des ehrwürdigen Gotteshauses: Cimabue (= Cenni di Pepi, um 1240 – 1302) gelang hier erstmals die Überwindung der ‚flachen' byzantinischen Malerei und die Schöpfung einer bislang unbekannten Plastizität. Er hinterließ ein als lebensecht geltendes Porträt von San Francesco in seinem Wandgemälde „Madonna mit dem Kinde" (Unterkirche). Weitere Meister wie Pietro Lorenzetti und Simone Martini haben in der Kirche gearbeitet; bewunderungswürdig sind auch die Glasfenster von Giovanni di Bonino und Puccio Capanna. Vor allem aber hat Giotto di Bondone (1266 – 1337) mit seinen Schülern in der Oberkirche einen bis zum Erdbeben gut erhaltenen 28teiligen Zyklus zum Leben und Wirken des hl. Franz geschaffen (u. a. Berufung des hl. Franz; die Vogelpredigt; Begegnung mit dem ägyptischen Sultan Malek el Kamel; Austreibung der Dämonen aus Arezzo; Traum des Papstes Innozenz III.: „Der vom Einsturz bedrohte Lateran wird von Franz von Assisi gestützt"). Diese Wandfresken gehören zu den ausdrucksstärksten künstlerischen Werken aller Zeiten und bedeuten die endgültige Befreiung der Malerei aus griechisch-byzantinischer Strenge.

Assisi ist heute ein wichtiger Wallfahrtsort mit bedeutenden Kirchen (u. a. Basilika *Santa Clara*, 1257 – 1265; romanische Kathedrale *San Ruffino*, 12. Jh.). Infolge der Unmöglichkeit, dem Ansturm der Pilger zu genügen und die Stadt zu vergrößern, wurde 1569 – 1679 die Kirche *Santa Maria degli Ángeli* nach Plänen von Alessi über der *Porziúncula*, der ersten Mönchszelle der Franziskaner, in der Ebene vor Assisi errichtet.

Goethes Blick auf Assisi

Freilich hatten nicht alle Besucher von Assisi einen Blick für die religiöse Dimension des Ortes. Auf seiner Suche nach antiker Schönheit erlebte Johann Wolfgang von Goethe, der die Basilika des hl. Franz „mit Abneigung" unbeachtet ließ, im Oktober 1786 in den sechs korinthischen Säulen der Barockkirche *Santa Maria sopra Minerva* „das erste vollkommene Denkmal der alten Zeit [...]. Ein bescheidener Tempel, wie er sich für eine so kleine Stadt schickte, und doch so vollkommen, so schön gedacht, daß er überall glänzen würde."

Florenz

„O seculum ! o literae ! Iuvat vivere [...]. Vigent studia, florent ingenia" (‚Oh Jahrhundert! Oh Wissenschaften! Es ist eine Freude, zu leben [...] Es blühen die Studien, die Geister regen sich'). Diese euphorischen Worte schrieb Ulrich von Hutten im Jahre 1518 an den Humanisten Willibald Pirckheimer aus Nürnberg. Er drückte damit jenes Gefühl des kulturellen Aufbruchs aus, der in Italien um 1350 eingesetzt hatte und den man zunächst *restauratio* bzw. *restitutio*, dann *rinàscita* nannte. Im 19. Jh. erhielt er dann die Bezeichnung *Renaissance* (it. *Rinascimento*).

Zentrum der Renaissance

Als Hauptstadt der italienischen Renaissance und als ihr Geburtsort gilt Florenz. Es ist unmöglich, die historischen Leistungen und den immensen künstlerischen Reichtum dieser einzigartigen Kulturmetropole in wenigen Zeilen zu würdigen; selbst umfangreichere Studien können vieles nur andeuten (z. B. McCarthy 1983). Die Florentiner Renaissance ist ein soziokulturelles System, dessen einzelne Komponenten (Ideologie, Wirtschaft, Wissenschaft, Kunst, Politik usw.) sich gegenseitig befruchtet haben (s. die Kapitel zur Geschichte und den Städten); anhand der verschiedenen in Florenz geschaffenen David-Statuen werden einige Züge der Renaissance herausgegriffen, und schließlich wird Florenz im Zeichen des Massentourismus beleuchtet.

Die Kommunen zwischen Kaiser und Papst

Die Renaissance beruht auf dem politischen Aufstieg der Kommunen. Durch ihren jahrhundertelangen Kampf hatten sich die abendländischen Führungsmächte, Kaiser und Papst, gegenseitig geschwächt. In diesem Machtvakuum konnten sich die norditalienischen Städte als ‚dritte Kraft' relativ eigenständig entfalten. Florenz war ab der ersten Hälfte des 12. Jh.s. unabhängig, und 1252 wagte es die Stadt erstmals, eigene Münzen ohne kaiserliches Privileg zu prägen. Daß sich dieser Prozeß gerade in Norditalien vollzog, ist nicht verwunderlich; denn dort war der Zusammenprall der beiden Universalismen besonders heftig und offensichtlich. Er ließ Raum für Alternativen und stellte die Bevölkerung immer wieder vor Entscheidungen. Darum waren allerdings auch Streitereien zwischen einzelnen Gruppen unvermeidlich – ein Problem, das Florenz mehr zu schaffen machte als äußere Feinde.

Guelfen und Ghibelllinen

Als auf seine Unabhängigkeit bedachtes Gemeinwesen mit einer vergleichsweise demokratischen Staatsführung war Florenz Parteigängerin des Papstes (Guelfen). Die Bürger hatten immer wieder gegen die kaisertreuen Ghibellinen in der eigenen Stadt und im Umland zu kämpfen, und als diese 1267 und 1289 endgültig ausgeschaltet waren, spaltete sich die siegreiche Fraktion in ‚weiße' und ‚schwarze' Guelfen, was u. a. Dante in die Emigration getrieben hat (1302). 1378–1382 kam es zum Aufstand der *Ciompi*, der ausgebeuteten Wollarbeiter, die mehr soziale Gerechtigkeit für den *Pópolo Minuto* und Verbesserungen in der Staatsführung forderten, aber vom *Pópolo Grasso* besiegt wurden. Nutznießer dieser Streitigkeiten waren Familien des hohen Bürgertums und dann die emporgekommenen Bankiers der Medici, die ab 1434 allmählich die absolute Macht in Florenz übernahmen und die Toskana mit einigen Unterbrechungen bis 1737 beherrschten. Als Förderer von Wissenschaft und Kunst haben vor allem Cosimo der Alte (1389–1464) und Lorenzo il Magnifico (1449–1492) dauernden Ruhm erworben.

Wirtschaftliche Neuerungen

In wirtschaftlicher Hinsicht bedeutet die Renaissance die Entstehung des modernen Handels-, Banken- und Kreditwesens sowie frühkapitalistischer Produktionsformen, die besonders auf der Wollverarbeitung beruhten. Im benachbarten Prato, das Florenz 1351 gekauft hat, befindet sich das erst 1870 entdeckte Archiv des Kaufmanns Marco Datini (1330–1410), dem die Erfindung der doppelten Buchführung und des Wechsels zugeschrieben wird. Eine reiche Sammlung von Geschäftsbriefen und Schecks in verschiedenen Sprachen beweist die internationalen Verbindungen seines Handelshauses; die Privatbriefe und die (Geheim-)Verträge geben einen deutlichen Einblick in die ‚Mentalität' eines Handelsherrn der Renaissance, der oft mit zweifelhaften Methoden seine Geschäfte betrieben hat. Aber das schlechte Gewissen konnte man ja durch fromme Stiftungen beruhigen, die den Künstlern Aufträge verschafften. Gleichzeitig trugen sie zum Ruhm der Stifter bei und verbesserten das Umfeld des Wirtschaftslebens.

Einheit von Kunst und Wissenschaft

Kunst und Wissenschaft sind in der Florentiner Renaissance kaum zu trennen, Kunst verstand sich geradezu als eine Herausforderung zu experimenteller Tätigkeit. Man denke etwa an die Studien von Paolo Uccello (1397–1475) zur Perspektive oder an die grandiose Kuppel mit einem Durchmesser von 45 m, die Brunelleschi 1420–1434 ohne Stützen über den Dom *Santa Maria del Fiore* gewölbt hat. Vor einigen Jahren hat man Rekonstruktionen der von ihm entworfenen Kräne, Aufzüge und Seilwinden hergestellt. Die Künstler waren oft auch (Universal-)Gelehrte: Giovanni Boccaccio (1313–1375), der Verfasser des *Decamerone*, hielt als einer der ersten literaturkritische Vorlesungen über die *Göttliche Komödie* von Dante Alighieri (1265–1321), dem Vater des modernen Italienisch, der mit seinem Werk *De Vulgari Eloquentia* auch als ein früher Sprachwissenschaftler gilt. Michelangelo war nicht nur ein genialer Baumeister und plastischer Künstler, sondern auch ein bemerkenswerter Dichter. Übervoll sind die Museen (Uffizien, Bargello, Accadémia) von Kunstwerken der Florentiner Renaissance. Das wissenschaftliche Denken fußte auf neuen ideologischen Prämissen wie Rationalismus, Vernunftglaube und empirischer Forschung. Der traditionelle, religiös motivierte Autoritätsbeweis verlor an Gewicht. Selbstbewußt empfand sich der Mensch als Mittelpunkt des Universums; als Bürger war er bestrebt, *virtù* (Tugend) zu beweisen und an den Staatsgeschäften teilzunehmen. Symbolfigur für die neue Zeit wurde der unter dem Schutz der Medici-Herzöge Cosimo II. und Ferdinand II. stehende Galileo Galilei (1564–1642), dessen Forschungen und Theorien zum historischen Inquisitions-Prozeß führten, durch den er 1633 gezwungen wurde, seinen Erkenntnissen abzuschwören.

Die Davidstatuen

Mindestens fünf Statuen des jugendlichen Siegers über den biblischen Riesen Goliath sind in Florenz als Meisterwerke der Renaissance vorhanden: Im Nationalmuseum *Bargello* kann man Donatellos David in Marmor (um 1415) und in Bronze (etwa

1440), einen David von Andrea del Verrocchio (vor 1476) und Michelangelos ‚Apollinischen' David von 1530 bewundern. Der David schlechthin (1504) befindet sich heute in der *Galleria dell'Accadémia*. Diese Monumentalstatue, von der Kopien am ursprünglichen Standort vor dem *Palazzo Vécchio* (*Palazzo della Signoria*) und oberhalb von Florenz am *Piazzale Michelángelo* stehen, ist eines der bekanntesten Markenzeichen von Florenz und der Renaissance, wenn nicht sogar von Italien, dessen Imitationen in allen gewünschten Größen feilgeboten werden.

David als Symbolfigur

In der Ikonographie spielt die Figur Davids eine bedeutende Rolle als politisches Symbol (Hettling 1988). An die Stelle von ‚König David', der im Mittelalter die Legitimität von Herrschaft verkörperte, tritt in der Renaissance ‚David, der Hirtenknabe und Sieger über Goliath'. Damit wird David zum Sinnbild für den tatkräftigen Bürger, der sich als politisches Subjekt begreift und seine Freiheit gegen ‚tyrannische' Übergriffe verteidigt. Er verkörpert den Florentiner Bürgerstolz und ist eine steingewordene Aufforderung zu Bürgertugenden. In den verschiedenen Davidstatuen verdeutlicht sich zudem die fortschreitende Autonomie der künstlerischen Tätigkeit. Die Kommunen stellen sich nun nicht mehr mittels eines religiösen Schutzpatrons dar, die Statuen sind ab dem 15. Jh. nicht mehr Ornament eines Bauwerks, sondern werden selbst Element der Machtausübung.

Donatellos Marmordavid

Donatellos Marmordavid wurde etwa 1414/15 von der Florentiner Stadtherrschaft (*Signoria*) in Auftrag gegeben, und zwar erstmals als Einzelfigur. Der Fuß dieser Statue steht auf dem Haupt Goliaths und verweist damit auf die Siege über die Feinde, aber durch den in der Schleuder befindlichen Stein auch auf die Wachsamkeit der Bürger gegenüber neuerlichen Angriffen. Der Efeukranz zeigt David als Psalmendichter und preist damit die poetischen Ambitionen der politischen Führungsschicht – eine Anspielung auf die Bedeutung literarischer Studien in der Renaissance.

Donatellos Bronzedavid

Der Bronzedavid wurde von Donatello für die Medici nach ihrem Sieg über die Florentiner Familie der Albizzi und über die Visconti aus Mailand (1440) geschaffen. Er ist die erste monumentale Aktfigur seit der Antike und damit ein kunstgeschichtlicher Meilenstein. Der Ölzweig an Davids Hut ist das Sinnbild für die Selbstinterpretation der Medici als Friedensbringer; der Lorbeerkranz am Boden verweist auf den unterlegenen Goliath und damit auf den Sieg über die Anmaßung der militärischen Gegner. Die Aufstellung der Statue im eigenen Palast war ein unmißverständliches Zeichen für die gesicherte Herrschaft der Medici, diente aber auch dem Schutz des Künstlers; ein unbekleideter David hätte nämlich aus religiösen Gründen noch nicht öffentlich gezeigt werden dürfen. Die Nacktheit bedeutete einerseits das Vertrauen auf die eigene Kraft, so wie der biblische David im Vertrauen auf Gottes Beistand die ihm von König Saul übergebene Rüstung vor seinem Kampf mit Goliath abgelegt hatte. Andererseits war Nacktheit auch ästhetisches Programm: Die Bildhauerkunst beanspruchte, autonom höchsten Anforderungen zu genügen, und dies geschah eben durch die Darstellung des nackten Menschen.

Michelangelos Marmordavid

Die Autonomie der Kunst wird in Michelangelos Marmordavid durch den sparsamen ikonographischen Verweischarakter vertieft: Ebenso wie der Baumstumpf symbolisiert David zwar noch die

Foto: R. Brütting

Bild 73: *Florenz: Michelangelos David vor dem Palazzo Vécchio*

Aufbruchstimmung der *renovatio*. Ansonsten aber verweist die Statue auf sich selbst (Selbstreferenz); sie ist nicht mehr auf ein politisches oder ideologisches Programm oder einen besonderen Standort hin ausgelegt. Nicht mehr der Herrscher verkörperte sich in einer David-Statue, sondern diese diente der Identifikation der Soldaten des neu geschaffenen Bürgerheers, das die teuren und unzuverlässigen Landsknechte abgelöst hatte. Diese Bürgersoldaten sollten eigenverantwortlich für das Gemeinwesen einstehen und dabei wie David *fortitudo* (Tapferkeit) und *sapientia* (Weisheit) beweisen, d. h. militärische und bürgerliche Tugenden in sich vereinen.

Probleme des Massentourismus

Wie bietet sich das Florenz von heute dar? Zwar wird das Stadtzentrum mehr und mehr für den Verkehr geschlossen, aber in den übrigen historischen Straßen herrscht ein unvorstellbares Gewimmel dahinflitzender *Motorini*, die den Fußgänger mit ihrem Lärm und ihren stinkenden Abgasen belästigen. Fast die ganze Nacht hindurch brandet in den Außenbezirken ein nicht abreißender Verkehrsstrom, und auch in der Innenstadt versuchen Kulturen aus allen Ländern auf dem Mythos Florenz ihr kommerzielles Süppchen zu kochen. Die Straßen der europäischen Kulturmetropole (1986) werden als ambulante Verkaufsstellen für allerlei aufdringlich ausgebreiteten Ramsch genutzt; die Treppen vor dem Dom sind Rast- und Eßplatz für Touristen aus aller Welt, in der Mehrzahl Amerikaner und Japaner, gefolgt von Deutschen; das von Lorenzo Ghiberti 1425–1452 geschaffene ‚Tor des Paradieses' (Kopie) des Baptisteriums bildet den Hintergrund für eine *Western Country Night* mit Lautsprecherverstärkung bis Mitternacht. Eine Heimsuchung für die Stadt wird das (Heilige) Jahr 2000 (*Giubileo*) sein, das eine weitere Steigerung der schon jetzt überschwappenden Besucherzahlen bringen und noch mehr Unrat in den übervollen Müllgefäßen hinterlassen wird. Trotz etwa 20000 Betten in der Stadt (26000 in der Provinz Florenz) wird es – wie jetzt schon – nicht einfach sein, eine Schlafstelle zu bekommen. *COMPLETTO* ist dann sicher eine der ersten Vokabeln, die sich jeder Tourist gut einprägen sollte.

Der *Vittoriale degli Italiani* und Salò

Um zum *Vittoriale* zu gelangen, muß der Reisende bei Trient das Tal der Etsch verlassen. Auf einer Bergstraße, vorbei am malerischen Wasserschloß *Toplino*, das Viktor von Scheffel gerühmt hat, kommt er nach Riva am Gardasee und kann dann entweder mit dem Schiff oder auf der *Gardesana Occidentale* weiter nach Gardone Riviera fahren, einem in Goethes *Italienischer Reise* noch nicht erwähnten Tourismusort, einst Treffpunkt des europäischen

Foto: R. Brütting

Bild 74: *Gardone: Vittoriale degli Italiani, Eingangstor*

Adels. Oberhalb des Städtchens, mit herrlichem Blick auf den See, befindet sich eine der geschichtsträchtigsten und eigenartigsten Gedenkstätten Italiens: der *Vittoriale degli Italiani*. Es handelt sich um eine neun Hektar große Parkanlage mit einem Gebäudekomplex, in dem Gabriele D'Annunzio nach dem Fiume-Abenteuer bis zu seinem Tod am 1. März 1938 gelebt hat.

Ein Vermächtnis Gabriele D'Annunzios

Im Februar 1921 mietete der Schriftsteller die Villa Cargnacco, die vor der Beschlagnahmung im Ersten Weltkrieg dem Kunstkritiker Henry Thode, einem angeheirateten Verwandten der Familien Liszt und Wagner, gehört hatte; im Herbst des gleichen Jahres kaufte D'Annunzio das Grundstück. Schon Ende 1923 vermachte er das ‚Siegesdenkmal der Italiener' dem italienischen Staat, u.a. mit folgenden pathetischen Worten: „Alles hier ist von der Art meines Geistes geprägt, ein Teil meiner Seele, ein Beweis meiner Inbrunst. So wie der Tod meinen Leichnam meinem geliebten Vaterland überantworten wird, so gestatte ich mir, das Beste meines Lebens zu bewahren, mit dieser Gabe an mein geliebtes Italien" (zit. nach Mazza 1992, S. 14).

Das Mausoleum

Infolge von Erweiterungen und einer architektonischen Umgestaltung durch den Architekten Gian Carlo Maroni wurde aus dem landwirtschaftlich geprägten Anwesen im Laufe der Jahre der jetzige *Vittoriale*, eine weitläufige Anlage mit Gärten und Gebäuden, die von einem bombastischen Mausoleum gekrönt wird, das erst nach dem Zweiten Weltkrieg fertiggestellt worden ist. Seit 1963 ruht hier D'Annunzio in einem Hochgrab, umgeben von zehn seiner Legionäre aus Fiume. Wie der gesamte *Vittoriale* ist auch das Mausoleum mit Symbolik überladen: Es imitiert eine römische Grabstätte und erhebt sich, ähnlich dem „Inferno" in Dantes *Göttlicher Komödie*, in drei konzentrischen Marmorkreisen.

Kriegerische Relikte

In einer Halle befindet sich das Schnellboot, mit dem D'Annunzio im Februar 1918 in einen damals noch österreichischen Hafen eingedrungen ist und drei verkorkte Flaschen mit der italienischen Fahne und spöttischen Zeilen hinterlassen hat. Im Freien steht der gewaltige Bug des Kriegsschiffs *Púglia*, der ihm auf seine Bitten hin von der italienischen Marine geschenkt und mit zwanzig Eisenbahnwaggons nach Gardone gebracht wurde. An der Decke des Auditoriums hängt das Flugzeug, aus dem der Schriftsteller am 9. August 1918 Flugblätter über Wien abgeworfen hat. Nach dem Vorbild eines griechischen Amphitheaters ließ D'Annunzio von Maroni eine erst 1953 eingeweihte Freilichtbühne für 1500 Besucher errichten.

Die *Prioria*

Mehrere Plätze mit Bögen, Säulen, Statuen, Wappen und Gedenkstücken führen zur *Prioria*, dem Privathaus des Dichters, das er nach seinen exzentrischen Vorstellungen selbst eingerichtet hat, ganz im Sinne seiner Absicht, das eigene Leben zu einem Kunstwerk zu machen. Allenthalben stößt man auf lateinische oder italienische Zitate und auf Denksprüche von D'Annunzio selbst. Umgeben von Reliquien verbrachte der Schriftsteller in diesem morbiden Ambiente mit der Fiume-Kämpferin und Pianistin Luisa Baccara die letzten Jahre seines Lebens als Vertreter eines grenzenlosen Kults ästhetisch überhöhter Sinnlichkeit. Die meist dunklen Räume mit seltsamen Namen (‚Zimmer des Aussätzigen'; ‚Zambracca'; ‚Apollinische Veranda') quellen über von Büchern und reichhaltigen Sammlungen aus den unterschiedlichsten Kulturen, aber auch von Kitsch-Objekten mit oft militärischem oder religiösem Hintergrund. D'Annunzios eigene Manuskripte befinden sich im Handschriften-Saal.

D'Annunzio als Protofaschist

Der italienische Faschismus, der in anderen Ländern zum Vorbild für ähnliche Bewegungen wurde, geht in seinen wesentlichen Zügen auf Gabriele D'Annunzio zurück (s. Kap. zur Geschichte), selbst wenn er nie Mitglied der Faschistischen Partei (PNF) gewesen ist. Vor allem die Inszenierungen des Faschismus (Aufmärsche, Rufe, Fahnen usw.) sind eine Erfindung des einflußreichen Schriftstellers, politischen Aktivisten und Weltkriegshelden, der eine treibende Kraft für die Beteiligung Italiens am Ersten Weltkrieg war, den Massen das Schlagwort vom ‚Verstümmelten Sieg' (*Vittória mutilata*) einprägte und seine Gefolgschaft zum Fiume-Abenteuer anstacheln konnte. Er ist das wichtigste Bindeglied zwischen dem *Risorgimento*, das den liberalen Einheitsstaat zum Ziel hatte, und dem aggressiven Nationalismus bzw. Imperialismus der ersten Hälfte des 20. Jahrhunderts (Becker 1994, S. 211). Auf ihn geht die im Faschismus weiterentwickelte Mobilisierung der Massen durch Propaganda und die Kunst der Massenbeherrschung zurück.

Die Republik von Salò

Nicht zufällig liegt Salò, die ‚Hauptstadt' der faschistischen *Repúbblica Sociale Italiana*, mit der Mussolini nach dem Waffenstillstand vom 8. September 1943 noch einmal das Blatt zu seinen Gunsten wenden wollte, ganz in der Nähe des *Vittoriale*. Abgeschirmt von der deutschen SS, bewohnte Clara Petacci, die jugendliche Geliebte des Diktators, in Gardone zunächst die Villa Fiordalísio und dann die Villa Mirabella des *Vittoriale*. In Gardone befanden sich auch das Außenministerium der *Repúbblica di Salò* und der Sitz des SS-Oberkommandos unter Leitung von General Karl Wolff.

Foto: R. Brütting

Gardone Riviera und Salò haben diese Zeiten wohl vergessen und reihen sich in die eleganten Badeorte des Gardasees ein. Hotels aller Preisklassen stehen den Touristen offen, die in der üppigen Vegetation des botanischen Gartens „Hruska" flanieren können. Etwa 300 000 von ihnen, darunter sicher nur wenige Ausländer, steigen jährlich zum *Vittoriale* hinauf und werden dort an eine vergangene Epoche erinnert, die nicht nur Italien durch die Teilnahme an zwei Weltkriegen, sondern auch anderen Ländern (u. a. Abessinien, Albanien und Griechenland) unendliches Leid beschert hat.

Bild 75: *Bozen: Faschistisches Siegestor mit der Inschrift (Übersetzung): „Markiere hier die Grenzlinien des Vaterlands. Durch Sprache, durch Gesetze und Künste haben wir von hier aus der übrigen Menschheit die Kultur gebracht".*

Trient

„Trento e Trieste!" (‚Trient und Triest!') – mit dieser Losung wurden die italienischen Soldaten in die Schlachten des Ersten Weltkriegs getrieben. Die Pariser Vorortverträge von 1919 erfüllten diesen Anspruch und sprachen dem Königreich Italien neben Triest, Istrien und Dalmatien die Stadt Trient und das fast ausschließlich italienischsprachige Trentino zu – freilich auch das mehrheitlich deutschsprachige Südtirol mit seiner ladinischen Minderheit. Die Situation der bislang unter österreichischer Herrschaft stehenden Grenzregion war im Sinne Italiens entschieden.

Cesare Battisti, ein politischer Märtyrer

Symbolfigur dieser Vorgänge ist der im Trienter *Castello del Buonconsíglio* hingerichtete Cesare Battisti, dessen weithin sichtbares Mausoleum auf einer Anhöhe oberhalb von Trient steht. Cesare Battisti wurde 1875 in Trient geboren und war nach seiner Studienzeit in Graz, Wien und Florenz Führer der Sozialistischen Partei des Trentino. Er publizierte geographische und gesell-

schaftswissenschaftliche Schriften und war als Journalist tätig. Infolge des Scheiterns der Forderung nach weitgehenden Autonomierechten für das Trentino wandte sich Battisti seit 1904 dem Irredentismus zu und verlangte den Anschluß an das Königreich Italien. 1911 wurde er – wie auch Alcide De Gasperi – in den Wiener Reichsrat, 1914 in den Tiroler Landtag gewählt. Nach Ausbruch des Ersten Weltkriegs verließ Battisti den österreichischen Herrschaftsbereich und ging nach Italien, wo er sich für den italienischen Kriegseintritt einsetzte und als Kriegsfreiwilliger bei den *Alpini* kämpfte. Im Juli 1916 wurde er nach einem Nachtgefecht von einer österreichischen Patrouille gefangengenommen und wegen Hochverrats zum Tode verurteilt.

Bild 76: *Trient: Dom mit Neptunsbrunnen*

Trentino und Südtirol: die schwierige Autonomie

Es dauerte noch viele Jahrzehnte, bis die Verhältnisse in der Grenzregion friedlich geregelt werden konnten. Im 1. Autonomiestatut von 1948 wurde Südtirol, dessen vom Faschismus mißachteten Minderheitenrechte im Pariser Abkommen von 1946 festgeschrieben worden waren, auf Betreiben von Ministerpräsident De Gasperi mit dem Trentino zur autonomen, mehrheitlich italienischsprachigen Region Trentino-Tiroler Etschland mit der Hauptstadt Trient zusammengeschlossen. Die Provinzen Bozen und Trient sollten eine eingeschränkte Unterautonomie erhalten, ein Projekt, das aber nicht verwirklicht wurde. Die Spannungen zwischen den Volksgruppen führten schließlich zum „Los von Trient" (1957) der Südtiroler und zu Bombenanschlägen. 1969 wurde der Pacchetto (‚Paket') vereinbart, dessen Ergebnis das 2. Autonomiestatut von 1972 war. Dieses läßt die autonome Region Trentino-Südtirol bestehen, verlagert das Schwergewicht aber auf die autonomen Provinzen Trient und Bozen. Ein beispielhafter Minderheitenschutz für die Bevölkerungsgruppen in Südtirol – weniger konsequent jedoch für die ladinischen und deutschen Minderheiten des Trentino – bewirkte 1992 die endgültige Streitbeilegung.

Hauptstadt einer Grenzregion

Trient war schon seit vielen Jahrhunderten Hauptstadt einer konfliktreichen, autonomiebewußten Grenzregion zwischen dem romanischen (italienischen) und germanischen (deutschen) Kulturgebiet (Benvenuti 1995). Ein deutlicher Ausdruck hierfür ist das 1896 eingeweihte Dante-Denkmal, das eine Antwort auf das 1889 in Bozen errichtete Denkmal für Walther von der Vogelweide war. Der Kampf zwischen den Kulturen ist inzwischen abgeebbt; das 1973 gegründete *Italienisch-Deutsche Historische Institut* des *Trentiner Kulturinstituts* nimmt sich mit Nachdruck der Aufgabe an, Brücken zwischen den beiden Kulturgebieten zu schlagen. – Nach rätischer und gallischer Besiedlung des Trentino entstand *Tridentum* unter römischer Herrschaft im 1. Jh. v. Chr. als strategisch wichtiger Stützpunkt an der Kreuzung von Valsugana und Etschtal vor den Alpenübergängen (Brenner- und Reschenpaß). Reste der römischen Besiedlung können im renovierten *Teatro Sociale* besichtigt werden. Nach dem Niedergang des Römischen Reichs herrschten im Trentino die Ostgoten und die Langobarden, die 774 vom Frankenkönig Karl besiegt wurden. 952 wurde es Teil des ‚Heiligen Römischen Reiches Deutscher Nation'. Herausragendes Datum in der Geschichte Trients war die Gründung des Fürstbistums im Jahre 1027 durch Kaiser Konrad II., nachdem schon Heinrich II. im Jahre 1004 dem Bischof von Trient die Grafschaft Trient übertragen hatte. Die Grafen von Tirol übten als Vögte die weltliche Gewalt im Fürstbistum aus. Sie breiteten sich territorial aus und wurden mehr und mehr die eigentlichen Herrscher in Trient. Hieraus entstand eine jahrhundertelange Überlappung der Kompetenzen der Fürstbischöfe von Trient und der Grafen von Tirol. 1363 gelangte Trient mit Tirol unter die Herrschaft der Habsburger. Im *Landlibell* von 1511 erkannte Kaiser Maximilian die Reichsunmittelbarkeit des Fürstbistums an, das bis zu seiner Säkularisierung im Jahre 1803 Bestand hatte.

Das Konzil von Trient

Kardinal Bernhard von Cles (1514–1539) stattete die Stadt mit Renaissance-Palästen aus und erweiterte das *Castello del Buonconsíglio* zu einer Residenz mit prächtigen Wandfresken. Er bereitete so das Konzil von Trient (1545–1563) vor, das der Stadt mit damals etwas mehr als 6000 Einwohnern Weltbedeutung verlieh. Seit dem Reichstag von Worms (1521) war gefordert worden, ein „gemein, frei, christlich Konzil in deutschen Landen" solle das letzte Wort über die Reformation Martin Luthers sprechen. Trient erfüllte die Bedingungen insofern, als es ‚christlich' war und in Italien lag (womit es den Wünschen des Papstes entsprach), sich durch seine Zugehörigkeit zum Reichsgebiet jedoch auch nach Deutschland orientierte (woran der Kaiser interessiert war). Nach dem Fehlschlag eines Konzils in Mantua und Vicenza wurde das Konzil am 13. Dezember 1545 eröffnet. Kaiser Karl V. und Papst Paul III. hatten sich geeinigt, gemeinsam den Protestantismus zu bekämpfen und die Kirchenspaltung zu beseitigen. Das Konzil setzte sich zur Aufgabe, die katholischen Dogmen zu bekräftigen und eine Kirchenreform in Angriff zu nehmen. Es beschloß alsbald, neben der Bibel der apostolischen Tradition das gleiche Gewicht einzuräumen, und verurteilte die lutherische Rechtfertigungslehre. Von 1547–1551 tagte das Konzil im Kirchenstaat in Bologna, wurde nach Protesten aber wieder nach Trient verlegt. Nach einer Unterbrechung folgte eine dritte Sitzungsperiode bis Dezember 1563, während der u.a. Ehe-Dekrete und die Einführung von Priesterseminaren beschlossen wurden.

Folgen des Konzils

Insgesamt war das Konzil von Trient der Versuch einer grundlegenden Modernisierung der geschwächten Katholischen Kirche in Verfassung und Seelsorge (u.a. Priesterzölibat; Residenzpflicht des Klerus; Verbot der Ämterhäufung; Neuordnung der Heiligenverehrung, der Messe und des Ordenswesens). Es war aber auch die Antwort einer bislang ungeteilten Glaubensgemeinschaft auf den Protestantismus und die Zementierung der konfessionellen Spaltung. Für Italien bedeutete das Konzil von Trient das Ende des Traums einer Versöhnung freien Denkens mit dem Glauben; der Dogmatismus des *Tridentinums* ließ den Intellektuellen nur die Alternative zwischen offenem Bruch mit der Kirche oder Unterwerfung. Nach der kulturellen Einheit der Renaissance wurde das geistige Leben Italiens geschwächt und zersplitterte sich, ein Erbe, das Italien auch heute noch nicht vollständig überwunden hat.

Familie, Familismus

Seit dem Erscheinen des Buchs *Le basi morali di una società arretrata* (Die moralischen Grundlagen einer rückständigen Gesellschaft) von E. C. Banfield im Jahre 1955 (Bologna ^{2}1976; amerik. 1958 u. 1967), das den süditalienischen Bauern bescheinigte, nur im Interesse ihrer Familien, nicht aber im Sinne des Gemeinwohls zu handeln, wird der Begriff ‚(amoralischer) Familismus' immer wieder diskutiert. Er stellt eine Besonderheit Italiens dar, die sich aber erst zeigt, wenn man aktuelle statistische Daten sozialgeschichtlich interpretiert.

Demographische Tendenzen

In demographischer Hinsicht folgt die italienische Familie nämlich weithin, wenn auch mit einer gewissen Zeitverzögerung, den in west-, mittel- und nordeuropäischen Ländern begonnenen Entwicklungen (s. Kap. Bevölkerung). Diese ‚Verspätung' besteht u. a. darin, daß fast alle italienischen Frauen der Geburtsjahrgänge 1955 und früher mindestens ein Kind zur Welt gebracht haben, während z. B. in Deutschland wesentlich mehr Frauen der gleichen Altersgruppe kinderlos geblieben sind. Trotz einer ständigen Zunahme von Scheidungen und Ehetrennungen (Tab. 24) ist in Italien bei weitem nicht die Scheidungsquote etwa Deutschlands oder gar der USA erreicht worden. Aber auch in Italien werden die Familien immer kleiner. Haushalte mit sechs und mehr Personen sind bereits eine Seltenheit, und an die Stelle der traditionellen Großfamilie ist die Kernfamilie getreten. Die Heiraten nehmen ab, während das Heiratsalter steigt und die Italienerinnen ihr erstes Kind in einem immer höheren Alter bekommen. Vor allem aber ist die Zahl der Geburten drastisch gesunken. 1970 brachte jede Italienerin im Durchschnitt 2,42 Kinder zur Welt, während es Mitte der neunziger Jahre nur noch 1,17 Kinder waren (Gambino 1998, S. 159 f.).

Jahr	a) Eheschließungen: absolute Zahlen	pro 1 000 Einwohner	davon Ziviltrauungen (%)
1961	397 461	7,9	1,6
1971	404 464	7,5	3,9
1981	316 953	5,6	12,7
1991	312 061	5,5	17,5
1997*	273 111	4,7	20,8

Jahr	b) Ehescheidungen und Ehetrennungen: Ehescheidungen	Ehetrennungen
1985	15 650	35 163
1991	27 350	44 920
1993	23 863	48 198
1996	32 717	57 538

* vorläufige Zahlen

Quelle: *Istat*: Rapporto sull'Italia. Bologna 1998, S. 185

Tab. 24: *Eheschließungen, Ehescheidungen und Ehetrennungen*

In einem Punkt freilich unterscheidet sich die italienische Familie von heute deutlich von jener west-, mittel- und nordeuropäischer Länder: Typisch für Italien ist die außerordentlich hohe Zahl von *mammoni* bzw. *mammisti*, d. h. von erwachsenen ‚Nesthockern': Etwa 70 % der unverheirateten Männer im Alter von über 35 Jahren leben immer noch bei den Eltern. Jeder vierte geschiedene Mann und 17% der geschiedenen Frauen kehren nach dem Scheitern einer Partnerschaft zu den Eltern zurück. Männer unter 25 Jahren wohnen zu 95,5% bei den Eltern, und 33% der Verheirateten sehen die Eltern jeden Tag. Insgesamt gibt es demnach zwar kaum mehr kleine Kinder in den italienischen Familien, dafür aber jede Menge volljähriger Muttersöhnchen, die dem ‚Zölibat der Bequemlichkeit' frönen. Gewiß sind auch wirtschaftliche Gründe wie Arbeitslosigkeit und zu teurer Wohnraum für den Verbleib in der elterlichen Wohnung verantwortlich, ebenso das „wohl zu einseitig auf das intellektuelle Faktenwissen" ausgerichtete Bildungssystem Italiens, das nur ungenügend an das Beschäftigungssystem angepaßt ist (Große/Trautmann 1997, S. 237). Zudem hat der Vater mit der Entstehung demokratischer Familienstrukturen seine autoritäre Position verloren und ist zu einem Kameraden bzw. Berater der erwachsenen Kinder geworden, für die es darum keine Notwendigkeit mehr gibt, in Abgrenzung gegen den Vater die elterliche Wohnung zu verlassen. Noch wichtiger sind allerdings emotionale Bindungen an die Mutter (*mammismo*), die für den inneren Zusammenhalt der italienischen Familie sorgen.

Erwachsene ‚Nesthocker'

Mißtrauen (*diffidenza*) erschien immer schon vielen ausländischen Beobachtern (z. B. Montaigne, Goethe, Stendhal, Taine, Forsyth) als ein Grundzug des italienischen Nationalcharakters (Gambino 1998, S. 7f.). Daß Italiener eine ungewöhnlich starke *diffidenza* gegenüber relativ unbekannten Personen hegen, zeigen auch Erhebungen aus dem Jahre 1990, bei denen lediglich 3% der Befragten angaben, ihren eigenen Landsleuten ein „großes Vertrauen" entgegenzubringen (immerhin 36% hatten „ziemliches Vertrauen" zu ihnen). Sehr vertrauenswürdig war für sie dagegen die eigene Familie („großes Vertrauen": 73%; „ziemliches Vertrauen": 23%). Zwar genießt auch in Deutschland die eigene Familie ein hohes Vertrauen (81%; „ziemliches Vertrauen": 14%); aber auch gegen die eigenen Landsleute ist man nicht übertrieben mißtrauisch („großes Vertrauen": 16%, „ziemliches Vertrauen": 50%). Die Mittelwerte von 14 europäischen Ländern zeigten ein ähnliches Bild: Die eigene Familie war für fast alle Befragten „sehr" oder „ziemlich vertrauenswürdig", aber auch die eigenen Landsleute waren für 16% der Befragten „sehr" und für 47% „ziemlich vertrauenswürdig".

Mißtrauen und Vertrauen

Italien hatte auch bei allen Umfragen von 1973–1990 den höchsten Bevölkerungsanteil, der mit der Funktionsweise der Demokratie unzufrieden war, wie überhaupt das Mißtrauen gegenüber dem Staat eine der Grundtatsachen der italienischen Gesellschaft ist. Dies birgt freilich tiefe Probleme in sich, da ein allgemeines und generalisiertes Minimum an Vertrauen, das nicht auf die eigene Gruppe beschränkt ist, für das Funktionieren der liberalen Demokratie unerläßlich ist (Immerfall 1997, S. 148f.).

Von der *Allgemeingültigkeit* von Konventionen und Gesetzen sind Italiener also nicht ohne weiteres überzeugt. Deren Verbindlichkeit muß vielmehr zwischen den Interaktionspartnern oft erst ausgehandelt werden; d.h., es wird von Fall zu Fall geprüft, ob der Unbekannte als *amico* (Freund) akzeptiert werden kann (Schneider 1989, S. 135–143). Bevor dies der Fall ist, wird ein Italiener

Sind Normen verbindlich?

versuchen, sich gegen die – zu Recht oder Unrecht – vermutete *furberia/furbízia* (Durchtriebenheit, Gerissenheit) seines Gegenübers abzusichern. Die regional sicher unterschiedlich stark ausgeprägte *diffidenza* ist eine Reaktion auf die (oft übertrieben gesehene) *furberia*, die es abzuwehren gilt, um nicht als *fesso* (geprellt, begaunert) zu erscheinen. Man fürchtet zwar die *furberia*, bewundert aber auch die *bellezza* (‚Schönheit') einer geschickten *furberia* – sofern man nicht selbst deren Opfer geworden ist (Schneider 1989, S. 114–118). Die *furberia* bezieht sich vor allem auf die Übertretung staatlicher Gesetze, was auch ein bekanntes Sprichwort besagt: „Fatta la legge, trovato l'inganno" (‚Kaum ist das Gesetz verabschiedet, schon ist das Schlupfloch gefunden').

Protektion durch die Familie

Vor der als bedrohlich eingeschätzten Umwelt erscheinen die Familie und die Kleingruppe der Freunde als Zufluchtsorte. Schon früh wird italienischen Kindern von ihren Eltern vermittelt, daß das gesellschaftliche Leben viele tückische Gefahren und Unwägbarkeiten bereithält, gegen die sich die Familie als Schutzwall und Stätte von Trost und Rat anbietet (Ginsborg 1994, S. 288). Diese Haltung ist jedoch zweischneidig: „Die Stärke der Familie ist [...] nicht allein das Bollwerk gegen Ordnungslosigkeit, sondern gleichzeitig eine ihrer Ursachen" (Barzini 1977, S. 200). Die Familie ist nämlich auch Quelle situationsabhängiger, darum relativer Normen.

Probleme bei der sozialen Modernisierung

Für die starke Position der Familie in Italien gibt es verschiedene Erklärungen. Italien unterscheidet sich von anderen europäischen Ländern dadurch, daß grundlegende soziale Modernisierungsprozesse nur unvollständig oder verspätet erfolgt sind. Die europäische Moderne besteht bekanntlich in einem Leben der Bürger in einem öffentlichen, überregionalen Raum, in einer künstlichen Welt, wo allgemein anerkannte Konventionen und die öffentliche Meinung die einzige Garantie für Moral und Sitten im privaten wie im öffentlichen Bereich sind (Galli della Loggia 1998, S. 89ff.). Italien hat in der Renaissance zwar die ersten frühkapitalistischen Unternehmer hervorgebracht. Diese entwickelten sich aber – im Unterschied zu England, Frankreich und Deutschland – nicht zu einem selbstbewußten Bürgertum mit ihm eigenen Werten, sondern integrierten sich schnell in den Adel und versuchten, dessen Lebensweise nachzuahmen (Habermas 1971, S. 28). Das von den italienischen ‚Bürgern' erstrebte Ideal war eine herrschaftlich-adelige Oligarchie. Politik erscheint so als Ausübung von Autorität, als Verteilung von Ressourcen und als Ausweitung der eigenen Einflußsphäre. Hinzu kommt die jahrhundertelange Fremdherrschaft, die kein Vertrauen in staatliche Einrichtungen entstehen ließ, sowie die starke Betonung der Familie durch die Katholische Kirche.

Familie und Partikularismus

Die italienische Familie beruht auf christlichem und lateinischem Erbe. Sie ist eine kohärente Kleingruppe, die wechselseitig zu persönlicher Treue verpflichtet ist und dem Individuum Dienste aller Art zur Verfügung stellt. Sie gewährt Sicherheit und soziale Anerkennung, während ein allgemeines Gesetz abstrakt und formal erscheint. Bezeichnenderweise nennt man sogar die Clans der Mafia ‚Familien'. Die Stärke der familiären Struktur besteht darin, daß sie – im Unterschied zum allgemeinen Gesetz – situationsabhängige Normen hervorbringen kann, und im historischen Prozeß hat die italienische Gesellschaft oft partikularistische Problemlösungen staatlichen Gesetzen vorgezogen. Zur geographischen Fragmentierung Italiens kommt so ein sozialer Partikularismus – als ob es für jedes Individuum spezielle, ad hoc geschaffene und gültige Gesetze gäbe (s. Kap. Geschichte).

Vorzüge der italienischen Familienstruktur

Die Quelle dieser Normen ist zwar die Kleingruppe, was aber nicht bedeutet, daß der Familismus von vornherein ‚amoralisch' ist. Im Bereich der Nachbarschaft oder in einem überschaubaren Stadtviertel (*contrada*), herrscht oft eine sehr starke Solidarität. Gastfreundschaft wird in Italien gerne gewährt. Es gibt zahlreiche historische Belege, z. B. im Bereich von Antifaschismus und *Resistenza*, wo sich Italiener entschlossen für das allgemeine Wohl eingesetzt haben. Der Familismus kann auch auf seine Erfolge verweisen: Typische Ausdrucksform des Familiengeists war die bis vor kurzem bestehende *Mezzadria*. Heute manifestiert sich der familiäre Kapitalismus besonders in einem tüchtigen Kleinunternehmertum. Florierende Großbetriebe sind im Familienbesitz; so gehört FIAT immer noch mehrheitlich den Agnellis.

Schwäche des Staates

Weithin fehlt aber die Identifikation mit den *staatlichen* Institutionen. Die Staatlichkeit hatte nicht die Kraft, die verfestigten Partikularismen und die geographische Fragmentierung zu überwinden und zu integrieren. Die nationale Einigung verlief vor dem Hintergrund historisch ausgebildeter Verhaltensformen, deren sozialer Sinn darin zu bestehen scheint, den Kampf ums Dasein in einer Gesellschaft mit begrenzten Ressourcen nicht so brutal werden zu lassen, daß dem Individuum Sicherheit und Ansehen verlorengehen. Vielmehr wird es durch die Gruppe geschützt – nur sie kann gewinnen oder verlieren. Politik ist darum den sozialen Bezügen dienstbar, nicht umgekehrt.

Italien verharrte länger als andere Nationen in vormodernen, natürlichen Lebensgemeinschaften (Familie, Dorf, *contrada*, Zunft), in die man hineingeboren wird, deren Werte das Individuum übernimmt, von deren Anerkennung es abhängig ist und die ihm den Status zuweisen. Darum gab es in Italien – zumindest bis zum Faschismus – nie eine politische Teilnahme größerer Bevölkerungsmassen. Selbst die nationale Einigung war nur deshalb möglich, weil wenige beherzte Männer um Garibaldi die Initiative ergriffen und die *Impresa dei Mille* starteten, während die jeweiligen Bevölkerungen diesen Vorgang weithin mit Desinteresse bzw. anderen Erwartungen verfolgten (Gambino 1998, S. 156).

Fehlentwicklungen im Bildungssystem

Zudem war Italien noch im 19. Jh. ein Land mit extrem geringer Bildung. Dieses Fehlen von Bildung, die überregionalen Austausch und Persönlichkeitsentwicklung erst ermöglicht, war eine der Hauptursachen für die versäumte Entwicklung einer bürgerlichen Öffentlichkeit. Die Herausbildung von Eliten ist durch den von der Gegenreformation bewirkten Niedergang der Universitäten und eine feinmaschige Zensur verhindert worden. Ein von den Jesuiten dominiertes steriles Bildungssystem für die höheren Schichten bewirkte seit dem 16. Jh. den Verfall von Kreativität und Originalität. Die Folgen waren oligarchische Herrschaftsstrukturen, Immobilität und Versteinerung der gesellschaftlichen Ränge. Man war und ist zu einer schnellen Veränderung der Koalitionen je nach Opportunität (*trasformismo*) bereit, was bis heute Grundmodell politischen Handelns geblieben ist. Insgesamt führte die Permanenz der Herrschaft der Familien (nicht eines einzelnen!) dazu, sich dem Sieger anzuschließen, was wiederum die Oligarchie zementiert hat (Galli della Loggia 1997, S. 94–99).

Erblichkeit privilegierter Positionen

In der italienischen Gesellschaft fehlt weitgehend der auf Verdienst, auf Ansehen, auf Studium, Konkurrenz usw. beruhende Wettkampf um gesellschaftliche Positionen. Bei wirtschaftlichen, kulturellen und politischen Führungsgruppen liegt oft keine Auswahl aufgrund von Verdienst vor, sondern eine Kooptierung aufgrund einer Empfehlung. Insofern ist Italien ein Land mit hoher sozialer Erblichkeit. Söhne von Freiberuflern, Unternehmern u. ä. haben eine 15mal höhere Chance, eine ähnlich privilegierte Position wie ihre Väter zu erhalten als Unterschichtkinder (Galli della Loggia 1998, S. 108). Beim Kampf um soziale Positionen besteht kaum Chancengleichheit, sondern die Posten werden durch Austausch von Vergünstigungen bzw. aufgrund von Vereinbarungen zwischen Familien vergeben.

Ende des Familismus ?

Es bleibt freilich die Frage, ob nicht auch in Italien das soziale Modell des Familismus, das auf matriarchalen Prinzipien zu beruhen scheint (Gambino 1998), an sein Ende gekommen ist. Seit einigen Jahren wird es immer stärker in Frage gestellt, so durch die erwähnten Veränderungen in der Familienstruktur, durch die Öffnung nach Europa und durch den Wandel der Lebensgewohnheiten in der Arbeitswelt, in der Freizeit und im Medienkonsum, zudem durch die Erfolge des Feminismus, mögen diese auch begrenzt sein.

Literaturverzeichnis

Abkürzungen

AG	Annales de Géographie, Paris
BSGI	Bollettino della Società Geografica Italiana, Rom
GH	Geographica Helvetica, Zürich
GJ	GeoJournal, Dordrecht/Boston
GR	Geographische Rundschau, Braunschweig
GZ	Geographische Zeitschrift, Wiesbaden/Stuttgart
MGE	Memorie di Geografia Economica ed Antropica, Neapel
MGGMü	Mitteilungen der Geographischen Gesellschaft München
MÖGG	Mitteilungen der Österreichischen Geographischen Gesellschaft, Wien
MSGI	Memorie della Società Geografica Italiana, Rom
PGM	Petermanns Geographische Mitteilungen, Gotha
RGI	Rivista Geografica Italiana, Florenz
TESG	Tijdschrift voor economische en sociale geografie, Oxford (U.K.)/Malden (MA, USA)
Z	Zeitschrift
ZfW	Zeitschrift für Wirtschaftsgeographie, Frankfurt a. M.

Überblicksliteratur, Bibliographien, Atlanten u. ä.

Almagià, R.: L'Italia. 2 Bde., Turin 1959.

Atlante fisico-economico d'Italia. Hrsg. v. G. Dainelli. TCI, Mailand 1939 (Note illustrative a cura del Prof. Aldo Sestini).

Atlante Tematico d'Italia. 4 Bde., TCI, Mailand 1992.

Bagnasco, A.: Tre Italie. La problematica territoriale dello sviluppo italiano. Bologna 1977 (Studi e Ricerche, 74).

Béthemont, J. u. J. Pelletier: L'Italie. Géographie d'un espace en crise. Paris 1979.

Brütting, R. (Hrsg.): Italien Lexikon. Berlin 1995, ²1997 (Studienausgabe).

Chiellino, C., F. Marchio u. G. Rongoni: Italien. 2 Bde., München ³1995 (Beck'sche Reihe: Länder).

CNR (*Consiglio Nazionale delle Ricerche*): Collana di bibliografie geografiche delle regioni italiane. Neapel 1959 ff.

Corna-Pellegrini, G. u. C. Brusa (Hrsg.): La ricerca geografica in Italia 1960–1980. Varese 1980.

***D**iercke Weltatlas.* Neubearbeitung. Braunschweig 1996.

Drüke, H.: Italien. Wirtschaft – Gesellschaft – Politik. Leverkusen 1986 (Grundwissen-Länderkunden, 4).

Fischer, Th.: Das Halbinselland Italien. In: Kirchhoffs Länderkunde. v. Europa, 2. Teil, 2. Hälfte, Wien/Prag/Leipzig 1893, S. 283–515.

Fischer, Th.: Mittelmeerbilder. Berlin ²1913.

Große, E.-U. u. G. Trautmann: Italien verstehen. Darmstadt 1997.

Joannon, M. u. L. Tirone: La Méditerranée dans ses états. Méditerranée N.S. 70, 1990.

Kanter, H.: Italien. In: F. Klute (Hrsg.), Handb. d. Geogr. Wiss., Bd. Südost- u. Südeuropa. Potsdam 1931, S. 289–425.

King, R.: Southern Europe: Dependency or Development? Geography 67, 1982, S. 221–234.

King, R.: Italy: from sick man to rich man of Europe. Geography 77, 1992, S. 153–169.

Lautensach, H.: Der geographische Formenwandel. Studien zur Landschaftssystematik. Bonn 1953 (Coll. Geogr., 3).

Lehmann, H.: Die Rolle des Landschaftsklischees im Italienbild des Deutschen. In: 150 Jahre buchhändlerische Tradition, 70 Jahre Paul List Verlag. München 1964, S. 313–325.

Levi, C.: Cristo si é fermato a Eboli. Turin 1945 (Christus kam nur bis Eboli. Ullstein Bücher 22, Berlin 1960; dtv 1769, München 1982).

Loda, M.: Das „Dritte Italien". Zu den Spezifika der peripheren Entwicklung in Italien. GZ 77, 1989, S. 180–194.

Maull, O.: Länderkunde von Südeuropa. Leipzig/Wien 1929 (Enzyklopädie d. Erdkunde).

Migliorini, E. (Hrsg.): Le regioni d'Italia. 18 Bde., Turin 1960–1966.

Nissen, H.: Italische Landeskunde. Bd. 1: Land und Leute, Berlin 1883.

Pecora, A. u. R. Pracchi (Hrsg.): Italian contributions to the 23rd International Geographical Congress 1976. CNR, Rom 1976.

Philippson, A.: Das fernste Italien. Leipzig 1925.

Pinna, M. u. D. Ruocco (Hrsg.): Italy. A Geographical Survey. Pisa 1980.

Pohl, J.: Italien dreigeteilt? GR 47, 1995, S. 150–155.

Rother, K.: Die mediterranen Subtropen. Mittelmeerraum, Kalifornien, Mittelchile, Kapland, Südwest- und Südaustralien. Braunschweig 1984 (Geogr. Seminar Zonal).

Rother, K.: Der Mittelmeerraum. Ein geographischer Überblick. Stuttgart 1993 (Teubner Stud.bücher Geogr.) [= 1993 a].

Sabelberg, E.: Ein, zwei oder drei Italien? Zur kulturgeographischen Gliederung Italiens. In: T. Breuer (Hrsg.), Geographische Forschung im Mittelmeerraum und in der Neuen Welt.

Klaus Rother zum 65. Geburtstag. Passau 1997, S. 25–38 (Passauer Schr. z. Geogr., 15).

Schmieder, O.: Die Apennin-Halbinsel. In: Die Alte Welt, Bd. II: Anatolien und die Mittelmeerländer Europas. Kiel 1969, S. 281–408.

Sestini, A.: Delimitazioni delle grande regioni orografico-morfologiche dell'Italia. RGI 51, 1944, S. 16–29.

Sestini, A.: Il Paesaggio. TCI, Mailand 1963 (Conosci l'Italia, 7).

Società Geografica Italiana: Bibliografia geografica della Regione Italiana. Rom 1949 ff.

TCI (*Touring Club Italiano*): Conosci l'Italia. Mailand. Vol. 1: L'Italia fisica, 1957; Vol. 2: La Flora, 1958; Vol. 3: La Fauna, 1959; Vol. 4: Arte e Civiltà nell'Italia antica, 1960; Vol. 5: L'Italia storica, 1961; Vol 7: Il Paesaggio, 1963, u. a.

TCI (Hrsg.): Capire l'Italia. Mailand. Vol. 1: I Paesaggi umani, 1977; Vol. 2: Le Città, 1978; Vol. 3: Il Patrimonio storico-artistico, 1979; Vol. 4: I Musei, 1980; Vol. 5: Campagna e industria, 1981.

Tichy, F.: Italien. Darmstadt 1985 (Wiss. Länderkunden, 24).

Tömmel, I.: Le tre Italie: centrum, perifere formatie en marginale periferie. Geografisch Tijdschrift 17, 1983, S. 361–384.

Valussi, G. (Hrsg.): L'Italia geoeconomica. Turin [2]1993.

Vöchting, F.: Die italienische Südfrage. Berlin 1951.

Waetzold, W.: Das klassische Land. Wandlungen der Italiensehnsucht. Leipzig 1927.

Wagner, H.-G.: Italien. Wirtschaftsräumlicher Dualismus als System. Geogr. Taschenb. 1975/76, S. 57–79.

Wagner, H.-G.: Italien – Grundzüge des wirtschaftsräumlichen Strukturwandels 1950–1988. ZfW 33, 1989, S. 151–168.

Wagner, H.-G.: Mezzogiorno. Köln 1991 (Problemräume Europas, 10).

Wagner, H.-G.: Kann Süditalien noch den Anschluß an Europa finden? Würzburger Geogr. Arb. 87, 1993, S. 563–575.

Spezialliteratur

Achenbach, H.: Studien zur räumlichen Differenzierung der Bevölkerung der Lombardei und Piemonts. Erdkunde 30, 1976, S. 176–186.

Achenbach, H.: Nationale und regionale Entwicklungsmerkmale des Bevölkerungsprozesses in Italien. Kiel 1981 (Kieler Geogr. Schr., 54).

Achenbach, H.: Regionale Merkmale der natürlichen Bevölkerungsdynamik in Italien. Erdkunde 37, 1983, S. 175–186.

Adamo, F.: Una periferia industriale dell'Italia di Nord-Ovest. La provincia di Alessandria. Alessandria 1979.

Aerni, K.: Der transalpine Güterverkehr durch die Schweiz. GR 43, 1991, S. 504–512.

Agnew, J.: Rome. Chichester 1995.

Alasia, F. u. D. Montaldi: Milano, Corea. Inchiesta sugli immigrati. Mailand [2]1975.

Alberoni, F.: Aspects of international migration related to other types of italian migration. In: C. J. Jansen (Hrsg.), Readings in the sociology of migration. Oxford 1970, S. 285–316.

Albertini, R.: Gli aspetti geografico-economici della zona industriale ternana. Atti XIX Congr. Geogr. Ital. Como 1964, Vol. II, Como 1965, S. 571–586.

Alexander, R.: L'artisanat. In: Tradition et changement en Toscane. Paris 1970, S. 85–132 (Cahiers de la fondation nationale des sciences politiques 1976).

Alhaique, C.: Turismo, settore sommerso e Mezzogiorno. Realtà Mezzog. Ital. 19, 1979, S. 525–537.

Almagià, R.: Le frane in Italia. In: R. Almagià, Scritti Geografici (1905–1957). Rom 1961, S. 343–358.

Amatucci, A. u. H.-R. Hemmer: Wirtschaftliche Entwicklung und Investitionspolitik in Süditalien. Saarbrücken/Fort Lauderdale 1981 (Schr. d. Zentrums f. region. Entw.forsch. Univ. Gießen, 15).

Amoruso, O.: I consumi idrici nell'area servita dall'Ente Autonomo Acquedotto Pugliese. Atti XXII Congr. Geogr. Ital. Salerno 1975, Vol. II.1, Cercola/Napoli 1977, S. 101–113.

Amoruso, O.: La piana di Metaponto: dalla marginalità allo sviluppo. Bari 1988 (Pubbl. Dpt. Sc. Geogr. e Merceol. Univ. Bari, 4).

Antonietti, A. u. C. Vanzetti: Carta delle irrigazioni d'Italia. INEA, Rom 1965 (15 Karten 1 : 750 000, 1 Karte 1:2,5 Mio.).

Aquarone, A.: Grandi città e aree metropolitane in Italia. Bologna 1961.

Aquarone, A.: L'organizzazione dello stato totalitario. Turin [3]1978.

Aquarone, A.: L'Italia giolittiana. Bologna 1981.

Arena, G.: Lavoratori stranieri in Italia e a Roma. BSGI 119, 1982, S. 57–93.

Azoulay, R.: Dalla varietà spadone alla Bright. L'evoluzione della tabacchicoltura umbra e del relativo paesaggio. RGI 98, 1991.

Bätzing, W.: Die Alpen. Entstehung und Gefährdung einer europäischen Kulturlandschaft. München 1991.

Baldacci, O.: Rom als Weltstadt. In: J. H. Schultze (Hrsg.), Zum Problem der Weltstadt. Berlin 1959, S. 33–45.

Barberis, C.: Le migrazioni rurali in Italia. Mailand 1960.

Barberis, C.: Sociologia rurale. Bologna 1965.

Barberis, C.: Per una sociologia del turismo. Mailand 1979.

Barberis, C.: L'artigianato in Italia. In: C. Barberis u.a., L'artigianato in Italia e nella comunità economica europea. Contributo allo studio della famiglia como impresa. Mailand 1980, S. 7–82.

Barbero, G.: Land reform in Italy. Rom 1961 (FAO Agricult. Stud., 53).

Barbieri, G.: Prato e la sua industria tessile. In: G. Barbieri, Studi geografici sulla Toscana in occasione della XXII escursione geografica interuniversitaria. Florenz 1957 (RGI, Suppl. zu Bd. 63, 1956, S. 1–70).

Barbieri, G.: I porti d'Italia. Neapel 1959 (MGE, 20).

Barbieri, G. u. L. Gambi: La casa rurale in Italia. Florenz 1970 (CNR Ricerche sulle dimore rurali in Italia, 29).

Bardi, L. u. M. Rhodes (Hrsg.): Politica in Italia. I fatti dell'anno e le interpretazioni. Bologna 1998.

Bartaletti, F.: Le piccole città italiane. Pubbl. Ist. Sc. Geogr. Univ. Pisa, 24, 1977, S. 1–68.

Bartaletti, F.: Lumezzane: Il maggior centro italiano dell'industria della posateria. BSGI 115, 1978, S. 369–388.

Bartaletti, F.: La delimitazione delle aree metropolitane italiane. Il caso della Toscana. RGI 98, 1991, S. 159–184.

Bartaletti, F.: Le aree metropolitane italiane. Modifiche ai criteri di delimitazione e situazione in base ai dati censuari del 1991. RGI 103, 1996, S. 155–189.

Bartaletti, F.: Tourismus im Alpenraum. Eine alpenweite Bilanz. Praxis Geogr. 28, 1998, S. 22–25.

Bathelt, H.: Regionales Wachstum in vernetzten Strukturen: Konzeptioneller Überblick und kritische Bewertung des Phänomens „Drittes Italien". Die Erde, 129, 1998, S. 247–271.

Bartz, F.: Die großen Fischereiräume der Welt. Bd. 1: Atlantisches Europa und Mittelmeer. Wiesbaden 1964.

Baruzzi-Leicher, R.: Die landwirtschaftlichen Besitz- und Betriebsverhältnisse Italiens im 19. Jahrhundert. Z. f. Agrargesch. u. Agrarsoz. 10, 1962, S. 195–211.

Barzini, L.: Die Italiener. Frankfurt am Main 1977 (aus dem Englischen).

Basola, G.: Limone Piemonte. Un esempio di valutazione turistico. BSGI 129, 1992.

Battistoni, G.: Le residenze secondarie nella fascia costiera tra la foce de la Magra e quella del Serchio. BSGI 110, 1973, S. 147–167.

Baumann, H.: Bewässerungsprobleme in einem Bewässerungsgebiet Kalabriens. Z. f. Bewäss.wirtsch. 9, 1974, S. 5–15.

Baumgartner, A. u. E. Reichel: Die Weltwasserbilanz. Niederschlag, Verdunstung und Abfluß über Land und Meer sowie auf der Erde im Jahresdurchschnitt. München/Wien 1975.

Beck, N.: Studien zur klimagenetischen Geomorphologie im Hoch- und Mittelgebirge des Lukanisch-Kalabrischen Apennin (M. Pollino). Mainz 1972 (Mainzer Geogr. Stud., 4).

Becker, H.: Das Land zwischen Etsch und Piave als Begegnungsraum von Deutschen, Ladinern und Italienern in den Südlichen Ostalpen. Köln 1974 (Kölner Geogr. Arb., 31).

Becker, J. M.: Nationalism and Culture. Gabriele d'Annunzio and Italy after the Risorgimento. New York u.a. 1994.

Beier, M.: Kulturgeographische Studien im Hügelland des Monferrato und der Langhe. Ein Beitrag zur Kulturgeographie der Poebene. Frankfurt a. M. 1964.

Beloch, K. J.: Bevölkerungsgeschichte Italiens. Bd. I: 1937, 1940; Bd. II: ²1965; Bd. III: 1961. Berlin.

Benvenuti, S.: Storia del Trentino. Vol II: Fatti, personaggi, istituzioni nell'evoluzione di un paese di confine. Trient 1995.

Beretta, P. L.: Le autostrade d'Italia. L'Universo 48, 1968, S. 209–240 u. 525–566.

Bevilacqua, E.: La dinamica del paesaggio rurale dei Colli Euganei. In: Deputazione di Storia Patria per L'Umbria (Hrsg.). (o. O.) 1975.

Bevilacqua, E. u. E. Casti: The structure and impact of international tourism in the Veneto region, Italy. GJ 19.3, 1989, S. 285–287.

Bevilacqua, P. u. M. Rossi-Doria: Le bonifiche in Italia dal'700 a oggi. Bari 1984.

Biagini, E.: Proposte per una classificazione dei centri turistici su basi funzionali. La gerarchia dell'Italia settentrionale. Triest 1985 (Ist. Geogr. Univ. Trieste, 3).

Biagini, E.: La Riviera di Romagna: sviluppo di un sistema regionale turistico. Bologna 1990 (Studi regionali e monografici, 5).

Biasutti, R.: Ricerche sui tipi degli insediamenti rurali in Italia. MSGI 17, 1932, S. 5–25.

Biondi, G. u. P. Coppola Industrializzazione e Mezzogiorno. La Basilicata. Neapel 1974 (Pubbl. Ist. Geogr. Econ. Univ. Napoli, 14).

Bisaglia, A. (Hrsg.): Il sistema italiano delle partecipazioni statali. Suppl. Docum. e inform., Vita italiana 10, (o. O.) 1975.

Bischoff, U.: Der Scirocco. Untersuchungen zur Häufigkeit und Dauer über Mittel- und Süditalien. Erdkunde 46, 1992, S. 52–57.

Bissanti, A. A.: Sulla variabilità relativa delle precipitazioni in Italia. Atti XX Congr. Geogr. Ital., Rom 1967, Vol. III, Rom 1970, S. 53 ff.

Bloch, D.: Die Großstädte Italiens und die Problematik von Verwaltungseinheit und Siedlung. PGM 126, 1982, S. 201–203.

Blok, A.: South Italian Agro-Towns. Comparative Studies in Society and History 11, 1969, S. 121–135.

Boenzi, F. u. G. Palmentola: Glacial features and snowline trend during the last glacial age in the southern Apennines (Italy) and on Albanian and Greek mountains. Z. f. Geomorph. N.F. 41, 1997, S. 21–29.

Boiselle, K.: Fremdenverkehrsentwicklung und sozioökonomischer Wandel an der Riviera di Ponente. Mannheim 1990 (Mannheimer Geogr. Arb., 29).

Bonapace, U.: Il turismo della neve in Italia e i suoi aspetti geografici. RGI 75, 1968, S. 157–186 u. 322–359.

Bonasera, F.: Le „Grandi regioni economico-sociali" dell'Italia in seno alla Comunità Economica Europea. L'Universo 45, 1965, S. 127–150.

Bonora, P.: Regionalità. Il concetto di regione nell'Italia del secondo dopoguerra (1943–1970). Mailand 1984.

Bonora, P. u. P. Coppola: Geografia politica delle regioni italiane. Turin 1997.

Borlenghi, E.: Grande impresa e uso del territorio. Il caso della Fiat a Termoli e a Cassino. In: Aspetti geografici della politica regionale, Atti. Neapel 1974, S. 241–246.

Borsa, G.: Alle radici dell'Unione europea. L'integrazione comunitaria e il contributo di democratici cristiani. Legnano o. J. [1977].

Brock, I.: Altstadtsanierung: zum Beispiel Urbino. Die alte Stadt 9, 1982, S. 264–286.

Brückner, H.: Marine Terrassen in Süditalien. Eine quartärmorphologische Studie über das Küstentiefland von Metapont. Düsseldorf 1980 (Düsseldorfer Geogr. Schr., 14).

Brückner, H.: Ausmaß von Erosion und Akkumulation im Verlauf des Quartärs in der Basilicata (Süditalien). Z. f. Geomorph. N.F., Suppl. 43, 1982, S. 121–137.

Brückner, H.: Man's impact on the evolution of the physical environment in the Mediterranean region in historical times. GJ 13.1, 1986, S. 7–17.

Brückner, H. u. U. Radtke: Küstenlinien. Indikatoren für Neotektonik und Eustasie. GR 42, 1990, S. 654–661.

Bruneteau, B.: Histoire de l'unification européenne. Paris 1996.

Brunetta, G.: Appunti sul turismo a Cortina d'Ampezzo e conseguente sviluppo topografico e demografico. Atti XX Congr. Geogr. Ital. Rom 1967. Vol. IV, Rom 1971, S. 97–111.

Bruno, M. L.: L'industrializzazione di zone della pianura bergamasca. Atti XIX Congr. Geogr. Ital. Como 1964. Vol. II, Como 1965, S. 391–397.

Brusa, A.: Cento anni di opere e di traffici del porto di Genova (1861–1961). In: E. Migliorini (Hrsg.), Scritti geografici in onore di Carmelo Colamonico. Neapel 1963, S. 35–60.

Brusa, C.: Evoluzione di un'immagine geografica: Il Varesotto turistico. Turin 1979.

Brusa, C. u. G. Scaramellini: Armatura urbana e industrializzazione nel Mezzogiorno. Atti XXII Congr. Geogr. Ital. Salerno 1975. Vol. II, Cercola/Neapel 1978, S. 76–122.

Cagiagli, M.: Italien. In: H. G. Wehling (Hrsg.), Kommunalpolitik in Europa. Stuttgart 1994, S. 185–200.

Caldo, C.: L'alimentazione come modello geoculturale. Il rapporto stati finiti – Italia e il caso piemontese. RGI 97, 1990, S. 323–354.

Cani, Y.: La floriculture sanremoise. Méditerranée N.S. 1, 1970, S. 51–82.

Cantore, A.: Un'ipotesi di rappresentazione dell'area metropolitana: il gradiente. Annali del dipartimento di studi geoeconomici statistici storici per l'analisi regionale. Bologna 1995, S. 77–94.

Cantù, V.: The climate of Italy. In: C. C. Wallén (Hrsg.), Climates of Central and Southern Europe. Amsterdam u. a. 1977, S. 127–183 (World Survey of Climatology, 6).

Carace, N.: I livelli comunitario, nazionale e regionale nella politica industriale per il Mezzogiorno d'Italia. In: N. Novacco (Hrsg.), Il ritardo del Sud. Mailand 1992.

Carazzi, M. u. A. Segre: Città e industria: alcune linee interpretative a proposito di Torino e Milano. BSGI 126, 1989, S. 193–225.

Cardinale, B. u. N. Basilico: L'Acquacoltura: Problematiche geografiche e rilevanza economico-territoriale. BSGI 82, 1995, S. 23–39.

Cassone, A. u. A. Tasgian: Growth of a metropolitan area: the case of Torino. The annals of regional science 22, 1988, S. 34–47.

Castagnoli, F.: Orthogonal town planning in Antiquity. Cambridge (Mass.)/London 1971 (aus dem Italienischen).

Castelli, F.: La pace violentata. Assisi 26 settembre 1997. Fatti e testimonianze del terremoto. Perugia 1998.

Cataudella, M.: Il tronco Roma–Napoli dell'Autostrada del Sole e la localizzazione delle industrie. BSGI 105, 1968, S. 357–371.

Cavazza, L.: I metodi irrigui nell'agricoltura di oggi. Options méditerranéennes 16, 1972, S. 41–47.

Cavazza, S.: L'invenzione della tradizione e la Lega Lombarda. Iter – percorsi di ricerca 8, 1994, S. 197–214.

Ceccarini, L. u. L. Gardani: Dieci, cento, mille Zermeghedo. In: L'Italia mondiale, 1998, S. 163–170.

Cerreti, C.: L'area urbana di Roma e la conurbazione dei Castelli. Contributo allo studio della regione-città romana. BSGI 121, 1984, S. 471–496.

Cervellati, P. L. u. R. Scannavini: Interventi nei centri storici: Bologna. Politica e metodologia del restauro. Bologna 1973.

Cervellati, P. L., Scannavini, R. u. C. de Angelis:

La nuova coltura della città. La salvaguardia dei centri storici, la riappropriazione sociale degli organismi urbani e l'analisi dello sviluppo territoriale nell'esperienza di Bologna. Mailand 1977.

Charrier, J.-B.: Le tourisme à Florence. La contribution direct et indirecte du fait touristique à la formation des revenus dans une grande ville. Gap 1971, S. 401–427 (Études et Traveaux de Méditerranée, 7).

Ciaccio-Campagnoli, C.: The organisation of tourism in Sicily. Wiener Geogr. Schr. 53/54, 1979, S. 132–142.

Ciaccio-Campagnoli, C.: Tourisme en Sicile. Geographia Polonica 57, 1990, S. 31–38.

Cianferoni, R.: La floricoltura in Toscana. Centro Studi e Ricerche Econ. Soc. Unione Reg. Camere Comm. Toscana, Quad. 9, 1974.

Citarella, F.: Problemi e prospettive della pastorizia in Abruzzo. In: M. Fondi (Hrsg.), Ricerche geografiche sull'Abruzzo. Neapel 1980, S. 75–124 (MGE, 12, 1977–78).

CNR (*Consiglio Nazionale delle Ricerche*): Carta della utilizzazione del suolo d'Italia 1:200000 (26 Blätter). TCI, Mailand 1956–1968.

CNR: Memorie regionali illustrative della carta della utilizzazione del suolo d'Italia. Rom 1956–1980.

Colamonico, C.: Per la carta della utilizzazione del suolo d'Italia. Neapel 1952 (MGE, 7).

Colamonico, C.: Memoria illustrativa della carta della utilizzazione del suolo della Puglia. Rom 1960.

Colamonico, C.: La geografia agraria delle regioni italiane. BSGI 108, 1971, S. 593–604.

Colombo, G.: Sviluppo dell'irrigazione con particolare riferimento al Mezzogiorno. Rassegna Economica 40, 1976, S. 685–701.

Colonna, M.: L'industria zolifera siciliana. Origini, sviluppo, declino. Catania 1971 (Ist. Storia Econ. Univ. Catania).

Compagna, F.: I terroni in città. Bari 1959.

Compagna, F.: La questione meridionale. Mailand 1963.

Conticini, L.: Frutti esotici importati, coltivati o 'coltivabili' in Italia. Rivista di agricoltura subtropicale e tropicale 80, 1986, S. 43–69.

Coppola, P.: Mezzogiorno e scelta europea. In: D. Novembre (Hrsg.), Europa, Mezzogiorno e Mediterraneo. Lecce 1993.

Cori, B.: Alcune osservazioni sullo sviluppo delle communicazioni in Italia secondo gli orientamenti del Progetto 80 e del Programma 71–75. In: Poli, assi e aree di sviluppo economico. Roma 1972 (Pubbl. Ist. Geogr. Univ. Padua 9, Nr. 6).

Cori, B.: Towards a new geography of Italian industrial entrepreneurship. Geographia Polonica 57, 1990, S. 39–52.

Cori, B.: La città invivibile. Nuove ricerche sul traffico urbano. Bologna 1997 (Geografia e organizzazione dello sviluppo territoriale, 34).

Cori, B. (Hrsg.): Città, spazio urbano e territorio in Italia. Mailand 1983 (Collana Ist. Sc. Geogr. Univ. Pisa, 1).

Cori, B. u. G. Cortesi: Prato: frammentazione e integrazione di un bacino tessile. Turin 1977 (Fondazione Giovanni Agnelli, 17).

Corna-Pellegrini, G.: Studi i ricerche sulla regione turistica. I Lidi ferraresi. Mailand 1968 (Pubbl. Univ. Cattol. S. Cuore. Saggi e ricerche, Ser. 2, Sc. geogr. 2).

Corna-Pellegrini, G.: Geografia e Politica del territorio. Problemi e ricerche. Mailand 1974.

Costanzo, S.: Stratégies d'action des Maghrébins en Italie: cas de la Campanie. In: M. Berriane u. H. Popp (Hrsg.), Migrations internationales entre le Maghreb et l'Europe. Passau 1998, S. 43–49 (Maghreb-Stud., 10).

Craveri, P.: La repubblica dal 1958 al 1992. Turin 1995.

Cucagna, A.: Le industrie minerarie, metallurgiche e meccaniche de Cadore, Zoldano e Agordino durante i secoli passati. Triest 1961 (Univ. Trieste, Fac. Econ. Comm., Ist. Geogr., 4).

Dagradi, P.: Il complesso industriale Legnano – Busto Arsizio – Gallarate. In: Panorama storico dell'alto Milanese II. Fognano Olona 1971.

Dagradi, P.: Reclamation and Land Reform in Italy. In: A. Pecora u. R. Pracchi (Hrsg.), 1976, S. 169–179.

Dagradi, P.: I problemi de l'agricoltura nel Subappennino abruzze. In: M. Fondi (Hrsg.), Ricerche geografiche sull'Abruzzo. Neapel 1980, S. 33–61.

Dalmasso, E.: L'industrie électrique en Italie. AG 73, 1964, S. 450–461.

Dalmasso, E.: Aspects du peuplement de la région milanaise. Méditerranée 7, 1966, S. 343–355.

Dalmasso, E.: Milan. Capitale économique de l'Italie. Étude géographique. Gap 1971.

Da Pozzo, C.: La ferrovia Parma – La Spezia nel suo quadro economico ed antropico. Pisa 1971 (Pubbl. Ist. Geogr. Univ. Pisa, 18).

Debold, P.: Staatliche Planung im Agglomerationsprozeß Mailand 1950–1978. Dortmund 1980 (Dortmunder Beitr. z. Raumplanung, 16).

De Felice, R.: Mussolini il rivoluzionario (1883–1920). Turin 1965.

De Felice, R.: Mussolini il fascista (1921–1929). 2 Bde., Turin 1966/68.

Delano Smith, C.: Ancient Landscapes of Tavoliere, Apulia. Inst. British Geogr. Transactions 41, 1967, S. 203–298.

Della Valle, C.: I laghi lombardi e la geografia del turismo. BSGI 94, 1957, S. 304–342.

Demangeot, J.: Géomorphologie des Abruzzes Adriatiques. Paris 1965.

Dematteis, G.: La crisi della città contemporanea. In: TCI (Hrsg.), Le Città. Mailand 1978, S. 170–197 (Capire l'Italia, II).

Dematteis, G.: Repeuplement et revalorisation des espaces périphériques: le cas de l'Italie. Revue géogr. Pyrén. e Sud-Ouest 53, 1982, S. 129–143.

Dematteis, G.: Counter-Urbanization in Italy. Progress in settlement systems geography 10, 1986, S. 161–194.

De Rocchi Storai, T.: La corrente giapponese nel movimento turistico straniero in Italia. BSGI 117, 1980, S. 85–116.

De Rosa, G. u. a.: La riforma agraria trent'anni dopo. Rivista Econ. Agrar. 34, 1979, S. 701–920.

Desio, A. (Bearb.): Geologia dell'Italia. Turin 1973 (Manuali di Geografia, 4).

Desplanques, H.: Il paesaggio rurale della coltura promiscua in Italia. RGI 66, 1959, S. 29–64.

Desplanques, H.: Campagnes ombriennes. Contribution à l'étude des paysages ruraux en Italie centrale. Paris 1969.

Desplanques, H.: Une nouvelle utilisation de l'espace rural en Italie: l'agritourisme. AG 82, 1973, S. 151–164.

Diamanti, I.: La lega. Geografia, storia e sociologia di un nuovo soggetto politico. Rom 1993.

Diamanti, I.: La tentazione del Nord: Meno Italia e meno Europa. Sondaggio geopolitico. In: L'Italia mondiale, 1998, S. 151–162.

Dickinson, R. E.: Land reform in southern Italy. Econ. Geography 30, 1954, S. 151–166.

Dionnet, M.-C.: L'Abruzze maritime. Un Mezzogiorno en évolution. Caen 1986 (Centre de recherches sur l'évolution de la vie rurale, 10).

Dirscherl, K. (Hrsg.): Die italienische Stadt als Paradigma der Urbanität. Passau 1989 (Passauer Mittelmeerstud., 1).

Di Sandro, G.: Per un dibattito sul ruolo dell'agricoltura nel sistema economico italiano. Rivista Polit. Agr. 26, 1979, S. 27–41.

Döpp, W.: Die Altstadt Neapels. Entwicklung und Struktur. Marburg/Lahn 1968 (Marburger Geogr. Schr., 37).

Döpp, W.: Der Einzelhandel in (Alt-)Venedig. In: C. Schott (Hrsg.), 1977, S. 109–146.

Döpp, W.: Das Hotelgewerbe in Italien. Räumliche Differenzierung, Typen und Rangstufen der Betriebe. Marburg/Lahn 1978 (Marburger Geogr. Schr., 74).

Döpp, W.: Die venezianische Stadtgründung Palmanova – ein „monumentales Relikt" im Wandel. In: A. Pletsch u. W. Döpp (Hrsg.), 1981, S. 131–164.

Döpp, W.: Porto Marghera/Venedig. Ein Beitrag zur Entwicklungsproblematik seiner Großindustrie. Marburg/Lahn 1986 (Marburger Geogr. Schr., 101).

Döpp, W.: Venedig und seine Lagune. GR 40, 1988, S. 49–55.

Dörrenhaus, F.: Die Flut von Florenz am 4. November 1966. GR 19, 1967, S. 409–420.

Dörrenhaus, F.: Urbanität und gentile Lebensform. Wiesbaden 1971 (Erdkdl. Wissen 25, GZ, Beih.).

Dörrenhaus, F.: Villa und Villeggiatura in der Toskana. Wiesbaden 1976 (Erdkdl. Wissen 44, GZ, Beih.).

Dongus, H.: Die apuanische Küstenebene. Eine agrargeographische Untersuchung. Stuttgart 1962 (Stuttgarter Geogr. Stud., 72).

Dongus, H.: Die Entwicklung der östlichen Po-Ebene seit frühgeschichtlicher Zeit. Erdkunde 17, 1963, S. 205–222.

Dongus, H.: Die Agrarlandschaft der östlichen Po-Ebene. Tübingen 1966 (Tübinger Geogr. Stud., Sdbd. 2).

Dongus, H.: Die Maremmen der italienischen Westküste. In: C. Schott (Hrsg.), 1970, S. 53–114.

Dongus, H.: Venedig im Wandel. In: H. Grees (Hrsg.), Die europäische Kulturlandschaft im Wandel. Festschr. f. K. H. Schröder. Kiel 1974, S. 183–194.

Dragone, M. A.: La Costa Smeralda e lo sviluppo turistico della Gallura nord-orientale. RGI 86, 1979, S. 30–53.

Dumas, B., P. Guerémy, R. Lhénaff u. J. Raffy: Le soulèvement quaternaire de la Calabre méridionale. Revue Géol. dyn. et Géogr. phys. 23, 1981/82, S. 27–40.

Dumolard, P.: Facteurs de différenciation spatiale et archétypes dans l'agriculture italienne. Société Languedocienne de Géogr. 97, 1974, S. 37–60.

Embleton, C. (Hrsg.): Geomorphology of Europe. Weinheim 1984.

Enrietti, A., G. Peruzio u. V. Rieser: Die Automobilindustrie in Turin: Strategien von Großunternehmen und lokale Rahmenbedingungen. In: H. Kilper u. D. Rehfeld (Hrsg.), Konzern und Region. Münster 1994, S. 225–266.

Ergenzinger, P.: Regional Erosion: rates and scale problems in the Buonamico basin, Calabria. Catena, Suppl. 13, 1988, S. 97–107.

Eriksen, W.: Die Häufigkeit meteorologischer Fronten über Europa und ihre Bedeutung für die klimatische Gliederung des Kontinents. Erdkunde 25, 1971, S. 163–178.

Exel, R.: Sardinien. Geologie, Mineralogie, Lagerstätten, Bergbau. Berlin/Stuttgart 1986.

Faccioli, M.: Città e industrie tessile. Il caso Prato. Mailand 1991.

Faidutti-Rudolph, A.-M.: L'immigration italienne dans le sud-est de la France. Études et traveaux de „Méditerranée“. Revue Géogr. Pays méditerr., 2 Bde., Gap 1964.

Faidutti-Rudolph, A.-M.: Les migrations de travail et leur rôle économique: exemple de l'immigration italienne en France. In: G. Valussi (Hrsg.), 1978, S. 187–193.

FAO-UNESCO: Soil map of the world 1:5 Mio. Vol. V Europe, Paris 1981.

Fasola, G.: Un distretto industriale pedemontano e lacustre (Cusiano-Borgomanerese). Atti XIX Congr. Geogr. Ital. Como 1964. Vol. II, Como 1965, S. 237–253.

Favero, L. u. G. Tassello: Cent'anni d'emigrazione italiana (1876–1976). In: G. Rosoli (Hrsg.), Un secolo di emigrazione italiana: 1876–1976. Rom 1978.

Fazio, M.: Historische Stadtzentren Italiens. Köln 1980 (aus dem Italienischen).

Federici, P. R.: On the Riss glaciation of the Apennines. Z. f. Geomorph. N.F. 24, 1980, S. 111–116.

Fels, E.: Die italienischen Stauseen. In: Scritti geografici in onore di Riccardo Riccardi. MSGI 31, 1974, S. 217–235.

Ferraris, L. V. u.a. (Hrsg.): Italien auf dem Weg zur „zweiten Republik“? Die politische Entwicklung Italiens seit 1992. Frankfurt am Main u.a. 1995.

Ferraris, L. V.: Betrachtungen über die Außenpolitik Italiens. In: L. V. Ferraris u.a. (Hrsg.), 1995, S. 397–403.

Ferrarotti, F.: Roma da capitale a periferia. Rom/Bari [4]1979.

Ferrero, G.: Seconde case, politiche, urbanistiche e turismo nelle Alpi occidentali italiane. Revue Geogr. Alpine 86, 1998, S. 61–68.

Fey, M. u. A. Gerstenhauer: Geomorphologische Studien im campanischen Kalkapennin. Düsseldorf 1977 (Düsseldorfer Geogr. Schr., 5).

Fischer, K.: Agrargeographie des westlichen Südtirol. Wien/Stuttgart 1974.

Fischer, Th.: Die Verbreitung der Malaria in Italien. PGM 41, 1895, S. 46–48.

Flohn, H.: Zur Kenntnis des jährlichen Ablaufs der Witterung im Mittelmeergebiet. Geofisica pura e applicata 13, 1948, S. 184–187.

Flower, R.: Chianti: The land, the people, and the wine. London 1978.

Fofi, G.: L'immigrazione meridionale a Torino. Mailand 1975.

Formica, C.: La piana di Catania. Napoli 1970 (Pubbl. dell'Ist. Geogr. Econ. Univ. Napoli, VI).

Formica, C.: Lo spazio rurale nel Mezzogiorno. Esodo, desertificazione e riorganizzazione. Neapel 1975 (Geogr. regionale, 3).

Formica, C.: Ambiente e centro storico: il caso di Napoli. BSGI 78, 1991, S. 3–20.

Fornaro, A.: Il collegamento Algeria-Italia, attraverso il Canale di Sicilia e lo Stretto di Messina, per il trasporto del metano algerino. BSGI 117, 1980, S. 378–380.

Fourastié, J.: Die große Hoffnung des 20. Jahrhunderts. Köln [2]1954 (aus dem Französischen).

Fränzle, O.: Untersuchungen über Ablagerungen und Böden im eiszeitl. Gletschergebiet Norditaliens. Erdkunde 13, 1959, S. 289–297.

Fränzle, O.: Die pleistozäne Klima- und Landschaftsentwicklung der nördlichen Po-Ebene im Lichte bodengeographischer Untersuchungen. Mainz/Wiesbaden 1965 (Abh. Math.-Naturwiss. Kl., Akad. d. Wiss. u. Lit., 1965, Nr. 8).

Frallicciardi, A. M.: Aspetti del decentramento demografico in alcune regioni del Mezzogiorno. RGI 96, 1989, S. 27–60.

Franchi, A.: Die italienische Gesellschaft angesichts der neuen Einwanderungen aus den Entwicklungsländern. Geogr. u. Schule 13, 1991, S. 37–40.

Franz, J. (Hrsg.): Der Containerverkehr aus geographischer Sicht: Beiträge zur Strukturveränderung durch ein neues Transportsystem. Nürnberg 1981 (Nürnberger wirtsch.- u. sozialgeogr. Arb., 33).

Fuchs, F.: Studien zur Karst- und Glazialmorphologie in der Monte-Cavallo-Gruppe/Venezianische Voralpen. Frankfurt a. M. 1970 (Frankfurter Geogr. H., 47).

Fuchs, F. u. A. Semmel: Pleistozäne kaltzeitliche Ablagerungen in der Sila und Basilicata (Süd-Italien). Catena 1, 1974, S. 387–400.

Fuckner, H.: Riviera und Côte d'Azur – mittelmeerische Küstenlandschaften zwischen Arno und Rhône. In: Festschr. f. O. Berninger. Erlangen 1963, S. 39–68 (Mitt. Fränk. Geogr. Ges., 10).

Fuga, F.: Il turismo nell'Argentario nei suoi aspetti economici sociali e urbanistici. Pisa 1976 (Pubbl. Ist. Sc. Geogr. Univ. Pisa, 22).

Fumagalli, M.: Italian Steel. The Bresciani. A problem of economic geography. Metal Bulletin Monthly 93, 1978, S. 9–41.

Gabert, P.: L'immigration italienne a Turin. Bull. Assoc. Géogr. Franç. 276–277, 1958, S. 30–45.

Gabert, P.: Le port de Ravenne et sa zone industrielle, un exemple de l'essor économique italien. Méditerranée 4, 1963, S. 67–82.

Gabert, P.: Turin – ville industrielle. Étude de géographie économique et humaine. Paris 1964.

Gaeta, F.: Il nazionalismo italiano. Neapel 1965.

Galli della Loggia, E.: L'identità italiana. Bologna 1998.

Gallo, A.: Recenti cambiamenti della struttura energetica italiana. BSGI 128, 1991, S. 356–358.

Gallo, A. u. M. Cricenti: I sette province italiane di nuova istituzione. BSGI 129, 1992, S. 556–564.

Gambi, L.: Geographische Betrachtungen zur Überschwemmung des Po in Polésine (November 1951 bis Mai 1952). Die Erde 84, 1953, S. 15–29.

Gambi, L.: Calabria. Turin 1965, ^{2}1978.

Gambi, L.: A map of the rural house in Italy. In: A. Pecora u. R. Pracchi (Hrsg.), 1976, S. 83–86 [mit Karte].

Gambino, A.: Inventario italiano. Costumi e mentalità di un Paese materno. Turin 1998.

Gambino, C. J.: L'industrializzazione fantasma. Il caso Calabria. Neapel 1980 (Coll. Conoscere il Mezzogiorno, 2).

Garrapa, R.: Il turismo montano in Toscana. L'Universo 60, 1980, S. 481–536 u. 653–712.

Gazerro, M.: Un'industria e il suo territorio: i calzaturifici della „Riviera del Brenta". Padua 1972–73 (Pubbl. Ist. Geogr. Padova, Vol. 9, H. 10).

Gazzolo, T. u. M. Pinna: Monografia. Distribuzione della temperatura dell'aria in Italia nel trentennio 1926–1955. Rom 1969 (Servizio idrografico, Pubbl. 21, II. Ed., fasc. IV).

Gebhardt, H.: Industrie im Alpenraum. Alpine Wirtschaftsentwicklung zwischen Außenorientierung und endogenem Potential. Stuttgart 1990 (Erdkdl. Wissen 99, GZ, Beih.).

Geipel, R.: Friaul. Sozialgeographische Aspekte einer Erdbebenkatastrophe. Kallmünz/Regensburg 1977 (Münchener Geogr. H., 40).

Geipel, R.: Katastrophen nach der Katastrophe? Ein Vergleich der Erdbebengebiete Friaul und Süditalien. GR 35, 1983, S. 17–26.

Geipel, R., J. Pohl u. R. Stagl: Chancen, Probleme und Konsequenzen des Wiederaufbaus nach einer Katastrophe. Eine Langzeituntersuchung des Erdbebens im Friaul von 1976 bis 1988. Kallmünz 1988 (Münchener Geogr. H., 59).

Gentile, E.: Storia del partito fascista 1919–1922. Movimento e milizia. Rom/Bari 1989.

Gerold, G.: Untersuchungen zum Naturpotential in Südost-Sizilien im Hinblick auf ihre Bedeutung für die agrare Landnutzung. Hannover 1979 (Jb. Geogr. Ges. Hannover 1979).

Gerold, G.: Agrarwirtschaftliche Inwertsetzung Südost-Siziliens. Die Entwicklung der Landwirtschaft nach 1950 in einer insularen zentralmediterranen Region. Hannover 1982 (Jb. Geogr. Ges. Hannover 1980).

Gerold, G.: Der Gemüseanbau an der Südküste Siziliens. Entwicklung einer marktorientierten intensiven Landnutzung durch den Gemüsebau nach 1950. Z. f. Agrargeogr. 2, 1984, S. 115–152.

Giardini, M. P.: Strutture agrarie in evoluzione: un esempio della pianura cremonese. RGI 91, 1984, S. 315–327.

Ginsborg, P.: Storia d'Italia dal dopoguerra ad oggi. Turin 1989.

Ginsborg, P. (Hrsg.): Stato dell'Italia. Mailand 1994, S. 648–650.

Ginsborg, P.: L'Italia del tempo presente. Famiglia, società civile, Stato. 1980–1996. Turin 1998.

Ginsborg, P.: L'Italia in Europa. In: Ders. 1998, S. 451–470.

Goez, W.: Von Pavia über Parma–Lucca–San Gimignano–Viterbo nach Rom. Ein Reisebegleiter entlang der mittelalterlichen Kaiserstraße Italiens. Köln 1972 (Du Mont Kunstführer).

Goez, W.: Das Hauptstadtproblem Italiens vom Beginn des Mittelalters bis zur Gegenwart. In: A. Wendehorst u. J. Schneider (Hrsg.), Hauptstädte. Entstehung, Struktur und Funktion. Neustadt/Aisch 1979, S. 61–74 (Schr. des Zentralinst. f. Fränk. Ldkde. u. Allg. Reg.forsch. Univ. Erlangen-Nürnberg, 18).

Gorlato, L.: La localizzazione delle industrie nella provincia di Vicenza. Atti XIX Congr. Geogr. Ital. Como 1964. Vol. II, Como 1965, S. 425–436.

Gorlato, L.: La cerasicoltura nel Vicentino. BSGI 109, 1972, S. 337–340.

Gramsci, A.: La questione meridionale. Hrsg. v. F. De Felice u. V. Parlato. Rom 1973.

Gramsci, A.: Quaderni del carcere. Hrsg. v. V. Gerratana. Vol. III, Turin 1975.

Gribaudi, F.: Le zone industriali in Italia. Atti XIX Congr. Geogr. Ital. Como 1964. Vol. II, Como 1965, S. 189–215.

Gribaudi, F.: Italia geoeconomica. Turin 1969.

Grillotti di Giacomo, M. G.: Considerazioni geografiche sul nucleo industriale di Rieti-Cittaducale. BSGI 115, 1978, S. 63–80.

Grimm, F.: Das Abflußverhalten in Europa – Typen und regionale Gliederung. Leipzig 1968, S. 18–180 (Wiss. Veröff. Dt. Inst. f. Ldkde., N.F. 25/26).

Gruner, W. D. u. G. Trautmann (Hrsg.): Italien in Geschichte und Gegenwart. Hamburg 1991.

Guidoni, E.: Die europäische Stadt. Eine baugeschichtliche Studie über ihre Entstehung im Mittelalter. Stuttgart 1980 (aus dem Italienischen).

Gutkind, E. A.: Urban development in Southern Europe: Italy and Greece. New York 1969 (Internat. History of City Development, IV).

Habbe, K.-A.: Die würmzeitliche Vergletscherung des Gardaseegebietes. Freiburg/Brsg. 1969 (Freiburger Geogr. Arb., 3).

Habermas, J.: Strukturwandel der Öffentlichkeit. Untersuchungen zu einer Kategorie der bürgerlichen Gesellschaft. Neuwied/Berlin ^{5}1971.

Hahn, H.: Die Boden- und Agrarreform in Süditalien. GR 9, 1957, S. 89–96.

Harrach, Graf W.: Die Entwicklung der italienischen Landwirtschaft von 1945–1975. Ber. üb. Landwirtsch. 56, 1978, S. 712–723.

Hay, D. (Hrsg.): History of Italy. 8 Bde., London/New York 1980–1998.

Hayd, F.: Die ligurische Riviera in den Wintermonaten. Ein Beitrag zur Klimatographie. Annali Ricerche Studi Geogr. 18, Genua 1962, S. 49–100.

Herweg, K.: Bodenerosion und Bodenkonservierung in der Toscana, Italien. Basel 1988 (Basler Beiträge z. Physiogeogr., 9).

Hettling, M.: Der David von Florenz. Journal Geschichte 1988, H. 3, S. 46–53.

Hetzel, W.: Die Flurbereinigung in Italien. Stuttgart 1957 (Schr.reihe f. Flurbereinigung, 13).

Heuberger-Hardorp, A.: Bäuerliche Sommersiedlungen auf dem Mendelkamm. Schlernschriften 217, 1961, S. 7–43.

Hiller, O. K.: Sardinien. Einführung in die Landeskunde einer mediterranen Insel. MGGMü 63, 1978, S. 117–140.

Hiller, O. K.: Die Gebirgstreppe Ostsardiniens. Eine geomorphologische Analyse. Augsburg 1981 (Augsburger Geogr. H., 3).

Hillmann, F. u. Th. Krings: Einwanderer aus Entwicklungsländern nach Italien und ihre Integration in den informellen Arbeitsmarkt am Beispiel der 'domestica' und 'vu cumprà'. Die Erde 127, 1996, S. 127–143.

Hilsinger, H.-H.: Aspekte einer modernen Industrialisierung in Italien, aufgezeigt an Beispielen aus den Regionen Lombardei und Piemont. In: K. Rother (Hrsg.), 1977, S. 189–197.

Holl, A.: Der letzte Christ – Franz von Assisi. Stuttgart 1979.

Hottes, K.: Die Industrien in der Toscana und ihre Lokalisationsformen. GR 12, 1960, S. 484–486, u. 13, 1961, S. 16–27.

Hottes, K.: Aspekte der modernen Industrialisierung in Italien: Toscana–Umbrien. In: K. Rother (Hrsg.), 1977, S. 171–188.

Houssel, J.-P.: Lo slancio recente delle città manifatturiere dell'abbigliamento nella „Italia di mezzo". RGI 79, 1972, S. 241–269.

Houssel, J.-P.: L'industrie spontanée en Italie. AG 99, 1990, S. 420–440.

Immerfall, St.: Soziale Integration in den westeuropäischen Gesellschaften: Werte, Mitgliedschaften und Netzwerke. In: St. Hradil u. St. Immerfall (Hrsg.), Die westeuropäischen Gesellschaften im Vergleich. Opladen 1997, S. 139–173.

INEA (*Istituto Nazionale di Economia Agraria*): Annuario dell'agricoltura italiana. Rom (jährlich).

INEA: La distribuzione della proprietà fondiaria in Italia. 13 Bde., Rom 1946–1956.

INEA: Carta dei tipi d'impresa nell'agricoltura italiana. Rom 1958 [15 Karten 1:750000, Gesamtkarte 1:2,5 Mio.].

Innocenti, P.: L'area industriale di Piombino. Atti XIX Congr. Geogr. Ital. Como 1964. Vol. II, Como 1965, S. 537–553.

Innocenti, P.: L'Italia e la localizzazione di un „terminal" mediterraneo per contenitori. Note di geografia applicata. BSGI 107, 1970, S. 192–232.

Innocenti, P.: L'industria nell'area fiorentina. Processo evolutivo , struttura territoriale, rapporti con l'ambiente, prospettive di sviluppo. Florenz 1979 (Assoc. degli Industr. Prov. Firenze).

Jalabert, G. u. G. Maité: Turin: de la ville-usine à la technopole. AG 96, 1987, S. 680–704.

Janin, B.: Le Val d'Aoste. Tradition et renouveau. Grenoble 1968.

Janin, B.: Circulation touristique internationale et tourisme étranger en Val d'Aoste. Revue Géogr. Alpine 70, 1982, S. 415–430.

Kayser, B.: Recherches sur les sols et l'érosion en Italie méridionale. Lucanie. Paris 1961.

Kellersohn, H.: Verschmutzung der Küsten und Meere als regionale und globale Herausforderung. GR 42, 1990, S. 662–666.

Kelletat, D.: Quartärmorphologische Untersuchungen an den Küsten der M. Poro-Halbinsel, Westkalabrien. Eiszeitalter u. Gegenwart 23/24, 1973, S. 141–153.

Kerschner, H. u. H. Petrovitsch: Alpentransit auf der Schiene – das Beispiel Brennerachse. GR 50, 1998, S. 580–586.

King, R.: Development problems in a mediterranean environment. History and evaluation of agricultural development schemes in Sardinia. TESG 62, 1971, S. 171–179.

King, R.: Land Reform: The italian experience. London 1973.

King, R.: Ottana; an attempt to bring industry to Sardinia's shepherd-bandits. Geography 60, 1975, S. 218–222.

King, R.: The evolution of international labour migration movements concerning the E.E.C. TESG 67, 1976, S. 66–82.

King, R.: Recent industrialization in Sardinia. Rebirth or Neo-Colonialism? Erdkunde 31, 1977, S. 87–102.

King, R.: Return migration and tertiary development: a Calabrian case study. Anthropological Quarterly, Washington D.C. 1984, S. 112–124.

King, R.: The industrial geography of Italy. London/Sydney 1985.

King, R.: Recent Immigration to Italy: Character, Causes and Consequences. GJ 30.3, 1993, S. 283–292.

King, R., J. Mortimer, A. Strachan u. M.-T. Viganola: Back to Bernalda: the dynamics of return migration to a South Italian agro-town. In: P. E. White u. B. Van der Knaap (Hrsg.), Contemporary studies of migration. Norwich 1985, S. 155–171 (Geo Books).

King, R. u. A. Strachan: Sicilian Agro-Towns. Erdkunde 32, 1978, S. 110–123.

King, R. u. L. Took: Land tenure and rural social change: the italian case. Erdkunde 37, 1983, S. 186–198.

King, R. u. S. Young: The Aeolian Islands. Birth and death of a human landscape. Erdkunde 33, 1979, S. 193–204.

Kirsten, E.: Die griechische Polis als historisch-geographisches Problem des Mittelmeerraumes. Bonn 1956 (Coll. Geogr., 5).

Kish, G.: The „Marine" of Calabria. The Geogr. Review 43, 1953, S. 495–505.

Koeppen, D.: Der Agro Pontino-Romano. Eine moderne Kulturlandschaft. Kiel 1941 (Schr. Geogr. Inst. Univ. Kiel, XI/2).

Kramer, H.: Geschichte Italiens. 2 Bde., Stuttgart 1968 (Urban Bücher, 108).

Kreisel, W.: Die Walsersiedlung. Vorrücken und Rückwandern einer alpinen „frontier". Siedlungsforschung 8, 1990, S. 127–158.

Krenn, H.: Der Agro Romano. Kulturlandschaftsgenese seit 1870 und moderne Entwicklungstendenzen. Die Erde 102, 1971, S. 286–306.

Krings, Th.: Der Funktionswandel der Villen im Veneto – eine kulturgeographische Analyse. Erdkunde 44, 1990, S. 282–297.

Krings, Th.: Internationale Migration nach Deutschland und Italien im Vergleich. GR 47, 1995, S. 437–442.

Kühne, I.: Die Sozialgruppe der Mulattieri im Apennin. Erdkunde 24, 1970, S. 127–134.

Kühne, I.: Die Gebirgsentvölkerung im nördlichen und mittleren Apennin in der Zeit nach dem Zweiten Weltkrieg unter besonderer Berücksichtigung des gruppenspezifischen Wanderungsverhaltens. Erlangen 1974 (Erlanger Geogr. Arb. Sdbd. 1).

Künzler-Behncke, R.: Das Zenturiatsystem in der Po-Ebene. Ein Beitrag zur Untersuchung römischer Flurreste. In: Festschr. z. 125-Jahrfeier d. Frankf. Geogr. Ges. 1836–1961. Frankfurt a. M. 1961, S. 159–170 (Frankf. Geogr. H., 37).

Kulinat, K.: Fremdenverkehr in den Mittelmeerländern. Konkurrenten mit gemeinsamen Umweltproblemen. GR 43, 1991, S. 430–436.

Kulke, E.: Einzelhandel in Europa. GR 49, 1997, S. 478–483.

Lamprecht, H.: Wie kam es zum geballten Transit? In: R. Erhard u. D. Bachmann (Hrsg.), Transit zwischen Überrollen und Überleben. Verkehr und Umwelt im Alpenraum. Thaur/Tirol 1989, S. 25–44.

Landini, P.: Caratteri geografici del terziario commerciale in Italia. BSGI 118, 1981, S. 11–46.

Laudisa, F.: Le dimensioni di una protesta silenziosa. La emigrazione italiana in cento anni. Bari 1973.

Lautensach, H.: Die Insel Ischia. Eine länderkundliche Skizze. In: Festschr. f. Väinö Auer. Helsinki 1955, S. 249–285 (Acta Geographica, 14).

Leardi, E.: La funzione turistica: i centri idrominerali italiani. BSGI 115, 1978, S. 517–538.

Leers, K.-J.: Die räumlichen Folgen der Industrieansiedlung in Süditalien – das Beispiel Tarent (Taranto). Düsseldorf 1981 (Düsseldorfer Geogr. Schr., 17).

Lehmann, H.: Studien über Poljen in den Venezianischen Voralpen und im Hochapennin. Erdkunde 13, 1959, S. 258–289.

Lehmann, H.: Das Landschaftsgefüge der Padania. Grundzüge einer natur- und kulturräumlichen Gliederung des Po-Tieflandes. In: Festschr. z. 125-Jahrfeier d. Frankf. Geogr. Ges. 1836–1961. Frankfurt a. M. 1961, S. 87–158 (Frankf. Geogr. H., 37) [= 1961 a].

Lehmann, H.: Zur Problematik der Abgrenzung von „Kunstlandschaften", dargestellt am Beispiel der Po-Ebene. Erdkunde 15, 1961, S. 249–264 [= 1961 b].

Lehmann, H.: Standortverlagerung und Funktionswandel der städtischen Zentren am Adriasaum der Poebene. MÖGG 105, 1963, S. 119–140.

Lehmann, H.: Toskanische Landschaft. Neue deutsche Hefte 17, 1970, S. 66–82.

Leidlmair, A.: Bevölkerung und Wirtschaft in Südtirol. Innsbruck 1958 (Tiroler Wirtsch.-stud., 6).

Leidlmair, A.: Südtirol als geographisches Problem. In: E. Troger u. G. Zwanowetz (Hrsg.), Neue Beiträge zur geschichtlichen Landeskunde Tirols, 2. Teil, Festschr. f. F. Huter. Innsbruck/München 1969, S. 249–262 (Tiroler Wirtschaftsstud., 26).

Leidlmair, A.: Beharrung und Wandel in der Agrarlandschaft Südtirols. Veröff. Mus. Ferdinandeum 53, 1973, S. 227–244.

Leidlmair, A.: Tirol auf dem Wege von der Agrar- zur Erholungslandschaft. MÖGG 120 I, 1978, S. 38–53.

Leidlmair, A.: Die Fremdenverkehrslandschaften Südtirols. Statik und Dynamik auf dem Wege zur touristischen Hochkonjunktur. In: G. Aymans u. K.-A. Boesler (Hrsg.), Beiträge zur empirischen Wirtschaftsgeographie. Bonn 1986, S. 113–124 (Coll. Geogr., 19).

Leidlmair, A.: Südtirol im Wandel der achtziger Jahre. Österreich in Gesch. u. Lit. mit Geogr. 31, 1987, S. 205–219.

Leidlmair, A.: Grenzen in der Agrarlandschaft des mittleren Alpenraumes und ihr zeitlicher Wandel. GZ 77, 1989, S. 22–41.

Leidlmair, A.: Bevölkerungsentwicklung und ethnische Struktur Südtirols seit 1918. Österreich in Gesch. u. Lit. mit Geogr. 34, 1990, S. 352–367.

Leidlmair, A.: Italien – von der Aus- zur Einwanderung. In: T. Breuer (Hrsg.), Geographische Forschung im Mittelmeerraum und in der Neuen Welt. Klaus Rother zum 65. Geburtstag. Passau 1997, S. 17–24 (Passauer Schr. z. Geogr., 15).

Leimgruber, W.: Grenzpendler und regionale Wirtschaft. Das Beispiel Tessin – nördliche Lombardei. GH 42, 1987, S. 258–265.

Lembke, H.: Beiträge zur Geomorphologie des Aspromonte. Z. f. Geomorph. 6, 1931, S. 58–112.

Lepsius, M. R.: Immobilismus; das System der sozialen Stagnation in Süditalien. Jb. Nationalökon. u. Stat. 177, 1965, S. 304–342.

Lienau, C.: Geographische Aspekte der Gastarbeiterwanderungen zwischen Mittelmeerländern und europäischen Industrieländern; mit einer Bibliographie. In: K. Rother (Hrsg.), 1977, S. 49–86.

Lill, R.: Geschichte Italiens vom 16. Jahrhundert bis zu den Anfängen des Faschismus. Darmstadt 1980 (³1986).

Loda, M.: Erdbeben, Wiederaufbau und industrielle Entwicklung in Friaul. Kallmünz/Regensburg 1990 (Münchener Geogr. H., 65).

Loda, M.: Il turismo rurale extra-alberghiero nella campagna toscana. RGI 101, 1994, S. 251–276.

Loda, M.: Neue regionale Entwicklungsstrategien für den Mezzogiorno. Von der *Cassa per il Mezzogiorno* zu den *patti territoriali*. GZ 85, 1997, S. 174–186.

Loddo, M. u. F. Mongelli: Heat flow in Italy. In: V. Cermák u. L. Rybach (Hrsg.), Terrestrial heat flow in Europe. Heidelberg/New York 1979, S. 221–231.

Longo, T. G.: Matera: la ricerca di un modello autonomo. In: L. Viganoni (Hrsg.), Lo sviluppo possibile. La Basilicata oltre il Sud. Napoli 1997, S. 187–202 (Geographica, N.S. 3).

Loose, R.: Von der Gebirgsentvölkerung zur urbanen Wohnbesitz- und Freizeitbevölkerung in den italienischen Zentralalpen. Beobachtungen in Judikarien/SW-Trentino (Prov. Trient/Trento). GZ 70, 1982, S. 223–226.

Loose, R.: Agrargeographie des südwestlichen Trentino. Landwirtschaft und agrarsoziale Verhältnisse der Valli Giudicarie (Judikarien) in der Mitte des 19. Jh. und in der Gegenwart. Wiesbaden 1983.

Losi, N.: Italien – vom Auswanderungsland zum Einwanderungsland. In: H. Fassmann u. R. Münz (Hrsg.), Migration in Europa. Frankfurt a. M./New York 1996, S. 119–138.

Lücke, H.: Luftbild Arborea–Marrubiu–Terralba. Kulturlandschaftsgefüge im Kolonisationsgebiet des sardischen Campidano von Oristano. Die Erde 108, 1977, S. 290–302.

Lutz, W.: Gröden. Landschaft, Siedlung und Wirtschaft eines Dolomitenhochtales. Innsbruck 1966 (Tiroler Wirtsch.stud., 21).

Lyttelton, A.: La conquista del potere. Il fascismo dal 1919 al 1929. Rom/Bari 1982.

Mancini, F.: Breve commento alla carta dei suoli d'Italia, in Scala 1:1 Mio. Florenz 1966.

Mancini, F. u. G. Ronchetti: Carta della potenzialità dei suoli italiani (con note illustrative). Scala 1:1 Mio. Florenz 1968 (Pubbl. Accad. Ital. Sc. Forestali).

Marandon, J.-C.: Aspekte einer modernen Industrieansiedlung in Italien; ausländische Industriebetriebe als Initiatoren und Indikatoren regionalen Wachstums. Das Beispiel des nördlichen Mezzogiorno. In: K. Rother (Hrsg.), 1977, S. 154–170.

Martinelli, F.: Contadini meridionali nella „Riviera dei fiori". Rivista Ital. Econ. Demogr. e Stat. 13, 1959, S. 219–248.

Mattana, U.: I mercati ambulanti stagionale del Veneto e del Trentino-Alto Adige. BSGI 127, 1990, S. 33–48.

Matzat, W.: The development of settlement and field patterns in Lombardy since 1720. In: R. H. Buchanan u. a. (Hrsg.), Fields, farms and settlement in Europe. Belfast 1976, S. 132–137.

Matzat, W.: Phasen siedlungsstruktureller und -räumlicher Entwicklung im ländlichen Raum der Padania (Po-Tiefland). In: J. Hagedorn u. a. (Hrsg.), Gefügemuster der Erdoberfläche. Festschr. z. 42. Dt. Geogr.tag, Göttingen 1979, S. 309–337.

Matznetter, J.: Triest im Wandel seiner Verkehrssituation. Verkehrsannalen 18, 1971, S. 395–429.

Matznetter, J.: Tourismus am Golf von Triest. In: K. Rother (Hrsg.), 1977, S. 214–228.

Maurone, M.: Un quartiere periferico della città di Napoli: Bagnoli. Annali Facoltà Lett. Filos. Univ. Napoli 20, 1977–78, Neapel 1980, S. 449–472.

Maury, R.: Pollution e dépollution du Golfe de Naples: une situation alarmante, un projet ambitieux. Etudes géogr. sur les Pyrénées et questions diverses, Paris 1984, S. 57–63.

Mayer, F.: Petro-Atlas. Erdöl und Erdgas. Braunschweig ³1982.

Mayer, K. u. H. Münkler: Die Erfindung der Nation in den Schriften der Humanisten. In: H. Münkler u. a. (Hrsg.), Nationenbildung. Berlin 1998, S. 75–181.

Mazza, A.: D'Annunzio und der Vittoriale. Führer durch das Haus des Dichters. [o.O.] 1992.

McCarthy, M.: Florenz. Köln 1983.

Medici, G. (Hrsg.): La distribuzione della proprietà fondiaria in Italia. Bd. 13 Relazione generale, INEA, Rom 1956.

Medici, G., U. Sorbi u. A. Castrataro: Polverizzazione e frammentazione della proprietà fondiaria in Italia. Mailand 1962.

Meier, A.: Von der enzyklopädischen Studienreise zur ästhetischen Bildungsreise. Italienreisen im 18. Jahrhundert. In: P. J. Brenner (Hrsg.), Der Reisebericht. Frankfurt a. M. 1989, S. 284–305 (Suhrkamp Taschenb., 2097).

Meini, M., M. Holzwarth u. R. Monheim: Florenz

und Nürnberg – unterschiedliche Entwicklungsmodelle für Altstädte. Die alte Stadt 25, 1998, S. 55 – 79.

Melelli, A.: L'industrie italienne des constructions navales: évolution récente, problèmes actuels, perspectives. Méditerranée N.S. 49, 1983, S. 61 – 68.

Menegatti, B.: Turismo e industria verso l'integrazione geo-economico. RGI 99, 1992, S. 229 – 251.

Meneghel, G.: Freizeitwohnsitze in Italien. Sozialgeographische Untersuchung im Wintersportort Piancavallo. ZfW 24, 1980, S. 217 – 221.

Meneghetti, L.: Aspetti di geografia della popoazione. Italia 1951 – 1967. Mailand 1971.

Mennella, C.: Il clima d'Italia nelle sue caratteristiche e varietà e quale fattore dinamico del paesaggio. 3 Bde., Neapel 1967, 1972, 1973.

Merlini, G.: Le regioni agrarie in Italia. Bologna 1948.

Merlini, G.: La Romagna frutticola. Neapel 1954 (MGE, 10).

Meurer, M.: Der Wintersport im Spannungsfeld von Ökologie und Ökonomie, dargestellt am Beispiel der nordwestlichen Südtiroler Dolomiten. Regensburg 1990.

Meyriat, J. (Hrsg.), La Calabre. Une région sous-développée de l'Europe méditerranéenne. Paris 1960.

Miglio, G.: Come cambiare. Mailand 1992.

Migliorini, E.: La piana del Sele. Neapel 1949 (MGE, 1).

Migliorini, E.: Migrazioni interne e spostamenti territoriali della popolazione italiana. Atti XVIII Congr. Geogr. Ital. Triest 1961. Vol. I, Triest 1962, S. 365 – 416.

Migliorini, E.: Note sulle sedi umane nelle aree sismiche italiane. In: E. Migliorini (Hrsg.), Scritti geografici in onore di Carmelo Colamonico. Neapel 1963, S. 125 – 139.

Migliorini, E.: Memoria illustrativa della carta della utilizzazione del suolo del Lazio. Rom 1973.

Migliorini, E.: Studi geografici sui fenomeni migratori in Italia. In: G. Valussi (Hrsg.), 1978, S. 11 – 27.

Migliorini, E.: Le sedi umane più elevate delle Dolomiti, delle Alpi e del mondo. Cornuda/Treviso 1988.

Mikus, W.: Luftbild: Vulkanische Inseln im Luftbild. Wirtschaftsgeographische Übersicht über die Äolischen Inseln mit Hilfe von Luftaufnahmen. Die Erde 100, 1969, S. 71 – 92.

Mikus, W.: Wirtschafts- und bevölkerungsgeographische Wandlungen auf den kleinen süditalienischen Inseln. 37. Dt. Geogr.tag Kiel 1969, Tag.ber. u. wiss. Abh. Wiesbaden 1970, S. 440 – 462.

Mikus, W.: Industriegeographie. Darmstadt 1978 (Erträge der Forschung, 104).

Mikus, W.: Industrielle Verbundsysteme. Studien zur räumlichen Ordnung der Industrie am Beispiel von Mehrwerksunternehmen in Südwestdeutschland, der Schweiz und Oberitalien. Heidelberg 1979 (Heidelberger Geogr. Arb., 57).

Mikus, W.: Einflüsse staatlicher Industrieförderung auf industrieräumliche Wandlungen in Italien. In: A. Pletsch u. W. Döpp (Hrsg.), 1981, S. 299 – 320.

Milone, F.: L'Italia nell'economia dell sue regioni. Turin [2]1958.

Milone, F.: Memoria illustrativa della carta della utilizzazione del suolo della Sicilia. Rom 1959.

Minghi, J. V.: Voting and borderland: recent Italian elections and the Slovene minority in eastern Friuli-Venezia-Giulia. GJ 43.3, 1997, S. 263 – 271.

Mirtes, H.: Das Fersental und die Fersentaler. Zur Geographie, Geschichte und Volkskunde einer deutschen Sprachinsel im Trentino/Norditalien. Regensburg 1996 (Regensburger Geogr. Schr. 26).

Mitchell, M.: Italy and the rice market in the European Community. Ashford/Kent 1982 (Centre for Eur. Agr. Studies, Wye Coll., Univ. of London, 15).

Monheim, F.: St. Véran–Juf–Trepalle. Die drei höchsten Dauersiedlungen der Alpen. Die Erde 85, 1954, S. 39 – 60.

Monheim, R.: Die Agrostadt im Siedlungsgefüge Mittelsiziliens. Untersucht am Beispiel Gangi. Bonn 1969 (Bonner Geogr. Abh., 41).

Monheim, R.: Der Einzugsbereich des Einzelhandels in Italien. Erdkunde 24, 1970, S. 229 – 234.

Monheim, R.: Die Agrostadt Siziliens – ein städtischer Typ agrarischer Großsiedlungen. GZ 59, 1971, S. 204 – 225.

Monheim, R.: Sizilien, ein europäisches Entwicklungsland. GR 24, 1972, S. 393 – 408.

Monheim, R.: Regionale Differenzierung der Wirtschaftskraft in Italien. Erdkunde 28, 1974, S. 260 – 267.

Monheim, R.: Marina-Siedlungen in Kalabrien. Beispiele für Aktivräume? In: K. Rother (Hrsg.), 1977, S. 21 – 37.

Monheim, R.: Beobachtungen zur economia sommersa in Italien. In: A. Pletsch und W. Döpp (Hrsg.), 1981, S. 321 – 343.

Monheim, R.: Fremdenverkehr in Sizilien. Entwicklungen an traditionellen und neuen Standorten. GR 40, 1988, S. 28 – 34.

Monheim, R.: Taormina – Evergreen mit Anpassungsproblemen. In: T. Breuer (Hrsg.), Fremdenverkehrsgebiete des Mittelmeerraums im Umbruch. Regensburg 1998, S. 157–179 (Regensburger Geogr. Schr., 27).

Montanari, A.: Migrazioni sud-nord: La situazione italiana nel contesto della regione mediterranea. BSGI 130, 1993, S. 11 – 35.

Montanari, L.: Il porto industriale di Ravenna. RGI 73, 1966, S. 449–471.

Monti, S.: La Piana del Sele. Ricerca di geografia agraria. RGI 81, 1974, S. 145–208.

Morandini, G.: I mari, le coste, le isole. Le acque interne. In: TCI (Hrsg.), L'Italia fisica. Mailand 1957, S. 135–168 u. 246–283 (Conosci l'Italia, I).

Morandini, G.: Die almgeographische Situation in den italienischen Alpen. In: W. Hartke u. K. Ruppert (Hrsg.), Almgeographie, Kolloquium Rottach-Egern 1962. Wiesbaden 1964, S. 57–73 (DFG Forsch.ber., 4).

Mori, A.: Il clima. In: TCI (Hrsg.), L'Italia fisica. Mailand 1957, S. 21–63 (Conosci l'Italia, I).

Mori, A.: Studi geografici sull'Isola d'Elba. Pisa 1960–61 (Pubbl. Ist. Geogr. Univ. Pisa, 7/8).

Mori, A.: Osservazioni sull'emigrazione vitalizia nella Italia meridionale. BSGI 98, 1961, S. 224–235.

Mori, A.: Il limite della zona d intervento della Cassa del Mezzogiorno come fattore d'attrazione e localizzazione industriale. RGI 72, 1965, S. 19–41.

Mori, A.: Carta dei regimi pluviometrici d'Italia (Trentennio 1921–1950). Rom 1969.

Mori, A.: Memoria illustrativa della carta della utilizzazione del suolo della Sardegna. Rom 1972.

Mori, G. (Hrsg.): L'industrializzazione in Italia (1861–1900). Rom 1974.

Mortara, G.: Alcune caratteristiche demografiche differenziali del Nord e del Sud dell'Italia. Rom 1960 (Pubbl. Ist. Demogr.Univ. Roma, 5).

Mossello, M. T.: La risicoltura in Italia. Un'analisi degli effetti della politica agricola comunitaria. BSGI 121, 1984, S. 379–391.

Mühlmann, W. E. u. R. J. Llaryora: Klientschaft, Klientel und Klientelsystem in einer sizilianischen Agro-Stadt. Tübingen 1968 (Heidelberger Sociologica, 6).

Müller, S. u. M. Richter: Entwicklungsablauf eines Scirocco und seine Abwandlungen durch die Orographie (dargestellt am Beispiel des 30./31. 3. 1981). Aachener Geogr. Arb. 16, 1984, S. 3–39.

Müller-Hohenstein, K.: Die Wälder der Toskana. Ökologische Grundlagen, Verbreitung, Zusammensetzung und Nutzung. Erlangen 1969 (Erlanger Geogr. Arb., 25).

Muscarà, C.: Pour une recherche géographique sur l'histoire des communications en Italie pendant les cent dernières anneés. In: A. Pecora u. R. Pracchi (Hrsg.), 1976, S. 193–201.

Muscarà, C.: La società sradicata. Saggi sulla geografia dell'Italia attuale. Mailand [4]1978.

Muscarà, C.: L'évolution de la géographie des ports italiens dans les trente dernières années. Méditerranée N.S. 44, 1982 S. 47–52.

Muzzolon, C.: La Val d'Illasi: un'area in trasformazione. Verona 1978, S. 5–26 (Ist. Geogr. Univ. Padua, 2).

Namuth, M.: Arbeitsmarktstrategien in Italien (1980–1991). Flexibilisierung als Überlebensstrategie und als Maßnahme gegen illegale Beschäftigung. Baden-Baden 1993 (Nomos Universitätsschr. Politik, 40).

Nice, B.: Il ruolo delle autostrade nell'organizzazione territoriale dell'Italia. In: A. Pecora u. R. Pracchi (Hrsg.), 1976, S. 203–217.

Niemeier, G.: Europäische Stadtdorfgebiete als Problem der Siedlungsgeographie und der Raumplanung. In: N. Krebs (Hrsg.), Sitzungsberichte der Zusammenkunft europäischer Geographen in Würzburg. Leipzig 1943, S. 329–352.

Nitz, H.-J.: Zur Entstehung und Ausbreitung schachbrettartiger Grundrißformen ländlicher Siedlungen und Fluren. In: J. Hövermann u. G. Oberbeck (Hrsg.), Hans-Poser-Festschrift. Göttingen 1972, S. 375–400 (Göttinger Geogr. Abh., 60).

Noble, M. K.: Reconstructing Naples. Geography 70, 1985, S. 246–249.

NOMISMA: Rapporto 1992 sull'industria italiana. Bologna 1993.

Novelli, G.: Acque minerali e termo-minerali nel Mezzogiorno. Atti XXII Congr. Geogr. Ital. Salerno 1975. Vol. II, Cercola/Neapel 1977, S. 87–100.

Novembre, D.: La coltura del bergamotto nella provincia di Reggio Calabria. BSGI 98, 1961, S. 376–395.

Oberbeck, G.: Sardinien. Eine landeskundliche Skizze. GR 13, 1961, S. 28–37.

Olsen, K. H.: Das frühe Rom. Geburt einer Stadt. Hannover 1969 (Akad. f. Raumf. u. Landespl., Arbeitsmaterial).

Olsen, K. H.: Das römische Stadtquartier EUR. Trabant, neue City oder Administration District? In: K.-A. Boesler u. A. Kühn (Hrsg.), Aktuelle Probleme geographischer Forschung. Festschr. f. J.-H. Schultze. Berlin 1970, S. 245–259 (Abh. 1. Geogr. Inst. FU Berlin, 13).

Ortolani, M.: La Pianura Ferrarese. Neapel 1956 (MGE, 15).

Ortolani, M.: Memoria illustrativa della carta della utilizzazione del suolo degli Abruzzi e Molise. Rom 1964.

Pacione, M.: The social geography of Rome. TESG 89, 1998, S. 359–370.

Pagetti, F.: Aspetti del turismo sui minori laghi prealpini della Lombardia. RGI 84, 1977, S. 407–427.

Pagetti, F.: Dissociazione territoriale fra decisionalità e operatività: Una verifica per l'industria in Italia. RGI 86, 1979, S. 172–186.

Pampaloni, C.: La coltivazione della soia in Italia. BSGI 131, 1994, S. 269–284.

Paschinger, H.: Torviscosa. MÖGG 103, 1961, S. 338–341.

Pasquino, G.: Europa difficile per l'Italia. In: P. Ginsborg (Hrsg.), 1994, S. 648–650.

Pavone, C.: Amministrazione centrale e amministrazione periferica da Rattazzi a Ricasoli (1859–1866). Mailand 1964.

Pecora, A.: Sicilia. Turin 1968.

Pedreschi, L.: I terrazzamenti agrari in Val di Serchio. Pisa 1963 (Pubbl. Ist. Geogr. Univ. Pisa, 10).

Pedreschi, L.: La zona industriale apuana. Atti XIX Congr. Geogr. Ital. Como 1964. Vol. II, Como 1965, S. 503–514.

Pedreschi, L.: Aspetti geografici di alcuni centri religiosi italiani. BSGI 103, 1966, S. 333–443.

Pedreschi, L.: I centri più elevati dell'Appennino, tradizione e innovamento. Bologna 1988.

Pedrini, L.: Le aree industriali dell'Emilia-Romagna. Atti XIX Congr. Geogr. Ital. Como 1964. Vol. II, Como 1965, S. 489–502.

Pellegrini, G. B.: Carta dei dialetti d'Italia [Karte 1:1 Mio. u. Erläut.heft]. Profilo dei dialetti italiani. Pisa 1977.

Penz, H.: Die italienische Brennerautobahn. ZfW 23, 1979, S. 12–17.

Penz, H.: Grundzüge der Siedlungsentwicklung an der Obergrenze der Ökumene im Trentino (Italienische Alpen). Gegenwärtige Wandlungen unter dem Einfluß des Freizeitverkehrs. GZ 70, 1982, S. 227–229.

Penz, H.: Das Trentino. Entwicklung und räumliche Differenzierung der Bevölkerung und Wirtschaft Welschtirols. Innsbruck 1984 (Tiroler Wirtsch.stud., 37).

Perroux, F.: Notes sur la notion de pôle de croissance. Economie appliquée 1955, S. 307–320.

Petersen, J.: Italien und Europa. In: Ders.: Quo vadis Italia? Ein Staat in der Krise. München 1995, S. 186–192.

Petucci, T.: L'Italia quinto produttore mondiale di soia. BSGI 126, 1989, S. 91–92.

Pfeffer, K.-H.: Beiträge zur Geomorphologie der Karstbecken im Bereiche des Monte Velino (Zentralapennin). Frankfurt a. M. 1967 (Frankf. Geogr. H., 42).

Pfeffer, K.-H.: Zur Genese von Oberflächenformen in Gebieten mit flachlagernden Carbonat-Gesteinen. Wiesbaden 1975.

Piccardi, S.: Il Valdarno Superiore. Studio di geografia industriale. RGI, 74, 1967, S. 157–222.

Piccardi, S.: Conseguenze geografiche delle migrazioni. In: G. Valussi (Hrsg.), 1978, S. 65–73.

Piccioli, L.: Selvicoltura. Turin ^{2}1923 (Nuova enciclopedia agraria italiana, 5).

Pichler, H.: Italienische Vulkangebiete. Bde. I–V, Berlin/Stuttgart 1970–1989 (Sammlung Geol. Führer, 51, 52, 69, 76 u. 83).

Pinna, M.: Contributo alla classificazione del clima d'Italia. RGI 77, 1970, S. 129–152.

Pinna, M. (Hrsg.): Atti della Tavola Rotonda sul tema: „Ricupero e valorizzazione dei piccoli centri storici". Rom 1981 (MSGI 33, Teil I).

Pinna, M. (Hrsg.): Atti del Convegno sul tema: „La protezione dei laghi e delle zone umide in Italia". Rom 1983 (MSGI 33, Teil 2).

Pinna, S.: La zona industriale Apuana. RGI 99, 1992, S. 471–501.

Pipino, A.: La geografia del cedro in Calabria. RGI, 78, 1971, S. 48–66.

Piretti, M. S.: Una vittoria di Pirro: la strategia politica di Gentiloni e il fallimento dell'intransigentismo cattolico. Ricerche di storia politica 9, 1994, S. 5–40.

Piretti, M. S.: Le elezioni politiche in Italia dal 1848 a oggi. Rom/Bari 1995.

Pistone, S.: Italien und die westeuropäische Integration nach dem Zweiten Weltkrieg. In: W. D. Gruner u. G. Trautmann (Hrsg.), 1991, S. 219–256.

Pixner, A.: Industrie in Südtirol. Standorte und Entwicklung seit dem Zweiten Weltkrieg. Innsbruck 1983 (Innsbrucker Geogr. Stud., 9).

Pletsch, A. u. W. Döpp (Hrsg.): Beiträge zur Kulturgeographie der Mittelmeerländer IV. Marburg/Lahn 1981 (Marburger Geogr. Schr., 84).

Podbielski, G.: Twentyfive years of special action for the development of southern Italy. Mailand 1978 (Coll. „Monografie" SVIMEZ).

Pombeni, P.: La costituente. Bologna 1995.

Pongratz, E.: Historische Bauwerke als Indikatoren für küstenmorphologische Veränderungen (Abrasion und Meeresspiegelschwankungen) in Latium. Feldbegehung und Luftbildauswertung. München 1972 (Münchener Geogr. Abh., 4).

Pongratz, E.: Zur Frage der Meeresspiegelschwankungen in historischer Zeit. Ergebnisse aus Latium. MÖGG 116, 1974, S. 318–329.

Pongratz, E.: Möglichkeiten der Landschaftspflege in einem toskanischen Abwanderungsgebiet. Die Erholfunktion der grossetanischen Maremmen am Beispiel der Comune Roccastrada. MGGMü 59, 1974, S. 163–193.

Poni, C.: Per la storia dei mulini da seta. Il „filatoio grande" di Piacenza dal 1763 al 1768. In: J. Schneider (Hrsg.), Wirtschaftskräfte und Wirtschaftswege III. Festschr. f. H. Kellenbenz. Stuttgart 1978, S. 83–118 (Beitr. z. Wirtsch.gesch., 6).

Pontoriero, M. u. F. Salvatori: Comportamento elettorale e struttura socio-topografica dell'area urbana di Roma. BSGI 123, 1986, S. 81–124.

Popp, H. u. K. Rother (Hrsg.): Die Bewässerungsgebiete im Mittelmeerraum. Passau 1993 (Passauer Schr. z. Geogr., 13).

Popp, H. u. F. Tichy (Hrsg.): Möglichkeiten, Grenzen und Schäden der Entwicklung in den Küstenräumen des Mittelmeergebietes. Erlangen 1985 (Erlanger Geogr. Arbeiten, Sdbd. 17).

Porter, M. E.: Nationale Wettbewerbsvorteile. Erfolgreich konkurrieren auf dem Weltmarkt. München 1991 (aus dem Amerikanischen) [für Italien bes. S. 443–475].

Prantner, R.: Agritourimus. Eine Alternative zu den Problemen landwirtschaftlicher Betriebe in der EU mit Situationsanalyse des Agritourismus in Italien. Linz 1996 (Marketingstudien, N.F. 3).

Price, R. L.: A geography of tourism, settlement and landscape on the sardinian littoral. Oregon 1980.

Pricking, Th.: Die Geschäftsstraßen von Foggia (Süditalien). Passau 1988 (Passauer Geogr. Schr. 5).

Procacci, G.: Geschichte Italiens und der Italiener. München 1983 (aus dem Italienischen).

Procacci, G.: L'Italia nella grande guerra. In: G. Sabbatucci u. V. Vidotto (Hrsg.), Storia d'Italia, Vol. IV: Guerra e fascismo. Rom/Bari 1997.

Prodi, R.: Un'idea dell'Europa. Bologna 1999.

Prost, B. u. M. Vandenbroucke: Le groupe italien Ferruzzi: de l'agro-alimentaire à l'agro-chimie, une stratégie audacieuse de l'utilisation des produits agricoles. Revue Géogr. Lyon 62, 1987, S. 313–337.

Prost, B. u. M. Vandenbroucke: Évolution des campagnes et monde paysan: la diffusion des modèles agricoles en Italie du Nord. Revue géogr. Pyrén. et Sud-Ouest 63, 1992–93, S. 279–288.

Putnam, R.: Making Democracy Work. Princeton 1993.

Raffestin, C.: L'immigrazione italiana in Svizzera. In: G. Valussi (Hrsg.), 1978, S. 171–176.

Ragioneri, E.: Politica e amministrazione nello Stato unitario. In: E. Rotelli (Hrsg.), Dal regionalismo alla regione. Bologna 1973, S. 43–74.

Ranieri, L.: La regione del Vulture. Studio di geografia agraria. Neapel 1953 (MGE, 8).

Rauhut, W.: Die Landwirtschaft in Italien. Frankfurt a. M. 1963.

Reimann, H.: Zur Industrialisierung einer sizilianischen Agrostadt: Gela. In: López-Casero, F. u. a. (Hrsg.), Die mediterrane Agrostadt. Saarbrücken/Fort Lauderdale 1989, S. 207–224.

Renner, G. u. P. Czada: Vom Binnenmarkt zur Europäischen Union. Arbeitsbuch für Schule und Erwachsenenbildung. Bühl 1992.

Retzlaff, Chr.: Kulturgeographische Wandlungen in der Maremma, unter besonderer Berücksichtigung der italienischen Bodenrefom nach dem Zweiten Weltkrieg. Kiel 1967 (Schr. Geogr. Inst. Univ. Kiel XXVII/2).

Reyne, G.: Sur quelques aspects de l'évolution récente de la répartition des activités industrielles en Italie. Méditerranée N.S. 52, 1984, S. 57–63.

Reyneri, E.: La catena migratoria. Il ruolo dell'em grazione nel mercato del lavoro di arrivo e di esodo. Bologna 1979.

Richter, Max: Der Bauplan des Apennins. N. Jb. Geol. Paläont. Mh. 1963, S. 509–518.

Richter, Michael: Untersuchungen zur Vegetationsentwicklung und zum Standortwandel auf mediterranen Rebbrachen. Camerino/Baillieu 1989 (Braun-Blanquetia, 3).

Ricossa, S.: Italien 1920–1970. In: C. M. Cipolla u. K. Borchardt, Europäische Wirtschaftsgeschichte. Bd. 5, Stuttgart/New York 1980, S. 175–212.

Rieche, A.: Das antike Italien aus der Luft. Bergisch Gladbach 1978.

Riffel, E.: Der Hafen von Triest – eine verkehrsgeographische Skizze. In: E. Meynen u. E. Riffel (Hrsg.), Geographie heute. Einheit und Vielfalt. Ernst Plewe zu seinem 65. Geburtstag. Wiesbaden 1973, S. 261–289 (Erdkdl. Wissen 33, GZ, Beih.).

Rikli, M.: Das Pflanzenkleid der Mittelmeerländer. 3 Bde., Bern 1943, 1946, 1948.

Rinella, A.: L'agricoltura italiana secondo i risultati del IV censimento. BSGI 129, 1992, S. 737–742.

Ritter, W.: Fremdenverkehr in Europa. Eine wirtschafts- und sozialgeographische Untersuchung über Reisen und Urlaubsaufenthalte der Bewohner Europas. Leiden 1966.

Rittmann, A.: Vulkane und ihre Tätigkeit. Stuttgart [3]1981.

Rivière, D.: La „décentralisation productive" et les rapports ville-campagne en Italie. L'Espace géographique 18, 1989, S. 253–263.

Rizzo, C.: Su alcuni aspetti della serricoltura in Sicilia. RGI 102, 1995, S. 129–144.

Rocca, G.: La struttura regionale del sistema economico italiano. Considerazioni geografiche. L'Universo 60, 1980, S. 9–40.

Rochefort, R.: Le travail en Sicilie; étude de géographie sociale. Paris 1961.

Rodgers, A.: The industrial geography of the port of Genova. Chicago/Ill. 1960 (Dept. of Geogr., Research Paper, 62).

Rodgers, A.: Economic development in retrospect. The italian model and its significance for regional planning in market-oriented economies. Washington D.C. 1979.

Rösch, G.: Die italienischen Messen im 13. Jahrhundert. In: P. Johanek u. H. Stoob (Hrsg.), Europäische Messen und Märktesysteme in Mittelalter und Neuzeit. Köln/Weimar/Wien 1996, S. 35–56 (Städteforschung, A 39).

Rognant, L.: Types de régions touristiques en Italie. Essai de macrogéographie. 2 Bde. u. Atlas, Nizza 1981 (Fac. lettres et sci. hum. Nice).

Rohlfs, G.: Greek remnants in Southern Italy. The Classic Journal 62, 1967, S. 164–169.

Roser, D.: Die nördliche Ortlergruppe. Eine bevölkerungs- und wirtschaftsgeographische Untersuchung. Tübingen 1967.

Rossi-Doria, M. (Hrsg.): Riforma agraria e azione meridionalista. Bologna [2]1956.

Rother, K.: Gressoney. Skizze einer Walsersiedlung am Monte Rosa. Ber. z. dt. Landeskde. 37, 1966, S. 16–39.

Rother, K.: Saisonwanderung und Tabakanbau am Golf von Tarent. GR 20, 1968, S. 296–301.

Rother, K.: Die Kulturlandschaft der tarentinischen Golfküste. Wandlungen unter dem Einfluß der italienischen Agrarreform. Bonn 1971 (Bonner Geogr. Abh., 44).

Rother, K.: Policoro. Siedlung und Bevölkerung einer neuen Gemeinde in Süditalien. MÖGG 115, 1973, S. 38–58.

Rother, K.: Die italienische Bevölkerung nach der Volkszählung 1971. GR 26, 1974, S. 69–72.

Rother, K.: Bewässerungsgebiete und Bewässerungsprojekte in Südostitalien. Erdkunde 34, 1980, S. 287–293 [= 1980a].

Rother, K.: Die agrargeographische Entwicklung und die Wandelbarkeit der Betriebstypen im Küstentiefland von Metapont (Süditalien). In: A. Gerstenhauer u. K. Rother (Hrsg.), Beitr. z. Geogr. d. Mittelmeerraumes. Düsseldorf 1980, S. 89–104 (Düsseldorfer Geogr. Schr., 15) [= 1980b].

Rother, K.: Die Bevölkerungsdichte in Italien 1971 [mit 2 Karten]. Ebda., S. 105–109 [= 1980c].

Rother, K.: Ein neues Anbaugebiet für Erdbeeren in Süditalien. ZfW 24, 1980, S. 33–39 [= 1980d].

Rother, K.: Das Mezzogiorno-Problem. Versuche des italienischen Staates zu seiner Lösung. GR 34, 1982, S. 154–162.

Rother, K.: Agrarian development and conflicts of land utilization in the coastal plains of Calabria (South Italy). GJ 13.1, 1986, S. 27–36.

Rother, K.: Die Italiener am Murray (Australien). Die Erde 119, 1988, S. 113–131.

Rother, K.: Die Albaner in Süditalien. In: K. Rother (Hrsg.), Minderheiten im Mittelmeerraum. Passau 1989, S. 63–87 (Passauer Mittelmeerstud., 2).

Rother, K.: Deutsche Reisende vor der süditalienischen Kulturlandschaft. In: H. H. Wetzel (Hrsg.), Reisen in den Mittelmeerraum. Passau 1991, S. 27–53 (Passauer Mittelmeerstud., 3).

Rother, K.: Die Bewässerungsgebiete im fernsten Italien. In: H. Popp u. K. Rother (Hrsg.), 1993, S. 93–104 [= 1993b].

Rother, K.: La Basilicata felix: Policoro. In: L. Viganoni (Hrsg.), Lo sviluppo possibile. La Basilicata oltre il Sud. Napoli 1997, S. 109–130 (Geographica, NS 3).

Rother, K. (Hrsg.): Aktiv- und Passivräume im mediterranen Südeuropa. Düsseldorf 1977 (Düsseldorfer Geogr. Schr., 7).

Rother, K. u. U. Wallbaum: Die Entvölkerung des Apennins 1961–1971. Eine Kartenerläuterung. Erdkunde 29, 1975, S. 209–213.

Rother-Hohenstein, B.: Bevölkerung und Wirtschaft im Gadertal (Dolomiten). Frankfurt a. M. 1973 (Frankfurter Wirtsch.- u. Sozialgeogr. Schr., 14).

Rougier, H. u. A.-L. Sanguin: Zones franches au cœur des Alpes Centrales: Livigno et Samnaun. Revue Géogr. Alpine 69, 1981, S. 543–560.

Rühl, A.: Die geographischen Ursachen der italienischen Auswanderung. Z. Ges. f. Erdkde. Berlin 1912, S. 655–671.

Ruggieri, M.: Dal traforo del Gran Sasso d'Italia acqua per il Teramano. BSGI 118, 1981, S. 581–589.

Ruggiero, V.: Siracusa, nuovo centro coordinatore della Sicilia sud-orientale. RGI 82, 1975, S. 21–86.

Ruggiero, V.: La geografia dei trasporti. In: G. Corna-Pellegrini u. C. Brusa (Hrsg.), 1980, S. 463–469.

Ruocco, D.: I Campi Flegrei. Studio di Geografia agraria. Neapel 1954 (MGE, 11).

Ruocco, D.: Gli agrumi in Italia. Neapel 1961.

Ruocco, D.: L'industria in Campania. Atti XIX Congr. Geogr. Ital. Como 1964. Vol. II, Como 1965, S. 603–644.

Ruocco, D. u. C. Formica: La Geografia industriale della Campania. Neapel 1964 (Pubbl. Ist. Geogr. Econ. Univ. Napoli, 1).

Rupp, M. u. F. Turolla: Kalabrien – Probleme und Grenzen regionaler Entwicklung im Küstenraum. In: H. Popp u. F. Tichy (Hrsg.), 1985, S. 77–99.

Sabelberg, E.: „La Maremma“, die nördlichste Landschaft des Mezzogiorno in Mittelitalien. In: Forschungen zur allgemeinen und regionalen Geographie, Festschr. f. K. Kayser. Köln 1971, S. 271–279 (Kölner Geogr. Arb., Sdbd.).

Sabelberg, E.: Der Zerfall der Mezzadria in der Toskana urbana. Köln 1975 (Kölner Geogr. Arb., 33) [= 1975a].

Sabelberg, E.: Kleinbauerntum, Mezzadria, Latifundium. GR 27, 1975, S. 326–336 [= 1975b].

Sabelberg, E.: Siena. Ein Beispiel für die Auswirkungen mittelalterlicher Stadtentwicklungsphasen auf die heutige Bausubstanz in den toskanischen Städten. In: A. Gerstenhauer u. K. Rother (Hrsg.), Beitr. z. Geogr. d. Mittelmeerraumes. Düsseldorf 1980 (Düsseldorfer Geogr. Schr., 15), S. 111–131 [= 1980a].

Sabelberg, E.: Das „zentrale Marktviertel". Eine Besonderheit italienischer Stadtzentren am Beispiel von Florenz. Die Erde 111, 1980, S. 57–71 [= 1980 b].

Sabelberg, E.: Die Palazzi in toskanischen und sizilianischen Städten und ihr Einfluß auf die heutigen innerstädtischen Strukturen, dargestellt an den Beispielen Florenz und Catania. In: A. Pletsch u. W. Döpp (Hrsg), 1981, S. 165–191.

Sabelberg, E.: Regionale Stadttypen in Italien. Genese und heutige Struktur der toskanischen und sizilianischen Städte an den Beispielen Florenz, Siena, Catania und Agrigent. Wiesbaden 1984 (Erdkdl. Wissen 66, GZ, Beih.).

Sabelberg, E.: „Bonifica integrale" und Umbau der Stadtzentren. Raumplanerische Maßnahmen im faschistischen Italien. Siedlungsforschung 3, 1985, S. 129–134 [= 1985 a].

Sabelberg, E.: Die „Süditalienische Stadt". Erdkunde 39, 1985, S. 19–31 [= 1985 b].

Sabelberg, E.: Historisch-geographische und historische Siedlungsforschung in Italien. In: K. Fehn u. a. (Hrsg.), Genetische Siedlungsforschung in Mitteleuropa und seinen Nachbarräumen. Bonn 1988, S. 617–635 [= 1988 a].

Sabelberg, E.: Die Sanierung historischer Stadtzentren in Italien. GR 40, 1988, S. 36–41 [= 1988 b].

Saibene, C.: La casa rurale nella pianura e nella collina lombarda. Florenz 1955 (CNR, Ricerche sulle dimori rurali in Italia, 15).

Saibene, C.: Sedi umane sviluppo socio-economico nel Mezzogiorno. Atti XXII Congr. Geogr. Ital. Salerno 1975, Vol. II,2. Cercola/Neapel 1978, S. 7–33.

Salvatori, F.: Evoluzione e prospettive del turismo montano in un centro dell'Abruzzo: Tagliacozzo. Notiz. Geogr. Econ. 4, 1975, S. 32 ff.

Salvi, S.: Le lingue tagliate. Storia delle minoranze linguistiche in Italia. Mailand 1975.

Sanfilippo, M.: Le tre città di Roma. Lo sviluppo urbano dalle origini a oggi. Rom/Bari 1993.

Santosuosso, P.: Le grande distribuzione commerciale a Roma. BSGI 133, 1996, S. 566–568.

Santovito, D., Napoli, T. u. A. Trimigliozzi: The evolution, in the course of time, of the programs concerning the development of irrigation in Apulia, Basilicata and Irpinia and what was realized. Bari 1977.

Sapori, A.: Le marchand italien au Moyen Age. Conférences et bibliographie. Paris 1952 (Affaires et Gens d'Affaires, I).

Sartorius, Freiherr v. Waltershausen, A.: Die süditalienische Auswanderung und ihre volkswirtschaftlichen Folgen. Jb. Nationalökon. u. Statist. III/41, 1911, S. 1–27 u. 182–215.

Scaramellini, G. (Hrsg.): Città e poli metropolitani in Italia. Mailand [4]1993.

Schiavi, A.: Il Problema dei fabbisogni e dei comuni idrici nell'agricoltura padana. In: Ricostruire l'agricoltura per ricostruire l'ambiente. (o.O.) 1983, S. 595–620.

Schinzinger, F.: Die Mezzogiorno-Politik. Möglichkeiten und Grenzen der Agrar- und Infrastrukturpolitik. Berlin 1970.

Schinzinger, F.: Agrarstruktur und wirtschaftliche Entwicklung Süditaliens – kritischer Rückblick. Z. f. Agrargesch. u. Agrarsoz. 31, 1983, S. 153–171.

Schlarb, A.: Morphologische Studien in den Euganeen. In: Festschr. z. 125-Jahrfeier d. Frankf. Geogr. Ges. 1836–1961, Frankfurt a. M. 1961, S. 171–200 (Frankf. Geogr. H., 37).

Schliebe, K.: Die jüngere Entwicklung der Kulturlandschaft des Campidano (Sardinien). Tübingen 1972 (Tübinger Geogr. Stud., 48).

Schlieter, E.: Viareggio. Die geographischen Auswirkungen des Fremdenverkehrs auf die Seebäder der nordtoskanischen Küste. Marburg/Lahn 1968 (Marburger Geogr. Schr., 33).

Schmiedt, G.: Note introduttive. Atlante aerofotografico delle sedi umane in Italia. 2. Le sedi antiche scomparse. Florenz 1970.

Schmiedt, G. u. R. Chevallier: Caulonia e Metaponto. L'Universo 39, 1959, S. 993–1032.

Schneider, G.: Erdbeben. Entstehung – Ausbreitung – Wirkung. Stuttgart 1975.

Schneider, J. u. P.: Culture and political economy in Western Sicily. New York 1976.

Schneider, J. u. P.: Classi sociali, economia e politica in Sicilia. Soveria Manelli (CZ) 1989.

Schott, C.: Die Entwicklung des Badetourismus an der nördlichen Adriaküste. In: C. Schott (Hrsg.), 1977, S. 147–176.

Schott, C.: Wandlungen des Fremdenverkehrs und Entwicklungen der Kulturlandschaft an der Ligurischen Riviera. In: A. Pletsch u. W. Döpp (Hrsg.), 1981, S. 213–232.

Schott, C. (Hrsg.): Beiträge zur Kulturgeographie der Mittelmeerländer I–III. Marburg/Lahn 1970, 1973, 1977 (Marburger Geogr. Schr., 40, 59, 73).

Schreck, W.: Waldgeschichte der Toskana im 19. Jahrhundert. Erlangen 1969.

Schrettenbrunner, H.: Bevölkerungs- und sozialgeographische Untersuchung einer Fremdarbeitergemeinde Kalabriens. München 1970 (Ber. z. Regionalforsch., 5).

Schrettenbrunner, H.: Schwarzbauten in Italien. GR 40, 1988, S. 42–46.

Schröder, F.: Gemeinsamer Markt – einheitlicher Markt? GR 49, 1997, S. 511–515.

Schröder, K. H.: Carbonia. Geographische Wirkungen und Probleme des Kohlenbergbaus im südwestlichen Sardinien. In: A. Leidlmair (Hrsg.), Hermann von Wissmann-Festschrift. Tübingen 1962, S. 363–382.

Schröder, K. H.: Grundlagen und Ergebnisse der Industrialisierung in Sardinien. In: Dt.

Geogr.tag Heidelberg 1963, Tag.ber. u. wiss. Abh. Wiesbaden 1965, S. 152–170.

Schumann, R.: Geschichte Italiens. Stuttgart 1983.

Scoppola, P.: La repubblica dei partiti. Evoluzione e crisi di un sistema politico 1945–1996. Bologna 1997.

Scotoni, L.: Greci e arabi in Sicilia. Geografia comparata di due civiltà. MSGI 32, 1979, S. 125–225.

Sella, D.: The iron industry in Italy, 1500–1650. In: H. Kellenbenz (Hrsg.), Schwerpunkte der Eisengewinnung und Eisenverarbeitung in Europa 1500–1650. Köln 1974, S. 91–105.

Sella, D.: An industrial village in Sixteenth-Century Italy. In: J. Schneider (Hrsg.), Wirtschaftskräfte und Wirtschaftswege III. Festschr. f. H. Kellenbenz. Stuttgart 1978, S. 37–46 (Beitr. z. Wirtsch.gesch., 6).

Sereni, E.: Storia del paesaggio agrario italiano. Bari ³1972.

Seronde-Babonaux, A.-M.: De l'urbs à la ville: Rome, croissance d'une capitale. Aix-en-Provence 1980.

Sestini, A.: Qualche osservazioni geografico-statistica sulle conurbazioni italiane. Studi geografici pubblicati in onore del Prof. R. Biasutti. RGI Suppl. 1958, S. 313–328.

Seuffert, O.: Die Reliefentwicklung der Grabenregion Sardiniens. Ein Beitrag zur Frage der Entstehung von Fußflächen und Fußflächensystemen. Würzburg 1970 (Würzburger Geogr. Arb., 24).

Seuffert, O.: Mediterrane Geomorphodynamik und Landwirtschaft. Grundzüge und Nutzanwendungen geoökodynamischer Untersuchungen in Sardinien. Geoökodynamik 4, 1983, S. 287–341.

Severino, C. G.: La città capitale: ruolo, funzioni, organizzazione e struttura. BSGI 129, 1992, S. 729–735.

Sforzi, F.: The geography of industrial districts in Italy. In: E. Goodman, J. Bamford u. P. Saynor (Hrsg.), Small firms and industrial districts in Italy. London/New York 1989, S. 153–173.

Signorelli, A., M. C. Tiriticco u. S. Rossi: Scelte senza potere. Il ritorno degli emigranti nelle zone dell'esodo. Rom 1977.

Simoncelli, R.: Dinamismo dell'agricoltura italiana e coinvolgimento del territorio rurale. BSGI 134, 1997, S. 287–307.

Skowronek, A.: Untersuchungen zur Terra rossa in E- und S-Spanien – ein regionalpedologischer Vergleich. Würzburg 1978 (Würzburger Geogr. Arb., 47).

Spano, B.: Le migrazione temporanee in agricoltura con particolare riguardo agli spostamenti periodici di manodopera rurale salentina. Atti del XVIII Congr. Geogr. Ital. Trieste 1961. Vol. 1, Triest 1962, S. 461–480.

Spano, B.: La grecità bizantina e i suoi riflessi geografici nell'Italia meridionale e insulare. Pisa 1965 (Pubbl. Ist. Geogr. Univ. Pisa, 12).

Spano, B.: Insediamenti e dimore rurali della Puglia centro-meridionale (Murgia dei Trulli e Terra d'Otranto). Pisa 1967–68 (Pubbl. Ist. Geogr. Univ. Pisa, 14/15).

Spinelli, G.: La siderurgia della Val di Susa. Ottimizzazione locazionale ed individualità geografico-economica. Notiz. Geogr. Econ. 1, 1970, S. 13–26.

Spooner, D. J.: The southern problem, the Neapolitan problem and italian regional policy. The Geogr. Journal 150, 1984, S. 11–26.

Spotorno, M.: Confronto tra i sistemi agricoli della piana di Albenga e delle colline litoranee di San Remo. BSGI 131, 1994, S. 183–192.

Spranzi, A.: Modernization and efficiency of Italian commerce. Review of economic conditions in Italy 2, 1985, S. 169–189.

Sprengel, U.: Die Herdenwege auf der italienischen Halbinsel und ihre Stellung im gegenwärtigen Landschaftsbild. In: C. Schott (Hrsg.), 1970, S. 33–52.

Sprengel, U.: Die Wanderherdenwirtschaft im mittel- und südostitalienischen Raum. Marburg/Lahn 1971 (Marburger Geogr. Schr., 51).

Sprengel, U.: Der Fremdenverkehr im Zentralapennin. In: C. Schott (Hrsg.), 1973, S. 163–183.

Sprengel, U.: Fremdenverkehrsentwicklung als Bestandteil sektoraler und regionaler Förderung im italienischen Mezzogiorno. In: K. Rother (Hrsg.), 1977, S. 229–239 [= 1977 a].

Sprengel, U.: Junge Industrieentwicklungsgebiete und -kerne in der unteritalienischen Hochgebirgsregion Abruzzen. In: C. Schott (Hrsg.), 1977, S. 81–108 [= 1977 b].

Sprengel, U.: Zur freizeitverkehrsgeographischen Entwicklung in den mittleren Südalpen (Norditalien) – die Beispiele Macugnaga und Madesimo. In: E. Grötzbach (Hrsg.), Freizeit und Erholung als Probleme der vergleichenden Kulturgeographie. Regensburg 1981, S. 39–70 (Eichstätter Beitr. 1, Abt. Geogr.).

Sprengel, U.: Bevölkerungswanderung und Sozialstruktur in einer süditalienischen Stadt: das Beispiel Palermo. In: U. Ante u. H.-G. Wagner (Hrsg.), Probleme städtischer Verdichtungsräume in den Mittelmeerländern. Würzburg 1988, S. 67–94 (Würzburger Geogr. Arb., 70).

Stein, N.: Die Fischereiwirtschaft Westsiziliens und ihre Auswirkungen auf die Siedlungs- und Bevölkerungsstruktur. Freiburg/Brsg. 1970 (Freiburger Geogr. H., 8).

Stein, N.: Die Industrialisierung an der Südostküste Siziliens. Die Erde 102, 1971, S. 180–207.

Steinecke, E.: Friaul. Bevölkerung und Ethnizität. Innsbruck 1991 (Innsbrucker Geogr. Stud., 19).

Stoob, H.: Die Castelli der Colonna. – Herrschaftsbildung in der Campagna Romana im Hochmittelalter. In: Stadt-Land-Beziehungen und Zentralität als Problem der historischen Raumforschung. Hannover 1974, S. 73–75 (Veröff. Akad. f. Raumf. u. Landespl., Forsch.- u. Sitz.ber. 88, Histor. Raumf., 11).

Susini, G.: La città antica. In: TCI (Hrsg.), Le Città. Turin 1978, S. 26–55 (Capire l'Italia, II).

Suter, K.: Wohnhöhlen in Süditalien. GH 18, 1963, S. 204–209.

SVIMEZ (*Associazione per lo sviluppo dell'industria nel Mezzogiorno*): Rapporto 1996 sull'economia del Mezzogiorno. Bologna 1996.

Tagliacarne, G.: Spopolamento montano ed esodo rurale: misura e prospettive. In: F. Vito (Hrsg.), L'esodo rurale e lo spopolamento della montagna nella società contemporanea. Mailand 1966, S. 3–14.

Tagliacarne, G.: Atlante delle aree commerciali d'Italia. Mailand 1973.

Tagliacarne, G. (Hrsg.): La carta commerciale d'Italia. Varese 1968.

Tallone, O. u. G. M. Ugolini: Genova: il declino opulento di un vertice del „triangolo". BSGI 126, 1989, S. 305–327.

Telò, M.: Italien und Europa. In: L. V. Ferraris u. a. (Hrsg.), 1995, S. 405–416.

Tews, H. H.: Vom Niedergang der sizilianischen Schwefelindustrie. GR 32, 1980, S. 460–464.

Tichy, F.: Beobachtungen von Formen und Vorgängen „mediterraner Solifluktion". 32. Dt. Geogr.tag Berlin 1959, Tag.ber. u. wiss. Abh., Wiesbaden 1960, S. 211–217.

Tichy, F.: Die geographischen Grundlagen der italienischen Industrien. GR 13, 1961, S. 1–10.

Tichy, F.: Die Wälder der Basilicata und die Entwaldung im 19. Jahrhundert. Heidelberg/München 1962 (Heidelberger Geogr. Arb., 8).

Tichy, F.: Kann die zunehmende Gebirgsentvölkerung des Apennins zur Wiederbewaldung führen? In: E. Weigt (Hrsg.), Angewandte Geographie. Festschr. f. E. Scheu. Nürnberg 1966, S. 85–92 (Nürnberger wirtsch.- u. sozialgeogr. Arb., 5).

Tichy, F.: Schlußbetrachtung. In: K. Rother (Hrsg.), 1977, S. 253–256.

Tiggesbäumker, G.: Der Agrumen-Anbau am Gardasee. Zur Innovation und Retraktion eines Agrarlandschaftselements. Die Erde 116, 1985, S. 49–65.

Tirone, L.: La vigne dans l'exploitation agricole en Italie. Méditerranée N.S. 1, 1970, S. 339–362.

Tirone, L.: Mutations récentes du vignoble italien. Méditerranée N.S. 23, 1975, S. 59–80.

Titi, C.: Il turismo alberghiero qualificato sulle coste liguri e veneto-friulano-giuliane. Un'analisi comparata della capacità ricettiva e del movimento degli ospiti. RGI 87, 1980, S. 249–280.

Tömmel, I.: Bologna – Planungspolitik als praktische Kritik des Agglomerationsprozesses. In: Redaktionskollektiv (Hrsg.), Stadtentwicklungsprozeß – Stadtentwicklungschancen: Planung in Berlin, Bologna und in der VR China. Göttingen 1976, S. 35–134.

Tomaselli, R.: Note illustrative della Carta della vegetazione naturale potenziale d'Italia. – La vegetazione forestale d'Italia. Minist. Agricolt. e Foreste, Rom 1970 u. 1973 (Collana verde, 27 u. 33).

Toniolo, A. R.: I regimi dei corsi d'acqua della Penisola Italiana. Comptes rendus Congr. Internat. Géogr. Lisbonne 1949. Tome II, Lissabon 1950, S. 435–454.

Tranfaglia, N.: La prima guerra mondiale e il fascismo. Turin 1995.

Travaglia, S.: Come funziona l'Italia. Mailand 1994.

Tremelloni, R.: Cento anni di strade in Italia. Rom 1962 (Quaderni di autostrade, 1).

Trigilia, C.: Sviluppo senza autonomia. Bologna 1992.

Tscholl, H.: Die Bewässerung im Vinschgau – einst und heute. In: W. Keller (Hrsg.), Studien zur Landeskunde Tirols und angrenzender Gebiete. Innsbruck 1979, S. 349–358 (Innsbrucker Geogr. Stud., 6).

Ucchino, S.: Le colonie slave nel Molise. L'Universo 37, 1957, S. 489–506.

Ullmann, R.: Abtragungs- und Verwitterungsformen im Ligurisch-emilianischen Apennin. GH 19, 1964, S. 229–244.

Ullmann, R.: Der nordwestliche Apennin. Kulturgeographische Wandlungen seit Beginn des 18. Jahrhunderts. Freiburg 1967 (Freiburger Geogr. Arb., 2).

Upmeier, H.: Der Agrarwirtschaftsraum der Poebene. Eignung, Agrarstruktur und regionale Differenzierung. Tübingen 1981 (Tübinger Geogr. Stud., 82).

Vallat, C.: Alcuni recenti aspetti delle borgate di Roma. BSGI 122, 1985, S. 293–308.

Vallat, C.: Naples: du centre historique au nouveau centre directionnel ou du désordre urbain à la recomposition des pouvoirs et de territoires. AG 102, 1993, S. 503–518.

Vallat, C.: Rome et ses borgate. Rom 1995 (École Franç. de Rome).

Vallat, C.: Quelques donées à propos des régions italiennes. L'Information géogr. 62, 1998, S. 120–129.

Vallega, A.: Maritime transport, ports and mediterranean megalopolises: towards new interdependences.Ekistics 290, 1981, S. 332–335.

Vallega, A.: Armatura portuale italiana e strategie spaziali. BSGI 119, 1982, S. 233–276.

Vallega, A.: Maritime impacts on the littoral organization – The case of the western Mediterranean. GJ 12.3, 1985, S. 271–279.

Valussi, G. (Hrsg.): Italiani in movimento. Pordenone 1978 (Atti del convegno di studi sui fenomeni migratori in Italia, Piancavallo).

Veracini, G.: Le industrie del cuoio e delle calzature nel Valdarno inferiore. Pisa 1975.

Vianelli, M.: Cave di marmo e cavatori delle Alpi Apuane. L'Universo 66, 1986, S. 418–435.

Vitali, O.: La popolazione attiva in agricoltura attraverso i censimenti italiani. Rom 1968 (Pubbl. Ist. Demogr. Univ. Roma, 19).

Vitali, O.: La crisi italiana: il problema della popolazione. Mailand 1976 (Univ. Urbino).

Viterbo, D.: I centri creditizi piu importanti in Italia. Alcune note. BSGI 128, 1991, S. 329–333.

Viterbo, D.: Il turismo italiano nel 1994 secondo il censis. BSGI 131, 1994, S. 557–562.

Viterbo, D.: The recent dynamics of Italian industry. European spatial research and policy 3, 1996, S. 109–119.

Vitiello, A.: Come nasce l'industria subalterna: Il caso Alfasud a Napoli 1966–1972. Neapel 1973 (Studio Sud, 7).

Vitte, P.: Tourisme riche et montagne pauvre: la province de l'Aquila (Abruzzes). Revue Géogr. Alpine 63, 1975, S. 511–532.

Vivanti, C.: Zerrissenheit und Gegensätze. In: R. Romano u. a., Die Gleichzeitigkeit des Ungleichzeitigen. Fünf Studien zur Geschichte Italiens, hrsg. v. E. Maek-Gérard. Frankfurt a. M. 1980, S. 139–225 [Teilausgabe von: R. Romano u. C. Vivanti (Hrsg.), Storia d'Italia. 6 Bde., Turin 1972–1977].

Vlora, A.K.: „Zone industriali" e „industrializzazione" in Puglia e Basilicata. Atti XIX Congr. Geogr. Ital. Como 1964. Vol. II, Como 1965, S. 659–672.

Wagner, H.: Italien. Stuttgart 1982 (Rohstoffwirtschaftl. Länderberichte, 28).

Wagner, H. u. H.-G.: Die Veränderung der Bewässerungswirtschaft im nördlichen Süditalien 1960–1990 (Lazio, Abruzzo, Molise, Campania). PGM 136, 1992, S. 139–154.

Wagner, H. u. H.-G.: Die Bewässerungslandwirtschaft in den italienischen Regionen Latium, Abruzzen, Molise und Kampanien 1991. In: H. Popp u. K. Rother (Hrsg.), 1993, S. 87–91.

Wagner, H.-G.: Der Osthang des Vesuv. Struktur und junge Veränderungen der Agrarlandschaft. Die Erde 96, 1966, S. 6–30.

Wagner, H.-G.: Die Kulturlandschaft am Vesuv. Eine agrargeographische Strukturanalyse mit Berücksichtigung der jungen Wandlungen. Hannover 1967 (Jb. Geogr. Ges. Hannover 1966).

Wagner, H.-G.: Der Golf von Neapel. Geographische Grundzüge seiner Kulturlandschaft. GR 20, 1968, S. 285–295.

Wagner, H.-G.: Industrialisierung in Süditalien. Wachstumspolitik ohne Entwicklungsstrategie? In: C. Schott (Hrsg.), 1977, S. 49–80.

Wagner, H.-G.: Der urbane Verdichtungsraum am Golf von Neapel. Trends und Chancen einer wirtschaftsräumlichen Entwicklung. In: H. Popp u. F. Tichy (Hrsg.), 1985, S. 53–75.

Wagner, H.-G.: Innovative Wandlungen der Agrarstruktur am Golf von Neapel 1965–1989. Erdkunde 44, 1990, S. 180–193.

Wallbaum, U.: Cosenza. Geographische Untersuchung einer süditalienischen Provinzhauptstadt. Düsseldorf 1980.

Wallner, E. M.: Fischereiwesen und Fischerbevölkerung in Sizilien. Bestand – Besonderheiten – Bedeutung heute. München 1981 (Minerva Fachserie Wirtsch.- u. Soz.wiss.).

Walsh, J. I.: L'incerto cammino verso l'Unione monetaria. In: L. Bardi u. M. Rhodes (Hrsg.), 1998, S. 109–130.

Wapler, G.: Stadtgeographische Probleme Venedigs. In: U. Ante u. H.-G. Wagner (Hrsg.), Probleme städtischer Verdichtungsräume in den Mittelmeerländern. Würzburg 1988, S. 93–105 (Würzburger Geogr. Arb., 70).

Welte, A.: Ländliche Wirtschaftssysteme und mittelmeerische Kulturlandschaft in Sardinien. Z. Ges. f. Erdkde. Berlin 1933, S. 270–290.

Werner, D.: Naturräumliche Gliederung des Ätna. Landschaftsökologische Untersuchungen an einem tätigen Vulkan. Göttingen 1968 (Göttinger Bodenkdl. Ber., 3).

Windhorst, H.-W.: Geographie der Wald- und Forstwirtschaft. Stuttgart 1978.

Wirth, B.-M.: Die marine Aquakultur in Sizilien. Mainz 1994.

Wirth, E.: Die Murgia dei Trulli (Apulien). Die Erde 93, 1962, S. 249–278.

Wittig, H.-G.: Untersuchungen über die Anwendung und Auswirkung der Bewässerung im nördlichen Mittelmeerraum. Z. f. Bewäss.-wirtsch. 1, 1966, S. 19–27.

Wunderlich, H.-G.: Wesen und Ursachen der Gebirgsbildung. Mannheim 1966 (BI-Hochschultaschenb., 339/339a/339b).

Zaniboni, E.: Alberghi italiani e viaggiatori stranieri sec. XIII–XVIII. Neapel 1921.

Zarfarpour, S.: Mailand auf dem Weg zur Kontinentstadt. Wirtschaftsgeogr. Studien 12/13, Wien 1985, S. 103–118.

Zienert, A.: Das Moränenamphitheater von Ivrea (Dora Baltea). In: H. Graul u. H. Eichler (Hrsg.), Sammlung quartärmorphologischer Studien I. Heidelberg 1973, S. 141–157 (Heidelberger Geogr. Arb., 38).

Zimpel, H.-G.: München und Mailand, zwei Metropolen in den Vorlanden der Alpen. MGGMü 44, 1972, S. 99–126.

Zunica, M.: La frutticoltura „Nonesa", fisionomia di una valle. In: F. Donà (Hrsg.), Aspetti geografici del Trentino-Alto Adige occidentale. Padua 1974, S. 127–149 (Pubbl. Ist. Geogr. Padova, 11).

Statistiken

Comune di Roma: I numeri della città. o.O. (Rom), o.J. (Collana di informazione del comune di Roma, 11).

Confederazione nazionale coltivatori diretti: L'agricoltura in cifre. Rom 1991.

Eurostat. Jahrbuch '96. Europa im Blick der Statistik 1985–1995. Luxemburg 1996.

Istat (*Istituto Nazionale di Statistica*), *Rom*

A) *Monographien und jährliche Ausgaben:*

Istat (1): Annuario statistico italiano [jährlich].

Istat (2): Circoscrizioni statistiche. Metodi e norme, ser. C, no. 1. 1958.

Istat (3): Classificazione dei comuni secondo le caratteristiche urbane e rurali. Metodi e norme, ser. C, no. 5. 1963.

Istat (4): Conoscere l'Italia. Introducing Italy [jährlich].

Istat (5): Indagine sulla struttura delle aziende agricole 1975. 1978.

Istat (6): Le regioni in cifre [jährlich].

Istat (7): Movimento migratorio della popolazione residente. Iscrizioni e cancellazioni anagrafiche [jährlich; bis 1987: Statistiche demografiche. Iscrizioni e cancellazioni anagrafiche – Espatri e rimpatri].

Istat (8): Popolazione e movimento anagrafico dei comuni [jährlich].

Istat (9): Popolazione residente e presente dei comuni. Censimenti dal 1861 al 1991. Circoscrizioni territoriali al 20 ottobre 1991. 1994.

Istat (10): Rapporto annuale. La situatione del Paese [jährlich].

Istat (11): Sommario di statistiche storiche dell'Italia 1926–1985. 1985.

Istat (12): Statistiche ambientali [jährlich].

Istat (13): Statistiche del turismo [jährlich].

B) Zählungen

Bevölkerung und Gebäude:

Istat (14): 11° Censimento generale della popolazione 1971. 11 Bde. 1972–1977.

Istat (15): 12° Censimento generale della popolazione 1981. 5 Bde. 1982ff.

Istat (16): 13° Censimento generale della popolazione e delle abitazioni, 20 ottobre 1991:

(a) Risultati provvisori provinciali e comunali sulla popolazione e sulle abitazioni. 1992.

(b) Fascicolo nazionale; Fascicoli regionali; Fascicoli provinciali. 1992ff.

(c) I grandi comuni: Roma. 1995.

(d) La presenza straniera in Italia. Una prima analisi dei dati censuari. 1993.

Landwirtschaft:

Istat (17): Catasto Agrario 1929 [94 Hefte u. zusammenfassender Band]. 1933–1939.

Istat (18): 1° Censimento generale dell'agricoltura 1961. 4 Bde. 1962–1966.

Istat (19): 2° Censimento generale dell'agricoltura 1970. 7 Bde. 1971–1973.

Istat (20): 3° Censimento generale dell'agricoltura 1982. 4 Bde. 1983ff.

Istat (21): 4° Censimento generale dell'agricoltura, 21 ottobre 1990. Fascicolo nazionale; Fascicoli regionali; Fascicoli provinciali. 1991ff.

Industrie und Dienstleistungen:

Istat (22): 5° Censimento generale dell'industria e del commercio 1971. 9 Bde. 1974ff.

Istat (23): 6° Censimento generale dell'industria, del commercio, dei servici e dell'artigianato 1981. 4 Bde. 1982ff.

Istat (24): 7° Censimento generale dell'industria e dei servizi, 21 ottobre 1991:

(a) Risultati provvisori provinciali e comunali sulle imprese, sulle istituzioni e sulle unità locali. 1992.

(b) Imprese, istituzioni e unità locali. Fascicolo nazionale: Italia. 1995.

Italien 1992. Länderberichte. Hrsg. v. Statist. Bundesamt. Wiesbaden 1992.

Statistisches Jahrbuch für das Ausland. Hrsg. v. Statist. Bundesamt. Wiesbaden [jährlich].

Sachregister

Ortsregister

Die Abkürzungen hinter den Ortsnamen geben die Lage in den Provinzen an (vgl. Tab. 1); + bezeichnet Ruinenstädte oder ehemalige Orte.